LES
CONSTITUTIONS

ET

LES PRINCIPALES LOIS POLITIQUES

DE LA FRANCE

DEPUIS 1789

Collationnées sur les Textes Officiels, précédées de Notices Historiques
et suivies d'une Table Analytique détaillée

PAR

Léon DUGUIT et Henry MONNIER

Professeurs à la Faculté de Droit de l'Université de Bordeaux.

PARIS

LIBRAIRIE COTILLON

F. PICHON, Sr, ÉDITEUR

Libraire du Conseil d'État

24, RUE SOUFFLOT, 24

1898

LES

CONSTITUTIONS

ET

LES PRINCIPALES LOIS POLITIQUES

DE LA FRANCE

DEPUIS 1789

LES
CONSTITUTIONS

ET

LES PRINCIPALES LOIS POLITIQUES

DE LA FRANCE

DEPUIS 1789

Collationnées sur les Textes Officiels, précédées de Notices Historiques
et suivies d'une Table Analytique détaillée.

, PAR

Léon DUGUIT et Henry MONNIER

Professeurs à la Faculté de Droit de l'Université de Bordeaux.

———— ••◦◦◦•• ————

PARIS

LIBRAIRIE COTILLON

F. PICHON, Sr, ÉDITEUR

Libraire du Conseil d'État

24, RUE SOUFFLOT, 24

—

1898

PRÉFACE

Le livre que nous présentons au public contient trois parties : des notices historiques sur les Constitutions françaises, des textes, une table analytique.

La partie essentielle est la seconde : c'est par elle que se justifie l'entreprise de ce livre. On s'occupe aujourd'hui beaucoup de droit constitutionnel. D'une part, l'application de la Constitution de 1875 a fait naître des problèmes, qui, discutés avec ardeur dans la presse, éveillent l'attention de la nation tout entière ; d'autre part, le droit constitutionnel est devenu, dans les Universités, l'objet d'un enseignement régulier. Or, chose curieuse, à mesure que le besoin d'un recueil contenant le texte même des Constitutions devenait plus pressant, le souci d'une publication spéciale paraissait moins tourmenter les éditeurs. Les livres de Laferrière, de Tripier, par exemple, ne sont plus dans le commerce, celui de Paillet est introuvable. A la vérité, on pouvait recourir à quelques commentaires des lois constitutionnelles dans lesquels le texte précède la glose ; mais ces ouvrages sont trop volumineux. Il faut en dire autant, à plus forte raison, des grands recueils, officiels ou non, de nos actes législatifs.

Nous avons voulu mettre à la disposition des hommes politiques, des professeurs, des étudiants, de tous ceux enfin qui s'intéressent à la théorie de nos libertés, de nos droits, de nos devoirs politiques, un recueil maniable quoique assez complet, et des textes plus purs que ceux dont on était, jusqu'à présent, accoutumé d'user. Le lecteur trouvera dans notre livre toutes les Constitutions mises en vigueur. Il y trouvera aussi la Girondine, la Déclaration des droits votée en 1815 par la Chambre des représentants, le projet de Constitution préparé, dans le même temps, par la Commission centrale. Mais une différence dans le caractère avertit que l'on n'a plus affaire à des Constitutions définitives. Aux Constitutions et projets de Constitutions nous avons encore ajouté quelques textes, non constitutionnels à la vérité, mais qui servent à l'intelligence immédiate des Constitutions et qui peuvent en être considérés comme le développement ou le commentaire. Ainsi nous avons placé, à côté de la Charte de 1814, la loi électorale de 1817 et la loi du double vote ; à côté de la Constitution de 1848, la loi du 15 mars 1849 d'après laquelle l'Assemblée de 1871 fut élue, la première loi qui ait organisé le suffrage universel. Ce ne sont là que des exemples : ils suffisent à montrer dans quel esprit le choix des textes non constitutionnels a été fait.

Nous avons collationné les textes avec un soin minutieux. Pour chacun d'eux une note indique le recueil ou la publication officielle qui a servi. On sait que le *Bulletin des lois* commence seulement en l'an II, le 22 prairial. Les collections antérieures laissent fort à désirer. Par décret du 27 juin 1789, la première Assemblée constituante avait ordonné l'impression du procès-verbal de chaque séance. L'impression eut lieu, l'imprimeur Beaudoin en fut chargé. Mais, dans le recueil de Beaudoin, il n'y a ni méthode ni correction. Nous avons donc eu recours aux documents originaux conservés au Musée des Archives nationales. C'est sur ces documents que nous avons collationné les Constitutions de 1791, 1793 et de l'an III. Seule, la Girondine n'est pas reproduite d'après une pièce authentique. Sur notre demande, M. Delaborde a mis une gracieuse obligeance à rechercher, aux Archives, dans les procès-verbaux de la Convention, le texte girondin. Ses recherches ont été infructueuses. Mais comme la Constitution girondine n'a jamais été appliquée, ni même votée en entier, nous avons pensé qu'il suffisait de reproduire le texte du *Moniteur* (1).

Depuis la création du *Bulletin des lois*, il est ordinairement facile de se procurer un texte officiel : le *Bulletin* est là. Pour ceux de nos textes qui n'ont pas été insérés au *Bulletin*, on a d'abord utilisé le *Moniteur*, et cela avec d'autant moins de scrupules que, depuis le 7 nivôse an VIII jusqu'au 31 décembre 1868, le *Moniteur* est une gazette officielle. Le 1er janvier 1869, le *Journal officiel* remplace le *Moniteur*; c'est donc, pour la fin du second Empire, le *Journal officiel* qui nous a servi de recueil subsidiaire.

Après le renversement du second Empire, les rôles respectifs du *Bulletin* et du *Journal officiel* ont changé. Un décret du Gouvernement de la Défense nationale en date du 5 novembre 1870 a déclaré que « la promulgation des lois et décrets résulterait à l'avenir de leur insertion au *Journal officiel de la République française*, lequel à cet égard remplacerait le *Bulletin des lois* ». Le décret ajoutait : « Le *Bulletin des lois* continuera à être publié, et l'insertion qui y sera faite des actes

(1) Le *Moniteur* a été fondé le 24 novembre 1789. Dans nos citations du *Moniteur* nous renvoyons, autant que possible, à la réimpression, qui est très fidèle et d'un format très maniable. Mais à partir du 30 prairial an IV la réimpression, qui d'ailleurs s'arrête au 25 brumaire an VIII, n'est plus qu'un résumé : c'est donc au *Moniteur* même qu'il a fallu renvoyer.

non insérés au *Journal officiel* en opérera promulgation. »
Il résulte de ce décret que, depuis le 5 novembre 1870, le
Journal officiel doit être préféré au *Bulletin des lois* pour
l'établissement d'un texte. En effet, l'insertion à l'*Officiel*,
quand elle a lieu, fait seule courir les délais fixés par l'article 2 du décret du 5 novembre. En outre, de cette insertion résulte la promulgation. Or dans la formule de promulgation, on lit: « Le Président de la République... promulgue la
loi dont la *teneur* suit (1). » Le chef de l'État atteste donc que
la loi est telle qu'il la promulgue. Puisque l'organe régulier
de promulgation est le *Journal officiel*, c'est le texte de ce
journal qui, dans les cas douteux, doit prévaloir. Mais il va sans
dire que le *Bulletin* n'a point cessé d'avoir le caractère officiel.
Et comme il est d'usage d'y insérer les actes parus au *Journal
officiel*, et que l'impression du *Bulletin* faite avec moins de
hâte paraît quelquefois plus correcte, nous avons cru bon de
collationner nos textes à la fois sur les deux recueils. On
verra que cette précaution n'a pas toujours été la précaution
inutile.

Venons à la délicate question de l'orthographe et de la
ponctuation.

Pour les textes récents, il n'y a rien, ou pas grand'chose,
qui puisse embarrasser. Il n'en va pas de même pour nos premières Constitutions. L'orthographe a quelque peu varié depuis
cent ans. En outre, à certaines époques, on tend à multiplier
les majuscules. Pendant le premier et même le second Empire
tous ceux qui touchent à l'empereur, à la famille impériale,

---

(1) D. 6 avril 1876. Avant ce décret, la formule était : « Le Président de la République promulgue la présente loi, » formule moins
explicite, mais au fond pareille.

au gouvernement, s'efforcent de rehausser par la roideur de l'attitude et des dehors fastueux le prestige d'un pouvoir que sa nouveauté inquiète. Le nombre des majuscules s'accroît (1). Sous la Restauration au contraire, le pouvoir confiant dans l'éclat de ses lointaines origines, a le goût plus discret et plus sûr. Les majuscules se font rares. Dans la Charte de 1814 on écrit : *chambre, pairs* ; dans l'Acte additionnel de 1815 on écrit communément : *Chambre, Pairs.*

Le système de ponctuation a beaucoup varié aussi. Sans doute, dans tous les temps, la ponctuation a servi à distinguer entre elles les propositions ou parties de propositions. Mais tantôt on s'est plu à marquer, en ponctuant, les repos du récitant, et tantôt on a voulu surtout indiquer les parties de la phrase analytiquement décomposées. Les deux procédés se peuvent chacun défendre par de bonnes raisons. C'est surtout le premier qui prévalait dans le temps que furent rédigées nos premières Constitutions. C'est le second qui l'emporte maintenant. Au reste, il semble bien que l'on ne donnait pas autrefois à la ponctuation l'importance qu'on lui voit aujourd'hui. Rien de plus déconcertant que la ponctuation dans les pièces des Archives. A cet égard, le texte authentique de la Constitution de 1791 fourmille de fautes, c'est à croire que le rédacteur a mis au hasard les virgules, les points, les traits-d'union, les majuscules.

Il fallait donc adopter certaines règles : voici celles qui nous ont guidés. On a conservé autant que possible l'aspect, et pour ainsi dire, la physionomie du document original : mêmes divisions, même emploi des capitales et des italiques. Cependant, pour gagner de la place, on a généralement remplacé par

(1) Voir comme exemple le Sénatus-Consulte du 17 juillet 1856.

des traits les renvois à la ligne. L'orthographe a été rajeunie. Nous avons uniformément écrit *présidents, agents, sortants* et non *présidens, agens, sortans*. Toutefois l'orthographe du texte original a été maintenue dans les cas où, bien que rare, elle est encore admise aujourd'hui. On trouvera donc quelquefois *parafer* pour *parapher*, *assujétir* pour *assujettir*, etc. Nous avons conservé les majuscules et la ponctuation ancienne dans les anciennes Constitutions toutes les fois qu'il n'y avait pas absurdité évidente à les conserver. Dans tous les cas, nous donnons au lecteur l'assurance que jamais on n'a supprimé ou déplacé un point, une virgule même, quand le déplacement pouvait avoir pour effet d'altérer le sens en quoi que ce fût.

Enfin on verra parfois au bas des pages quelques brèves annotations indiquant notamment les lois et décrets rendus au cours de la période pendant laquelle la Constitution fut en vigueur. Il va de soi que nous avons signalé seulement les actes qui sont l'application immédiate et comme l'illustration nécessaire du texte constitutionnel.

De références de Constitution à Constitution ou d'article à article, aucune. On va voir pourquoi.

Les textes sont suivis d'une table chronologique et d'une table analytique. Celle-ci est assez neuve, et nous a coûté beaucoup de soins. On n'avait point encore analysé de la sorte le texte des Constitutions. Nous avons cherché à faire de la table analytique comme un petit dictionnaire dans lequel on trouvera, sous chaque mot technique, les articles de nos textes qu'on y peut rattacher. On comprend qu'avec une table analytique ainsi conçue, les références devenaient inutiles dans le corps de l'ouvrage.

Un mot maintenant sur les notices.

En les écrivant, nous n'avons pas eu dessein d'exposer la succession des doctrines politiques en France depuis 1789. Notre livre n'est ni un traité, ni une histoire du droit constitutionnel : c'est un instrument de travail. Les notices ont pour objet l'histoire externe des Constitutions et aussi de marquer comment, dans quelles circonstances, à travers quels incidents le texte a été rédigé. Pour les Constitutions élaborées dans les assemblées, les notices sont naturellement plus longues que pour les Constitutions rédigées dans le secret d'un comité. Dans celles-ci, les articles n'ont pas d'histoire individuelle, dans les autres, presque tous les articles ont provoqué des discussions que l'on a conservées. Avertir qu'il y a eu discussion, en préciser l'objet, en indiquer le jour, voilà ce que nous avons voulu faire. Par où l'on voit que les notices serviront à tous ceux qui auront besoin de retrouver, d'une main sûre et sans perte de temps, la discussion d'un texte, et dans un texte, la discussion d'un article.

Il va sans dire que parfois l'intime association de la forme et du fond nous a contraints de toucher à l'histoire interne. Mais alors nous avons pris pour règle de décrire les événements d'une manière en quelque sorte objective, impersonnelle. Les faits sont là. A chacun d'en tirer l'enseignement qui convient. Il est cependant permis d'ajouter ceci. Le lecteur qui, docile aux indications des notices, voudra relire les débats de nos assemblées, n'aura pas à regretter sa peine. La lecture du compte rendu des séances n'est point faite pour décourager du régime de libre discussion. On accorde que, dans certains jours troubles de notre histoire, les Assemblées politiques ont été serviles, ou trop passionnées. Mais ces jours sont l'exception. A aucune époque, le courage, ni l'intelligence, ni l'esprit de suite n'ont manqué, ni le religieux amour de la France. Et si la Constitution actuelle est si libérale, si souple, si forte dans son harmonieuse simplicité, c'est qu'une expérience séculaire a permis de choisir dans les Constitutions élaborées par les assemblées antérieures, pour l'établissement de la nouvelle machine politique, les ressorts les mieux trempés et les pièces les plus résistantes.

NOTICES HISTORIQUES

LA CONSTITUTION
Du 3 Septembre 1791

La Constitution de 1791 est la première de nos constitutions écrites (1). Discutée et votée aux années 1789, 1790, 1791, elle est l'œuvre de la première Assemblée constituante. Il est donc naturel de rechercher d'abord pourquoi et comment l'Assemblée constituante fut convoquée.

Le déficit permanent du Trésor avait contraint Louis XVI à chercher des ressources dans « une répartition plus équitable des impositions ». A cet effet, les Notables avaient été convoqués en 1787. Mais les résistances des privilégiés avaient empêché les assemblées de notables de produire un résultat utile. Le Roi recourut alors aux édits bursaux élaborés dans ses conseils. Les Parlements en refusèrent l'enregistrement. Réduit aux derniers abois, Louis XVI promit, au mois de novembre 1787, la convocation des États généraux. Le 5 juillet 1788, un arrêt du Conseil ordonna de faire les recherches qui « pourraient rendre la convocation régulière et utile ». Le 8 août, un nouvel arrêt fixa au 1er mai 1789 la tenue des États généraux (2). Enfin le 27 décembre 1788, à la suite d'un rap-

(1) Sur la constitution de l'ancienne France, voyez notamment l'arrêt du Parlement de Paris du 8 mai 1788 (Isambert, XXVIII, p. 533), l'Édit de décembre 1770 (Isambert, XXII, p. 506) et les délibérations arrêtées en la Chambre Saint-Louis, le 30 juin 1648 (Isambert, XVII, p. 72).

(2) Un autre arrêt du conseil (5 octobre 1788) convoqua une Assemblée de notables au 3 novembre pour délibérer sur la manière la plus régulière et la plus convenable de procéder à la formation des États généraux.

port de Necker, Louis XVI signa le document connu sous le nom de *Résultat du Conseil touchant les États généraux*. Le Roi ordonnait : 1°) que les députés seraient au moins mille ; 2°) que le nombre serait établi, autant que possible, en raison composée de la population et des contributions de chaque bailliage ; 3°) que le nombre de députés du tiers serait égal à celui des deux ordres réunis (*doublement du tiers*). Cet arrêté royal, qui consacrait le principe de la représentation proportionnelle à la population, était remarquable ; le rapport imprimé à la suite de l'arrêté ne l'était pas moins. On y trouvait l'esquisse d'une constitution : droit pour la nation de voter les impôts, périodicité des États généraux, égalité fiscale, etc (1).

Les élections se firent conformément au règlement du 24 janvier 1789.

Dans chaque bailliage (ou sénéchaussée) le clergé, la noblesse, le tiers-état nomment des députés : le tiers, deux fois autant que chacun des deux autres ordres. On distingue deux classes de bailliages. Dans la 1ʳᵉ classe, le règlement comprend les bailliages auxquels des lettres de convocation avaient été adressées en 1614 ; dans la 2ᵉ classe, les bailliages qui « n'ayant pas député directement en 1614, devaient encore ne députer que secondairement et conjointement avec les bailliages principaux ». Les lettres de convocation sont adressées aux baillis principaux, lesquels en envoient copie aux baillis secondaires. Les baillis font assigner les évêques et abbés, tous les chapitres, corps et communautés ecclésiastiques rentés, réguliers et séculiers des deux sexes, et généralement tous les ecclésiastiques possédant bénéfice ou commanderie et tous les nobles possédant fief dans toute l'étendue du ressort du bailliage, à l'effet de comparaître à l'assemblée générale du bailliage, au jour indiqué dans l'assignation. Les chapitres séculiers d'hommes nomment des députés en nombre fixé par l'article 10. Les autres corps et communautés ecclésiastiques rentés réguliers des deux sexes, les chapitres et communautés de filles ne

(1) *Arch. parl.*, 1ʳᵉ série, I, p. 489.

peuvent être représentés que par un seul député. Les autres
ecclésiastiques possédant bénéfice, et tous les nobles possédant fief se rendent en personne ou se font représenter par
un procureur de leur ordre à l'assemblée. Parmi les ecclésiastiques non possédant bénéfice, il faut distinguer ceux qui
résident dans les villes et ceux qui n'y résident pas. Les premiers choisiront des délégués en nombre fixé par le règlement.
Les autres se rendront en personne à l'assemblée du bailliage.
Même règle pour les nobles non possédant fief, âgés de 25 ans.
Pour le tiers, le vote des députés aux États généraux a toujours
lieu à deux degrés. Le règlement fixe le nombre des députés
à élire par les villes, bourgs, paroisses et communautés de
campagne. Tous les députés à l'assemblée de bailliage doivent
y apporter les mémoires et instructions remis par leurs électeurs. Ceux-ci sont tous les habitants du tiers-état, Français,
âgés de 25 ans, domiciliés, et compris au rôle des impositions (1). Les députés du tiers devaient tenir une assemblée
préliminaire (2) « à l'effet de réduire les cahiers en un seul
et de nommer le quart d'entre eux pour porter ledit cahier à
l'assemblée générale des trois ordres ».

Dans les bailliages principaux qui n'avaient pas de bailliages
secondaires, il n'y avait lieu à la réunion d'une assemble préliminaire que si le nombre des députés dépassait deux cents :
auquel cas, les députés devaient se réduire à ce nombre (3).
L'assemblée des trois états du bailliage, une fois formée, reçoit,
sous la présidence du bailli, le serment des députés. Chacun
jure de procéder fidèlement à la rédaction du cahier général
et à la nomination des députés aux États généraux. Puis, le
clergé et les nobles se retirent dans le lieu de leurs assemblées
particulières. Chaque ordre rédige les cahiers et nomme les

---

(1) On remarquera combien était libérale cette première loi électorale. Robespierre, à la Constituante, insistera plus d'une fois sur ce
caractère du règlement du 24 janvier, et notamment quand il proposera, le 15 août 1790, l'établissement du suffrage universel (*Arch.
parl.*, 1re série, XI, p. 319 ; XXIX, p. 369).
(2) Art. 33, 38.
(3) Art. 34.

députés aux États généraux séparément, à moins que les trois ordres ne soient d'accord pour faire leur besogne en commun. Il faut ajouter que les députés aux États généraux étaient élus par la voie du scrutin, tandis que les députés dans les assemblées graduelles indiquées plus haut étaient élus à haute voix. — Des ordonnances spéciales fixèrent à 56 le nombre des députés de la capitale : 40 pour la ville et les faubourgs, 16 pour la prévôté et vicomté de Paris. On suivit au reste le règlement du 24 janvier, sauf que pour l'élection au premier degré, Paris fut divisé en sections.

Les élections durèrent assez longtemps, car chaque bailliage avait été convoqué par lettre spéciale et non pas le même jour. Commencées le 7 février, elles n'étaient pas terminées à la date du 27 avril. Un ordre du Roi du 26 renvoya au lundi 4 mai l'ouverture des États, et décida qu'il serait célébré ce jour-là une messe solennelle précédée d'une procession générale « pour implorer l'assistance divine dans une si grande et si imposante circonstance ».

Le 5 mai, à neuf heures du matin, le Roi ouvrit en personne les États généraux (1). Le lendemain on s'occupa de la vérification des pouvoirs. Mais, comment la faire ? La noblesse et le clergé veulent la vérification par ordre. Le tiers, sûr de la majorité dans l'assemblée des trois ordres, veut la vérification en commun. Le dissentiment est très net. On nomme des commissaires conciliateurs, mais sans parvenir à s'entendre. Le 26 mai, la noblesse procède séparément à la vérification de ses pouvoirs. Le clergé hésite encore. Le Roi intervient alors et demande que les commissaires conciliateurs reprennent leurs conférences en présence de commissaires royaux. Le 9 juin, le procès-verbal est clos, sans qu'on ait abouti. C'est alors que les communes décident, sur la motion de Sieyès, qu'on ferait une dernière invitation aux deux ordres privilégiés. Le 12, à sept heures du soir, les

_____

(1) On comptait 1,145 députés: 270 pour la noblesse, 291 pour le clergé, 584 pour le tiers.

communes procèdent à l'appel des députés des trois ordres. L'appel continue le 13 au matin. Il est interrompu un instant par l'arrivée de trois députés de l'ordre du clergé, — trois curés du Poitou, — qui produisent leurs mandats. D'autres curés viennent les jours suivants. Telle quelle, l'Assemblée était déjà composée des représentants des quatre-vingt-seize centièmes de la Nation (1).

Il restait à donner un nom à l'Assemblée. Après un débat de quelques jours, les communes, comme on les avait appelées jusque-là, s'arrêtèrent à la dénomination d'*Assemblée nationale* (17 juin). Le 19, la majorité du clergé vota la vérification en commun. Le clergé prit séance le 22. La noblesse, moins politique, s'obstina et obtint du roi qu'il fît fermer la salle. Quand le président Bailly (qui du reste avait reçu dans la nuit une lettre d'avertissement) se présenta, le 20 juin, en compagnie des deux secrétaires, à la porte de la salle, il la trouva gardée par les soldats. En même temps, des hérauts d'armes proclamaient dans les rues que le Roi devant tenir une séance royale le 22, on avait fermé la salle des États pour y faire les préparatifs nécessaires. Bailly et les députés qui s'étaient peu à peu groupés autour de lui, se transportent alors au Jeu de Paume, rue Saint-François. A dix heures et demie la séance commence et sur la proposition de Target, l'Assemblée prend le fameux arrêté connu sous le nom de serment du Jeu de Paume (2).

(1) Voyez la déclaration de Sieyès dans les *Arch. parl.*, 1re série, VIII, p. 109, 113.

(2) En voici le texte :

« L'Assemblée nationale, considérant qu'appelée à fixer la Constitution du royaume, opérer la régénération de l'ordre public et maintenir les vrais principes de la monarchie, rien ne peut empêcher qu'elle ne continue ses délibérations dans quelque lieu qu'elle soit forcée de s'établir, et qu'enfin partout où ses membres sont réunis, là est l'Assemblée nationale : Arrête que tous les membres de cette Assemblée prêteront, à l'instant, serment solennel de ne jamais se séparer, et de se rassembler partout où les circonstances l'exigeront, jusqu'à ce que la Constitution du royaume soit établie et affermie sur des fondements solides, et que le dit serment étant prêté, tous les membres et chacun en particulier, confirmeront par leur signature cette résolution inébranlable » (*Arch. parl.*, 2e série, 1, p. 138).

La séance royale annoncée pour le 22 eut lieu seulement le 23. Le Roi fit lire par un secrétaire d'État deux déclarations. L'une concernait la tenue des États généraux. Dans l'autre, le Roi « exposait ses intentions » et consentait à des réformes qui, en d'autres temps, auraient paru très libérales. Malheureusement les termes de la première déclaration étaient de nature à blesser les susceptibilités du tiers. Le Roi y prenait le ton d'un maitre absolu : il ordonnait que la distinction des trois ordres fût maintenue en son entier, il déclarait nulles les délibérations prises par les députés du tiers (1). Avant de se retirer, Louis XVI ajouta lui-même : « Vous venez, Messieurs, d'entendre le résultat de mes dispositions et de mes vues : elles sont conformes au vif désir que j'ai d'opérer le bien public; et si, par une fatalité loin de ma pensée, vous m'abandonnez dans une si belle entreprise, *seul* je ferai le bien de mes peuples, *seul* je me considérerai comme leur véritable représentant... Je vous ordonne, Messieurs, de vous séparer tout de suite et de vous rendre demain matin chacun dans les chambres affectées à votre vote. » Les députés de la noblesse se séparent aussitôt, ainsi qu'une partie des députés du clergé. Les autres restent immobiles. Le grand maitre des cérémonies les invite à obéir. On sait quelle foudroyante réponse le marquis de Brézé reçut de Mirabeau. Sur la proposition de Sieyès, l'Assemblée déclare qu'elle maintient les précédents arrêtés. Elle déclare aussi que les députés sont inviolables (2). Devant une telle résistance, le roi cède et, dès le 27, engage par écrit son « fidèle clergé » à se réunir au tiers. Le duc de Luxembourg, président de l'ordre de la noblesse, reçut une pareille invitation. Les deux ordres obéirent. La réunion a lieu, le même jour, à 4 heures. Ce jour-là commence vraiment l'histoire de l'Assemblée constituante.

Arrivons maintenant à l'histoire externe de la Constitution de 1791.

(1) Cf. Buchez et Roux, *Histoire parlementaire*, II, p. 18.
(2) Cf. Const. 3 septembre 1791, tit. III, ch. I, sect. V, art. 7.

Une question préjudicielle trouve naturellement place ici. L'Assemblée nationale avait-elle reçu mission de donner une constitution à la France? Oui, sans aucun doute. Dans le rapport présenté le 27 juillet à l'Assemblée, rapport « contenant le résumé des cahiers en ce qui concerne la Constitution, » le comte de Clermont-Tonnerre disait : « Nos commettants sont tous d'accord sur un point : ils veulent la régénération de l'État. Mais les uns l'ont entendue de la simple réforme des abus et du rétablissement d'une constitution existant depuis quatorze siècles, et qui leur a paru pouvoir revivre si l'on réparait les outrages que lui ont fait le temps et les nombreuses insurrections de l'intérêt personnel contre l'intérêt public. D'autres ont regardé le régime social existant comme tellement vicié qu'ils ont demandé une constitution nouvelle et qu'à l'exception du gouvernement et des formes monarchiques qu'il est dans le cœur de tous les Français de chérir et de respecter, et qu'ils vous ont ordonné de maintenir, ils vous ont donné tous les pouvoirs nécessaires pour créer une constitution et asseoir sur des principes certains et sur la distinction et la constitution régulière de tous les pouvoirs la prospérité de l'empire français. Ceux-là, Messieurs, ont cru que le premier chapitre de la Constitution devait contenir la Déclaration des droits de l'homme, de ces droits imprescriptibles pour le maintien desquels la société fut établie. La demande de cette Déclaration des droits de l'homme, si constamment méconnus, est, pour ainsi dire, la seule différence qui existe entre les cahiers qui désirent une constitution nouvelle et ceux qui ne demandent que le rétablissement de ce qu'ils regardent comme la Constitution existante (1).... »

Le pays voulait donc une constitution monarchique. Elle fut faite : nous allons indiquer comment.

Le 6 juillet, l'Assemblée nomme un comité de trente membres, un par bureau, chargé de procéder aux travaux préparatoires de la Constitution (2). Le rapport du Comité, écrit par

(1) *Arch. parl.*, 1re série, VIII, p. 283.
2) Sur la composition des bureaux, cf. *Arch. parl.*, 1re série, VIII, p. 185.

Mounier, est communiqué à l'Assemblée le 9 (1). Dans ce rapport, Mounier insiste sur la nécessité d'une déclaration des droits. Le 14 juillet, — le jour de la prise de la Bastille, — l'Assemblée, déjà saisie de plusieurs projets, décide que la Constitution contiendra une déclaration des droits de l'homme. Le même jour, Péthion de Villeneuve obtient la nomination d'un comité de huit membres chargé de présenter le projet de constitution qui serait discuté dans les bureaux et « reporté à l'Assemblée générale pour y être délibéré ». Les huit commissaires étaient : Mounier, Talleyrand, Sieyès, le comte de Clermont-Tonnerre, le comte de Lally-Tollendal, Champion de Cicé, archevêque de Bordeaux, Chapelier, Bergasse. Le 27 juillet, on entend le rapport de Champion de Cicé sur les premiers travaux du Comité des Huit. Dans la même séance, Mounier donne lecture du projet contenant les premiers articles de la Constitution : un chapitre sur la déclaration des droits, et un chapitre sur les principes du gouvernement français. Le 1er août, malgré les objections de Malouet, l'Assemblée vote qu'une déclaration des droits précédera la Constitution (2). Dupont de Nemours, l'abbé Grégoire et Camus demandent, mais en vain, qu'on y joigne une déclaration des devoirs.

Cependant les plans de constitution surgissaient de tous côtés. Pour les recevoir et les comparer, on nomme une commission spéciale composée de Desmeuniers, La Luzerne, évêque de Langres, Tronchet, Mirabeau, Redon. Le 17 août, Mirabeau, rapporteur, présente le résultat des travaux de la Commission. Mais le projet de Déclaration qu'il lit semble confus et mal combiné. Finalement, le 18, le projet est renvoyé à l'examen des bureaux et, le 19, l'Assemblée, choisissant entre une trentaine de projets, donne la priorité, non pas au projet du Comité des Cinq, mais à celui du sixième bureau (3).

(1) *Arch. parl.*, 1re série, VIII, p. 214; Buchez et Roux, II, p. 55 et s.
(2) Malouet voulait qu'on « proclamât en même temps les droits du citoyen et les autorités auxquelles le citoyen doit obéissance ». Le 17 août, Mirabeau reprendra pour son compte, mais inutilement, l'idée de Malouet.
(3) Voir ce projet, *Arch. parl.*, 1re série, VIII, p. 431. — Sur le sixième bureau, cf. *Arch. parl., Ibid.*, p. 185.

Le 20 août, la discussion fait vite apercevoir les défauts du nouveau projet, et, pour aboutir, on met en discussion une série d'articles empruntés par Mounier tant au projet du sixième bureau qu'à d'autres projets. Le préambule est voté, à peu près tel que l'avait rédigé le Comité des Cinq; on vote aussi les trois premiers articles de la Déclaration. Le 21, on adopte les articles 4 et 5. L'article 6 jusqu'aux mots : *selon leur capacité* est de Talleyrand. La fin de l'article ... *sans autre distinction que celle de leurs vertus et de leurs talents* est due à Lally-Tollendal. Le 22 août, on s'occupe de garantir la liberté individuelle contre les arrestations arbitraires. Target présente un article dont la rédaction séduit, à quelques termes près, les députés. Malouet propose d'y ajouter le 19e article de la déclaration des droits de Sieyès : « Tout citoyen appelé au nom de la loi doit obéir à l'instant, il se rend coupable par la résistance. » Desmeuniers combinant l'amendement et l'article fait voter l'article 1er actuel. Les articles 8 et 9 sont votés en même temps. On passe aux trois articles du projet relatifs à la liberté des opinions religieuses et au respect du culte public; mais le trouble est tel dans l'Assemblée que la discussion est remise au lendemain. Le 23, sur l'avis de Talleyrand, on décide qu'on s'occupera des deux premiers articles projetés, en travaillant à la Constitution, et on rejette le troisième article. Castellane lit alors une motion qui, complétée par Gobel, devient l'article 10. Le 24, l'Assemblée adopte, avec quelques corrections, l'article 11 rédigé par le duc de la Rochefoucauld. Cet article qui a pour objet la liberté de la presse est défendu par Mirabeau. Le 26, les autres articles sont votés. Le dernier, l'article 17, proclame le caractère inviolable et sacré de la propriété et la condition d'une juste et préalable indemnité au cas d'expropriation pour nécessité publique légalement constatée. Cet article avait été rédigé par Duport sur le désir d'un grand nombre de députés qui voulaient que la Déclaration mentionnât le droit de propriété. Au 26 août, l'histoire de la Déclaration n'est pourtant pas tout à fait terminée. Le 15 septembre 1789, le Comité de constitution des Huit est renouvelé. Le nouveau comité a pour mission de classer les divers articles de la Déclaration et de la Constitution. Le 2 octobre, Desmeuniers, au nom du comité, propose une modification à l'article 4 voté primitivement dans les termes suivants : « La liberté consiste à faire tout ce qui ne nuit pas à autrui... » La modification est admise. Après quoi, la Déclaration et les 19 articles déjà votés de la Constitution sont présentés au Roi (1). Louis XVI ne veut d'abord donner qu'une approbation sous réserves (2). L'Assemblée, par la résolution du 5 octobre 1789, insiste pour obtenir une approbation pure et simple. Et le Roi se décide le 5 octobre au soir, alors que la multitude affamée venue de Paris assiège déjà son palais, à accepter purement et simplement la Déclaration et les articles déjà votés de la Constitution.

La Déclaration avait été votée le 26 août. Dès le 27, Camus demande qu'on passe à la discussion des « articles relatifs à la monarchie (3) ». Le 28, en effet, l'ordre du jour appelle la discussion sur la Constitution et Mounier, au nom du Comité, donne lecture du chapitre II du projet. Ce chapitre avait pour titre : *Du Gouvernement français.*

La discussion s'engage confuse et longue.

A l'article premier se rattachait la question de la sanction royale. On ne peut imaginer à quel point cette question passionnait les esprits. Pour les royalistes, si le Roi ne peut plus refuser les décrets de l'Assemblée, la monarchie est à terre. Et tel était bien l'avis de Mounier qui allait jusqu'à considérer la combinaison bâtarde du *veto* suspensif comme destructive de l'autorité royale. Au contraire à Paris, dans les clubs, on présentait le *veto* comme le rétablissement du pouvoir absolu. Pour les députés élevés à l'école de Rousseau, le principe du *veto* anéantissait la souveraineté de la nation. La volonté nationale est une, disaient-ils, on ne peut lui donner deux organes différents (4). Ce fut dans la séance du 29 août que

(1) Nous reviendrons bientôt sur ces 19 articles.
(2) *Arch. parl.*, 1re série, IX, p. 342.
(3) *Arch. parl.*, 1re série, VIII, p. 493.
(4) *Arch. parl.*, 1re série, VIII, p. 608.

l'Assemblée se sépara définitivement en côté gauche et en côté droit. Les défenseurs du *veto* allèrent s'asseoir à la droite du président, les adversaires se groupèrent à gauche (1).

Le 31, la discussion sur la sanction royale continue. Le même jour, Lally-Tollendal lit son rapport sur le pouvoir législatif. Lally proposait deux chambres, la sanction royale, l'initiative aux chambres seules, le *veto* d'une chambre sur l'autre, le *veto* du Roi sur toutes deux. Les sénateurs seraient nommés à vie par le Roi sur une liste de candidats présentés par les assemblées provinciales (2). A Lally succède Mounier qui présente un projet d'ensemble sur l'organisation du pouvoir législatif dont les traits essentiels étaient : deux chambres permanentes, les impôts votés pour un temps toujours limité, la sanction royale ·pour les actes législatifs (3). Le 1er septembre, la délibération porte sur la sanction, la permanence, l'unité du Corps législatif. Les trois questions sont examinées pêle-mêle et non sans confusion. Le 4, la discussion est interrompue par un nouveau rapport de Mounier sur « les motifs des divers articles du plan du Corps législatif et principalement de ceux qui se rapportent à la nécessité de la sanction royale (4) ». Le 9 septembre, la permanence est votée. Il fut bien entendu que la permanence signifiait le droit pour l'Assemblée de se réunir chaque année. Le 10, on décida qu'il n'y aurait qu'une chambre; la droite même, qui était persuadée que deux chambres valaient mieux qu'une, vota pour l'unité. La tactique était de rendre la Constitution aussi mauvaise que possible. De la sorte, on se flattait qu'elle disparaîtrait plus vite. D'ailleurs la noblesse de province ne voulait pas favoriser l'ambition des nobles de cour, convertis aux idées nouvelles, qui, le Sénat constitué, auraient été les premiers sénateurs désignés.

(1) Buchez et Roux, II, p. 349.
(2) *Arch. parl.*, 1re série, VIII, p. 514.
(3) *Arch. parl.*, 1re série, VIII, p. 523.
(4) *Arch. parl.*, 1re série, VIII, p. 554. Dans la séance du 1er, Salles, et dans la séance du 5, Dupont de Nemours, demandèrent l'appel au peuple au cas de refus de sanction. C'était la doctrine du *Referendum royal.*

Le 11 septembre, la discussion reprend sur le *veto*. L'Assemblée était partagée. Les logiciens absolus, en tête Sieyès, ne comprenaient pas que la loi étant la volonté des gouvernés, les gouvernants eussent aucune part à sa formation. A l'autre extrémité de l'Assemblée, l'abbé Maury et les siens demandaient le *veto* absolu, car le roi était partie intégrante du pouvoir législatif. Une opinion mixte triompha. La majorité se décida pour le *veto* suspensif et cela d'autant plus aisément que le Roi lui-même, dans un mémoire rédigé par Necker (mémoire dont l'Assemblée n'avait pas voulu entendre la lecture), avait paru se contenter du *veto* suspensif (1).

Le 12 septembre, on fixe à deux ans la durée de la législature. Le 14, l'Assemblée vote que le renouvellement des députés, à chaque législature, sera complet. Le 17, d'un mouvement unanime, l'Assemblée proclame l'inviolabilité du Roi, l'indivisibilité de la couronne et l'hérédité dans la race régnante de mâle en mâle par ordre de primogéniture, à l'exclusion perpétuelle et absolue des femmes et de leurs descendants. Le 22, les articles 2 et 9 de l'acte du 1er octobre sont adoptés. Le 23, on discute sur l'article qui confie au Roi le pouvoir exécutif. A l'unanimité, l'Assemblée décide que tous les pouvoirs émanent de la Nation, que le pouvoir législatif appartient à l'Assemblée, le pouvoir exécutif au Roi. On lit ensuite un article sur le pouvoir judiciaire qui devient, après transformations successives, l'article 19 de l'acte du 1er octobre.

Le 29 septembre, Fréteau demande qu'on établisse la responsabilité ministérielle en statuant sur l'article 6 du projet, lu le 28 par Mounier. L'article est adopté, mais avec un amendement portant que l'ordre royal n'est pas obligatoire s'il n'est pas contresigné par un secrétaire d'État. Le débat sur la responsabilité ministérielle amena Mirabeau à la tribune. Il voulait que le Roi pût prendre ses ministres parmi les députés. Encore que le principe de la séparation des pouvoirs parût un obstacle

_____

(1) *Arch. parl.*, 1re série, VIII, p. 609.

insurmontable à beaucoup de constituants, l'Assemblée en-
traînée par l'éloquence de Mirabeau était sur le point de céder.
Malheureusement le débat fut remis; quand on y revint, le
7 novembre, les esprits s'étaient ressaisis et Lanjuinais fit
voter le décret connu sous le nom de *Résolution du 7 novembre 1789*, en soutenant que les ministres pris dans l'Assemblée ou la dirigeraient, et par conséquent l'aviliraient, ou lui
céderaient, ce qui avilirait la fonction royale.

Le 30 septembre, le projet de Thouret sur le Corps
législatif vient en discussion (1). L'article 1er qui permet
au Roi d'inviter l'Assemblée à prendre un objet en considération, passe avec une légère modification de forme. Il en
est de même de l'article suivant qui donne au Roi le droit de
faire des proclamations. L'article 3 qui réserve au Corps
législatif toute création et suppression d'offices, commissions
et emplois soulève d'assez vifs débats. Le 1er octobre, l'Assemblée vote l'article 4 du projet, mais légèrement amendé. Aux
termes de cet article, ni impôt ni emprunt ne sont possibles sans
un décret formel des représentants de la Nation. Après le vote de
l'article 4, Mirabeau propose et l'Assemblée décide qu'on présentera à l'acceptation du Roi les 19 articles déjà délibérés,
ainsi que la Déclaration des droits. Le Roi, comme on sait,
donna son acceptation le 5 octobre (2).

Le 7 octobre, sur la motion de Bouche, l'Assemblée revient
à la Constitution. L'article 5 du projet du Comité relatif à
l'égalité des personnes et des biens devant l'impôt, l'article 6,
qui porte que l'impôt est seulement accordé jusqu'au dernier
jour de la session suivante, viennent en discussion. Pour
l'article 5, l'Assemblée adopte la rédaction de Péthion de Villeneuve, pour l'article 6, la rédaction d'A. de Lameth.

Le 8 octobre, on vote l'article 7 (époque de présentation
des décrets au Roi) et l'article 8 (formule du consentement ou
du refus du Roi). Le même jour on discute, avec l'article 9
du projet, la formule de promulgation : quel titre le Roi pren-

(1) *Arch. parl.*, 1re série, IX, p. 211.
(2) V. Acte constitutionnel du 1er octobre 1789.

dra-t-il? sera-t-il seulement Roi par la grâce de Dieu? sera-t-il
Roi de France ou de Navarre, etc.? Le 10 octobre, la formule est
votée. Camus fait ajouter un article portant qu'une expédition
de la loi signée et scellée sera envoyée à l'Assemblée pour être
reportée dans les archives (1).

Dans la première séance tenue à Paris (2), le 19 octobre, l'Assemblée arrête que le plan du Comité sur les municipalités
viendra en discussion; le 20, la discussion commence. Le 22,
on s'occupe des conditions d'électorat. Le premier Comité
de Constitution n'avait pas pensé que le droit d'élire et d'être
élu dût appartenir à tous les Français. Le second Comité ne
le pensait pas non plus. Sieyès avait été l'interprète de l'opinion générale en distinguant les droits civils (passifs) reconnus
à tous et les droits politiques (actifs) réservés à une partie
seulement des Français. Après les journées des 5 et 6 octobre,
l'opinion changea dans les clubs d'abord, puis dans l'Assemblée.
Le Comité fit cependant reconnaître sans trop de peine la
nécessité d'un cens pour les électeurs primaires, cens fixé à la
valeur de trois journées de travail (3); mais, quand le Comité
demanda un cens de dix journées de travail pour les électeurs
secondaires, et un cens d'un marc d'argent pour les représentants, les clameurs des journaux et des clubs furent telles que
l'Assemblée hésita. Dès le 26 octobre, Péthion insiste pour que
l'électeur primaire soit libre dans son choix. Cazalès, tombant
dans l'excès contraire, exige de l'élu à l'Assemblée une propriété foncière de 1,200 livres. Finalement, l'Assemblée se
décide d'une part à maintenir, pour l'électeur secondaire, le
cens de dix journées, et d'autre part à exiger des représentants qu'ils payent une contribution d'un marc d'argent et
possèdent une propriété foncière quelconque (4).

Le 5 novembre, on revient sur l'intitulé, la transcription,

(1) V. Acte constitutionnel des 12 octobre-6 novembre 1789. Cf. L
2-5 novembre 1790.
(2) Cette séance et les suivantes ont lieu à l'Archevêché. A partir
du 9 novembre, l'Assemblée se réunit dans la salle du Manège près des
Tuileries.
(3) V. L. 22 décembre 1789, sect. I, art. 3.
(4) V. L. 22 décembre 1789, sect. I, art. 19, 32.

l'expédition, la publication des lois. La rédaction que le Comité avait, le 20 octobre, reçu l'ordre de préparer, est adoptée (1). Le 9 novembre 1789, Thouret défend le projet de division territoriale du royaume proposé par le Comité de Constitution. Le 11, la division est votée; le 12, on décrète que le département sera divisé en districts; le 16, que chaque district sera divisé en cantons, et que dans chaque canton il y aura au moins une assemblée primaire.

Le même jour, le projet du Comité sur les assemblées primaires vient en discussion (2). Le 17, on discute sur le nombre des députés, on s'accorde à fixer ce nombre d'après la triple proportion de la population, du territoire et de la contribution directe (3). On décrète aussi, contrairement à l'avis du second Comité, qu'il y aura seulement deux degrés d'élection et que les députés seront élus, dans chaque département, en assemblée générale des électeurs choisis par les assemblées primaires. La discussion sur les assemblées administratives, leurs attributions, la durée de leurs fonctions remplit les séances suivantes. Le 24 novembre, Milscent propose de s'occuper particulièrement des municipalités dont la loi est votée le 14 décembre. Quelques jours après, on vote la loi sur les élections et les assemblées départementales (4).

Le 24 mars 1790, Thouret ouvre par un grand discours la discussion sur la nouvelle organisation judiciaire (5). Le 31, Target lit un rapport sur l'état d'avancement de la Constitution. « Pour donner une Constitution à la France, disait-il, il fallait poser les bases du pouvoir législatif. Vous l'avez fait... Il fallait garantir la nation des invasions du despotisme. Vous l'avez fait... Il fallait appuyer le pouvoir exécutif de la force publique. Vous avez commencé à le faire.... Il vous reste à

(1) V. Acte des 12 octobre-6 novembre 1789.
(2) *Arch. parl.*, 1re série, IX, p. 205 et s.
(3) L. 22 décembre 1789, sect. I, art. 27.
(4) Ces lois seront complétées par les lois des 2 février 1790, 5 mars 1791, 28 mai 1791.
(5) V. Buchez et Roux, V, p. 31 et s.

organiser l'ordre judiciaire, il vous reste à fixer la constitution
du ministère ecclésiastique, il vous reste à prononcer sur
l'organisation de l'armée et des gardes nationales, il vous reste
à vendre les biens qui sont le gage de la dette exigible..., il
vous reste à compléter la déclaration des droits et des lois
constitutionnelles des deux pouvoirs suprêmes (1)... ». Pour
conclure, Target proposait, afin de hâter la besogne, un ordre
de travail qui parut bon et fut adopté.

La discussion sur l'organisation judiciaire occupe de longues
séances. Depuis le 5 avril, l'Assemblée discute l'établissement de jurés au civil et au criminel (2). Thouret, dans un
remarquable discours prononcé le 6, propose que le jury soit
établi seulement au criminel, pour les tribunaux militaires et
pour les délits de presse. Duport, soutenu par Robespierre,
Buzot, Le Chapelier, demande que le jury soit établi même en
matière civile. Sieyès produit un système mixte : la justice
serait rendue par des jurys spéciaux composés de gens de loi et
de conseillers de justice élus. Finalement l'Assemblée, choisissant entre le système du Comité et celui de Duport, décrète
le 30 qu'il y aura des jurés au criminel et qu'il n'y en aura pas
au civil (3). Le 1er mai, nouveau décret portant que les juges
de première instance seront sédentaires, et qu'il y aura deux
degrés de juridiction au civil. Le 3 mai, il est décidé que les juges
d'appel seront également sédentaires, que les juges à tous les
degrés seront établis pour un temps déterminé et pourront être
renommés. Le 5 mai, on aborde la question de l'élection des
juges et de l'institution qu'ils recevront du Roi. La discussion
occupe deux séances. Rœderer invoque Montesquieu (4) : il
veut un pouvoir judiciaire indépendant. Barnave parle dans

(1) Arch. parl., 1re série, XII, p. 485.
(2) On écrivait et on prononçait, à cette époque, juré pour jury.
C'est pour franciser un peu plus le mot jury, et le distinguer dans le
son de celui de juré que Sieyès, dans son projet (V. infra, p. XLIX),
proposait une jurie constitutionnaire. Cf. Moniteur (Réimpression),
XXV, p. 293.
(3) L'Assemblée reviendra encore sur la question des jurés dans la
séance du 3 janvier 1791. Cf. L. 15 mars 1791, tit. II.
(4) Arch. parl., 1re série, XV, p. 894.

le même sens. Le Comité de Constitution propose que les juges soient institués par le Roi sur une liste de trois candidats ; Cazalès, soutenu par l'abbé Maury, Malouet, Garat l'aîné, insiste pour que le Roi nomme les juges. « Le pouvoir judiciaire, disait-il, n'est pas un pouvoir, mais une simple fonction... » A une faible majorité de 53 voix, l'Assemblée décrète enfin que pour chaque place de juge les électeurs ne présenteraient au Roi qu'un seul sujet, et que le Roi ne pourrait en refuser l'institution. Le 8 mai, l'Assemblée, obscurément consciente du mal fait à l'autorité royale par le vote de la veille, décrète que le ministère public sera établi par le Roi et les officiers institués à vie. Mais l'effet de cette concession est ausssitôt détruit, car il est décrété le lendemain que le droit d'accusation n'appartiendrait pas aux commissaires du Roi. Le 8 mai, on décide aussi qu'il y aura un tribunal de cassation, et le 24, qu'il sera sédentaire. Le 27, on admet qu'il y aura des tribunaux particuliers pour le jugement des affaires de commerce. C'est encore pendant le mois de mai 1790, du 16 au 22, qu'ont lieu les débats sur le droit de paix et de guerre qui aboutissent, grâce à Barnave, et malgré les admirables discours de Mirabeau, à l'acte constitutionnel du 22 mai 1790.

Le mois de juin fut surtout employé à discuter la constitution civile du clergé (1). La discussion aboutit au célèbre décret des 12 juillet-24 août 1790.

L'arrestation de Mirabeau le 17 juin à Castelnaudary, celle de Toulouse-Lautrec, le 18, au château de Blagnac, amenèrent l'Assemblée à rendre, le 26 juin, un décret sur l'arrestation des députés en flagrant délit. Dans la séance du 19 au soir, elle avait décrété l'abolition de la noblesse héréditaire.

Le 23 septembre 1790, Chapelier demande et obtient au nom du Comité de Constitution deux décrets destinés à hâter l'achèvement de la Constitution. Sept membres nouveaux (2)

(1) C'est dans la discussion sur la constitution civile du clergé que l'on entend pour la première fois le mot *fédéralisme*. Rœderer déclara que l'institution d'un évêque par département favoriserait le *fédéralisme*. V. Buchez et Roux, VI, p. 223.
(2) Barnave, Clermont-Tonnerre, A. de Lameth, Duport, Buzot,

sont adjoints au Comité pour, « concurremment avec le Comité, examiner tous les décrets rendus par l'Assemblée nationale, séparer ceux qui forment proprement la Constitution de ceux qui ne sont que législatifs ou réglementaires, faire en conséquence un corps de lois constitutionnelles, reviser les articles afin de rectifier les erreurs qui auraient pu s'y glisser (1) ».

Le 24 novembre, Rabaud Saint-Étienne lit son rapport sur l'organisation de la force publique, et, le 6 décembre, l'Assemblée décrète l'acte constitutionnel sur la force publique (2). Le rapport de Desmeuniers sur l'organisation des corps administratifs, lu dans la séance du 2 mars, provoque une discussion qui aboutit à la loi du 15 mai 1791.

Le 7 mars 1791, Desmeuniers fait connaître les vues du Comité de Constitution sur l'organisation du ministère. Son rapport est suivi d'un projet de décret en 33 articles, dont Mirabeau fait ajourner le vote. La discussion est reprise le 6 avril et continue les jours suivants. La loi portant organisation du ministère sera votée seulement le 27 avril. Le 22 mars, l'Assemblée entend le rapport de Thouret sur la régence. Les débats commencent aussitôt (3). Ils portent sur trois questions : l'hérédité de la régence, l'exclusion des femmes, l'élection du régent à défaut de parents du roi. Le 28 mars, le projet sur la résidence des fonctionnaires, rapporté par Chapelier, dès le 23 février, vient en discussion. Aux termes de ce projet, le Roi « premier fonctionnaire public » était censé avoir abdiqué la royauté s'il sortait du royaume et n'y rentrait pas après la proclamation du Corps législatif. La discussion se termina par le vote de l'Acte constitutionnel du 29 mars.

Au nom du Comité de Constitution, Chapelier, le 9 mai 1791, lit un rapport et présente un projet sur le droit de pétition. Le projet, quelque peu amendé, est voté les 10 et 18 mai : c'est la

Péthion et Beaumetz. — Les Jacobins réussirent à écarter Mirabeau.
(1) *Arch. parl.*, 1re série, XIX, p. 147.
(2) Cf. Actes constitutionnels des 28 février, 8 juin, 26 juin, 19 juillet 1790.
(3) Buchez et Roux, IX, p. 185.

loi du 18 mai 1791. Le 16 mai, Thouret donne lecture du rapport sur l'organisation du Corps législatif. Robespierre aussitôt nvite l'Assemblée à décréter qu'aucun de ses membres ne fera partie de l'Assemblée prochaine. La proposition est accueillie avec enthousiasme, non seulement par les aristocrates et les Jacobins qui, haïssant la Constitution, voulaient écarter ses défenseurs de la prochaine assemblée, mais encore par la majorité constitutionnelle qu'une fausse générosité égarait. Le lendemain, Duport et Cazalès détournèrent l'Assemblée d'édicter la même prohibition pour les membres de toutes les Assemblées futures. Toutefois Barrère obtint que les membres réélus une fois ne pourraient l'être de nouveau qu'après l'intervalle de deux ans (1). La discussion sur l'organisation du Corps législatif, facilitée par le vote antérieur d'un certain nombre de dispositions, dura peu, et le 13 juin, le projet Thouret fut converti en loi. A la fin du mois de mai, Desmeuniers lit un rapport sur la convocation d'une nouvelle législature (Loi du 28 mai 1791), et sur la nécessité d'examiner en son ensemble « une Constitution qu'on n'avait pu travailler qu'en détail ». Le 20 juin 1791, Louis XVI ayant pris la fuite avec sa famille dans la direction de Montmédy, un décret du 25 juin suspendit l'exercice des fonctions royales. Un autre décret du 16 juillet, complétant l'acte du 29 mars, précisa mieux les cas d'abdication tacite, et maintint la suspension du Roi jusqu'à la présentation de la Constitution.

Le 5 août, lecture par Thouret du projet de Constitution. La discussion commence le 8. Thouret explique pourquoi, au lieu de faire entrer dans la Constitution seulement la division et l'organisation des pouvoirs publics, on y a inséré tant d'articles ayant un autre objet. Malouet qui veut critiquer le projet dans son ensemble est vivement interrompu. Rœderer obtient qu'on ajoute au préambule les mots *ou qui supposaient des distinctions de naissance*. Le titre Ier est renvoyé au Comité. Le 9, reprise de la discussion. Chabroud fait

_____

(1) L. 13 juin 1791, art. 18.

ajouter dans le titre 1er les mots : *et publier ses pensées*, et ceux-ci : *la liberté d'adresser aux autorités constituées des pétitions signées individuellement.* Les autres parties du titre sont adoptées avec de très légères modifications de forme. Thouret lit ensuite l'article 1er du titre II. Sur la motion de Rabaud, on y ajoute que *le royaume est un et indivisible.* L'article 2 passe ensuite sans qu'on tienne compte des observations de Tronchet et de Duport (1). Le 10 août, les autres articles du titre II sont votés. Thouret lit le titre III... Rœderer, soutenu par Robespierre, en critique la rédaction; il ne voudrait pas que le Roi fût qualifié de représentant de la nation : hérédité et représentation sont deux idées contradictoires (2). Cependant on passe aux divers articles. Dans l'article 1er, Péthion fait insérer le mot : *inaliénable;* Buzot, le mot : *imprescriptible;* Rewbel, les mots : *ni aucun individu.* Les articles 3, 4, 5 sont votés sans discussion. Il en est de même du chapitre I, section I. Dans l'article 2 de la section II, Lanjuinais fait ajouter les mots : *ou devenu Français.* Le 11 août, l'article 5 est décrété après discussion. Thouret lit l'article 7. Il explique que la condition du marc d'argent a été improuvée généralement, d'où le remplacement du marc d'argent par un certain nombre de journées de travail. Robespierre demande qu'on soit électeur sous la seule condition de payer une imposition quelconque. Une longue discussion s'engage. Le 12 août, l'article est ajourné; on vote les

_____

(1) L'art. 6-4° portait primitivement : « ..... par l'affiliation à tout ordre ou corps étranger qui supposerait des preuves de noblesse. » La rédaction actuelle est due à Goupilleau.

(2) On trouvera dans les *Arch. parl.*, 1re série, XXIX, p. 328, et s., le discours de Rœderer. Comme conclusion, l'orateur formulait les propositions suivantes : « La Nation ne peut exercer par elle-même sa souveraineté. Elle institue pour cet effet des pouvoirs *représentatifs* et des pouvoirs *commis* qui seront pour la plus grande partie exercés par des citoyens nommés par le peuple... Le pouvoir législatif est essentiellement *représentatif;* il est délégué à une Assemblée nationale composée de représentants temporaires, librement élus par le peuple, pour être exercé par elle avec la sanction du Roi... Le pouvoir exécutif est essentiellement *commis;* il doit être exercé, sous l'autorité du Roi, qui en est le Chef suprême, par des ministres et administrateurs responsables... »

articles 1, 2 de la section III. Le 13 août, les articles 4, 5, 6, 7 sont adoptés. Puis on vote par assis et levé, sans discussion, les titres IV et V. On passe au chapitre II : la section I est adoptée. Le 14 août, on adopte les sections II, III, IV. Thouret présente le chapitre III, dont les sections I et II sont aussitôt votées sans discussion.

Dans la séance du 15, la section III passe après un long débat ; la section IV est adoptée jusqu'à l'article 10. Dans ce dernier article, Robespierre fait spécifier que les ministres ne seront entendus que sur les objets relatifs à leur administration (1). L'article 10 actuel est voté conformément aux observations de Ch. de Lameth. Le 16, ce qui reste du projet du Comité, lu par Desmeuniers, est voté sans discussion. Le 22, Thouret lit les articles ajournés. Les articles 17 et 18 du chapitre V (liberté de la presse) soulèvent de violents débats. Ils sont votés le 23 août. Dans les séances du 24 et du 25, on met en discussion l'article sur la garde du Roi (III, ch. II, sect. I, art. 12), et on examine si les membres de la famille du Roi peuvent exercer les droits de citoyens actifs. Les débats continuent le 25 et le le 26 pour aboutir aux articles 5 et 9 du titre III, chapitre II, section III. Le 27, on vote encore deux articles revisés par le Comité, sur les électeurs, les éligibles et la régence élective. Le 29, Chapelier présente le projet sur les assemblées dites conventions nationales (2), constituantes ou de revision. Il s'agissait de fixer l'époque et les conditions d'exercice du futur pouvoir constitutionnel. La discussion commence aussitôt et continue les jours suivants. Le 30 août, Malouet demande que la Constitution qu'on venait de discuter soit soumise à l'acceptation de la nation. Grande indignation dans l'Assemblée. « Notre Constitution, s'écrie Chapelier, est acceptée par les quatre-vingt-dix-neuf centièmes de la nation, et je ne dis pas assez. »

(1) *Arch. parl.*, 1re série, XXIX, p. 446 et s.
(2) « Une convention, disait Péthion, exprimant l'opinion commune, est une assemblée établie pour faire ou défaire une Constitution. » (*Arch. parl.*, 1re série, XXX, p. 45.)

Les débats furent longs sur le point de savoir quand s'exer-cerait la revision. Trouchet rallie tous les suffrages en pro-posant de déclarer que la nation a le droit imprescriptible de changer sa constitution, mais qu'il est conforme à l'intérêt national de suspendre l'exercice de ce droit pendant trente ans. Cependant la discussion est reprise le 31 pour aboutir à l'amendement d'André qui permet à la quatrième législature de reviser les articles dont la revision a été demandée par trois législatures antérieures. Le 1er septembre, on vote l'ad-jonction des 249 (tit. VII, art. 5).

Le 2 septembre, Thouret présente à l'Assemblée l'Acte constitutionnel avec toutes les corrections, additions, suppres-sions décrétées. A la Déclaration, rien n'est changé. Au titre I on ajoute, sur la proposition de Thouret, qu'il sera établi des fêtes nationales, et qu'il sera fait un Code de lois civiles com-munes à tout le royaume. On vote ensuite le titre II et le préam-bule du titre III sans rien changer au texte lu par Thouret. Sur la demande de Duport, l'article 3 est inséré dans le préambule du chapitre I. Dans la section II du même chapitre, article 1er, Thouret fait insérer la disposition relative à la formation de plein droit des assemblées primaires non convoquées. Toute la section II est ensuite votée sans discussion. Dans l'article 4 de la section III, Pison du Galand fait insérer la mention relative aux préposés de la régie des domaines nationaux. Le reste de la section, ainsi que les sections IV et V, passe sans discussion. On vient au chapitre II du titre III. Après quelques observations, le texte lu par Thouret est voté. Le chapitre III est admis sans observations. Sur les quatre articles du préambule du chapitre IV, aucune discussion. Les trois sections du chapitre passent avec la même rapidité. Un seul changement est fait au texte de l'article 3, section Ire. La Rochefoucauld ayant observé qu'il serait impossible aux corps administratifs et tribunaux de faire transcrire intégralement toutes les lois sur leurs registres, on remplace le mot *transcrire* par le mot *consigner*. L'Assemblée passe au chapitre V : *Du pouvoir judiciaire*. Sur l'article 8, un membre observe que le pouvoir législatif doit fixer non seulement les arrondissements des tribunaux, mais leur nombre. Il est fait droit à l'observation. Le titre IV est voté sans discussion. Il en est de même du titre V et du titre VI (1).

Avant d'arriver au titre VII qui a pour objet la revision des décrets constitutionnels, Thouret avertit l'Assemblée que les Comités ont réuni dans ce titre toutes les dispositions décrétées dans la séance précédente. Puis il donne lecture des articles du projet. Les six premiers passent sans discussion. Sur l'article 7 la discussion s'engage. Le projet portait ces mots : « L'Assemblée nationale reconnaît que la nation a le droit imprescriptible de revoir et de changer la Constitution, mais elle déclare qu'il est de l'intérêt général qu'elle suspende l'exercice de ce droit jusqu'à l'année 1821. » Après un long débat, le renvoi du titre aux comités est décrété. Le 3 septembre, Thouret revient avec un titre VII remanié entièrement. Il n'est plus question d'interdire à la nation de nommer une convention avant 30 ans. La nation usera de son pouvoir constituant quand elle voudra, mais il parait sage de l'inviter à réformer plutôt les parties de la constitution actuelle dont l'expérience fera sentir les inconvénients. C'est en vue de ces réformes partielles que sont écrits les articles du titre VII. Les articles 1, 2, 3 sont adoptés tels que Thouret les lit ; l'article 4 est voté avec les amendements proposés par Prieur, Tronchet, Regnaud de Saint-Jean-d'Angély. A l'article 5 on ajoute que l'Assemblée de revision ne sera composée que d'une chambre. Les articles 6, 7, 8 sont adoptés sans modification. De même la disposition relative aux colonies. La règle portant qu'aucun des pouvoirs institués par la Constitution n'a le droit de la changer est complétée par les mots : *sauf les réformes...* Le paragraphe qui confie la Constitution au Corps législatif, au Roi, aux juges, aux pères de famille, aux épouses, aux mères, aux jeunes citoyens, au courage de tous les Français, passe sans discussion. Salles demande et obtient quelques modifications dans le

(1) Toutefois sur le titre V, art. 3, Fréteau Saint-Just obtient de l'Assemblée la publication des comptes des départements ministériels.

paragraphe relatif aux décrets de l'Assemblée non compris dans la Constitution ; puis Saint-Martin demande, mais en vain, qu'on insère dans la Constitution le décret qui a aboli le droit de grâce. Enfin Lanjuinais propose et fait voter la déclaration que la Constitution est terminée et qu'on n'y peut rien changer. Le vote est accueilli par de vifs applaudissements dans la partie gauche de l'Assemblée.

Aussitôt André demande que la Constitution soit portée au Roi le jour même, et Lavie propose qu'on nomme 60 députés pour la présenter. L'Assemblée accepte et décide en outre, encore sur la proposition d'André, qu'il ne sera pas fait de discours. La séance est levée à deux heures. Le lendemain, 4 septembre, Thouret, au nom de la députation des soixante, raconte la visite au Château (1). Thouret a dit au Roi :

« Sire, les représentants de la Nation viennent offrir à l'acceptation de Votre Majesté l'acte constitutionnel qui consacre les droits imprescriptibles du peuple français, qui maintient la vraie dignité du trône et qui régénère le gouvernement de l'empire. »

Le Roi a répondu :

« Messieurs, je vais examiner la Constitution que l'Assemblée nationale vous a chargés de me présenter. Je lui ferai connaître ma résolution d'après le délai le plus court qu'exige l'examen d'un objet si important. Je me suis décidé à rester à Paris et je vais donner au commandant de la garde nationale parisienne les ordres que je croirai convenables pour le service de ma garde. »

Le Roi, ajoute Thouret, paraissait satisfait ; tout ce que les soixante avaient vu et entendu laissait prévoir « que l'achèvement de la Constitution serait aussi le terme de la Révolution ».

Le 13 septembre, Duport, ministre de la justice, vient à l'Assemblée et remet au président une lettre du Roi. Cette lettre, belle et digne, est trop longue pour être ici repro-

---

(1) *Arch. parl.*, 1re série, XXX, p. 191.

duite. En voici quelques extraits : « .... J'accepte donc la Constitution. Je prends l'engagement de la maintenir au dedans,
de la défendre contre les attaques du dehors, et de la faire
exécuter par tous les moyens qu'elle met en mon pouvoir. Je
déclare qu'instruit de l'adhésion que la grande majorité du
peuple donne à la Constitution, je renonce au concours que
que j'avais réclamé dans ce travail et que n'étant responsable
qu'à la Nation, nul autre, lorsque j'y renonce, n'aurait le droit
de s'en plaindre... J'ai pensé que c'était dans le lien même
où la Constitution a été formée que je devais en prononcer
l'acceptation solennelle, je me rendrai, en conséquence,
demain à midi, à l'Assemblée nationale (1). » Le 14, en effet,
le roi arrive, se place à la gauche du président et dit : « Messieurs, je viens consacrer ici solennellement l'acceptation que
j'ai donnée à l'Acte constitutionnel. En conséquence, je jure
d'être fidèle à la nation et à la loi, d'employer tout le pouvoir
qui m'est délégué à maintenir la Constitution décrétée par
l'Assemblée constituante et à faire exécuter les lois. Puisse
cette grande et mémorable époque être celle du rétablissement
de la paix, de l'union, et devenir le gage du bonheur du peuple
et de la prospérité de l'Empire. » Le Roi écrit alors sur l'Acte
constitutionnel qui lui est présenté par Duport les mots :
J'accepte et je ferai exécuter, et signe. Le président prend la
parole à son tour. Quand la cérémonie fut terminée, le Roi
revint aux Tuileries accompagné par l'Assemblée tout entière.

Le 30 septembre, l'Assemblée constituante se séparait.
Moins d'un an après, au 10 août 1792, l'Assemblée législative
violait le serment « de fidélité inébranlable » prêté par elle à
la Constitution de 1791, en suspendant Louis XVI de ses fonctions, en supprimant les conditions de cens imposées aux
électeurs secondaires, et en supprimant les conditions d'âge
et de cens imposées aux électeurs primaires (2).

(1) Cf. *Arch. parl.*, 1re série, XXX, p. 620 et s.
(2) Cf. D. 10 août 1792.

LA CONSTITUTION GIRONDINE
et LA CONSTITUTION du 24 Juin 1793.

La Convention se réunit le 21 septembre 1792. On a quelquefois soutenu que cette Assemblée avait usurpé le pouvoir constituant. Il est vrai qu'elle n'avait point été élue dans les formes et dans les conditions établies pour la revision par la Constitution de 1791. Mais la Constitution monarchique était à terre et le décret de convocation du 11 août 1792 avait expressément invité tous les Français, sans distinction entre citoyens actifs et passifs, à procéder à la formation d'une Convention nationale (1). Or le mot Convention, emprunté à la langue politique des États-Unis, avait alors un sens très précis : c'était le terme employé pour désigner une constituante. En tout cas, la Convention n'eut jamais de doute sur la nature de ses pouvoirs. Dès le premier jour elle rendit deux décrets constitutionnels au premier chef. Elle décréta l'abolition de la royauté et déclara qu'il ne pouvait y avoir de constitution que celle qui était acceptée par le peuple.

Quelques jours après, le 11 octobre 1792, la Convention nommait un Comité de Constitution composé de Sieyès, Thomas Payne, Brissot, Péthion, Vergniaud, Gensonné, Barrère, Danton, Condorcet, et comme suppléants, de Barbaroux, Hérault-Séchelle, Lanthenas, Debry, Fauchet, Lavicomterie. Le 21 octobre, Barrère monte à la tribune, annonce que le Comité a réglé l'ordre de ses travaux et propose une mesure

(1) D. 11 août 1792, *relatif à la formation des assemblées primaires pour le rassemblement de la Convention nationale.*
Art. 2. La distinction des Français en citoyens actifs et non actifs sera supprimée ; et pour y être admis, il suffira d'être Français, âgé de vingt-un ans, domicilié depuis un an, vivant de son revenu ou du produit de son travail, et n'étant pas en état de domesticité. Quant à ceux qui, réunissent les conditions d'activité, étaient appelés par la loi à prêter le serment civique, ils devront, pour être admis, justifier de la prestation de ce serment.
Art. 3. Les conditions d'éligibilité exigées pour les électeurs ou pour les représentants, n'étant point applicables à une Convention nationale, il suffira pour être éligible comme député ou comme électeur, d'être âgé de vingt-cinq ans et de réunir les conditions exigées par l'article précédent. (*Moniteur* (Réimpression), t. XIII, p. 391.)

préliminaire. « La constitution d'une grande République, dit-il, ne peut être l'ouvrage de quelques esprits. Elle doit être l'ouvrage de l'esprit humain... Quiconque dans le monde est capable d'écrire une constitution est membre nécessaire du Comité..., il faut l'inviter à publier ses pensées. » La Convention rend aussitôt un décret conforme. Puis le silence se fait à la tribune sur les travaux du Comité jusqu'au 15 février 1793. Ce jour-là, Bréard, président de l'Assemblée, donne la parole à Condorcet, rapporteur du Comité de Constitution. Condorcet lit « pendant plusieurs heures » un discours préliminaire dans lequel il énumérait les idées qui avaient dirigé le travail du Comité (1). Après quoi, Gensonné lit une nouvelle Déclaration des droits et commence, pour la terminer à la séance suivante, la lecture du projet de Constitution.

Le projet fut mal accueilli par les Jacobins et dans les journaux avancés. On lui reprochait d'être *liberticide*, de rétablir, au nom près, l'ancien régime. A ces critiques déraisonnables s'ajoutèrent des critiques fort justes. « Qui croirait, disait Marat dans le *Journal de la République*, n° 126, que pour proposer une nouvelle loi, ou en faire révoquer une ancienne, on tient cinq millions d'hommes sur pied pendant six semaines ? C'est un trait de folie qui mérite aux législateurs constitutifs une place aux Petites-Maisons... » Et le club des Jacobins de charger, en conséquence, un comité pris dans son sein de préparer un autre projet (2).

A la Convention même, l'hostilité de la Montagne contre le projet girondin se manifeste bientôt. Le 20 février, Amar monte à la tribune « pour dénoncer un délit ». L'imprimeur Beaudoin avait imprimé, outre le plan de Constitution girondine, un projet de sectionnement du Corps législatif en deux Chambres (3). Quel était le coupable ? l'imprimeur ou le Comité. Si c'est le Comité, « il a trahi la confiance

(1) *Moniteur* (Réimpression), XV, p. 436, et s.
(2) Les membres du Comité étaient : Jean Bon Saint-André, Robert, Bentabolle, Thuriot, Robespierre, Billaud-Varennes, Saint-Just, Dubois-Crancé, Collot d'Herbois, Anacharsis Clootz, Couthon et Antoine.
(3) *Moniteur* (Réimpression), XVI, p. 179.

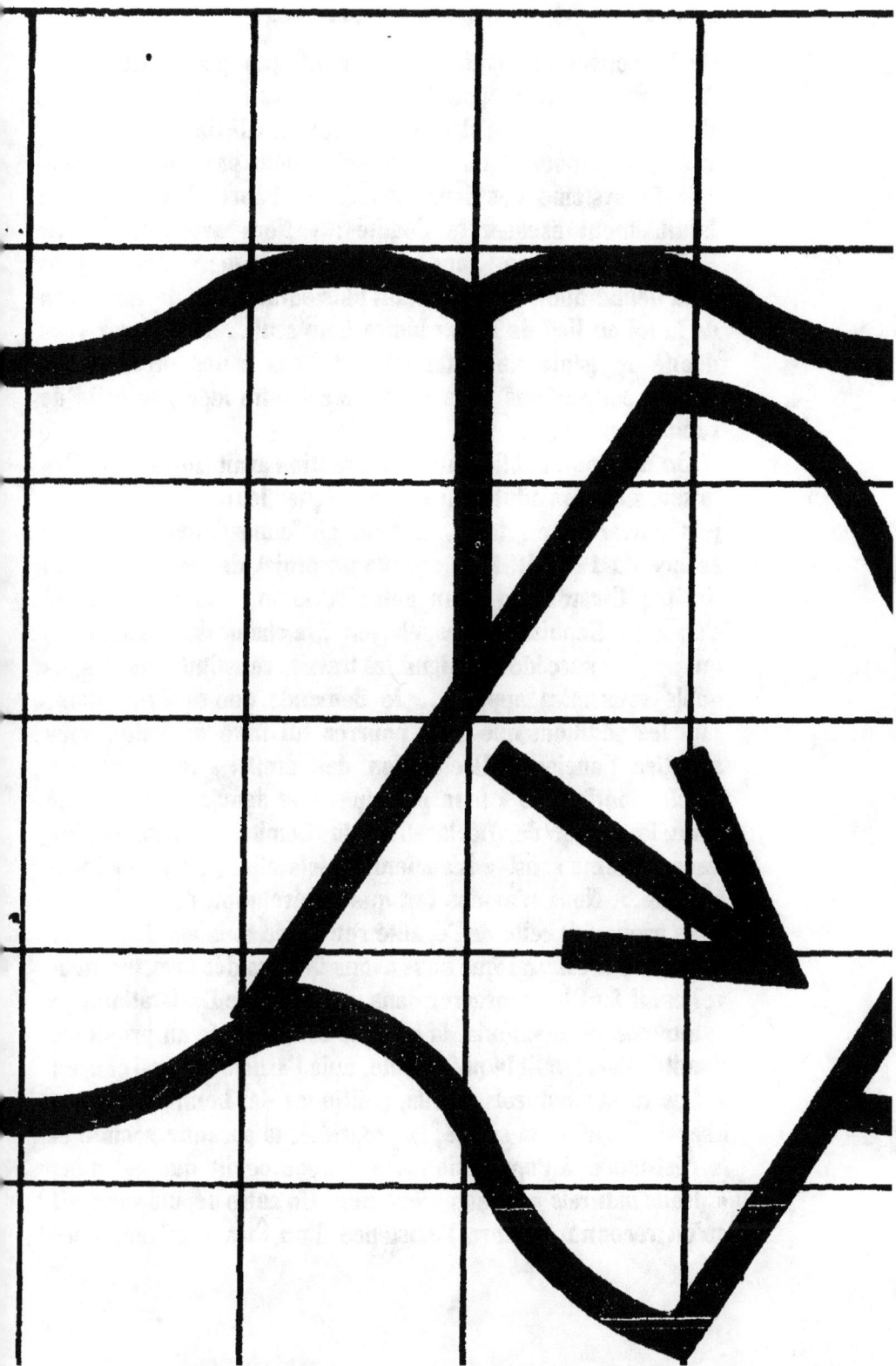

de la Convention ». La vérité était que pour faire plaisir à Sieyés on avait ajouté, à titre de variante, un projet de division du Corps législatif en deux parties distinctes, non pour voter, mais pour délibérer. Il n'était donc pas question d'établir le système des deux Chambres. Pourtant Barrère dut humblement excuser le Comité : « Nous avons cru servir l'opinion publique, nous avons cru donner des moyens à la délibération en présentant plusieurs modes de formation de la loi au lieu de nous réduire à un seul... Nous avez-vous donné le génie de l'infaillibilité? Nous avons présenté nos faibles conceptions sans y attacher d'autre idée que celle de remplir un devoir... »

On n'a point oublié que la Convention avait invité tous les faiseurs de Constitution à communiquer leurs plans. Les projets arrivèrent en foule. Romme en donne l'analyse dans la séance du 17 avril. Il lit ensuite un projet de Déclaration des droits ; Girardin en lit un autre. A la fin, Salles impatienté s'écrie : « Depuis six mois, citoyens, la chaîne des événements qui se sont succédé a éloigné les travaux constitutionnels auxquels vous étiez appelés... Je demande que sauf rédaction, sauf les additions que vous pourrez lui faire de suite, vous adoptiez l'ancienne Déclaration des droits. » Ducos objecte qu'elle contient de « faux principes » et demande la priorité pour le projet de Déclaration du Comité. Cambon opine dans le même sens. « L'ancienne Déclaration, dit-il, est incohérente... Nous n'avions fait que la révolution de la liberté, nous avons fait celle de l'égalité retrouvée sous les débris du trône... S'il est vrai que nous avons fait des découvertes nouvelles, il faut les consacrer dans une nouvelle Déclaration... »

Sur ces observations, la priorité est accordée au projet du Comité. Barrère lit le préambule, puis l'article 1er ainsi conçu : « Les droits naturels, civils, politiques des hommes sont la liberté, l'égalité, la sûreté, la propriété, la garantie sociale et la résistance à l'oppression... » Lassource dit que les mots « droits naturels » ne signifient rien. Un autre député voudrait qu'on reconnût d'abord l'existence d'un Être suprême. Ver-

gniaud propose alors une autre rédaction qui est adoptée. Le 24 avril, la discussion continue. Robespierre oppose à la Déclaration des droits girondine une Déclaration adoptée au club des Jacobins. Il descend de la tribune au milieu des applaudissements. Saint-Just lui succède. Son discours, qui est une critique acerbe du projet de Condorcet, est interrompu par l'arrivée triomphale de Marat, que le parti girondin avait fait décréter d'accusation le 13 avril, et que le tribunal criminel et extraordinaire avait acquitté. L'étoile des Girondins baissait à l'horizon. Il devenait trop évident que ces brillants orateurs ne savaient point agir : la Montagne, une minorité de gens très résolus, prenait peu à peu la direction de l'Assemblée.

Cependant la Déclaration des droits défendue par la Gironde est votée le 26, et l'on passe à la discussion de la Constitution proprement dite. Robert, Danton, Petit, Anacharsis Clootz prennent la parole. Anacharsis Clootz voulait une République universelle et, comme conclusion de son discours, il proposait un projet de Constitution infiniment simple : « Art. 1. Il n'y a pas d'autre souverain que le genre humain. Art. 2. Tout individu, toute commune qui reconnaîtra ce principe lumineux et immuable sera, de droit, reçu dans notre association fraternelle, dans la République des Hommes, des Germains (1), des Universels. Art. 3. A défaut de continuité ou de communication maritime, on attendra la propagation de la vérité pour admettre les communes, les enclaves lointaines. »

Le 3 mai, Vergniaud parle sur la Constitution et demande qu'on se hâte. Dans la séance du 10, Isnard développe des idées presque aussi originales que celles d'Anacharsis Clootz (2). Les membres de la Convention signeraient un contrat social au nom de leurs commettants et sauf ratification de ceux-ci. « C'est sur le pacte social que l'on édifierait une constitution à la majorité des suffrages. » Sans s'arrêter à de telles bizarreries, la Convention, après un nouveau discours de Robespierre, vote l'article 1er du projet de Constitution girondine. Le 12, Lanthenas

(1) Car Germanus veut dire frère.
(2) *Moniteur* (Réimpression), XVI, p. 380.

lit un discours sur la Constitution. Le 13, Condorcet prend
la parole, mais sa motion qui tendait à « précipiter » l'application de la Constitution est ajournée. Le 14, on admet à la barre
la députation des citoyens de Bordeaux. Duvigneau, l'orateur de la députation, lit une adresse qui se terminait ainsi :
« *Les Bordelais vous en conjurent enfin. Législateurs, au nom
de la paix des consciences et de l'enfer des remords, donnez
une Constitution à la République Française... (1).* » Certes, la
Montagne voulait bien voter une Constitution. Personne dans
la Convention, qui ne fût alors persuadé qu'une Constitution
remédierait à tous les maux. Mais de la Constitution girondine, la Montagne ne voulait point. Le 15, Saint-Just, se conformant à l'ordre de travail adopté le 13, *traite de la division
politique du pays, et repousse comme monarchique la division
territoriale* (2). Salles répond et obtient de la Convention un
vote qui maintient la division territoriale établie par la Constituante.

La discussion continue le 17 au milieu du bruit. Le 18,
Louvet parlait sur la Constitution quand survint la députation
de la municipalité de Paris. La Constitution est oubliée.
Guadet dénonce l'état d'insurrection des autorités parisien-
nes. Une commission de douze députés est chargée d'examiner les arrêtés pris depuis un mois par la Commune. Les commissaires nommés sont tous Girondins. Il y avait donc
encore une majorité en faveur de la Gironde. Avec un peu
d'énergie, Vergniaud pouvait vaincre, il ne sut que parler. Le
20, il réclame encore le vote de la Constitution : « Il est
impossible que la République s'établisse si nous ne faisons
pas une Constitution. » Le 21, Cambacérès revient sur la

(1) *Moniteur* (Réimpression), XVI, p. 419.
(2) « La division d'une monarchie est dans son territoire... Dans la
République au contraire la division est dans les tribus... Si la division est attachée au territoire le peuple est divisé... Si la division est
attachée au peuple... le souverain se forme, et la République véri-
tablement existe. » Aussi Saint-Just demandait-il que l'Assemblée
nationale fût élue par scrutin unique. Chaque électeur inscrira un nom,
les 341 citoyens qui auront obtenu le plus de voix formeront l'Assemblée.

division politique de la République. Audoin répond à Cambacérès, puis d'autres affaires détournent l'attention de l'Assemblée. La discussion recommence les jours suivants entre
Geoffroy, Rabaut, Buzot, Thuriot, Collot d'Herbois, Saint-Just,
toujours sur la division politique du territoire.

Le 23 mai, se pose une question d'un intérêt immédiat:
fixera-t-on un *maximum* de population pour chaque municipalité? Dans les villes dont la population est supérieure au
maximum, formera-t-on plusieurs municipalités? La municipalité de Paris était directement menacée. La discussion à
la Convention fut longue et orageuse. Elle durait encore
le 25, quand survint la députation de la Commune de Paris
réclamant la mise en liberté d'Hébert, son procureur, que
la Commission des Douze avait fait incarcérer. On connaît la
réponse menaçante et maladroite du Girondin Isnard : « ...S'il
arrivait qu'on portât atteinte à la représentation nationale...
bientôt on chercherait sur les rivages de la Seine si Paris a
existé. » Le 27, la discussion sur la division reprend. Nouvelle
interruption. Une députation de la section de la Cité avertit que
si la Convention ne traduit pas devant le tribunal révolutionnaire le Comité des Douze, « la section de la Cité saura sauver
la République ». Après une séance prolongée fort avant dans
la nuit, la Convention intimidée décrète la mise en liberté des
citoyens incarcérés sur l'ordre des Douze et casse la Commission. Le lendemain 28, la Convention revient sur le décret qui
cassait les Douze : le tumulte est indescriptible.

Cependant la Commune de Paris ne perd pas de temps pour
organiser l'insurrection. Dans la nuit du 30 au 31 mai les
barrières sont fermées, on sonne le tocsin, on tire le canon
d'alarme. Les députations du Département, de la Commune,
et de plusieurs sections somment la Convention de casser la
Commission des Douze et de décréter l'arrestation de vingt-
deux députés girondins. Sur la proposition de Barrère, la
Convention casse, le 31, les Douze, puis lève la séance pour
aller fraterniser avec la foule qui environnait la salle. Ce
n'était qu'une demi-victoire pour la Commune. Le samedi

1er juin, Marat va à la Commune et excite le peuple à se sauver lui-même, puisque « la représentation nationale met la chose publique en danger ». Le Conseil général de la Commune nomme les commissaires qui iront arracher à la Convention le décret d'accusation. La députation se présente le 2 juin à la barre. « Représentants, dit l'orateur, les crimes des factieux de la Convention vous sont connus..., mettez-les en état d'arres tation..., le peuple est las d'ajourner son bonheur (1). »

La pétition est renvoyée au Comité de Salut public. Le Comité n'osant pas livrer les Girondins, leur propose de se livrer eux-mêmes en se suspendant de leurs fonctions. Isnard, Lanthenas, Fauchet acceptent, Lanjuinais et Barbaroux refu sent. Finalement l'Assemblée met en état d'arrestation chez eux trente-trois Girondins. Le 24 octobre seulement leur procès commença. De charge contre les accusés, il n'y en avait guère, au moins contre ceux qui n'avaient pas fui, mais la Convention rendit le 29, un décret autorisant les jurés à se déclarer édifiés après trois jours de débats. Les Girondins furent condamnés à mort sans avoir pu même se défendre. Le 31 octobre, ils mon taient sur l'échafaud.

Après la défaite de la Gironde il ne pouvait plus être ques tion de voter le projet girondin ; mais comme partout dans le pays, les municipalités, les sociétés populaires, les clubs demandaient une constitution, le lendemain même du 2 juin la Convention chargea le Comité de Salut public de présenter un nouveau projet. Le Comité était alors composé de Cambon, Barrère, Guyton-Morveaux, Threilhard, Danton, Lacroix, Bernier, Delmas, Robert Lindet. Pour aider à la rédaction, on leur adjoignit Ramel, Hérault de Séchelles, Mathieu, Couthon, et Saint-Just. Le 10 juin, le Comité ayant achevé sa tâche, Hérault lut à la tribune l'Acte constitutionnel (2). Robes pierre en demanda aussitôt l'impression et la discussion. On s'étonnera peut-être que le Comité eût pu rédiger si

(1) *Moniteur* (Réimpression), XVI, p. 546.
(2) Le rapport d'Hérault est inséré au *Moniteur* (Réimpression) XVI, p. 616.

promptement un projet, mais d'abord il ne faut pas oublier
que le club des Jacobins avait élaboré une constitution
qu'on devait opposer à la Constitution girondine; le projet jaco-
bin servit, comme travail préparatoire, au Comité de Salut
public. Et d'autre part, les discussions auxquelles on s'était livré
sur le projet girondin avaient éclairci un grand nombre de
points et fixé les esprits. La Constitution montagnarde, comme la
girondine, était une combinaison du principe représentatif et du
principe démocratique (gouvernement direct), mais plus brève,
plus cohérente, plus pratique. « Mandataire dans les lois qu'il
doit présenter à la sanction du peuple, disait Hérault de Séchelles, le député ne sera représentant que dans les décrets : d'où
il résulte évidemment que le gouvernement français n'est représentatif que dans toutes les choses que le peuple ne peut pas
faire lui-même (1). »

Le 11 juin, l'article 1er est adopté au bruit des applaudissements. Les articles 2 et 3 : *De la distribution du peuple*, sont
également votés malgré les critiques de Thirion, de Couthon et
de Saint-André. On lit ensuite les articles 4, 5, 6 sur l'état des
citoyens. Thuriot obtient quelques modifications à l'article 4,

(1) Voici encore quelques passages de l'intéressant rapport d'Hérault : «... La représentation doit être prise immédiatement dans le
peuple ; autrement on ne le représente pas... Pour parvenir à cette
volonté générale qui dans la rigueur du principe ne se divise pas, qui
forme une représentation et non des représentants, nous aurions
voulu qu'il eût été possible de ne faire qu'un seul scrutin sur tout un
peuple. Dans l'impossibilité physique d'y réussir.... on sera forcé d'en
revenir, comme nous, au moyen le plus naturel et le plus simple.
Il consiste à faire nommer, sur un seul scrutin de liste, un
député par chaque réunion de cantons formant une population de
50,000 âmes... On approche par là aussi près qu'il est possible de la
volonté générale... La méthode que nous indiquons brise toutes les
séparations de territoire en fondant et en rendant plus compact que
jamais l'ensemble départemental. » Et plus loin : « On nous dira peut-
être : pourquoi consulter le peuple sur les lois ? Ne suffit-il pas de
lui déférer les lois constitutionnelles, et d'attendre ses réclamations
sur les autres ? Nous répondrions : c'est une offense au peuple que de
détailler les divers actes de sa Souveraineté... Conséquemment à notre
opinion de ne faire nommer directement et immédiatement par le
peuple que les députés et le jury national et non pas les agents de ses
volontés, nous n'avons pas voulu que le Conseil (exécutif) reçût sa
mission au premier degré de la base populaire... On ne représente
pas le peuple dans l'exécution de sa volonté. Le Conseil ne porte donc
aucun caractère de représentation.... »

notamment la substitution du mot *domicilié* aux mots *qui
réside* du projet. Il est bien entendu que pour être domicilié,
il faut avoir loué l'appartement ou acheté la maison où on loge.
C'était exclure les gens à gage et apporter à la règle du
suffrage universel une notable restriction. On vote encore
les articles 5 et 6. Le même jour, lecture est donnée des
articles 7 à 10 sur la souveraineté. On efface dans l'article 7,
sur la proposition de Chabot et de Saint-André, la mention
du jury national, mais Chabot demande en vain que le peuple
nomme immédiatement ses juges. Le 13, Hérault présente les
deux premiers articles sur les assemblées primaires. Lacroix
obtient qu'on exige *six* mois de domicile et non *trois*, comme
le voulait le projet. Guyomard fait abaisser le minimum de l'article 12 de 300 à 200 (assemblées primaires). Les articles 14,
15 passent sans discussion. L'article 16 du projet portait que
le scrutin serait signé. Réal observe que la liberté de
l'électeur sera gênée. Thuriot, au contraire, demande l'élection
à haute voix et au scrutin signé. Hérault propose et la
Convention adopte le texte actuel. Les articles suivants
passent à peu près tels que le Comité les a rédigés. Le projet
d'article 20 portait : *rejeter ou accepter la loi.* Ducos incrimine
l'expression qui, dit-il, tend au fédéralisme ; on y substitue
les mots : *voter pour ou contre.*

Nous voici aux articles relatifs à la représentation nationale.
L'article 21 est voté sans discussion. L'article 22 du Comité
était ainsi rédigé : *Il y a un député en raison de cinquante
mille individus.* Thuriot voudrait doubler le chiffre, Thirion
l'abaisser de moitié. Le texte définitif reproduit la proposition
de Levasseur. Le chapitre entier est cependant renvoyé au
Comité. Le 14 juin, Hérault lit une rédaction nouvelle. La
discussion des articles n'est pas sans intérêt : Lacroix et
Genissieux demandent, sans succès au reste, qu'aucun citoyen
ne puisse être élu s'il n'a six mois de domicile dans l'arrondissement qui a voté pour lui. Il faut craindre d'établir « une
aristocratie de réputation non moins dangereuse que les
autres ». Poulain-Grandpré ne réussit pas mieux quand il

propose que les membres d'une législature ne puissent être élus à la législature suivante. Vainement Guyomard demande qu'il y ait des suppléants. « Si vous voulez, disait Meaulle, conserver l'unité de la République, n'ayez pas de suppléants. » L'avis de Meaulle est celui de la Convention. Les articles 30 et suivants sont ensuite votés. Robespierre tente inutilement de faire modifier l'article 31 ; il obtient au moins qu'on ajourne l'article relatif à la formation extraordinaire des assemblées primaires.

Le 15 juin, Hérault rappelle qu'on a laissé indécise la question de savoir si le Conseil exécutif, les corps administratifs et judiciaires seraient élus directement par le peuple ou par les corps électoraux. La discussion s'engage entre Guyomard, Levasseur, Chabot, Thuriot, Robespierre. Chabot disait que le peuple doit faire tout par lui-même, tout ce qu'il est possible qu'il fasse. « Vous craignez que la nomination immédiate ne donne un caractère de représentation aux administrations...; mais vous n'écartez pas cet inconvénient par le mode des corps électoraux... » Robespierre combat Chabot. L'assemblée ferme la discussion et admet l'institution des corps électoraux. Les articles 37 à 43 sont votés. Sur les articles 42 et 43, Rafron et Bazire font entendre quelques protestations dont Thuriot et Robespierre empêchent la Convention de tenir compte. Les articles 45 à 52, qui ont pour objet la tenue des séances du Corps législatif, sont adoptés sans modifications importantes. On passe aux fonctions du Corps législatif, articles 53 à 55. Le Corps législatif propose les lois et rend des décrets. Le point est de fixer de quelle nature sera l'objet d'une loi, et quel sera l'objet d'un décret. Après un discours de Danton, l'Assemblée met la déclaration de guerre au nombre des lois.

Les articles 56 à 58 (formation de la loi) passent sans discussion. L'article suivant du projet est renvoyé au Comité. Le dimanche, 16 juin, l'article 61 est voté après que Robespierre y a fait substituer le mot *Peuple* au mot *République*. Les articles 62 et suivants (chap. XIII du projet) ne sont guère discutés. L'article 61 passe sans observation, ainsi que les

articles 75 à 77. Sur les articles 63 et 64 les amendements de
Thuriot et de Meaulle sont adoptés. On arrive au chapitre XV
du projet qui a pour objet l'institution d'un grand jury national institué pour garantir les citoyens de l'oppression, d'où
qu'elle vienne. Il y aura, disait le rapporteur, en face du Corps
législatif et du Conseil, « un tribunal imposant et consolateur,
créé par le peuple à la même heure et dans les mêmes formes
qu'il crée ses représentants : auguste asile de la liberté, où
nulle vexation ne sera pardonnée, et où le mandataire coupable
n'échappera pas plus à la justice qu'à l'opinion (1) ». Le grand
jury est très vivement combattu par Thirion, Chabot et Thuriot.
Robespierre n'ose point trop le défendre et la question préalable est votée. On adopte ensuite les articles 78, 79, 80.
L'article 82 est adopté également, mais après que Robespierre
en a fait retrancher, comme inutile, la défense aux administrateurs de s'immiscer dans les fonctions judiciaires, militaires, législatives. Robespierre eût voulu supprimer l'article
tout entier, parce que la qualité de représentant ne pouvait
appartenir à aucun mandataire du peuple : la volonté, disait-
il après Rousseau, ne se peut représenter.

Outre l'article 82 il y avait encore, dans le projet, un article
ainsi conçu : « Ils (les administrateurs, etc...) sont des agents
élus à temps pour exercer, sous l'autorité du Conseil, les fonctions administratives. » Cet article est rejeté. Un autre article,
portant que les administrateurs doivent répondre dans le mois aux
demandes qui leur sont adressées, est renvoyé au Comité. A
l'article 83 on ajoute les mots: *les fonctions des officiers municipaux.* Sur l'article 81 on vote sans discussion. L'article 84
est admis après qu'on en a retranché l'obligation d'imprimer
les comptes. On passe à la justice civile. L'article 85 est adopté
sans discussion; les articles 88 et 89, après quelques légères
corrections. Les articles 90 et 95 passent tels quels. On vote
aussi deux articles sur les arbitres publics, mais ces deux articles
seront profondément modifiés dans le texte définitif. Un autre

(1) *Moniteur* (Réimpression), XVI, p. 617.

article sur les réclamations contre les arbitres est renvoyé au Comité. Le 17 juin, le rapporteur lit une nouvelle rédaction des articles relatifs à la justice civile. Cambacérès demande l'établissement de jurés au civil; Bentabôle parle contre la proposition de Cambacérès. Thuriot observe qu'on a oublié les tribunaux de commerce et de police. Couthon dit que l'institution des jurés au civil est une « institution sublime », mais qu'on n'est point encore préparé pour la recevoir.

Une autre question vivement débattue est celle de la « suppression » des tribunaux d'appel. « J'aimerais presque autant, s'écrie Cambacérès, qu'on décrétât qu'il n'y aura plus de justice. » On revient alors au Conseil exécutif et Billaud-Varennes demande que les traités soient négociés par le Corps législatif. Roux parle en sens contraire et obtient gain de cause ; l'article 70 est voté.

Les articles 66, 67, 68, 71, 72 passent sans discussion. Les débats renaissent à propos de la révocation et de l'accusation des agents du Conseil. Le projet est amendé et les articles 73 et 74 sont votés. Robespierre ramène la discussion sur l'arbitrage. Il trouve l'arbitrage « sublime », mais ne veut pas qu'il soit forcé. L'article est renvoyé au Comité. On lit le chapitre XIX du projet : *Du tribunal de cassation*. Phélippeaux insiste pour l'adoption. Les articles 98 et 99 sont votés. Sur le chapitre XX du projet : *Des Contributions publiques*, une curieuse discussion s'engage. Levasseur propose que l'impôt soit en raison progressive des richesses. Gastelier se borne à demander l'exemption d'impôt pour qui n'a pas « l'absolu nécessaire ». Ducos appuie la proposition de Gastelier. Robespierre et Fabre d'Églantine la combattent : « J'ai partagé un moment, dit Robespierre, l'erreur de Ducos, je crois même l'avoir écrite quelque part ; mais j'en reviens aux principes et je suis éclairé par le bon sens du peuple, qui sent que l'espèce de faveur qu'on lui présente n'est qu'une injure. En effet, si vous décrétez, surtout constitutionnellement, que la misère excepte de l'honorable obligation de contribuer aux besoins de la patrie, vous décrétez l'avilissement de la partie la plus pure

de la nation, vous décrétez l'aristocratie des richesses et bientôt vous verriez ces nouveaux aristocrates, dominant dans les
législatures, avoir l'odieux machiavélisme de conclure que
ceux qui ne paient point les charges ne doivent point partager
les bienfaits du gouvernement ; il s'établirait une classe de
prolétaires, une classe d'ilotes et l'égalité et la liberté périraient
pour jamais... Ce qu'il y a de populaire, ce qu'il y a de juste,
c'est le principe consacré dans la Déclaration des droits
que la société doit le nécessaire à tous ceux de ses membres
qui ne peuvent se le procurer par leur travail. Je demande
que ce principe soit inséré dans la Constitution; que le
pauvre, qui doit une obole pour la Constitution, la reçoive de
la patrie pour la reverser dans le trésor public. » Sur ces observations, la Convention vote l'article 101, mais en même temps
elle décide que le Comité revisera la Déclaration des droits dont
plusieurs articles « ne cadraient plus avec la Constitution et
même l'altéraient (1). »

On passe au chapitre XVIII du projet : *Des forces de la République*. La Convention décrète les articles 107, 108 (rédaction
de Thuriot), 109 (rédaction de Lacroix), 110, 111, 112 (d'après
l'amendement d'un membre de l'Assemblée), 113, 114.

Le 18 juin, il est donné lecture du chapitre XXIV du projet :
Des Conventions nationales. L'article 115 est adopté sans discussion. Sur l'article 2 du projet : « Les Conventions s'assemblent
à vingt lieues au moins du Corps législatif », la discussion
s'engage. Thuriot et Robespierre observent qu'une Convention
ne peut exister en même temps qu'un Corps législatif. « Un
peuple, dit Robespierre, qui a deux espèces de représentants
cesse d'être un peuple unique. » Hérault reconnaît que « Robespierre a touché la véritable raison » et demande lui-même la
question préalable. L'article 116 est ensuite voté. Puis on discute, sur la proposition de Levasseur, quelle sera la durée
des Conventions nationales. La Convention décide qu'aucune
durée ne sera fixée. Les articles 118 et 119 passent sans discus-

(1) *Moniteur* (Réimpression), XVI, p. 679.

sion ; on repousse un projet de déclaration du droit des gens de Grégoire et l'on vote les articles 120 et 121. L'article 121 porte qu'on ne fait pas la paix avec un ennemi qui occupe le territoire. Mercier demande si l'on avait fait un pacte avec la victoire. Et Bazire de répondre : « Nous en avons fait un avec la mort. » Dans la même séance, on passe au chapitre XXVI : *De la garantie des droits.* L'article 1er du projet était ainsi rédigé : « La Constitution garantit à tous les Français le droit de se réunir en société populaire, la jouissance de tous les droits de l'homme. » Robespierre demande qu'on ajoute l'instruction commune ; mais il s'oppose à la demande de Fonfrède qui voudrait garantir aussi la liberté des cultes. Robespierre ne veut pas d'un article constitutionnel garantissant la liberté des cultes, craignant qu'on ne « tire de l'article le moyen de former des associations contre-révolutionnaires ». Finalement, la Convention décrète que la Constitution garantira à tous les Français une institution commune de secours publics, le droit de pétition, le droit de se réunir en société populaire, la jouissance de tous les droits de l'homme. L'article 124 est voté sans observation.

Le 19 juin, Hérault entretient l'Assemblée des articles renvoyés au Comité. Il lit les articles sur la justice civile, explique pourquoi le Comité a rejeté les jurés civils. Les articles 85 à 90 sont aussitôt décrétés. Cambacérès tente un dernier effort pour obtenir les jurés civils ; Barrère soutient Cambacérès, Couthon le combat. Hérault demande un délai de quelques heures pour examiner à nouveau la question.

Le 20 juin, Hérault, dans un rapport très bien fait, conclut au rejet des jurés civils, et propose pour les articles 91-95 un texte qui est adopté. Dans la séance du 23, lecture est donnée de la nouvelle Déclaration des droits rédigée dans la nuit précédente par le Comité. Cette lecture soulève les applaudissements. Raffron cependant voudrait qu'on mît dans le titre : *Déclaration des droits et des devoirs*, mais Robespierre s'y oppose. Après seconde lecture, la Déclaration est adoptée.

Le 24, Hérault monte à la tribune pour donner une dernière

lecture de l'Acte constitutionnel. Mais il demande qu'on vote
auparavant quelques articles sur la formation de la loi : il s'agit
des articles 56-60 qui sont votés aussitôt. D'autres articles destinés à remplacer le jury national formaient un chapitre intitulé :
*De la censure du peuple contre ses députés, et de sa garantie
contre l'oppression du Corps législatif.* La Convention rejette
le chapitre. Hérault lit alors l'Acte constitutionnel. Sur la proposition de Legendre, on insère dans l'article 122 la garantie
de « la liberté indéfinie » de la presse, et sur la demande de
Chabot, la garantie de la dette publique.

La rédaction définitive, mise aux voix, est adoptée par acclamation. Le surlendemain, la Convention, pour arrêter le mouvement fédéraliste, décrète l'envoi d'une adresse aux Français.
« ... Vos représentants ont achevé la Constitution... Ils ont dû
consacrer les premiers jours (du mois de juin) à élever l'édifice
immortel de votre bonheur, à vous préparer une Constitution
libre et populaire... Mais tandis que votre bonheur se prépare,
ceux qui ont constamment trahi la patrie... donnent le signal
de la guerre civile. Ils publient... qu'il n'existe plus de Convention nationale..., ils invitent les départements à s'en séparer...Les traîtres vous proposent de marcher sur Paris et la Convention nationale... Généreux guerriers, vous attendiez aussi
une Constitution que vos armes feront respecter de l'Europe :
la Constitution appuiera puissamment vos armes... Citoyens
qui avez juré d'être libres, qui voulez avoir une patrie, une
Constitution, ralliez-vous à la Convention nationale... (1) »

Le 27, sur le rapport de Barrère, la Convention règle le mode
de présentation de la Constitution au peuple. Dans son décret,
l'Assemblée promettait d'indiquer, aussitôt après le vote,
« l'époque prochaine des assemblées primaires pour l'élection
des députés de l'Assemblée nationale et la formation des autorités constituées (2) ». Barrère, en effet, dès le 3 juillet, lut
un rapport sur la convocation des assemblées primaires. « Le
grand ouvrage national (la Constitution) va s'élever dans peu de

(1) Cf. *Moniteur* (Réimpression), XVI, p. 762.
(2) Cf. *Moniteur* (Réimpression), XVI, p. 764.

jours... Nos passions auront déposé leur limon grossier, les eaux bourbeuses des horreurs révolutionnaires se seront écoulées et la Constitution restera... La voilà, cette Constitution tant désirée, et qui, comme les tables de Moïse, n'a pu sortir de la Montagne Sainte qu'au milieu des foudres et des éclairs. Et qu'on ne dise pas qu'elle est l'ouvrage de quelques-uns. Dans quelques jours on a recueilli la lumière de tous les siècles... » Mais il faut renoncer à citer tout le rapport, peut-être le plus curieux témoignage de l'enthousiasme soulevé par la Constitution jacobine.

Le 9 août, Gossuin lut à la Convention le rapport de la Commission chargée de recueillir les procès-verbaux d'acceptation. Ce rapport constatait que l'acceptation était presque unanime ; seule, sur 44,000 communes, la commune de Douan (Côtes-du-Nord) avait osé demander le fils de Capet pour roi (1). Le 10 août, avec le concours des délégués de toutes les assemblées primaires, on célébra à Paris la fête solennelle « pour l'acceptation de la Constitution » (2).

La dissolution prochaine de la Convention était la conséquence du vote de la Constitution. Mais cette dissolution était-elle possible dans le péril que courait alors la France, quand le pays avait plus que jamais besoin d'un gouvernement fort et centralisé ? Était-il opportun de mettre à exécution une constitution qui posait en principe la souveraineté du nombre ? Les doutes étaient nés très vite dans les esprits. Bazire constate, dans la séance du 28 août, que depuis l'acceptation de la Constitution, les efforts des « malveillants » ont redoublé. Il propose de déclarer la France « en révolution jusqu'à la reconnaissance de son indépendance ». La proposition est accueillie et renvoyée pour la rédaction au Comité de sûreté générale, et le 19 vendémiaire an II (10 octobre 1793), sur

(1) Il y avait en 1,801,918 *oui*, contre 11,610 *non*. Cf. *Moniteur* (Réimpression). XVII, p. 363.
(2) La fête consista principalement en discours d'un lyrisme débordant, prononcés par Hérault à la fontaine de la Régénération, devant l'arc de triomphe, à la place de la Révolution, aux Invalides, à l'autel de la patrie, et au Champ de Mars devant le monument des guerriers morts pour la patrie.

le rapport de Saint-Just, la Convention, ajournant jusqu'à la paix la mise à exécution de la Constitution, organise le gouvernement révolutionnaire. Le long décret du 14 frimaire an II, complète cette organisation (1). Désormais le Comité de salut public est le maître du pays (2). Les corps constitués, la Commune, le Comité de sûreté générale même lui sont subordonnés. La loi du 21 prairial an II (10 juin 1794), relative au tribunal révolutionnaire, pousse aux dernières limites la tyrannie du Comité de salut public et du Comité de sûreté générale. A la Convention, on discute à peine; un effroi indicible, gagnant de proche en proche, glace les cœurs. Ordinairement l'Assemblée vote dans un silence morne les décrets exigés par les comités. De la Constitution, plus un mot.

Au 9 thermidor (27 juillet 1794), la grande Terreur cessa et la Convention reprit en fait le gouvernement. La loi du 22 prairial est rapportée le 14 floréal an II; les Commissions populaires disparaissent; le Tribunal révolutionnaire est réorganisé (3); la Commune de Paris supprimée. A la Convention, dans le pays se dessine un mouvement toujours plus fort de réaction contre les terroristes. Les conventionnels menacés organisent l'insurrection. Le 12 germinal an III (1er avril 1795) la Convention est envahie; mais la tentative avorte et l'Assemblée condamne à la déportation Barrère, Vadier, Billaud-Varennes, Collot-d'Herbois. Au 1er prairial (20 mai 1795), nouvelle tentative. La Convention est envahie par la foule qui demande du pain et la Constitution de 1793. L'insurrection est encore vaincue. Les derniers terroristes montent sur l'échafaud.

Mais que faire de la Constitution? Dans l'Assemblée on désirait moins que jamais l'appliquer. Déjà dans la séance du

(1) La section Ire du décret crée le Bulletin des lois.
(2) Le Comité de salut public, décrété en principe le 18 mars 1793, avait été organisé par la loi des 6-11 avril 1793. Le 1er avril 1794, sur le rapport de Carnot, les ministres sont supprimés et remplacés par des commissaires subordonnés au Comité de salut public. — Les ministères seront rétablis, conformément à la Constitution de l'an III, art. 150, par la loi du 10 vendémiaire an IV (2 octobre 1795).
(3) Il disparaît seulement le 12 prairial an III (31 mai 1795).

1er germinal an III (21 mars 1795), Thibeaudeau disait : « Je ne consentirai jamais à l'exécution prompte et subite de la Constitution..., car je ne veux pas voir dans trois mois les Jacobins rétablis et la représentation nationale dissoute... Je veux que le Corps législatif ait la police immédiate et la direction de la force armée de la commune dans laquelle il tiendra ses séances... La Constitution ne doit sortir de cette arche qu'après que des lois organiques auront facilité sa marche. » Et Legendre d'ajouter : «... Nous sommes tous d'accord... Personne ne veut mettre la Constitution en activité avant que les lois organiques soient préparées... Je demande que la Convention nomme une commission de onze membres et que cette commission travaille sans relâche aux lois organiques de la Constitution (1). » La proposition de Legendre est adoptée à l'unanimité, sauf que le nombre des membres de la commission est réduit à sept. Cambacérès, Merlin (de Douai), Thibeaudeau en font partie. Le rapport sur les lois organiques est préparé en hâte. Cambacérès le lit le 29 germinal. La Convention décrète que l'ordre de travail proposé est adopté, que les travaux seront menés avec la plus grande célérité et qu'il sera nommé à cet effet une commission de onze membres. Quelques jours après, le 21 floréal, la Convention ordonne « que la Commission des Onze présentera, sous deux moi. et sans nul autre délai, le travail sur les lois organiques de la Constitution, que ces lois seront soumises un mois après à la sanction populaire et que les assemblées primaires seront convoquées le 9 thermidor prochain ». Les choses en étaient là aux journées de prairial.

Victorieuse de l'insurrection, la Convention renonça définitivement à l'idée d'appliquer la Constitution de 1793.

(1) Cf. *Moniteur* (Réimpression), XXIV, p. 32.

LA CONSTITUTION
Du 5 Fructidor an III (22 Août 1795).

Boissy-d'Anglas, dont la contenance intrépide au 1er prairial, avait excité l'admiration générale, était devenu rapporteur de la Commission des Onze. Le 5 messidor an III (23 juin 1795), il lit un long rapport dans lequel sont énumérées les règles adoptées par la Commission. « ... Nous avons cherché, dit Boissy-d'Anglas, à conserver de la Constitution de 1793 tout ce qui pouvait être utile, à modifier ou à changer tout ce qui pouvait être contraire à notre unique but, le salut, la liberté et la gloire du peuple français... Mais il est de notre devoir de vous déclarer que cette Constitution... n'est que la conservation formelle de tous les éléments de désordre..., que l'organisation de l'anarchie (1). »

Daunou et Lesage (d'Eure-et-Loir) succèdent à Boissy et présentent le projet de Constitution. L'Assemblée ordonne l'impression et fixe la discussion au 16 messidor. Entre temps, le 11, Faure par une motion d'ordre appelle l'attention sur la Déclaration des droits projetée. Il prétend qu'elle sera insuffisante si elle n'est accompagnée d'une Déclaration des devoirs. L'observation paraît juste, et la Convention ordonne à la Commission d'en tenir compte. Le 16 messidor (4 juillet), Daunou soutient qu'il n'est pas nécessaire de rédiger une Déclaration spéciale des devoirs, car la Déclaration des devoirs est renfermée dans celle des droits. Il est combattu avec succès par Mailhe. Puis, Bréard invite tous ceux qui ont de nouveaux projets à les présenter sans retard. Personne ne demandant la parole, Daunou lit l'article 1er du projet : « Le but de la société est le bonheur commun. » De tous côtés on demande à Daunou ce qu'il entend par le bonheur commun. Debry voudrait qu'on formulât dans l'article 1er le droit pour l'indigent valide de réclamer le travail nécessaire à sa subsistance.

(1) *Moniteur* (Réimpression), XXVI, p. 81 et s.

Finalement, l'article est rejeté, et l'article 2 devenu l'article 1er est voté, ainsi que le suivant, dans lequel Hermann a fait remplacer le mot *autrui* par les mots *droits d'autrui*. L'article 4 § 1er du projet a trait à la liberté de la presse et aux moyens de « publier sa pensée ». Une vive discussion s'engage. L'article défendait de limiter ou de suspendre la liberté de la presse. C'était, disait-on, une rédaction équivoque d'où sortirait l'impunité de la presse. Le paragraphe est donc renvoyé à la Commission. Il est voté seulement le 17, avec le paragraphe 2 (liberté des cultes) (1).

Dans la même séance, passent les articles 5 (2), 6 (3) (avec amendement de Mailhe rectifié par Merlin, de Douai), 7, 8, 9 (4) du projet, ainsi que les articles 11, 15 (5). L'article 10 est renvoyé à la Commission. Les articles 16 (6), 17, 18, 23 (7) du projet sont adoptés sans discussion.

Daunou lit ensuite un article qui contient l'exposé des devoirs de l'homme en société. La Convention ordonne l'impression et l'ajournement. Fermont réclame un article portant que « tous les hommes naissent et demeurent libres et égaux en droit » ; Dubois-Crancé, un article sur l'égalité (8). Renvoi à la Commission des Onze.

Dans la séance du 19 messidor, on lit une lettre de Thomas Payne qui soutient qu'on ne peut refuser le droit électoral même au Français non inscrit au rôle des contributions. Les observations fort longues de Thomas Payne laissent l'Assemblée irrésolue (9). L'article 1er du titre Ier du projet (Const. art. 3) est voté. L'article 2 (Const. art. 4) passe avec amendement de Garraud-Coulon, portant que la rectification des limites des départements pourra être faite par le Corps législatif, et un

(1) Cf. Const. art. 353, 354.
(2) Décl. des droits, art. 3, § 1er.
(3) Décl. des droits, art. 6, 7.
(4) Décl. des droits, art. 9.
(5) Cf. Décl. des droits, art. 11, 12, 14, 15.
(6) Const. art. 358.
(7) Décl. des droits, art. 16, 19-21.
(8) Cf. Décl. des droits, art. 3.
(9) *Moniteur* (Réimpression), XXV, p. 171.

amendement de Bréard qui ajoute le rapport de l'ancienne
mesure de surface à la nouvelle. Après une longue discussion,
l'article relatif à la distribution du département en cantons et du
canton en communes est ajourné. La discussion reprend le 21.
La suppression des districts est enfin admise (1) : les articles 3
et 4 du projet (Const. art. 5) sont votés.

Avec l'article 1er du titre II du projet se pose la question de
savoir qui est citoyen Français. Lanjuinais demande si l'on
concèdera à tout le monde des droits politiques, même aux
femmes, même « aux hommes qui n'ont rien et que le besoin
met à la merci du premier qui les paye ». Pour Lanjuinais,
le droit politique n'est pas un droit proprement dit : l'électeur remplit une fonction (2). La Convention indécise déclare
qu'elle s'occupera d'abord des quatre premiers articles du
titre X du projet (Const. tit. XI), et elle renvoie les quatre articles
à la Commission des Onze. Le 23, la Commission apporte une
nouvelle rédaction. Dubois-Crancé oppose un contre-projet :
puisqu'il faut payer une contribution directe pour être électeur, il est juste d'admettre le pauvre à se faire inscrire pour
une contribution civique volontaire en travail. L'idée est
adoptée et l'amendement Genissieux fixe la contribution à la
valeur locale de trois journées de travail agricole (3).

On revient à l'article 1er titre II du projet (Const. art. 8). A
ceux qui trouvent l'âge de 21 ans trop peu élevé, Daunou répond
que « l'admission de la jeunesse dans les assemblées primaires
sera le complément de l'éducation, que la jeunesse apportera
dans les assemblées un cœur étranger à la corruption, du patriotisme et souvent des lumières neuves ». L'article est adopté,
ainsi que l'article suivant (Const. art. 8, 9). Le 24 messidor, on
vote les articles 3 et 4, titre II (Const. art. 10, 11). Sur l'article 5 (Const. art. 12) Hermann observe que Bitaubé touche une
pension du roi de Prusse, et Lakanal dit que l'article 12 ferait

_____

(1) Sur les motifs de la suppression, V. Daunou. *Moniteur* (Réimpression), XXV, p. 189.
(2) *Moniteur* (Réimpression), XXV, p. 196.
(3) *Moniteur* (Réimpression), XXV, p. 219.

perdre à Platon le droit de cité. Lestement, Lanjuinais répond que si l'article fait perdre un Platon, il délivre de beaucoup d'intrigants. L'article est adopté. L'article 6 (projet) est renvoyé au Comité. L'article 7 (Const. art. 15) est voté. L'article 8 (projet) est renvoyé, après discussion, à la Commission. Le 26, Daunou apporte une nouvelle rédaction et l'article 8 (Const. art. 16), augmenté du paragraphe sur les opérations manuelles de l'agriculture, est adopté.

Dans la même séance, le rapporteur lit le titre III relatif aux assemblées primaires. Sur l'article 1er du projet, Lacroix propose de n'admettre aux assemblées que les citoyens domiciliés depuis un an dans le canton : le domicile s'acquérant par un an de résidence. La proposition adoptée devient l'article 17 de la Constitution. Les articles 2 à 10 du projet (Const. art. 18-25) passent sans discussion. L'article 11 (Const. art. 26) soulève de très importants débats (1). Admettra-t-on l'élection directe que propose la Commission ? Ne conviendrait-il pas mieux, pour toutes les élections importantes, d'admettre une élection à deux degrés et par conséquent des assemblées électorales ? Chaque opinion avait des défenseurs dans tous les partis. Louvet soutient que l'idée de faire choisir immédiatement par le peuple ses représentants est irréalisable. Le 27, Baudin (des Ardennes) répond à Louvet et combat les corps électoraux. Bordas, Lahaye, Cornillau, Debry, Lanjuinais parlent en sens divers. L'Assemblée ferme la discussion en décidant qu'il y aurait des corps électoraux. La Commission des Onze est chargée de présenter un projet sur leur organisation et la nature de leurs fonctions. Le 29, surgit la question de la division du Corps législatif (2) On sait combien l'idée d'une division avait choqué l'Assemblée constituante. Pour l'avoir proposée, le parti constitutionnel en 1789 s'était discrédité. On se souvient aussi de l'indignation de la Montagne, quand on eut imprimé à la suite du projet de Constitution girondine, et seulement comme document, le projet de sectionnement du

(1) *Moniteur* (Réimpression), XXV, p. 246 et s.
(2) *Moniteur* (Réimpression), XXV, p. 253 et s.

Corps législatif de Sieyès. En 1795, l'opinion était retournée.
Chacun savait, par une expérience récente, ce que peut faire
une Chambre unique. On se trouva donc d'accord sur le principe de la division. Mais sur l'organisation des deux Chambres
l'accord n'existait plus. Les débats, féconds en projets et en
amendements variés, durent jusqu'au 30 messidor. Parmi les
orateurs il faut citer Lakanal, Echasseriaux aîné, Daunou, Bordas,
Lareveillère, Deleyre. Finalement la Commission l'emporte, et
son projet, légèrement amendé, passe. On décrète les articles
44, 58, 68 à 71 et 82 de la Constitution. L'article 12, titre V
du projet (renouvellement par moitié du Conseil des Anciens
tous les deux ans) est renvoyé à la Commission. Le 1er thermidor, Daunou apporte un nouvel article 12 (Const. art. 54)
qui est adopté. Les articles 13, 14 du projet deviennent les
articles 49, 50, moins ce qui, dans les articles constitutionnels,
concerne le Conseil des Cinq-Cents. A l'article 14 Lacroix fait
ajouter la disposition qui forme l'article 51 de la Constitution.
L'article 15 (projet) est adopté ainsi qu'il suit : « Les membres
du Conseil des Anciens sont nommés par les citoyens de chaque
département réunis en assemblées primaires. » Cet article dis-
paraîtra de la rédaction définitive. L'article 16 (Const. art. 83)
fixe les conditions d'éligibilité au Conseil des Anciens. Cambacérès demande inutilement qu'on porte à 45 ou 50 ans
le *minimum* d'âge. Dussault répond qu'à 40 ans « l'homme
est ce qu'il doit être : les passions sont amorties, il peut de
grandes choses ». Au nombre des conditions d'éligibilité se
trouve celle-ci : être marié ou veuf. Cambacérès demande
que « l'homme vertueux qui adopte un enfant » soit éligible.
Lareveillère s'oppose à l'amendement dans un discours plein
de sensibilité (1). L'article est voté après suppression du der-

(1) « ... Pouvez-vous mettre sur la même ligne que le père de famille,
celui qui, pour se décharger des embarras d'un ménage et n'ayant
éprouvé aucun des sentiments qu'il fait naître, a passé sa vie à porter
l'opprobre et l'infortune au sein des familles, à faire couler les larmes
de l'innocence, et à convertir en haine et en mépris l'amour et l'estime
qui rendaient deux époux heureux... ! C'est uniquement en concen-
trant dans le cœur de l'homme toutes les affections de la famille, que,

nier paragraphe qui exigeait de l'élu la qualité de propriétaire foncier depuis un an au moins. Les articles 17 et 21 du projet passent également : ce sont les articles 57 et 61 de la Constitution, mais restreints aux Anciens. Les articles 18 à 10 du projet sont renvoyés à la Commission.

Dans la séance du 2 thermidor, on vote l'article 22 (Const. art. 73) et l'article 23 qui rend communes aux Cinq-Cents les dispositions des articles 12, 13, 14, 15, 17, 18, 19, 21 relatifs à l'organisation des Anciens. L'art. 24 (Const. art. 74) soulève quelques débats, principalement sur le point de savoir si, pour être éligible aux Cinq-Cents, il faut être marié ou veuf... « C'est une plaisanterie, s'écrie Dubois-Crancé, de dire que des hommes peuvent n'avoir pas encore senti à trente ans le besoin du mariage ; tout homme qui, à cet âge, ne sera pas en état de donner la vie à un autre, ne sera pas capable d'être législateur. La classe des célibataires est celle des égoïstes ; c'est là qu'on pourrait trouver plus facilement qu'ailleurs les plus fermes appuis du despotisme, car l'homme qui est resté seul jusqu'à une époque avancée de sa vie ne rapporte tout qu'à lui, et ce sentiment le portera à préférer à tous les régimes celui qui lui présentera le plus de jouissance... » (1). Sur ces observations l'article est amendé, mais dans la rédaction définitive l'amendement disparaît.

C'est dans la séance du 2 thermidor que Sieyès, cédant enfin aux sollicitations de ses admirateurs, consentit à exposer, sur un ton d'oracle, son système de Constitution. Il n'est pas inutile de donner quelques extraits et comme un raccourci du discours de Sieyès, car nous retrouverons dans la Constitution de l'an VIII, sous le nom de Sénat et de Tribunat, la *jurie constitutionnaire* et la *jurie pétitionnaire*.

« Nous voyons, dit Sieyès (2), la *Constitution* presque entière dans l'organisation de l'établissement public central, c'est-à-

suivant l'expression du citoyen de Genève, vous lui donnerez cette passion exclusive pour sa patrie, cet amour ardent qui rend un jeune homme capable de tout entreprendre pour l'amante chérie de son cœur ». *Moniteur* (Réimpression), XXV, p. 286.

(1) *Moniteur* (Réimpression), XXV, p. 290.
(2) *Moniteur* (Réimpression), XXV, p. 291 et s.

dire dans cette partie de la machine politique qui donne la loi et dans la partie qui procure l'exécution de la loi du point central sur toutes les parties du territoire... En fait de constitution politique : unité seule est despotisme, division seule est anarchie. C'est la division avec l'unité qui donne la garantie sociale. L'action politique, dans le système représentatif, se divise en action ascendante et action descendante. Par la première le peuple nomme médiatement ou immédiatement ses diverses représentations, de la seconde dérivent tous les actes par lesquels les divers représentants s'emploient à former ou à servir la loi. Le point de départ de ce mouvement politique, ce sont les assemblées primaires; le point d'arrivée, c'est le peuple recueillant les bienfaits de la loi. » La question est de savoir comment on divisera les pouvoirs (1). Deux systèmes sont possibles : le système de l'*équilibre*. et celui du *concours*. Il faut se garder d'une erreur : c'est que le peuple ne doit déléguer de pouvoirs que ceux qu'il ne peut exercer lui-même. Il est constant que se faire représenter dans le plus de choses possibles, c'est accroître sa liberté, comme c'est la diminuer que d'accumuler des représentations diverses sur les mêmes personnes. Les pouvoirs illimités sont un monstre en politique. D'ailleurs le peuple n'a pas lui-même les droits illimités que ses flatteurs lui ont attribués. Le système de l'*équilibre*, fût-il composé de contre-poids homogènes, n'est pas bon. Si les deux procurations, chargées du même pouvoir, restent indépendantes, il n'y a plus de certitude dans la marche des affaires ; les deux chambres resteront en contre-action ; et si le mouvement reprend, c'est parce que le système s'altère, et qu'au lieu de l'équilibre s'est reproduit cette action unique qui renouvelle tous les dangers du despotisme. L'autre système, celui du *concours*, confie à divers représentants des parties différentes du même ouvrage, de manière que le résultat de

(1) « Il n'y a, dit Sieyès, qu'un pouvoir politique dans une société, celui de l'association ; mais on peut appeler improprement *pouvoirs* les différentes procurations que le pouvoir unique donne à ses représentants. »

tous les travaux produit l'ensemble demandé. C'est à ce système qu'il faut s'en tenir : il deviendra un jour celui de tous les peuples éclairés et libres.

En conséquence Sieyès demande d'abord une *jurie constitutionnaire*, dont la mission sera de juger les réclamations contre toute atteinte portée à la Constitution, et une *tribune de proposition* ou *tribunat* pour que les demandes du peuple « retentissent à l'oreille du législateur ». En regard du tribunat Sieyès place le *gouvernement*, qu'il ne faut pas confondre avec le *pouvoir exécutif*. Celui-ci toute *action*, celui-là toute *pensée*. Le pouvoir exécutif est celui qu'exercent les ordonnateurs de l'action de la loi. Il doit être séparé du gouvernement qui embrasse trois parties. Le Gouvernement est *jurie de proposition*. Une fois la loi promulguée, il est *jurie d'exécution*. Enfin le gouvernement est *procurateur d'exécution* et à ce titre nomme le pouvoir exécutif. Après avoir ainsi mis en représentation, d'un côté, la demande des besoins des gouvernés, de l'autre la demande des besoins des gouvernés et du gouvernement, il faut faire représenter le *jugement national* par un corps qui seul sera la législature.

La législature comprendra un nombre à peu près égal d'hommes voués aux trois grands travaux : l'industrie rurale, l'industrie citadine, « la culture de l'homme ». Elle ne rendra jamais de décret *de propre mouvement*; car le législateur n'a pas le droit de supposer le besoin, il l'écoute, il attend la demande.

Sieyès concluait en demandant le renvoi à la Commission des Onze des quatre articles suivants :

1° Il y aura, sous le nom de *Tribunat*, un Corps de représentants au nombre de trois fois celui des départements, avec mission spéciale de veiller aux besoins du peuple, et de proposer à la législature toute loi, règlement ou mesure qu'il jugera utile.

2° Il y aura, sous le nom de *Gouvernement*, un Corps de représentants, au nombre de sept, avec mission spéciale de veiller aux besoins du peuple et à ceux de l'exécution de la

loi, règlement ou mesure qu'il jugera utile. Les Assemblées
ne seront point publiques.

3º Il y aura, sous le nom de *Législature*, un Corps de représentants, au nombre de neuf fois celui des départements,
avec mission spéciale de juger et de prononcer sur les propositions du Tribunat et sur celles du Gouvernement. Les jugements, avant la promulgation, porteront le nom de décrets.

4º Il y aura, sous le nom de *Jurie constitutionnaire*, un
Corps de représentants, au nombre des trois vingtièmes de la
législature, avec mission spéciale de juger et prononcer sur
les plaintes en violation de Constitution, qui seraient portées
contre les décrets de la législature.

La Convention accueillit le projet de Sieyès avec une surprise
mêlée de désappointement. Cependant Thibeaudeau demanda
le renvoi à la Commission des Onze, mais en même temps il
demanda qu'on suivit la discussion sur le projet de la Commission, ce qui fut accordé.

Nous revenons donc au projet des Onze.

Le rapporteur lit les articles 25-41 (Const. art. 62, 64-66, 76,
75, 86, 102, 103, 105, 106, 108) qui presque tous sont votés
sans discussion. Toutefois les articles 40 et 41 sont renvoyés
à la Commission sur la proposition de Berlier, afin qu'on précise les cas où le Corps législatif pourra se former en Comité
général. Le 3 thermidor, Daunou présente la nouvelle rédaction
des articles 40 et 41 (Const. art. 65, 66). On vote ensuite les
articles 42-47 du projet, et l'article 48 qui rend communes aux
Anciens les dispositions des articles 39, 41, 42 et 43 adoptées
pour les Cinq-Cents (Const. art. 67, 77, 78, 79, 80, 81, 88).
Sur les articles 49-72 du projet (Const. art. 85, 87, 89-99, 101,
124-127, 110-113) peu ou point d'observations; les articles
sont adoptés. On adopte aussi sans discuter, la fin du titre III
sur les Assemblées primaires, c'est-à-dire les articles 12 à 16
du projet (Const. art. 27-32).

Nous arrivons maintenant aux assemblées électorales. Dans
la discussion sur l'article 1ᵉʳ du projet, Bréard propose le
chiffre 200 qu'on lit dans l'article 33 de la Constitution. Le

projet portait 500. L'article 2 (Const. art. 34) est voté, en dépit des critiques de Dewars, qui craint que les assemblées électorales finissent par être composées d'ignorants. A propos de l'article 3 (Const. art. 35), un membre s'élève contre l'opinion qui présume que la propriété foncière attache d'une manière plus forte à la chose publique que le commerce. Guyomard demande que les conditions exigées des citoyens suffisent pour être électeur. Delacroix obtient que l'usufruitier soit électeur comme le propriétaire. Un autre conventionnel obtient qu'on ne puisse être électeur ayant l'âge de 25 ans. Enfin Lareveillère s'oppose à un amendement qui tendait à reconnaître « les qualités pour devenir électeur dans le fils du citoyen qui paie la contribution exigée, sans que le fils lui-même soit obligé de la payer ». L'article 3 (Const. art. 36) passe aussi, mais après qu'on a rejeté du texte projeté les mots *les électeurs ne reçoivent aucune indemnité* et renvoyé à la Commission la question de l'indemnité.

Dans la séance du 4 thermidor, Thibeaudeau combat la proposition faite par la Commission de graduer les fonctions publiques (1). Le système de la *gradualité* est attentatoire à la souveraineté, car le peuple est restreint dans ses choix. En outre, il crée une aristocratie de fonctionnaires. Berlier répond que celui qui n'a pas exercé une fonction publique est comme un mineur pour les emplois supérieurs. Il faut un noviciat. Après d'assez longs débats la question préalable est admise sur les articles du Comité, sauf le dernier (Const. art. 43) qui est voté (2). On lit ensuite les cinq premiers articles du titre VI du projet (Const. tit. VII). Sur l'article 5 (Const. art. 177), Delacroix demande inutilement la conservation des conseils généraux de département. La Convention vote les articles proposés (3). Elle vote aussi l'article 6 (4) et les articles 7 à 9 du projet (Const.

(1) *Moniteur* (Réimpression), XXV, p. 311 et s. — Ce système de la *gradualité* ramenait, malgré qu'on en eût, au *certus ordo honorum*, établi par le droit public romain.
(2) Moins le dernier § ajouté plus tard.
(3) Const. 174, 176-177, 183-1°.
(4) C'est l'article 186 de la Constitution, mais encore limité aux administrateurs de département.

5*.

art. 187, 198, 196). L'article 10 (Const. art 191) est renvoyé à la Commission. Dans la séance du 5, Daunou, au nom des Onze, maintient le projet. Mais pour rassurer ceux qui craignent de voir le pouvoir exécutif, une fois en possession du droit de nommer un commissaire près de chaque administration départementale, abuser de ce droit pour placer ses créatures dans tous les cantons, Daunou propose une disposition additionnelle : le commissaire devra être choisi parmi les citoyens domiciliés dans le département.

Après une longue discussion à laquelle prennent part Thibeaudeau, Dubois-Crancé, Lanjuinais, la proposition est adoptée ; c'est l'article 192 de la Constitution. Le 6 thermidor, la Convention adopte, sans presque discuter, les articles 12-18 du projet (Const art. 194-200, 201-1°). Le rapporteur soumet aussitôt après à l'Assemblée le titre V du projet (Const. tit. VI). Les articles 1, 2, concernant la nomination du Directoire, provoquent de longues observations de Lakanal et d'Echasseriaux aîné, qui voudraient faire intervenir les corps électoraux dans la nomination du Directoire exécutif (1). La question de cette nomination est reprise le 7 thermidor. Thibeaudeau observe que le Corps législatif peut fort bien jouer le rôle d'Assemblée électorale, et que rien dans le système de la Commission ne blesse la souveraineté du peuple. Saint-Martin prétend réfuter la Commission en invoquant le principe de la séparation des pouvoirs : il demande que le Directoire soit nommé par les assemblées électorales sur une liste dressée par le Corps législatif. Villetard, Bonguiot, Bréard appuient le projet des Onze dont l'article (Const. art. 132) est finalement adopté, au moins en principe (2). Sur l'article 2 du projet la discussion renaît. Garraud défend le système de la Commission, et le fait adopter (3). La Convention vote ensuite sans discussion les articles 3 à 18 (Const. art. 134-144, 146-148). Dans la séance du 8 ther-

(1) *Moniteur* (Réimpression), XXV, p. 335 et s.
(2) Les mots « *faisant,..... la nation* » de l'article 132 ne figurent pas encore dans le texte adopté.
(3) Cet article est, sauf quelques modifications postérieures, l'article 133 de la Constitution.

midor, Daunou lit les articles 19-23 (Const. art. 149-154) qui
sont adoptés. L'article 24 est renvoyé au titre des contributions
publiques; les articles 25, 26 (Const. art. 157, 158-1°, 313) sont
adoptés sans discussion. L'article 27 (le Directoire est responsable de l'inexécution des lois et des abus qu'il ne dénonce
pas) est rayé sur la proposition de Daunou. Le mot *abus* est
trop vague. En outre, les agents généraux étant responsables
déjà de l'inexécution des lois, on ne peut faire peser en même
temps cette responsabilité sur le Directoire. « Nous avons cru,
dit Daunou, qu'on devait borner la responsabilité du Directoire
au cas où il se permettrait des entreprises sur les pouvoirs qui
ne sont pas délégués. » Thibeaudeau appuie les observations
de Daunou. Mailhe déclare qu'il faut admettre l'idée d'une jurie
constitutionnaire, « une des plus belles conceptions politiques
qui soient sorties de l'esprit humain ». En attribuant à cette
institution le droit de mettre en jugement les membres du Directoire, on assurera à l'autorité exécutive une indépendance complète (1). Le discours de Mailhe reste sans effet sur l'Assemblée : l'article est rejeté. Les articles 28, 29, 30, 37-49, votés
sans presque discuter, deviennent, avec parfois de légères
modifications dans la rédaction, les articles 153, 160-173 de
la Constitution (2).

On passe au titre IX du projet (Const. tit. X). Aucune discussion sur les articles 2-6 (Const. art. 297-301). L'article 1
(Const. art. 296) porte notamment que la République pourvoit
au logement des instituteurs. Delacroix objecte « qu'on va
dilapider les domaines nationaux ». Creuzé-Latouche répond :
« La raison pour laquelle nous n'avons pas encore d'écoles
primaires, c'est que les Jacobins ont voulu que les instituteurs fussent payés par la République. C'était un moyen de
se faire des créatures... Le trésor public n'a pu suffire à cette
dépense et les écoles n'ont point été établies. Mais vous pouvez être sûrs qu'elles se formeront, si, en même temps que
vous donnerez des encouragements à l'instituteur, vous ne

(1) *Moniteur* (Réimpression), XXV, p. 350.
(2) Cf. Const. art. 158-2°, 112 et s.

grevez pas le trésor public. Accordez donc au maître d'école
son logement. Si l'on craint que ces concessions ne déter-
riorent les domaines nationaux, il sera facile d'y remédier en
payant le prix du loyer en argent : la somme sera modique et
n'épuisera pas nos finances (1). » L'article est adopté.

Nous voici au titre X (Const. tit. XI) sur les finances. Les
premiers articles du projet avaient été déjà décrétés, lors de la
discussion du titre I (2). On lit les articles suivants qui sont
tous adoptés, sauf rédaction, jusqu'au paragraphe relatif à la
Trésorerie nationale et à la comptabilité qui est ajourné.
Le 9 thermidor, Daunou, revenant sur les articles du titre V
(Const. tit. VI), reprend la question soulevée par Mailhe : Faut-il
établir un jury national investi du droit d'accuser les membres
du Directoire ? Mailhe en soutenant l'affirmative reconnaît
d'ailleurs qu'il modifie le projet de Sieyès et que celui-ci
n'avait point eu l'idée de faire du jury national un corps chargé
d'accuser les membres du Directoire. L'Assemblée ferme la
discussion, et, rejetant la proposition de Mailhe, adopte les
articles 29, 30 (3) (déjà adoptés sauf rédaction) et les articles
31-37 (Const. art. 118-121, 123, 160). Le 10 thermidor, le rapporteur soumet le titre VII (Const. titre VIII) à la discussion.
Le titre est intitulé *Pouvoir judiciaire.* Dubois-Crancé dit que
le pou.. .. n'appartient qu'à la puissance qui fait la loi. L'autorité judiciaire ne fait qu'appliquer la loi. Merlin (de Douai)
répond qu'il ne faut pas confondre pouvoir et puissance. La
puissance appartient au peuple seul. Les pouvoirs sont une
émanation de la puissance. « L'autorité judiciaire est tellement
un pouvoir qu'elle est indépendante et du corps qui fait les lois
et de celui qui les fait exécuter (4). » Après ces observations de
Merlin, l'intitulé est adopté. Les articles 1-5 (Const. art. 202-206)
sont votés sans discussion. Sur l'article 6 (Const. art. 208), Lanjuinais combat, inutilement du reste, l'institution des tribunaux

(1) *Moniteur* (Réimpression), **XXV**, p. 351.
(2) Const. art. 315 et s.
(3) Const. 112 et s.
(4) *Moniteur* (Réimpression), **XXV**, p. 261.

de commerce. Les autres articles du titre (1) sont adoptés avec des changements de rédaction et des déplacements. Il n'y a presque aucune discussion. Dans la séance du 11 thermidor, on lit et on adopte le titre VIII : *De la force publique*, qui devient le tit. IX de la Constitution : *De la force armée*. Presque tous les articles passent sans observations. Nous ne voyons à signaler que la proposition tendant à fixer constitutionnellement un *minimum* de forces militaires, proposition qui est repoussée. On passe au titre II du projet (Const. tit. XII) qui a pour objet les relations extérieures. L'article 1 du projet est ainsi conçu : « La République française ne prend les armes que pour le maintien de sa liberté, la conservation de son territoire, la défense de ses alliés. » Lanjuinais demande et obtient la suppression de cet article. L'article 2 (Const. art. 326) soulève la grave question de la déclaration de guerre. Thibaudeau et Lareveillère-Lepeaux défendent l'article de la Commission qui est adopté. Le 12 thermidor, la discussion du titre II (Const. tit. XII) continue. On adopte les articles 327-331. L'article 7 (du projet) sur les articles secrets soulève les objections d'Echasseriaux aîné; il est renvoyé à la Commission. Les derniers articles (Const. art. 333-335) passent sans discussion.

Nous arrivons aux dispositions générales (Const. tit. XIV). Aucune discussion sur les articles 1-3 (Const. art. 351, 352, 353-1°). L'article 4 (Const. art. 354) est adopté après modifications. L'article 5 (Const. art. 355) est renvoyé à la Commission sur l'observation que la liberté du commerce engendre des abus. Les articles 6-8 (Const. art. 360-363) ne donnent lieu à aucune discussion. Aux observations de Garraud se rattache le dernier paragraphe de l'article 9 (Const. art. 364). Les articles 10-16 (Const. art. 358, 368-370, 375-377) passent également sans soulever la moindre contestation. Daunou annonce alors que la Commission s'est occupée de deux articles qui ne sont pas encore rédigés et qui devront entrer dans le titre. Ils auront trait au bannissement des émigrés et à la pro-

(1) Const. art. 207, 209-273.

priété des acquéreurs de biens nationaux. La séance est levée.

Le 17 thermidor, Boissy-d'Anglas entretient l'Assemblée des rapports qui doivent exister entre les colonies et la France. Convient-il de conserver les colonies? Faut-il leur donner l'indépendance absolue? Boissy soutient qu'il faut donner aux colonies la liberté, non l'indépendance ; il termine son discours en proposant une série d'articles dont le premier est adopté et devient l'article 6 de la Constitution.

Le 24 thermidor, la discussion reprend sur la jurie constitutionnaire, la seule des quatre propositions de Sieyès que la Commission des Onze avait retenue. Sieyès expose longuement ses idées sur les attributions et l'organisation de ce jury (1). « Je lui demande, disait-il, trois services : 1º qu'il veille avec fidélité à la garde du dépôt constitutionnel; 2º qu'il s'occupe, à l'abri de passions funestes, de toutes les vues qui peuvent servir à perfectionner la Constitution ; 3º enfin qu'il offre à la liberté civile une ressource d'équité naturelle, dans ces occasions graves où la loi tutélaire aura oublié sa juste garantie. En d'autres termes, je considère le jury constitutionnaire : 1º comme tribunal de cassation dans l'ordre constitutionnel ; 2º comme atelier de propositions pour les amendements que le temps pourrait exiger dans la Constitution ; 3º enfin comme supplément de juridiction naturelle aux vices de la juridiction positive. »

Comme conclusion à son discours, Sieyès lit un projet en 17 articles. Berlier, au nom des Onze, s'empresse de rendre hommage au génie créateur de Sieyès, mais en même temps, il s'efforce d'établir « que le plan de la Commission, mieux que celui de Sieyès, réduit l'institution du jury constitutionnaire à ses vrais termes d'utilité publique ». A son tour, Louvet attaque le projet de Sieyès avec beaucoup de force et peu de ménagements. Il fait voir comment, avec les institutions déjà établies, le jury constitutionnaire est « une superfétation inutile

(1) *Moniteur* (Réimpression), XXV, p. 442.

et dangereuse ». A défaut de Sieyès, qui rentré dans le temple
de la métaphysique, se refuse à verser de nouvelles lumières
sur ses obscurs contradicteurs, Echasseriaux aîné étale à tous
les yeux les bienfaits du jury. Mais la Convention ne veut plus
rien voir. Thibeaudeau porte à Sieyès le dernier coup (1).
Le discours de Thibeaudeau est si clair, si probant qu'il dépasse
le but. Non seulement la Convention ne veut pas du jury de
Sieyès, mais elle rejette définitivement, le 25 thermidor, le
jury amoindri que la Commission des Onze proposait et que
Thibeaudeau voulait garder.

On passe au titre sur la revision. Aucune discussion sur les
articles 336-341. A l'article 342 Guyomard fait ajouter les mots
« *qui lui ont été désignés par le Corps législatif.* » Les articles
342, 343, 344 sont adoptés. Hardy fait décider que la durée
de l'Assemblée de revision n'excédera pas trois mois (Const.
art. 347). On adopte ensuite les articles 345-348, et l'on passe
aux articles constitutionnels sur les colonies qui, après une
brève discussion, sont renvoyés à la Commission des Onze.

Le 26 thermidor, Daunou se présente à la tribune pour faire
la « relue » de la Constitution. Il commence par la Déclaration
des droits et s'étonne de n'y pas trouver un article portant que
« tous les hommes naissent et demeurent libres et égaux en
droits ». Mailhe convient que les hommes naissent égaux en
droits, mais il soutient que les hommes ne restent pas tels.
« Si vous dites, ajoute Lanjuinais, que tous-les hommes
demeurent égaux en droits, vous provoquez à la révolte contre
la Constitution ceux à qui vous avez refusé ou suspendu
l'exercice des droits de citoyen pour la sûreté de tous. » La
Convention ferme la discussion et passant à l'ordre du jour
sur toutes les modifications projetées, adopte les articles 1,
2, 4, 5. A l'article 3 on ajoute un second paragraphe proposé par Génissieux. Les articles 6-22 sont adoptés. Voici
maintenant la Déclaration des devoirs. Sur les articles 1 et 2,
aucune discussion. L'article 3 du projet portait : « La pro-

<hr />

(1) *Moniteur* (Réimpression), XXV, p. 484, 487-492.

bité se compose des vertus publiques et privées. » Daunou y fait substituer l'article 3 qu'on lit dans la Constitution. Les articles 4-9 passent ensuite sans discussion. Hardy propose un article additionnel : « La Déclaration des droits et des devoirs n'est pas une loi : elle doit être uniquement considérée comme la base du pacte social. » Daunou fait rejeter l'article. Chabot propose ensuite un autre article additionnel qui, adopté, devient l'article 14 de la Constitution.

Le 27 thermidor, on continue la « relue ». Après le vote de l'article 38, Hardy demande qu'on discute la question des suppléants. La question est renvoyée à la Commission des Onze. Boissy soumet ensuite à la discussion les articles constitutionnels sur les colonies, c'est-à-dire l'article 7 et une première rédaction des articles 155 et 156. Puis, l'article 68 est adopté ainsi que l'article 74. Toutefois, dans dans ce dernier article, on retranche la condition : *être marié ou veuf* et l'on ajoute le dernier paragraphe. Le 28 thermidor, la Commission tout en persistant à regarder l'admission des suppléants comme dangereuse, présente, pour répondre aux objections de Garraud, un article qui est adopté, c'est l'article 56. L'article 58 est également voté malgré les critiques de Daunou. En revanche, Daunou obtient que la liste de l'article 133 soit décuple et non double, comme il avait d'abord été décidé. On veut par là diminuer l'influence du Conseil des Cinq-Cents dans la nomination du Directoire exécutif. C'est encore Daunou qui fait voter l'article 145, encore que plusieurs y voient le cumul du pouvoir exécutif et du pouvoir judiciaire. La Commission demande que les agents généraux portent le nom de ministres et qu'ils puissent être choisis à 25 ans. Lemoine obtient qu'on élève à 30 ans le minimum d'âge des ministres ; c'est l'article 148.

On passe au titre du pouvoir judiciaire. Garraud réclame le jugement par jurés en matière civile comme en matière criminelle ; Génissieux propose que la récusation de juges puisse être admise même en matière civile, sans qu'on motive la récusation. Creuzé-Latouche répond que les Onze ont été unanimes à repousser le jury au civil. La Convention décrète le renvoi de la proposition Génissieux à la Commission. Le 29 thermidor, une proposition de Lanjuinais, attribuant à l'un des trois tribunaux civils de département les plus voisins l'appel des jugements sur les affaires renvoyées par les juges de paix, soulève d'assez longs débats. Plusieurs membres se montrent hostiles à toute faculté d'appel. Cambacérès, sans proscrire entièrement l'appel, voudrait en limiter beaucoup la pratique. Il est combattu par Garraud. Les articles 218 et 219 sont adoptés. Le 30, Daunou lit le titre des *relations extérieures* (tit. XII) qui est voté sans changements. Ehrmann prend ensuite la parole : il insiste pour qu'on donne au Directoire, qui trouve une loi mauvaise, le moyen constitutionnel d'obtenir des Conseils une nouvelle délibération, prise dans chaque Conseil, à la majorité des deux tiers. Lanjuinais et Daunou appuient la proposition d'Ehrmann. C'est le *veto*, s'écrie-t-on, et ce seul mot fait repousser la proposition.

L'article 353 est décrété malgré les objections de Villers. A l'article 354 Berlier fait ajouter que la République ne salarie aucun culte. Les articles 355-357, 366, 367, 371, 372 sont adoptés sans discussion. La rédaction de l'article 373 soulève quelques objections. Finalement les objections sont écartées et l'article voté.

Le Président déclare que la lecture de la Constitution est achevée (1).

Mais tout n'était pas encore fini. Il fallait présenter la Constitution au peuple. Il fallait surtout savoir entre quelles mains « serait mis le dépôt sacré de la Constitution ». Les Onze proposèrent de conserver dans le Corps législatif prochain les deux tiers de la Convention. De la sorte, la Constitution serait bien gardée. L'idée, cela va de soi, fut très bien accueillie. Mais comment choisir les deux tiers? Sur ce point capital, les projets sont nombreux et les débats très vifs (2). Après avoir quelques jours hésité, la Convention se décida à imposer aux électeurs le choix

(1) *Moniteur* (Réimpression), XXV, p. 522.
(2) Cf. *Moniteur* (Réimpression), XXV, p. 526 et s.

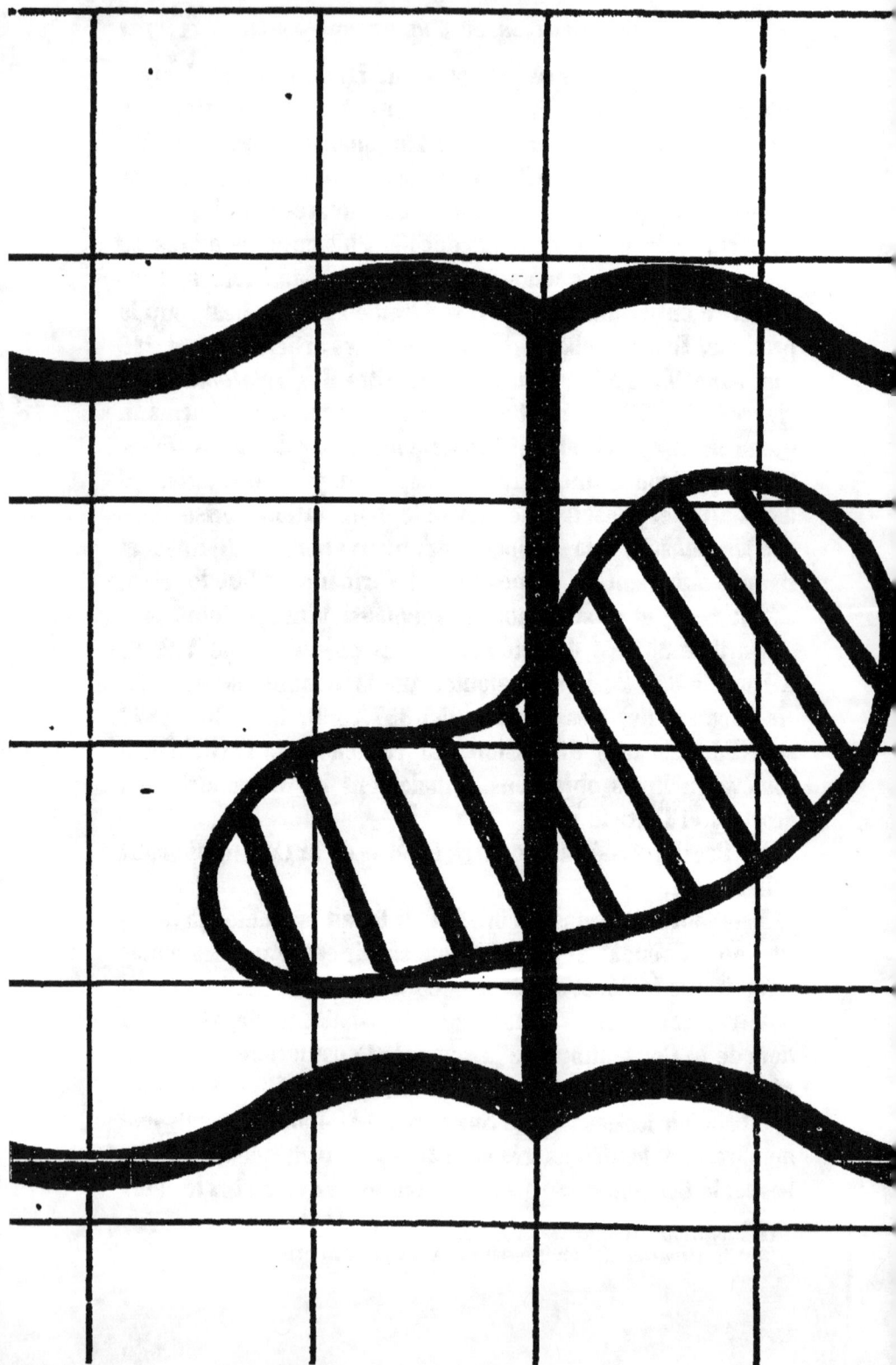

de 500 Conventionnels sur 750 députés à élire. Les décrets
du 5 fructidor et du 13 fructidor an III fixèrent le détail de l'opération. Le décret du 13 fructidor portait notamment que dans
le cas d'insuffisance du résultat du scrutin pour la réélection
des 500 Conventionnels, le nombre serait complété par les
Conventionnels réélus.

La Constitution et les décrets furent soumis à la sanction
du peuple. Voici, d'après le rapport lu à la Convention (1),
le résultat du recensement des votes : sur 958,226 votants
(y compris 18,326 votants faisant partie des armées), 916,334
avaient voté pour l'acceptation de la Constitution, 41,892 pour
le refus. Sur 263,131 votants, 167,758 avaient accepté les
décrets et 95,373 les avaient refusés. Le rapport ouï, le Président de la Convention prit la parole : « Au nom du peuple
français, je déclare qu'il a accepté la Constitution et je la proclame loi fondamentale de l'État. » Et, après quelques observations échangées entre Pelet (de la Lozère) et Defermon, le
Président ajouta : « Au nom du peuple français, je déclare que
les décrets des 5 et 13 fructidor sont lois de l'État et que les
Assemblées électorales sont tenues de s'y conformer. »

Les décrets sur les deux tiers provoquèrent l'insurrection
des 12 et 13 vendémiaire (4, 5 octobre 1795) dont la Convention triompha grâce à Barras et à son lieutenant Bonaparte.

Quelques jours après sa victoire, la Convention, par décret
du 30 vendémiaire, réglait tout ce qui concernait l'élection des
deux tiers, les premières séances des Conseils et l'installation du
Directoire. Le 4 brumaire an IV (26 octobre 1795) la séance
est ouverte à 9 heures du matin (2). D'après le décret du
29 vendémiaire, la séance devait finir à une heure après midi.
A deux heures la séance durait encore. On venait de voter la loi
sur l'amnistie, quand quelques membres firent observer que
la séance aurait dû prendre fin depuis une heure. Aussitôt
Génissieux de s'écrier : « Je déclare que la séance est levée.

(1) Séance du 1er vendémiaire an IV (?? septembre 1795). V. Moniteur (Réimpression), XXVI, p. 31.
(2) Et non à 8 heures comme l'ave   ... décret du 29 vendémiaire.

Union, amitié, concorde entre tous les Français. C'est le seul moyen de sauver la République. » Thibeaudeau aussitôt : « Président, déclare donc que la Convention a rempli sa mission et qu'en conséquence la session est terminée. » Et Génissieux docilement : « La Convention nationale déclare que sa mission est remplie et que sa session est terminée (1). »

Immédiatement, en exécution du décret du 20 vendémiaire, art. 5, les Conventionnels réélus se réunissent en assemblée électorale pour compléter le nombre des Conventionnels qui devaient rester au Corps législatif. 379 Conventionnels avaient été réélus, 17 députés des colonies devaient provisoirement rester en fonctions, il restait donc à choisir 104 membres. L'opération, commencée le 4 brumaire, est terminée le 5, à 9 heures du soir. Le Corps législatif se forme aussitôt, sous la présidence de Rudel, doyen d'âge.

Ainsi que l'avait réglé le décret du 30 vendémiaire, chaque député déclare son âge, et s'il est marié ou veuf. On met dans une urne les noms des anciens Conventionnels mariés ou veufs, majeurs de 40 ans, et on en tire au sort 167 qui seront les deux tiers des Anciens. On met dans une seconde urne les noms des nouveaux venus remplissant les mêmes conditions, et on tire au sort 83 noms pour compléter le Conseil des Anciens. Tous les autres députés appartiennent au Conseil des Cinq-Cents. Le 6, l'Assemblée se réunit à 2 heures, on lit la liste des membres désignés pour faire partie de chaque Conseil. Les Conseils sont formés. Le 8, aux Cinq-Cents, on arrête la liste des cinquante candidats parmi lesquels les Anciens doivent choisir le Directoire. Le 10, le choix est fait, il porte sur Lareveillère-Lepeaux, Letourneur, Rewbel, Sieyès, Barras. Sieyès ayant refusé, les Cinq-Cents dressent, le 12, une liste de 10 membres entre lesquels, le 13, les Anciens choisissent Carnot.

Tous les rouages de la Constitution de l'an III sont maintenant créés.

_____

(1) *Moniteur* (Réimpression). XXVI, p. 349.

LA CONSTITUTION

Du 22 Frimaire an VIII (13 Décembre 1799)

Jusqu'aux élections de l'an V, la Constitution de l'an III
fonctionna régulièrement : le Directoire et les Conseils vivaient
d'accord. Dans les Conseils en effet, la minorité était sans
force. Mais les élections de l'an V introduisirent dans le Corps
législatif un second tiers de membres nouveaux et la majorité
fut déplacée. Dès lors, les Conseils, surtout celui des Cinq-
Cents, font une guerre ouverte aux Directeurs Conventionnels.
Le 17 fructidor, un membre des Cinq-Cents, Willot, propose
de déclarer l'arrestation de Barras, Rewbel et Lareveillère.
Les Directeurs menacés, mais qui avaient l'armée pour eux,
font entrer les troupes dans Paris. Augereau en avait le commandement. A une heure du matin, le 18 fructidor an V
(4 septembre 1797) le Corps législatif est cerné. Les membres
des Conseils, abandonnés par leur garde, doivent céder à la
force. Dix-neuf sont arrêtés. On invite les autres à se réunir
à l'Odéon et à l'École de médecine. Les Cinq-Cents rassemblés
à l'Odéon et les Anciens à l'École de médecine, reçoivent un
message explicatif du Directoire et votent docilement une série
de mesures révolutionnaires. Quarante-deux membres des
Cinq-Cents, onze des Anciens, deux Directeurs, Carnot et Barthélemy (1), un grand nombre de journalistes sont condamnés
à la déportation (2). On décrète que les opérations électorales
de quarante-neuf départements sont illégitimes et nulles. Le
gouvernement du Directoire devient un gouvernement révolutionnaire comme avait été celui de la Convention.

Néanmoins le Directoire était dans une situation fausse : il
gouvernait au nom d'une Constitution qu'il avait violée et le

_____

(1) Barthélemy avait remplacé Le Tourneur, désigné par le scrutin du 30 floréal, comme membre sortant. Les deux Directeurs pros-
crits furent remplacés par Merlin (de Douai) et François de Neufchâteau.

(2) Dans les provinces, il y eut 160 condamnations à mort.

pays lui était hostile. En l'an VI, les élections pour le renouvellement du Corps législatif ayant été très défavorables aux dé-
mocrates, le Directoire, qui ne voulait ni des royalistes ni des
républicains avancés, obtient de la majorité créée dans les
Conseils au 18 fructidor, une loi du 22 floréal (11 mai 1798)
qui annule en partie les élections. Malgré ces coups d'autorité,
les sentiments de réprobation qu'inspire le Directoire gagnent
peu à peu le Corps législatif. Les élections de l'an VII (mai
1799) donnent enfin aux Conseils le courage de faire une sorte
de coup d'état. A côté de Sieyès qui a succédé régulièrement
au directeur Rewbell, on met Gohier et l'élection de Threilhard,
qui remontait à un an, est cassée. Merlin et Lareveillère-
Lepeaux, attaqués avec une violence inouïe, menacés d'un coup
d'état, sont forcés de se retirer (30 prairial an VII). Ils sont
remplacés par Roger Ducos et le général Moulins. Seul des élus
de l'an IV, Barras reste au pouvoir. Telle fut la revanche des
Conseils. Au 18 fructidor, au 22 floréal, le Directoire avait
violé la Constitution ; au 30 prairial le Corps législatif la viole
à son tour sinon dans sa lettre, au moins dans son esprit.
Ainsi méprisée, la Constitution ne pouvait plus exister longtemps.

Le 17 vendémiaire an VIII (9 octobre 1799) Bonaparte
débarque à Fréjus. Bientôt il s'abouche avec Sieyès. On forme
un comité qui prépare un plan d'attaque contre la Constitution.
Dans ce comité entrent Lucien Bonaparte, président des Cinq-
Cents, Lemercier, président des Anciens, Talleyrand, Boulay
de la Meurthe, Regnier, Rœderer et Cabanis. Le Directeur
Roger Ducos est complice de Sieyès, Barras est neutre.
Seuls, Gohier et Moulins ignorent le complot. Le 18 brumaire
an VIII (9 novembre 1799) les *Inspecteurs* des Anciens, mis
dans la confidence, convoquent le Conseil des Anciens en
séance extraordinaire à huit heures du matin. Cornet trace de
la situation un tableau effrayant : les Jacobins arrivent des
départements, la Terreur sera rétablie (1). Émue par ces

(1) V. *Moniteur* 19 brumaire an VIII, p. 192.

communications vagues, l'Assemblée accepte de transporter à
Saint-Cloud le Corps législatif, et, dépassant les limites de ses
pouvoirs constitutionnels, confie à Bonaparte le commandement de la force armée dans l'étendue de la dix-septième
division militaire (1). Le 19, les deux Conseils s'assemblent
à Saint-Cloud vers deux heures après midi. Aux Anciens, où
le complot enfin deviné comptait beaucoup de silencieux
adhérents, Bonaparte put déclarer que la Constitution violée
au 18 fructidor, au 22 floréal, au 30 prairial, n'obtenait plus le
respect de personne (2). Aux Cinq-Cents les choses faillirent
mal tourner. Bonaparte fut accueilli par les cris : Hors la loi, à
bas le dictateur (3)! Avec un président fidèle, le complot eut
peut-être échoué. Mais Lucien va lui-même exciter les troupes
à délivrer la majorité du Conseil « dans ce moment sous la
terreur de quelques représentants à stylets ». Les grenadiers
entrent dans la salle et chassent les députés. A cinq heures
et demie, tout était terminé.

Le soir, environ cinquante députés des Cinq-Cents, présidés par Lucien, votèrent la suppression du Directoire, l'exclusion de 61 membres du Corps législatif, la création d'une
commission consulaire exécutive composée de trois *consuls*,
Bonaparte, Sieyès, Roger Ducos, l'ajournement du Corps
législatif au 1er ventôse, la création de deux Commissions
législatives pour représenter les Conseils. La Commission
des Cinq-Cents proposerait, sur la demande de la Commission exécutive, et la Commission des Anciens voterait
toutes les mesures urgentes de législation, de police et de
finances. En outre, les Commissions législatives recherche-
raient « les changements à apporter aux dispositions organiques à la Constitution dont l'expérience avait fait sentir les
vices et les inconvénients ». Les résolutions des Cinq-Cents

---

(1) Le décret du Conseil des Anciens vise les articles 102, 103, 104
de la Constitution.
(2) *Moniteur* 21 brumaire an VIII, p. 198.
(3) *Moniteur* 20 brumaire an VIII, p. 195.

furent aussitôt sanctionnées par les Anciens (1). Le Consulat provisoire est organisé (2).

Pour corriger la Constitution, les deux Commissions législatives créèrent deux sections ou sous-commissions : celle des Cinq-Cents avec Lucien Bonaparte, Daunou, Boulay de la Meurthe, Chazal, M. J. Chénier, Chabot de l'Allier, Cabanis; celle des Anciens avec Lebrun, Garat, Laussat, Lemercier, Regnier, Lenoir-Laroche.

Les sous-commissions eurent d'abord l'idée d'adopter le projet de Sieyès. De ce projet Sieyès avait déjà, comme on sait, indiqué les lignes principales à la Convention (3). Il le reproduisit en détail devant les Commissions, mais en changeant dans le système ce qui touchait aux élections et au Gouvernement.

Sieyès partait de l'idée que dans l'État « la confiance doit venir d'en bas, l'autorité d'en haut (4) ».

Pour que la confiance vînt d'en bas, il imaginait trois listes d'éligibles : 1° La *liste communale*, renouvelée et rééligible tous les deux ans. Cette liste est dressée par la nation active, c'est-à-dire par les suffrages d'un corps de citoyens comprenant le dixième de la population totale (5). 2° La *liste provinciale*, renouvelée et rééligible tous les 5 ans. Cette liste, qui comprend le dixième de la liste communale, est dressée par un collège d'électeurs, nommé par la nation active et comprenant dans chaque province mille membres au plus et trois cents membres au moins. 3° La *liste nationale*, qu'on extrait de la liste provinciale dont elle comprend le

(1) Cf. *Moniteur* 21, 22, 23 brumaire an VIII, p. 200, 202, 204, 208.

(2) Ce gouvernement a duré du 20 brumaire au 3 nivôse an VIII, (11 novembre au 24 décembre 1799).

(3) V. *supra*, p. XLIX.

(4) Pour *l'analyse* du projet de Sieyès, voir *Histoire de la Révolution française* de Mignet, chap. XIV. Cet historien devait à Daunou de pouvoir retracer exactement les ressorts de la machine politique inventée par Sieyès. Daunou tenait ses explications de Sieyès lui-même.

(5) La nation active est élue par les électeurs primaires de la commune. La commune de Sieyès comprenait 36 à 40 lieues carrées. C'est l'arrondissement moderne.

dixième. La liste nationale est aussi dressée par les collèges
d'électeurs. On la renouvelle tous les dix ans. Dans la liste
communale sont pris les juges communaux, les administrateurs spéciaux de la commune, les jurés communaux.
Dans la liste provinciale sont pris les administrateurs et
les juges provinciaux. Dans la liste nationale sont pris les
membres du Conseil d'État, du Tribunal de cassation, les
ministres, les membres du Tribunat, le jury constitutionnaire
ou Cour de cassation politique (mais seulement au moment
de la création, car ensuite le jury se renouvelle lui-même par
absorption), les administrateurs et les jurés nationaux.

Pour que l'autorité vînt d'en haut, Sieyès confiait au Proclamateur-Électeur le choix, sur les listes de candidatures communale, provinciale, nationale, des administrateurs et des juges
communaux, des administrateurs spéciaux de commune, des
administrateurs et des juges provinciaux, des administrateurs
spéciaux de province, des conseillers d'État, des conseillers
de cassation, des ministres, des administrateurs spéciaux
nationaux, et, lors de la création, des membres du jury constitutionnaire (1).

Le gouvernement avait à sa tête un Proclamateur-Électeur
élu par le jury constitutionnaire, richement doté. On a vu
déjà que ce Proclamateur-Électeur choisissait les fonctionnaires
et les juges sur les listes de candidatures. En revanche, il ne
gouvernait pas. Le pouvoir, comme dans la monarchie anglaise,
était exercé par les ministres, les *vrais procurateurs du service public*. Le Proclamateur pouvait être, comme tout autre
citoyen, *absorbé* par le Sénat. En d'autres termes, le Sénat
pouvait nommer le Proclamateur-Électeur sénateur, malgré
qu'il en eût, et par conséquent l'arracher du pouvoir, car le
citoyen nommé sénateur devenait inhabile à tout autre fonction.

L'organisation du pouvoir législatif était fort originale : 1° Un
Conseil d'État, composé de cinquante membres choisis par le

---

(1) Les jurés communaux, provinciaux, nationaux étaient tirés au
sort.

Proclamateur-Électeur, rédige des projets de lois et demande, au nom du Gouvernement, au Corps législatif de les voter ; ou bien encore contredit, s'il y a lieu, aux projets rédigés par le Tribunat et dont celui-ci demande le vote. Dans le procès législatif, il joue donc le rôle de demandeur, parfois celui de défendeur. 2° Un Tribunat de cent personnes (celles qui ont eu le plus de suffrages sur la liste nationale) joue un rôle inverse. Il est, au nom du peuple, défendeur ou demandeur dans le même procès législatif. 3° Un Corps législatif de cinq cents personnes élu par les collèges d'électeurs, indissoluble, se renouvelant par moitié tous les cinq ans, juge entre le Conseil d'État et le Tribunat. Son jugement est la *loi*. Au-dessus de ces trois organes de la fonction législative, il y a un jury constitutionnaire de deux cents membres, qui se renouvelle lui-même, et qui a le droit d'*absorption*. Le jury constitutionnaire (ou Sénat conservateur) est une Cour de cassation politique. Il n'agit pas, n'ordonne pas. Mais, devant lui, le Conseil d'État et le Tribunat se pourvoient quand l'un de ces corps juge que le Corps législatif a rendu un jugement non conforme à la Constitution.

Le projet de Sieyès, communiqué aux sections de Constitution et aux Commissions législatives, y fut assez généralement approuvé. Les commissaires comprirent bien que les places du Sénat conservateur étaient pour eux. Roger Ducos approuvait aussi le projet. Bonaparte était moins satisfait. Non pas qu'il fût hostile à un système électoral qui donnait à la nation l'apparence du suffrage universel en confisquant en réalité le suffrage au profit des *notabilités*, cette partie du projet lui plaisait fort au contraire. Il ne trouvait également rien à dire à la création d'un Corps législatif muet et d'un Sénat presque inactif. Mais comme il était le grand Électeur désigné, il s'indignait qu'on osât lui refuser le droit de commander les troupes et de négocier les traités. Il comparait ce grand Électeur, fastueux et impuissant, à un « porc à l'engrais ». Une fois engraissé on le tuerait, en usant du droit d'absorption.

Cependant l'opposition de Bonaparte arrêtait tout. Boulay de la Meurthe ami de Sieyès, Rœderer et Talleyrand attachés à

Bonaparte, cherchèrent un terrain de conciliation. Une entrevue ménagée par eux, entre Sieyès et Bonaparte, n'eut aucun résultat. Une seconde entrevue, en présence de Boulay, de Rœderer et de Talleyrand, réussit mieux. Sieyès fit des concessions, accorda des modifications aux rôles du grand Électeur et du Sénat conservateur. Rœderer imagine alors trois consuls et Sieyès consent à l'établissement d'un consul de la paix et d'un consul de la guerre. Les sections, mises au courant de ce qu'on voulait, rédigent un projet de Constitution du 20 novembre au 1ᵉʳ décembre. Daunou rédige en même temps un contre-projet qui se rapprochait, comme on pouvait l'attendre, de la Constitution de l'an III, plus démocratique pourtant et sans condition de cens. Rien de tout cela ne contente Bonaparte. C'est alors qu'on fabrique, en petit comité, dans le salon de Madame Bonaparte, le projet qui est devenu la Constitution de l'an VIII. Daunou, sans s'obstiner dans ses idées, tint la plume (1). Le projet était bien encore, pour une bonne partie, le projet de Sieyès, mais combien déformé! Toutes les nominations se feront pour la première fois sans listes. Toutes les listes de notabilités dureront trois ans (article 10). Aux termes de l'article 14, l'inscription sur une liste d'éligibles n'est nécessaire qu'à l'égard de celles des fonctions publiques pour lesquelles cette condition est expressément exigée par la Constitution ou par la loi. Les listes d'éligibles seront formées pour la première fois dans le cours de l'an IX. Les citoyens qui seront nommés pour la première formation des autorités constituées feront partie nécessaire des premières listes d'éligibles. Le Tribunat perd le droit de proposer les lois au Corps législatif et ne garde que le droit d'en appeler au Sénat pour inconstitutionnalité. Le Corps législatif est réduit à trois cents membres. Le Sénat, en cas de vacance, choisit bien le nouveau sénateur, mais sur une liste de trois noms : le Corps législatif, le Tribunat, le Gouvernement proposant chacun un candidat. Le Sénat est réduit à quatre-vingt membres, dont soixante seule-

(1) Buchez et Roux, XXXVIII, p. 279.

ment seront nommés sur-le-champ; il perd le droit d'absorption. Le Gouvernement est confié à trois Consuls, mais le
premier Consul y fait tout, « les deux autres regardent faire ».
Pour plus de précaution l'article 39 de la Constitution nomme
les trois Consuls qui sont Bonaparte, Cambacérès et Lebrun.

Le projet définitivement rédigé ne fut même pas soumis aux
délibérations des Commissions législatives. Dans la nuit du
21 au 22 frimaire (12 au 13 décembre), les membres des
Commissions furent appelés un à un pour donner leur signature. Aucun ne voulut ou n'osa la refuser (1).

L'article 95 portait que la Constitution « serait offerte de
suite à l'acceptation du peuple français ». Depuis 93, l'usage
était tel; Bonaparte le suivit. Mais averties par lui, les deux
Commissions, qui réglèrent le mode de présentation de la
Constitution au peuple, ne suivirent pas les errements de
1793 et de l'an III. Il leur parut tout au moins inutile de provoquer dans les assemblées primaires de stériles débats. Aux
termes de la loi du 23 frimaire (14 décembre 1799), des
registres d'acceptation et de non acceptation furent ouverts
dans chaque commune. Le délai pour voter, dans chaque
département, était de quinze jours à dater du jour où la Constitution était parvenue à l'Administration centrale. Il était de
trois jours dans chaque commune, à dater du jour où la Constitution était arrivée au chef-lieu de canton (2).

Chose à remarquer, on n'attendit même pas le vote pour
mettre en vigueur la Constitution. Le 3 nivôse an VIII,
Bérenger, se fondant sur la certitude d'un vote favorable,
demande à la Commission des Cinq-Cents que le Sénat et les
Consuls entrent aussitôt en fonctions. La loi du 4 nivôse est
rendue en ce sens. Dès le 3 nivôse, les Consuls se réunissent,
délibèrent, nomment un ministère, organisent le Conseil
d'État. Le même jour, conformément à l'article 24, Sieyès et
Roger Ducos s'étaient réunis à Cambacérès et à Lebrun pour

(1) Buchez et Roux, XXXVIII, p. 288.
(2) On trouvera *infra* dans les TEXTES, la curieuse proclamation
du 24 frimaire, adressée par les Consuls au peuple français, pour la
présentation de la Constitution.

nommer 31 sénateurs qui se complétèrent le lendemain. Le
4 nivôse, les 60 sénateurs nomment les 100 tribuns et les 300
législateurs. Le 5 nivôse (26 décembre 1799) les Commissions,
ayant reçu notification de la constitution du Sénat, du Tribunat et du Corps législatif, se déclarent dissoutes (1).

Le 18 pluviôse de l'an VIII seulement (7 février 1800), les
Consuls proclameront le résultat des votes émis par les
citoyens français sur l'Acte constitutionnel. Sur 3,012,569 votants, 1,562 avaient repoussé, et 3,009,445 avaient accepté la
Constitution nouvelle.

LES SÉNATUS-CONSULTES

Du 22 Ventose an X, du 14 Thermidor an X, du 16 Thermidor an X, du 28 Frimaire an XII, du 28 Floréal an XII,
du 15 Brumaire an XIII, du 14 Août 1806, du 19 Août 1807,
du 12 Octobre 1807, du 5 Février 1813, du 5 Novembre
1813.

Bonaparte se trouva bien vite à l'étroit dans le cadre pourtant si large de la Constitution de l'an VIII. Il commença
d'abord par se débarrasser des révolutionnaires les plus
hardis. L'attentat de la rue Saint-Nicaise (3 nivôse an X,
24 décembre 1800) fournit le prétexte (2). Le Conseil d'État
déclara que la Constitution n'était point faite pour des bri-
gands, qu'un acte de police suffirait, mais qu'il serait bon
« pour rassurer la nation et prémunir le Gouvernement lui-
même contre tout acte dangereux à la liberté publique » que
le Sénat fût consulté sur le point de savoir si la déportation
des terroristes était une mesure conservatrice de la Constitution. Le Sénat consulté répondit affirmativement et la
déportation eut lieu (3).

(1) Sieyès devint président du Sénat, Perrin des Vosges, président
du Corps législatif, Daunou, président du Tribunat. Sieyès reçut, à
titre de récompense nationale, la terre de Crosne. Cf. Miot de Melito,
Mémoires, 2e éd., Paris, 1873, I, p. 252.
(2) Cf. Miot de Melito, *op. cit.*, I, p. 329 et s.
(3) A la liste de 100 noms primitivement arrêtée, les Consuls ajou-

Mais ce n'était point assez d'envoyer une centaine de Jacobins mourir à la Guyane, il fallait aussi réprimer les velléités d'indépendance qui se manifestaient au Tribunat et au Corps législatif. Le projet de Concordat avait fait des mécontents. Au Tribunat, on avait critiqué avec véhémence l'expression de *sujets* appliquée aux Français dans un traité avec la Russie. Le titre premier du Code civil avait été rejeté par le Tribunat et le Corps législatif. Le titre II, déjà repoussé par le Tribunat, allait l'être par le Corps législatif, quand le message du 13 nivôse an X retira le projet. Bonaparte se décida à épurer les deux Chambres, et voici comment il s'y prit. D'après l'article 38 de la Constitution, le premier renouvellement du Corps législatif et du Tribunat ne pouvait avoir lieu que dans le cours de l'an X. On était en l'an X. Constitutionnellement on pouvait donc renouveler un cinquième du Corps législatif et du Tribunat. Tout le monde pensait que cela se devait faire par la voie du sort. Mais l'article 38 ne disant rien, un message des Consuls invite le Sénat à procéder au renouvellement. Le Sénat répond par le S.-C. du 22 ventôse an X (13 mars 1802) qu'il adopte, « comme plus conforme à la nature de ses fonctions, le mode d'un scrutin électif de ceux des membres composant actuellement le Corps législatif et le Tribunat qui doivent continuer leurs fonctions cette année ». En conséquence, le Sénat désigne les membres restants : 240 pour le Corps législatif, 80 pour le Tribunat. C'est ce qu'on appelle l'élimination de l'an X.

Après la paix d'Amiens, signée le 25 mars 1802, Bonaparte ne veut plus se contenter du pouvoir décennal que lui donne l'article 39 de la Constitution. Il lui faudrait tout au moins un pouvoir viager. Cambacérès, qui devine l'ambition du premier Consul, cherche avec Chabot, président du Tribunat, et le tribun Siméon, les moyens de la satisfaire. Et voici ce qu'on trouve (1) :

tèrent au dernier moment, sans débats, une nouvelle liste de 30 noms. On n'avait jamais, aux plus mauvais jours de la Terreur, poussé plus loin le dédain des formalités.

(1) Cf. Buchez et Roux, XXXVIII, p. 450.

Aussitôt communication faite du traité au Tribunal, Siméon propose d'envoyer une députation féliciter le Gouvernement. La proposition est adoptée. Chabot prend alors la parole. Après avoir fait, en termes dithyrambiques, l'éloge du premier Consul, il demande au Tribunat d'émettre le vœu qu'il soit donné à Bonaparte « un gage éclatant de la reconnaissance nationale ». Le Sénat, saisi de ce vœu, croit naïvement combler le premier Consul en décidant, par le sénatus-consulte du 18 floréal (8 mai 1802), que Bonaparte était réélu d'ores et déjà « pour les dix années qui suivraient immédiatement les dix ans pour lesquels il avait été nommé par l'article 39 de la Constitution ». Grande fut la déception de Bonaparte. Heureusement Cambacérès était là. Sur les conseils de celui-ci, Bonaparte écrit, le 19 floréal, « que la délibération du 18 resterait gravée dans son cœur, que l'intérêt de sa gloire et de son bonheur semblait avoir marqué le terme de sa vie publique à la paix générale... Néanmoins le Sénat jugeant qu'il devait au peuple un nouveau sacrifice, il ferait ce que demanderait le Sénat à condition que le vœu du peuple le commandât ». La lettre écrite, Bonaparte part pour la Malmaison, laissant à Cambacérès le soin de terminer l'affaire.

La lettre consulaire indiquait assez qu'il fallait consulter le peuple. Mais sur quoi ? Cambacérès réunit le Conseil d'état, Lebrun et les ministres. Il est décidé qu'on demandera au peuple si Napoléon doit être consul à vie. Rœderer fait encore décider qu'on demandera subsidiairement au peuple d'accorder à Bonaparte le droit de désigner son successeur. Mais sur la demande de Bonaparte, aussitôt informé, on renonce à s'occuper du successeur (1). Le Tribunat et le Corps législatif adhèrent sans tarder à l'arrêté du Conseil d'état. Des registres de vote sont ouverts dans toute la République. Quand on les trouve suffisamment

(1) C'est l'arrêté du 20 floréal an X (V. aux *Textes*, p. 130). Il est ainsi motivé : « Considérant que la résolution du premier Consul est un hommage éclatant rendu à la souveraineté du peuple ; que le peuple consulté sur ses plus chers intérêts ne doit connaître d'autres limites que ses intérêts mêmes. » (*B. L.*, 3e série, VI, n°1449, p. 177.)

remplis, Cambacérès et Lebrun adressent au Sénat l'expression de la volonté du peuple. Sur 3,577,240 votants, 3,568,885 avaient voté pour le consulat à vie, 8,365 contre. Le sénatus-consulte du 14 thermidor an X (2 août 1802) proclame en conséquence Napoléon Bonaparte, premier Consul à vie.

Napoléon venait donc de réunir sur son nom des millions de voix. Ce n'était pas là un résultat propre à modérer son ambition. En outre, la Constitution de l'an VIII était, par endroits, très critiquable et ses défauts et même quelques-unes de ses qualités animaient fort Bonaparte contre elle. Le système des notabilités gêne le Gouvernement sans donner au peuple une part réelle aux élections. Au Tribunat, trop de parleurs : il faut en réduire le nombre, et surtout ne point leur permettre de discuter les traités. « Le Sénat n'a pas assez d'occupation : on n'aime pas en France à voir les gens bien payés pour ne rien faire. » Toutes ces critiques et bien d'autres que Thibaudeau nous a conservées dans ses *Mémoires* (1), mais qu'on passe pour abréger, aboutirent au sénatus-consulte du 16 thermidor an X (4 août 1802) souvent appelé Constitution de l'an X (2).

Ce n'est point ici le lieu d'analyser la Constitution de l'an X. Disons seulement comment elle fut préparée et votée. Rien ne fut plus simple et plus prompt. On considéra que le Sénat, bien que n'ayant pas encore le pouvoir constituant (3), avait reçu du plébiscite mandat d'organiser le consulat à vie. Bonaparte dicta à Bourrienne le projet, puis corrigea la première rédaction. Après quoi, l'acte passa au Conseil d'état qui le vota presque sans débats. Le Sénat est ensuite convoqué extraordinaire-

---

(1) *Mémoires sur le Consulat*, 1794-1804, par un ancien conseiller d'état, Paris, 1827.

(2) Si l'on entend par Constitution, comme il est d'usage, l'acte qui fixe les pouvoirs politiques d'un pays, le sénatus-consulte de l'an X est bien une Constitution. Mais, dans les idées du temps, il fallait qu'une Constitution fût ratifiée par le peuple, et l'Acte du 16 thermidor ne l'a point été.

(3) La Constitution consulaire, art. 21, lui donnait seulement le droit de maintenir ou d'annuler les actes qui lui étaient déférés comme inconstitutionnels.

ment le 16 thermidor à midi. A deux heures, on distribue un projet de sénatus-consulte. A sept heures, les conseillers d'état Regnier, Portalis, Dessoles viennent proposer d'adopter le projet. Un rapport, rédigé à l'avance, est aussitôt lu par Cornudet, au nom d'une commission que le Sénat n'avait point nommée ou du moins avait nommée pour un autre objet. Seul Lambrecht ose prendre la parole pour combattre la proposition ; il est presque aussitôt interrompu par les cris : *Aux voix!* On vote, on compte les votes, et le Sénat proclame sans désemparer le sénatus-consulte organique de la Constitution (1). De consultation populaire, point. Cornudet la déclare inutile pour cette raison que le « vœu des citoyens sur les lois politiques s'exprime par la prospérité générale », et que « la souveraineté du peuple est placée dans le Sénat qui est le lien de la Nation ».

Divers sénatus-consultes précisèrent ensuite ou modifièrent, sur des points de détail, la Constitution de l'an X. Citons, entre autres, les sénatus-consultes du 8 fructidor, du 12 fructidor de l'an X, du 28 frimaire an XII. Ce dernier est surtout à remarquer. Le premier Consul, pour mieux tenir le Corps législatif, voulut « que cette Assemblée ne pût se réunir, délibérer, ni voter que sous la présidence et par les soins d'hommes qu'il aurait choisis » (2).

Beaucoup plus important est le sénatus-consulte du 28 floréal an XII (18 mai 1804) qui fit de Napoléon un empereur.

La découverte du complot de Georges Cadoudal avait amené, à l'égard du premier Consul, un redoublement d'adulations. Collèges électoraux, généraux, préfets, juges, tous félicitent Napoléon et lui demandent d'assurer la stabilité de l'État, d'ôter tout espoir aux conspirateurs, en rendant le pouvoir héréditaire

(1) Buchez et Roux, XXXVIII, p. 457.
(2) Buchez et Roux, XXXIX, p. 50. — Signalons ici le sénatus-consulte du 14 nivose an XI. C'est celui qui a créé les sénatoreries. Il y avait une sénatorerie par arrondissement de tribunal d'appel. Elle était dotée sur les biens nationaux. Le premier Consul la conférait à vie sur une liste de trois sénateurs, présentée par le Sénat. Le sénateur pourvu devait y résider 3 mois par an. Le titre II du sénatus-consulte, entre autres dispositions, portait que le chancelier, le trésorier et les préteurs du Sénat étaient à la nomination du premier Consul.

dans sa famille. Le Sénat, quand on lui eut communiqué les pièces de la conspiration, pièces démontrant la participation des ministres anglais, décida qu'il porterait, lui aussi, une adresse de félicitations au premier Consul. Fouché, dûment averti sans doute, déclara que tout cela n'était rien « si l'on n'assurait l'existence du gouvernement au delà de son chef ». Le Sénat, qui comprend à merveille ce que Fouché veut dire, rédige, le 6 germinal an XII, une adresse explicite : « ...Oui, citoyen premier Consul, le Sénat doit vous le dire..., vous fondez une ère nouvelle ; mais vous devez l'éterniser : l'éclat n'est rien sans la durée. Nous ne saurions douter que cette grande idée ne vous ait occupé, car votre génie créateur embrasse tout... Vous pouvez enchaîner le temps, maîtriser les événements, mettre un frein aux conspirateurs, désarmer les ambitieux, tranquilliser la France entière en lui donnant des institutions qui cimentent votre édifice et prolongent pour les enfants ce que vous fîtes pour les pères... Soyez bien assuré que le Sénat vous parle ici au nom de tous les citoyens. Tous vous admirent et vous aiment... Grand homme, achevez votre ouvrage en le rendant immortel comme votre gloire... (1). »

Au reçu de cette adresse, Napoléon convoque le Conseil d'état pour délibérer sur la demande du Sénat. Lucien Bonaparte, de son côté, réunit chez lui les membres influents du Sénat, du Tribunat, du Corps législatif. On donne des promesses, on reçoit des offres ; toutes les consciences sont remuées par de secrets et puissants ressorts. Enfin le 3 floréal (23 avril 1804), le tribun Curée dépose sur le bureau du Tribunat une motion d'ordre tendant « à ce que Napoléon Bonaparte fût déclaré empereur des Français et à ce que la dignité impériale fût déclarée héréditaire dans sa famille (2) ». Napoléon se décide alors, le 5 floréal, à répondre à l'adresse. Il invite le Sénat « à faire connaître sa pensée tout entière (3) ». Le 6 floréal, le Sénat

____

(1) *Moniteur* 16 floréal an XII, p. 1029. Cf. Buchez et Roux, XXXIX, p. 108.
(2) *Moniteur* 11 floréal an XII, p. 1005.
(3) *Moniteur* 16 floréal an XII, p. 1080.

nomme une commission. Le 10, le Tribunat s'assemble et Curée insiste pour qu'on se hâte. La motion de Curée, appuyée à l'envi par vingt-quatre orateurs, n'est combattue que par Carnot. Le 13 floréal (3 mai), la Commission du Tribunat dépose un rapport favorable et, conformément à l'article 29 de la Constitution, le Tribunat émet le vœu : « 1° que Napoléon Bonaparte, premier Consul, soit proclamé *Empereur des Français*, et en cette qualité, chargé du gouvernement de la République française ; 2° que le titre d'empereur et le pouvoir impérial soient héréditaires dans sa famille de mâle en mâle et par ordre de primogéniture ; 3° qu'en faisant dans l'organisation des autorités constituées les modifications exigées par l'établissement du pouvoir héréditaire, l'égalité, la liberté, les droits du peuple soient conservés dans leur intégrité (1) ».

Six orateurs aussitôt désignés vont porter le vœu au Sénat, le 14 floréal. Le vice-président du Sénat, F. de Neufchâteau, félicite le Tribunat d'avoir si bien usé de l'initiative que lui donne la Constitution, et déclare que le Sénat « veut aussi élever une nouvelle dynastie (2) ». En effet, la députation partie, la commission du Sénat fait son rapport et l'on vote la réponse au message du 5 floréal (3). Pendant ce temps, comme le Corps législatif n'était pas en session, Fontanes réunissait les députés présents à Paris et allait à leur tête dire au premier Consul que le Corps législatif voulait ce que voulaient le Sénat et le Tribunat (4). Enfin le 26 floréal an XII, Cambacérès, présidant le Sénat, saisit l'Assemblée d'un projet de sénatus-consulte et Portalis lit un exposé de motifs. Le 28 floréal (18 mai), Lacépède, rapporteur, propose au nom de la Commission : 1° d'adopter le projet de sénatus-consulte ; 2° de rendre le décret suivant : Le Sénat en corps présentera immédiatement, après sa séance, le sénatus-consulte

(1) *Moniteur* 14 floréal an XII, p. 1020.
(2) *Moniteur* 16 et 17 floréal an XII, p. 1021, 1030.
(3) A la réponse publique le Sénat joignit un mémoire secret dans lequel il demandait des garanties et de nouveaux honneurs pour ses membres. Cf. Buchez et Roux, XXXIX, p. 128.
(4) *Moniteur* 26 floréal, p. 1071.

organique de ce jour à Napoléon Bonaparte, empereur des Français. — Sénatus-consulte et décret sont adoptés. On se rend à Saint-Cloud. Cambacérès fait un discours à Napoléon qui répond : « Tout ce qui peut contribuer au bien de la patrie est essentiellement lié à mon bonheur. J'accepte le titre que vous croyez utile à la gloire de la nation. Je soumets à la sanction du peuple la loi de l'hérédité..... (1). »

Il restait donc à consulter la nation (2), ce qui fut fait en ces termes : « Le peuple veut l'hérédité de la dignité impériale dans la descendance directe, naturelle, légitime et adoptive de Napoléon Bonaparte et dans la descendance directe, naturelle et légitime de Joseph Bonaparte et de Louis Bonaparte, ainsi qu'il est réglé par le sénatus-consulte du 28 floréal an XII. » Mais on n'attendit pas le vote populaire pour mettre à exécution le sénatus-consulte.

Le 12 brumaire an XIII seulement, une commission sénatoriale fait le recensement des votes. Le procès-verbal est lu au Sénat et, par le sénatus-consulte du 15 brumaire (6 novembre 1804), l'hérédité de la dignité impériale est proclamée. Sur 3,574,898 votants, 2,569 seulement avaient voté contre l'hérédité.

Il n'est pas nécessaire de donner beaucoup d'explications sur les sénatus-consultes postérieurs.

Le sénatus-consulte du 14 août 1806 a été rendu pour indemniser la princesse Pauline Borghèse de la cession de la principauté de Guastalla au royaume d'Italie. On glissa dans le sénatus-consulte les articles organiques des majorats, afin d'attirer aussi peu que possible l'attention sur ces articles.

Le sénatus-consulte du 10 août 1807 supprime le Tribunat. Cet acte fut d'abord tenu secret. L'empereur avait ouvert, le 16, la session de 1807. Le 18 septembre seulement, à la veille de la clôture de la session, l'acte fut rendu public. Le Tribunat nomma aussitôt une députation pour remercier l'empereur et lui déclarer « que les sentiments d'amour et de dévouement

_____

(1) *Moniteur* 29 floréal an XII, p. 1083.
(2) S.-C. 28 floréal an XII, art. 142.

pour le monarque qui avaient animé le Corps vivraient éter-
nellement dans chacun de ses membres ». Le Corps législatif, dans le sein duquel trois commissions étaient formées
pour remplacer le Tribunat, montra une joie débordante :
« Celui, dit Fontanes, qui fit taire toutes les factions ne veut
point que des voix respectueuses mais libres soient plus longtemps enchaînées. Rendons-nous dignes d'un tel bienfait (1). »

Le sénatus-consulte du 12 octobre 1807 concerne l'ordre
judiciaire. Le but poursuivi était, suivant l'expression de
Treilhard, « l'épuration salutaire de la magistrature ». Aux
termes de l'article 68 de la Constitution de l'an VIII, les juges,
autres que les juges de paix, conservaient leurs fonctions toute
leur vie à moins qu'ils ne fussent condamnés pour forfaiture,
ou qu'ils n'eussent pas été maintenus sur les listes d'éligibilité. Or, les listes d'éligibilité avaient disparu en l'an X, l'application de l'article 68 était donc faussée (2). D'où le sénatus-
consulte de 1807.

Le sénatus-consulte du 5 février 1813, rendu sur le rapport
de Pastoret, modifie l'Acte constitutionnel du 28 floréal an XII
en appelant l'impératrice à la régence. En outre, dans le cas
où cet acte appelait les grands dignitaires à la régence, le
Sénat perdait son droit d'élection.

Le sénatus-consulte du 15 novembre 1813 modifie l'article 8
de l'Acte constitutionnel du 28 floréal, en donnant à l'Empereur
le droit de choisir, comme il voudra, le président du Corps
législatif.

Quand ce dernier sénatus-consulte est rendu, la puissance
de Napoléon est déjà bien ébranlée : la fortune qu'il avait fati-
guée, abandonne le grand capitaine. Dès le 9 novembre, les
alliés ont lancé la déclaration de Francfort qui séparait Napoléon
de la France ; le 1er janvier 1814, l'invasion commence.

(1) Buchez et Roux, XXXIX, p. 237.
(2) On remarquera cependant que le pouvoir disciplinaire de la
Cour de cassation et des tribunaux d'appel remplaçait suffisamment
la censure populaire. Cf. Const. an X, art. 82, 83.

LA CONSTITUTION SÉNATORIALE
Du 6 Avril 1814

ET LA CHARTE CONSTITUTIONNELLE
Du 4 Juin 1814.

Le 1er avril 1814, au lendemain de la capitulation de Paris et de la déclaration des souverains alliés (1), le Sénat impérial, sous la présidence de Talleyrand, vice-grand-électeur, et sur sa demande, nomme un gouvernement provisoire, composé de Talleyrand, Beurnonville, Jaucourt, Dalberg et Montesquiou (2); le 3 avril, il vote l'acte de déchéance (3), auquel adhère immédiatement le Corps législatif (4). A l'instigation de Talleyrand, la majorité du Sénat accepte la restauration des Bourbons; mais le Roi sera Roi des Français, appelé au trône par la volonté des représentants de la nation, et après avoir accepté et juré la Constitution votée par eux. Le Gouvernement provisoire annonce au peuple français le rappel de la monarchie légitime (5) et présente au Sénat (5 avril) les bases d'une constitution. Une commission composée de Vimar, Garat, Lanjuinais, Fabre, Cornet, Grégoire et Abrial arrête le texte qui, le 6 avril, est voté à l'unanimité (6). Le lendemain le Corps législatif adhère, aussi à l'unanimité, à l'acte constitutionnel voté par le Sénat (7).

Cette Constitution, dite *Constitution sénatoriale*, devait être soumise au peuple, acceptée et jurée par le Roi (art. 29). Il n'en fut rien. Le nouvel acte constitutionnel resta toujours inappliqué. Le 11 avril 1814, Napoléon signe à Fontainebleau son abdication sans condition (8). Par un décret du 14 avril,

(1) *Arch. parl.*, 2e série, XII, p. 7.
(2) *B. L.*, 5e série, I, n° 1, p. 1.
(3) V. à sa date le texte de l'acte de déchéance.
(4) *B. L.*, 5e série, I, n° 9, p. 9.
(5) *B. L.*, 5e série, I, n° 12, p. 13.
(6) *Arch. parl.*, 2e série, XII, p. 12.
(7) *Arch. parl.*, 2e série, XII, p. 13.
(8) *B. L.*, 5e série, I, n° 36, p. 35.

le Sénat défère le gouvernement provisoire de la France au comte d'Artois, avec le titre de lieutenant-général du royaume (1). Le mouvement légitimiste s'affirme nettement. En se réservant par l'article 6 de la Constitution, la conservation de leurs titres et dotations, les sénateurs avaient jeté le discrédit sur leur œuvre. Ils sont obligés de céder, et le 2 mai, le Sénat, le Gouvernement provisoire et les ministres viennent déposer aux pieds du roi l'hommage de leur respect et de leur dévouement. De la Constitution sénatoriale, il n'était plus question (2).

Le même jour, dans la Déclaration de Saint-Ouen (3), le roi s'engage « à mettre sous les yeux du Sénat et du Corps législatif, spécialement convoqués à cet effet, le trav constitutionnel, qu'il aura fait avec une commission choisie dans le sein de ces deux corps ». C'était une formule de transaction, sur le point de savoir si l'acte constitutionnel serait *octroyé* par le roi, ou *voté* par les représentants de la nation et proposé à l'acceptation du roi. Une ordonnance du 6 mai convoque le Sénat et le Corps législatif pour le 31 mai (4). Une Commission composée de trois commissaires royaux (5), de neuf sénateurs (6), et de neuf membres du Corps législatif (7) est chargée de préparer l'Acte constitutionnel.

La commission commence ses travaux le 22 mai et prend pour base de ses délibérations un projet rédigé par l'abbé de Montesquiou. Elle décide d'abord de ne point formuler dans un texte le principe de l'hérédité monarchique, parce que ce principe est antérieur à l'acte même que l'on prépare. Les articles 5 et 8 relatifs à la liberté religieuse, la religion

(1) *B. L.*, 5e série, I, no 43, p. 41.
(2) *Arch. parl.*, 2e série, XII, p. 23.
(3) V. à sa date, le texte de la Déclaration.
(4) Le 30 mai, la réunion des Chambres fut fixée au 4 juin.
(5) Ferrand, Beugnot et l'abbé de Montesquiou.
(6) Barbé-Marbois, Barthélemy, Boissy-d'Anglas, Fontanes, Garnier, Pastoret, Sémonville, maréchal Serrurier et Vimar.
(7) Blanquart de Bailleul, Bois-Savary, Chabaud-Latour, Clausel de Coussergues, Duchesne de Villevoisin, Duhamel, Faget de Baure, Félix Faulcon et Lainé.

d'état et la liberté de la presse ne sont adoptés qu'après une longue discussion. L'article 9 (inviolabilité des aliénations de biens nationaux), rédigé par Beugnot, est vivement discuté. La seconde phrase de l'article 12 est ajoutée sur la proposition de Félix Faulcon. Le célèbre article 14 est adopté sans objection. C'est comme transaction entre les commissaires du Roi qui veulent refuser toute iniative aux Chambres, et plusieurs commissaires, Barbé-Marbois, Sémonville, Chabaud-Latour, Félix Faulcon, qui demandent pour les Chambres une certaine part d'initiative, qu'est rédigé l'article 19. Devant la difficulté de régler immédiatement l'organisation de la Chambre, ce point est ajourné (art. 35). Le 2 juin, les alliés font savoir, par M. de Bulow, qu'ils vont partir, et que le 4 juin tout doit être terminé. Les commissaires renoncent alors à revoir le chapitre des *élections*, et se bornent à remanier le chapitre des *droits particuliers garantis par l'état*. Quand la rédaction est achevée, on se demande sous quel titre l'acte doit être publié. La commission repousse unanimement le mot *constitution*, comme impliquant un vote des représentants du pays. La désignation *ordonnance de réformation* est aussi rejetée. Sur la proposition de Beugnot, tout le monde reconnaît que le seul mot exact est *charte*; c'est toujours ainsi que l'on désignait autrefois les concessions volontaires faites par le Roi à ses sujets. L'acte constitutionnel sera donc une *charte octroyée*. Beugnot est chargé de la rédaction du préambule où cela est expliqué. C'est en s'inspirant de la même idée que Louis XVIII décide que la charte sera datée de la 19e année de son règne (1).

Le 4 juin 1814, une partie du Sénat et le Corps législatif à peu près en entier sont réunis en une séance royale. Après quelques mots du Roi, un discours du chancelier Dambray, lecture est donnée de la charte, de quatre ordonnances réglant des points de détail et de la liste des personnes désignées par le Roi pour faire partie de la Chambre des pairs. Pairs et

(1) Duvergier de Hauranne, *Histoire du gouvernement parl.*, 2e édit., II, p. 157.

députés prêtent serment au roi et à la charte constitutionnelle (1).

ACTE ADDITIONNEL
AUX CONSTITUTIONS DE L'EMPIRE
Du 22 Avril 1815.

La première application de la charte ne devait pas être de
longue durée. Le 1er mars 1815, Napoléon débarque au golfe
Jouan, traverse la France en triomphateur ; le 20 mars,
il entre aux Tuileries. Il se présentait au pays comme le défenseur des libertés contre la tyrannie des Bourbons.

Le décret de Lyon, 13 mars 1815, par lequel l'Empereur
prononçait la dissolution de la Chambre des pairs et de la
Chambre des communes, portait en outre : « Les collèges électoraux des départements de l'Empire seront réunis en assemblée extraordinaire au Champ de Mai, afin de modifier nos
constitutions selon l'intérêt et la volonté de la nation (2). » En
fait, cette réunion était impossible. Mais il fallait faire une constitution. Rétablir la dictature, c'était démentir toutes les promesses et se condamner à n'avoir d'autre appui que celui de
l'armée. On voulut un moment réunir une Assemblée constituante, qui voterait la constitution ; mais ce procédé eût entraîné
de longs retards. Le temps pressait. L'Empereur se décide à
charger une commission de rédiger une constitution qui sera
soumise ensuite à un plébiscite. Malgré son pamphlet du 19
mars, Benjamin Constant, reçu aux Tuileries par l'entremise de
Joseph Bonaparte, accepte de faire partie de la commission
qui prépare l'acte constitutionnel et qui, composée en grande
partie de ministres et de conseillers d'état, est présidée par
Napoléon lui-même. Le projet rédigé par Benjamin Constant
devient, après quelques modifications de détail, l'*Acte additionnel aux Constitutions de l'Empire* du 22 avril 1815.

(1) *Arch. parl.*, 2ᵉ série, XII, p. 32 et s. ; — *B. L.*, 5ᵉ série, I,
nᵒˢ 134, 135, 136 et 137, p. 207 et s.
(2) *B. L.*, 6ᵉ série, t. unique, nᵒ 8, p. 9.

C'est sur la demande expresse de Napoléon que ce titre est donné à la nouvelle Constitution. « Il faut, disait-il à Benjamin Constant qui proposait d'abandonner tout le bagage des Constitutions impériales, il faut que la nouvelle Constitution se rattache à l'ancienne ; elle aura la sanction de la gloire. » Sur le fond du projet, l'Empereur n'avait fait d'opposition qu'à l'hérédité de la pairie et à l'abolition de la confiscation. L'hérédité fut maintenue ; mais le comité supprima l'article abolissant la confiscation.

En même temps que l'*Acte additionnel*, paraissaient au *Moniteur* du 23 avril deux décrets soumettant le nouvel acte à la ratification populaire, appelant les électeurs à consigner leur vote sur des registres ouverts dans toutes les communes et annonçant que le dépouillement aurait lieu à l'Assemblée du Champ de Mai, convoquée à Paris à la date du 26 mai. Un décret du 30 avril convoquait les collèges électoraux pour l'élection de la Chambre des représentants (1). L'*Acte additionnel* est accepté par 1,532,327 réponses *oui* contre 4,802 réponses *non*, et le résultat proclamé dans l'Assemblée du Champ de Mai le 1er juin (2). Le 12, Napoléon part pour l'armée ; le 18, il est vaincu à Waterloo.

LES PROJETS DE DÉCLARATION DES DROITS ET DE CONSTITUTION DISCUTÉS EN 1815 A LA CHAMBRE DES REPRÉSENTANTS

Sur la proposition de Dupin, la Chambre des représentants avait, le 20 juin, nommé une commission de 22 membres, chargée de coordonner les constitutions avec l'Acte additionnel (3). Le soir on apprenait la défaite. Les deux Chambres se décla-

(1) *B. L.*, 6e série, t. unique, nos 112, 113 et 114, p. 131 et s.
(2) *Arch. parl.*, 2e série, XIV, p. 281. — Un décret du 1er juin convoque les Chambres pour le 3 (*B. L.*, 6e série, t. unique, n° 117, p. 257).
(3) *Arch. parl.*, 2e série, XIV, p. 498.

rent en permanence (1). Sous la pression des événements et menacé de déchéance, Napoléon signe son abdication le 22 juin au palais de l'Élysée et proclame son fils empereur sous le titre de Napoléon II (2). Le 23, après de longues et confuses discussions, la Chambre des représentants, sur la proposition de Manuel, reconnaît provisoirement Napoléon II, et nomme pour préparer un nouveau projet de Constitution une commission de neuf membres, qui doit se réunir immédiatement (3). Une commission de gouvernement, composée de cinq membres élus par les Chambres (4), se constitue sous la présidence de Fouché, adresse une proclamation au pays, où elle annonce l'abdication de Napoléon Ier, la proclamation de Napoléon II, et fait des promesses libérales (5).

Pendant les négociations du Gouvernement provisoire avec les alliés, au milieu des intrigues de Fouché travaillant par des voies tortueuses au retour des Bourbons, la Chambre des représentants ne songe qu'à rédiger une Constitution. Le 29 juin, Manuel, rapporteur de la commission, dépose un projet, que l'on imposera au prince quelconque appelé au trône (6). Sur la proposition de Garat, la Chambre renvoie à la Commission des Neuf un projet de Déclaration des droits (7). En réponse au memorandum de Wellington (4 juillet) (8), les représentants votent à l'unanimité une déclaration, où, après avoir affirmé les principes fondamentaux d'un gouvernement libre, ils ajoutent : « Un monarque ne peut offrir de garantie réelle, s'il ne jure d'observer une Constitution délibérée par la représentation nationale et acceptée par le peuple (9). » Étrangère aux

(1) *Ibid.*, p. 500 et 501.
(2) *B. L.*, 6e série, t. unique, p. 257.
(3) *Arch. parl.*, 2e série, XIV, p. 527.
(4) Séances du 22 juin, *Ibid.*, p. 510 et 518. Carnot, Fouché et Grenier, nommés par les Représentants ; Guinette et Fouché par les Pairs.
(5) *B. L.*, 6e série, t. unique, n° 275, p. 279 ; — *Arch. parl.*, 2e série, XIV, p. 528.
(6) *Ibid.*, p. 570.
(7) *Ibid.*, p. 609.
(8) *Ibid.*, p. 604
(9) *Ibid.*, p. 610.

agissements de Fouché, indifférente à la pression des souverains alliés, l'assemblée discute dans le calme la Constitution. Le 4 et le 5 juillet, la Chambre vote la Déclaration des droits préparée par Garat (1). Le 6 juillet, les 31 premiers articles sont adoptés (2). Le 7, on vote les articles 32-47 (3), et le même jour, pendant qu'on discute les articles 53 et 54 relatifs à la Chambre des Pairs, on reçoit la communication de la Commission de gouvernement, qui donne sa démission et annonce l'entrée prochaine de Louis XVIII à Paris (4). Le lendemain, quand les représentants se rendent au lieu ordinaire de leurs séances, ils trouvent les portes closes et les avenues gardées par la force armée (5). Le 8 juillet, le *Moniteur* annonce la dissolution des Chambres.

Louis XVIII n'était point remonté sur le trône comme le voulaient les auteurs de la seconde restauration, en vertu d'un vote des Chambres; mais il avait pris ou on avait pris pour lui certains engagements, qu'il était difficile de violer entièrement. On avait promis de soumettre à la revision des Chambres certains articles de la Charte, notamment celui qui donnait l'initiative au roi seul. De là l'ordonnance du 13 juillet 1815, qui convoque une nouvelle Chambre, porte provisoirement le nombre des députés de 262 à 402, abaisse l'âge de l'éligibilité de 40 à 25 ans et annonce (art. 14) que les articles 16, 28, 35, 46 de la Charte seront soumis à la revision du pouvoir législatif dans la prochaine session. Mais l'ordonnance du 5 septembre 1816, due à l'initiative de Decazes, dissout la *Chambre introuvable* et porte qu'aucun des articles de la Charte ne sera modifié. La Charte reste donc ce qu'elle était. Signalons toutefois les deux lois électorales du 5 février 1817 (6),

---

(1) *Ibid.*, p. 603-609.
(2) *Ibid.*, p. 618.
(3) *Ibid.*, p. 618.
(4) *Ibid.*, p. 624.
(5) *Ibid.*, p. 625. — V. p. 198 le texte de la Déclaration des droits, et de la Constitution en partie votée par la Chambre des représentants.
(6) Présentée à la Chambre des députés le 28 novembre 1816 par Lainé, ministre de l'intérieur (*Arch. parl.*, 2e série, XVII, p. 563); rapportée par Bourdeau le 19 décembre 1816 (*Ibid.*, p. 648); discutée du

du 29 juin 1820 (1) (loi du double vote) et la loi du 9 juin 1824, établissant le renouvellement intégral de la Chambre tous les sept ans (2).

LA CHARTE CONSTITUTIONNELLE
Du 14 Août 1830.

Après la chute de Martignac, le ministère Polignac dissout la Chambre des députés. Mais les élections des 23 juin et 3 juillet 1830 renvoient les 221 opposants de la Chambre dissoute, plus 49 nouveaux opposants. Le cabinet, battu sur le terrain constitutionnel, publie les quatre ordonnances du 25 juillet 1830, précédées d'un rapport de Chantelauze, ministre de la justice, qui les fondait en droit sur l'article 14 *in fine* de la Charte (3).

Aussitôt, au milieu de l'effervescence générale, paraissent la protestation des journalistes, rédigée par M. Thiers (4) et celle de 63 députés présents à Paris (5). Le 29 juillet, les mêmes députés nomment un gouvernement provisoire avec le

26 décembre 1816 au 9 janvier 1817 (*Ibid.*, p. 694 et s. et XVIII, p. 1 et s.). Transmise à la Chambre des Pairs le 11 janvier 1817 (*Ibid.*, p. 131) ; rapportée par Lally-Tollendal le 23 janvier 1817 (*Ibid.*, p. 218) ; discutée les 23, 25-30 janvier 1817 (*Ibid.*, p. 224, 267 et s.).

(1) Présentée à la Chambre des députés le 17 avril 1820 par le comte Siméon, ministre de l'intérieur (*Arch. parl.*, 2e série, XXVII, p. 248) ; rapportée par Lainé le 6 mai 1820 (*Ibid.*, p. 512) ; discutée du 15 mai au 12 juin (*Ibid.*, p. 595 et s. ; XXVIII, p. 37 et s.). Transmise à la Chambre des Pairs le 14 juin 1820 (*Ibid.*, p. 519 ; rapportée par le marquis de Fontanes le 22 juin (*Ibid.*, p. 643) ; discutée du 24 au 28 juin (*Ibid.*, p. 687 et s.).

(2) Présentée à la Chambre des Pairs par Corbière, ministre de l'intérieur, le 5 avril 1824 (*Arch. parl.*, 2e série, XXXIX, p. 647) ; rapportée par Pastoret le 22 avril (*Ibid.*, XL, p. 40) ; discutée les 4-7 mai (*Ibid.*, p. 271 et s.). Transmise à la Chambre des députés le 14 mai (*Ibid.*, XL, p. 541) ; rapportée par Martignac le 29 mai 1824 (*Ibid.* XLI, p. 66) ; discutée du 3 au 8 juin (*Ibid.*, p. 171, et s.).

(3) La première suspend la liberté de la presse ; la seconde dissout la Chambre des députés ; la troisième modifie le système électoral et enlève aux patentés la qualité d'électeurs ; la quatrième convoque les collèges électoraux pour le 13 septembre suivant. *B. L.*, 8e série, XII, 2e partie, p. 33 et s. V. le rapport de Chantelauze, *Arch. parl.*, 2e série, LXI, p. 693).

(4) *Arch. parl.*, *Ibid.*, p. 641.

(5) *B. L.*, 9e série, I, 1re partie, no 1, p. 1.

titre de *Commission municipale* de Paris (1), et offrent le gouvernement provisoire au duc d'Orléans, avec le titre de lieutenant-général du royaume (2). Le Prince adresse le 31 aux
Parisiens une proclamation dans laquelle il accepte le titre
de Lieutenant-général, et qui se termine par ces mots : « Les
Chambres vont se réunir ; elles aviseront aux moyens d'assurer le règne des lois et le maintien des droits de la nation ; la
Charte sera désormais une vérité (3). » Le même jour,
98 députés rédigent une proclamation annonçant l'acceptation du duc d'Orléans, promettant le développement des institutions libérales et rappelant la déclaration du Prince dans
son acte d'acceptation (4).

Pendant ce temps, Charles X, retiré à Saint-Cloud, puis à
Rambouillet, renvoie le ministère Polignac, rapporte les
ordonnances et abdique en faveur du duc de Bordeaux (5).
Mais il est trop tard. Les Chambres se réunissent le 5 août.
Le duc d'Orléans renouvelle les promesses de la proclamation du 31 juillet (6). Le 6 août, le député Bérard dépose une
proposition qui avait été revisée par le duc de Broglie et
Guizot, tendant à déclarer la vacance du trône, à y pourvoir,
à supprimer le préambule de la Charte et à supprimer ou à
reviser une série d'articles du même acte (7). La proposition
est renvoyée à une commission (8), et le soir même Dupin lit
son rapport (9). La commission accepte la proposition
Bérard, sauf quelques modifications : elle propose notamment

(1) La commission se composait de : Lafitte, Casimir-Périer, comte
de Lobeau, Schonen, Audry de Puyraveau, Mauguin (*Arch. parl.*,
2ᵉ série, LXI, p. 642).
(2) *Ibid.*, p. 642.
(3) *B. L.*, 9ᵉ série, I, 1ʳᵉ partie, n° 14, p. 11.
(4) *B. L.*, 9ᵉ série, I, 1ʳᵉ partie, n° 15, p. 12.
(5) *B. L.*, 9ᵉ série, I, 1ʳᵉ partie, n° 28, p. 18.
(6) *B. L.*, 9ᵉ série, I, 1ʳᵉ partie, n° 32, p. 23.
(7) *Arch. parl.*, 2ᵉ série, LXIII, p. 51.
(8) Elle était composée de : Bérard, Augustin Périer, Humann, De-
lessert, comte de Sade, Jener, Sébastiani, Bertin de Vaux. Elle se réunit à la commission de l'adresse composée de Villemain, Vandeuvre,
Hamelot-Conté, Kératry, Dupin aîné, Mathieu Dumas, Benjamin
Constant, Lefebvre et Étienne (*Arch. parl.*, 2ᵉ série, LXIII, p. 56).
(9) *Arch. parl.*, *Ibid.*, p. 56.

« non pas de constater la vacance du trône comme un *fait*, mais de la déclarer comme un *droit* résultant de la violation de la Charte et de la légitime résistance apportée par le peuple à cette violation, de supprimer le préambule, non parce qu'il est inutile, mais parce qu'il blesse la dignité des citoyens, en paraissant *octroyer* des droits qui leur appartiennent essentiellement (1) ». La commission propose en outre une série de modifications à la Charte ; et, pour la Chambre des pairs, constatant « que les plus ardents amis de la liberté sont divisés sur la question et qu'il faut éviter le retour des abus qui ont gravement altéré le principe de la pairie », elle demande que l'article 27 soit soumis à un nouvel examen dans la session de 1831 (2). Dans la séance du 7 août, les propositions de la commission sont votées avec de très légers changements. Un amendement de M. de Corcelles, proposant d'ajouter à la déclaration ces mots « sauf acceptation par le peuple », n'est pas pris en considération. Sur 430 députés, 252 sont présents ; et l'ensemble est voté par 219 voix contre 33 (3).

Le vote est transmis immédiatement à la Chambre des pairs, où la discussion commence aussitôt (4). Après un discours de Chateaubriand, qui revendique les droits du duc de Bordeaux, le texte voté par la Chambre est adopté par 89 voix contre 10, 14 bulletins blancs et un bulletin nul (5). Mais la Chambre des pairs y joint la réserve suivante : « Elle ne peut délibérer sur la déclaration de la Chambre des députés conçue en ces termes : Toutes les nominations et créations nouvelles de pairs faites sous le règne du roi Charles X sont déclarées nulles et non avenues. Elle déclare s'en rapporter sur ce sujet à la haute prudence du prince lieutenant-général (6). »

---

(1) *Ibid.*, p. 56.
(2) *Ibid.*, p. 57.
(3) *Ibid.*, p. 81.
(4) *Ibid.*, p. 82.
(5) *Ibid.*, p. 89.
(6) *B. L.*, 9ᵉ série, I, 1ʳᵉ partie, p. 44. — V. p. 212 le texte de la déclaration votée par les deux Chambres.

Le 9 août, les deux Chambres se réunissent en présence du duc d'Orléans. Les deux présidents donnent lecture des déclarations votées dans leurs Chambres respectives. Le prince répond : « J'ai lu avec une grande attention la déclaration de la Chambre des députés et l'acte d'adhésion de la Chambre des pairs. J'en ai pesé et médité toutes les expressions. J'accepte sans restriction ni réserve les clauses et engagements que renferme cette déclaration et le titre de *Roi des Français* qu'elle me confère, et suis prêt à en jurer l'observation. » Il prononce ensuite le serment suivant : « En présence de Dieu, je jure d'observer fidèlement la Charte constitutionnelle avec les modifications exprimées dans la Déclaration, de ne gouverner que par les lois et selon les lois, de faire rendre bonne et exacte justice à chacun selon son droit, et d'agir en toute chose dans la seule vue de l'intérêt, du bonheur et de la gloire du peuple français (1). » Après un très court discours du nouveau roi, la séance est levée. La Charte revisée est publiée au *Bulletin des Lois* le 14 août 1830.

On voit par les faits qui précèdent la différence capitale qui sépare la Charte de 1830 de la Charte de 1814. Celle-ci était une concession volontaire faite par le roi, dont le droit était affirmé comme supérieur et antérieur à celui du peuple. La Charte de 1830, malgré le nom qui lui est conservé, est un pacte entre le roi et les représentants du peuple ; le roi n'est roi des Français qu'après avoir accepté et juré ce pacte.

L'article 68, § 2 de la nouvelle Charte portait : « L'article 23 de la Charte sera soumis à un nouvel examen dans la session de 1831. » Conformément à cette promesse fut votée la loi du 29 décembre 1831, sur l'organisation de la Chambre des pairs, dont l'article unique fait partie intégrante de la Charte. La question capitale qui se posait était celle de l'hérédité de la pairie. Sous la pression de l'opinion publique, le ministère

_____

(1) *B. L.*, 9ᵉ série, I, 1ʳᵉ partie, nᵒ 58, p. 46.

Casimir-Périer présentait à la Chambre un projet, qui supprimait l'hérédité et obligeait le roi à choisir les pairs parmi certaines notabilités. Le débat s'ouvrit le 30 septembre. Malgré les efforts de Berryer, de Thiers, de Guizot et le célèbre discours de Royer-Collard, la suppression de l'hérédité de la pairie fut votée le 18 octobre 1831 (1). Pour s'assurer une majorité à la Chambre des pairs, dont il demande la mutilation, le gouvernement fait une « fournée de pairs » (2) et le projet est adopté le 28 décembre 1831 par 170 voix contre 102 (3). C'est la loi du 29 décembre 1831 qui remplace l'article 23 de la Charte (4).

L'article 69, n° 9 de la Charte de 1830 annonçait une loi « abolissant le double vote et fixant les conditions électorales et d'éligibilité ». Ce fut la loi du 19 avril 1831, qui resta en vigueur pendant tout le règne de Louis-Philippe (5).

(1) *Arch. parl.*, 2° série, LXX, p. 698.
(2) *Ibid.*, LXXI, p. 695 (19 novembre 1831).
(3) *Ibid*, LXXIII, p. 240.
(4) Présentée à la Chambre des députés le 27 août 1831, par Casimir-Périer, président du Conseil (*Arch. parl.*, 2° série, LXIX, p. 410); rapportée par Bérenger le 19 sept. 1831 (*Ibid.*, p. 724); discutée à la Chambre des députés du 1er au 19 octobre 1831 (*Ibid.*, LXX, p. 236 et s.). L'ensemble de la loi est voté le 19 octobre par 386 voix contre 40 (*Ibid.*, p. 709). Présentée à la Chambre des pairs par Casimir-Périer le 12 novembre 1831 (*Ibid.*, LXXI, p. 738); rapportée par le duc Decazes le 19 déc. 1831 (*Ibid.*, LXXII, p. 591); discutée les 22-28 déc. 1831 (*Ibid.*, LXXII, p. 694 et s., LXXIII, p. 1 et s.).
(5) Présentée le 30 déc. 1830 à la Chambre des députés par Montalivet, ministre de l'intérieur (*Arch. parl.*, 2° série, LXV, p. 708); rapportée par Bérenger le 22 février 1831 (*Ibid.*, LXVII, p. 106); discutée du 24 février au 9 mars 1831 (*Ibid.*, p. 212 et s.). Transmise à la Chambre des pairs le 16 mars 1831 (*Ibid.*, p. 623; rapportée par le duc Decazes le 18 mars (*Ibid.*, LXVIII, p. 110); discutée les 30 et 31 mars (*Ibid.*, p. 193 et s.). Présentée à nouveau à la Chambre des députés le 6 avril (*Ibid.*, p. 368); discutée du 9 au 12 avril (*Ibid.*, p. 470 et s.). Présenté à nouveau à la Chambre des pairs le 14 avril (*Ibid.*, p. 572) et votée le 15 avril 1831 (*Ibid.*, p. 608).

LA CONSTITUTION
Du 4 Novembre 1848.

La loi du 19 avril 1831 fixait le cens de l'éligibilité à
500 francs et le cens de l'électorat à 200 francs ; elle admet-
tait, sous des conditions très étroites, l'adjonction de quelques
électeurs capacitaires. Elle ne donna point satisfaction à l'opinion publique, et la question électorale resta ouverte pendant
tout le règne de Louis-Philippe. Le 16 mai 1840, sur la
requête de M. Thiers, président du Conseil, la Chambre des
députés repousse une série de pétitions, dont les unes demandent le suffrage universel, les autres l'abaissement du cens et
l'adjonction des capacités (1). Le 14 janvier 1842, Guizot,
président du Conseil, obtient de la Chambre le refus de la
prise en considération d'une proposition de Ducos, accordant
l'électorat politique à tous les citoyens inscrits sur la liste du
jury d'après la loi du 2 mai 1817 (2). La majorité du pays ne
désirait pas le suffrage universel, mais elle voulait certai-
nement l'extension du droit de vote par l'abaissement du cens
et l'adjonction des capacités. Une proposition en ce sens fut
déposée par Duvergier de Hauranne le 6 mars 1847. Après
une très vive discussion, la prise en considération en fut
repoussée le 23 mars par 252 voix contre 154. Alors
commence la campagne des banquets, provoquée par une
coalition de la gauche dynastique et du parti républicain. Les
uns veulent le maintien de la monarchie et simplement l'extension du suffrage, les autres le renversement de la royauté
et le suffrage universel ; le mot de *réforme* est accepté par
tous.

L'émeute, provoquée par l'interdiction du banquet du
12e arrondissement, est devenue le 24 février 1848 une révolution. Louis-Philippe abdique en faveur du comte de Paris
son petit-fils. Sur la proposition de Ledru-Rollin, un gouverne-

(1) *Mon.*, 17 mai 1841.
(2) *Mon.*, 15 janvier 1842.

ment provisoire est constitué par acclamation populaire dans la
Chambre envahie (1). Il se réunit à l'Hôtel de Ville et adresse
une proclamation au peuple français (2). Il annonce la convocation d'une assemblée nationale, « aussitôt que le gouvernement provisoire aura réglé les mesures d'ordre et de police
nécessaires pour le vote de tous les citoyens ». La Chambre des
députés est dissoute ; il est interdit à la Chambre des pairs
de se réunir (3). Le 5 mars 1848 paraît le décret qui fixe
au 9 avril 1848 l'élection au suffrage direct et universel
d'une assemblée constituante « qui doit décréter la constitution » (4). Ces élections, les premières faites en France au

(1) Il se compose de Dupont (de l'Eure). F. Arago, Lamartine,
Ledru-Rollin, Crémieux, Marie, Garnier-Pagès. A l'Hôtel de Ville,
on leur adjoint Louis Blanc, Ferd. Flocon, Armand Marrast et l'ouvrier Albert (*Mon.*, 25 et 26 février 1848, p. 490 et s.).

(2) Voici les principaux passages de cette proclamation : « Un gouvernement rétrograde et oligarchique vient d'être renversé par l'héroïsme du peuple de Paris. Ce gouvernement s'est enfui en laissant
derrière lui une trace de sang qui lui défend de revenir jamais sur
ses pas. Le sang du peuple a coulé comme en juillet, mais cette fois
ce peuple généreux ne sera pas trompé. Il a conquis un gouvernement
national et populaire en rapport avec les droits, les progrès et la
volonté de ce grand et généreux peuple... — Le Gouvernement provisoire veut la République sauf ratification par le peuple, qui sera
immédiatement consulté ; — L'unité de la nation, formée désormais de
toutes les classes de la nation qui la composent, le gouvernement de
la nation par elle-même. — La liberté, l'égalité, la fraternité pour
principe, le peuple pour devise et pour mot d'ordre, voilà le gouvernement démocratique, que la France se doit à elle-même, et que nos
efforts sauront lui assurer » (*B. L.*, 10e série, I, no 1, p. 1).

(3) Arrêtés du 24 février 1848, *B. L.*, 10e série, I, nos 4 et 3, p. 4.

(4) Voici les principaux articles de ce décret : — Article 1er. Les
assemblées électorales de canton sont convoquées au 9 avril prochain
pour élire les représentants du peuple à l'Assemblée nationale qui
doit décréter la constitution. — 2. L'élection aura pour base la population. — Le nombre total des représentants du peuple sera de neuf
cents, y compris l'Algérie et les colonies françaises. — 5. Le suffrage
sera universel. — 6. Sont électeurs tous les Français âgés de 21 ans,
résidant dans la commune depuis six mois, et non judiciairement
privés ou suspendus de l'exercice des droits civiques. — 7. Sont éligibles tous les Français âgés de 25 ans et non privés ou suspendus
de l'exercice des droits civiques. — 8. Le scrutin sera secret. —
9. Tous les électeurs voteront au chef-lieu de canton par scrutin de
liste. — Chaque bulletin contiendra autant de noms qu'il y aura de
représentants à élire dans le département. — Le dépouillement des
suffrages se fera au chef-lieu de canton, et le recensement au département. — Nul ne pourra être nommé représentant du peuple s'il
ne réunit pas deux mille suffrages. — 10. Chaque représentant du
peuple recevra une indemnité de 25 francs par jour, pendant la

suffrage direct et universel, ont lieu le 23 avril. Un décret du 26 mars avait fixé cette nouvelle date. L'Assemblée nationale se réunit le 4 mai ; la majorité y appartient à l'opinion républicaine modérée. Son premier acte est de proclamer devant le peuple la République *démocratique, une et indivisible* (1). Après avoir reçu le compte rendu du gouvernement provisoire et des divers ministres (2), elle nomme une commission exécutive (9 et 10 mai 1848) (3) et décide que le projet de constitution sera préparé par une commission de 18 membres nommés par elle, au scrutin de liste, à la majorité absolue (12 mai 1848) (4).

Réunie le 18 mai, la Commission de Constitution écarte, malgré l'appui de Lamennais et de Tocqueville, une proposition d'Odilon Barrot, demandant qu'avant d'organiser le pouvoir central, on revise d'abord les institutions départementales et municipales dont la Constitution doit être le couronnement. La Commission limite son travail à l'organisation des grands pouvoirs de l'État et nomme Armand Marrast rapporteur. Le 19 juin, celui-ci dépose sur le bureau de l'Assemblée un projet provisoire de Constitution, divisé en 10 chapitres, formant en tout 139 articles et précédé d'une *Déclaration des devoirs et des droits* (5). Mais à la date du 2 juin, sur la proposition du député Pleignard, l'Assemblée avait décidé, que le projet de Constitution, préparé par la Commission, serait distribué et dis-

durée de la session... — 12. L'Assemblée nationale constituante s'ouvrira le 20 avril (*B. L.*, 10ᵉ série, I, nᵒ 62, p. 47).

(1) *Mon.*, 5 mai 1848, p. 950.

(2) 6 mai 1848, *Mon.*, 7 mai 1848, p. 967 et s.

(3) Elle est composée d'Arago, Garnier-Pagès, Marie, Lamartine et Ledru-Rollin (*Mon.*, 10 mai 1848, p. 999, et 11 mai, p. 1006.)

(4) *Mon.*, 13 mai 1848, p. 1027. — Les 18 membres élus les 15 et 18 mai sont : Cormenin, Armand Marrast, Lamennais, Vivien, Tocqueville, Dufaure, Martin (de Strasbourg), Voirhaye, Coquerel, Corbon, Tourret, Beaumont, Dupin aîné, Vaulabelle, Odilon Barrot, Pagès (de l'Ariège), Dornès et Considérant (*Mon.*, 18 mai 1848, p. 1082, et 19 mai, p. 1094). Plusieurs membres de la commission cessèrent d'en faire partie avant l'achèvement de ses travaux : Lamennais donna sa démission dès les premiers jours; Cormenin un peu plus tard ; Gustave de Beaumont fut nommé ambassadeur à Londres, et Dornès fut tué pendant les journées de juin.

(5) *Mon.*, 20 juin 1848, p. 1430.

cuté dans les bureaux, et qu'après cet examen préparatoire, chaque bureau désignerait, s'il y avait lieu, un de ses membres pour communiquer à la commission les modifications proposées par lui, et qu'enfin, après avoir entendu les délégués des bureaux, la commission délibérerait seule de nouveau, arrêterait le projet définitif qui serait l'objet d'un second rapport, discuté en séance publique (1). Conformément à cette décision, le premier projet est renvoyé aux bureaux, qui nomment des délégués chargés de transmettre à la Commission les demandes de modifications (2).

Un moment interrompus par la sanglante insurrection de juin, les travaux de la Commission sont repris. Après deux mois de nouvelles délibérations, elle arrête le projet définitif qui, précédé d'un rapport de Marrast, est remis à l'Assemblée le 30 août 1848 (3). Dans ce second projet il n'y a plus de *Déclaration des devoirs et des droits*, mais à la place huit paragraphes, qui, dans le texte définitif, reçoivent le titre de *Préambule*. Dans le but d'éviter toute surprise, l'Assemblée décide, le 11 août, sur la proposition de la commission du règlement, qu'après le vote des articles, le texte sera renvoyé à la Commission, qui, dans le délai de 6 jours, procédera à un nouvel examen, fera un nouveau rapport, indiquant les modifications qui lui paraîtront nécessaires, et qu'après le vote sur les modifications, l'Assemblée procédera à un vote d'ensemble définitif (4).

Le débat public s'ouvrit le 4 septembre 1848. Sur la proposition de Paschal Duprat, l'Assemblée décide qu'elle ne se séparera pas avant d'avoir voté les lois organiques (5). La discussion générale remplit les séances des 4 et 5 septembre (6). On discute ensuite le préambule. Plusieurs orateurs en demandent la suppression. Après un discours de Lamartine, l'As-

(1) *Mon.*, 3 juin 1848, p. 1246, et 4 juin, p. 1253.
(2) Ces délégués sont : Girard, Bérenger, Thiers, Ménard, Chauffour aîné, Victor Lefranc, Boussé, Parieu, Crémieux, Crépu, Boulatignier, Freslon, Duvergier de Hauranne et Berryer.
(3) *Mon.*, 31 août 1848, p. 2237 et s.
(4) *Mon.*, 12 août 1848, p. 1985.
(5) *Mon.*, 5 sept. 1848, p. 2301.
(6) *Mon.*, 6 sept, 1848, p. 2313 et s.

semblée décide par 491 voix contre 225 qu'il y aura un préambule (1). La fin de la séance du 6 septembre, toute la séance du 7 sont consacrées à la discussion des articles du préambule (2). Interrompu par l'examen du projet de loi sur la limitation des heures de travail, le débat est repris le 11 septembre. Dans un amendement, dont la formule modifiée par Glais-Bizoin est acceptée par Mathieu (de la Drôme), on demande d'ajouter à l'article 8 un paragraphe, consacrant le *droit au travail et à l'assistance*, droit que la Commission avait inscrit dans son premier projet, mais supprimé dans le projet définitif (3). La discussion est très longue : Mathieu (de la Drôme), Pelletier, Ledru-Rollin, Crémieux, Arnaud (de l'Ariège), Victor Considérant, Martin Bernard, Billault, Lamartine soutiennent l'amendement, ce dernier tout en déclarant qu'il ne le votera pas; Gauthier de Rumilly, Tocqueville, Duvergier de Hauranne, Marcel Barthe, Gaslonde, Luppé, Thiers, Bouché de l'Écluse, Dufaure au nom de la Commission, Goudchaux, ministre des finances, au nom du gouvernement, le combattent (4). Finalement, le 14 septembre, le principe du droit au travail et à l'assistance est repoussé par 596 voix contre 187 (5). L'article 8 du préambule, légèrement modifié par la Commission, est adopté à mains levées le lendemain (6). Dans la même séance, plusieurs députés proposent un article additionnel, portant que la Constitution ne sera exécutoire qu'après avoir été ratifiée par le peuple; mais la question préalable est votée par 543 voix contre 180 (7). A la fin de la même séance, les quatre premiers articles de la Constitution sont votés (8). La discussion est reprise le 18 septembre; on

(1) *Mon.*, 6 sept. 1848, p. 2320 et s.; 7 sept. 1848, p. 2329 et s., p. 2333, 2335.
(2) *Mon.*, 8 sept. 1848, p. 2345 et s.
(3) *Mon.*, 12 sept. 1848, p. 2403.
(4) *Mon.*, 12 sept. 1848, p. 2403 et s.; 13 sept., p. 2415 et s.; 14 sept., p. 2433 et s.; 15 sept., p. 2447 et s.
(5) *Mon.*, 15 sept. 1848, p. 2453.
(6) *Mon.*, 16 sept. 1848, p. 2465.
(7) *Ibid.*, p. 2466.
(8) *Ibid.*, p. 2467.

vote les articles 5, 6 et 7 (1). Le 20 septembre, après le rejet de nombreux amendements, l'article 8 est adopté (2). Le 21, l'Assemblée décrète les articles 9-14, avec le deuxième paragraphe ajouté sur la demande du député Pougeard (3); le 25, elle adopte l'article 15, en substituant sur la proposition de Goudchaux, ministre des finances, et du consentement de la Commission, les mots *en proportion de* aux mots *en raison de* (4), l'article 16 modifié sur un amendement du même député, les articles 17-19 (5). Mais l'article 20, qui formule le principe d'une chambre unique, soulève une longue discussion, qui occupe les séances des 25, 26, 27 septembre. Après la discussion générale de l'article dans laquelle Dupin et Duvergier de Hauranne prennent la parole (6), le débat s'engage sur l'amendement Duvergier de Hauranne ainsi conçu : « Le peuple français délègue le pouvoir législatif à deux Assemblées, dont l'une prend le nom de Chambre des représentants, et l'autre celui de Conseil des Anciens. » L'amendement, soutenu par Rouher, Odilon Barrot, combattu par Lamartine et par Dupin au nom de la majorité de la Commission, est rejeté par 530 voix contre 289 (7), et le 28, le texte de la Commission est adopté (8). Dans la même séance, on vote les articles 21-26; et on renvoie les articles 27 et 28 à la Commission pour l'étude de nombreux amendements relatifs aux incompatibilités. Le 29, l'article 29 du projet (art. 30 de la Constitution) est adopté. Le 4 octobre, Martin (de Strasbourg) propose une nouvelle rédaction de trois articles, qui seront les articles 27, 28 et 29 de la Constitution. Les articles 27 et 28 sont votés; mais sur l'article 28, l'Assemblée adopte l'amendement Flandin qui devient le paragraphe 1er de l'article 28 de la Constitution, et l'amendement Luppé devenu le dernier

(1) *Mon.*, 19 sept. 1848, p. 2491 et s.
(2) *Mon.*, 21 sept. 1848, p. 2535.
(3) *Mon.*, 22 sept. 1848, p. 2537 et s.
(4) *Mon.*, 26 sept. 1848, p. 2592.
(5) *Ibid.*, p. 2593.
(6) *Mon.*, 26 sept. 1848, p. 2594; 27 sept., p. 2610 et s.
(7) *Mon.*, 28 sept. 1848, p. 2620 et s.
(8) *Mon.*, 29 sept. 1848, p. 2631.

paragraphe du même article (1). Le même jour et le lendemain, l'Assemblée achève le chapitre IV, relatif au pouvoir
législatif.

On aborde aussitôt la discussion du chapitre XI : *Du pouvoir
exécutif*. La commission proposait de confier le pouvoir exécutif à un Président de la République, élu à temps par le
suffrage universel. Les 5, 6, 7 octobre a lieu la discussion
générale, à laquelle prennent part Félix Pyat, Tocqueville,
Parieu, Fresneau, Grévy qui défend son amendement ainsi
conçu : « Le chef du pouvoir exécutif est élu par l'Assemblée ;
il prend le titre de président du conseil des ministres. Il est
élu pour un temps illimité ; il est toujours révocable ; il
nomme et révoque les ministres. » On entend aussi Leblond
qui soutient un amendement d'après lequel le président
de la République serait nommé par l'Assemblée à temps, et
Lamartine, qui appuie le texte de la Commission dans un
discours resté célèbre. Le 7 octobre, après un discours
de Roux-Lavergne, la discussion générale est close : l'amendement Grévy est rejeté par 643 voix contre 158, l'amendement Leblond par 602 voix contre 211 (2). Dans les séances
des 9, 12 et 13 octobre, l'Assemblée vote le texte de la Commission sans modifications notables. Les chapitres VI, VII,
VIII, IX, X et XI sont adoptés à peu près sans discussion (3).
Le 23 octobre, l'Assemblée repousse un amendement de
Puységur, tendant à soumettre la Constitution à l'acceptation
du peuple (733 voix contre 42) (4). Le même jour a lieu
le vote en première lecture de l'ensemble de la Constitution (5).

Conformément à la décision du 11 août, le texte voté est
renvoyé à la Commission, qui apporte quelques modifications
de détail dans la rédaction du 1er novembre. Armand Marrast

(1) *Mon.*, 5 octobre 1848, p. 2708 et s.
(2) *Mon.*, 6 octobre 1848, p. 2723 et s. ; 7 octobre, p. 2733 et s.; 8 octobre, p. 2749 et 2752.
(3) Séances des 13, 14, 17, 18, 19, 20, 21, 23 octobre 1848.
(4) *Mon.*, 24 octobre 1848, p. 2956.
(5) *Ibid.*, p. 2956.

présente un nouveau rapport (1). Une seconde discussion s'ouvre immédiatement. L'Assemblée rejette une proposition d'ajournement (2), un amendement de Félix Pyat demandant encore le *droit au travail* (3), un amendement tendant à exclure de la présidence de la République les membres des familles ayant régné sur la France (4). Le 4 novembre, l'ensemble de la Constitution est voté par 739 voix contre 30 (5). Le dimanche 12 novembre on célèbre sur la place de la Concorde la fête de la Constitution (6). Avant même le vote définitif de la Constitution, dans les séances des 22 et 28 octobre, l'Assemblée avait discuté et voté la loi sur l'élection du président de la République.

LA CONSTITUTION
Du 14 Janvier 1852

ET LES SÉNATUS-CONSULTES
Du Second Empire

Le 10 décembre 1848, le prince Louis-Napoléon Bonaparte était élu Président de la République par 5,434,226 voix. Il prêtait le 20 décembre le serment exigé par l'article 48 de la Constitution. L'Assemblée constituante après avoir voté la loi électorale du 15 mars 1849 (7), se séparait le 25 mai 1849. Le lendemain l'Assemblée législative se réunissait. La majorité était anti-républicaine et anti-bonapartiste. L'his-

(1) *Mon.*, 2 nov. 1848.
(2) *Mon.*, 3 nov. 1848.
(3) *Ibid.*, p. 3060.
(4) *Mon.*, 4 nov. 1848, p. 3078.
(5) *Mon.*, 5 nov. 1848, p. 3191.
(6) *Mon.*, 13 nov. 1848, p. 3085.
(7) Préparée par une commission de 15 membres, et rapportée par M. Billault (*Mon.*, 3 févr. 1849, p. 305), cette loi a été l'objet de trois délibérations, la première, à la séance du 8 février 1849 (*Mon.*, 9 février, p. 424), la seconde délibération aux séances des 15, 16, 17, 19, 20, 21, 22, 23, 26, 27 et 28 février (*Mon.* 16, 17, 18, 20, 21, 22, 23, 24, 27, 28 février et 1er mars 1849) et la troisième aux séances des 6, 7, 8, 9, 10, 12, 13, 14 et 15 mars (*Mon.*, 7, 8, 9, 10, 11, 13, 14, 15 et 16 mars 1849).

toire de la nouvelle Assemblée est celle d'une longue série de
conflits avec le Président de la République, conflits qui aboutissent au coup d'état du 2 décembre. Aux élections du
28 avril 1850, quatre candidats socialistes sont élus. Effrayée,
l'Assemblée ne voit de salut que dans une loi restrictive du
suffrage universel. Elle vote la loi du 31 mai 1850 (1), qui
tout en maintenant en droit le suffrage universel, exige, pour
l'exercice du droit électoral, un domicile de trois années, dont
la constatation ne peut résulter que de l'inscription au rôle de
la cote personnelle, ou des prestations en nature (art. 2 et 5).
On supprimait ainsi près de trois millions d'électeurs.

Chaque jour le conflit entre la Chambre et le Président
devient plus aigu. Il éclate à tous les yeux au moment de
la révocation du général Changarnier (7 janvier 1850).
L'échéance de 1852, date à laquelle expirent en même temps
les pouvoirs de l'Assemblée et ceux du Président non rééligible, paraît menaçante. Beaucoup d'hommes politiques ne
voient de solution que dans la revision constitutionnelle; de
nombreuses pétitions revisionnistes sont adressées à l'Assemblée, qui est saisie de cinq propositions de revision (2). La
commission nommée pour les étudier est composée de représentants de tous les partis (3); par 4 voix contre 6, elle conclut à la revision pure et simple et nomme Tocqueville rapporteur. Celui-ci lit son rapport le 8 juillet 1851 (4), et la discussion s'ouvre le 14 juillet. Berryer, Falloux, Odilon Barrot
soutiennent la revision; Cavaignac, Michel de Bourges, Vic-

---

(1) Préparé par une commission, dite Commission des *dix-sept*,
nommée par un arrêté du ministre de l'intérieur Baroche, le projet est
présenté par le ministre de l'intérieur le 8 mai 1850, avec demande
d'urgence (*Mon.*, 9 mai 1849, p. 1575). V. rapport de Léon Faucher,
18 mai 1849 (*Mon.*, 19 mai, p. 1741). Discutée aux séances des 21, 22,
23, 24, 25, 27, 28, 29, 30 et 31 mai, la loi est votée, au scrutin public
à la tribune, le 31 mai, par 433 voix contre 240 (*Mon.*, 1ᵉʳ juin 1849,
p. 1888 et s.).

(2) Elles émanaient de Larabit, Payer, Bouhier de l'Écluse, Créton
et duc de Broglie.

(3) Charras, Cavaignac, J. Favre, Charamaule, Baze, Mornay,
Berryer, Melun, Tocqueville, Corcelles, Broglie, Moulin, Dufour,
Odilon Barrot et Montalembert.

(4) *Mon.*, 9 juillet 1851.

tor Hugo, Dufaure la combattent. Après 6 jours de débats, le principe de la revision réunit 446 suffrages contre 278 (1). Il manquait 97 voix pour que la majorité des trois quarts exigée par l'article 111 de la Constitution fût atteinte; le principe de la revision était repoussé.

L'Assemblée reprend ses travaux le 4 novembre 1851. Le 13, elle repousse par 355 voix contre 348 le projet du gouvernement, qui demande l'abrogation de la loi du 31 mai ; le 17, elle rejette par 408 voix contre 300 la proposition des questeurs, tendant à donner au président de la Chambre le droit de réquisition directe. Double faute qui fournissait un prétexte au Président de la République et laissait l'Assemblée désarmée devant une tentative inconstitutionnelle.

Dans la nuit du 1er au 2 décembre 1851, on affiche sur les murs de Paris — un décret prononçant la dissolution de l'Assemblée et du Conseil d'état, abrogeant la loi du 31 mai et convoquant le peuple à un plébiscite (2), — deux proclamations l'une au peuple, l'autre à l'armée (3). Un second

(1) *Mon.*, 15-20 juillet 1851.
(2) *Décret du 2 décembre 1851.* — Art. 1er. L'Assemblée nationale est dissoute. — 2. Le suffrage universel est rétabli. — 3. Le peuple français est convoqué dans ses comices à partir du 14 décembre jusqu'au 21 décembre suivant. — 4. L'état de siège est décrété dans l'étendue de la première division militaire. — 5. Le Conseil d'état est dissous. — 6. Le ministre de l'intérieur est chargé de l'exécution du présent décret (*B. L.*, 10e série, VIII, no 3379, p. 987).
(3) *Proclamation* du Président de la République au peuple français du 2 décembre 1851. — *Français!* La situation actuelle ne peut durer plus longtemps... Persuadé que l'instabilité du pouvoir, que la prépondérance d'une seule assemblée, sont des causes permanentes de troubles et de discordes, je soumets à vos suffrages les bases fondamentales suivantes d'une constitution, que les Assemblées développeront plus tard : — 1o Un chef responsable nommé pour 10 ans.— 2o Des ministres dépendant du pouvoir exécutif seul. — 3o Un conseil d'état formé des hommes les plus distingués, préparant les lois et en soutenant la discussion devant le corps législatif. — 4o Un corps législatif discutant et votant les lois, nommé par le suffrage universel, sans scrutin de liste qui fausse l'élection. — 5o Une seconde assemblée formée de toutes les illustrations du pays, pouvoir pondérateur, gardien du pacte fondamental et des libertés publiques... Ainsi donc, pour la première fois depuis 1804, vous voterez en connaissance de cause, en sachant bien pour qui et pour quoi. Si je n'obtiens pas la majorité de vos suffrages, alors je provoquerai la réunion d'une nouvelle assemblée, et je lui remettrai le mandat que j'ai reçu de vous. — Mais si vous croyez que la cause dont mon nom est le sym-

décret du 2 décembre fixe le plébiscite au 14 décembre suivant (art. 1ᵉʳ), détermine le mode de votation (inscription sur des registres ouverts dans chaque commune, art. 3 à 0) et formule ainsi (art. 1ᵉʳ) la question posée au peuple : « *Le Peuple fran-çais veut le maintien de l'autorité de Louis-Napoléon Bona-parte*, et lui délègue les pouvoirs nécessaires pour faire une constitution sur les bases proposées dans sa proclama-tion du 2 décembre (1). » Un décret du 4 décembre, modi-fiant celui du 2, porte que l'élection sera faite au scrutin secret par *oui* et par *non*, et fixe définitivement le scrutin aux 20 et 21 décembre (2). Le décret du 31 proclame le résultat du plébiscite : 7,439, 216 réponses *oui*, 640,757 réponses *non*, 36,820 bulletins nuls (3).

Une commission, composée de Troplong, Rouher, Mes-nard, Persigny et Flahaut, est immédiatement chargée de préparer la Constitution. Cette commission délibère dans plusieurs séances successives, en prenant pour base de la discussion la proclamation du 2 décembre, le plébiscite qui l'approuve, et un projet présenté par le Prince Président, con-tenant plusieurs dispositions empruntées à la Constitution de l'an VIII. Il ne paraît pas cependant que le travail ait été tout d'abord poussé avec grande activité : le 11 janvier 1852, la commission n'avait encore arrêté aucun article définitivement. Sur les instances du prince, Rouher rédige, en vingt-quatre heures dit-on, un projet, adopté par la commission à peu près sans débat dans la nuit du 13 au 14 janvier et accepté par le Président (4). C'est la Constitution du 14 janvier 1852.

Aux termes de l'article 58, § 1ᵉʳ, la Constitution ne devait

bole, c'est-à-dire la France régénérée par la révolution de 89, et organisée par l'Empereur, est toujours la vôtre, proclamez-le en consacrant les pouvoirs que je vous demande. — Alors la France et l'Europe seront préservées de l'anarchie, les obstacles s'aplaniront, les rivalités auront disparu, car tous respecteront dans l'arrêt du peu-ple, le décret de la Providence (*B. L.*, 10ᵉ série, VIII, n° 3380, p. 988). Cf. la proclamation à l'armée, *B. L.*, 10ᵉ série, VIII, n° 3381, p. 990.
(1) *B. L.*, 10ᵉ série, VIII, n° 3382, p. 991.
(2) *B. L.*, 10ᵉ série, VIII, n° 3387, p. 998.
(3) *B. L.*, 10ᵉ série, VIII, n° 3455, p. 1233.
(4) P. de Lagorce, *Histoire du second empire*, I, p. 23.

entrer en vigueur que le jour où les grands corps de l'État qu'elle organisait seraient constitués. Un décret du 26 janvier nomme 72 sénateurs, auxquels s'ajoutent les quatre cardinaux et les huit maréchaux et amiraux. Un décret du 25 janvier nomme les conseillers d'état. Le Corps législatif est élu le 29 janvier. Le 29 mars, le Prince Président inaugure la première session de la législature, et la Constitution entre en vigueur. La période comprise entre le 2 décembre 1851 et le 29 mars 1852 est donc une période dictatoriale, pendant laquelle il n'y eut pas de pouvoir législatif régulier. Mais les décrets, rendus pendant cet intervalle et portant sur des matières législatives, ont été validés par l'article 58, § 2 de la Constitution.

Le Sénat avait reçu de la Constitution (art. 17) le droit de régler tout ce qui n'avait pas été prévu par la Constitution et qui était nécessaire à sa marche, de déterminer le sens des articles de la Constitution, qui donneraient lieu à différentes interprétations et même (art. 31 et 32) d'apporter des modifications à la Constitution, à la condition toutefois que toute modification de l'une des cinq bases formulées dans la proclamation du 2 décembre fût soumise au suffrage universel. Ces dispositions inspirées par le sénatus-consulte du 16 thermidor an X (art. 54), plaçaient dans les mains du chef de l'État un instrument commode pour compléter et modifier la Constitution. D'où cette longue série de sénatus-consultes qui s'échelonnent de 1851 à 1870 et qui sont des compléments ou des remaniements successifs de la Constitution. Citons tout de suite le sénatus-consulte du 10 juillet 1852, qui organise la Haute Cour de justice, créée par l'article 54 de la Constitution.

Dans la pensée de tous, le coup d'état, le plébiscite et la Constitution n'avaient été que le prélude du rétablissement de l'empire. A la faveur d'un mouvement d'opinion habilement préparé et entretenu, dont les manifestations éclatent surtout aux mois de septembre et d'octobre 1852, pendant le voyage du prince dans l'Est et le Midi, Louis-Napoléon s'achemine à l'empire. Le 9 octobre paraît au *Moniteur* une note ainsi conçue: « La manifestation éclatante qui se produit dans toute la France en faveur du rétablissement de l'empire impose au Prince Président de la République le devoir de consulter le Sénat. » La haute assemblée se réunit le 4 novembre. Le prince Jérôme Bonaparte, président du Sénat, dit dans son discours : « Il vous appartient, Messieurs les Sénateurs, de donner à la volonté nationale une consécration régulière et de formuler un sénatus-consulte qui établira les bases de l'empire. » Le ministre d'état Fould lit un message du Président de la République commençant par ces mots : « La nation vient de manifester hautement sa volonté de rétablir l'empire. Confiant dans votre patriotisme et vos lumières, je vous ai convoqués pour délibérer légalement sur cette grave question et vous remettre le soin de régler le nouvel ordre de choses. Si vous l'adoptez, vous penserez sans doute comme moi que la Constitution de 1852 doit être maintenue ; et alors les modifications reconnues indispensables ne toucheront en rien aux bases fondamentales. » Aussitôt est déposée une proposition de revision signée de dix sénateurs (1). Les bureaux en autorisent à l'unanimité la prise en considération (procédure réglée par le décret du 22 mars 1852, art. 17). La proposition est aussitôt transmise au ministre d'état ; une demi-heure après, la réponse du gouvernement est remise au Sénat : « Je m'empresse de vous faire savoir que le gouvernement ne s'oppose pas à la prise en considération de ce projet et que... MM. Baroche... Rouher... et Delangle... sont chargés de représenter le gouvernement dans la délibération à laquelle ce sénatus-consulte donnera lieu. » Le Sénat nomme immédiatement la commission (2). Dans la séance du 6 novembre, Troplong lit un rapport concluant à l'adoption du sénatus-consulte rétablissant la dignité impériale au profit de Louis-Napoléon Bonaparte et de sa descendance, sénatus-consulte qui n'aurait cependant

(1) Mesnard, Troplong, Baraguey-d'Hilliers, cardinal Dupont, Hautpoul, Lacrosse, maréchal Vaillant, Regnaud de Saint-Jean-d'Angély, Siméon, Ornano.
(2) Elle était composée de Troplong, cardinal Dupont, Agout, Lariboisière, Cambacérès, Regnaud de Saint-Jean-d'Angély, Hautpoul, Leverrier, cardinal Donnet, Mortemar (Séance du Sénat, 4 novembre .852, Procès-verbal, *Mon.*, 7 novembre, suppl., p.1816).

son plein effet qu'après ratification par le suffrage universel, conformément à la Constitution (art. 32) (1). Le lendemain tous les articles proposés par la commission sont adoptés sans modification, et l'ensemble du sénatus-consulte est voté par 86 voix sur 87 sénateurs présent (2). Le Sénat tout entier se rend à Saint-Cloud pour remettre au prince le texte du nouveau sénatus-consulte (3). Un décret du même jour convoque le peuple français les 21 et 22 novembre pour accepter ou rejeter le sénatus-consulte rétablissant l'Empire (4). Le 1er décembre, le Corps législatif rend une déclaration constatant que le plébiscite a été voté par 7,824,189 suffrages contre 153,145, et 63,326 bulletins nuls. Le Sénat et le Corps législatif apportent au nouvel Empereur le résultat du plébiscite (5). Le décret du 2 décembre 1852 promulgue le sénatus-consulte du 7 novembre, ratifié par le plébiscite des 21 et 23 novembre.

Un sénatus-consulte du 12 décembre 1852 (modifié par un sénatus-consulte du 23 avril 1856) règle la liste civile et détermine la dotation de la couronne. Le sénatus-consulte du 7 novembre 1852 est complété par un sénatus-consulte du 25 décembre, *portant interprétation et modification de la Constitution de 1852*. Le but principal de cet acte était de diminuer encore les pouvoirs du Corps législatif où s'étaient révélées quelques velléités d'opposition. Le projet est présenté au Sénat le 6 décembre 1852 par Baroche, Rouher et Delangle, commissaires du gouvernement (6). Il n'y rencontre pas l'accueil empressé qu'attendait le gouvernement. Cependant la commission sénatoriale (7) en adopte le texte, et Troplong

---

(1) *Mon.*, 7 nov. 1852, suppl., p. 1815 et s.
(2) *Ibid.*, p. 1818. — Un seul sénateur s'abstint : c'était le sénateur Vieillard, ancien précepteur du prince (P. de Lagorce, *Histoire du second empire*, I, p. 102).
(3) *Mon.*, 7 nov. 1852, suppl., p. 1818.
(4) V. le plébiscite aux *Textes*, p. 292.
(5) *Mon.*, 2 décembre 1852, p. 2002.
(6) V. le projet et l'exposé des motifs qui le précède, *Mon.*, 24 décembre 1852, p. 2175.
(7) Troplong, Crouseilhes, La Hitte, Audiffret, Hautpoul, Marchand, Mimerel, Sapey, Dumas, Lacrosse.

lit son rapport le 21 décembre (1). Le sénatus consulte n'est voté par le Sénat qu'après quelques réserves exprimées par Ch. Dupin, Ségur-d'Aguesseau, Audiffret, Boulay (de la Meurthe); et malgré l'intervention de Baroche et Rouher, 7 sénateurs votent contre le projet (2).

Le sénatus-consulte est suivi d'un long décret du 31 décembre 1852, *portant règlement des rapports du Sénat et du Corps législatif et établissant les conditions organiques de leurs travaux.*

Un sénatus-consulte du 17 juillet 1856, rendu après la naissance du prince impérial, règle la régence de l'empire. Le projet en avait été présenté au Sénat dans la séance du 17 juin, avec un exposé des motifs signé de Baroche, Parieu et Royer (3).

Le sénatus-consulte du 27 mai 1857 augmente le nombre des députés en modifiant l'article 35 de la Constitution de 1852. Le projet avait été d'abord soumis au Corps législatif comme projet de loi, puis retiré (4).

Aux élections générales du 21 juin 1857, six candidats républicains sont élus : général Cavaignac, É. Ollivier, Darimon, Hénon, Goudchaux et Carnot. Les deux derniers refusent de prêter le serment. A la suite de cet incident est voté le sénatus-consulte du 17 février 1858, avec un exposé des motifs de Baroche et un rapport de Delangle (5).

Le sénatus-consulte du 4 juin 1858, relatif à la compétence de la Haute Cour de justice, vient modifier et compléter le sénatus-consulte du 10 juillet 1852. La commission du Sénat apporta quelques modifications au projet du gouvernement. Le texte fut voté après un rapport du président Barthe (6).

A partir de 1859, commence l'évolution qui devait transformer l'empire en un gouvernement libéral et parlementaire

(1) Mon., 25 décembre 1852, p. 2192.
(2) Mon., 26 décembre 1852, p. 2197.
(3) Mon., 20 juin 1856, p. 673; 18 juillet, p. 720.
(4) Mon., 15 mai 1857, p. 534.
(5) Mon., 19 février 1858, p. 533.
(6) Mon., 6 juin 1858, p. 1101.

et aboutir au sénatus-consulte des 20 avril-21 mai 1870. En ouvrant la session législative de 1853, l'empereur avait dit : « A ceux qui regretteraient qu'une part plus large n'ait pas été faite à la liberté, je répondrai : la liberté n'a jamais aidé à fonder un édifice politique durable, elle le couronne quand le temps l'a consolidé (1). » Le décret d'amnistie du 16 août 1859 ouvre l'ère des réformes libérales. Le décret du 24 novembre 1860, inspiré par Morny et Walewski, donne aux deux Chambres le vote de l'adresse (art. 1 et 2), accorde au Corps législatif le droit d'amendement sous certaines conditions (art. 3), et crée des ministres sans portefeuille chargés de représenter, de concert avec les conseillers d'État, le gouvernement auprès des Chambres (art. 5 et 6). En exécution de l'article 4 de ce décret, un projet, tendant à modifier l'article 42 de la Constitution, est présenté au Sénat le 22 janvier 1861 (2). La commission du Sénat y apporte de notables modifications et charge le président Troplong du rapport (3). Le texte qu'elle propose est adopté par le Sénat le 1ᵉʳ février 1861 à l'unanimité moins deux voix (4). Un décret du 3 février 1861, *portant règlement des rapports du Sénat et du Corps législatif avec l'empereur et le Conseil d'état et établissant les conditions organiques de leurs travaux*, modifie les dispositions des règlements des 22 mars et 31 décembre 1852, pour les mettre en harmonie avec le décret du 24 novembre 1860 et le sénatus-consulte du 2 février 1861.

A la suite de la lettre de l'empereur (12 novembre 1861) au ministre d'état Walewski (5), un projet de sénatus-consulte tendant à accroître les pouvoirs financiers du Corps législatif est déposé, avec un exposé des motifs rédigé par Baroche, président du Conseil d'état (6). Sur le rapport très

(1) *Mon.*, 15 février 1853.
(2) *Mon.*, 23 janvier 1861.
(3) *Mon.*, 30 janvier 1861.
(4) *Mon.*, 1 et 2 février 1861.
(5) V. cette lettre dans le *Mon.* du 14 novembre 1861, qui contient une autre lettre de l'empereur au ministre Fould.
(6) *Mon.*, 3 décembre 1861, p. 1694.

etendu de Troplong (1) il est voté tel qu'il avait été présenté, sauf la substitution dans l'article 2 (qui d'abord formait un dernier paragraphe de l'article 1) du mot *chapitre* au mot *section*. Trois amendements présentés par le président Bonjean avaient été repoussés par la commission (1). La discussion remplit les séances des 20 et 21 décembre 1861. Le texte fut adopté à l'unanimité des votants (133) moins une voix (2).

Le décret du 23 juin 1863 supprime les ministres sans portefeuille et donne leurs attributions au ministre d'État.

Aux élections générales du 31 mai 1863, quinze candidats de l'opposition sont élus ; quinze autres députés, nommés contre les candidats officiels, sont disposés à former un parti à la fois dynastique et libéral. Ce sera le noyau du tiers-parti. Dans la discussion de l'adresse de 1866, 42 députés demandent à l'empereur « d'associer plus intimement la nation à la conduite de ses affaires ». L'amendement réunit 63 voix (3). Dix-sept députés votent un amendement de la gauche anti-dynastique visant le renversement du régime lui-même (4). Effrayé par cette opposition fort active, le gouvernement songe à mettre la constitution au-dessus de toute discussion. Le 6 juillet 1866, il présente dans ce but au Sénat un projet (5) qui est adopté le 14 juillet (6), après quelques observations du sénateur de Boissy, et avec une légère modification dans la rédaction de l'article 2 (7). L'exposé des motifs était de Rouher et le rapport de Troplong (8).

Ce sénatus-consulte marquait assurément un retour aux tendances autoritaires. Mais le gouvernement est bientôt obligé, sous la pression des événements et de l'opinion publique, d'entrer résolument dans la voie des réformes libérales. La

(1) *Ann. Sénat*, 1862, I, p. 1.
(2) *Ann. Sénat*, 1862, I, p. 58.
(3) *Ann. Corps législ.*, 1866, III, p. 155.
(4) *Ibid.*, p. 161.
(5) *Ann. Sénat*, 1866, X, p. 195, 198.
(6) *Ibid.*, p. 226 et 250 et s.
(7) *Ibid.*, p. 195.
(8) *Ibid.*, p. 221.

lettre du 19 janvier 1867 (1), adressée par l'empereur à Rouher, annonce une série de réformes. Le même jour un décret, rédigé par Rouher, sur la demande même de l'empereur, supprime l'adresse et donne sous certaines conditions le droit d'interpellation au Sénat et au Corps législatif. Il est complété par un décret du 5 février 1867. Le sénatus-consulte du 14 mars 1867 modifie et étend les attributions du Sénat. La commission sénatoriale n'avait apporté que de légères modifications au projet du gouvernement (2) : substitution au § 2 des mots *par une résolution motivée* à ceux-ci *si elle lui paraît susceptible de modification importante*, et adjonction du § 4 (3). La discussion et le vote eurent lieu le 11 et le 12 mars 1867 (4). Pour mettre le règlement du Sénat en harmonie avec ce sénatus-consulte, le décret du 23 mars 1867 modifia les articles 10, 11 et 14 du décret du 5 février 1867.

Ces diverses réformes ne donnèrent point satisfaction aux esprits. Après les élections de juin 1869 le nombre des députés opposants a sensiblement augmenté. Pendant la session de juillet, une interpellation « sur la nécessité de donner satisfaction aux sentiments du pays en l'associant d'une manière plus directe à la direction des affaires » réunit 116 signatures. Le 12 juillet, le ministre d'État Rouher donne lecture au Corps législatif d'un message de l'empereur annonçant son intention de donner aux attributions du Corps législatif « l'extension compatible avec les bases fondamentales de la constitution (5) ». Un décret du même jour proroge la Chambre.

En exécution de la promesse contenue dans le message, un projet, précédé d'un exposé des motifs rédigé par le ministre de la justice Duvergier, est déposé sur le bureau du Sénat

(1) *Mon.*, 20 janv. 1867.
(2) V. exposé des motifs rédigé par Rouher, *Ann. Sénat*, 1867, I, p. 11.
(3) V. le rapport de Troplong, *Ann. Sénat*, 1867, I, p. 147.
(4) *Ibid.*, II, p. 57 et s., 123.
(5) *Ann. Corps législ.*, 1869, IV, p. 284.

le 2 août 1869 (1). La commission (2) nomme rapporteur le président Devienne (3). Elle repousse un amendement Rouland, demandant la suppression de l'article 2 du projet (responsabilité des ministres) et subsidiairement la ratification de cet article par un plébiscite, deux amendements Bonjean tendant à l'assimilation du Sénat et du Corps législatif et au changement du recrutement sénatorial, des amendements Ségur d'Aguesseau, Larabit et Hubert Delisle proposant le rétablissement de l'adresse, un dernier amendement tendant à obliger le gouvernement à choisir les maires dans les conseils municipaux. Finalement, elle accepte le projet du gouvernement avec quelques modifications de détail. Dans la discussion devant le Sénat, qui remplit les séances des 1, 2, 3 et 4 septembre, le prince Jérôme Napoléon demande que les ministres soient formellement déclarés responsables devant les Chambres, le président Bonjean soutient son premier amendement, qui après un long débat est repoussé par 112 voix contre 10, et le sénateur Brenier exprime le vœu qu'il soit fait un remaniement général de tous les textes constitutionnels en vigueur (4). Le projet de la commission est enfin voté le 6 septembre par 129 voix contre 3 (5). C'est le sénatus-consulte du 8 septembre 1869. Un décret du 8 novembre 1869, rendu en exécution de l'article 11 du sénatus-consulte, règle les rapports du gouvernement, du Sénat, du Corps législatif et du Conseil d'état.

A la rentrée du Corps législatif (30 novembre), J. Favre dépose une proposition de loi, précédée d'un exposé des motifs, et dont le dispositif est ainsi conçu : « Le pouvoir constituant appartiendra désormais exclusivement au Corps législatif. » Le gouvernement demande la question préalable ; la proposition est renvoyée aux bureaux (6).

(1) *Ann. Sénat*, 1869, IV, p. 4.
(2) Rouher, Delangle, Devienne, Boudet, Maupas, Quentin-Bauchard, La Guéronnière, Béhic, Lacaze et Suin.
(3) V. le 1er rapport Devienne, *Ann. Sénat*, 1869, IV, p. 9.
(4) *Ann. Sénat*, 1869, IV, p. 28 et s.
(5) *Ibid.*, p. 134.
(6) *Ann. Corps législatif*, 1870, p. I, annexes, p. 3.

Cependant à la suite de longs pourparlers, paraît au *Journal officiel* du 28 décembre la lettre par laquelle l'empereur charge M. É. Ollivier « de former un cabinet homogène, représentant fidèlement la majorité du Corps législatif et résolu d'appliquer dans sa lettre comme dans son esprit le sénatus-consulte du 8 septembre ». Le ministère Ollivier est constitué le 2 janvier 1870. Les premiers mois de l'année sont singulièrement agités. A la date du 21 mars, l'empereur, dans une lettre publique, invite le garde des sceaux « à lui soumettre un projet de sénatus-consulte qui fixe invariablement les dispositions fondamentales découlant du plébiscite de 1852, partage le pouvoir législatif entre les deux Chambres et restitue à la nation la part du pouvoir constituant qu'elle a déléguée (1) ». Sur cette invitation le gouvernement, le 20 mars 1870, présente un projet de sénatus-consulte, précédé d'un exposé des motifs, signé du ministre de la justice, M. Émile Ollivier (2). L'article 5 de ce projet porte que la Constitution ne peut être modifiée que par le peuple, sur la proposition de l'empereur, ce qui exclut pour la revision la convocation d'une assemblée constituante. Toute la partie libérale du Corps législatif voit avec une extrême défaveur une semblable disposition, qui laisse la porte ouverte au rétablissement du despotisme. Ce mécontentement s'affirme pendant la discussion au Corps législatif de la proposition J. Favre sur le pouvoir constituant. Les principaux orateurs de l'opposition, Grévy, E. Picard, Gambetta, J. Simon, soutiennent J. Favre en attaquant vigoureusement le gouvernement et le régime plébiscitaire sur lequel il veut s'appuyer. A la demande de M. É. Ollivier, le Corps législatif vote un ordre du jour de confiance et s'ajourne au 12 mai (3).

Cependant le Sénat procède à l'élaboration du sénatus-consulte constitutionnel. Le projet du gouvernement contenait

(1) *J. off.*, 22 mars 1870.
(2) *Ann. Sénat*, 1870, III, p. 48.
(3) Séances des 4 et 5 avril 1870. *Ann. Corps législatif*, 1870, III, p. 269 et s. Cf. rapport Bourbeau, *Ibid.*, II, annexes, p. 274.

seulement 7 articles ; il était suivi d'une annexe reproduisant « les dispositions de la Constitution de 1852 et des sénatus-consultes postérieurs de nature plébiscitaire ou s'y rapportant étroitement, formant la substance même du pouvoir constituant, ne pouvant être modifiés que par un sénatus-consulte, toutes les autres dispositions n'ayant désormais que le caractère législatif (1) ». La commission sénatoriale (2) confie le rapport au président Devienne (3). Elle estime à l'unanimité que le mode de distribution proposé par le gouvernement présente quelque chose d'anormal, et qu'il vaut mieux que la constitution forme un tout unique. En conséquence elle présente son projet sous une seule série d'articles. Mais au fond elle n'apporte à la proposition du gouvernement que des modifications de détail.

Le débat au Sénat eut lieu en deux délibérations les 14, 18, 19 et 20 avril 1870 (4). Après la discussion générale, le président du Sénat fait observer qu'il n'y a point à mettre aux voix les articles de la constitution non modifiés et qui ne sont insérés dans le projet que pour opérer une modification complète des textes constitutionnels. Plusieurs sénateurs demandent que la désignation de *Chambre des députés* remplace celle de *Corps législatif*. Mais la commission et le Sénat repoussent ce changement. Plusieurs amendements à l'article 14 tendent à obliger l'empereur à choisir les maires dans les conseils municipaux. Le premier de ces amendements ayant été rejeté, les autres sont retirés. A l'article 15, la commission avait ajouté un § 2 : « L'inamovibilité de la magistrature est maintenue. » Le président Bonjean demande alors qu'on insère dans le sénatus-consulte un titre entier sur le pouvoir judiciaire ; il ajoute que dans tous les cas le principe de l'inamovibilité est trop important pour faire l'objet d'une simple dispo-

(1) V. Exposé des motifs, *Ann. Sénat*, 1870, III, p. 51.
(2) La commission était composée de dix sénateurs (*Ann. Sénat*, 1870, III, p. 55).
(3) Premier rapport, *Ann. Sénat*, 1870, III, p. 83 ; rapport supplémentaire, p. 117.
(4) *Ann. Sénat*, 1870, III, p. 96 et s., 117 et s.

sition additionnelle. Le texte de la commission est néanmoins adopté. On repousse un amendement Brenier, tendant à l'institution d'une Haute Cour de justice. L'article 18 n'est voté qu'après un échange d'observations entre le sénateur Hubert Delisle, le rapporteur, le ministre de la justice et le président du Sénat. Pour l'article 19, la commission présentait un texte différent de celui du gouvernement : l'article de la commission est adopté (1). La commission proposait en outre primitivement un dernier paragraphe : « Les ministres ne peuvent être mis en accusation que par le Sénat ou le Corps législatif. » Sur la demande du sénateur Lacaze, elle le retire. Quant à l'article 24, il n'existait pas dans le projet du gouvernement. La commission avait d'abord adopté deux articles : l'un portait que les sénateurs seraient choisis dans certaines catégories de notabilités ; l'autre que les décrets de nomination seraient individuels et mentionneraient les services rendus. Les deux articles sont adoptés en première lecture ; mais avant la seconde délibération, la commission retire le premier ; le second est accepté et devient l'article 24. L'article 30, dans le projet du gouvernement, était précédé des mots : « Il (le Sénat) est le gardien du pacte fondamental et des libertés publiques. » La commission et le Sénat repoussent cette formule : ils y voient une contradiction avec le nouvel ordre de choses. Le Sénat repousse aussi un amendement à l'article 40, tendant au maintien de l'article 8 du sénatus-consulte du 8 septembre 1869. La disposition de l'article 44 avait été, avant même d'être votée, l'objet d'une critique très vive dans le Corps législatif. Le Sénat, sur la demande de sa commission, maintient l'article sans qu'il y ait opposition.

L'article 45 du sénatus-consulte est ainsi conçu : « Les changements et additions apportés au plébiscite des 20 et 21 décembre 1851, par la présente Constitution, seront soumis à l'approbation du peuple... » Le texte primitif du gouverne-

(1) Texte du projet du gouvernement : « Les ministres ne dépendent que de l'empereur. Ils délibèrent en conseil sous sa présidence. Ils sont responsables. »

ment ne contenait rien de semblable. C'est dans un conseil tenu le 30 mars, que l'empereur soumit à ses ministres l'idée d'un plébiscite. Vivement combattu par MM. Émile Ollivier et Buffet, le principe du plébiscite fut finalement accepté par le conseil des ministres, la commission et voté par le Sénat. Le 20 avril, l'ensemble du sénatus-consulte était adopté à l'unanimité (1).

Le comte de Ségur d'Aguesseau avait proposé d'insérer dans le sénatus-consulte la formule du plébiscite. Mais sur l'observation du garde des sceaux que la rédaction de cette formule était « un attribut du pouvoir exécutif », la proposition fut retirée. Le 23 avril paraît un décret, qui convoque le peuple français le 8 mai suivant, à l'effet d'accepter ou de rejeter le plébiscite suivant : « Le peuple français approuve les réformes libérales opérées dans la Constitution, depuis 1860, par l'empereur avec le concours des grands corps de l'État, et ratifie le sénatus-consulte du 20 avril 1870. » Les articles suivants du décret règlent le mode de votation. Le décret est suivi d'une proclamation de l'empereur au peuple français (2). Le plébiscite a lieu le 8 mai. Le 18, le Corps législatif en déclare le résultat : 7,350,142 bulletins *oui*, 1,558,835 bulletins *non*. Cette déclaration est présentée à l'empereur par M. Schneider, président du Corps législatif (3). Ces chiffres sont rectifiés quelques jours après ainsi qu'il suit : Électeurs inscrits : 10,989,384 ; votants 9,044,703 ; bulletins *oui*, 7,358,786 ; bulletins *non*, 1,571,939 ; bulletins *nuls*, 113,978 (4).

LES LOIS CONSTITUTIONNELLES
DES 25 FÉVRIER, 24 FÉVRIER ET 16 JUILLET 1875

Le 4 septembre 1870, à la nouvelle du désastre de Sedan, le Corps législatif est saisi de trois propositions, la première de

(1) *Ann. Sénat*, 1870, III, p. 186.
(2) *J. off.*, 24 avril 1870.
(3) *J. off.*, 22 mai 1870.
(4) *J. off.*, 19 juin 1870.

J. Favre (déchéance de Louis-Napoléon Bonaparte et de sa dynastie, nomination d'une commission de gouvernement); la seconde du gouvernement (nomination d'un conseil de gouvernement de cinq membres); la troisième de M. Thiers (nomination d'une commission de gouvernement et de défense nationale et convocation d'une constituante dès que les circonstances le permettront). L'urgence est déclarée (1). Mais pendant que la Chambre est réunie dans ses bureaux pour nommer une commission, le palais Bourbon est envahi, un gouvernement provisoire composé de E. Arago, J. Favre, J. Ferry, Gambetta, Garnier-Pagès, Glais-Bizoin, E. Pelletan, E. Picard, J. Simon, H. Rochefort, se constitue à l'Hôtel de Ville sous le nom de *Gouvernement de la Défense nationale.* Le général Trochu, gouverneur de Paris, en accepte la présidence. Le nouveau gouvernement adresse des proclamations au peuple français, aux habitants de Paris, à la garde nationale et à l'armée (2).

(1) *Ann. Corps législatif*, 1870, VII, p. 363 et s.
(2) Voici le texte de ces quatre proclamations :
PROCLAMATION *au peuple français*, 4 septembre 1870. — *Français.* — Le peuple a devancé la Chambre qui hésitait. Pour sauver la patrie en danger, il a demandé la République. — Il a mis ses représentants, non au pouvoir, mais au péril. — La République a vaincu l'invasion en 1792, la République est proclamée. La révolution est faite au nom du droit, du salut public. — Citoyens, veillez sur la cité qui vous est confiée ; demain vous serez avec l'armée, les vengeurs de la patrie (*B. L.*, 12ᵉ série, 1, nᵒ 1, p. 1). — PROCLAMATION *aux habitants de Paris,* 4 septembre 1870.— *Citoyens de Paris,* — La République est proclamée. Un gouvernement a été nommé d'acclamation. Il se compose des citoyens : Emmanuel Arago, Crémieux, Jules Favre, Jules Ferry, Gambetta, Garnier-Pagès, Glais-Bizoin. Pelletan, Picard, Rochefort, Jules Simon, représentants de Paris. — Le général Trochu est chargé des pleins pouvoirs militaires pour la défense nationale. Il est appelé à la présidence du gouvernement. — Le gouvernement invite les citoyens au calme : le peuple n'oubliera pas qu'il est en face de l'ennemi. — Le gouvernement est, avant tout, un gouvernement de défense nationale (*B. L.*, 12ᵉ série, I, nᵒ 2, p. 1). — PROCLAMATION *à la garde nationale*, 4 septembre 1870. — Ceux auxquels votre patriotisme vient d'imposer la mission redoutable de défendre le pays vous remercient du fond du cœur de votre courageux dévouement. — C'est à votre courage qu'est due la victoire civique rendant la liberté à la France. — Grâce à vous, cette victoire n'a pas coûté une goutte de sang. — Le pouvoir personnel n'est plus. — La nation tout entière reprend ses droits et ses armes. Elle se lève, prête à mourir pour la défense du sol. Vous lui avez rendu son âme que le despotisme étouffait. Vous maintiendrez avec fermeté l'exécution des lois, et, rivalisant avec notre noble armée, vous nous montrerez ensemble

Le 28 janvier 1871, Paris capitule, un armistice est signé, et un décret du 29 convoque les électeurs le 8 février à l'effet de nommer une assemblée nationale, qui se réunira à Bordeaux le 12 février. On n'a pas le temps de faire une loi électorale, et le décret remet en vigueur la loi du 15 mars 1849, la dernière loi électorale de la République. Toutefois on supprime la plupart des incompatibilités établies par cette loi. Le nombre des députés est fixé à 758 pour la France et les colonies.

Cependant par un décret du 31 janvier, la délégation de Bordeaux déclare inéligibles « les individus qui depuis le 2 décembre 1851 jusqu'au 4 septembre 1870 ont accepté les fonctions de ministre, sénateur, conseiller d'état et préfet, et ceux, qui aux élections législatives, qui ont eu lieu depuis le 2 décembre 1851, jusqu'au 4 septembre 1870, ont accepté la candidature officielle ». Grâce à l'énergie de J. Simon, le décret de Bordeaux est annulé le 4 février, et les élections ont lieu le 8, conformément au décret de Paris. L'Assemblée se réunit le 12 et se déclare constituée.

C'est l'assemblée, qui, après quatre années d'hésitations et de discussions, vote les lois constitutionnelles de 1875. Avait-elle le pouvoir constituant ? La question a été très vivement discutée ; à vrai dire, la controverse était plus politique que

le chemin de la victoire (*B. L.*, 12ᵉ série, I, n° 6, p. 4). — PROCLA-MATION à *l'armée*, 5 septembre 1870. — Quand un général a compromis son commandement, on le lui enlève. — Quand un gouvernement a mis en péril par ses fautes le salut de la patrie, on le destitue. — C'est ce que la France vient de faire. — En abolissant la dynastie qui est responsable de nos malheurs, elle a accompli d'abord à la face du monde, un grand acte de justice. — Elle a exécuté l'arrêt que toutes vos consciences avaient rendu. Elle a fait en même temps un acte de salut. — Pour se sauver, la nation avait besoin de ne plus relever qu'd'elle-même et de ne compter désormais que sur deux choses : sa réso-lution, qui est invincible ; votre héroïsme, qui n'a pas d'égal et qui, au milieu de revers immérités, fait l'étonnement du monde. — Soldats, en acceptant le pouvoir dans la crise formidable que nous traversons, nous n'avons pas fait œuvre de parti. — Nous ne sommes pas au pouvoir, mais au combat. — Nous ne sommes pas le gouvernement d'un parti, nous sommes le Gouvernement de la Défense nationale. — Nous n'avons qu'un but, qu'une volonté : le salut de la patrie, par l'armée et la nation, groupées autour du glorieux symbole qui fit reculer l'Europe il y a quatre-vingts ans. — Aujourd'hui, comme alors, le nom de République veut dire : — Union intime de l'armée et du peuple pour la défense de la patrie ! (*B. L.*, 12ᵉ série, I, n° 8, p. 5).

juridique. Tour à tour, suivant l'intérêt du moment, chaque parti a soutenu que l'Assemblée de 1871 n'avait pas le pouvoir constituant. En droit la solution n'est pas douteuse : l'Assemblée de Bordeaux était *constituante*. En fait, au moment de sa réunion, il n'y avait en France aucun pouvoir politique régulier ; elle devait donc concentrer en elle la souveraine puissance. On a dit, il est vrai : l'Assemblée n'a été nommée que pour statuer sur la question de paix ou de guerre ; les électeurs n'ont pu lui donner mandat de *constituer*, puisque le décret du 29 janvier les convoquait à l'effet de nommer une *assemblée nationale* et non une *assemblée constituante*. L'argument est sans valeur. Il est facile de montrer que le décret du 29 janvier appelait le corps électoral à nommer une *assemblée constituante*. Il suffit de rapprocher cet acte de ceux qui l'ont précédé. Dès le 8 septembre 1870, le gouvernement de la défense nationale convoquait les collèges électoraux pour le 16 octobre, à l'effet d'élire une *Assemblée nationale constituante* (1). Le décret du 10 septembre visant le décret du 8 « portant convocation des électeurs à l'effet d'élire une *Assemblée nationale constituante* » fixe la date des élections pour les colonies. Le 15 septembre, un décret vient compléter celui du 8,

(1) Voici le texte complet de ce décret et de la proclamation qui le précède. — Le Gouvernement de la Défense nationale au peuple français :

Français, en proclamant, il y a quatre jours, le Gouvernement de la Défense nationale, nous avons nous-même défini notre mission.

Le pouvoir gisait à terre : ce qui avait commencé par un attentat finissait par une désertion. Nous n'avons fait que ressaisir le gouvernement échappé à des mains impuissantes.

Mais l'Europe a besoin qu'on l'éclaire ; il faut qu'elle connaisse par d'irrécusables témoignages, que le pays tout entier est avec nous. Il faut que l'envahisseur rencontre sur sa route non seulement l'obstacle d'une ville immense, résolue à périr plutôt que de se rendre, un peuple entier debout, organisé, représenté, une Assemblée enfin qui puisse porter, en tous lieux et en dépit de tous les désastres, l'âme vivante de la patrie.

En conséquence le Gouvernement de la Défense nationale décrète :

ART. 1er. — Les collèges électoraux sont convoqués pour le dimanche 16 octobre, à l'effet d'élire une Assemblée nationale constituante.

ART. 2. — Les élections auront lieu au scrutin de liste, conformément à la loi du 14 mars 1849.

ART. 3. — Le nombre des membres de l'Assemblée constituante sera de sept cent cinquante. (*B. L.*, 12e série, I, no 22, p. 13.)

en déclarant applicable aux élections pour l'*Assemblée cons-tituante*, la loi du 15 mars 1849, sauf quelques modifications de détail (art. 1er). Le décret du 16 (art. 5) décide que les élec-tions pour l'*Assemblée constituante* sont avancées au 2 octobre et le décret du 17 porte que le second tour de scrutin pour l'élection des membres de l'*Assemblée constituante* est fixé, s'il y a lieu, au dimanche 9 octobre. Mais les événements mili-taires se précipitent, et le décret du 23 septembre, « en consi-dération des obstacles matériels », ajourne les élections pour l'*Assemblée constituante* (art. 2), et annonce qu'une nouvelle date sera indiquée pour l'élection des membres de l'*Assemblée constituante*. Cette nouvelle date, c'est le décret du 29 jan-vier 1871 qui vient la fixer aux termes de l'art. 1er : « Les col-lèges électoraux sont convoqués à l'effet d'élire l'*Assemblée nationale*, pour le dimanche 5 février dans le département de la Seine, et pour le mercredi 8 février dans les autres départe-ments. » On ne dit pas : une Assemblée nationale, mais l'As-semblée nationale, c'est-à-dire l'Assemblée dont l'élection avait été précédemment ordonnée, puis ajournée, c'est-à-dire l'*Assemblée nationale constituante*, nommément désignée dans les nombreux décrets qui ont précédé le décret du 29 jan-vier, et dont celui-ci n'était que le complément. D'ailleurs dans une circulaire du 5 février 1871, le ministre de l'inté-rieur par intérim disait : « Les électeurs ne s'abstiendront pas quand il s'agit de nommer une assemblée…, qui sera peut-être appelée à poser les bases de nos institutions politiques, car il est impossible de prévoir où s'arrêtera sa tâche (1). » Dans la pensée du gouvernement, les électeurs étaient donc appelés à nommer une Constituante.

Au point de vue politique, l'Assemblée élue le 8 février 1871 était profondément divisée. Les bonapartistes s'y trouvaient en petit nombre, une trentaine environ. On y comptait 150 légitimistes purs et 250 républicains de toutes nuances. Le groupe principal était le centre droit, composé surtout d'an-

(1) *J. off.*, 6 février 1871.

ciens orléanistes, partisans d'une monarchie parlementaire,
mais dont beaucoup n'étaient pas éloignés de se rallier à une
république conservatrice et parlementaire. La majorité de
l'Assemblée était monarchiste; mais elle était divisée et par-
tant impuissante. Elle ne fera pas la monarchie qu'elle désire,
et subira la république qu'elle repousse. Il suffira que quelques membres dissidents du centre droit votent avec la gauche. Ainsi s'explique ce fait paradoxal d'une constitution républicaine faite par une assemblée monarchiste.

L'Assemblée de Bordeaux nomme son président, J. Grévy, le
16 février 1871 (1), et dans la même séance, sept députés (2)
déposent une proposition ainsi conçue : « M. Thiers est
nommé chef du pouvoir exécutif de la République française.
Il exercera ses fonctions sous le contrôle de l'Assemblée nationale avec le concours des ministres qu'il aura choisis et qu'il
présidera (3). » La commission accepte la proposition, en y
ajoutant toutefois un considérant que le rapporteur Victor
Lefranc justifie en ces termes : « L'explication de son vrai
sens (de la décision proposée) doit trouver sa place, non seulement dans le rapport, mais encore dans un considérant faisant corps avec le décret. Cette explication n'est autre chose
que l'affirmation incontestable du droit souverain de la nation
et de l'Assemblée qui la représente, à statuer sur les institutions de la France, mise à côté de l'affirmation d'un fait non
moins incontestable, l'existence du gouvernement de la République française (4). » Malgré une protestation de Louis
Blanc, le considérant et le dispositif sont votés à la presque
unanimité (5).

Dans la situation où se trouvait le pays en février 1871, on
ne pouvait statuer immédiatement sur la question constitutionnelle et fixer la forme définitive du gouvernement. Une

(1) *Ann. Ass. nat.*, I, p. 56.
(2) Dufaure, J. Grévy, Vitet, Léon de Malleville, Rivet, Math. de la
Redorte, Barthélemy Saint-Hilaire. (*Ann. Ass. nat.*, I, p. 57.)
(3) *Ibid.*, p. 56.
(4) Rapport lu dans la séance du 17 février 1871, *Ann. Ass. nat.*,
I, p. 64.
(5) V. le texte, p. 314.

seule politique était possible : unir toutes les bonnes volontés, écarter les questions irritantes, et travailler en commun au relèvement du pays. C'est ce que pensait la majorité de l'Assemblée, et c'est ce qu'exprimait le chef du pouvoir exécutif dans son discours du 19 février (1). Ce contrat tacite entre l'Assemblée et le gouvernement est resté célèbre sous le nom de Pacte de Bordeaux.

Le 1er mars 1871, à propos d'un incident soulevé par le député de Metz, Bamberger, qui proteste contre les préliminaires de paix, dont on discute la ratification, l'Assemblée d'un mouvement unanime vote la déchéance de l'empire, proposée par le député Target (2).

Le 20 mars, l'Assemblée tient sa première séance à Versailles (3). Les mois d'avril, mai, juin, juillet, août sont employés à la répression de la commune, aux négociations avec l'Allemagne et à des travaux législatifs (4). Le chef du pouvoir exécutif est sans cesse en butte aux attaques de la droite qui lui reproche de favoriser l'établissement définitif de la République et de violer le pacte de Bordeaux. Cependant, il paraît certain que dès le mois de mai 1871, on agite dans les conciliabules de la droite l'idée de conférer à M. Thiers une présidence de cinq ans. Partie du centre gauche, l'idée fait son chemin ; elle trouve dans la droite un assez grand nombre de partisans ; et elle aboutit à la proposition, déposée le 12 août 1871 par M. Rivet et 65 députés. Cette motion, précédée d'un considérant dans lequel on affirme la nécessité

(1) « Sachez donc renvoyer, disait-il en terminant, à un terme qui ne saurait être bien éloigné les divergences de principes qui nous ont divisés, qui nous diviseront peut-être encore ; mais n'y revenons que lorsque ces divergences, résultat, je le sais, de convictions sincères, ne seront plus un attentat contre l'existence et le salut du pays » (*Ann. Ass. nat.*, I, p. 75). Rapprochez le discours du 10 mars : « Quelle est la mission que vous nous avez donnée ! Ce n'était pas de constituer la France. Vous en auriez le pouvoir, mais vous avez la sagesse de ne pas le vouloir. Vous nous avez donné la mission de réorganiser le pays » (*Ibid.*, p. 281).
(2) *Ann. Ass. nat.*, I, p. 105. — A la contre-épreuve, six députés seulement se levèrent. V. le texte de l'ordre du jour, p. 314.
(3) *Ibid.*, II, p. 1 et s. — Cf. L. 8 septembre 1871.
(4) Lois financières ; L. 10 août 1871 (Conseils généraux).

urgente de donner au gouvernement établi des garanties nouvelles de durée et de stabilité, tend à conférer à M. Thiers le titre de *Président de la République* et à fixer à trois ans la durée de ses pouvoirs, à moins qu'avant l'expiration de ce terme l'Assemblée ne prononce la dissolution. Le texte proposé énumère en outre les attributions du Président de la République, exige pour tous ses actes le contre-seing ministériel, et déclare les ministres responsables devant l'Assemblée (1). Elle est suivie de deux autres, l'une signée de M. Adnet et de 57 députés : « L'Assemblée confiante dans la sagesse et le patriotisme de M. Thiers lui continue son concours, et, au nom du pays reconnaissant, lui confirme les pouvoirs qu'elle lui a confiés à Bordeaux (2) » ; et l'autre signée de M. de Belcastel : « Art. 1er. L'Assemblée nationale n'entend pas préjuger, avant le vote formel d'une constitution définitive, la forme du gouvernement. — Art. 2. Elle ne se dissoudra pas avant d'avoir proclamé cette forme définitive (3). » L'Assemblée accorde l'urgence aux deux premières propositions, qui sont renvoyées à la même commission, et la refuse à la proposition Belcastel. Le 17 août, neuf bureaux sur quinze nomment des commissaires hostiles à la proposition Rivet (4). Le rapporteur, M. Vitet, ne dépose son rapport que le 28 août (5). Entre temps, l'Assemblée refuse, sur le rapport de M. Ferdinand Boyer (6), de prendre en considération la proposition Dahirel tendant à la nomination au scrutin de liste d'une commission de 15 membres chargée de rédiger un projet de constitution (7) et la proposition Baze, demandant à l'Assemblée « de déclarer qu'elle ne se séparerait pas avant d'avoir voté les lois d'organisation et de fixer dans

(1) *Ann. Ass. nat.*, IV, p. 641, et annexes, p. 272.
(2) *Ibid.*, p. 641 et annexes, p. 273.
(3) *Ibid.*, p. 643 et annexes, p. 272.
(4) Les quinze commissaires sont : Benoist d'Azy, Delacour, Malleville, Vitet, Ricard, Coller, Goulard, Bothieau, F. Moreau, Beulé, Rivet, Saint-Marc Girardin, Bertauld, Perrot, Léonce de Lavergne.
(5) *Ann. Ass. nat.*, V, p. 198 et annexes, p. 86.
(6) *Ann. Ass. nat.*, IV, annexes, p. 192.
(7) *Ibid.*, IV, p. 650.

tous les cas la durée de ses pouvoirs à deux années (1). »

La motion Rivet est profondément modifiée : la commission accepte pour M. Thiers le titre de Président de la République, mais repousse toute durée fixe de ses pouvoirs ; elle demande que le Président de la République ait des pouvoirs d'une durée égale à ceux de l'Assemblée et soit responsable devant elle (2). La commission demande enfin que le dispositif de la loi soit précédé d'un considérant où l'Assemblée affirmera qu'elle a le pouvoir constituant, mais qu'elle ne veut point en user d'une manière définitive, restant toujours maîtresse de la décision souveraine (3). Après la lecture du rapport, le garde des sceaux, M. Dufaure, demande au nom du conseil des ministres, l'addition d'un considérant contenant une déclaration de confiance en la personne de M. Thiers (4). La délibération remplit les séances des 30 et 31 août 1871 (5). Dans la discussion générale, M. Léonce de Lavergne critique le projet, mais l'accepte cependant, au nom de la minorité de la commission, sauf deux amendements, consistant à supprimer dans l'article 1er ces mots « tant qu'elle (l'Assemblée) n'aura pas terminé ses travaux » et à remplacer le § 4 de l'article 2 par ce texte : « Il (le Président de la République) est entendu par l'Assemblée toutes les fois qu'il le demande par un message ; mention en est faite à l'ordre du jour (6). » Le rapporteur déclare que la commission accepte le considérant proposé par M. Dufaure le 28 août (7). La discussion générale close, des contre-projets et amendements de MM. Pagès-Duport, de Chambrun, Eymard

(1) *Ibid.*, p. 654.
(2) V. le rapport Vitet, *Ann. Ass. nat.*, V, p. 198 et s.
(3) V. les quatre premiers paragraphes des considérants précédant la loi du 31 août 1871 et le rapport Vitet qui les explique en ces termes : « Il s'en faut bien que nous mettions en doute le droit de l'Assemblée de se servir (du pouvoir constituant ; ...mais si, quant à présent, nous nous bornons à tenir en réserve le pouvoir constituant, c'est une raison de plus, surtout quand on essaie de vous le contester, pour proclamer bien haut qu'il est à vous » (*Ann. Ass. nat.*, V, p. 201).
(4) *Ibid.*, p. 202.
(5) *Ann. Ass. nat.*, V, p. 231 et s., 257 et s
(6) *Ibid.*, p. 231.
(7) *Ibid.*, p. 234. — V. le 5e considérant de la loi du 31 août 1871.

Duvernoy, Sansas, de Mornay et de Choiseul sont retirés (1). M. Paschal Duprat propose de remplacer le premier considérant du texte de la commission par celui-ci : « L'Assemblée nationale considérant que les devoirs présents et impérieux qu'il lui reste à remplir ne lui permettent pas encore de céder la place à une Assemblée qui aurait pour mission de constituer définitivement la France (2). » La discussion est très vive. La question du pouvoir constituant de l'Assemblée est nettement posée. MM. Paschal Duprat, Lamy, Langlois, Naquet, Louis Blanc appuient l'amendement en soutenant que l'Assemblée n'a ni en droit, ni en fait le pouvoir constituant ; le général Ducrot, MM. Saint-Marc Girardin, Pagès-Duport, Audren de Kerdrel et Baragnon affirment au contraire le pouvoir constituant de l'Assemblée (3). L'amendement Paschal Duprat n'est pas adopté (4). Après ce vote, Gambetta, dans un long discours souvent interrompu, demande le rejet pur et simple du premier considérant (5). Mais le texte est voté à la majorité de 434 voix contre 225 (6). L'Assemblée en outre refuse sans discussion l'urgence à une proposition signée par Edgard Quinet et 54 membres de la gauche, dont le dispositif, précédé de nombreux considérants, porte qu'une Assemblée nouvelle sera élue le troisième dimanche de janvier 1872, se réunira le 25 du même mois et que l'Assemblée nationale sera dissoute le jour même où se réunira l'Assemblée nouvelle (7). Dans la séance du 31 août la discussion générale recommence à propos du 2ᵉ considérant. MM. Lefèvre-Pontalis, Ernest Picard et Belcastel prennent la parole (8). La Chambre vote le 2ᵉ et le 3ᵉ considérant (9). M. Léonce de Lavergne ayant retiré les deux amendements présentés la

(1) *Ann. Ass. nat.*, V, p. 234.
(2) *Ibid.*, p. 234
(3) *Ibid.*, p. 234-245.
(4) *Ibid.*, p. 245.
(5) *Ibid.*, p. 246-250.
(6) *Ibid.*, p. 251 et 252. — V. le texte du considérant, p. 315.
(7) *Ibid.*, p. 252 et 253.
(8) *Ann. Ass. nat.*, V, p. 259-263.
(9) *Ibid.*, p. 264.

veille, le 4ᵉ considérant est adopté (1). La déclaration de
confiance en la personne de M. Thiers, proposée par le
ministère, et acceptée par la commission, formant le 5ᵉ considérant, réunit 524 voix sur 560 votants (2). L'article 1ᵉʳ est voté
par 533 voix contre 68 après les déclarations de MM. de
Belcastel et Baragnon, qui affirment que la loi ne doit préjuger en rien la future constitution du pays, et un discours de
Tocqueville, qui demande que l'on fasse « un essai loyal de
la République » (3). Les articles 2 et 3 sont votés à mains
levées (4), et l'ensemble du projet est adopté à la majorité de 491 voix contre 94 (5). Cette loi, loi provisoire, mais
au fond loi constitutionnelle, est souvent appelée loi Rivet.

Après comme avant cette loi, les rapports du chef de l'État
et de la majorité restent très tendus. La droite comprend que
la présence de M. Thiers aux affaires consolide la République
et rend impossible une restauration. Les incidents parlementaires sont fréquents (6). Le 13 novembre 1872, deux jours
après la rentrée de la Chambre, le Président de la République
donne lecture d'un message resté célèbre : il affirme qu'à
l'heure actuelle le seul gouvernement possible en France est
une république conservatrice. « Tout gouvernement doit
être conservateur ; et nulle société ne pourrait vivre sans un
gouvernement qui ne le serait point. La République sera conservatrice ou elle ne sera pas (7). » C'est de ce message
que date l'union des gauches qui, avec le concours de
quelques membres dissidents du centre droit, assurera le
vote des lois constitutionnelles en 1875. La droite comprend
tout de suite le danger et répond au message par l'interpellation Changarnier et la proposition Kerdrel. Grâce à l'énergi-

(1) *Ibid.*, p. 265.
(2) *Ibid.*, p. 265.
(3) *Ibid.*, p. 268 et 269.
(4) *Ibid.*, p. 269.
(5) *Ibid.*
(6) Le plus caractéristique est celui du 12 juillet 1872, provoqué, au
milieu d'une discussion financière, par cette phrase de M. Thiers :
« Vous nous avez donné une forme de gouvernement qu'on appelle la
république » (*Ann. Ass. nat.*, XIII, p. 116).
(7) *Ann. Ass. nat.*, XIX, p. 11.

que intervention du Président de la République, l'interpellation se termine par un vote de confiance (1). Malgré ce vote la droite veut renverser M. Tiers le plus tôt possible, et en attendant lui enlever le droit de parole.

M. de Kerdrel propose de nommer une commission de quinze membres pour préparer une réponse au message. Le 15 novembre, la Chambre adopte la proposition (2). Mais la commission nommée demande à l'Assemblée par l'organe de M. Batbie, rapporteur, de faire une loi « sur la responsabilité ministérielle (3) ». Au nom du gouvernement, M. Dufaure, garde des sceaux, dit que le but véritable de la commission est d'interdire « au Président de la République l'abord de la tribune ». A titre de transaction, il propose la nomination d'une commission à l'effet de préparer une loi sur les rapports des pouvoirs publics (séance du 18 novembre 1872) (4). Le lendemain, M. Thiers intervient dans le débat et affirme encore qu'« il n'y a pas d'autre gouvernement possible en France que la république conservatrice (5) ». La proposition Dufaure est votée par 372 voix contre 335 (6).

Une commission de trente membres, nommée le 21 novembre 1872 (7), est chargée de préparer un projet de loi sur *les attributions des pouvoirs publics et les conditions de la responsabilité ministérielle.* Diverses propositions lui sont renvoyées, notamment une proposition faite par M. Cézanne le 8 janvier 1873 (8). La commission des Trente commence ses

(1) *Ann. Ass. nat.*, XIV, p. 82 et s., 100.
(2) *Ibid.*, XIV, p. 20 et annexes, p. 10.
(3) *Ibid.*, XIV, p. 254 et annexes, p. 63.
(4) *Ann. Ass. nat.*, XIV, p. 287.
(5) *Ibid.*, p. 290-301.
(6) *Ibid.*, p. 311.
(7) C'est la première Commission des Trente. Elle était ainsi composée : MM. de Larcy, président ; d'Audiffret-Pasquier, vice-président ; d'Haussonville, Lefèvre-Pontalis, secrétaires ; Batbie, Théry, Delacour, Duchatel, Marcel Barthe, Ricard, Duclerc, de Broglie, Martel (Pas-de-Calais), Arago, Bertauld, de Labassetière, Sacase, Fournier, de Cumont, de la Germonière, Decazes, Lucien Brun, Baze, L'Ebraly, de Lacombe, Grivart, Deseilligny, Ernoul, Max Richard, Alb. Grévy (*Ann. Ass. nat.*, XVI, annexes, p. 69).
(8) *Ibid.*, XV, p. 39 et annexes, p. 113.

travaux avec un esprit d'hostilité marqué à l'égard du Gouvernement. Mais un rapprochement se produit : il est dû à un discours de M. Dufaure dans lequel le ministre, répondant à Gambetta, qui niait le droit constituant de l'Assemblée, avait énergiquement répudié les doctrines radicales. Après de longues négociations, le gouvernement et la Commission arrêtent un compromis qui devient la loi du 13 mars 1873. Le dispositif sera précédé d'un préambule où on affirmera, tout en le réservant, le pouvoir constituant. M. le duc de Broglie dépose son rapport le 21 février 1873 (1).

L'urgence est déclarée le 27 février, et la discussion très longue remplit les séances des 27, 28 février, 1, 3, 4, 5, 6, 7, 8, 10, 11, 12 et 13 mars 1873 (2). M. Dufaure, garde des sceaux, déclare que le gouvernement accepte sans réserve le projet (3). Plusieurs orateurs critiquent le texte. Gambetta met en relief la contradiction de la Commission qui présente un véritable projet de constitution et qui déclare en même temps dans le préambule que le pouvoir constituant ne sera pas entamé (4). Le duc de Broglie, rapporteur, et M. Laboulaye défendent le projet (5). Le 1er mars la Chambre vote le passage à la discussion des articles par 472 voix contre 199 (6). Le préambule soulève une longue discussion (7) : M. Thiers déclare que la République est en droit et en fait le gouvernement du pays et que le devoir de l'Assemblée est « de ne pas se retirer avant d'avoir fait quelque chose pour le pays (8) ». Le considérant est voté à la majorité de 470 voix contre 197 (9). Après le rejet d'amendements présentés par MM. Fresneau et Carayon-Latour, M. Jean Brunet, MM. Raoul Duval, Johnston et de Chaudordy (10), l'As-

(1) *Ibid.*, XVI, p. 167.
(2) *Ibid.*, XVI, p. 204 et suiv.
(3) *Ibid.*, XVI, p. 204.
(4) *Ibid.*, p. 283.
(5) *Ibid.*, p. 240 et 241.
(6) *Ibid.*, p. 256.
(7) *Ibid.*, p. 256-277.
(8) *Ibid.*, 277-288.
(9) *Ibid.*, p. 288.
(10) *Ibid.*, p. 291, 296, 297, 298, 303.

semblée adopte l'article 1er, par 388 voix contre 227 (1).
Elle repousse des amendements de MM. Sansas (2), de
la Bassetière (3), et elle vote l'ensemble de l'article 2
(478 voix contre 139) (4). Une disposition additionnelle de
M. de Belcastel ainsi conçue : « Dans aucun cas, le *veto* suspensif ne pourra s'appliquer aux lois constitutionnelles », est
renvoyée à la Commission (5). Le lendemain, 7 mars, le rapporteur déclare que la Commission admet le principe de
l'amendement, et lit une formule qui, acceptée par le gouvernement, votée par la Chambre (407 voix contre 259),
devient l'article 5 de la loi (6). M. Lucien Brun propose une
rédaction différente de l'article 3 du projet (devenu l'article 4).
L'amendement, défendu par son auteur, critiqué par M. Deseilligny, au nom de la Commission, par M. Dufaure au nom du
gouvernement, et par M. Buffet (7), est finalement repoussé
(487 voix contre 160) (8); et le texte de la Commission est
adopté (461 voix contre 135) (9). On rejette un amendement
de M. Hervé de Saisy demandant un appel au peuple sur la
forme du gouvernement (10), un amendement de M. Jean Brunet demandant la nomination immédiate d'une commission
chargée d'établir le programme des grandes lois organiques (1).
Dans la séance du 10 mars, MM. de Belcastel et Lefèvre-Pontalis, à propos d'amendements présentés par eux à l'article 5,
affirment que si la République doit devenir la forme définitive
du gouvernement, elle ne doit pas être le résultat d'une
équivoque (12). Le lendemain, M. Léonce de Guiraud demande
le rejet pur et simple de l'article 5 (13). M. Duvergier de

(1) *Ibid.*, p. 304.
(2) *Ibid.*, p. 304, 305.
(3) *Ibid.*, p. 313-318.
(4) *Ibid.*, p. 319.
(5) *Ibid.*, p. 319-322.
(6) *Ibid.*, p. 331-336.
(7) *Ibid.*, p. 336-352, 358-365.
(8) *Ibid.*, p. 365.
(9) *Ibid.*, p. 365.
(10) *Ibid.*, p. 865-868.
(11) *Ibid.*, p. 869.
(12) *Ibid.*, p. 380-391.
(18) *Ibid.*, p. 898.

Hauranne défend l'article énergiquement : il y voit un premier pas dans la voie d'une constitution définitive (1). Louis Blanc attaque le texte, qui n'est, dit-il, qu'une tentative du centre droit pour *monarchiser* la République (2). Le 12 mars, les 1er, 2e et 3e § de l'article 5 sont adoptés (434 voix contre 186, 378 voix contre 207, 457 voix contre 159) (3). Après le rejet d'un amendement (4) du duc Decazes, on vote le § 4 (380 voix contre 226). On rejette une disposition additionnelle de M. Lefèvre-Pontalis, demandant que le gouvernement ne présente les projets de lois organiques qu'après la libération du territoire (5), une proposition de Louis Blanc et J. Ferry réclamant la ratification de la loi électorale et de la loi sur la création d'une seconde Chambre par l'Assemblée nationale qui succèdera à l'Assemblée (6). Le 13 mars enfin l'ensemble de la loi est adopté par 407 voix contre 325 (7). C'est la loi dite *loi des trente*, loi constitutionnelle provisoire sans doute, mais qui est comme le programme de la constitution définitive.

Ce vote n'était qu'une trêve dans la lutte de la majorité monarchiste contre le Président de la République. La libération complète du territoire est assurée pour le mois de septembre 1873 (8) : la droite ne songe plus qu'à renverser M. Thiers. Saisissant pour prétexte les remaniements ministériels amenés par l'échec de M. de Rémusat contre M. Barodet dans l'élection de Paris, par la démission de M. de Larcy et de M. Jules Simon, à la suite du discours de celui-ci à la Sorbonne, 330 députés déposent une interpellation le 19 mai 1873, à la rentrée des vacances de Pâques (9). Le même jour, M. Dufaure, garde des sceaux, conformément à la loi du 13 mars 1873, présente le projet de loi *relatif à l'orga-*

(1) *Ibid.*, p. 401.
(2) *Ibid.*, p. 408.
(3) *Ibid.*, p. 416 et 417.
(4) *Ibid.*, p. 421.
(5) *Ibid.*, p. 427.
(6) *Ibid.*, p. 442.
(7) *Ibid.*, p. 445.
(8) Déclaration de M. de Rémusat, ministre des affaires étrangères, 17 mars 1873, *Ann. Ass. nat.*, XVI, p. 513.
(9) *Ann. Ass. nat.*, XVIII, p. 2.

nisation des pouvoirs publics et à la création d'une seconde
Chambre, mais l'Assemblée refuse d'en entendre lecture (1).
Le même jour on repousse une demande de dissolution
apportée par M. Peyrat (2). Le lendemain la discussion de
l'interpellation est fixée au 23 mai, et le garde des sceaux
dépose le projet de loi électorale (3). Le 23 mai, M. le duc de
Broglie développe l'interpellation ; M. Dufaure lui répond au
nom du ministère (4); le 24. dans la séance du matin,
M. Thiers prononce un long discours (5) ; l'après-midi, après
un discours de M. Casimir-Périer, ministre de l'intérieur,
l'ordre du jour pur et simple, accepté par le gouvernement,
est repoussé (362 voix contre 348) et l'ordre du jour de
défiance Ernoul est voté à la majorité de 360 voix contre 344 (6).
Dans la séance de nuit, la démission de M. Thiers est acceptée,
et le maréchal de Mac-Mahon est élu président de la République par 391 voix sur 392 votants (7).

C'était l'ajournement indéfini de la question constitutionnelle. Cependant le nouveau président disait, dans le message du
26 mai : « Des lois qui soulèvent des questions constitutionnelles
d'une haute gravité ont été présentées par mon prédécesseur,
qu'une décision expresse de vous en avait chargé. Vous en
êtes saisis; vous les examinerez; le gouvernement lui-même
les étudiera avec soin, et quand viendra le jour où vous juge-
rez convenable de les discuter, il vous donnera sur chaque
point son opinion réfléchie (8). » Mais le ministère, né de la
coalition artificielle des droites, ne pouvait poser spontanément
la question constitutionnelle ; d'accord avec la majorité, il
désirait l'ajourner indéfiniment. Aussi, quand le 2 juillet 1873,
M. Dufaure demande, *comme simple député*, la nomination

(1) *Ann. Ass. nat.*, XVIII, p. 3. V. l'exposé des motifs et le
texte du projet, *Ibid.*, annexes, p. 3.
(2) *Ann. Ass. nat.*, XVIII, p. 4.
(3) *Ibid.*, p. 6. — V. l'exposé des motifs et le texte du projet,
Ibid., annexes, p. 10.
(4) *Ann. Ass. nat.*, XVIII, p. 32-41.
(5) *Ibid.*, p. 44-54.
(6) *Ibid.*, p. 55-62.
(7) *Ibid.*, p. 65-68.
(8) *Ibid.*, p. 78.

d'une commission chargée d'examiner les projets déposés par
le ministre de la justice les 19 et 20 mai (1), cette proposition
ne laisse pas d'embarrasser le Gouvernement et la droite :
celle-ci était mise en demeure d'exercer le pouvoir constituant
qu'elle avait tant de fois affirmé. Comprenant que la mise à
l'ordre du jour des lois organiques détruirait la coalition du
24 mai, le Gouvernement appuie énergiquement la proposition
de M. Leurent tendant à renvoyer la nomination de la commission constitutionnelle au mois qui suivra la rentrée ; la
Chambre, malgré une protestation de Gambetta, qui conteste
encore le droit *constituant* de l'Assemblée, adopte cette
solution (2) et se sépare le 31 juillet.

C'est pendant les vacances de 1873 que sont faites les ten-
tatives de restauration monarchique au profit du comte de
Chambord. Pour des causes restées toujours obscures, elles
échouent. Les monarchistes, qui comprennent que la royauté
est pour le moment impossible et qui ne veulent pas la République, n'aperçoivent qu'une solution provisoire, la prorogation des pouvoirs du maréchal de Mac-Mahon. Celui-ci écrit
dans son message du 5 novembre : «... Dans l'état présent
des faits et des esprits, l'établissement d'une forme de gouvernement qui engage définitivement l'avenir, présente de graves
difficultés... Il est plus prudent de conserver aux institutions
le caractère qui leur permet de rallier, comme aujourd'hui,
autour du pouvoir tous les amis de l'ordre sans distinction
de parti... Vous songerez à ces périls, et vous ferez don
à la société d'un pouvoir exécutif durable et fort, qui prenne
souci de son avenir et puisse la défendre énergiquement (3). »
Aussitôt le général Changarnier dépose une proposition,
signée d'un grand nombre de membres de la droite, et
d'après laquelle le pouvoir exécutif sera confié pour dix ans
au maréchal de Mac-Mahon. Une commission de trente membres sera nommée en séance publique pour préparer les lois

(1) *Ann. Ass. nat.*, XIX, p. 8.
(2) *Ann. Ass. nat.*, XIX, p. 12.
(3) *Ann. Ass. nat.*, XXVII, p. 2 et 3.

constitutionnelles (1). Au nom des groupes de l'appel au peuple,
M. Echassériaux apporte la proposition suivante : « Le peuple
français est convoqué le 4 janvier 1874 pour se prononcer sur
le gouvernement définitif de la nation ; chaque électeur déposera dans l'urne un bulletin portant l'un des mots : Royauté,
République, Empire (2). » M. Dufaure demande que les projets de lois organiques déposés les 19 et 20 mai soient renvoyés à la même commission que les propositions du jour (3).
La Chambre, sur la demande du Gouvernement, accorde l'urgence à la proposition Changarnier, la refuse à la propositions Echassériaux et finalement rejette la motion Dufaure par
362 voix contre 348 (4).

Par suite du tirage au sort des bureaux, la majorité de la
commission (8 commissaires sur 15) (5) appartient à la gauche
modérée et repousse le principe même de la proposition Changarnier. Cependant, à titre de transaction, elle charge son
rapporteur M. Laboulaye de présenter un projet dont voici
les lignes principales : les pouvoirs du maréchal de Mac-Mahon
seront prorogés pour une période de cinq ans à partir du jour
de la réunion de la prochaine législature (art. 1); ses pouvoirs s'exerceront dans les conditions actuelles (art. 2); la disposition de l'article 1er prendra place dans les lois organiques
et n'aura le caractère constitutionnel qu'après le vote de ces
lois (art. 3); une commission de trente membres sera nommée par les bureaux, dans les trois jours de la promulgation
de la loi, pour l'examen des lois constitutionnelles présentées
les 19 et 20 mai 1873 (art. 4) (6).

La discussion s'ouvre le 17 novembre. Le duc de Broglie lit un

(1) *Ibid.*, p. 8.
(2) *Ibid.*, p. 4.
(3) *Ibid.*, p. 6-8.
(4) *Ibid.*, p. 12 et 13.
(5) La commission était ainsi composée : MM. de Rémusat, président ; Bethmont, secrétaire ; Léon Say, Casimir-Périer, Laboulaye,
de Jouvenel, Delsol, Lefèvre-Pontalis, Cherpin, Wolowski, Savary,
Bocher, Depeyre, Le Royer, Lambert-Sainte-Croix (*Ann. Ass. nat.*,
XXVII, annexes, p. 162).
(6) V. le rapport Laboulaye, lu dans la séance du 15 novembre
1873, *Ann. Ass. nat.*, XXVII, p. 113 et 114.

message dans lequel on affirme que « renvoyer aux lois constitutionnelles, soit le point de départ de la prorogation, soit les
effets définitifs du vote de l'Assemblée, ce serait dire à l'avance
que dans quelques jours on remettra en question ce qui sera
décidé aujourd'hui ». Le gouvernement propose en outre de
fixer à sept ans la durée des pouvoirs du maréchal (1). Le projet est alors renvoyé à la commission ; et le lendemain,
M. Laboulaye déclare que la commission, malgré l'opposition
du gouvernement, maintient son projet et spécialement la
réserve de l'article 3 (2). Après des discours de MM. Bertauld,
Prax-Paris, de Castellane, Jules Simon, Ernoul, garde des
sceaux (3), l'Assemblée vote le passage à la discussion des
articles (4). Elle repousse deux nouvelles demandes d'appel
au peuple, l'une de M. Echassériaux, l'autre de M. Turquet
(492 voix contre 88) (5), et se trouve en présence du contre-
projet présenté par M. Depeyre au nom de la minorité de la
commission : prorogation pour sept ans, à partir de la promulgation de la loi, des pouvoirs du maréchal, sans aucune
réserve (art. 1er) ; nomination dans les 3 jours en séance
publique, et non dans les bureaux, d'une commission de
trente membres pour l'examen des lois constitutionnelles (6).
Défendu par M. Depeyre, appuyé par le duc de Broglie au
nom du gouvernement, critiqué par MM. Laboulaye et Grévy,
l'article 1er du contre-projet est voté par 383 voix contre 317 et
devient l'article 1er de la loi (7). M. Waddington reprend à titre
d'amendement l'article 3 du projet de la commission, qui
formerait l'article 2 de la loi et défend sa proposition, qui est
repoussée par 386 voix contre 321 (8). On vote l'article 2 du
contre-projet, qui devient l'article 2 de la loi (369 voix contre

(1) *Ann. Ass. nat.*, XXVII, p. 115 et 116.
(2) *Ibid.*, p. 122.
(3) *Ibid*, p. 122-146.
(4) *Ibid.*, p. 150.
(5) *Ibid.*, p. 166.
(6) *Ibid.*, p. 167.
(7) *Ibid.*, p. 167-184.
(8) *Ibid.*, p. 186.

324) (1). L'ensemble de la loi est adopté le 20 novembre par 378 voix contre 310 (2). C'est la loi du 20 novembre 1873, appelée souvent loi *du septennat*.

Au point de vue constitutionnel, ce n'était encore qu'une solution provisoire. Mais elle devient la base des longues discussions, qui aboutiront au vote des lois constitutionnelles. Désormais tout un parti dans la Chambre et dans le pays soutient que l'Assemblée, liée par son vote du 20 novembre, ne peut pas faire une constitution définitive, mais seulement organiser le *septennat*, c'est-à-dire établir un régime politique dont la revision s'imposera à l'expiration des pouvoirs *septennaux* confiés au maréchal de Mac-Mahon.

Après de nombreux scrutins, qui ne remplissent pas moins de huit séances, la commission des lois constitutionnelles ou *Commission des Trente* fut enfin nommée (3). Cinq de ses membres seulement appartenaient à la gauche. Malgré leurs protestations, la Commission décidait qu'elle s'occuperait immédiatement du projet de loi électorale, renvoyait le projet de loi sur les pouvoirs publics à une sous-commission d'études ; elle chargeait M. Laboulaye de faire un rapport sur la constitution américaine et M. Waddington un rapport sur la législation constitutionnelle des pays étrangers. D'ailleurs dans la Chambre, les divisions étaient nombreuses et profondes. L'extrême droite ne voyait dans le vote des lois constitutionnelles qu'une solution tout à fait provisoire jusqu'au retour du roi, montant sur le trône en vertu d'un droit héréditaire et divin. La droite voulait organiser le *septennat personnel*, c'est-à-dire les pouvoirs du maréchal de Mac-Mahon ; le centre droit était hésitant, la plupart de ses membres deman-

(1) *Ibid.*, p. 189.
(2) *Ibid.*, p. 191.
(3) Elle se compose de MM. Batbie, président ; de Talhouet, Audren de Kerdrel, vice-présidents ; Cézanne, Tallon, de Tarteron, secrétaires ; Dufaure, Laboulaye, Waddington, Lacombe, Lambert de Sainte-Croix, Pradié, de Meaux, de Rességuier, de Ventavon, Daru, Paris, Chesnelong, de Susigny, d'Andelarre, Lefèvre-Pontalis, Keller, Vingtain, Merveilleux-Duvignaux, de La Rochefoucauld, Combier, Lucien Brun, Dehol, Vacherot.

daient le *septennat impersonnel*, l'établissement d'un régime devant durer sept années, indépendamment de la personne du maréchal. Quelques-uns n'étaient pas éloignés de se rallier à une constitution définitive, à la condition qu'elle contînt une clause de revision et réunît en outre toutes les conditions d'un gouvernement conservateur. La gauche voulait une constitution républicaine définitive, ses membres les plus modérés étaient disposés à accepter une transaction avec le centre droit. L'extrême gauche persistait à réclamer la dissolution et la convocation d'une constituante. Les bonapartistes parlaient toujours de l'appel au peuple. C'est d'une transaction entre le centre droit et le centre gauche que sortiront les lois de février 1875. A la faveur des imprudences de la droite, le centre gauche prend dans l'Assemblée une place de plus en plus grande, ramène les républicains avancés, et attire à lui les modérés de la droite. Dans le pays et dans la presse, les discussions ne sont pas moins vives qu'au Parlement. Mais la plupart des élections partielles donnent la victoire aux républicains et semblent démontrer que la majorité du pays veut la République, qu'en tout cas elle ne veut pas la monarchie.

Au mois de mars 1874, la Commission des Trente était parvenue à élaborer un long projet de loi électorale, dont M. Batbie était rapporteur, et dont le but évident était de restreindre le suffrage universel. Le 18 mars l'interpellation Gambetta et Challemel-Lacour amenait le duc de Broglie, vice-président du conseil, à s'expliquer sur le *septennat*; mais la déclaration était vague, ce qui n'empêcha pas l'Assemblée de voter l'ordre du jour pur et simple réclamé par le gouvernement (1). La Chambre, le 27 mars, sur la demande du ministère, refusait l'urgence à la proposition Dahirel : « Au 1er juin prochain, l'Assemblée se prononcera sur la forme du gouvernement définitif de la France... (2). »

Après avoir approuvé le rapport Batbie sur la loi électorale, la Commission avait entendu la lecture d'une savante étude de

(1) *Ann. Ass. nat.*, XXX, p. 440 et s.
(2) *Ibid.*

M. Lefèvre-Pontalis sur l'organisation et les attributions d'une seconde chambre (1). Mais l'auteur ne concluait pas. La Commission avait alors renvoyé le travail de M. Lefèvre-Pontalis au gouvernement, afin de provoquer de sa part le dépôt d'un projet de loi sur la chambre haute. En effet, le 28 mars 1874, le duc de Broglie vient exposer devant la Commission les vues du gouvernement sur la question constitutionnelle : il faut non point créer un gouvernement définitif, mais seulement organiser le *septennat*; la chambre haute en sera le rouage essentiel, comme l'intermédiaire puissant entre le pouvoir exécutif et le pouvoir législatif pour trancher leurs différends; elle sera nommée par un corps électoral spécial formé « de tous les corps indépendants électifs ou inamovibles que compte dans son sein une circonscription électorale déterminée »; la chambre haute partagera le pouvoir législatif avec la chambre des députés; elle ratifiera les conventions diplomatiques et aura, de concert avec le chef de l'État, le droit de dissoudre la chambre basse; quant au pouvoir exécutif, le ministre estime qu'une loi spéciale n'est pas nécessaire; le maréchal de Mac-Mahon exercera pendant sept ans ses pouvoirs dans les conditions actuelles, conformément à la loi du 20 novembre 1873; à l'expiration de ce terme ou au cas de vacance prématurée du pouvoir, le président de l'une des chambres exercera provisoirement le pouvoir exécutif jusqu'à ce que les deux corps réunis aient statué sur la vacance et pourvu aux exigences de la situation (2).

Dès la rentrée de la Chambre, le 15 mai 1874, le duc de Broglie déposait un projet de loi sur la chambre haute, ou *Grand Conseil*, précédé d'un long exposé des motifs et tout à fait conforme aux idées exposées devant la Commission des Trente (3). Le lendemain le ministère était renversé sur la question de priorité de la loi électorale municipale (4), par une

(1) Journal *Le Temps*, 24 mars 1874.
(2) A. Daniel, *Année pol.*, 1874, p. 165 et s.
(3) *Ann. Ass. nat.*, XXXI, p. 8 et annexes p. 36.
(4) *Ibid.*, p. 22.

coalition des gauches et de l'extrême droite. Après la formation du ministère de Cissey, d'actives négociations se poursuivent pendant tout le mois de juin en vue d'une fusion des
centres. Deux manifestes, l'un signé de 65 députés de la droite,
l'autre de 116 membres du centre gauche, précisent les points
qui les séparent : Le centre gauche veut une république
définitive dont le maréchal de Mac-Mahon sera le président
pendant sept ans; le centre droit accepte la république, mais
provisoirement, pendant le *septennat* du maréchal; en vue
d'une conciliation espérée, le centre gauche admet d'ailleurs
le principe d'une revision toujours possible (1). C'est à la suite
de ces déclarations que Casimir-Périer dépose, le 15 juin
1874, la proposition suivante : « L'Assemblée nationale, voulant mettre un terme aux inquiétudes du pays, adopte la
résolution suivante : La Commission des lois constitutionnelles prendra pour base de ses travaux sur l'organisation et
la transmission des pouvoirs publics : — 1° L'article 1er du projet
de loi déposé le 19 mai 1873, ainsi conçu : Le gouvernement
de la République française se compose de deux chambres et
d'un président, chef du pouvoir exécutif; — 2° La loi du
20 novembre 1873, par laquelle la présidence de la République a été confiée à M. le maréchal de Mac-Mahon jusqu'au
20 novembre 1880; — 3° La consécration du droit de revision partielle ou totale de la constitution, dans des formes et
à des époques que déterminera la loi constitutionnelle (2). »
Casimir-Périer demande l'urgence et lit un exposé des
motifs pour la justifier (3). La droite oppose immédiatement
une contre-proposition de M. Lambert de Sainte-Croix :
« L'Assemblée nationale invite la Commission des Trente à
prendre pour base de ses travaux les dispositions suivantes :
— 1° Le maréchal de Mac-Mahon exerce le pouvoir exécutif,
dont il est investi par la loi du 20 novembre 1873, sous le
titre de Président de la République française; — 2° Le pou-

(1) A. Daniel, *Année pol.*, 1874, p. 225 et s.
(2) *Ann. Ass. nat.*, XXXII, p. 190.
(3) *Ibid.*

voir législatif est partagé entre deux Assemblées; — 3° Le
Président de la République a le droit de dissoudre la Chambre
des députés, d'accord avec la Chambre haute; — 4° A l'expiration des pouvoirs du Président de la République, les deux
Chambres réunies en congrès national désigneront le successeur du maréchal de Mac-Mahon, ou statueront sur la revision
totale ou partielle des lois constitutionnelles dans les formes
déterminées par les dites lois (1). » C'était le programme du
duc de Broglie. Le général Changarnier combat l'urgence de
la proposition Casimir-Périer; M. Laboulaye insiste pour
qu'elle soit votée (2). M. Audren de Kerdrel dépose une
troisième proposition : « Considérant que les trois questions
visées par la proposition de M. Casimir-Périer sont déjà
soumises à l'examen de la Commission des lois constitutionnelles, l'Assemblée maintient le mandat donné à la commission... en exécution de la loi du 20 novembre (3). » « La
question de république ou de monarchie, dit M. de Kerdrel, se
posera à son heure ; pour le moment on n'a à s'occuper que
des pouvoirs du maréchal de Mac-Mahon (4). » M. Léon Say
répond. M. Raoul Duval combat l'urgence et demande l'appel
à la nation. Après quelques mots de Casimir-Périer, l'urgence
de sa proposition est votée par 345 voix contre 341 (5), et
le texte immédiatement renvoyé à la Commission. Voyant
dans ce vote « une préparation de la république », l'extrême
droite fait déposer par le duc de La Rochefoucauld la motion
suivante : « Art. 1er. Le gouvernement de la France est la
monarchie. Le trône appartient au chef de la Maison de
France; — 2° Le maréchal de Mac-Mahon prend le titre de
lieutenant-général du royaume; — 3° Les institutions politiques de la France seront réglées par l'accord du roi et de la
nation (6). » Mais le renvoi à la Commission n'est pas accepté.

(1) *Ann. Ass. nat.*, XXXII, p. 192.
(2) *Ibid.*, p. 192.
(3) *Ibid.*, p. 195.
(4) *Ibid.*, p. 196.
(5) *Ibid.*, p. 200.
(6) *Ibid.*, p. 201.

Le vote de l'urgence sur la proposition Casimir-Périer avait une importance considérable. C'était évidemment un préjugé en faveur de la république. C'était la première fois que l'Assemblée, sur la question constitutionnelle, adoptait autre chose qu'une solution provisoire ou négative. La majorité, il est vrai, était bien précaire et bien artificielle : elle se composait des trois gauches, et d'un certain nombre de députés du centre droit (le groupe Target), qui avaient voté au 24 mai contre M. Thiers, qui depuis avaient toujours voté avec la droite, mais qui affirmaient que leur but était d'arriver à l'établissement définitif d'une république conservatrice.

La Chambre avait discuté le 5 juin, en première lecture, le projet de loi électorale et avait voté le passage à une seconde délibération ; mais le sort du projet paraissait bien compromis. Le 28 juin, après six jours de longues et confuses délibérations, la Commission des Trente repoussait la proposition Casimir-Périer, et, sur la demande de M. Lambert de Sainte-Croix, nommait une commission de trois membres (MM. Daru, de Ventavon et Lacombe), chargée de formuler en quelques articles les points essentiels des lois organiques. Cependant, le ministère se retire à la suite de l'interpellation Lucien Brun (1). Le Maréchal n'accepte pas cette démission et adresse à l'Assemblée un message se terminant par ces mots : « Il n'est pas de devoir plus impérieux que celui qui consiste à assurer au pays, par des institutions régulières, le calme, la sécurité, l'apaisement dont il a besoin ; je charge mes ministres de faire connaître sans retard à la Commission des lois constitutionnelles les points sur lesquels je crois essentiel d'insister » (9 juillet 1874) (2). Immédiatement, Casimir-Périer demande à l'Assemblée d'inviter la Commission des Trente à présenter le rapport sur la proposition dont l'urgence a été votée le 15 juin. Le

(1) Interpellation de M. Lucien Brun sur la suspension du journal l'*Union*, qui avait publié un manifeste du comte de Chambord (*Ann. Ass. nat.* XXXIII, p. 1 et s.)
(2) *Ann. Ass. nat.*, XXXIII, p. 24.

président des Trente, Batbie, répond que la Commission vient
d'adopter un projet d'ensemble et de nommer rapporteur
M. de Ventavon, dont le travail sera prêt incessamment (1).
M. Raoul Duval, ayant déposé une proposition de dissolution,
Casimir-Périer déclare que ses amis et lui ne voteront la
dissolution qu'après l'échec du projet constitutionnel ; l'urgence est repoussée (2).

Devant la Commission des Trente, le ministre de l'intérieur
M. de Fourtou déclare (10 juillet) qu'il est trois choses sur
lesquelles le gouvernement croit nécessaire d'insister : le
droit du Président de la République de nommer pour une
large part les membres de la Chambre haute ; l'établissement
du scrutin d'arrondissement ; le droit de dissolution avec ou
sans le concours du Sénat. Sur ce dernier point, les Trente
donnent immédiatement satisfaction au ministre, en décidant
qu'une disposition en ce sens sera jointe au projet qu'elle
substitue à la proposition Casimir-Périer (3). Le 15 juillet
M. de Ventavon lit son rapport : la Commission demande le
rejet de la proposition Casimir-Périer et le vote d'une loi
en cinq articles, qui organise le *septennat* à la fois *personnel*
et *impersonnel* (4). Ce projet ne pouvait satisfaire pleinement
aucun groupe de la Chambre ; les gauches et l'extrême droite
lui étaient naturellement hostiles ; la droite le repoussait parce
qu'il établissait le *septennat impersonnel*, le centre droit parce
qu'il faisait une part au *septennat personnel* ; les bonapartistes
le rejetaient parce qu'ils voulaient l'appel au peuple.

Le 18 juillet, l'Assemblée refuse l'urgence à une proposition
de M. Cottin, tendant à écarter toute proposition qui mettrait
en discussion la durée des pouvoirs du maréchal (5).

La discussion sur la proposition Casimir-Périer, d'abord
fixée au 20 juillet, ne s'engage que le 23. Répondant à
M. Lambert de Sainte-Croix, Casimir-Périer s'attache à

(1) *Ibid.*, p. 26.
(2) *Ibid.*, p. 27.
(3) A. Daniel, *Année pol.*, 1874, p. 272.
(4) *Ann. Ass. nat.*, XXXIII, p. 150.
(5) *Ann. Ass. nat.*, XXXIII, p. 223.

montrer que le projet de la commission crée tous les inconvénients du gouvernement provisoire et personnel, et que,
si l'on n'aboutit pas, la dissolution s'impose. Le duc de Broglie soutient que cette proclamation vague de la République
serait inutile et dangereuse. M. Dufaure défend la proposition.
Au nom du gouvernement, le général de Cissey en demande
le rejet. Elle est effectivement repoussée par 369 voix contre
340 (1). Après ce vote, M. de Malleville présente une demande
de dissolution, signée de 300 députés et fondée sur la division
des partis dans l'Assemblée ; il demande l'urgence qui est repoussée par 369 voix contre 340 (2). Le 24 juillet, après le dépôt
d'un second rapport de M. Bathie sur la loi électorale (3),
l'ordre du jour appelait la discussion du projet Ventavon. Mais
après une longue et confuse délibération, sur la demande
de M. de Castellane, du consentement du gouvernement et
de la Commission, la Chambre ajourne la discussion de ce
projet à la première semaine de la rentrée et vote l'urgence
sur une proposition tendant à la prorogation de l'Assemblée
au 5 janvier (4). Malgré la commission d'initiative qui concluait à la prise en considération des deux propositions de dissolution de MM. Raoul Duval et de Malleville, on les repousse
par 375 voix contre 332 (5) (29 juillet). Le 31, la Chambre
se proroge au 30 novembre. M. Lefèvre-Pontalis dépose
le 3 août son rapport sur le mode de nomination et les attributions du Sénat (6). Après le vote du budget, la Chambre se
sépare le 5 août sans avoir rien décidé sur la question constitutionnelle : elle veut la royauté qu'elle ne peut pas faire et ne
veut pas la république qu'elle peut faire ; elle aperçoit comme
expédient les subtilités d'un *septennat personnel* ou *impersonnel* ; elle sent son impuissance ; ne voulant pas se dissoudre, elle se proroge.

(1) *Ann. Ass. nat.*, XXXIII, p. 297-325.
(2) *Ibid.*, p. 325.
(3) *Ibid.*, p. 334 et annexes, p. 174.
(4) *Ibid.*, p. 337-347.
(5) *Ann. Ass. nat.*, XXXIV, p. 160.
(6) *Ibid.*, p. 190, et annexes, p. 469.

Lorsque le 30 novembre l'Assemblée reprend ses travaux, les choses n'ont guère changé. L'union des centres n'a fait aucun pas décisif; tous les partis sont dans l'expectative. Le message présidentiel du 3 décembre (1) ne nomme même pas les lois constitutionnelles. Par un accord tacite, la discussion constitutionnelle est remise après les vacances du 1er janvier; cependant la Commission des Trente décide le 16 décembre qu'elle demandera la priorité pour la loi sur la chambre haute (2). Pendant les vacances de la nouvelle année le maréchal réunit deux fois à l'Élysée les membres les plus influents de la droite modérée, du centre droit et du centre gauche, notamment MM. de Kerdrel, Chesnelong, Bocher, d'Audiffret-Pasquier, Dufaure, Casimir-Périer. On précise les points de divergence : les membres de la droite veulent le *septennat personnel*, qui au cas de mort ou de démission du maréchal laissera la porte ouverte à une restauration monarchique ; le centre droit demande le *septennat impersonnel*, « une République de six ans » ; si le maréchal de Mac-Mahon meurt ou démissionne avant l'expiration de son mandat, un autre président sera nommé jusqu'en 1880, date d'une revision forcée ; le centre gauche prétend faire une république définitive, dont le *septennat* sera la première présidence avec la revision toujours possible à partir de 1880 (3).

Pour atténuer le mauvais effet de son vote du 16 décembre et donner une satisfaction au centre gauche, la Commission des Trente adopte le 4 janvier un article additionnel, subordonnant la promulgation de la loi du Sénat au vote de la loi sur les pouvoirs publics (4). Dans un message lu à la Chambre le 6 janvier (5), le Président de la République réclame la priorité pour la loi sur le Sénat « comme étant l'institution que paraissent le plus impérieusement réclamer les intérêts conservateurs ». Le maréchal ajoutait : « Je n'hésite pas à dire

(1) *Ann. Ass. nat.*, XXXV, p. 15.
(2) A. Daniel. *Année pol.*, 1874, p. 403.
(3) A. Daniel, *Année pol.*, 1875, p. 9 et s.
(4) *Ibid.*, p. 12.
(5) *Ann. Ass. nat.*, XXXV, p. 428.

que, dans ma pensée, cette transmission (du pouvoir exécutif),
à l'échéance du 20 novembre 1880, devrait être réglée de
manière à laisser aux Assemblées, qui seront alors en exercice,
la liberté pleine et entière de déterminer la forme du gouvernement de la France. » C'était demander le *septennat
impersonnel*. Le président de la Commission des Trente,
appuyant la motion du gouvernement, propose à l'Assemblée
de décider que la loi sur le Sénat sera discutée la première.
M. Laboulaye demande la priorité pour la loi sur les pouvoirs
publics. Malgré l'insistance du rapporteur, M. Lefèvre-Pontalis,
l'Assemblée, à une grande majorité, refuse la priorité au projet sur le Sénat, ce qui impliquait qu'elle discuterait d'abord
la loi sur le pouvoir exécutif (1). Après ce vote, le ministère
donne sa démission, qui ne fut pas acceptée.

C'est le 21 janvier 1875 que l'Assemblée aborda le long débat d'où devaient sortir les lois constitutionnelles de février.
La discussion en première lecture de la loi sur les pouvoirs
publics remplit les séances des 21 et 22 janvier (2). Le rapporteur M. de Ventavon déclare que, la loi du 20 novembre
1873, ayant le caractère constitutionnel, le rôle de la Commission et de l'Assemblée doit se borner à organiser le *septennat*. « Ce n'est pas à vrai dire une constitution que j'ai l'honneur de vous apporter ; ce nom ne convient qu'aux institutions
fondées pour un avenir indéfini, il s'agit seulement aujourd'hui
d'organiser des pouvoirs temporaires, les pouvoirs d'un
homme. Le nom de loi constitutionnelle manque d'exactitude
et passionne mal à propos l'opinion publique... (3). » L'orateur
avait dit cependant dans son rapport : « J'ai l'honneur de vous
présenter le texte de la loi constitutionnelle suivante (4). »
Continuant son discours, M. de Ventavon ajoute qu'on ne peut
pas faire autre chose que le *septennat*, parce que l'appel au
peuple, la monarchie, la république ont été successivement

(1) *Ibid.*, p. 429-436.
(2) *Ann. Ass. nat.*, XXXVI, p. 210 et s.
(3) *Ibid.*, p. 210.
(4) *Ibid.*, XXXIII, p. 150.

repoussées par l'Assemblée (1). M. E. Lenoël combat le projet de la Commission, parce qu'il maintient et aggrave le provisoire, qu'il contient des dispositions inconciliables, et qu'il écarte la seule forme de gouvernement compatible avec la loi du 20 novembre (2). Au nom de l'extrême droite, M. de Carayon-Latour demande à l'Assemblée de ne pas passer à une seconde lecture : ses amis et lui ne veulent ni une république définitive, ni une république de six ans; la république conduit à la démagogie et à l'empire ; la monarchie seule peut sauver le pays (3). M. Lucien Brun soutient la même thèse (4). MM. de Maux et de Broglie défendent le projet de la Commission (5). Après un discours violent de M. du Temple, M. Béranger déclare repousser le projet Ventavon, parce qu'il ajourne toute constitution définitive (6). Le ministre de l'intérieur, M. de Chabaud-Latour demande, au nom du gouvernement, le vote du passage à une seconde lecture (7). Un discours dans lequel J. Favre fait l'apologie de la république provoque de violentes protestations de M. Baragnon (8). Finalement la clôture est prononcée ; et le passage à une seconde lecture est voté par 538 voix contre 145 (9).

Le 25 janvier, l'Assemblée votait en première lecture la loi sur le Sénat. M. Bardoux fit observer la contradiction qui existait entre les deux rapports : M. de Ventavon présentant la loi sur les pouvoirs publics comme provisoire, et M. Lefèvre-Pontalis apportant sur le Sénat un projet de loi définitive (10). Après une réponse du rapporteur (11) et un discours de J. Simon (12), on décide de passer à une seconde délibération (498 voix contre 173) (13).

(1) *Ibid.*, XXXVI, p. 212.
(2) *Ibid.*, p. 214.
(3) *Ibid.*, p. 224.
(4) *Ibid.*, p. 236.
(5) *Ibid.*, p. 233 et 241.
(6) *Ibid.*, p. 243 et 245.
(7) *Ibid.*, p. 247.
(8) *Ibid.*, p. 248 et 259.
(9) *Ibid.*, p. 262 et 264.
(10) *Ibid.*, p. 269.
(11) *Ibid.*, p. 271. — (12) *Ibid.*, p. 275. — (13) *Ibid.*, p. 278.

La loi sur les pouvoirs publics revint en seconde lecture devant l'Assemblée le 28 janvier.

La bataille décisive allait être livrée. L'article 1er du projet modifié de la Commission était ainsi conçu : « Le pouvoir législatif s'exerce par deux Assemblées, la Chambre des députés et le Sénat. — La Chambre des députés est nommée par le suffrage universel dans les conditions déterminées par la loi électorale. — Le Sénat se composera de membres élus ou nommés dans les proportions et aux conditions qui seront réglées par une loi spéciale (1). » Le premier amendement soumis à la discussion est celui de M. Naquet, qui propose de confier le pouvoir législatif à une seule Chambre, le pouvoir exécutif à partir du 20 novembre 1880 à un président du Conseil sans portefeuille ; il demande en outre le *referendum* pour toute loi constitutionnelle (2). Après un long discours de M. Naquet, l'article 1er du contre-projet est repoussé, et le contre-projet tout entier se trouve écarté (3). Un amendement de M. Marcel Barthe est retiré (4) ; et l'Assemblée se trouve alors en présence d'un amendement de MM. Bardoux, Laboulaye, Corne, de Chadois, Chiris, qui proposent de substituer au § 1er de l'article 1er de la commission le texte suivant : « *Le gouvernement de la République* se compose de deux Chambres et d'un président (5). » Sous une forme concise, c'était l'affirmation très nette de la République comme gouvernement définitif. M. Laboulaye soutient l'amendement : il rappelle qu'en fait la République existe ; il montre qu'il est nécessaire de donner au pays un gouvernement définitif et que le seul possible est la République (6). Après une réponse de M. Labassetière, la clôture est prononcée et le vote renvoyé au lendemain 29 janvier (7). Il a lieu au scrutin public à la tribune, et l'amendement Bardoux et Laboulaye est repoussé

(1) *Ann. Ass. nat.*, XXXVI, p. 332.
(2) *Ibid.*, p. 333.
(3) *Ibid.*, p. 333 et 338.
(4) *Ibid.*, p. 338.
(5) *Ibid.*, p. 338.
(6) *Ibid.*, p. 338.
(7) *Ibid.*, p. 343, 346 et 349.

par 359 voix contre 336 (1). Les paragraphes 1 et 2 de l'article 1er de la Commission sont votés à mains levées. La Commission et la Chambre acceptent un amendement de M. Marcel Barthe, qui est devenu le § 3 de l'article 1er de la loi ; et l'ensemble de l'article 1er est adopté (2).

La bataille n'était pas finie : la République, repoussée avec l'amendement Bardoux et Laboulaye, allait être adoptée avec l'amendement Wallon. Dès le 16 juin 1874 (3), M. Wallon avait déposé un projet, renvoyé à la Commission des Trente. Ce projet, sans affirmer explicitement la République, la consacrait implicitement, en organisant la transmission régulière et indéfinie de la présidence. M. Wallon proposait d'ajouter à l'article 1er de la Commission la disposition additionnelle suivante : « Le Président de la République est élu à la pluralité des suffrages par le Sénat et la Chambre réunis en Assemblée nationale ; il est nommé pour 7 ans ; il est rééligible (4). » Sur la demande du rapporteur, cet amendement est renvoyé à la Commission ; et le lendemain, 30 janvier, M. de Ventavon déclare que la Commission repousse l'amendement (5). M. Wallon insiste sur la nécessité de créer un gouvernement définitif ; il faut faire, dit-il, le sacrifice de ses préférences, de ses théories, et consacrer le gouvernement établi, qui est la République. M. A. Desjardins accepte l'amendement Wallon, en le faisant précéder de la restriction suivante : « A l'expiration des pouvoirs confiés à M. le Maréchal de Mac-Mahon par la loi du 20 novembre 1873, et s'il n'est procédé à la revision des lois constitutionnelles, conformément aux articles ci-dessous... (6) » M. Raoul Duval fait observer que l'amendement Wallon n'est que l'amendement Laboulaye, sous une forme différente, et que l'amendement Desjardins tend à prolonger le provisoire pour un temps indéfini (7). L'Assem-

(1) *Ann. Ass. nat.*, XXXVI, p. 352.
(2) *Ibid.*, p. 356 et 357.
(3) *Ann. Ass. nat.*, XXXII, p. 208 et annexes, p. 215.
(4) *Ibid.*, XXXVI, p. 357.
(5) *Ibid.*, p. 361.
(6) *Ibid.*, p. 364.
(7) *Ibid.*, p. 366.

blée, dit en outre M. Chesnelong, se mettrait en contradiction
avec elle-même, si elle votait l'amendement Wallon; la République, ajoute-t-il, est impuissante à donner un principe d'autorité (1). Après un discours de M. Clapier, en faveur de l'amendement (2), le rapporteur M. de Ventavon critique en détail
le texte de l'amendement, et notamment le mot *pluralité*; il
affirme que la proposition Wallon n'est au fond que l'amendement Laboulaye repoussé la veille, que l'amendement Desjardins ne change rien au projet de la Commission, et déclare que
dans tous les cas, les deux amendements ne doivent être discutés qu'après l'article 4 du projet (3). M. Wallon accepte de
remplacer le mot *pluralité* par les mots *majorité absolue*.
« L'Assemblée, dit-il, doit décider si elle veut faire une loi
toute personnelle, ou une loi générale qui soit la constitution
du pays (4). » L'amendement Desjardins est repoussé (522
voix contre 129) (5); et l'amendement Wallon pur et simple
est adopté à la majorité d'une voix (353 voix contre 352) (6).
Ce vote est resté célèbre; il consacrait la République comme
forme définitive du gouvernement. Il était dû au groupe
Target, qui avait voté avec les gauches. On a rappelé bien
souvent que la République en 1875 a été faite à une voix de
majorité.

Quelque faible que fût la majorité, la décision du 30 janvier
était un fait considérable : l'Assemblée avait repoussé le système du *septennat;* tout le projet de la Commission des
Trente s'écroulait; les articles qu'elle proposait visaient seulement le maréchal de Mac-Mahon; aucun ne cadrait maintenant avec le texte de l'article 1er. Mais la majorité du 30 janvier
va s'accroître, et finalement la commission des Trente et la
Chambre accepteront tous les articles du contre-projet Wallon.

Le texte voté le 30 janvier devient l'article 2 de la loi du

(1) *Ibid.*, p. 367.
(2) *Ibid.*, p. 369.
(3) *Ibid.*, p. 371.
(4) *Ibid.*, p. 373.
(5) *Ibid.*, p. 376.
(6) Séance du 30 janvier 1875, *Ann. Ass. nat.*, XXXVI, p. 377.

25 février. L'article 3 de la loi ne fut voté qu'en troisième lecture. M. Wallon proposait, dans le but de déterminer les pouvoirs du Président de la République, un article ainsi conçu : « Les droits et les devoirs du Président de la République sont réglés par les articles 49 à 57 et 60 à 64 de la Constitution de 1848. » Mais M. Wallon retira sa proposition, se réservant de la présenter modifiée au moment de la troisième lecture (1). On arriva donc immédiatement à l'article 2 du projet de la Commission : « Le maréchal Président de la République est investi du droit de dissoudre la Chambre des députés. Il sera procédé dans ce cas à l'élection d'une nouvelle Chambre dans le délai de 6 mois (2). » M. Wallon proposait la rédaction suivante : « Il (le Président de la République) peut en outre sur l'avis conforme du Sénat dissoudre la Chambre des députés... » (art 5 de la loi du 25 février 1875). Le 1er février, l'amendement est renvoyé à la Commission (3). Le lendemain, le rapporteur déclare que la Commission maintient son texte, ne veut accorder le droit de dissolution qu'au maréchal de Mac-Mahon et repousse en conséquence l'amendement Wallon (4). Un contre-amendement de M. Bertauld accorde le droit de dissolution, pour une seule fois, au maréchal de Mac-Mahon et le refuse aux présidents qui lui succéderont (4). M. Luro appuie la proposition Wallon (5). M. de Meaux la repousse. Voter ce texte c'était en effet une fois encore consacrer la République comme gouvernement définitif (6). Aussi M. Dufaure s'attache-t-il à montrer que l'amendement est la suite nécessaire du vote précédent, qu'en le repoussant, la Commission méconnait une décision de la Chambre (7). Dans sa réponse, le rapporteur déclare que la Commission ne veut point s'insurger contre le vote du 30 janvier, qu'elle redoute seulement le danger d'accorder le

(1) *Ann. Ass. nat.*, XXXVI, p. 384-387.
(2) *Ibid.*, p. 387.
(3) *Ibid.*, p. 388-390.
(4) *Ibid.*, p. 394.
(5) *Ibid.*, p. 396.
(6) *Ibid.*, p. 398.
(7) *Ibid.*, p. 401.

droit de dissolution à tous les présidents futurs (1). M. Bertauld retire son amendement qui est repris par M. Depeyre; mais par 354 voix contre 346, la Chambre donne la priorité à l'amendement Wallon, dont les deux paragraphes sont adoptés à mains levées, et l'ensemble voté par 425 voix contre 243 (2). C'est l'article 5 de la loi du 25 février 1875.

Devant cette majorité de près de 200 voix, les Trente se décident enfin à modifier le texte du projet; et le 3 février, M. Paris annonce que la Commission substitue dans l'article 4 (devenu l'art. 6 de la loi), les mots *le Président de la République* aux mots *le maréchal de Mac-Mahon*. L'article est voté sans discussion (3). Sur l'article 5 (art. 7 de la loi), la Commission et M. Wallon se mettent d'accord, et l'article est adopté (4). L'article 6 (art. 8 de la loi) est accepté par la Chambre après entente entre la Commission, M. Wallon et M. Dufaure et quelques observations de MM. Paris, Cottin, Baragnon et Gambetta (5). La Chambre adopte un amendement présenté puis retiré par M. de Ravinel et repris par M. Giraud (332 voix contre 327) (6) : c'est l'article 9 de la loi du 25 février 1875. On décide en outre, sur la demande de la Commission, qui avait fait sienne une proposition de M. Delsol, « que la loi sur les pouvoirs publics ne sera promulguée qu'après le vote définitif de la loi sur le Sénat (6) ». Enfin malgré un discours de M. de Kerdrel, qui soutient que la Chambre a émis deux votes contradictoires en repoussant l'amendement Laboulaye et en acceptant l'amendement Wallon, l'Assemblée déclare qu'elle passera à une troisième délibération (508 voix contre 174) (7).

Le 25 janvier la loi du Sénat avait été votée en première lecture (8). Le 11 février, l'ordre du jour appelle la discus-

(1) *Ibid.*, 406.
(2) *Ibid.*, 409.
(3) *Ibid.*, p. 418-420.
(4) *Ibid.*, p. 421.
(5) *Ibid.*, 421 et 422.
(6) *Ibid.*, p. 423.
(7) 3 février 1875, *Ann. Ass. nat.*, XXXVI, p. 424.
(8) *Ibid.*, p. 278.

sion en deuxième lecture (1). Outre les projets Dufaure et
Broglie, la Commission des Trente avait reçu toute une série
de propositions dues à l'initiative privée (2). Dans son rapport,
M. Lefèvre-Pontalis ne dissimulait pas que le but unique de
la Commission avait été, en organisant le Sénat, d'en faire un
appui au pouvoir du Maréchal; il ajoutait que dans cette pensée
« elle avait fait appel pour le recrutement du Sénat à toutes
les forces sociales autres que celles du nombre ». En conséquence la Commission proposait de créer un Sénat, dont
150 membres seraient sénateurs de droit ou nommés par
le chef de l'État avec inamovibilité, et dont l'autre partie
comprendrait les sénateurs élus dans les départements par
un collège spécial. L'article 1er du projet était ainsi conçu :
« Le Sénat est composé, 1º de sénateurs de droit ; 2º de
sénateurs nommés par le Président de la République ; 3º de
sénateurs élus par les départements et les colonies. » Le
premier amendement, qui vient en discussion, est celui de
M. Pascal Duprat, ainsi formulé : « Le Sénat est électif. Il est
élu par les mêmes électeurs que la Chambre des députés (3). »
Après un discours très habile de M. Pascal Duprat, et une
courte réponse du rapporteur, l'amendement est adopté par
322 voix contre 310 (4). Cette majorité imprévue était le
résultat d'une coalition des gauches, qui voulaient affirmer
le principe de l'élection, des bonapartistes qui s'étaient toujours posés en champions du suffrage universel, et de l'extrême
droite qui repoussait toute constitution. Le lendemain,
12 février, le rapporteur M. Lefèvre-Pontalis déclare qu'après
le vote de la veille la Commission ne peut plus prendre part à
la discussion, et le général de Cissey, vice-président du Conseil, annonce que le Président de la République n'autorise pas
ses ministres à intervenir dans la suite de la discussion (5).

(1) *Ibid.*, p. 472.
(2) V. le rapport Lefèvre-Pontalis, *Ann. Ass. nat.*, XXXIV, annexes,
p. 469.
(3) *Ann. Ass. nat.*, XXXVI, p. 475.
(4) *Ibid.*, p. 480 (11 février 1875).
(5) *Ibid.*, p. 483 et 484.

Après le rejet d'un amendement de M. Berruyer (1), M. Bardoux présente à titre de contre-projet les divers articles du projet Dufaure d'après lequel les sénateurs, élus au suffrage universel, devaient être choisis parmi certaines catégories d'éligibles (2). La Chambre vote tous les articles du contre-projet Dufaure-Bardoux, mais décide qu'elle ne passera pas à une troisième délibération (368 voix contre 345) (3). Aussitôt M. Brisson dépose une proposition de dissolution, qui provoque une vive discussion et amène à la tribune MM. Brisson, Raoul Duval, de Chabaud-Latour, ministre de l'intérieur, Gambetta, Decazes, ministre des affaires étrangères (4). Finalement, l'Assemblée refuse l'urgence à la demande de dissolution (390 voix contre 257) (5), et renvoie à la Commission des Trente les propositions de MM. Waddington et Vautrain, relatives au recrutement du Sénat (6). L'œuvre constitutionnelle paraissait définitivement compromise.

Cependant le découragement ne dura pas longtemps. Beaucoup de députés communiquent des combinaisons nouvelles à la Commission des Trente. Celle-ci, malgré une proposition d'ajournement illimité faite par M. de Kerdrel, entreprend de préparer un nouveau projet ; mais complètement discréditée, elle est impuissante à rétablir l'union des centres, qui avait assuré le vote de la loi sur les pouvoirs publics. M. Wallon et ses amis prennent l'initiative d'un rapprochement. Les délégués du centre droit et du centre gauche se réunissent pour discuter un projet rédigé par M. Wallon, et d'après lequel, le Sénat se composerait de 300 membres, 75 inamovibles nommés par le Président de la République, 225 élus pour neuf ans dans les départements, par un collège électoral formé des députés, des conseillers généraux, des conseillers d'arrondissement, et d'un délégué élu dans chaque commune par le conseil municipal

(1) *Ibid.*, p. 466 et 488.
(2) V. *Ann. Ass. nat.*, XVIII, annexes, p. 3.
(3) *Ibid.*, XXXVI, p. 494.
(4) *Ibid.*, p. 494 et s.
(5) *Ibid.*, p. 503.
(6) *Ibid.*, p. 504.

augmenté des plus forts imposés, en nombre égal à celui des conseillers municipaux. Mais les membres du centre gauche déclarent qu'ils ne peuvent admettre la nomination de 75 ina-movibles par le chef de l'État ; M. Wallon propose alors de donner cette nomination à l'Assemblée nationale, au Sénat ensuite. Cette solution est acceptée, et MM. Bocher et d'Audif-fret-Pasquier se chargent de solliciter l'adhésion du Maréchal et de ses ministres. Sur la demande du centre gauche, on écarte l'adjonction des plus forts imposés ; mais après discus-sion, on maintient l'inamovibilité des sénateurs nommés par l'Assemblée. La réunion admet en outre que tous les dépar-tements ne doivent pas avoir le même nombre de sénateurs. Le compromis ainsi élaboré est accepté, sur le conseil de MM. de Broglie et d'Audiffret Pasquier, par l'assemblée plé-nière du centre droit. Le Maréchal renonce à son droit de nomination ; et le ministre de l'intérieur est chargé de rendre cette décision publique par une communication à la Commis-sion des Trente ; mais celle-ci persiste à conserver au Président de la République le droit de nomination. Le centre gauche ratifie les engagements pris par ses délégués. Sur les conseils de Gambetta, la gauche, d'abord hésitante, accepte en général le projet Wallon.

Le 22 février 1875, l'Assemblée aborde à nouveau la dis-cussion de la loi sur la Chambre haute (1). M. Lefèvre-Pontalis déclare que la Commission des Trente adhère en principe au projet Wallon, mais entend réserver au chef de l'État la nomi-nation de 100 sénateurs et exiger l'adjonction des plus forts imposés pour la désignation des délégués municipaux (2). Malgré l'opposition de MM. du Bodan, Ganivet et de Belcas-tel (3), l'urgence est déclarée et la discussion immédiate ordonnée (4). Après un violent discours de M. de Castellane, l'Assemblée vote le passage à la discussion des articles (5).

(1) *Ann. Ass. nat.*, XXXVI, p. 557 et s.
(2) *Ibid.*, p. 557.
(3) *Ibid.*, p. 561.
(4) *Ibid.*, p. 562. et 563
(5) *Ibid.*, p. 570.

Elle refuse de prendre en considération un amendement de
M. Raoul Duval (élection du Sénat au suffrage direct et universel) et adopte l'article 1ᵉʳ du projet Wallon (422 voix contre
261) (1). Dans la séance du 23 février, les bonapartistes et
les légitimistes, qui étaient restés à l'écart de toutes les négociations, lancent au travers des débats une série innom-
brable d'amendements, de contre-propositions, d'articles additionnels (2) ; toutes les gauches, le groupe Wallon et la ma-
jeure partie du centre droit les repoussent sans mot dire et
votent les articles correspondants du projet Wallon (3). A la
fin de la séance l'Assemblée repousse une proposition de
M. Raoul Duval, demandant le *referendum* et adopte un article additionnel d'après lequel « la loi sur le Sénat ne sera
promulguée qu'après le vote définitif de la loi sur les pouvoirs
publics (4) ». Le lendemain, 24 février, après le vote de l'article 5, qui avait été réservé, et en dépit d'une protestation de
M. Raoul Duval, la Chambre vote l'ensemble de la loi (435 voix
contre 234) (5). La déclaration d'urgence rendait cette décision
définitive.

Aussitôt après, commence la troisième lecture de la loi sur
les pouvoirs publics. M. Raoul Duval propose de faire précéder
les articles déjà adoptés, en deuxième lecture, de la disposition suivante : « La souveraineté réside dans l'universalité
des citoyens français (6) ». L'amendement, combattu par
MM. Cottin et Lepère, est repoussé (476 voix contre 30) (7).
Après une protestation de M. de La Rochejacquelin, l'article 1 est maintenu tel qu'il a été voté en deuxième lecture (8).
On repousse une disposition additionnelle de M. Raudot :
« Le nombre des membres de cette assemblée (Chambre des

(1) *Ibid.*, p. 569.
(2) Amendements de MM. Raoul Duval, de Clercq, Jean Brunet,
d'Andelarre, de Limayrac, Martial Delpit (*Ann. Ass. nat.*, XXXVI,
p. 586-605).
(3) *Ann. Ass. nat.*, XXXVI, p. 586 et s., 614 et s.
(4) *Ibid.*, p. 604 et 605.
(5) *Ibid.*, p. 616.
(6) *Ibid.*, p. 616.
(7) *Ibid.*, p. 620.
(8) *Ibid.*, p. 620-622.

députés) sera égal à celui du Sénat (1). » M. de Lorgeril propose de substituer, dans l'article 2, aux mots *le Président de la République*, ceux-ci : *le Président du gouvernement de la France* ; il proteste contre la République, puis retire son amendement ; et l'article 2, qui le 30 janvier avait été voté à une voix de majorité, est adopté par 413 voix contre 248 (2). La Chambre repousse une disposition additionnelle présentée par M. de Cintré et ainsi conçue : « Aucun membre des familles qui ont régné sur la France ne peut être élu président de la République (3). » On a vu que dans le projet tel qu'il était sorti de la délibération en deuxième lecture, aucun article ne déterminait les attributions du Président de la République : pour combler cette lacune, MM. Wallon et Casimir-Périer présentent un texte qui, pris en considération aussitôt, est renvoyé à la Commission (4). M. Cottin propose de supprimer dans l'article 3 du projet (art. 5 de la loi) les mots : « Sur l'avis conforme du Sénat » ; mais l'amendement est rejeté. On repousse aussi un amendement de M. Raudot tendant à accorder au Président de la République le droit de dissoudre le Sénat sur l'avis conforme de la Chambre (5). L'article 4 du projet (art. 6 de la loi) est maintenu sans observation. Une proposition de M. Gaslonde, qui, votée le lendemain, deviendra l'article 4 de la loi, est renvoyée à la Commission (6). On conserve la rédaction des articles 7 et 8 de la loi, malgré M. Cottin qui demande la suppression des mots *en tout ou en partie* (7) dans l'article 8 et M. Raudot qui présente une longue disposition additionnelle (8). Le lendemain 25 février, M. Paris déclare qu'en combinant les propositions de MM. Wallon et Gaslonde, la Commission a arrêté un texte qui formera les articles 3 et 4 de la loi, et qu'elle entend

(1) *Ibid.*, p. 622-628.
(2) *Ibid.*, p. 625.
(3) *Ibid.*, p. 626.
(4) *Ibid.*, p. 627.
(5) *Ibid.*, p. 627 et 628.
(6) *Ibid.*, p. 629.
(7) *Ibid.*, p. 629.
(8) *Ibid.*, p. 629-631.

réserver pour une loi spéciale la détermination des rapports
du Président et des Chambres. Acceptée par M. Wallon, la
formule de la Commission est adoptée (art. 3 et 4 de la loi) (1).
On maintient l'article 9 (siège du gouvernement et des Chambres à Versailles). Enfin l'Assemblée supprime l'article additionnel voté en deuxième lecture et d'après lequel la loi ne
serait promulguée qu'après le vote définitif de la loi sur le
Sénat : disposition devenue inutile puisque la loi sur le Sénat
avait été votée la veille (2). MM. de La Rochette, de Belcastel
et de Douhet protestent contre la constitution de la République ; et l'ensemble de la loi est voté par 425 voix contre
254 (3). C'est la loi du 25 février 1875.

Ainsi furent votées, après les nombreuses péripéties que nous
venons de raconter, les deux lois de février 1875 : elles forment encore l'élément essentiel de la Constitution française.
Et cependant elles ne furent ni votées ni promulguées sous le
titre de lois constitutionnelles. Ce qui précède explique cette
anomalie. L'Assemblée, en majorité monarchiste, n'ose pas
s'avouer à elle-même qu'elle fait une constitution républicaine.
Le caractère constitutionnel des deux lois n'est cependant pas
douteux ; M. de Ventavon le reconnaissait dans son rapport,
pour la loi du 25 février (4); l'article 8 (L. 25 février) organise la revision des lois *constitutionnelles* ; et depuis, ces deux
lois ont été qualifiées de lois *constitutionnelles* dans les lois
constitutionnelles du 21 juin 1879 et du 14 août 1884.

La formation d'un nouveau ministère sous la présidence de
M. Buffet suivit immédiatement le vote du 25 février. Le
10 mai, à la rentrée des vacances de Pâques, M. Dufaure,
garde des sceaux, déposa deux projets de lois complémentaires
de la Constitution (5) : le premier était intitulé : *Loi constitutionnelle sur les rapports des pouvoirs publics ;* et le second,
Loi relative à l'élection des sénateurs. M. Dufaure demanda

(1) *Ibid.*, p. 649.
(2) *Ibid.*, p. 651.
(3) *Ibid.*, p. 654.
(4) *Ann. Ass. nat.*, XXXIII, p. 146.
(5) *Ann. Ass. nat.*, XXXVIII, p. 96 et 97 et annexes, p. 107 et 110.

le renvoi de ces deux projets à l'ancienne Commission des Trente. Mais, après une assez vive discussion, l'Assemblée décida que les projets ne seraient pas renvoyés à la Commission (320 voix contre 301) (1). A la séance du 21 mai, M. Dufaure ayant rappelé qu'aux termes de la loi du 20 novembre 1873 (art. 2), les lois constitutionnelles devaient être préparées par une commission de trente membres, l'Assemblée décida que les nouveaux projets seraient renvoyés à une nouvelle commission des Trente (2). Cette commission est nommée les 25 et 26 mai (3). Elle est composée de 25 membres qui avaient voté la Constitution Wallon et de 5 monarchistes (4).

Constituée sous la présidence de M. de Lavergne, elle se mit immédiatement à l'œuvre. En principe elle acceptait les projets Dufaure, et particulièrement le projet de loi constitutionnelle sur les *rapports des pouvoirs publics*. La majorité de la Commission ne faisait d'objection qu'à l'article 2 attribuant au Président de la République le droit de prononcer la clôture de la session et l'ajournement des Chambres, et exigeant pour que le Président fût obligé de les convoquer une demande signée par la moitié plus un des membres composant chaque Chambre. Mais M. Buffet, président du conseil, ayant maintenu énergiquement le texte proposé, la Commission l'accepta, en abaissant cependant de la moitié au tiers le nombre des signatures nécessaires pour obliger le chef de l'État à convoquer le Parlement. En outre, elle subordonna la déclaration de guerre à un vote des Chambres (art. 9), et ajouta à l'article 3 les deux derniers paragraphes. Elle chargea M. Laboulaye du rapport et s'occupa ensuite de la loi électorale de la Chambre (5).

(1) *Ann. Ass. nat.*, XXXVIII, p. 102.
(2) *Ibid.*, p. 165 ets.
(3) *Ibid.* p. 199 et 206.
(4) MM. de Lavergne, président ; Laboulaye, Le Royer, vice-présidents ; Beau, Félix Voisin, Delorme, de Marcère, secrétaires ; Duclerc, Cézanne, Krautz, Humbert, Ricard, Bethmont, J. Ferry, E. Picard, Waddington, Rampon, Baze, Christophle, Schérer, A. Grévy, Luro, J. Simon, Vacherot, Cazot, Delsol, de Susigny, Sacaze, Adnet, A. Léon (*Ann. Ass. nat.*, XXXVIII, annexes, p. 221).
(5) A. Daniel, *Ann. pol.*, 1875, p. 180.

Le 7 juin 1875, M. Laboulaye dépose son rapport (1), et la discussion en première lecture commence le 21 (2). Seuls parmi les républicains, L. Blanc et Madier de Montjeau (3) critiquent le projet et lui reprochent de conférer au Président de la République des prérogatives d'ordre monarchique. Le lendemain (22 juin), M. Buffet, vice-président du conseil, leur répond, en déplaçant un peu le débat. Après un discours du rapporteur, qui insiste sur la nécessité d'établir l'équilibre des pouvoirs, et une attaque violente de M. Du Temple contre la République, la Chambre décide à une forte majorité qu'elle passera à une 2e délibération (4). La discussion en deuxième lecture occupe la séance du 7 juillet. M. Marcou reprend les critiques de L. Blanc et de Madier de Montjau et demande la permanence des Chambres. Dans sa réponse, M. Buffet, vice-président du conseil, montre le danger de chambres omnipotentes et permanentes et déclare que le projet établit une balance exacte entre les droits du Parlement et du gouvernement. L'amendement Marcou n'est pas accepté (588 voix contre 24). L'article 1er est adopté (5). M. de Belcastel propose une disposition additionnelle qui devient le § 3 de l'article 1 (prières publiques). L'amendement fut voté, après quelques explications, par 328 voix contre 246 (6). Sur l'article 2 il y avait désaccord entre le gouvernement et la Commission qui avait abaissé de la moitié au tiers le nombre des signatures nécessaires pour obliger le Président de la République à convoquer le Parlement. Le garde des sceaux, M. Dufaure, maintient le texte; la Commission paraît s'y rallier; et l'article 2 est voté. Combinant les amendements de MM. Amat et Seignobos, la Commission présente un texte qui est adopté et devient l'article 3, moins les §§ 1 et 2 votés en 3e lecture. Les autres articles du projet ne sou-

---

(1) *Ann. Ass. nat.*, XXXVIII, p. 410 et annexes, p. 221.
(2) *Ibid.*, XXXIX, p. 69 et s.
(3) *Ibid.*, p. 69 et s.
(4) *Ibid.*, p. 84-91.
(5) *Ibid.*, p. 4 62-472.
(6) *Ibid.*, p. 473.

lèvent pas de difficulté ; signalons cependant le rejet d'un amendement de M. de La Rochefoucauld tendant à donner exceptionnellement au maréchal de Mac-Mahon le droit de déclarer la guerre sans l'assentiment des Chambres. Après une déclaration de M. de Kerdrel, l'Assemblée décide qu'elle passera à une 3ᵉ lecture (526 voix contre 93), qui a lieu le 16 juillet (1). Sur l'observation de M. Seignobos, on remplace dans l'article 2 les mots la *moitié plus un* par ceux-ci : *la majorité absolue*. Sur la demande de M. Lefèvre-Pontalis on ajoute au même article les mots : *dans l'intervalle des sessions*. M. Seignobos propose une disposition additionnelle à l'article 3 qui, adoptée, forme les §§ 1 et 2 de cet article. Le reste de la loi est voté sans modification et l'ensemble réunit 520 voix sur 604 votants (2). C'est la loi constitutionnelle du 16 juillet 1875, la troisième loi constitutionnelle de 1875, qui, elle, fut votée et promulguée avec le titre de *loi constitutionnelle*.

La Commission des Trente n'avait fait que de très légères modifications au projet de loi sur l'élection des sénateurs ; et M. Christophle avait déposé son rapport le 23 juin 1875 (3). Votée sans débat en première lecture le 10 juillet, la loi est discutée une seconde fois le 23 juillet (4). La délibération remplit les séances des 23, 24, 26 et 27 juillet : l'Assemblée n'apporte au projet que des modifications de détail et décide de passer à une troisième délibération (5). Enfin le 2 août 1875, l'ensemble de la loi est voté en troisième lecture par 533 voix contre 72 (6). Cette loi, promulguée sous le titre de *Loi organique sur les élections des sénateurs*, n'avait point le caractère de loi constitutionnelle.

On a vu plus haut que M. Batbie avait déposé le 21 mars 1874, au nom de la première Commission des Trente, un

(1) *Ann. Ass. nat.*, XI, p. 110.
(2) *Ibid.*, p. 111-114.
(3) *Ann. Ass. nat.*, XXXIX, p. 120 et annexes, p. 63 et s.
(4) *Ibid.*, XLI. p. 60 et s.
(5) *Ibid.*, p. 157.
(6) *Ibid.*, p. 336.

rapport sur les élections politiques (1) ; le 4 juin 1874, après une première délibération, l'Assemblée avait décidé qu'elle passerait à une seconde lecture (2). Le 15 juillet 1874, M. Batbie avait déposé un rapport supplémentaire (3). Mais le 21 mai 1875 l'Assemblée avait renvoyé à la nouvelle Commission des Trente le projet de loi électorale (4). La Chambre était saisie le 22 juillet 1875 du rapport fait au nom de la nouvelle Commission par MM. de Marcère et Ricard (5), et le 8 novembre elle abordait la discussion en deuxième lecture (6). Les 13 premiers articles furent rapidement adoptés : notons seulement une discussion relative aux incompatibilités, et une protestation de M. Naquet contre l'article 13, adopté par 575 voix contre 54 (7). Une seule question faisait vraiment difficulté, celle du mode de scrutin : la Commission proposait l'élection au scrutin de liste par département, sur la base d'un député par 70,000 habitants, et jusqu'à concurrence de dix candidats sur la même liste ; le gouvernement demandait au contraire le scrutin uninominal d'arrondissement et laissait entendre qu'il poserait la question de confiance. Divers amendements au texte de la Commission étaient proposés ; mais le conflit allait se poser seulement entre la formule de la Commission et l'amendement de M. Lefèvre-Pontalis, devenu finalement l'article 14 de la loi du 30 novembre 1875. Depuis deux mois la question était vivement discutée dans la presse. A la Chambre, le rapporteur M. Ricard et Gambetta, au nom du parti républicain tout entier, défendent le scrutin de liste (8). M. Lefèvre-Pontalis développe son amendement, et le garde des sceaux, M. Dufaure, demande énergiquement le scrutin uninominal (9). Le vote a lieu au

(1) *Ann. Ass. nat.*, XXX, annexes, p. 202.
(2) *Ann. Ass. nat.*, XXXI, p. 307.
(3) *Ibid.*, XXXIII, annexes, p. 174.
(4) *Ann. Ass. nat.*, XXXVIII, p. 165.
(5) *Ann. Ass. nat.*, XLI, p. 28 et annexes, p. 17.
(6) *Ibid.*, XLII, p. 37 et s.
(7) *Ibid.*, p. 74 et s., p. 95.
(8) *Ibid.*, p. 111 et 134.
(9) *Ibid.*, p. 98 et 125.

scrutin secret ; et l'amendement Lefèvre-Pontalis (scrutin d'arrondissement) réunit 357 voix contre 326 (1). Le reste de la loi était adopté sans difficulté, et le 13 novembre l'Assemblée décidait de passer à une troisième délibération (2), qui eut lieu les 22, 23, 24, 25, 26, 27, 29 et 30 novembre (3). Nous devons signaler une protestation de Madier de Montjau contre l'article 13 (prohibition du mandat impératif) (4), un amendement Pernolet tendant à assurer la représentation proportionnelle (5) et repoussé à mains levées, une tentative nouvelle en faveur du scrutin de liste. MM. Naquet, Gambetta, Brisson et Jozon (6) demandent à l'Assemblée de revenir sur son vote du 11 novembre ; mais, après une intervention du vice-président du conseil, M. Buffet, l'amendement Jozon (scrutin de liste par département) est repoussé au scrutin public par 388 voix contre 302 (7). On rejette aussi un amendement de M. Francisque Rive tendant à établir le scrutin de liste dans les arrondissements ayant plus de 100,000 habitants (8). Finalement l'article 14 est adopté par 387 voix contre 187. Le 30 novembre l'Assemblée votait l'ensemble de la loi (506 voix contre 85) (9), et achevait ainsi l'œuvre d'organisation promise dans la loi du 13 mars 1873 (art. 5).

Dans le courant de décembre, l'Assemblée procédait à la nomination de 75 inamovibles. Les élections sénatoriales étaient faites le 30 janvier 1877. Les élections législatives des 20 février et 5 mars envoyaient à la Chambre une majorité nettement républicaine. Le 8 mars 1876, la transmission des pouvoirs de l'Assemblée nationale, au Sénat et à la Chambre des députés et au Pouvoir exécutif, inaugurait l'application normale de la Constitution nouvelle.

(1) *Ibid.*, p. 143 (11 nov. 1875).
(2) *Ibid.*, p. 188.
(3) *Ibid.*, p. 259, 284, 304, 331, 358, 397, 418, 488.
(4) *Ibid.*, p. 339.
(5) *Ibid.*, p. 347.
(6) *Ibid.*, p. 360 et s.
(7) *Ibid.*, p. 388.
(8) *Ibid.*, p. 397. — (9) *Ibid.*, p. 423.

LA REVISION DE 1884

Depuis 1875, les lois constitutionnelles de 1875 n'ont été modifiées que deux fois, et encore sur des points relativement secondaires : le siège des pouvoirs et le recrutement du Sénat. Aucune constitution depuis 1791 n'a eu une durée aussi longue. Ce n'est pas cependant que la revision n'ait été bien souvent demandée. L'article 8 § 4 (L. 25 février 1875) réservait au maréchal de Mac-Mahon, pendant la durée de ses pouvoirs, l'initiative de la revision. Aussi n'est-ce qu'après la démission du maréchal (janvier 1879) qu'apparaissent les propositions parlementaires de revision.

Le 30 janvier 1879, M. Grévy était élu Président de la République. Aussitôt se posa la question du retour des Chambres à Paris. Les uns estimaient que les Chambres pouvaient par une résolution décider de siéger à Paris ; les autres pensaient qu'il fallait au préalable réunir le congrès pour reviser l'article 9 de la loi du 25 février 1875. Le gouvernement, favorable au retour à Paris, adopta cette dernière procédure. Sur un rapport de M. Méline, la Chambre décidait qu'il y avait lieu de reviser les lois constitutionnelles (1). Quelques jours après le Sénat était saisi par M. Peyrat d'une proposition analogue ; mais par 9 voix contre 7 la commission la repoussait, et nommait rapporteur M. Laboulaye. Sur la demande du gouvernement le Sénat votait l'ajournement de la question par 159 voix contre 126 (2). Ce n'était pas un refus définitif. En effet le 15 juin, sur l'insistance du gouvernement qui posait la question de confiance, et malgré les objections de MM. d'Audiffret-Pasquier, de Lasteyrie et Laboulaye, le Sénat votait le principe de la revision (3) ; et l'Assemblée nationale se réunissait le 19 juin. Le débat se réduisit à quelques déclarations de principes, et par 526 voix contre 249, l'Assemblée vota

(1) 21 mars 1879, *J. off.* 1879, p. 2383.
(2) *J. off.* 1879, p. 2679.
(3) *Ibid.*, p. 5151 et s.

l'abrogation de l'article 9 (1). Le texte qui devait devenir la loi du 22 juillet 1879, relative au siège du pouvoir exécutif et des Chambres à Paris, d'abord voté par le Sénat, ne fut adopté par la Chambre qu'avec une modification importante. Le Sénat avait donné aux présidents des Chambres le droit de requérir la force armée par *l'intermédiaire du ministre de la guerre;* contrairement à l'avis du gouvernement et de la commission, la Chambre donnait à chaque président le droit de réquisition *directe.* De nouveau saisi, le Sénat sur la demande du gouvernement et de la commission acceptait le texte voté par la Chambre (L. 22 juillet 1879, art. 5). Le 3 novembre 1879, les deux assemblées se réunissaient à Paris.

Le parti républicain n'avait voté les lois constitutionnelles de février 1875, et particulièrement la loi du Sénat, qu'avec la pensée d'obtenir, dans un avenir prochain, la revision dans le sens démocratique et particulièrement une modification dans le recrutement et les pouvoirs du Sénat. Le premier renouvellement triennal (janvier 1879) lui assurait la majorité dans la Chambre haute : le moment paraissait venu de tenter l'entreprise. Cependant ni en 1879, ni en 1880, ni pendant les premiers mois de 1881, la question ne se pose sérieusement. Signalons cependant une proposition de M. Lenglé, qui demande l'élection du Sénat au suffrage universel (2), et une proposition de M. Barodet et 64 de ses collègues, qui demandent une modification dans le sens démocratique du recrutement du Sénat (3). Le 31 mai 1881, la Chambre, malgré MM. Clémenceau et Naquet, refuse, sur la demande de M. J. Ferry, président du conseil, de prendre en considération la proposition Barodet (4). Cependant à l'approche des élections générales, fixées au mois d'août 1881, la question de la revision se pose devant le pays; et la campagne électorale s'ouvre sur ce terrain. La plupart des candidats

(1) *J. off.* 1879, p. 5395.
(2) *J. off.* 1881. *Doc. parl.*, Chambre, p. 29 et 139.
(3) *Ibid.*, p. 391, 789 et 1716.
(4) *J. off.*, 1881. *Déb. parl.*, Chambre, p. 1078 et s., p. 1091 et s.

républicains acceptent le programme de Gambetta, dont la
revision constitutionnelle, limitée au recrutement et aux pouvoirs financiers du Sénat, était l'article principal. Les élections du 21 août et du 4 septembre furent un triomphe pour
cette politique. Aussi le ministère Gambetta, constitué le 14 novembre 1881, annonçait-il dans sa déclaration une revision
sagement limitée « pour mettre l'un des pouvoirs du pays en
harmonie plus complète avec la nature démocratique de
notre société... (1) ». Devant cette promesse, la Chambre, le
même jour, refuse l'urgence à une proposition de revision
illimitée, apportée par M. Barodet (2). Bien que les élections
sénatoriales du 8 janvier 1882 viennent renforcer la majorité
républicaine de la Chambre haute, le gouvernement dépose le
14 janvier 1882 le projet de revision annoncé. Fidèle à son
programme de revision limitée, le ministère énumère dans le
dispositif du projet les articles à reviser et explique dans l'exposé
des motifs le sens dans lequel il estime que doit se faire la
revision : insérer dans la loi constitutionnelle le principe du
scrutin de liste ; proportionner le nombre des délégués sénatoriaux à celui des électeurs politiques de chaque commune ;
supprimer pour l'avenir les sénateurs inamovibles ; déterminer
par un texte précis les pouvoirs financiers du Sénat ; abroger l'article 1 § 3 de la loi constitutionnelle du 16 juillet 1875 (prières
publiques) (3). Mais la commission de 33 membres, nommée pour étudier le projet, lui est en majorité hostile.
M. Andrieux lit son rapport le 23 janvier 1882 (4). La commission acceptait les réformes annoncées dans l'exposé des motifs, moins l'établissement constitutionnel du scrutin de liste.
Sur la question de la revision limitée, elle adoptait un système
mixte : elle énumérait dans un considérant les articles
à reviser ; mais le dispositif qu'elle proposait portait simplement : « Il y a lieu de reviser les lois constitutionnelles. »
Le texte du gouvernement, au contraire, énumérait les

(1) 15 nov. 1881. *J. off.* 1881, *Déb. parl.*, Chambre, p. 2029.
(2) *Ibid.*, p. 2032.
(3) *J. off.* 1882, *Déb. parl.*, Chambre, p. 8.
(4) *Ibid.*, p. 31.

articles. Le 27 janvier, la Chambre vote le passage à la
discussion des articles, repousse la proposition de revision
illimitée présentée par M. Barodet, et se trouve en présence
des textes de la commission et du gouvernement. Après
un duel oratoire entre Gambetta et M. Andrieux, le texte de
la commission est adopté par 268 voix contre 218 (1). Un
nouveau ministère, présidé par M. de Freycinet, annonce
dans sa déclaration l'ajournement de la revision (2). Le
6 février suivant, en répondant à une interpellation de
MM. Lockroy et Granet, M. de Freycinet affirme la thèse de la
revision limitée, et demande que la Chambre laisse au gouvernement le soin de choisir l'heure propice pour la demander.
Un ordre du jour de confiance approuve cette déclaration.

Après la chute des ministères Freycinet, Duclerc et Fal-
lières, M. J. Ferry, redevenu président du conseil, déclare, le
5 mars 1883, à la Chambre saisie de propositions parlementaires, que la revision doit être faite, mais que le gouvernement se réserve le droit d'en apprécier l'opportunité (3).
Fidèle à ses engagements, le gouvernement dépose, le
24 mai 1884, le projet de revision (4). Plus habile que Gambetta, M. J. Ferry ne soulevait pas en droit la question des
pouvoirs du Congrès ; il demandait seulement aux Chambres
de déterminer d'avance, par un acte de sagesse politique, le
programme de la revision ; mais le dispositif du projet énumérait les articles à reviser. Pour procéder à la réforme du
Sénat, le gouvernement proposait de demander au Congrès de
décider que les articles 1-7 de la loi du 24 février 1875 n'auraient plus le caractère constitutionnel, ce qui permettrait au
législateur ordinaire de régler l'organisation du Sénat. On
allégerait ainsi les lois constitutionnelles, et on obtiendrait
plus facilement la revision du Sénat, qui serait sûr de ne pas
être absorbé par la majorité numérique de la Chambre au

(1) *Ibid.*, p. 35-57.
(2) 31 janvier 1882. *J. off.* 1882, *Déb. parl.*, Chambre, p. 69.
(3) *J. off.* 1883, *Déb. parl.*, Chambre, p. 476.
(4) *J. off.* 1884, *Déb. parl.*, Chambre, p. 1119.

Congrès et aurait un droit égal à celui de l'autre Assemblée dans l'accomplissement législatif de la réforme. A titre de renseignement, le gouvernement indiquait quelles devaient être dans son esprit les grandes lignes de la nouvelle loi sénatoriale : suppression pour l'avenir des sénateurs inamovibles ; nomination par chaque conseil municipal d'un nombre de délégués sénatoriaux variant avec le nombre des conseillers municipaux. Le gouvernement ajoutait qu'il demanderait au Congrès l'addition à l'article 3 de la loi du 25 février 1875, d'un paragraphe portant « que la forme républicaine ne peut pas être l'objet d'une proposition de revision », une nouvelle rédaction de l'article 8 de la loi du 24 février 1875 (droits financiers du Sénat), et enfin la suppression des prières publiques (L. const. 16 juillet 1875, art. 1er, § 3) (1).

La commission de la Chambre, composée de 22 membres, accepte le projet du gouvernement, en demandant seulement que la revision porte sur l'article 5, § 2, de la loi du 25 février 1875, pour que le Congrès détermine d'une manière précise le délai dans lequel doivent être faites les nouvelles élections au cas de dissolution. M. Dreyfus lit son rapport le 9 juin 1884 (2); et le 3 juillet, après une très courte discussion, la Chambre vote le projet de la commission, accepté par le gouvernement (403 voix contre 106) (3).

Transmis au Sénat, le projet y est froidement accueilli. Cependant la commission ne repousse pas le principe de la revision. Dans son rapport (21 juillet 1884), M. Dauphin explique que la commission accepte le projet du gouvernement avec les réserves et modifications suivantes : viser seulement les articles 2-7 de la loi du 24 février 1875, afin de laisser le caractère constitutionnel au principe des deux catégories de sénateurs ; faire suivre dans le dispositif l'indication de ces articles des mots : « En ce qui touche la question de

(1) *J. off.* 1884. *Déb. parl.*, Chambre, p. 1121.
(2) *Ibid.*, p. 1288.
(3) *Ibid.*, p. 1576.

savoir s'ils seront ou non distraits des lois constitutionnelles » ; ne point viser l'article 8 de la loi du 24 février 1875,
car la commission repousse toute revison relative aux droits
financiers du Sénat (1). A la suite de divers incidents, le
Sénat vote, le 29 juillet 1884, le projet de la commission,
(161 voix contre 111) (2), après avoir toutefois rétabli dans
le dispositif, sur la proposition de M. Demôle, l'article 1er
de la loi du 24 février 1875 (3). La Chambre, pressée d'aboutir, vote sans modifications le texte du Sénat, après une très
courte délibération (285 voix contre 185) (4).

L'Assemblée nationale se réunit à Versailles le 4 août 1884 (5).
A la fin de la première journée, tout entière remplie par la
question du règlement et du *quorum*, M. J. Ferry, au nom du
gouvernement, dépose un projet de loi constitutionnelle conforme à ses déclarations antérieures et aux résolutions votées
par les deux Chambres (6). Une commission de 30 membres
est nommée, et le 6 août M. Gerville-Réache lit un rapport
concluant à l'adoption du texte du gouvernement. Cependant
sur deux points, la commission s'écartait du projet J. Ferry :
elle proposait un article déclarant inéligibles à la présidence
de la République les membres des familles ayant régné sur la
France, et elle acceptait que le Congrès discutât au fond un
amendement de M. Andrieux, tendant à la suppression pure
et simple des inamovibles. La discussion publique s'ouvrit
le 12 août 1884. Après le vote de la question préalable sur
les propositions de MM. Laurent Pichat et Marius Poulet
(suppression du Sénat), et de M. Bernard Lavergne (élection du Sénat au suffrage universel), après le rejet de
l'amendement Andrieux (abrogation pure et simple des articles 1-7 de la loi du 24 février 1875), l'Assemblée nationale
adopte le 14 août, par 519 voix contre 172, le texte de la

(1) J. off. 1884, *Déb. parl.*, Sénat, p. 1311 et s.
(2) *Ibid.*, p. 1409.
(3) *Ibid.*, p. 1355, 1361 et 1369.
(4) J. off. 1884, *Déb. parl.*, Chambre, p. 1917 et s.
(5) J. off. 1884, *Déb. parl.*, Ass. nat., p. 1 et s.
(6) *Ibid.*, p. 9.

commission, accepté par le gouvernement (1). C'est la loi constitutionnelle du 14 août 1884. Le 16 août 1884, le garde des sceaux, M. Martin Feuillée, déposait sur le bureau du Sénat le projet de réforme de la Chambre haute (2), qui, après de nombreuses péripéties, devait devenir la loi du 9 décembre 1884.

Le projet du gouvernement était conforme aux déclarations antérieures de M. J. Ferry : maintien des sénateurs inamovibles en fonctions ; remplacement, au fur et à mesure des extinctions, des titulaires actuels par des membres élus pour 9 ans par un collège électoral composé du Sénat et de la Chambre ; maintien du système de 1875 pour les sénateurs des départements, mais attribution à chaque commune d'un nombre de délégués sénatoriaux variant de 1 à 20 suivant le nombre des conseillers. Ce projet soulève dans tous les groupes du Sénat de nombreuses critiques. Divers contre-projets et amendements sont renvoyés à la commission. Son rapporteur M. Demôle demande au Sénat de repousser ces propositions, d'accepter le projet du gouvernement, sauf cependant à répartir par voie de tirage au sort, au fur et à mesure des extinctions, les sièges des inamovibles entre les départements dont le nombre des sénateurs serait augmenté (3). La discussion publique, commencée le 4 novembre, amène à la tribune M. Scherer, qui demande le maintien des sénateurs inamovibles (4). Le Sénat repousse cette proposition, mais, à la surprise générale, vote l'amendement Lenoël, repoussé par la commission et d'après lequel 75 sénateurs devront être nommés par le Sénat seul (5). Puis le Sénat adopte à mains levées le reste du projet de la commission (6). La commission de la Chambre écarte l'amendement Lenoël et accepte le projet de la commission du Sénat : elle augmente le nombre

(1) *Ibid.* p. 50-169.
(2) *J. off.* 1884, *Déb. parl.*, Sénat, p. 1176.
(3) Rapport lu au Sénat le 18 octobre 1884, *J. off.*, *Déb. parl.*, Sénat, p. 1581 et s.
(4) *J. off.* 1884, *Déb. parl.*, Sénat, p. 1615.
(5) *Ibid.*, p. 1627.
(6) *Ibid.*, p. 1683 (10 nov. 1884).

des délégués dans les communes importantes. M. Léon Renault est nommé rapporteur (1). Le 29 novembre, premier
jour de la discussion publique, la Chambre prend en considération un amendement de M. Achard (suppression immédiate
des sénateurs inamovibles) ; elle le repousse le lendemain sur
les instances du rapporteur et du ministre de l'intérieur,
M. Waldeck Rousseau (2). Elle décide que les incompatibilités,
établies par la loi du 30 novembre 1875, seront étendues aux
sénateurs (3). M. Floquet demande l'élection des sénateurs
au suffrage universel direct. Le ministre de l'intérieur combat
énergiquement la proposition. Malgré cela, elle est votée par
257 voix contre 250 (4). Le texte voté par la Chambre était
néanmoins transmis au Sénat, pour permettre à la Chambre,
déclare M. J. Ferry, de se prononcer, lorsqu'elle sera de nouveau saisie, après mûre réflexion.

Au Sénat, M. Demôle reprenait ses fonctions de rapporteur ;
et conformément aux propositions de sa commission la haute
assemblée adoptait le texte devenu la loi du 9 décembre 1884.
L'ensemble était voté le 8 décembre par 136 voix contre
24 (5). Toute la droite s'était abstenue, espérant faire échouer
le projet faute de *quorum*. A la Chambre, au nom de la commission, M. Léon Renault demande l'acceptation pure et
simple du texte voté par le Sénat (6). M. Floquet reprend son
amendement. Mais devant l'énergique intervention de M. J.
Ferry, la Chambre n'hésite pas à se déjuger, rejette le principe du suffrage universel appliqué à l'élection des sénateurs
(280 voix contre 225) et vote sans modification le texte du
Sénat (7). C'est la loi du 9 décembre 1884, qui règle encore
le mode électoral de notre Chambre haute.

Depuis 1884 aucune modification n'a été apportée aux lois
constitutionnelles de 1875. Cependant les projets et les pro-

(1) V. son rapport, *J. off.* 1884, *Déb. parl.*, Chambre, p. 2131.
(2) *J. off.* 1884, *Déb. parl.*, p. 2534, 2437, 2547.
(3) *Ibid.*, p. 2549.
(4) *Ibid.*, p. 2571 (2 décembre 1884).
(5) *J. off.* 1884, *Déb. parl.*, Sénat, p. 1874.
(6) *J. off.* 1884, *Déb. parl.*, Chambre, p. 2673 (9 décembre 1884).
(7) *Ibid.*, p. 2682-2687.

positions de revision n'ont pas manqué. Le 30 mars 1888, en pleine campagne *boulangiste*, la Chambre, sur la demande de M. Laguerre, mettait en tête de son ordre du jour la discussion d'une proposition *revisionniste* de M. Michelin et accordait l'urgence à une proposition de même nature émanée de M. C. Pelletan et 91 députés (1). Le 21 avril, une commission de 11 membres était saisie de toutes les propositions de revision et d'un projet déposé le 15 octobre (2) par le ministère Floquet, qui avait succédé le 5 avril au ministère Tirard. Dans l'exposé des motifs, M. Floquet reconnaissait que le Congrès avait le droit de procéder à une revision illimitée, mais soutenait que les majorités des deux Chambres avaient le droit de s'entendre sur les lignes essentielles de la revision projetée ; il affirmait que la forme républicaine était au-dessus de toute revision, et déclarait que dans la pensée du gouvernement la revision devait réaliser essentiellement les quatre points suivants : 1° Renouvellement de la Chambre tous les deux ans par tiers ; 2° Élection au suffrage universel à deux degrés d'un Sénat n'ayant qu'un simple droit de contrôle ; 3° Nomination par le Président de la République des ministres qui ne devraient se retirer qu'après une déclaration expresse de la Chambre qu'ils ont perdu sa confiance ; 4° Nomination par la Chambre et le Sénat d'un conseil d'État directement associé à la confection des lois. Le dispositif du projet portait simplement : « La Chambre déclare qu'il y a lieu de reviser les lois constitutionnelles (3). »

Le 9 février 1889, M. Tony-Révillon déposait et lisait son rapport (4) : La revision, disait le rapporteur, s'impose ; la cause du malaise dans lequel se trouve le pays est dans les vices de la Constitution ; mais le Congrès n'ayant pas le pouvoir constituant, la revision ne peut être faite que par une Assemblée nationale spécialement élue à cet effet ; et le projet,

(1) *J. off.* 1888, *Déb. parl.*, Chambre, p. 1227 et s.
(2) *Ibid.*, p. 406.
(3) *Ibid.*, p. 406.
(4) *J. off.* 1889, *Déb. parl.*, Chambre, p. 1889.

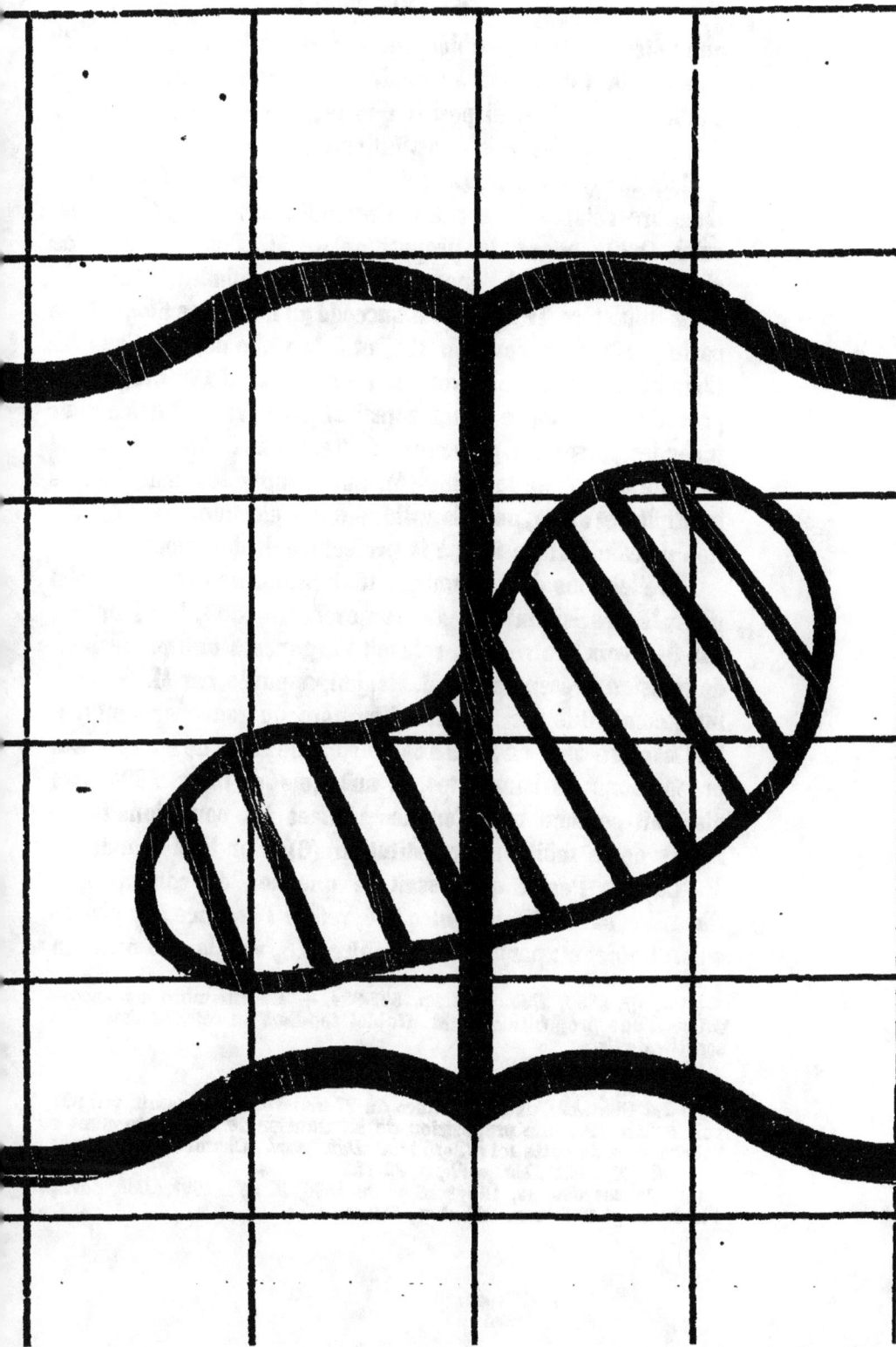

que votera cette Assemblée, ne deviendra lui-même définitif que par la ratification populaire. La commission proposait d'ailleurs le même dispositif que le gouvernement : « Il y a lieu de reviser les lois constitutionnelles. »

Mais effrayée par les progrès du mouvement *boulangiste*, la Chambre rétablit le scrutin d'arrondissement (1) (L. 14 février 1889), et sur la proposition de M. Douville-Maillefeu ajourne la revision à l'époque des élections générales (2).

Le ministère Tirard, qui a succédé au ministère Floquet, ne parle point de la revision (3), et à la veille des élections les Chambres se bornent à voter la loi du 10 avril 1889 réglant la procédure devant le Sénat constitué en cour de justice pour juger les personnes prévenues d'attentat à la sûreté de l'État et la loi du 17 juillet 1889 (4), qui prohibe les candidatures multiples et exige, pour la validité d'une élection, une déclaration de candidature faite à la préfecture du département.

Les élections de septembre 1889 furent un échec complet pour les revisionnistes. Le 19 novembre 1889, la Chambre, par 342 voix contre 114, refusait l'urgence à une proposition de revision présentée par M. Maujan, appuyée par M. Naquet, mais combattue par M. Tirard au nom du gouvernement (5). La Chambre élue en 1893 a été saisie, elle aussi, de nombreuses propositions revisionnistes, et au mois de mars 1894, elle discutait pendant trois longues séances les conditions théoriques de la meilleure constitution (6). Sur la demande de M. Casimir-Périer qui posait la question de confiance, la Chambre, par 309 voix contre 144, refusa l'urgence à la proposition Goblet et, par 326 voix contre 215, vota la non prise en

(1) *J. off.* 1889, *Déb. parl.*, p. 377-394. — La Chambre est encore saisie d'une proposition de M. Goblet tendant au rétablissement du scrutin de liste.

(2) *J. off.*, 1889, *Déb. parl.*, p. 400-402.

(3) *Ibid.*, p. 413.

(4) La Chambre, dans sa séance du 27 mai 1893, repoussait, par 337 voix contre 194, une proposition de M. Gautier de Clagny tendant à l'abrogation de cette loi (*J. off.* 1893, *Déb. parl.*, Chambre, p. 1512).

(5) *J. off.*, 1889, *Déb. parl.*, p. 82-87.

(6) Séances des 12, 15 et 16 mars 1894, *J. off.* 1894, *Déb. parl.*, Chambre, p. 492 et s., 525 et s., 550 et s.

considération de la proposition Bourgeois (Jura) (1). Mais le même jour la Chambre, du consentement du gouvernement, accordait l'urgence à une proposition de M. Maurice Faure, tendant à l'élection du Sénat au suffrage universel (2), et à une proposition de M. Guillemet qui donnait dans chaque commune l'élection des délégués sénatoriaux au suffrage universel (3).

Acceptée par la commission, rapportée par M. Trouillot (4), la proposition Guillemet n'est venue en discussion que le 16 novembre 1896, à la veille des élections sénatoriales du mois de janvier 1897. Voté par la Chambre malgré les critiques du ministre de l'intérieur, M. Barthou (5), le projet n'a point eu de suite. Le Sénat, en effet, le 19 novembre 1896 rejetait l'urgence par 212 voix contre 32 (6).

(1) *Ibid.*, p. 562 (16 mars 1894).
(2) *Ibid.*, p. 562.
(3) *J. off.* 1894, *Doc. parl.*, Chambre, p. 442.
(4) *Doc. parl.*, 1896, Chambre, n° 1907.
(5) Séance du 18 novembre 1896, *J. off. Déb. parl.*, Chambre, p. 1561 et s.
(6) *J. off.* 1896, *Déb. parl.*, Sénat, p. 825.

TEXTES

CONSTITUTION FRANÇAISE

Du 3 Septembre 1791 (1)

DÉCLARATION DES DROITS DE L'HOMME ET DU CITOYEN

Les Représentants du Peuple Français, constitués en Assemblée Nationale, considérant que l'ignorance, l'oubli ou le mépris des droits de l'homme, sont les seules causes des malheurs publics et de la corruption des gouvernements, ont résolu d'exposer, dans une déclaration solennelle, les droits naturels, inaliénables et sacrés de l'homme, afin que cette déclaration, constamment présente à tous les membres du corps social, leur rappelle sans cesse leurs droits et leurs devoirs ; afin que les actes du Pouvoir législatif et ceux du Pouvoir exécutif, pouvant être à chaque instant comparés avec le but de toute institution politique, en soient plus respectés ; afin que les réclamations des citoyens, fondées désormais sur des principes simples et incontestables, tournent toujours au maintien de la Constitution et au bonheur de tous. En conséquence, l'Assemblée Nationale reconnaît et déclare, en présence et sous les auspices de l'Être Suprême, les droits suivants de l'Homme et du Citoyen.

Art. 1er. Les hommes naissent et demeurent libres et égaux en droits. Les distinctions sociales ne peuvent être fondées que sur l'utilité commune.

(1) Le texte de la Constitution a été collationné sur l'expédition gardée au Musée des Archives Nationales, n° 1239. Cette expédition porte les indications suivantes : « Collationné à l'original par nous Président et Secrétaires de l'Assemblée Nationale, Paris, le 3 septembre 1791, Vernier, président, F. Pougeard, Chaillon, Mailly-Chateaurenaud, Coupé, Darche, Aubry, évêque de Verdun, secrétaires; » elle porte aussi le sceau de l'Assemblée nationale, plaqué en cire rouge. En marge du premier feuillet on lit l'apostille autographe du Roi : « J'accepte et ferai exécuter, 14 septembre 1791 », signé Louis, contresigné M.-L.-F. Duport.

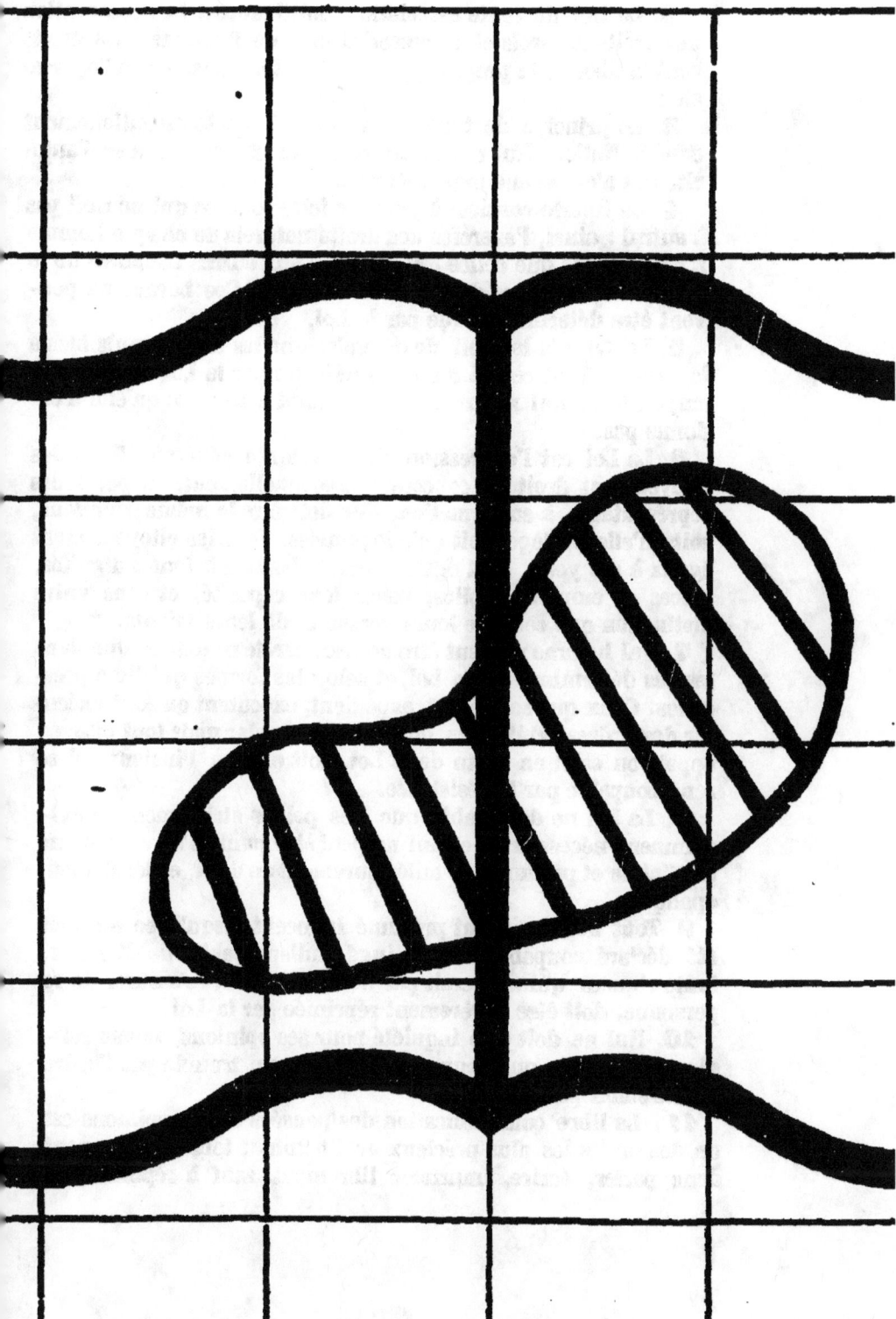

2. Le but de toute association politique est la conservation des droits naturels et imprescriptibles de l'homme. Ces droits sont la liberté, la propriété, la sûreté, et la résistance à l'oppression.

3. Le principe de toute souveraineté réside essentiellement dans la Nation. Nul corps, nul individu ne peut exercer d'autorité qui n'en émane expressément.

4. La liberté consiste à pouvoir faire tout ce qui ne nuit pas à autrui : ainsi, l'exercice des droits naturels de chaque homme n'a de bornes que celles qui assurent aux autres membres de la société la jouissance de ces mêmes droits. Ces bornes ne peuvent être déterminées que par la Loi.

5. La Loi n'a le droit de défendre que les actions nuisibles à la société. Tout ce qui n'est pas défendu par la Loi ne peut être empêché, et nul ne peut être contraint à faire ce qu'elle n'ordonne pas.

6. La Loi est l'expression de la volonté générale. Tous les citoyens ont droit de concourir personnellement, ou par leurs représentants, à sa formation. Elle doit être la même pour tous, soit qu'elle protège, soit qu'elle punisse. Tous les citoyens étant égaux à ses yeux, sont également admissibles à toutes dignités, places et emplois publics, selon leur capacité, et sans autre distinction que celle de leurs vertus et de leurs talents.

7. Nul homme ne peut être accusé, arrêté ni détenu que dans les cas déterminés par la Loi, et selon les formes qu'elle a prescrites. Ceux qui sollicitent, expédient, exécutent ou font exécuter des ordres arbitraires, doivent être punis; mais tout citoyen appelé ou saisi en vertu de la Loi, doit obéir à l'instant : il se rend coupable par la résistance.

8. La Loi ne doit établir que des peines strictement et évidemment nécessaires, et nul ne peut être puni qu'en vertu d'une loi établie et promulguée antérieurement au délit, et légalement appliquée.

9. Tout homme étant présumé innocent jusqu'à ce qu'il ait été déclaré coupable, s'il est jugé indispensable de l'arrêter, toute rigueur qui ne serait pas nécessaire pour s'assurer de sa personne, doit être sévèrement réprimée par la Loi.

10. Nul ne doit être inquiété pour ses opinions, même religieuses, pourvu que leur manifestation ne trouble pas l'ordre public établi par la Loi.

11. La libre communication des pensées et des opinions est un des droits les plus précieux de l'homme; tout citoyen peut donc parler, écrire, imprimer librement, sauf à répondre de l'abus de cette liberté dans les cas déterminés par la Loi.

12. La garantie des droits de l'homme et du citoyen nécessite une force publique; cette force est donc instituée pour l'avantage de tous, et non pour l'utilité particulière de ceux auxquels elle est confiée.

13. Pour l'entretien de la force publique, et pour les dépenses d'administration, une contribution commune est indispensable: elle doit être également répartie entre tous les citoyens, en raison de leurs facultés.

14. Tous les citoyens ont le droit de constater, par eux-mêmes ou par leurs représentants, la nécessité de la contribution publique, de la consentir librement, d'en suivre l'emploi, et d'en déterminer la quotité, l'assiette, le recouvrement et la durée.

15. La société a le droit de demander compte à tout agent public de son administration.

16. Toute société dans laquelle la garantie des droits n'est pas assurée, ni la séparation des pouvoirs déterminée, n'a point de constitution.

17. La propriété étant un droit inviolable et sacré, nul ne peut en être privé, si ce n'est lorsque la nécessité publique, légalement constatée, l'exige évidemment, et sous la condition d'une juste et préalable indemnité (1).

CONSTITUTION FRANÇAISE

L'ASSEMBLÉE NATIONALE voulant établir la Constitution Française sur les principes qu'elle vient de reconnaître et de déclarer, abolit irrévocablement les institutions qui blessaient la liberté et l'égalité des droits. — Il n'y a plus ni noblesse, ni pairie, ni distinctions héréditaires, ni distinctions d'ordres, ni régime féodal, ni justices patrimoniales, ni aucun des titres, dénominations et prérogatives qui en dérivaient, ni aucun ordre de chevalerie, ni aucune des corporations ou décorations, pour lesquelles on exigeait des preuves de noblesse, ou qui supposaient des distinctions de naissance, ni aucune autre supériorité, que celle des fonctionnaires publics dans l'exercice de leurs fonctions. — Il n'y a plus ni vénalité, ni hérédité d'aucun office public. — Il n'y a plus, pour aucune partie de la Nation, ni pour aucun individu, aucun privilège, ni exception au droit commun de tous les Français. — Il n'y a plus ni jurandes, ni

(1) Cf. L. 28 septembre-6 octobre 1791, tit. I.

corporations de professions, arts et métiers. — La Loi ne reconnaît plus ni vœux religieux, ni aucun autre engagement qui serait contraire aux droits naturels, ou à la Constitution (1).

TITRE PREMIER

DISPOSITIONS FONDAMENTALES GARANTIES PAR LA CONSTITUTION

La Constitution garantit, comme droits naturels et civils : — 1° Que tous les citoyens sont admissibles aux places et emplois, sans autre distinction que celle des vertus et des talents ; — 2° Que toutes les contributions seront réparties entre tous les citoyens également en proportion de leurs facultés ; — 3° Que les mêmes délits seront punis des mêmes peines, sans aucune distinction des personnes.

La Constitution garantit pareillement, comme droits naturels et civils : — La liberté à tout homme d'aller, de rester, de partir, sans pouvoir être arrêté, ni détenu, que selon les formes déterminées par la Constitution ; — La liberté à tout homme de parler, d'écrire, d'imprimer et publier ses pensées, sans que les écrits puissent être soumis à aucune censure ni inspection avant leur publication, et d'exercer le culte religieux auquel il est attaché ; — La liberté aux citoyens de s'assembler paisiblement et sans armes, en satisfaisant aux lois de police ; — La liberté d'adresser aux autorités constituées des pétitions signées individuellement.

Le Pouvoir législatif ne pourra faire aucunes lois qui portent atteinte et mettent obstacle à l'exercice des droits naturels et civils consignés dans le présent titre, et garantis par la Constitution ; mais comme la liberté ne consiste qu'à pouvoir faire tout ce qui ne nuit ni aux droits d'autrui, ni à la sûreté publique, la Loi peut établir des peines contre les actes qui, attaquant ou la sûreté publique ou les droits d'autrui, seraient nuisibles à la société.

La Constitution garantit l'inviolabilité des propriétés, ou la juste et préalable indemnité de celles dont la nécessité publique, légalement constatée, exigerait le sacrifice. — Les biens destinés aux dépenses du culte et à tous services d'utilité publique,

(1) Cf. LL. 4, 6, 7, 8, 11 août 1789 ; 28 octobre-1er novembre 1789 ; 24 décembre 1789-28 janvier 1790 ; 13-19 février 1790 ; 19-23 juin 1790 ; 15-28 mars 1790 ; 24 décembre 1790-23 février 1791 ; 29 janvier-20 mars 1791 ; 2-17 mars 1791 ; 14-17 juin 1791 ; 31 août-18 octobre 1792.

appartiennent à la Nation, et sont dans tous les temps à sa disposition.

La Constitution garantit les aliénations qui ont été ou qui seront faites suivant les formes établies par la Loi.

Les citoyens ont le droit d'élire ou choisir les Ministres de leurs cultes.

Il sera créé et organisé un établissement général de *Secours publics*, pour élever les enfants abandonnés, soulager les pauvres infirmes, et fournir du travail aux pauvres valides qui n'auraient pas pu s'en procurer.

Il sera créé et organisé une *Instruction publique*, commune à tous les citoyens, gratuite à l'égard des parties d'enseignement indispensables pour tous les hommes, et dont les établissements seront distribués graduellement, dans un rapport combiné avec la division du Royaume. — Il sera établi des fêtes nationales pour conserver le souvenir de la Révolution Française, entretenir la fraternité entre les citoyens, et les attacher à la Constitution, à la Patrie et aux Lois.

Il sera fait un Code de lois civiles communes à tout le Royaume.

TITRE II

DE LA DIVISION DU ROYAUME, ET DE L'ÉTAT DES CITOYENS

Art. 1er. Le Royaume est un et indivisible : son territoire est distribué en quatre-vingt-trois départements, chaque département en districts, chaque district en cantons (1).

2. Sont citoyens Français, — Ceux qui sont nés en France d'un père Français ; — Ceux qui, nés en France d'un père étranger, ont fixé leur résidence dans le royaume ; — Ceux qui, nés en pays étranger d'un père Français, sont venus s'établir en France et ont prêté le serment civique ; — Enfin ceux qui, nés en pays étranger, et descendant, à quelque degré que ce soit, d'un Français ou d'une Française expatriés pour cause de religion, viennent demeurer en France et prêtent le serment civique.

3. Ceux qui, nés hors du royaume de parents étrangers, résident en France, deviennent citoyens Français après cinq ans de domicile continu dans le royaume, s'ils y ont en outre acquis des immeubles ou épousé une Française, ou formé un établis-

(1) Cf. LL. 22 décembre 1789 ; 26 février-4 mars 1790.

sement d'agriculture ou de commerce, et s'ils ont prêté le serment civique (1).

4. Le Pouvoir législatif pourra, pour des considérations importantes, donner à un étranger un acte de naturalisation, sans autres conditions que de fixer son domicile en France et d'y prêter le serment civique.

5. Le serment civique est : *Je jure d'être fidèle à la Nation, à la Loi et au Roi et de maintenir de tout mon pouvoir la Constitution du Royaume, décrétée par l'Assemblée Nationale Constituante aux années 1789, 1790 et 1791.*

6. La qualité de citoyen Français se perd, — 1o Par la naturalisation en pays étranger ; — 2o Par la condamnation aux peines qui emportent la dégradation civique, tant que le condamné n'est pas réhabilité ; — 3o Par un jugement de contumace, tant que le jugement n'est pas anéanti ; — 4o Par l'affiliation à tout ordre de chevalerie étranger ou à toute corporation étrangère qui supposerait, soit des preuves de noblesse, soit des distinctions de naissance, ou qui exigerait des vœux religieux.

7. La Loi ne considère le mariage que comme contrat civil. — Le Pouvoir législatif établira pour tous les habitants, sans distinction, le mode par lequel les naissances, mariages et décès seront constatés ; et il désignera les Officiers publics qui en recevront et conserveront les actes.

8. Les citoyens Français, considérés sous le rapport des relations locales, qui naissent de leur réunion dans les villes et dans de certains arrondissements du territoire des campagnes, forment les *Communes.* — Le Pouvoir législatif pourra fixer l'étendue de l'arrondissement de chaque commune.

9. Les citoyens qui composent chaque commune, ont le droit d'élire à temps, suivant les formes déterminées par la Loi, ceux d'entre eux qui, sous le titre d'*Officiers municipaux,* sont chargés de gérer les affaires particulières de la commune. — Il pourra être délégué aux Officiers municipaux quelques fonctions relatives à l'intérêt général de l'État (2).

10. Les règles que les Officiers municipaux seront tenus de suivre dans l'exercice des fonctions, tant municipales que de celles qui leur auront été déléguées pour l'intérêt général, seront fixées par les lois.

(1) Cf. L. 30 avril-2 mai 1790.
(2) Cf. LL. 14 décembre 1789 ; 21 mai-17 juin 1790 ; 19-22 juillet 1791.

TITRE III

DES POUVOIRS PUBLICS

Art. 1er. La Souveraineté est une, indivisible, inaliénable et imprescriptible. Elle appartient à la Nation; aucune section du Peuple, ni aucun individu, ne peut s'en attribuer l'exercice.

2. La Nation, de qui seule émanent tous les pouvoirs, ne peut les exercer que par délégation. — La Constitution française est représentative : les représentants sont le Corps législatif et le Roi.

3. Le Pouvoir législatif est délégué à une Assemblée Nationale composée de représentants temporaires, librement élus par le peuple, pour être exercé par elle, avec la sanction du Roi, de la manière qui sera déterminée ci-après.

4. Le gouvernement est monarchique : le Pouvoir exécutif est délégué au Roi, pour être exercé sous son autorité, par des ministres et autres agents responsables, de la manière qui sera déterminée ci-après.

5. Le pouvoir judiciaire est délégué à des juges élus à temps par le peuple.

CHAPITRE PREMIER

De l'Assemblée Nationale Législative (1).

Art. 1er. L'Assemblée Nationale formant le Corps législatif, est permanente, et n'est composée que d'une chambre.

2. Elle sera formée tous les deux ans par de nouvelles élections. — Chaque période de deux années formera une législature.

3. Les dispositions de l'article précédent n'auront pas lieu à l'égard du prochain Corps législatif, dont les pouvoirs cesseront le dernier jour d'avril 1793 (2).

4. Le renouvellement du Corps législatif se fera de plein droit.

5. Le Corps législatif ne pourra être dissous par le Roi.

SECTION PREMIÈRE

Nombre des Représentants. Bases de la représentation.

Art. 1er. Le nombre des représentants au Corps législatif est de sept cent quarante-cinq, à raison des quatre-vingt-trois

(1) Cf. L. 13-17 juin 1791.
(2) Cf. L. 28-29 mai 1791.

départements dont le royaume est composé, et indépendamment de ceux qui pourraient être accordés aux Colonies.

2. Les représentants seront distribués entre les quatre-vingt-trois départements, selon les trois proportions du territoire, de la population, et de la contribution directe.

3. Des sept cent quarante-cinq représentants, deux cent quarante-sept sont attachés au territoire. — Chaque département en nommera trois, à l'exception du département de Paris, qui n'en nommera qu'un.

4. Deux cent quarante-neuf représentants sont attribués à la population. — La masse totale de la population active du royaume est divisée en deux cent quarante-neuf parts, et chaque département nomme autant de députés qu'il a de parts de population.

5. Deux cent quarante-neuf représentants sont attachés à la contribution directe. — La somme totale de la contribution directe du royaume est de même divisée en deux cent quarante-neuf parts, et chaque département nomme autant de députés qu'il paie de parts de contribution.

SECTION II (1)
Assemblées primaires. Nomination des électeurs.

Art. 1er. Pour former l'Assemblée nationale législative, les citoyens actifs se réuniront tous les deux ans en assemblées primaires dans les villes et dans les cantons. — Les Assemblées primaires se formeront de plein droit le second dimanche de mars, si elles n'ont pas été convoquées plus tôt par les fonctionnaires publics déterminés par la Loi.

2. Pour être citoyen actif, il faut — Être né ou devenu Français; — Être âgé de vingt-cinq ans accomplis; — Être domicilié dans la ville ou dans le canton depuis le temps déterminé par la loi; — Payer, dans un lieu quelconque du royaume, une contribution directe au moins égale à la valeur de trois journées de travail, et en représenter la quittance; — N'être pas dans un état de domesticité, c'est-à-dire, de serviteur à gages; — Être inscrit dans la municipalité de son domicile, au rôle des gardes nationales; — Avoir prêté le serment civique.

3. Tous les six ans le Corps législatif fixera le *minimum* et le *maximum* de la valeur de la journée de travail, et les Administrateurs des départements en feront la détermination locale pour chaque district.

(1) Cf. L. 22 décembre 1789, sect. I.

4. Nul ne pourra exercer les droits de citoyen actif dans plus d'un endroit, ni se faire représenter par un autre.

5. Sont exclus de l'exercice des droits de citoyen actif, — Ceux qui sont en état d'accusation ; — Ceux qui, après avoir été constitués en état de faillite ou d'insolvabilité, prouvé par pièces authentiques, ne rapportent pas un acquit général de leurs créanciers.

6. Les Assemblées primaires nommeront des électeurs en proportion du nombre des citoyens actifs domiciliés dans la ville ou le canton. — Il sera nommé un électeur à raison de cent citoyens actifs présents, ou non, à l'Assemblée. — Il en sera nommé deux depuis cent cinquante et un jusqu'à deux cent cinquante, et ainsi de suite.

7. Nul ne pourra être nommé électeur, s'il ne réunit aux conditions nécessaires pour être citoyen actif, savoir : — Dans les villes au-dessus de six mille âmes, celle d'être propriétaire ou usufruitier d'un bien évalué sur les rôles de contribution à un revenu égal à la valeur locale de deux cents journées de travail, ou d'être locataire d'une habitation évaluée sur les mêmes rôles, à un revenu égal à la valeur de cent cinquante journées de travail ; — Dans les villes au-dessous de six mille âmes, celle d'être propriétaire ou usufruitier d'un bien évalué sur les rôles de contribution à un revenu égal à la valeur locale de cent cinquante journées de travail, ou d'être locataire d'une habitation évaluée sur les mêmes rôles à un revenu égal à la valeur de cent journées de travail ; — Et dans les campagnes, celle d'être propriétaire ou usufruitier d'un bien évalué sur les rôles de contribution à un revenu égal à la valeur locale de cent cinquante journées de travail, ou d'être fermier ou métayer de biens évalués sur les mêmes rôles à la valeur de quatre cents journées de travail ; — A l'égard de ceux qui seront en même temps propriétaires ou usufruitiers d'une part, et locataires, fermiers ou métayers de l'autre, leurs facultés à ces divers titres seront cumulées jusqu'au taux nécessaire pour établir leur éligibilité.

SECTION III (1)

Assemblées électorales. Nomination des représentants.

Art. 1er. Les électeurs nommés en chaque département se réuniront pour élire le nombre des représentants dont la nomination sera attribuée à leur département, et un nombre de

(1) Cf. L. 22 décembre 1789, sect. I.

suppléants égal au tiers de celui des représentants. — Les assemblées électorales se formeront de plein droit le dernier dimanche de mars, si elles n'ont pas été convoquées plus tôt par les fonctionnaires publics déterminés par la Loi.

2. Les représentants et les suppléants seront élus à la pluralité absolue des suffrages, et ne pourront être choisis que parmi les citoyens actifs du département.

3. Tous les citoyens actifs, quel que soit leur état, profession ou contribution, pourront être élus représentants de la Nation (1).

4. Seront néanmoins obligés d'opter, les ministres et les autres agents du Pouvoir exécutif révocables à volonté, les commissaires de la Trésorerie nationale, les percepteurs et receveurs des contributions directes, les préposés à la perception et aux régies des contributions indirectes et des domaines nationaux, et ceux qui, sousquelque dénomination que ce soit, sont attachés à des emplois de la maison militaire et civile du Roi. — Seront également tenus d'opter les administrateurs, sous-administrateurs, officiers municipaux, et commandants des gardes nationales.

5. L'exercice des fonctions judiciaires sera incompatible avec celles de représentant de la Nation, pendant toute la durée de la législature. — Les juges seront remplacés par leurs suppléants, et le Roi pourvoira par des brevets de commission au remplacement de ses Commissaires auprès des tribunaux.

6. Les membres du Corps législatif pourront être réélus à la législature suivante, et ne pourront l'être ensuite qu'après l'intervalle d'une législature.

7. Les représentants nommés dans les départements, ne seront pas représentants d'un département particulier, mais de la Nation entière, et il ne pourra leur être donné aucun mandat.

SECTION IV
Tenue et régime des Assemblées primaires et électorales.

Art. 1er. Les fonctions des assemblées primaires et électorales se bornent à élire ; elles se sépareront aussitôt après les élections faites, et ne pourront se former de nouveau que lorsqu'elles seront convoquées, si ce n'est au cas de l'article 1 de la section ii et de l'article 1 de la section iii ci-dessus.

2. Nul citoyen actif ne peut entrer ni donner son suffrage dans une assemblée, s'il est armé.

(1) Cf. L. 16 mai-17 uin 1791.

3. La force armée ne pourra être introduite dans l'intérieur sans le vœu exprès de l'assemblée, si ce n'est qu'on y commit des violences ; auquel cas, l'ordre du président suffira pour appeler la force publique.

4. Tous les deux ans il sera dressé, dans chaque district, des listes, par cantons, des citoyens actifs, et la liste de chaque canton y sera publiée et affichée deux mois avant l'époque de l'assemblée primaire. — Les réclamations qui pourront avoir lieu, soit pour contester la qualité des citoyens employés sur la liste, soit de la part de ceux qui se prétendront omis injustement, seront portées aux tribunaux pour y être jugées sommairement. — La liste servira de règle pour l'admission des citoyens dans la prochaine assemblée primaire, en tout ce qui n'aura pas été rectifié par des jugements rendus avant la tenue de l'assemblée.

5. Les assemblées électorales ont le droit de vérifier la qualité et les pouvoirs de ceux qui s'y présenteront, et leurs décisions seront exécutées provisoirement, sauf le jugement du Corps législatif lors de la vérification des pouvoirs des députés.

6. Dans aucun cas et sous aucun prétexte, le Roi, ni aucun des agents nommés par lui, ne pourront prendre connaissance des questions relatives à la régularité des convocations, à la tenue des assemblées, à la forme des élections, ni aux droits politiques des citoyens, sans préjudice des fonctions des Commissaires du Roi dans les cas déterminés par la loi, où les questions relatives aux droits politiques des citoyens doivent être portées dans les tribunaux.

SECTION V
Réunion des Représentants en Assemblée Nationale législative.

Art. 1er. Les représentants se réuniront le premier lundi du mois de mai, au lieu des séances de la dernière législature.

2. Ils se formeront provisoirement en assemblée, sous la présidence du doyen d'âge, pour vérifier les pouvoirs des représentants présents.

3. Dès qu'ils seront au nombre de trois cent soixante-treize membres vérifiés, ils se constitueront sous le titre d'*Assemblée Nationale législative* : elle nommera un Président, un vice-Président et des Secrétaires, et commencera l'exercice de ses fonctions.

4. Pendant tout le cours du mois de mai, si le nombre des représentants présents est au-dessous de trois cent soixante-treize, l'Assemblée ne pourra faire aucun acte législatif. — Elle pourra prendre un arrêté pour enjoindre aux membres absents de se rendre à leurs fonctions dans le délai de quinzaine au plus tard, à peine de trois mille livres d'amende, s'ils ne proposent pas une excuse qui soit jugée légitime par l'Assemblée.

5. Au dernier jour de mai, quel que soit le nombre des membres présents, ils se constitueront en Assemblée Nationale législative.

6. Les représentants prononceront tous ensemble, au nom du Peuple Français, le serment de *vivre libres ou mourir.* — Ils prêteront ensuite individuellement le serment de *maintenir de tout leur pouvoir la Constitution du Royaume, décrétée par l'Assemblée Nationale Constituante, aux années 1789, 1790 et 1791, de ne rien proposer ni consentir, dans le cours de la Législature, qui puisse y porter atteinte, et d'être en tout fidèles à la Nation, à la Loi et au Roi.*

7. Les représentants de la Nation sont inviolables : ils ne pourront être recherchés, accusés ni jugés en aucun temps pour ce qu'ils auront dit, écrit ou fait dans l'exercice de leurs fonctions de représentants (1).

8. Ils pourront, pour faits criminels, être saisis en flagrant délit, ou en vertu d'un mandat d'arrêt ; mais il en sera donné avis, sans délai, au Corps législatif ; et la poursuite ne pourra être continuée qu'après que le Corps législatif aura décidé qu'il y a lieu à accusation.

CHAPITRE II
De la Royauté, de la Régence et des Ministres.

SECTION PREMIÈRE
De la Royauté et du Roi.

Art. 1er. La Royauté est indivisible, et déléguée héréditairement à la race régnante de mâle en mâle, par ordre de primogéniture, à l'exclusion perpétuelle des femmes et de leur descendance. — (Rien n'est préjugé sur l'effet des renonciations, dans la race actuellement régnante.)

2. La personne du Roi est inviolable et sacrée ; son seul titre est *Roi des Français.*

3. Il n'y a point en France d'autorité supérieure à celle de a Loi. Le Roi ne règne que par elle, et ce n'est qu'au nom de la Loi qu'il peut exiger l'obéissance.

4. Le Roi, à son avènement au trône, ou dès qu'il aura atteint

(1) Cf. LL. 23 juin 1789 ; 18-19 juin 1790 ; 26-27 juin 1790 ; 22 mars 1791.

sa majorité, prêtera à la Nation, en présence du Corps législatif, le serment *d'être fidèle à la Nation et à la Loi, d'employer tout le pouvoir qui lui est délégué, à maintenir la Constitution décrétée par l'Assemblée Nationale Constituante, aux années 1789, 1790 et 1791, et à faire exécuter les Lois.* — Si le Corps législatif n'est pas assemblé, le Roi fera publier une proclamation, dans laquelle seront exprimés ce serment et la promesse de le réitérer aussitôt que le Corps législatif sera réuni.

5. Si, un mois après l'invitation du Corps législatif, le Roi n'a pas prêté ce serment, ou si, après l'avoir prêté, il le rétracte, il sera censé avoir abdiqué la royauté.

6. Si le Roi se met à la tête d'une armée et en dirige les forces contre la Nation, ou s'il ne s'oppose pas par un acte formel à une telle entreprise, qui s'exécuterait en son nom, il sera censé avoir abdiqué la royauté.

7. Si le Roi, étant sorti du royaume, n'y rentrait pas après l'invitation qui lui en serait faite par le Corps législatif, et dans le délai qui sera fixé par la proclamation, lequel ne pourra être moindre de deux mois, il serait censé avoir abdiqué la royauté. — Le délai commencera à courir du jour où la proclamation du Corps législatif aura été publiée dans le lieu de ses séances ; et les Ministres seront tenus, sous leur responsabilité, de faire tous les actes du Pouvoir exécutif, dont l'exercice sera suspendu dans la main du Roi absent.

8. Après l'abdication expresse ou légale, le Roi sera dans la classe des citoyens, et pourra être accusé et jugé comme eux pour les actes postérieurs à son abdication.

9. Les biens particuliers que le Roi possède à son avènement au trône, sont réunis irrévocablement au domaine de la Nation ; il a la disposition de ceux qu'il acquiert à titre singulier ; s'il n'en a pas disposé, ils sont pareillement réunis à la fin du règne (1).

10. La Nation pourvoit à la splendeur du trône par une liste civile, dont le Corps législatif déterminera la somme à chaque changement de règne, pour toute la durée du règne (2).

11. Le Roi nommera un administrateur de la liste civile, qui exercera les actions judiciaires du Roi, et contre lequel toutes les actions à la charge du Roi seront dirigées et les jugements prononcés. Les condamnations obtenues par les créanciers de

---

(1) Cf. LL. 9 mai-21 septembre 1790 ; 22 novembre-1er décembre 1790, art. 6, 7.

(2) Cf. LL. 4 janvier 1790 ; 9 juin 1790 ; 26 mai-1er juin 1791.

la liste civile, seront exécutoires contre l'administrateur personnellement et sur ses propres biens.

12. Le Roi aura, indépendamment de la garde d'honneur qui lui sera fournie par les citoyens gardes nationales du lieu de sa résidence, une garde payée sur les fonds de la liste civile; elle ne pourra excéder le nombre de douze cents hommes à pied et de six cents hommes à cheval. — Les grades et les règles d'avancement y seront les mêmes que dans les troupes de ligne; mais ceux qui composeront la garde du Roi rouleront pour tous les grades exclusivement sur eux-mêmes, et ne pourront en obtenir aucun dans l'armée de ligne. — Le Roi ne pourra choisir les hommes de sa garde que parmi ceux qui sont actuellement en activité de service dans les troupes de ligne, ou parmi les citoyens qui ont fait depuis un an le service de gardes nationales, pourvu qu'ils soient résidents dans le Royaume, et qu'ils aient précédemment prêté le serment civique. — La garde du Roi ne pourra être commandée ni requise pour aucun autre service public.

SECTION II
De la Régence (1).

Art. 1er. Le Roi est mineur jusqu'à l'âge de dix-huit ans accomplis; et pendant sa minorité, il y a un Régent du royaume.

2. La Régence appartient au parent du Roi, le plus proche en degré, suivant l'ordre de l'hérédité au trône, et âgé de vingt-cinq ans accomplis, pourvu qu'il soit Français et regnicole, qu'il ne soit pas héritier présomptif d'une autre couronne, et qu'il ait précédemment prêté le serment civique. — Les femmes sont exclues de la Régence.

3. Si un Roi mineur n'avait aucun parent réunissant les qualités ci-dessus exprimées, le Régent du royaume sera élu ainsi qu'il va être dit aux articles suivants:

4. Le Corps législatif ne pourra élire le Régent.

5. Les électeurs de chaque district se réuniront au chef-lieu de district, d'après une proclamation qui sera faite dans la première semaine du nouveau règne, par le Corps législatif, s'il est réuni; et s'il était séparé, le ministre de la justice sera tenu de faire cette proclamation dans la même semaine.

6. Les électeurs nommeront en chaque district, au scrutin individuel, et à la pluralité absolue des suffrages, un citoyen éligible et domicilié dans le district, auquel ils donneront, par

(1) Cf. L. 12 septembre 1791.

le procès-verbal de l'élection, un mandat spécial borné à la seule fonction d'élire le citoyen qu'il jugera en son âme et conscience le plus digne d'être Régent du royaume.

7. Les citoyens mandataires nommés dans les districts, seront tenus de se rassembler dans la ville où le Corps législatif tiendra sa séance, le quarantième jour, au plus tard, à partir de celui de l'avènement du Roi mineur au trône; et ils y formeront l'assemblée électorale, qui procédera à la nomination du Régent.

8. L'élection de Régent (1) sera faite au scrutin individuel, et à la pluralité absolue des suffrages.

9. L'assemblée électorale ne pourra s'occuper que de l'élection, et se séparera aussitôt que l'élection sera terminée; tout autre acte qu'elle entreprendrait de faire est déclaré inconstitutionnel et de nul effet.

10. L'assemblée électorale fera présenter, par son Président, le procès-verbal de l'élection au Corps législatif, qui, après avoir vérifié la régularité de l'élection, la fera publier dans tout le royaume par une proclamation.

11. Le Régent exerce, jusqu'à la majorité du Roi, toutes les fonctions de la royauté, et n'est pas personnellement responsable des actes de son administration.

12. Le Régent ne peut commencer l'exercice de ses fonctions, qu'après avoir prêté à la Nation, en présence du Corps législatif, le serment *d'être fidèle à la Nation, à la Loi et au Roi, d'employer tout le pouvoir délégué au Roi, et dont l'exercice lui est confié pendant la minorité du Roi, à maintenir la Constitution décrétée par l'Assemblée Nationale Constituante, aux années 1789, 1790 et 1791, et à faire exécuter les lois.* — Si le Corps législatif n'est pas assemblé, le Régent fera publier une proclamation, dans laquelle seront exprimés ce serment et la promesse de les réitérer aussitôt que le Corps législatif sera réuni.

13. Tant que le Régent n'est pas entré en exercice de ses fonctions, la sanction des lois demeure suspendue; les ministres continuent de faire, sous leur responsabilité, tous les actes du pouvoir exécutif.

14. Aussitôt que le Régent aura prêté le serment, le Corps législatif déterminera son traitement, lequel ne pourra être changé pendant la durée de la régence.

15. Si, à raison de la minorité d'âge du parent appelé à la régence, elle a été dévolue à un parent plus éloigné, ou déférée

_____

(1) Nous donnons le texte des Archives nationales. Les éditeurs ont généralement remplacé *de* par *du* et imprimé : l'élection du régent.

par élection, le Régent qui sera entré en exercice continuera ses fonctions jusqu'à la majorité du Roi.

16. La régence du royaume ne confère aucun droit sur la personne du Roi mineur.

17. La garde du Roi mineur sera confiée à sa mère ; et s'il n'a pas de mère, ou si elle est remariée au temps de l'avènement de son fils au trône, ou si elle se remarie pendant la minorité, la garde sera déférée par le Corps législatif. — Ne peuvent être élus pour la garde du Roi mineur, ni le Régent et ses descendants, ni les femmes.

18. En cas de démence du Roi, notoirement reconnue, légalement constatée, et déclarée par le Corps législatif après trois délibérations successivement prises de mois en mois, il y a lieu à la régence, tant que la démence dure.

SECTION III
De la famille du Roi.

Art. 1er. L'héritier présomptif portera le nom de *Prince royal*. — Il ne peut sortir du royaume sans un décret du Corps législatif et le consentement du Roi. — S'il en est sorti, et si, étant parvenu à l'âge de dix-huit ans, il ne rentre pas en France après avoir été requis par une proclamation du Corps législatif, il est censé avoir abdiqué le droit de succession au trône.

2. Si l'héritier présomptif est mineur, le parent majeur, premier appelé à la régence, est tenu de résider dans le royaume. — Dans le cas où il en serait sorti, et n'y rentrerait pas sur la réquisition du Corps législatif, il sera censé avoir abdiqué son droit à la régence.

3. La mère du Roi mineur ayant sa garde, ou le gardien élu, s'ils sortent du royaume, sont déchus de la garde. — Si la mère de l'héritier présomptif mineur sortait du royaume, elle ne pourrait, même après son retour, avoir la garde de son fils mineur devenu Roi, que par un décret du Corps législatif.

4. Il sera fait une loi pour régler l'éducation du Roi mineur, et celle de l'héritier présomptif mineur.

5. Les membres de la famille du Roi appelés à la succession éventuelle au trône jouissent des droits de citoyen actif, mais ne sont éligibles à aucune des places, emplois ou fonctions qui sont à la nomination du Peuple. — A l'exception des départements du ministère, ils sont susceptibles des places et emplois à la nomination du Roi ; néanmoins ils ne pourront commander en chef aucune armée de terre ou de mer, ni remplir les fonc-

tions d'ambassadeurs, qu'avec le consentement du Corps législatif, accordé sur la proposition du Roi.

6. Les membres de la famille du Roi, appelés à la succession
éventuelle au trône, ajouteront la dénomination de *Prince français*, au nom qui leur aura été donné dans l'acte civil constatant leur naissance, et ce nom ne pourra être ni patronymique,
ni formé d'aucune des qualifications abolies par la présente
Constitution. — La dénomination de *prince* ne pourra être donnée à aucun autre individu, et n'emportera aucun privilège, ni
aucune exception au droit commun de tous les Français.

7. Les actes par lesquels seront légalement constatés les naissances, mariages et décès des Princes français, seront présentés
au Corps législatif, qui en ordonnera le dépôt dans ses archives.

8. Il ne sera accordé aux membres de la famille du Roi
aucun apanage réel. — Les fils puînés du Roi recevront à l'âge
de vingt-cinq ans accomplis, ou lors de leur mariage, une rente
apanagère, laquelle sera fixée par le Corps législatif, et finira
à l'extinction de leur postérité masculine (1).

SECTION IV
Des Ministres (2).

Art. 1er. Au Roi seul appartiennent le choix et la révocation
des ministres.

2. Les membres de l'Assemblée Nationale actuelle et des
législatures suivantes, les membres du Tribunal de cassation,
et ceux qui serviront dans le haut-juré (3), ne pourront être promus au ministère, ni recevoir aucunes places, dons, pensions,
traitements, ou commissions du Pouvoir exécutif ou de ses
agents, pendant la durée de leurs fonctions, ni pendant deux
ans après en avoir cessé l'exercice. — Il en sera de même de
ceux qui seront seulement inscrits sur la liste du haut-juré,
pendant tout le temps que durera leur inscription.

3. Nul ne peut entrer en exercice d'aucun emploi, soit dans
les bureaux du ministère, soit dans ceux des régies ou administrations des revenus publics, ni en général d'aucun emploi à la
nomination du Pouvoir exécutif, sans prêter le serment civique,
ou sans justifier qu'il l'a prêté.

4. Aucun ordre du Roi ne pourra être exécuté, s'il n'est

(1) Cf. LL. 22 novembre-1er décembre 1790, art. 16, 17; 21 décembre-
6 avril 1790.
(2) Cf. LL. 7-8 avril 1791; 27 avril-25 mai 1791; 10 août 1792.
(3) Le texte officiel porte toujours *juré* et non *jury*.

2.

signé par lui et contre-signé par le ministre ou l'ordonnateur du
département.

5. Les ministres sont responsables de tous les délits par eux
commis contre la sûreté nationale et la Constitution ; — De tout
attentat à la propriété et à la liberté individuelle ; — De toute
dissipation des deniers destinés aux dépenses de leur département (1).

6. En aucun cas, l'ordre du Roi, verbal ou par écrit, ne
peut soustraire un ministre à la responsabilité.

7. Les ministres sont tenus de présenter chaque année au
Corps législatif, à l'ouverture de la session, l'aperçu des
dépenses à faire dans leur département, de rendre compte de
l'emploi des sommes qui y étaient destinées, et d'indiquer les
abus qui auraient pu s'introduire dans les différentes parties du
gouvernement.

8. Aucun ministre en place, ou hors de place, ne peut être
poursuivi en matière criminelle pour fait de son administration, sans un décret du Corps législatif.

CHAPITRE III
De l'exercice du Pouvoir législatif.

SECTION PREMIÈRE
Pouvoirs et fonctions de l'Assemblée Nationale législative.

Art. 1er. La Constitution délègue exclusivement au Corps
législatif les pouvoirs et fonctions ci-après : — 1º De proposer
et décréter les lois : le Roi peut seulement inviter le Corps
législatif à prendre un objet en considération ; — 2º De fixer
les dépenses publiques ; — 3º D'établir les contributions publiques, d'en déterminer la nature, la quotité, la durée et le mode
de perception ; — 4º De faire la répartition de la contribution
directe entre les départements du royaume, de surveiller
l'emploi de tous les revenus publics, et de s'en faire rendre
compte ; — 5º De décréter la création ou la suppression des
offices publics ; — 6º De déterminer le titre, le poids, l'empreinte et la dénomination des monnaies ; — 7º De permettre
ou de défendre l'introduction des troupes étrangères sur le
territoire Français, et des forces navales étrangères dans
les ports du royaume ; — 8º De statuer annuellement, après
la proposition du Roi, sur le nombre d'hommes et de vaisseaux
dont les armées de terre et de mer seront composées ; sur la

(1) Cf. LL. 13 juillet 1789 ; 22 février 1791.

solde et le nombre d'individus de chaque grade ; sur les règles d'admission et d'avancement, les formes de l'enrôlement et du dégagement, la formation des équipages de mer ; sur l'admission des troupes ou des forces navales étrangères au service de France, et sur le traitement des troupes en cas de licenciement ; — 9° De statuer sur l'administration, et d'ordonner l'aliénation des domaines nationaux ; — 10° De poursuivre devant la haute Cour nationale la responsabilité des ministres et des agents principaux du Pouvoir exécutif ; — D'accuser et de poursuivre devant la même Cour, ceux qui seront prévenus d'attentat et de complot contre la sûreté générale de l'État ou contre la Constitution ; — 11° D'établir les lois d'après lesquelles les marques d'honneurs ou décorations purement personnelles seront accordées à ceux qui ont rendu des services à l'État ; — 12° Le Corps législatif a seul le droit de décerner les honneurs publics à la mémoire des grands hommes.

2. La guerre ne peut être décidée que par un décret du Corps législatif, rendu sur la proposition formelle et nécessaire du Roi, et sanctionné par lui. — Dans le cas d'hostilités imminentes ou commencées, d'un allié à soutenir, ou d'un droit à conserver par la force des armes, le Roi en donnera, sans aucun délai, la notification au Corps législatif, et en fera connaître les motifs. Si le Corps législatif est en vacances, le Roi le convoquera aussitôt. — Si le Corps législatif décide que la guerre ne doive pas être faite, le Roi prendra sur-le-champ des mesures pour faire cesser ou prévenir toutes hostilités, les ministres demeurant responsables des délais. — Si le Corps législatif trouve que les hostilités commencées soient une agression coupable de la part des ministres ou de quelque autre agent du Pouvoir exécutif, l'auteur de l'agression sera poursuivi criminellement. — Pendant tout le cours de la guerre, le Corps législatif peut requérir le Roi de négocier la paix ; et le Roi est tenu de déférer à cette réquisition. — A l'instant où la guerre cessera, le Corps législatif fixera le délai dans lequel les troupes élevées au-dessus du pied de paix seront congédiées, et l'armée réduite à son état ordinaire.

3. Il appartient au Corps législatif de ratifier les traités de paix, d'alliance et de commerce ; et aucun traité n'aura d'effet que par cette ratification.

4. Le Corps législatif a le droit de déterminer le lieu de ses séances, de les continuer autant qu'il le jugera nécessaire, et de s'ajourner. Au commencement de chaque règne, s'il n'est pas réuni, il sera tenu de se rassembler sans délai. — Il a le droit

de police dans le lieu de ses séances, et dans l'enceinte extérieure qu'il aura déterminée. — Il a le droit de discipline sur ses membres ; mais il ne peut prononcer de punition plus forte que la censure, les arrêts pour huit jours, ou la prison pour trois jours. — Il a le droit de disposer, pour sa sûreté et pour le maintien du respect qui lui est dû, des forces qui, de son consentement, seront établies dans la ville où il tiendra ses séances.

5. Le Pouvoir exécutif ne peut faire passer ou séjourner aucun corps de troupes de ligne, dans la distance de trente mille toises du Corps législatif ; si ce n'est sur sa réquisition ou avec son autorisation.

SECTION II

Tenue des séances, et forme de délibérer (1).

Art. **1**er. Les délibérations du Corps législatif seront publiques, et les procès-verbaux de ses séances seront imprimés.

2. Le Corps législatif pourra cependant, en toute occasion, se former en *Comité général*. — Cinquante membres auront le droit de l'exiger. — Pendant la durée du Comité général, les assistants se retireront, le fauteuil du président sera vacant, l'ordre sera maintenu par le vice-président.

3. Aucun acte législatif ne pourra être délibéré et décrété que dans la forme suivante.

4. Il sera fait trois lectures du projet de décret, à trois intervalles, dont chacun ne pourra être moindre de huit jours.

5. La discussion sera ouverte après chaque lecture ; et néanmoins, après la première ou seconde lecture, le Corps législatif pourra déclarer qu'il y a lieu à l'ajournement ou qu'il n'y a pas lieu à délibérer ; dans ce dernier cas le projet de décret pourra être représenté dans la même session. — Tout projet de décret sera imprimé et distribué avant que la seconde lecture puisse en être faite.

6. Après la troisième lecture, le président sera tenu de mettre en délibération, et le Corps législatif décidera s'il se trouve en état de rendre un décret définitif, ou s'il veut renvoyer la décision à un autre temps, pour recueillir de plus amples éclaircissements.

7. Le Corps législatif ne peut délibérer, si la séance n'est composée de deux cents membres au moins, et aucun décret ne sera formé que par la pluralité absolue des suffrages.

(1) Cf. L. 19-17 juin 1791.

8. Tout projet de loi qui, soumis à la discussion, aura été rejeté après la troisième lecture, ne pourra être représenté dans la même session.

9. Le préambule de tout décret définitif énoncera, 1° les dates des séances auxquelles les trois lectures du projet auront été faites ; 2° le décret par lequel il aura été arrêté, après la troisième lecture, de décider définitivement.

10. Le Roi refusera sa sanction au décret dont le préambule n'attestera pas l'observation des formes ci-dessus : si quelqu'un de ces décrets était sanctionné, les ministres ne pourront le sceller ni le promulguer, et leur responsabilité à cet égard durera six années.

11. Sont exceptés des dispositions ci-dessus, les décrets reconnus et déclarés urgents par une délibération préalable du Corps législatif ; mais ils peuvent être modifiés ou révoqués dans le cours de la même session. — Le décret par lequel la matière aura été déclarée urgente en énoncera les motifs, et il sera fait mention de ce décret préalable dans le préambule du décret définitif.

SECTION III
De la Sanction royale (1).

Art. 1er. Les décrets du Corps législatif sont présentés au Roi, qui peut leur refuser son consentement.

2. Dans le cas où le Roi refuse son consentement, ce refus n'est que suspensif. — Lorsque les deux législatures qui suivront celle qui aura présenté le décret, auront successivement représenté le même décret dans les mêmes termes, le Roi sera censé avoir donné la sanction.

3. Le consentement du Roi est exprimé sur chaque décret par cette formule signée du Roi : *Le Roi consent et fera exécuter.* — Le refus suspensif est exprimé par celle-ci : *Le Roi examinera.*

4. Le Roi est tenu d'exprimer son consentement ou son refus sur chaque décret, dans les deux mois de la présentation.

5. Tout décret auquel le Roi a refusé son consentement, ne peut lui être représenté par la même législature.

6. Les décrets sanctionnés par le Roi, et ceux qui lui auront été présentés par trois législatures consécutives, ont force de *loi*, et portent le nom et l'intitulé de *Lois* (2).

7. Seront néanmoins exécutés comme lois, sans être sujets

(1) Cf. LL. 9 novembre 1789 ; 25 mars 1790 ; 13-17 juin 1791, art. 76 et s. ; 21-22 juin 1791.
(2) Pour le titre des lois, V. L. 5-19 janvier 1791.

à la sanction, les actes du Corps législatif concernant sa constitution en assemblée délibérante; — Sa police intérieure, et
celle qu'il pourra exercer dans l'enceinte extérieure qu'il aura
déterminée ; — La vérification des pouvoirs de ses membres
présents; — Les injonctions aux membres absents; — La convocation des assemblées primaires en retard; — L'exercice de
la police constitutionnelle sur les administrateurs et sur les
officiers municipaux; — Les questions soit d'éligibilité, soit de
validité des élections. — Ne sont pareillement sujets à la sanction, les actes relatifs à la responsabilité des ministres, ni les
décrets portant qu'il y a lieu à accusation.

8. Les décrets du Corps législatif concernant l'établissement,
la prorogation et la perception des contributions publiques,
porteront le nom et l'intitulé de *Lois*. Ils seront promulgués et
exécutés sans être sujets à la sanction, si ce n'est pour les dispositions qui établiraient des peines autres que des amendes et
contraintes pécuniaires. — Ces décrets ne pourront être rendus
qu'après l'observation des formalités prescrites par les articles 4,
5, 6, 7, 8 et 9 de la section II du présent chapitre; et le Corps
législatif ne pourra y insérer aucunes dispositions étrangères
à leur objet.

SECTION IV
Relations du Corps législatif avec le Roi (1).

Art. 1er. Lorsque le Corps législatif est définitivement constitué, il envoie au Roi une députation pour l'en instruire. Le
Roi peut chaque année faire l'ouverture de la session, et proposer les objets qu'il croit devoir être pris en considération pendant le cours de cette session, sans néanmoins que cette formalité puisse être considérée comme nécessaire à l'activité du
Corps législatif.

2. Lorsque le Corps législatif veut s'ajourner au delà de
quinze jours, il est tenu d'en prévenir le Roi par une députation,
au moins huit jours d'avance.

3. Huitaine au moins avant la fin de chaque session, le Corps
législatif envoie au Roi une députation, pour lui annoncer le
jour où il se propose de terminer ses séances : le Roi peut
venir faire la clôture de la session.

4. Si le Roi trouve important au bien de l'État que la session
soit continuée, ou que l'ajournement n'ait pas lieu, ou qu'il
n'ait lieu que pour un temps moins long, il peut à cet effet en-

(1) Cf. L. 13-17 juin 1791.

voyer un message, sur lequel le Corps législatif est tenu de délibérer.

5. Le Roi convoquera le Corps législatif, dans l'intervalle de ses sessions, toutes les fois que l'intérêt de l'État lui paraîtra l'exiger, ainsi que dans les cas qui auront été prévus et déterminés par le Corps législatif avant de s'ajourner.

6. Toutes les fois que le Roi se rendra au lieu des séances du Corps législatif, il sera reçu et reconduit par une députation ; il ne pourra être accompagné dans l'intérieur de la salle que par le Prince royal et par les ministres.

7. Dans aucun cas, le Président ne pourra faire partie d'une députation.

8. Le Corps législatif cessera d'être corps délibérant, tant que le Roi sera présent.

9. Les actes de la correspondance du Roi avec le Corps législatif seront toujours contre-signés par un ministre.

10. Les ministres du Roi auront entrée dans l'Assemblée Nationale législative ; ils y auront une place marquée. — Ils seront entendus, toutes les fois qu'ils le demanderont sur les objets relatifs à leur administration, ou lorsqu'ils seront requis de donner des éclaircissements. — Ils seront également entendus sur les objets étrangers à leur administration, quand l'Assemblée Nationale leur accordera la parole.

CHAPITRE IV
De l'exercice du Pouvoir exécutif.

Art. 1er. Le Pouvoir exécutif suprême réside exclusivement dans la main du Roi. — Le Roi est le chef suprême de l'administration générale du royaume : le soin de veiller au maintien de l'ordre et de la tranquillité publique lui est confié. — Le Roi est le chef suprême de l'armée de terre et de l'armée navale (1). — Au Roi est délégué le soin de veiller à la sûreté extérieure du royaume, d'en maintenir les droits et les possessions.

2. Le Roi nomme les ambassadeurs, et les autres agents des négociations politiques. — Il confère le commandement des armées et des flottes, et les grades de Maréchal de France et d'Amiral. — Il nomme les deux tiers des contre-Amiraux, la moitié des lieutenants-généraux, maréchaux de camp, capitaines de vaisseau, et colonels de la gendarmerie nationale. — Il nomme

(1) Cf. L. 28 février-21 mars et 28 avril 1790.

le tiers des colonels et des lieutenants-colonels, et le sixième des lieutenants de vaisseau : — Le tout en se conformant aux lois sur l'avancement. — Il nomme, dans l'administration civile de la marine, les ordonnateurs, les contrôleurs, les trésoriers des arsenaux, les chefs des travaux, sous-chefs des bâtiments civils, la moitié des chefs d'administration et des sous-chefs de constructions. — Il nomme les commissaires auprès des tribunaux. — Il nomme les préposés en chef aux régies des contributions indirectes, et à l'administration des domaines nationaux. — Il surveille la fabrication des monnaies, et nomme les officiers chargés d'exercer cette surveillance dans la commission générale et dans les hôtels des monnaies. — L'effigie du Roi est empreinte sur toutes les monnaies du royaume.

3. Le Roi fait délivrer les lettres-patentes, brevets et commissions aux fonctionnaires publics ou autres qui doivent en recevoir.

4. Le Roi fait dresser la liste des pensions et gratifications, pour être présentée au Corps législatif à chacune de ses sessions, et décrétée, s'il y a lieu (1).

SECTION PREMIÈRE
De la promulgation des Lois (2).

Art. 1er. Le Pouvoir exécutif est chargé de faire sceller les lois du sceau de l'État, et de les faire promulguer. — Il est chargé également de faire promulguer et exécuter les actes du Corps législatif qui n'ont pas besoin de la sanction du Roi.

2. Il sera fait deux expéditions originales de chaque loi, toutes deux signées du Roi, contre-signées par le Ministre de la Justice, et scellées du sceau de l'État. — L'une restera déposée aux archives du Sceau, et l'autre sera remise aux archives du Corps législatif.

3. La promulgation sera ainsi conçue : — « N. (le nom du « Roi) par la grâce de Dieu, et par la Loi constitutionnelle de « l'État, Roi des Français, A tous présents et à venir, Salut. « L'Assemblée Nationale a décrété, et Nous voulons et ordonnons ce qui suit : » — (La copie littérale du décret sera insérée « sans aucun changement). — « Mandons et ordonnons à tous les « corps administratifs et tribunaux, que les présentes ils fassent « consigner dans leurs registres, lire, publier et afficher dans « leurs départements et ressorts respectifs, et exécuter comme

_____

(1) Cf. LL. 3-22 août 1790; 18-24 août 1791.
(2) Cf. L. 2-5 novembre 1790.

« Loi du royaume : En foi de quoi nous avons signé ces pré-
« sentes, auxquelles nous avons fait apposer le sceau de
« l'État. »

4. Si le Roi est mineur, les lois, proclamations et autres actes
émanés de l'autorité royale, pendant la Régence, seront conçus
ainsi qu'il suit : — « N. *(le nom du Régent)* Régent du Royaume,
« au nom de N. *(le nom du Roi)* par la grâce de Dieu et par la
« Loi constitutionnelle de l'État, Roi des Français, etc., etc., etc. »

5. Le Pouvoir exécutif est tenu d'envoyer les lois aux Corps
administratifs et aux tribunaux, de faire certifier cet envoi, et
d'en justifier au Corps législatif.

6. Le Pouvoir exécutif ne peut faire aucune loi, même provisoire, mais seulement des proclamations conformes aux lois,
pour en ordonner ou en rappeler l'exécution.

SECTION II
De l'Administration intérieure (1).

Art. 1er. Il y a dans chaque département une administration
supérieure, et dans chaque district une administration subordonnée.

2. Les administrateurs n'ont aucun caractère de représentation. — Ils sont des agents élus à temps par le peuple, pour
exercer, sous la surveillance et l'autorité du Roi, les fonctions
administratives.

3. Ils ne peuvent, ni s'immiscer dans l'exercice du Pouvoir
législatif, ou suspendre l'exécution des lois, ni rien entreprendre sur l'ordre judiciaire, ni sur les dispositions ou opérations
militaires.

4. Les administrateurs sont essentiellement chargés de répartir les contributions directes, et de surveiller les deniers provenant de toutes les contributions et revenus publics dans leur
territoire. — Il appartient au Pouvoir législatif de déterminer
les règles et le mode de leurs fonctions, tant sur les objets ci-
dessus exprimés, que sur toutes les autres parties de l'administration intérieure.

5. Le Roi a le droit d'annuler les actes des administrateurs
de département, contraires aux lois ou aux ordres qu'il leur
aura adressés. — Il peut, dans le cas d'une désobéissance persévérante, ou s'ils compromettent par leurs actes la sûreté ou la
tranquillité publique, les suspendre de leurs fonctions.

(1) Cf. LL. 22 décembre 1789; 7-11 septembre 1790; 7-14 octobre 1790; 15-27 mars 1791.

6. Les administrateurs de département ont de même le droit d'annuler les actes des sous-administrateurs de district, contraires aux lois ou aux arrêtés des administrateurs de département, ou aux ordres que ces derniers leur auront donnés ou transmis. — Ils peuvent également, dans le cas d'une désobéissance persévérante des sous-administrateurs, ou si ces derniers compromettent par leurs actes la sûreté ou la tranquillité publique, les suspendre de leurs fonctions, à la charge d'en instruire le Roi, qui pourra lever ou confirmer la suspension.

7. Le Roi peut, lorsque les administrateurs de département n'auront pas usé du pouvoir qui leur est délégué dans l'article ci-dessus, annuler directement les actes des sous-administrateurs, et les suspendre dans les mêmes cas.

8. Toutes les fois que le Roi aura prononcé ou confirmé la suspension des administrateurs ou sous-administrateurs, il en instruira le Corps législatif. — Celui-ci pourra ou lever la suspension, ou la confirmer, ou même dissoudre l'administration coupable, et s'il y a lieu, renvoyer tous les administrateurs ou quelques-uns d'eux aux tribunaux criminels, ou porter contre eux le décret d'accusation.

SECTION III
Des Relations extérieures (1).

Art. 1er. Le Roi seul peut entretenir des relations politiques au dehors, conduire les négociations, faire des préparatifs de guerre proportionnés à ceux des États voisins, distribuer les forces de terre et de mer ainsi qu'il le jugera convenable, et en régler la direction en cas de guerre.

2. Toute déclaration de guerre sera faite en ces termes : *De la part du Roi des Français, au nom de la Nation.*

3. Il appartient au Roi d'arrêter et de signer avec toutes les puissances étrangères, tous les traités de paix, d'alliance et de commerce, et autres conventions qu'il jugera nécessaires au bien de l'État, sauf la ratification du Corps législatif.

CHAPITRE V
Du pouvoir judiciaire (2).

Art. 1er. Le Pouvoir judiciaire ne peut, en aucun cas, être exercé par le Corps législatif ni par le Roi.

(1) Cf. L. 22-27 mai 1790.
(2) Cf. LL. 16-24 août 1790 ; 25 août-29 septembre 1790 ; 2-11 septembre 1790 ; 7-11 septembre 1790 ; 22 septembre-5 octobre 1790

2. La justice sera rendue gratuitement par des juges élus à temps par le Peuple, et institués par des lettres-patentes du Roi qui ne pourra les refuser. — Ils ne pourront être, ni destitués que pour forfaiture dûment jugée, ni suspendus que pour une accusation admise. — L'Accusateur public sera nommé par le Peuple.

3. Les tribunaux ne peuvent, ni s'immiscer dans l'exercice du Pouvoir législatif, ou suspendre l'exécution des lois, ni entreprendre sur les fonctions administratives, ou citer devant eux les administrateurs pour raison de leurs fonctions.

4. Les citoyens ne peuvent être distraits des juges que la loi leur assigne, par aucune commission, ni par d'autres attributions et évocations que celles qui sont déterminées par les lois.

5. Le droit des citoyens, de terminer définitivement leurs contestations par la voie de l'arbitrage, ne peut recevoir aucune atteinte par les actes du Pouvoir législatif.

6. Les tribunaux ordinaires ne peuvent recevoir aucune action au civil, sans qu'il leur soit justifié que les parties ont comparu, ou que le demandeur a cité sa partie adverse devant des médiateurs pour parvenir à une conciliation.

7. Il y aura un ou plusieurs juges de paix dans les cantons et dans les villes. Le nombre en sera déterminé par le Pouvoir législatif.

8. Il appartient au Pouvoir législatif de régler le nombre et les arrondissements des tribunaux, et le nombre des juges dont chaque tribunal sera composé.

9. En matière criminelle, nul citoyen ne peut être jugé que sur une accusation reçue par des jurés, ou décrétée par le Corps législatif, dans les cas où il lui appartient de poursuivre l'accusation. — Après l'accusation admise, le fait sera reconnu et déclaré par des jurés. — L'accusé aura la faculté d'en récuser jusqu'à vingt, sans donner de motifs. — Les jurés qui déclareront le fait, ne pourront être au-dessous du nombre de douze. — L'application de la loi sera faite par des juges. — L'instruction sera publique, et l'on ne pourra refuser aux accusés le secours d'un conseil. — Tout homme acquitté par un juré légal, ne peut plus être repris ni accusé à raison du même fait.

10. Nul homme ne peut être saisi que pour être conduit devant l'officier de police ; et nul ne peut être mis en état d'arrestation ou détenu, qu'en vertu d'un mandat des officiers de police, d'une ordonnance de prise de corps d'un tribunal,

12-19 octobre 1790 ; 14 et 18-25 octobre 1790 ; 20 janvier-25 février 1791 ; 28 février-17 avril 1791 ; 6-27 mars 1791 ; 19-22 juillet 1791 ; 16-29 septembre 1791 ; 25 septembre-4 octobre 1791.

d'un décret d'accusation du Corps législatif dans le cas où il lui appartient de le prononcer, ou d'un jugement de condamnation à prison ou détention correctionnelle.

11. Tout homme saisi et conduit devant l'officier de police, sera examiné sur-le-champ, ou au plus tard dans les vingt-quatre heures. — S'il résulte de l'examen qu'il n'y a aucun sujet d'inculpation contre lui, il sera remis aussitôt en liberté ; ou s'il y a lieu de l'envoyer à la maison d'arrêt, il y sera conduit dans le plus bref délai, qui en aucun cas ne pourra excéder trois jours.

12. Nul homme arrêté ne peut être retenu s'il donne caution suffisante, dans tous les cas où la loi permet de rester libre sous cautionnement.

13. Nul homme, dans le cas où sa détention est autorisée par la loi, ne peut être conduit et détenu que dans les lieux légalement et publiquement désignés pour servir de maison d'arrêt, de maison de justice ou de prison.

14. Nul gardien ou geôlier ne peut recevoir ni retenir aucun homme qu'en vertu d'un mandat ou ordonnance de prise de corps, décret d'accusation, ou jugement mentionnés dans l'article 10 ci-dessus, et sans que la transcription en ait été faite sur son registre.

15. Tout gardien ou geôlier est tenu, sans qu'aucun ordre puisse l'en dispenser, de représenter la personne du détenu à l'officier civil ayant la police de la maison de détention, toutes les fois qu'il en sera requis par lui. — La représentation de la personne du détenu ne pourra de même être refusée à ses parents et amis, porteurs de l'ordre de l'officier civil, qui sera toujours tenu de l'accorder, à moins que le gardien ou geôlier ne représente une ordonnance du juge, transcrite sur son registre, pour tenir l'arrêté au secret.

16. Tout homme, quelle que soit sa place ou son emploi, autre que ceux à qui la loi donne le droit d'arrestation, qui donnera, signera, exécutera ou fera exécuter l'ordre d'arrêter un citoyen, ou quiconque, même dans les cas d'arrestation autorisée par la loi, conduira, recevra ou retiendra un citoyen dans un lieu de détention non publiquement et légalement désigné, et tout gardien ou geôlier qui contreviendra aux dispositions des articles 14 et 15 ci-dessus, seront coupables du crime de détention arbitraire.

17. Nul homme ne peut être recherché ni poursuivi pour raison des écrits qu'il aura fait imprimer ou publier sur quelque matière que ce soit, si ce n'est qu'il ait provoqué à dessein la désobéissance à la loi, l'avilissement des Pouvoirs constitués, la résistance à leurs actes, ou quelques-unes des actions déclarées crimes ou délits par la loi. — La censure sur les actes des Pouvoirs constitués est permise ; mais les calomnies volontaires contre la probité des fonctionnaires publics et la droiture de leurs intentions dans l'exercice de leurs fonctions, pourront être poursuivies par ceux qui en sont l'objet. — Les calomnies et injures contre quelques personnes que ce soit relatives aux actions de leur vie privée, seront punies sur leur poursuite.

18. Nul ne peut être jugé, soit par la voie civile, soit par la voie criminelle, pour fait d'écrits imprimés ou publiés, sans qu'il ait été reconnu et déclaré par un juré, 1° s'il y a délit dans l'écrit dénoncé ; 2° si la personne poursuivie en est coupable.

19. Il y aura pour tout le royaume un seul tribunal de cassation, établi auprès du Corps législatif. Il aura pour fonctions de prononcer. — Sur les demandes en cassation contre les jugements rendus en dernier ressort par les tribunaux ; — Sur les demandes en renvoi d'un tribunal à un autre, pour cause de suspicion légitime ; — Sur les règlements de juges et les prises à partie contre un tribunal entier (1).

20. En matière de cassation, le tribunal de cassation ne pourra jamais connaître du fond des affaires ; mais après avoir cassé le jugement qui aura été rendu sur une procédure dans laquelle les formes auront été violées, ou qui contiendra une contravention expresse à la loi, il renverra le fond du procès au tribunal qui doit en connaître.

21. Lorsque après deux cassations le jugement du troisième tribunal sera attaqué par les mêmes moyens que les deux premiers, la question ne pourra plus être agitée au tribunal de cassation sans avoir été soumise au Corps législatif, qui portera un décret déclaratoire de la loi, auquel le tribunal de cassation sera tenu de se conformer.

22. Chaque année, le tribunal de cassation sera tenu d'envoyer à la barre du Corps législatif une députation de huit de ses membres, qui lui présenteront l'état des jugements rendus, à côté de chacun desquels seront la notice abrégée de l'affaire et le texte de la loi qui aura déterminé la décision.

23. Une haute Cour nationale, formée des membres du tribunal de cassation et de hauts-jurés, connaîtra des délits des

(1) Cf. LL. 24 mai 1790 ; 26 mai 1790 ; 13 août 1790 ; 27 novembre-1ᵉʳ décembre 1790 ; 14-17 avril 1791.

ministres et agents principaux du Pouvoir exécutif, et des crimes qui attaqueront la sûreté générale de l'État, lorsque le Corps législatif aura rendu un décret d'accusation. — Elle ne se rassemblera que sur la proclamation du Corps législatif, et à une distance de trente mille toises au moins du lieu où la législature tiendra ses séances (1).

24. Les expéditions exécutoires des jugements des tribunaux seront conçues ainsi qu'il suit : — « N. (*le nom du Roi*) par la « grâce de Dieu et par la Loi constitutionnelle de l'État, Roi des « Français. A tous présents et à venir, Salut. Le tribunal de... « a rendu le jugement suivant : — (*Ici sera copié le jugement dans lequel il sera fait mention du nom des juges*). — Mandons et ordon- « nons à tous Huissiers sur ce requis, de mettre ledit jugement « à exécution, à nos Commissaires auprès des Tribunaux, d'y « tenir la main, et à tous Commandants et Officiers de la force « publique, de prêter main-forte, lorsqu'ils en seront légale- « ment requis. En foi de quoi, le présent jugement a été signé « par le Président du tribunal et par le Greffier. »

25. Les fonctions des commissaires du Roi auprès des tribu- naux, seront de requérir l'observation des lois dans les jugements à rendre, et de faire exécuter les jugements rendus. — Ils ne seront point accusateurs publics, mais ils seront entendus sur toutes les accusations, et requerront pendant le cours de l'ins- truction pour la régularité des formes, et avant le jugement pour l'application de la loi.

26. Les commissaires du Roi auprès des tribunaux dénonce- ront au directeur du juré, soit d'office, soit d'après les ordres qui leur seront donnés par le Roi. — Les attentats contre la liberté individuelle des citoyens, contre la libre circulation des subsis- tances et autres objets de commerce, et contre la perception des contributions ; — Les délits par lesquels l'exécution des ordres donnés par le Roi dans l'exercice des fonctions qui lui sont déléguées, serait troublée ou empêchée ; — Les attentats contre le droit des gens ; — Et les rébellions à l'exécution des jugements et de tous les actes exécutoires émanés des Pouvoirs constitués.

27. Le Ministre de la justice dénoncera au tribunal de cassa- tion, par la voie du Commissaire du Roi, et sans préjudice du droit des parties intéressées, les actes par lesquels les juges auraient excédé les bornes de leur pouvoir. — Le tribunal les annulera ; et s'ils donnent lieu à la forfaiture, le fait sera

(1) Cf. LL. 10-15 mai 1791; 25-26 septembre 1792.

dénoncé au Corps législatif, qui rendra le décret d'accusation, s'il y a lieu, et renverra les prévenus devant la haute Cour nationale.

TITRE IV

DE LA FORCE PUBLIQUE (1)

Art. 1er. La force publique est instituée pour défendre l'État contre les ennemis du dehors, et assurer au dedans le maintien de l'ordre et de l'exécution des lois.

2. Elle est composée, — De l'armée de terre et de mer ; — De la troupe spécialement destinée au service de l'intérieur ; — Et subsidiairement des citoyens actifs, et de leurs enfants en état de porter les armes, inscrits sur le rôle de la garde nationale.

3. Les gardes nationales ne forment ni un corps militaire, ni une institution dans l'État ; ce sont les citoyens eux-mêmes appelés au service de la force publique.

4. Les citoyens ne pourront jamais se former ni agir comme gardes nationales, qu'en vertu d'une réquisition ou d'une autorisation légale.

5. Ils sont soumis en cette qualité, à une organisation déterminée par la loi. — Ils ne peuvent avoir dans tout le royaume qu'une même discipline et un même uniforme. — Les distinctions de grade et la subordination ne subsistent que relativement au service et pendant sa durée.

6. Les officiers sont élus à temps, et ne peuvent être réélus qu'après un intervalle de service comme soldats. — Nul ne commandera la garde nationale de plus d'un district.

7. Toutes les parties de la force publique, employées pour la sûreté de l'État contre les ennemis du dehors, agiront sous les ordres du Roi.

8. Aucun corps ou détachement de troupes de ligne ne peut agir dans l'intérieur du royaume sans une réquisition légale.

9. Aucun agent de la force publique ne peut entrer dans la maison d'un citoyen, si ce n'est pour l'exécution des mandements de police et de justice, ou dans les cas formellement prévus par la loi.

10. La réquisition de la force publique dans l'intérieur du royaume appartient aux officiers civils, suivant les règles déterminées par le Pouvoir législatif.

(1) Cf. LL. 21 octobre-21 novembre 1789 ; 16 décembre 1789 ; 28 février 1790 ; 3 juillet 1790 ; 29 avril-15 mai 1791 ; 27 juillet-3 août 1791 ; 29 septembre-14 octobre 1791 ; 30 septembre-19 octobre 1791.

11. Si les troubles agitent tout un département, le Roi donnera, sous la responsabilité de ses ministres, les ordres nécessaires pour l'exécution des lois et le rétablissement de l'ordre, mais à la charge d'en informer le Corps législatif, s'il est assemblé, et de le convoquer s'il est en vacance.

12. La force publique est essentiellement obéissante ; nul corps armé ne peut délibérer.

13. L'armée de terre et de mer, et la troupe destinée à la sûreté intérieure, sont soumises à des lois particulières, soit pour le maintien de la discipline, soit pour la forme des jugements et la nature des peines en matière de délits militaires.

TITRE V

DES CONTRIBUTIONS PUBLIQUES (1)

Art. 1er. Les contributions publiques seront délibérées et fixées chaque année par le Corps législatif, et ne pourront subsister au delà du dernier jour de la session suivante, si elles n'ont pas été expressément renouvelées.

2. Sous aucun prétexte, les fonds nécessaires à l'acquittement de la dette nationale et au paiement de la liste civile, ne pourront être ni refusés ni suspendus. — Le traitement des ministres du culte catholique pensionnés conservés, élus ou nommés en vertu des décrets de l'Assemblée Nationale Constituante, fait partie de la dette nationale (2). — Le Corps législatif ne pourra, en aucun cas, charger la Nation du paiement des dettes d'aucun individu.

3. Les comptes détaillés de la dépense des départements ministériels, signés et certifiés par les ministres ou ordonnateurs généraux, seront rendus publics par la voie de l'impression, au commencement des sessions de chaque législature. — Il en sera de même des états de recette des diverses contributions, et de tous les revenus publics. — Les états de ces dépenses et recettes seront distingués suivant leur nature, et exprimeront les sommes touchées et dépensées année par année dans chaque district. — Les dépenses particulières à chaque département, et relatives aux tribunaux, aux corps administratifs et autres établissements, seront également rendues publiques (3).

(1) Cf. LL. 17 juillet-8 août 1790 ; 23 novembre-1er décembre 1790 ; 13 janvier-18 février 1791 ; 19-25 février 1791 ; 2-17 mars 1791 ; 20 septembre-9 octobre 1791.

(2) Cf. LL. 14 novembre 1789 ; 14-20 avril 1790 ; 12 juillet-24 août 1790 (Constitution civile du clergé), tit. III.

(3) Cf. L. 13 août-16 novembre 1791.

4. Les administrateurs de département et sous-administrateurs ne pourront ni établir aucune contribution publique, ni faire aucune répartition au delà du temps et des sommes fixées par le Corps législatif, ni délibérer ou permettre, sans y être autorisés par lui, aucun emprunt local à la charge des citoyens du département.

5. Le Pouvoir exécutif dirige et surveille la perception et le versement des contributions, et donne tous les ordres nécessaires à cet effet.

TITRE VI

DES RAPPORTS DE LA NATION FRANÇAISE AVEC LES NATIONS ÉTRANGÈRES

La Nation Française renonce à entreprendre aucune guerre dans la vue de faire des conquêtes, et n'emploiera jamais ses forces contre la liberté d'aucun peuple. — La Constitution n'admet point de droit d'aubaine. — Les étrangers établis ou non en France succèdent à leurs parents étrangers ou Français. — Ils peuvent contracter, acquérir et recevoir des biens situés en France, et en disposer, de même que tout citoyen Français, par tous les moyens autorisés par les lois. — Les étrangers qui se trouvent en France sont soumis aux mêmes lois criminelles et de police que les citoyens français, sauf les conventions arrêtées avec les Puissances étrangères ; leur personne, leurs biens, leur industrie, leur culte sont également protégés par la loi.

TITRE VII

DE LA RÉVISION DES DÉCRETS CONSTITUTIONNELS

Art. 1er. L'Assemblée Nationale constituante déclare que la Nation a le droit imprescriptible de changer sa Constitution ; et néanmoins, considérant qu'il est plus conforme à l'intérêt national d'user seulement, par les moyens pris dans la Constitution même, du droit d'en réformer les articles dont l'expérience aurait fait sentir les inconvénients, décrète qu'il y sera procédé par une Assemblée de Révision en la forme suivante :

2. Lorsque trois Législatures consécutives auront émis un vœu uniforme pour le changement de quelque article constitutionnel, il y aura lieu à la révision demandée.

3. La prochaine Législature et la suivante ne pourront proposer la réforme d'aucun article constitutionnel.

4. Des trois Législatures qui pourront par la suite proposer

quelques changements, les deux premières ne s'occuperont de cet objet que dans les deux derniers mois de leur dernière session, et la troisième à la fin de sa première session annuelle, ou au commencement de la seconde. — Leurs délibérations sur cette matière seront soumises aux mêmes formes que les actes législatifs; mais les décrets par lesquels elles auront émis leur vœu ne seront pas sujets à la sanction du Roi.

5. La quatrième Législature, augmentée de deux cent quarante-neuf membres élus en chaque département, par doublement du nombre ordinaire qu'il fournit pour sa population, formera l'Assemblée de Révision. — Ces deux cent quarante-neuf membres seront élus après que la nomination des représentants au Corps législatif aura été terminée, et il en sera fait un procès-verbal séparé. — L'Assemblée de Révision ne sera composée que d'une chambre.

6. Les membres de la troisième Législature qui aura demandé le changement, ne pourront être élus à l'Assemblée de Révision.

7. Les membres de l'Assemblée de Révision, après avoir prononcé tous ensemble le serment de *vivre libres ou mourir*, prêteront individuellement celui de *se borner à statuer sur les objets qui leur auront été soumis par le vœu uniforme des trois Législatures précédentes; de maintenir, au surplus, de tout leur pouvoir la Constitution du Royaume, décrétée par l'Assemblée Nationale constituante, aux années 1789, 1790 et 1791, et d'être en tout fidèles à la Nation, à la Loi et au Roi.*

8. L'Assemblée de Révision sera tenue de s'occuper ensuite, et sans délai, des objets qui auront été soumis à son examen : aussitôt que son travail sera terminé, les deux cent quarante-neuf membres nommés en augmentation, se retireront sans pouvoir prendre part, en aucun cas, aux actes législatifs.

Les Colonies et possessions Françaises dans l'Asie, l'Afrique et l'Amérique, quoiqu'elles fassent partie de l'Empire Français, ne sont pas comprises dans la présente constitution (1).

Aucun des Pouvoirs institués par la Constitution n'a le droit de la changer dans son ensemble ni dans ses parties, sauf les réformes qui pourront y être faites par la voie de la révision, conformément aux dispositions du titre VII ci-dessus.

L'Assemblée Nationale constituante en remet le dépôt à la

(1) Cf. L. 8-10 mars 1790.

fidélité du Corps législatif, du Roi et des juges, à la vigilance des pères de famille, aux épouses et aux mères, à l'affection des jeunes citoyens, au courage de tous les Français.

———

Les décrets rendus par l'Assemblée Nationale constituante, qui ne sont pas compris dans l'Acte de Constitution, seront exécutés comme Lois ; et les lois antérieures auxquelles elle n'a pas dérogé, seront également observées, tant que les uns ou les autres n'auront pas été révoqués ou modifiés par le Pouvoir législatif.

———

L'Assemblée Nationale, ayant entendu la lecture de l'Acte constitutionnel ci-dessus, et après l'avoir approuvé, déclare que la Constitution est terminée, et qu'elle ne peut y rien changer. — Il sera nommé à l'instant une députation de soixante membres pour offrir, dans le jour, l'Acte constitutionnel au Roi.

Décret *du 21 septembre 1792, sur l'acceptation de la Constitution et sur la sauvegarde des personnes et des propriétés* (1).

La Convention Nationale déclare : — 1° Qu'il ne peut y avoir de Constitution que celle qui est acceptée par le peuple ; — 2° Que les personnes et les propriétés sont sous la sauvegarde de la Nation.

Décret *des 21-22 septembre 1792, qui abolit la royauté en France* (2).

La Convention Nationale décrète à l'unanimité que la royauté est abolie en France.

Déclaration *du 25 septembre 1792 sur l'unité et l'indivisibilité de la République française* (3).

La Convention Nationale déclare que la République française est une et indivisible (4).

(1) Réimpr. du *Moniteur*, XIV, p. 8.
(2) Réimpr. du *Moniteur*, XIV, p. 8.
(3) Réimpr. du *Moniteur*, XIV, p. 52.
(4) Cf. D. 16 décembre 1792 *portant peine de mort contre quiconque proposera ou tentera de rompre l'unité de la France*.

PROJET DE DÉCLARATION
DES DROITS ET DE CONSTITUTION
(Constitution girondine) (1)

DÉCLARATION DES DROITS NATURELS, CIVILS ET
POLITIQUES DE L'HOMME

Le but de toute réunion d'hommes en société étant le maintien de leurs droits naturels, civils et politiques, ces droits doivent être la base du pacte social : leur reconnaissance et leur déclaration doivent précéder la constitution qui en assure la garantie.

Art. 1er. Les droits naturels, civils et politiques des hommes sont la liberté, l'égalité, la sûreté, la propriété, la garantie sociale et la résistance à l'oppression.

2. La liberté consiste à pouvoir faire tout ce qui n'est pas contraire aux droits d'autrui : ainsi l'exercice des droits naturels de chaque homme n'a de bornes que celles qui assurent aux autres membres de la société la jouissance de ces mêmes droits.

3. La conservation de la liberté dépend de la soumission à la loi, qui est l'expression de la volonté générale. Tout ce qui n'est pas défendu par la loi ne peut être empêché, et nul ne peut être contraint à faire tout ce qu'elle n'ordonne pas.

4. Tout homme est libre de manifester sa pensée et ses opinions.

5. La liberté de la presse (et tout autre moyen de publier ses pensées) ne peut être interdite, suspendue, ni limitée.

6. Tout citoyen doit être libre dans l'exercice de son culte.

7. L'égalité consiste en ce que chacun puisse jouir des mêmes droits.

8. La loi doit être égale pour tous, soit qu'elle récompense, ou qu'elle punisse, ou qu'elle réprime.

9. Tous les citoyens sont admissibles à toutes les places, emplois et fonctions publiques. Les peuples libres ne peuvent connaître d'autres motifs de préférence que les talents et les vertus.

10. La sûreté consiste dans la protection accordée par la société à chaque citoyen pour la conservation de sa personne, de ses biens et de ses droits.

11. Nul ne doit être appelé en justice, accusé, arrêté ni détenu que dans les cas déterminés par la loi, et selon les formes qu'elle a prescrites. — Tout autre acte exercé contre un citoyen est arbitraire et nul.

12. Ceux qui solliciteraient, expédieraient, signeraient, exécuteraient ou feraient exécuter ces actes arbitraires sont coupables et doivent être punis.

13. Les citoyens contre qui l'on tenterait d'exécuter de pareils actes ont le droit de repousser la force ; mais tout citoyen appelé ou saisi par l'autorité de la loi, et dans les formes prescrites par elle, doit obéir à l'instant : il se rend coupable par la résistance.

14. Tout homme étant présumé innocent jusqu'à ce qu'il ait été

(1) Réimpr. du *Moniteur*, XV, p. 473-488. — Il a été expliqué, dans la *Notice*, que la Déclaration seule fut votée.

déclaré coupable, s'il est jugé indispensable de l'arrêter, toute rigueur qui ne serait pas nécessaire pour s'assurer de sa personne doit être sévèrement réprimée par la loi.

15. Nul ne doit être puni qu'en vertu d'une loi établie, promulguée antérieurement au délit et légalement appliquée.

16. La loi qui punirait des délits commis avant qu'elle existât serait un acte arbitraire. L'effet rétroactif donné à la loi est un crime.

17. La loi ne doit décerner que des peines strictement et évidemment nécessaires à la sûreté générale : elles doivent être proportionnées au délit et utiles à la société.

18. Le droit de propriété consiste en ce que tout homme est le maître de disposer à son gré de ses biens, de ses capitaux, de ses revenus et de son industrie.

19. Nul genre de travail, de commerce et de culture ne peut lui être interdit : il peut fabriquer, vendre et transporter toute espèce de production.

20. Tout homme peut engager ses services, son temps ; mais il ne peut se vendre lui-même : sa personne n'est pas une propriété aliénable.

21. Nul ne peut être privé de la moindre portion de sa propriété sans son consentement, si ce n'est lorsque la nécessité publique, légalement constatée, l'exige évidemment, et sous la condition d'une juste et préalable indemnité.

22. Nulle contribution ne peut être établie que pour l'utilité générale et pour subvenir aux besoins publics. Tous les citoyens ont droit de concourir personnellement ou par leurs représentants à l'établissement des contributions publiques.

23. L'instruction est le besoin de tous, et la société la doit également à tous ses membres.

24. Les secours publics sont une dette sacrée de la société, et c'est à la loi à en déterminer l'étendue et l'application.

25. La garantie sociale de ces droits repose sur la souveraineté nationale.

26. Cette souveraineté est une, indivisible, imprescriptible et inaliénable.

27. Elle réside essentiellement dans le peuple entier, et chaque citoyen a un droit égal de concourir à son exercice.

28. Nulle réunion partielle de citoyens et nul individu ne peuvent s'attribuer la souveraineté, exercer aucune autorité, et remplir aucune fonction publique sans une déclaration formelle de la loi.

29. La garantie sociale ne peut pas exister là où les limites des fonctions publiques ne sont pas clairement déterminées par la loi, et où la responsabilité de tous les fonctionnaires publics n'est pas assurée.

30. Tous les citoyens sont tenus de concourir à cette garantie, et de donner force à la loi lorsqu'ils sont appelés en son nom.

31. Les hommes réunis en société doivent avoir un moyen légal de résister à l'oppression.

32. Il y a oppression lorsqu'une loi viole les droits naturels, civils et politiques qu'elle doit garantir. — Il y a oppression lorsque la loi est violée par les fonctionnaires publics dans son application à des faits individuels. — Il y a oppression lorsque des actes arbitraires violent les droits des citoyens contre l'expression de la loi. — Dans tout gouvernement libre, le mode de résistance à ces différents actes d'oppression doit être réglé par la constitution.

33. Un peuple a toujours le droit de revoir, de réformer et de changer sa constitution. Une génération n'a pas le droit d'assujétir à ses lois les générations futures, et toute hérédité dans les fonctions est absurde et tyrannique.

CONSTITUTION FRANÇAISE

La nation française se constitue en République une et indivisible ; et fondant son gouvernement sur les droits de l'homme, qu'elle a reconnus et déclarés, et sur les principes de la liberté, de l'égalité et de la souveraineté du peuple, elle adopte la constitution suivante.

TITRE PREMIER

DE LA DIVISION DU TERRITOIRE

Art. 1er. La République française est une et indivisible.

2. La distribution de son territoire actuel en quatre-vingt-cinq départements est maintenue.

3. Néanmoins les limites des départements pourront être changées ou rectifiées sur la demande des administrés ; mais en aucun cas la surface d'un département ne pourra être réduite au-dessous de... lieues carrées, ni portée au-dessus de.... lieues carrées.

4. Chaque département sera divisé en grandes communes ; les communes en sections municipales et en assemblées primaires.

5. Cette distribution du territoire de chaque département en grandes communes se fera de manière qu'il ne puisse y avoir plus de deux lieues et demie de l'habitation la plus éloignée au centre du chef-lieu de la commune.

6. L'arrondissement des sections municipales ne sera pas le même que celui des assemblées primaires.

7. Il y aura dans chaque commune une administration subordonnée à l'administration du département, et dans chaque section une agence secondaire.

TITRE II

DE L'ÉTAT DES CITOYENS, ET DES CONDITIONS NÉCESSAIRES POUR EN EXERCER LES DROITS

Art. 1er. Tout homme âgé de vingt et un ans accomplis, qui se sera fait inscrire sur le tableau civique d'une assemblée primaire, et qui aura résidé depuis une année, sans interruption, sur le territoire français, sera citoyen de la République.

2. La qualité de citoyen français se perd par la naturalisation en pays étranger et par la peine de la dégradation civique.

3. Tout citoyen qui aura rempli les conditions exigées par l'art. 1er pourra exercer son droit de suffrage dans la portion du territoire de la République où il justifiera une résidence actuelle de trois mois sans interruption.

4. Nul citoyen ne pourra exercer son droit de suffrage pour le même objet dans plus d'une assemblée primaire.

5. Il y aura deux causes d'incapacité absolue pour l'exercice du droit de suffrage : la première, l'imbécillité ou la démence, constatée par

un jugement ; la seconde, la condamnation légale aux peines qui emportent la dégradation civique.

6. Tout citoyen qui aura résidé pendant six années hors du territoire de la République, sans une mission donnée au nom de la nation, ne pourra reprendre l'exercice du droit de suffrage qu'après une résidence non interrompue de six mois.

7. Tout citoyen qui, sans avoir eu de mission, se sera absenté pendant une année du lieu où il a son domicile habituel, sera tenu de nouveau à une résidence de trois mois avant d'être admis à voter dans son assemblée primaire.

8. Le corps législatif déterminera la peine qu'auront encourue ceux qui se permettraient d'exercer le droit de suffrage dans tous les cas où la loi constitutionnelle le leur interdit.

9. La qualité de citoyen français et la majorité de vingt-cinq ans accomplis sont les seules conditions nécessaires pour l'éligibilité à toutes les places de la République.

10. En quelque lieu que réside un citoyen français, il peut être élu à toutes les places et par tous les départements, quand bien même il serait momentanément privé du droit de suffrage par défaut de résidence.

TITRE III

DES ASSEMBLÉES PRIMAIRES

SECTION PREMIÈRE
Organisation des assemblées primaires.

Art. 1er. Les assemblées primaires où les Français doivent exercer leurs droits de citoyens seront distribuées sur le territoire de chaque département, et leur arrondissement sera réglé de manière qu'aucune d'elles n'ait moins de quatre cent cinquante membres, ni plus de neuf cents.

2. Il sera fait dans chaque assemblée primaire un tableau particulier des citoyens qui la composent.

3. Ce tableau formé, on procédera dans chaque assemblée primaire à la nomination d'un bureau composé d'autant de membres qu'il y aura de fois cinquante citoyens inscrits sur le tableau.

4. Cette élection se fera par un seul scrutin, à la simple pluralité des suffrages. Chaque votant ne portera que deux personnes sur son bulletin, quel que soit le nombre des membres qui doivent former le bureau.

5. Dans le cas néanmoins où, par le résultat de ce scrutin, l'élection des membres du bureau serait incomplète, il sera fait pour la compléter un nouveau tour de scrutin.

6. Le doyen d'âge présidera l'assemblée pendant cette première élection.

7. Les fonctions des membres du bureau seront, 1° de garder le registre ou tableau des citoyens ; 2° d'inscrire sur ce registre, dans l'intervalle d'une convocation à l'autre, ceux qui se présenteront pour être admis comme citoyens ; 3° de donner à ceux qui veulent changer de domicile un certificat qui atteste leur qualité de citoyen ; 4° de convoquer l'assemblée primaire dans les cas déterminés par la constitution ; 5° de faire, au nom de l'assemblée, soit à l'administration du département, soit au bureau des assemblées primaires de la même commune, les réquisitions nécessaires à l'exercice du droit de censure.

8. Les membres du bureau seront proclamés suivant l'ordre de la pluralité des suffrages que chacun d'eux aura obtenus. Le premier remplira les fonctions de président; les trois membres qui viendront immédiatement après lui, celles de secrétaires; et le reste du bureau, les fonctions de scrutateurs. Ils seront, dans le même ordre, les suppléants les uns des autres, en cas d'absence de quelques-uns d'entre eux.

9. A chaque convocation nouvelle d'une assemblée primaire, il ne sera pas permis de s'occuper d'aucun objet avant que le bureau n'ait été renouvelé. Tout acte antérieur à ce renouvellement est déclaré nul. Les citoyens qui composaient l'ancien bureau pourront néanmoins être réélus.

10. Le bureau ne sera point renouvelé lorsque les séances de l'assemblée seront simplement ajournées et continuées, tant que l'objet pour lequel elle aura été convoquée ne sera pas terminé.

11. Nul ne pourra être admis à voter pour la première fois dans une assemblée primaire sur le tableau de laquelle il ne serait pas inscrit, s'il n'a présenté au bureau, huit jours avant l'ouverture de la tenue de l'assemblée, les titres qui constatent son droit; l'ancien bureau en rendra compte à l'assemblée, qui décidera si le citoyen présenté a rempli ou non les conditions exigées par la constitution.

SECTION II
Fonctions des assemblées primaires.

Art. 1er. Les citoyens français doivent se réunir en assemblées primaires pour procéder aux élections déterminées par la constitution.

2. Les citoyens français doivent également se réunir en assemblées primaires pour délibérer sur des objets qui concernent l'intérêt général de la République, comme : 1° lorsqu'il s'agit d'accepter ou de refuser un projet de constitution, ou un changement quelconque à la constitution acceptée; 2° lorsqu'on propose la convocation d'une Convention nationale; 3° lorsque le corps législatif provoque, sur une question qui intéresse la République française entière, l'émission du vœu de tous les citoyens; 4° enfin, lorsqu'il s'agit soit de requérir le corps législatif de prendre un objet en considération, soit d'exercer sur les actes de la représentation nationale la censure du peuple, suivant le mode et d'après les règles fixés par la constitution.

3. Les élections et les délibérations des assemblées primaires, qui ne seront pas conformes, par leur nature, par leur objet, ou par leur mode, aux règles prescrites par la loi constitutionnelle, seront nulles et de nul effet.

SECTION III
Règles générales pour les élections dans les assemblées.

Art. 1er. Les élections se feront au moyen de deux scrutins, dont le premier, simplement préparatoire, ne servira qu'à former une liste de présentation, et dont le second, ouvert seulement entre les candidats inscrits sur la liste de présentation, sera définitif et consommera l'élection.

2. Pour le scrutin de présentation, aussitôt que l'assemblée aura été formée, les membres reconnus, le bureau établi, et l'objet de la convocation annoncé, chaque votant recevra au bureau un bulletin imprimé sur lequel on aura inscrit son nom en marge.

3. Le scrutin sera ouvert à l'instant même, et ne sera fermé que dans la séance du lendemain à quatre heures du soir. Chaque citoyen écrira ou fera écrire sur son bulletin un nombre de noms égal à celui des places à élire, et viendra pendant cet intervalle le déposer au bureau.

4. Dans la séance du second jour, à quatre heures, le bureau procèdera à la vérification et au recensement du scrutin, en lisant à haute voix le nom de chaque votant et les noms de ceux qu'il a inscrits sur son bulletin.

5. Toutes ces opérations se feront publiquement.

6. Le résultat du scrutin de chaque assemblée primaire, arrêté et proclamé par le bureau, sera envoyé au chef-lieu du département, où le recensement des résultats du scrutin de chaque assemblée primaire se fera publiquement par les administrateurs.

7. La liste de présentation sera formée de ceux qui auront obtenu le plus de voix, en nombre triple des places à remplir.

8. S'il y a égalité de suffrages, le plus âgé sera préféré dans tous les cas ; et s'il n'y a qu'une place à remplir, le plus âgé sera seul inscrit sur la liste.

9. Le recensement des résultats des scrutins faits dans les assemblées primaires commencera le huitième jour après celui qui aura été indiqué pour l'ouverture de l'élection ; et les scrutins des assemblées primaires qui ne seraient remis à l'administration du département que postérieurement à cette époque ne seront point admis.

10. La liste de présentation des candidats ne sera point définitivement arrêtée immédiatement après le dépouillement des résultats du scrutin des assemblées primaires. L'administration du département sera tenue de la faire imprimer et publier sans délai. Elle ne sera considérée d'abord que comme un simple projet, et elle contiendra : 1o la liste des candidats qui ont obtenu le plus de suffrages, en nombre triple des places à remplir ; 2o un nombre égal de suppléants, pris parmi ceux qui auront recueilli le plus de voix après les candidats inscrits les premiers, et en suivant toujours entre eux l'ordre de la pluralité.

11. Dans les quinze jours qui suivront la publication de cette première liste, l'administration du département recevra la déclaration de ceux qui, y étant inscrits, soit au nombre des candidats, soit au nombre des suppléants, déclareraient qu'ils ne veulent ou ne peuvent pas accepter ; et le quinzième jour la liste sera définitivement arrêtée, en remplaçant ceux des candidats qui auront refusé, d'abord par ceux qui seront inscrits au nombre des suppléants, et successivement par ceux qui, après eux, auront obtenu le plus de suffrages, en suivant toujours entre eux l'ordre de la pluralité.

12. La liste de présentation, ainsi définitivement arrêtée, et réduite au nombre triple des sujets à élire, sera envoyée sans délai par l'administration du département aux assemblées primaires ; l'administration indiquera le jour où les assemblées primaires devront procéder au dernier scrutin d'élection ; mais, sous aucun prétexte, ce terme ne pourra être plus éloigné que le second dimanche après la clôture de la liste de présentation.

13. L'assemblée réunie pour le second et dernier scrutin, chaque votant recevra au bureau un bulletin à deux colonnes, divisées chacune en autant de cases qu'il y aura de sujets à nommer. — L'une de ces

4.

colonnes sera intitulée : première colonne d'élection ; l'autre, colonne supplémentaire.

14. Chaque votant inscrira ou fera inscrire sur la première colonne autant d'individus qu'il y aura de places à élire : et ensuite sur la colonne supplémentaire, un nombre de noms égal à celui inscrit sur la première colonne. Ce bulletin ne sera point signé.

15. Les suffrages ne pourront porter que sur les individus inscrits sur la liste de présentation.

16. Dans chaque assemblée primaire on fera séparément le recensement des suffrages portés sur la première colonne d'élection, et sur la colonne *supplémentaire*.

17. Ces résultats seront envoyés au chef-lieu du département, et n'y seront reçus que jusqu'au huitième jour après celui qui aura été indiqué pour l'ouverture du second scrutin.

18. L'administration du département procédera publiquement au recensement général des résultats du scrutin, envoyés par les assemblées primaires. On recensera d'abord, particulièrement et séparément, le nombre des suffrages donnés à chaque candidat sur les premières colonnes de nomination, et ensuite sur les colonnes supplémentaires.

19. Si le résultat des suffrages portés sur la première colonne ne donne la majorité absolue à personne, on réunira la somme de suffrages que chaque candidat aura obtenus dans les deux colonnes ; et la nomination de tous les sujets à élire, ainsi que leurs suppléants, sera déterminée par l'ordre de la pluralité.

20. Si un ou plusieurs candidats réunissent la majorité absolue par le recensement des suffrages portés sur la première liste ou colonne de nomination, leur élection sera consommée, et l'on n'aura recours à l'addition des suffrages portés sur les deux colonnes que pour les candidats qui n'auront pas obtenu la majorité absolue dans la première colonne, et pour les places vacantes après le premier recensement.

21. Les suppléants seront d'abord ceux qui, sur la première colonne, ayant obtenu une majorité absolue, auront eu le plus grand nombre de suffrages après les sujets élus : ensuite ceux qui, après les sujets élus, auront eu le plus de suffrages par la réunion des deux colonnes, quand bien même ils n'auraient obtenu que la pluralité relative.

22. Le même mode sera suivi pour les nominations à une seule place, mais en ce cas : 1° lors du scrutin de présentation, chaque votant n'écrira qu'un nom sur bulletin ; 2° la liste de présentation, formée d'après le scrutin, contiendra les noms de treize candidats et d'autant de suppléants, jusqu'à ce qu'elle ait été réduite à treize et définitivement arrêtée conformément aux articles 10 et 11 ; 3° lors du scrutin d'élection, chaque votant écrira ou fera écrire le nom de l'individu qu'il préfère sur la première colonne, et sur la colonne supplémentaire le nom de six autres individus ; 4° si, lors du recensement général des suffrages portés sur la première colonne, l'un des candidats a réuni la majorité absolue, il sera élu ; si personne n'a obtenu la majorité absolue, on réunira les suffrages portés en faveur de chaque candidat sur les deux colonnes : celui qui en aura obtenu le plus sera élu ; et les six candidats qui auront le plus de suffrages après lui seront les suppléants, dans l'ordre de la pluralité.

23. Lors du recensement du dernier scrutin, les bulletins où l'on aurait donné un ou plusieurs suffrages à des citoyens qui ne seraient pas inscrits sur la liste de présentation, ainsi que ceux qui ne contiendraient pas sur chaque colonne le nombre de suffrages exigés ci-dessus, seront annulés.

24. Le même citoyen pourra être porté à la fois sur plusieurs listes de présentation, pour des places différentes.

25. Il y a néanmoins incompatibilité entre toutes les fonctions publiques et temporaires. Nul citoyen ne pourra accepter une fonction nouvelle sans renoncer, par le seul fait de son acceptation, à celle qu'il exerçait auparavant.

SECTION IV

De la police intérieure des assemblées primaires.

Art. 1er. La police intérieure des assemblées primaires appartient essentiellement et exclusivement à l'assemblée elle-même.

2. La peine la plus forte qu'une assemblée primaire puisse prononcer contre un de ses membres, après le rappel à l'ordre et la censure, sera l'exclusion de la séance.

3. En cas de voies de fait et excès graves, ou de crimes commis dans l'intérieur de la salle des séances, le président pourra, après avoir été autorisé par l'assemblée, décerner des mandats d'amener contre les prévenus, et les faire traduire par devant l'officier chargé de la police de sûreté.

4. Les citoyens ne pourront se rendre en armes dans les assemblées primaires.

SECTION V

Formes des délibérations dans les assemblées primaires.

Art. 1er. L'assemblée formée, le président fera connaître l'objet de la délibération réduit à une question simple, à laquelle on puisse répondre par oui ou par non; et à la fin de la séance, il ajournera l'assemblée à huitaine, pour porter sa décision.

2. Pendant l'ajournement, le local où l'assemblée primaire se réunit sera ouvert tous les jours aux citoyens qui voudront s'y réunir pour discuter l'objet soumis à leur délibération.

3. La salle sera aussi ouverte, tous les dimanches, aux citoyens qui voudront s'y réunir, et le bureau commettra l'un de ses membres, qui sera chargé de donner lecture aux citoyens, des différents actes des autorités constituées qui seront adressés aux assemblées primaires et qui sera également chargé de maintenir l'ordre et le calme dans ces réunions particulières et conférences des citoyens.

4. Lorsque l'assemblée sera réunie au jour indiqué pour émettre son vœu, le président rappellera de nouveau l'objet de la délibération, et exposera la question, sur laquelle on doit répondre par oui ou par non. — Le bureau fera afficher, dans l'intérieur de la salle, un placard contenant l'exposé sommaire de la question soumise à l'assemblée, et sur deux colonnes les mots *oui* ou *non*, avec l'explication précise de la volonté que chacun de ces mots exprime.

5. Chaque votant écrira, ou fera écrire sur son bulletin, *oui* ou *non*, et le signera, ou fera signer en son nom, par l'un des membres du bureau, avant de le déposer dans l'urne.

6. Le scrutin ne sera fermé que dans la séance du soir du second jour, à quatre heures; et pendant cet intervalle, chaque citoyen sera libre de se présenter à l'heure des séances qui lui conviendra le mieux pour émettre son vœu.

7. Le dépouillement du scrutin sera fait à haute voix ; et les membres du bureau qui rempliront les fonctions de scrutateurs proclameront le nom de chaque votant en même temps que son vœu.

8. Lorsque toutes les assemblées primaires d'un seul département délibéreront ensemble sur le même objet, le résultat du vœu de chaque assemblée, par *oui* ou par *non*, sera envoyé à l'administration du département, où le résultat général sera constaté dans les délais et suivant les formes prescrites pour les élections.

9. Dans le cas où toutes les assemblées primaires de la République auraient été convoquées pour délibérer sur le même objet, le résultat général des vœux des citoyens de chaque département sera adressé par chaque administration, dans un pareil délai de quinzaine, au corps législatif qui constatera et publiera ensuite, dans le même délai, le résultat général du vœu de tous les citoyens.

10. Les différents actes où les formes ci-dessus prescrites n'auront pas été observées seront nuls.

11. Les assemblées primaires seront juges de la validité ou de l'invalidité des suffrages qui seront donnés dans leur sein.

12. Les administrateurs de département prononceront sur les nullités résultant de l'inobservation desdites formes ci-dessus prescrites dans ces divers actes des assemblées primaires, lorsqu'elles auront procédé à des élections purement locales et particulières à leur département, à la charge d'adresser leurs arrêtés au conseil exécutif, qui sera tenu de les confirmer ou de les révoquer, et sauf le recours, dans tous les cas, au corps législatif.

13. Lorsque les assemblées primaires délibéreront sur des objets d'intérêt général, ou qu'elles procéderont à l'élection des membres du corps législatif, ou des dits fonctionnaires publics qui appartiennent à la République entière, les administrateurs de département pourront seulement adresser au corps législatif leurs observations sur les nullités des divers actes des assemblées primaires, et le corps législatif prononcera définitivement sur leur validité.

TITRE IV

DES CORPS ADMINISTRATIFS

SECTION PREMIÈRE

De l'organisation et des fonctions des corps administratifs.

Art. 1er. Il y aura, dans chaque département, un conseil administratif ; dans chaque commune, une municipalité ; et dans chaque section de commune, une agence inférieure subordonnée à la municipalité.

2. Le conseil administratif du département sera composé de dix-huit membres.

3. Il y aura un directoire de quatre membres.

4. L'administration de chaque commune sera composée de douze membres et du maire qui en sera le président.

5. L'agence secondaire de chaque section sera confiée à un seul citoyen qui pourra avoir des adjoints.

6. La réunion des agents secondaires de chaque section, avec l'administration municipale, formera le conseil général de commune.

7. L'administration de commune sera subordonnée à celle du département.

8. L'organisation des municipalités et de leur agence dans les sections, les fonctions particulières qui leur seront attribuées, et le mode de leur élection par les citoyens réunis en assemblées de sections, seront déterminés par une loi indépendante de la constitution.

9. Les citoyens de chaque commune, assemblés dans leurs sections, ne pourront délibérer que sur les objets qui intéressent particulièrement leur section ou bien leur commune; ils ne peuvent, en aucun cas, administrer par eux-mêmes.

10. Les administrateurs des départements sont essentiellement chargés de la répartition des contributions directes, de la surveillance des deniers provenant de tous les revenus publics dans l'étendue de leur territoire, de l'examen des comptes de l'administration des communes, et de délibérer sur les demandes qui peuvent être faites pour l'intérêt de leur département.

11. Les administrateurs, dans toutes les parties de la République, doivent être considérés comme les délégués du *gouvernement national*, pour tout ce qui se rapporte à l'exécution des lois et à l'administration générale, et comme les agents particuliers de la portion de citoyens résidant dans leur territoire, pour tout ce qui n'est relatif qu'à leurs intérêts locaux et particuliers.

12. Sous le premier de ces rapports, ils sont essentiellement subordonnés aux ordres et à la surveillance du conseil exécutif.

13. Le corps législatif déterminera, par des lois particulières, les règles et le mode de leurs fonctions sur toutes les parties de l'administration qui leur est confiée.

14. Ils ne pourront s'immiscer, en aucun cas, dans la partie de l'administration générale confiée par le gouvernement à des agents particuliers, comme l'administration des forces de terre et de mer, et la régie des établissements, arsenaux, magasins, ports et constructions qui en dépendent, sauf la surveillance qui pourra leur être attribuée sur quelqu'un de ces objets, mais dont l'étendue et le mode seront déterminés par la loi.

15. Le conseil exécutif choisira, dans chaque administration de département, parmi les membres qui ne seront pas du directoire, un commissaire national, chargé de correspondre avec le conseil exécutif, et de surveiller et requérir l'exécution des lois.

16. Les administrateurs du département ont le droit d'annuler les actes des sous-administrateurs, si ces actes sont contraires aux lois.

17. Ils peuvent également, dans le cas d'une désobéissance persévérante des sous-administrateurs, ou lorsqu'ils compromettront la sûreté et la tranquillité publique, les suspendre de leurs fonctions, à la charge d'en instruire sans délai le conseil exécutif, qui sera tenu de lever ou de confirmer la suspension.

18. Le conseil exécutif sera tenu, lorsque les administrateurs du département n'auront pas usé du pouvoir qui leur est délégué dans l'article ci-dessus, d'annuler directement les actes des sous-administrateurs, et il pourra improuver la conduite des uns et des autres, et les suspendre de leurs fonctions, s'il y a lieu.

19. Il sera rendu compte au corps législatif, par le conseil exécutif, des suspensions des divers administrateurs qu'il aura prononcées ou confirmées, en exécution des articles précédents, et des motifs qui l'auront déterminé.

20. Les administrateurs ne peuvent, en aucun cas, suspendre l'exécution des lois, les modifier ou y suppléer par des dispositions nouvelles, ni rien entreprendre sur l'action de la justice et le mode de son administration.

21. Il y aura dans chaque département un trésorier correspondant avec la trésorerie nationale, en ayant sous lui un caissier et un payeur. — Ce trésorier sera nommé par le conseil administratif du département, et ses commis, présentés par lui, seront agréés par le même conseil.

22. Les membres des administrations de département et des administrations inférieures ne pourront être mis en jugement par devant les tribunaux, pour des faits relatifs à leurs fonctions, qu'en vertu d'une délibération du directoire du département pour les administrateurs qui leur sont subordonnés, et du conseil national exécutif, pour les membres de l'administration du département, sauf le recours, dans tous les cas, à l'autorité supérieure du corps législatif.

SECTION II
Du mode d'élection des administrateurs de département.

Art. 1er. L'élection des administrateurs de département sera faite immédiatement par les citoyens de chaque département, réunis dans les assemblées primaires, et suivant le mode prescrit dans la section III du titre III.

2. En cas de vacance par mort, démission ou refus d'accepter, dans l'intervalle qui s'écoulera entre les élections, le citoyen nommé sera remplacé par l'un des suppléants, en suivant entre eux l'ordre de la pluralité des suffrages.

3. La moitié des membres des corps administratifs sera renouvelée tous les deux ans, trois mois après l'époque fixée pour l'élection du corps législatif.

4. Les deux premiers membres élus à chaque élection formeront le directoire.

TITRE V
DU CONSEIL EXÉCUTIF DE LA RÉPUBLIQUE

SECTION PREMIÈRE

Art. 1er. Le conseil exécutif de la République est composé de sept ministres et d'un secrétaire.

2. Il y aura : 1° Un ministre de législation. — 2° Un ministre de la guerre. — 3° Un ministre des affaires étrangères. — 4° Un ministre de la marine. — 5° Un ministre des contributions publiques. — 6° Un ministre d'agriculture, de commerce et de manufactures. — 7° Un ministre des travaux, secours, établissements publics et des arts.

3. Le conseil exécutif sera présidé alternativement par chacun des ministres, et le président sera changé tous les quinze jours.

4. Le conseil exécutif est chargé d'exécuter et de faire exécuter toutes les lois et décrets rendus par le corps législatif.

5. Il est chargé de l'envoi des lois et décrets aux administrations et aux tribunaux, de s'en faire certifier la réception et d'en justifier au corps législatif.

6. Il lui est expressément interdit de faire aucunes lois, même provisoires, ou de modifier, d'étendre ou d'interpréter les dispositions de celles qui existent, sous quelque prétexte que ce soit.

7. Tous les agents de l'administration et du gouvernement dans toutes ses parties sont essentiellement subordonnés au conseil exécutif ; mais l'administration de la justice est seulement soumise à sa surveillance.

8. Il est expressément chargé d'annuler les actes des administrateurs, qui seraient contraires à la loi, ou qui pourraient compromettre la tranquillité publique ou la sûreté de l'Etat.

9. Il peut suspendre de leurs fonctions les membres des corps administratifs, mais à la charge d'en rendre compte sans délai au corps législatif.

10. En cas de prévarication de leur part, il doit les dénoncer au corps législatif, qui décidera s'ils seront mis en jugement.

11. Le conseil a le droit de destituer, de rappeler, de remplacer les agents civils et militaires qui sont nommés par lui ou par les administrateurs qui lui sont subordonnés ; et en cas de délit de leur part, d'ordonner qu'ils seront poursuivis par devant les tribunaux qui doivent en connaître.

12. Le conseil est chargé de dénoncer aux censeurs judiciaires les actes et jugements par lesquels les juges auraient excédé les bornes de leurs pouvoirs.

13. La direction et l'inspection des armées de terre et de mer et généralement tout ce qui concerne la défense extérieure de l'Etat, est délégué au conseil exécutif. — Il est chargé de tenir au complet le nombre d'hommes qui sera déterminé chaque année par le corps législatif ; de régler leur marche et les distribuer sur le territoire de la République, ainsi qu'il le jugera convenable ; de pourvoir à leur armement, à leur équipement et à leur subsistance ; de faire et passer pour cet objet tous les marchés qui seront nécessaires ; de choisir les agents qui doivent les seconder ; et faire observer les lois sur le mode de l'avancement militaire et les lois ou règlements pour la discipline des armées.

14. Le conseil exécutif fera délivrer les brevets ou commissions aux fonctionnaires publics qui doivent en recevoir.

15. Le conseil exécutif est chargé de dresser la liste des récompenses nationales que les citoyens ont le droit de réclamer d'après la loi : cette liste sera présentée au corps législatif qui y statuera à l'ouverture de chaque session.

16. Toutes les affaires seront traitées au conseil, et il sera tenu un registre des décisions.

17. Chaque ministre agira ensuite dans son département en conformité des arrêtés du conseil, et prendra tous les moyens d'exécution de détail qu'il jugera les plus convenables.

18. L'établissement de la trésorerie nationale est indépendant du conseil exécutif.

19. Les ordres généraux de paiement sont arrêtés au conseil et donnés en son nom.

20. Les ordres particuliers seront expédiés ensuite par chaque ministre dans son département, sous sa seule signature, et en relatant dans l'ordre l'arrêté du conseil, et la loi qui aura autorisé chaque nature de dépense.

21. Aucun ministre en place ou hors de place ne peut être poursuivi en matière criminelle pour fait de son administration sans un décret du corps législatif qui ordonne la mise en jugement.

22. Le corps législatif aura le droit de prononcer la mise en jugement d'un ou de plusieurs membres du conseil exécutif, dans une séance indiquée pour cet objet unique.

23. Il sera fait un rapport sur les faits, et la discussion ne pourra s'ouvrir sur la mise en jugement qu'après que le membre inculpé aura été entendu.

24. En prononçant la mise en jugement, le corps législatif déterminera s'il y a lieu de poursuivre la simple destitution, ou la forfaiture.

25. Dans le cas où le corps législatif croira devoir poursuivre la destitution, il sera rédigé, dans le délai de trois jours, un acte énonciatif des faits qui ne pourront être qualifiés.

26. Un jury national unique sera convoqué dans la huitaine, il prononcera ensuite sur les faits non qualifiés : il y a, ou il n'y a pas lieu à destitution. Et le tribunal, d'après la déclaration du jury, prononcera la destitution du membre du conseil, ou le renvoi dans ses fonctions.

27. Si le corps législatif ordonne la poursuite de la forfaiture, le rapport sur lequel le décret aura été rendu, et les pièces qui lui auront servi de base, seront remis à l'accusateur national, dans le délai de vingt-quatre heures, et le jury national d'accusation sera convoqué dans le même délai.

28. Dans tous les cas, soit de simple destitution, soit de forfaiture, le décret de mise en jugement contre un membre du conseil exécutif emportera de droit la suspension de ses fonctions jusqu'à la prononciation du jugement ; et pendant l'instruction, il sera remplacé par l'un des suppléants choisis par la voie du sort dans le conseil.

29. Le corps législatif, en prononçant la mise en jugement d'un membre du conseil exécutif, pourra ordonner, s'il le juge convenable, qu'il sera gardé à vue.

30. Les décrets du corps législatif, sur la mise en jugement d'un membre du conseil exécutif, seront faits par scrutin signé, et le résultat nominal des suffrages sera imprimé et publié.

31. La destitution d'un membre du conseil aura lieu pour les cas d'incapacité ou de négligence grave.

32. En cas de mort, de démission, ou de refus d'accepter, les membres du conseil exécutif seront remplacés par leurs suppléants, dans l'ordre de leur inscription.

33. En cas de maladie, et d'après l'autorisation du conseil, ils pourront appeler momentanément à leurs fonctions l'un de leurs suppléants, à leur choix.

SECTION II

Du mode d'élection du conseil exécutif.

Art. 1er. L'élection des membres du conseil exécutif sera faite immédiatement par tous les citoyens de la République dans leurs assemblées primaires.

2. Chaque membre du conseil sera nommé par un scrutin séparé.

3. Pour le scrutin de présentation, chaque votant désignera dans son bulletin le citoyen qu'il croira le plus capable.

4. Le résultat des scrutins de chaque assemblée primaire sera envoyé à l'administration du département, où le recensement se fera dans les formes et dans les délais prescrits par la section III du titre III.

5. Ce recensement fait, l'administration du département publiera le nom des treize candidats qui auront obtenu le plus de suffrages, pourvu qu'ils en aient recueilli au moins cent.

6. Il sera fait une liste subsidiaire des huit candidats qui auront obtenu, après les treize premiers, le plus de suffrages; ces deux listes énonceront le nombre de voix que chacun d'eux aura recueilli.

7. Les listes des départements qui ne contiendront pas le nombre de treize candidats ayant réuni plus de cent suffrages demeureront incomplètes, et seront néanmoins valables.

8. Ces listes seront adressées au corps législatif dans le délai de huitaine ; il les fera imprimer, et les enverra à tous les départements.

9. Six semaines après la publication des listes de chaque département, le corps législatif formera une liste définitive de présentation de la manière suivante.

10. Il supprimera sur la liste de chaque département les candidats qui auraient déclaré ne pouvoir ou ne vouloir pas accepter, et il les remplacera par des candidats pris dans la liste subsidiaire de leur département, suivant l'ordre de leur inscription.

11. La préférence sera réglée dans la formation de la liste définitive de présentation, entre les candidats portés sur chaque liste, par le nombre de départements dont ils auront obtenu le vœu, et, en cas d'égalité, par le nombre de voix qu'ils auront recueilli.

12. La liste définitive de présentation pour chaque place du conseil sera composée de treize candidats.

13. Les assemblées primaires seront convoquées par le corps législatif pour procéder, un mois au plus tard après la publication de cette liste, au scrutin d'élection.

14. Chaque votant portera sur son bulletin à deux colonnes, savoir : sur la première, le candidat qu'il préfère ; et sur la seconde, les six candidats qu'il jugera dignes de le suppléer.

15. Le recensement des résultats du scrutin des assemblées primaires de chaque département sera fait par l'administration du département, imprimé, publié et envoyé, dans le délai de huitaine, au corps législatif.

16. Dans la quinzaine après l'expiration de ce délai, le corps législatif proclamera le résultat général des scrutins des départements.

17. Le candidat qui obtiendra la majorité absolue par le recensement général des suffrages individuels portés sur la première colonne sera élu. Si aucun des candidats n'obtient cette majorité, elle se formera par la réunion et l'addition des suffrages portés sur les deux colonnes. Celui qui en aura obtenu le plus sera élu.

18. Il sera fait des six candidats qui auront eu le plus de suffrages après le citoyen élu, une liste de suppléants destinés à le remplacer.

19. Les dispositions générales sur les élections, exprimées dans la section III du titre III, seront applicables à tous les cas particuliers qui ne sont pas prévus dans les articles précédents.

20. Les membres du conseil seront élus pour deux ans : la moitié sera renouvelée tous les ans ; mais ils pourront être réélus.

21. Les assemblées primaires se réuniront tous les ans, le premier dimanche du mois de janvier, pour l'élection des membres du conseil, et toutes les élections se feront à la fois, et dans les mêmes séances, pour toutes les places du conseil, quoique par un scrutin séparé pour chacune.

22. Après la première élection, les quatre membres du conseil qui devront être renouvelés les premiers sortiront par la voie du sort ; et les trois membres qui ne seront pas sortis, ainsi que le secrétaire, seront renouvelés à l'élection suivante.

Des relations du conseil exécutif avec le corps législatif.

Art. 1er. Le conseil exécutif est tenu, à l'ouverture de la session du corps législatif, de lui présenter chaque année l'aperçu des dépenses à faire dans chaque partie de l'administration, et le compte de l'emploi des sommes qui y étaient destinées pour l'année précédente; il est chargé d'indiquer les abus qui auraient pu s'introduire dans le gouvernement.

2. Le conseil exécutif peut proposer au corps législatif de prendre en considération les objets qui lui paraîtraient exiger célérité : il ne pourra néanmoins, en aucune manière, ouvrir son avis sur des dispositions législatives que d'après l'invitation formelle du corps législatif.

3. Si, dans l'intervalle des sessions du corps législatif, l'intérêt de la République exige sa prompte réunion, le conseil exécutif sera tenu de le convoquer.

4. Les actes de correspondance entre le corps législatif et le conseil exécutif seront signés du président du conseil et du secrétaire.

5. Les membres du conseil exécutif seront admis dans le sein du corps législatif lorsqu'ils auront des mémoires à lire, ou des éclaircissements à donner. Ils auront une place marquée.

6. Le corps législatif pourra aussi appeler un membre du conseil, pour lui rendre compte de ce qui concerne son administration, et donner les éclaircissements et les instructions qui lui seront demandés.

TITRE VI

DE LA TRÉSORERIE NATIONALE ET DU BUREAU DE COMPTABILITÉ

Art. 1er. Il y aura trois commissaires de la trésorerie nationale, élus comme les membres du conseil exécutif de la République, et en même temps, mais par un scrutin séparé.

2. La durée de leurs fonctions sera de trois années, et l'un d'eux sera renouvelé tous les ans.

3. Les deux candidats qui auront obtenu le plus de suffrages après celui qui aura été élu seront ses suppléants.

4. Les commissaires de la trésorerie seront chargés de surveiller la recette de tous les deniers nationaux, d'ordonner le paiement de toutes les dépenses publiques, de tenir un compte ouvert de dépense et de recette avec tous les receveurs et payeurs qui doivent compter avec la trésorerie nationale, et d'entretenir, avec les trésoriers des départements et les administrations, la correspondance nécessaire pour assurer la rentrée exacte et régulière des fonds.

5. Ils ne pourront rien payer, sous peine de forfaiture, qu'en vertu d'un décret du corps législatif, jusqu'à concurrence des fonds décrétés par lui sur chaque objet, d'après une décision du conseil exécutif, et sur la signature du ministre de chaque département.

6. Ils ne pourront aussi, sous peine de forfaiture, ordonner aucun paiement, si l'ordre de dépense, signé par le ministre du département que ce genre de dépense concerne, n'énonce pas la date de la décision du conseil exécutif et des décrets du corps législatif qui ont ordonné le paiement.

7. Il sera nommé trois commissaires de la comptabilité nationale de la même manière, à la même époque, et suivant le mode prescrit pour les commissaires de la trésorerie nationale.

8. Ils seront également nommés pour trois ans; l'un d'eux sera renouvelé chaque année, et ils auront aussi deux suppléants.

9. Les commissaires de la comptabilité seront chargés de se faire remettre, aux époques fixées par la loi, les comptes des divers comptables appuyés des pièces justificatives, et de poursuivre l'apurement et le jugement de ces comptes.

10. Le corps législatif formera chaque année, pour cet objet, une liste de deux cents jurés.

11. Pour l'apurement et le jugement de chaque compte, il sera formé sur cette liste un jury de vingt et une personnes, parmi lesquelles le comptable aura droit d'en récuser sept, et le conseil exécutif sept autres.

12. Si les récusations ne réduisent pas le nombre du jury à sept, les jurés non récusés se réduiront à ce nombre par la voie du sort.

13. L'un des commissaires de la comptabilité sera chargé de présenter les pièces à chaque juré, de lui faire toutes les observations qu'il jugera convenables, et de donner tous les ordres nécessaires pour le mettre en état de porter sa décision.

14. La première élection des commissaires de la trésorerie et de la comptabilité nationale sera faite à la fois suivant les mêmes formes que pour une place unique, quant à la formation de liste de présentation ; mais, dans le scrutin de nomination, chaque votant insérera huit noms sur son bulletin, trois dans la première colonne, et cinq dans la colonne subsidiaire. Les suppléants communs aux trois commissaires seront au nombre de cinq ; la même règle sera suivie pour la première élection des trois commissaires de la comptabilité.

TITRE VII

DU CORPS LÉGISLATIF

SECTION PREMIÈRE

De l'organisation du corps législatif, du mode d'élection des membres qui le composent.

Art. 1er. Le corps législatif est un, et sera composé d'une seule chambre ; il sera renouvelé tous les ans.

2. Les membres du corps législatif seront nommés par les citoyens de chaque département réunis en assemblées primaires, dans les formes et en suivant le mode prescrit par la section III du titre III.

3. Les assemblées primaires se réuniront, pour cet objet, le premier dimanche du mois de mai de chaque année.

4. Le nombre des députés que chaque département enverra au corps législatif sera fixé par la seule base de la population, et à raison d'un député par cinquante mille âmes. Le nombre des suppléants sera égal à celui des députés.

5. Les nombres rompus donneront un député de plus à chaque département, lorsqu'ils excéderont vingt-cinq mille âmes, et l'on n'y aura aucun égard lorsqu'ils n'excéderont pas ce nombre.

6. Tous les dix ans, le corps législatif annoncera le nombre de députés que chaque département doit fournir, d'après les états de population qui lui seront envoyés chaque année : mais dans cet intervalle il ne pourra être fait aucun changement à la représentation nationale.

7. Les députés de chaque département se réuniront le premier lundi du mois de juillet, au lieu qui aura été indiqué par un décret de la législature précédente, ou dans le même lieu de ses dernières séances, si elle n'en a pas indiqué un autre.

8. Si pendant la première quinzaine ils ne se sont pas réunis au nombre de plus de deux cents, ils ne pourront s'occuper d'aucun acte législatif, mais ils enjoindront aux membres absents de se rendre à leurs fonctions sans délai.

9. Pendant cet intervalle, les séances se tiendront sous la présidence du doyen d'âge, et dans le cas d'une nécessité urgente, l'assemblée pourra prendre des mesures de sûreté générale, mais dont l'exécution ne sera que provisoire, et qui cessera après le délai de quinzaine, si ces mesures ne sont confirmées par une nouvelle délibération du corps législatif après sa constitution définitive.

10. Les membres qui ne se seront pas rendus dans le délai d'un mois seront remplacés par leurs suppléants.

11. La première quinzaine expirée, en quelque nombre que les députés se trouvent réunis, ou aussitôt qu'ils seront au nombre de plus de deux cents, et après avoir vérifié leurs pouvoirs, ils se constitueront en assemblée nationale législative ; et lorsque l'assemblée aura été organisée par l'élection du président et des secrétaires, elle commencera l'exercice de ses fonctions.

12. Les fonctions du président et des secrétaires, seront temporaires, et ne pourront excéder la durée d'un mois.

13. Les membres du corps législatif sont inviolables ; ils ne pourront être recherchés, accusés, ni jugés en aucun temps, pour ce qu'ils auront dit ou écrit dans l'exercice de leurs fonctions.

14. Ils pourront, pour fait criminel, être saisis en flagrant délit ; mais il en sera donné avis sans délai au corps législatif, et la poursuite ne pourra être continuée qu'après que le corps législatif aura décidé qu'il y a lieu à la mise en jugement.

15. Hors le cas du flagrant délit, les membres du corps législatif ne pourront être amenés devant les officiers de police, ou mis en état d'arrestation avant que le corps législatif n'ait prononcé sur la mise en jugement.

SECTION II

Des fonctions du corps législatif.

Art. 1er. Au corps législatif seul appartient l'exercice plein et entier de la puissance législative.

2. Les lois constitutionnelles et leurs réformes sont seules exceptées des dispositions de l'article précédent.

3. Les actes émanés du corps législatif se divisent en deux classes : les lois et les décrets.

4. Les caractères qui distinguent les premiers sont leur généralité et leur durée indéfinie. Les caractères qui distinguent les seconds sont leur application locale ou particulière, et la nécessité de leur renouvellement à une époque déterminée.

5. Seront compris sous la dénomination de lois tous les actes concernant la législation civile, criminelle et de police, les règlements généraux sur les domaines et établissements nationaux, sur les diverses branches d'administration générale et des revenus publics, sur le titre, le poids, l'empreinte et la dénomination des monnaies, sur la nature et la répartition des impôts, et sur les peines nécessaires à établir pour leur recouvrement.

6. Seront désignés sous le nom particulier de décrets, les actes du corps législatif concernant : — 1° L'établissement annuel de la force de terre et de mer; la permission ou la défense du passage des troupes étrangères sur le territoire français, et l'introduction des forces navales étrangères dans les ports de la République; la fixation annuelle de la dépense publique; la quotité de l'impôt direct, et le tarif de l'impôt indirect; — 2° Les précautions urgentes de sûreté et de tranquillité; la distribution annuelle et momentanée des secours, des travaux publics; toute dépense imprévue et extraordinaire; les ordres pour la fabrication des monnaies de toute espèce, et les mesures locales ou particulières à un département, à une commune, ou à un genre de travaux, tels que la confection d'une grande route, l'ouverture d'un canal; — 3° Les déclarations de guerre, la ratification des traités et tout ce qui a rapport aux étrangers; — 4° L'exercice de la responsabilité des membres du conseil, des fonctionnaires publics, et la poursuite et la mise en jugement des prévenus de complot ou d'attentat contre la sûreté générale de la République, la discipline intérieure de l'assemblée législative, et la disposition de la force armée qui sera établie dans la ville où elle tiendra ses séances.

7. Les mesures extraordinaires de sûreté générale et de tranquillité publique ne pourront avoir plus de six mois de durée, et leur exécution cessera de plein droit à cette époque, si elles ne sont pas renouvelées par un nouveau décret.

SECTION III
Tenue des séances et formation de la loi.

Art. 1er. Les délibérations du corps législatif seront publiques, et les procès-verbaux de ses séances seront imprimés.

2. Les lois et les décrets seront rendus à la majorité absolue des voix.

3. La discussion ne pourra s'ouvrir que sur un projet écrit.

4. Il n'y aura d'exception à cet article que pour les arrêtés relatifs à la police de l'assemblée, à l'ordre et à la marche des délibérations, et aux résolutions qui n'auront aucun rapport à la législation et à l'administration générale de la République.

5. Aucune loi et aucun décret ne pourront être rendus qu'après deux délibérations, dont la première déterminera seulement l'admission du projet et son renvoi à un nouvel examen, et la seconde aura lieu pour l'adopter ou le rejeter définitivement.

6. Le projet de loi ou de décret sera remis au président par le membre qui voudra le présenter; il en sera fait lecture; et si l'assemblée n'adopte pas la question préalable sur la simple lecture, il sera imprimé, distribué, et ne pourra être mis en délibération que huit jours après la distribution, à moins que l'assemblée n'abrège ce délai.

7. Le projet, après la discussion sur le fond, sur les amendements et sur les articles additionnels, pourra être rejeté, ajourné, renvoyé à une commission ou admis.

8. Dans le cas où le projet serait admis, il sera renvoyé à l'examen du bureau qui sera organisé ainsi qu'il sera établi ci-après.

9. Le bureau sera tenu de faire son rapport dans le délai de quinzaine, et il aura la faculté d'abréger ce délai autant qu'il le jugera convenable.

10. Il pourra présenter, soit le même projet, soit un nouveau projet sur le même objet; mais s'il présente un nouveau projet ou des amendements, et des articles additionnels au projet admis, ce ne sera que huit jours après la distribution et l'impression de ces propositions nouvelles qu'il pourra y être délibéré.

11. L'assemblée pourra néanmoins accorder la priorité au premier projet qui lui aura été présenté sur celui du bureau, si elle le juge convenable.

12. Toute proposition nouvelle, soit article additionnel, soit projet de décret, ne pourra être adoptée et décrétée qu'après avoir été admise, renvoyée au bureau, et qu'elle aura subi l'épreuve d'un nouveau rapport, conformément aux articles précédents.

13. Le corps législatif pourra, lorsqu'il le croira utile à la chose publique, abréger les délais fixés par les articles 9 et 10; mais cette délibération ne pourra être prise qu'au scrutin et à la majorité des voix.

14. Si l'urgence est adoptée, le corps législatif fixera le jour de la délibération, ou ordonnera qu'elle sera prise séance tenante.

15. L'intitulé de la loi ou du décret attestera que ces formalités ont été remplies par la formule suivante :

Loi

Proposée le_____ admise et renvoyée au bureau le _____ rapportée et décrétée le _____ conformément à ce qui est prescrit par la constitution ; ou, en vertu de la délibération d'urgence du

16. Toute loi ou décret qui aurait été rendu sans que ces formalités aient été remplies n'aura pas force de loi, et ne pourra recevoir aucune exécution.

SECTION IV

Formation du bureau.

Art. 1er. Il sera formé, tous les mois, dans le sein du corps législatif, un bureau composé de treize membres, et qui sera chargé de faire un rapport sur tous les projets de loi ou de décret qui auront été admis et qui lui seront renvoyés.

2. Tous les mois on tirera au sort treize départements ; chaque députation des départements sortis par la voie du sort nommera au scrutin un de ses membres pour composer le bureau.

Variante : **2.** Cette nomination se fera par un double scrutin de présentation ou de révocation.

3. Le tirage au sort n'aura lieu qu'entre les départements qui ne seront pas encore sortis.

Variante : **3.** La liste de présentation sera de vingt-six noms.

4. Au bout de six mois le tirage se renouvellera, mois par mois, entre tous les départements.

Variante : **4.** Le scrutin d'élection se fera par un bulletin à une seule colonne. Chaque membre de l'assemblée portera sur son bulletin les treize candidats qu'il préférera, et la nomination sera déterminée par la pluralité des suffrages.

5. Les départements qui sortiront une seconde fois ne pourront nommer les mêmes membres.

Variante : **5.** Les membres qui auront été nommés au bureau ne pourront plus être nommés pendant la durée de la législature.

6. Chaque bureau conservera les rapports des projets admis qui lui auront été envoyés dans le courant du mois pour lequel il aura été formé.

TITRE VIII

DE LA CENSURE DU PEUPLE SUR LES ACTES DE LA REPRÉSENTATION NATIONALE, ET DU DROIT DE PÉTITION

Art. 1er. Lorsqu'un citoyen croira utile ou nécessaire d'exciter la surveillance des représentants du peuple sur des actes de constitution, de législation ou d'administration générale, de provoquer la réforme d'une loi existante, ou la promulgation d'une loi nouvelle, il aura le droit de requérir le bureau de son assemblée primaire, de la convoquer au jour de dimanche le plus prochain, pour délibérer sur sa proposition.

2. Cette proposition sera rédigée dans l'acte de réquisition, réduite dans les termes les plus simples, et séparée des motifs qui ont pu l'appuyer.

3. Cette réquisition, pour avoir son effet, devra être revêtue de l'approbation et de la signature de cinquante citoyens résidant dans l'arrondissement de la même assemblée primaire.

4. Le bureau à qui cette réquisition sera adressée vérifiera, sur le tableau des membres de l'assemblée primaire, si les signataires de la réquisition ou de l'approbation ont droit de suffrage ; et en ce cas, il sera tenu de convoquer l'assemblée pour le dimanche suivant.

5. Ce jour-là, l'assemblée formée, le président donnera lecture de la proposition ; la discussion s'ouvrira à l'instant, et pourra être continuée pendant le cours de la semaine ; mais la décision sera ajournée au dimanche suivant.

6. Au jour indiqué, le scrutin sera ouvert par oui ou par non, sur la question : Y a-t-il ou n'y a-t-il pas lieu à délibérer ?

7. Si la majorité des votants est d'avis qu'il y a lieu à délibérer, le bureau sera tenu de requérir la convocation des assemblées primaires dont les chefs-lieux sont situés dans l'arrondissement de la même commune, pour délibérer sur l'objet énoncé dans la réquisition.

8. Le bureau sera tenu de joindre à sa réquisition un procès-verbal sommaire de la délibération de son assemblée, et une copie collationnée de la demande du citoyen qui a provoqué la délibération.

9. Sur cette réquisition, les membres des bureaux des assemblées primaires à qui elle sera adressée convoqueront leurs assemblées dans les délais prescrits, et en adresseront les résultats au bureau qui le premier aura fait la réquisition.

10. Si la majorité des votants, dans les assemblées primaires de la commune, déclare qu'il y a lieu à délibérer sur la proposition, le bureau adressera à l'administration du département le procès-verbal de ses opérations et le résultat général des scrutins des assemblées primaires de la commune qui lui auront été adressés ; il requerra en même temps l'administration de convoquer les assemblées primaires du département pour délibérer sur la même proposition.

11. La convocation générale ne pourra être refusée : elle aura lieu dans le délai de quinzaine, et les assemblées primaires délibéreront dans les mêmes formes, et adresseront à l'administration du département le résultat de leurs délibérations.

12. Le dépouillement et le résultat sera publié et affiché dans le chef-lieu des assemblées primaires du département.

13. Si la majorité des assemblées primaires déclde qu'il y a lieu à délibérer, l'administration du département adressera au corps législatif le résultat de leur délibération, avec l'énonciation de la proposi-

tion qu'elles ont adoptée, et le requerra de prendre cet objet en considération.

14. Cette réquisition sera sans délai imprimée, distribuée à tous les membres, affichée dans l'intérieur de la salle, et renvoyée à des commissaires pour en faire leur rapport dans la huitaine.

15. Après le rapport des commissaires, la discussion s'ouvrira sur la question proposée : elle sera continuée et ajournée à huit jours, et il sera statué, au plus tard dans la quinzaine suivante, sur la question de savoir s'il y a ou s'il n'y a pas lieu à délibérer sur cette proposition.

16. On votera sur cette question par un scrutin signé, et le résultat nominal des suffrages sera imprimé et envoyé à tous les départements.

17. Si la majorité des voix se décide pour l'affirmative, le corps législatif renverra la proposition adoptée à des commissaires, pour lui présenter un projet de décret dans un délai qui ne pourra pas excéder celui de quinzaine.

18. Ce projet de décret sera ensuite mis à la discussion, rejeté ou admis, et dans ce dernier cas renvoyé au bureau, suivant les règles générales prescrites pour la formation de la loi.

19. Si la majorité des voix rejette la proposition en déclarant qu'il n'y a pas lieu à délibérer, le résultat nominatif du scrutin sera également envoyé à tous les départements. Dans tous les cas, soit que le corps législatif admette la proposition ou la rejette, la délibération sur la question préalable pourra être motivée, et sera envoyée à tous les départements.

20. Si la révocation du décret qui a prononcé sur la question préalable, ou de la loi qui aura été faite sur le fond de la proposition, est demandée par les assemblées primaires d'un autre département, le corps législatif sera tenu de convoquer sur-le-champ toutes les assemblées primaires de la République, pour avoir leur vœu sur cette proposition.

21. La question sera réduite et posée dans le décret de la Convention de la manière suivante : — Y a-t-il lieu à délibérer, oui ou non, sur la révocation du décret du corps législatif, en date du....., qui a admis ou rejeté la proposition suivante : .....

22. S'il est décidé à la majorité des voix, dans les assemblées primaires, qu'il y a lieu à délibérer sur la révocation du décret, le corps législatif sera renouvelé, et les membres qui auront voté pour le décret ne pourront être réélus ni nommés membres du corps législatif pendant l'intervalle d'une législature.

23. La disposition de l'article précédent, concernant les membres qui auront voté pour le décret, n'aura pas lieu si la censure n'est exercée et la révocation demandée qu'après l'intervalle d'une année, à compter du jour de la prononciation du décret et de la loi.

24. Si, dans l'intervalle qui peut s'écouler entre le décret et l'émission du vœu général des assemblées primaires, il y a eu une nouvelle élection du corps législatif, et si plusieurs des membres qui auront voté pour le décret ont été réélus, ils seront tenus, immédiatement après que le vœu général sur la révocation du décret aura été constaté, de céder leur place à leurs suppléants.

25. Si le renouvellement du corps législatif a lieu en vertu de l'article 23, l'époque de la réélection annuelle sera seulement anticipée : le nouveau corps législatif finira le temps de la législature qu'il aura remplacée, et ne sera renouvelé lui-même qu'à l'époque des élections annuelles déterminées par la loi.

26. Après le renouvellement du corps législatif, la nouvelle législature, dans la quinzaine qui suivra l'époque de sa constitution en assemblée délibérante, sera tenue de remettre à la discussion la question de la révocation du décret, dans la forme prescrite par les articles 15, 16 et suivants, et la décision qu'elle rendra sur cet objet sera également soumise à l'exercice du droit de censure.

27. Seront soumis à l'exercice du droit de censure toutes les lois et généralement tous les actes de la législation qui seraient directement contraires à la constitution.

28. Seront formellement exceptés les décrets et les actes de simple administration, les délibérations sur des intérêts locaux et partiels, l'exercice de la surveillance et de la police sur les fonctionnaires, et les mesures de sûreté générale lorsqu'elles n'auront pas été renouvelées.

29. L'exécution provisoire de la loi sera toujours de rigueur.

30. Le corps législatif pourra, toutes les fois qu'il le jugera convenable, consulter le vœu des citoyens réunis dans leurs assemblées primaires sur des questions qui intéresseront essentiellement la République entière. Ces questions seront réduites à la simple alternative par oui ou par non.

31. Indépendamment de l'exercice du droit de censure sur les lois, les citoyens ont le droit d'adresser individuellement ou collectivement des pétitions aux autorités constituées, pour leur intérêt personnel et privé.

32. Ils seront seulement assujétis, dans l'exercice de ce droit, à l'ordre progressif établi par la constitution entre les diverses autorités constituées.

33. Les citoyens ont aussi le droit de provoquer la mise en jugement des fonctionnaires publics, en cas d'abus de pouvoir et de violation de la loi.

TITRE IX

DES CONVENTIONS NATIONALES

Art. 1er. Une Convention nationale sera convoquée toutes les fois qu'il s'agira de réformer l'acte constitutionnel, de changer ou modifier quelques-unes de ses parties, ou enfin d'y ajouter quelques dispositions nouvelles.

2. Le corps législatif sera chargé de cette convocation lorsqu'elle aura été jugée nécessaire par la majorité des citoyens de la République. Il désignera la ville où la Convention se réunira et tiendra ses séances; mais ce sera toujours à la distance de plus de cinquante lieues de la ville où le corps législatif siégera.

3. La Convention et le corps législatif auront le droit de changer le lieu de leurs séances; mais la distance des cinquante lieues sera toujours observée.

4. Dans la vingtième année après l'acceptation de l'acte constitutionnel, le corps législatif sera tenu d'indiquer une Convention pour revoir et perfectionner la constitution.

5. Chaque citoyen a le droit de provoquer l'appel d'une Convention pour la réforme de la constitution; mais ce droit est soumis aux formes et aux règles établies pour l'exercice du droit de censure.

6. Si la majorité des votants dans les assemblées primaires d'un département réclame la convocation d'une Convention nationale, le corps législatif sera tenu de consulter sur-le-champ tous les citoyens réunis dans les assemblées primaires ; et si la majorité des votants adopte l'affirmative, la Convention aura lieu sans délai.

7. Le corps législatif pourra aussi, lorsqu'il le jugera nécessaire, proposer la convocation d'une Convention nationale ; mais elle ne pourra avoir lieu que lorsque la majorité du peuple français aura approuvé cette convocation, et les membres de la législature ne pourront, en ce cas, être élus membres de la Convention nationale.

8. La Convention sera formée de deux membres par département, ayant deux suppléants. Ils seront élus de la même manière que les membres des législatures.

9. La Convention ne pourra s'occuper que de présenter au peuple un projet de constitution, perfectionné et dégagé des défauts que l'expérience aurait fait connaître.

10. Toutes les autorités établies continueront leur action jusqu'à ce que la nouvelle constitution ait été acceptée par le peuple, suivant le mode réglé par la constitution existante, et jusqu'à ce que les nouvelles autorités aient été formées et mises en activité.

11. Si le projet de réforme de la constitution est rejeté dans le courant des deux premiers mois qui suivront l'époque où le vœu du peuple aura été constaté, la Convention sera tenue de présenter aux suffrages des citoyens les questions sur lesquelles elle croira devoir connaître leur vœu.

12. Le nouveau plan formé d'après l'expression de ce vœu sera présenté à l'acceptation du peuple dans les mêmes formes.

13. S'il est rejeté, la Convention nationale sera dissoute de plein droit, et le corps législatif sera tenu de consulter sur-le-champ les assemblées primaires pour savoir s'il y a lieu à la convocation d'une Convention nouvelle.

14. Les membres de la Convention ne peuvent être recherchés, accusés, ni jugés en aucun temps, pour ce qu'ils auront dit ou écrit dans l'exercice de leurs fonctions ; et ils ne pourront être mis en jugement, dans tout autre cas, que par une décision de la Convention elle-même.

15. La Convention, aussitôt après sa réunion, pourra régler l'ordre et la marche de ses travaux comme elle le jugera convenable ; mais ses séances seront toujours publiques.

16. En aucun cas, la Convention ne pourra prolonger ses séances au delà du terme d'une année.

TITRE X

DE L'ADMINISTRATION DE LA JUSTICE

SECTION PREMIÈRE

Règles générales.

Art. 1er. Il y aura un code de lois civiles, de lois criminelles, qui seront uniformes pour toute la République.

2. La justice sera rendue publiquement par des jurés et par des juges.

3. Ces juges seront élus à temps et salariés par la République.

4. Ils ne peuvent être renouvelés qu'aux époques déterminées par l'acte constitutionnel.

5. Les fonctions judiciaires ne peuvent, en aucun cas et sous aucun

prétexte, être exercées ni par le corps législatif, ni par le consei
exécutif, ni par les corps administratifs et municipaux.

6. Les tribunaux et les juges ne peuvent s'immiscer dans l'exercice
du pouvoir législatif ; ils ne peuvent interpréter les lois ni les étendre,
en arrêter ou en suspendre l'exécution, entreprendre sur les fonctions
administratives, ni citer devant eux les administrateurs pour raison
de leurs fonctions.

7. Les juges ne pourront être destitués que pour forfaiture légalement jugée, ni suspendus que par une accusation admise.

SECTION II

De la justice civile.

Art. 1ᵉʳ. Le droit des citoyens de terminer définitivement leurs
contestations par la voie de l'arbitrage volontaire ne peut recevoir
aucune atteinte par les actes du pouvoir exécutif.

2. Il y aura au moins un juge de paix dans chaque commune.

3. Les juges de paix sont chargés spécialement de concilier les
parties ; et, dans le cas où ils ne pourraient y parvenir, de prononcer
définitivement et sans frais sur leurs contestations.

4. Le nombre et la compétence des juges de paix seront déterminés par le corps législatif ; et néanmoins ils ne pourront jamais
connaître de la propriété et des matières criminelles, ni exercer aucune
fonction de police ou d'administration.

5. La justice de paix ne pourra jamais devenir un élément ou un
degré de la justice contentieuse.

6. Dans toutes les contestations autres que celles qui sont du ressort de la justice de paix, les citoyens seront tenus de les soumettre
d'abord à des arbitres choisis par eux.

7. En cas de réclamation contre les décisions rendues par les arbitres, en vertu de l'article précédent, les citoyens se pourvoiront devant
le jury civil.

8. Il y aura dans chaque département un seul jury civil : il sera
composé d'un directeur de jury, d'un rapporteur public, d'un commissaire national et de jurés. Le nombre des officiers du jury pourra
être augmenté par le corps législatif, suivant les besoins des départements.

9. Le tableau des jurés civils de chaque département sera fourni
de la manière suivante : — 1° Dans chaque assemblée primaire on élira,
tous les six mois, un juré sur cent citoyens inscrits sur le tableau. —
2° Cette élection sera faite par un seul scrutin et à la simple pluralité relative. — 3° Chaque votant signera son bulletin ou le fera
signer en son nom par l'un des membres du bureau, et n'y portera
qu'un seul individu, quel que soit le nombre des jurés que son assemblée primaire devra nommer.

10. Tous les citoyens résidant dans chaque département seront
éligibles par chaque assemblée primaire.

11. Chaque assemblée primaire enverra à l'administration du
département la liste des citoyens qui auront recueilli le plus de voix,
en nombre du double des jurés qu'elle doit nommer : et l'administration, après avoir formé le tableau des jurés, le fera parvenir sans
délai au directeur du jury.

12. Tout citoyen qui aura été inscrit deux fois dans un tableau de
jurés ne pourra être tenu d'en exercer de nouveau les fonctions.

13. Le choix des jurés sera fait sur le tableau général du département par les parties. En cas de refus, ce choix sera fait par le

directeur du jury, pour les parties qui refusent. En cas d'absence, ce choix sera fait par le commissaire national pour les parties absentes.

14. Le directeur, le rapporteur, le commissaire national et leurs suppléants seront nommés immédiatement par les assemblées primaires du département, dans les formes et suivant le mode prescrit pour les nominations individuelles.

15. Les fonctions principales du directeur du jury seront de diriger la procédure ; celles du rapporteur de faire l'exposé des affaires devant le jury ; et celles du commissaire national seront : 1° De requérir et de surveiller l'observation des formes et des lois dans les jugements à rendre, et de faire exécuter les jugements rendus. — 2° De défendre les insensés, les interdits, les absents, les pupilles, les mineurs et les veuves.

SECTION III
De la justice criminelle.

Art. **1er.** La peine de mort est abolie pour tous les délits privés.

2. Le droit de faire grâce ne serait que le droit de violer la loi : il ne peut exister dans un gouvernement libre où la loi est égale pour tous.

3. En matière criminelle, nul citoyen ne peut être jugé que par les jurés, et la peine sera appliquée par les tribunaux criminels.

4. Un premier jury déclarera si l'accusation doit être admise ou rejetée. Le fait sera reconnu et déclaré par le second jury.

5. L'accusé aura la faculté de récuser, sans alléguer de motifs, le nombre de jurés qui sera déterminé par la loi.

6. Les jurés qui déclareront le fait. ne pourront, en aucun cas, être au-dessous du nombre douze.

7. L'accusé choisira un conseil ; et s'il n'en choisit pas, le tribunal lui en nommera un.

8. Tout homme acquitté par un jury ne peut plus être repris n accusé à raison du même fait.

9. Il y aura pour chaque tribunal criminel un président, deux juges et un accusateur public. Ces quatre officiers seront élus à temps par le peuple.

10. Les fonctions de l'accusateur public seront de dénoncer au directeur du jury, soit d'office, soit d'après les ordres qui lui seront donnés par le conseil exécutif ou par le corps législatif : — 1° Les attentats contre la liberté individuelle des citoyens. — 2° Ceux commis contre le droit des gens. — 3° La rebellion à l'exécution des jugements et de tous les actes exécutoires émanés des autorités constituées. — 4° Les troubles occasionnés et les voies de fait commises pour entraver la perception des contributions, la libre circulation des subsistances et autres objets de commerce. — 5° De requérir pendant le cours de l'instruction, pour la régularité des formes, et, avant le jugement, pour l'application de la loi. — 6° De poursuivre les délits sur les actes d'accusation admis par les premiers jurés. — 7° De surveiller tous les officiers de police du département, qu'il sera tenu d'avertir en cas de négligence, et de dénoncer, dans le cas de fautes plus graves, au tribunal criminel.

SECTION IV

Des censeurs judiciaires.

Art. 1er. Il y aura des censeurs judiciaires qui iront, à des époques fixes, prononcer dans chaque département de l'arrondissement qui sera désigné à cet effet, 1° sur les demandes en cassation contre les jugements rendus par les tribunaux criminels et les jurys civils ; 2° sur les demandes en renvoi d'un tribunal à un autre pour cause de suspicion légitime ; 3° sur les règlements de juges, et sur les prises à partie contre les juges. — Ils casseront les jugements dans lesquels les formes auront été violées, ou qui contiendront une contravention expresse à la loi.

2. Les censeurs seront nommés pour deux années. Ils seront élus par les assemblées primaires de chaque département, dans la forme établie pour les nominations individuelles. Ils seront communs à toute la République.

3. Chaque division de censeurs ne pourra être composée de moins de quatre membres et de plus de sept, et ils ne pourront jamais exercer leurs fonctions dans le département qui les aura nommés.

4. Ils ne connaîtront point du fond des affaires ; mais après avoir cassé le jugement, ils renverront le procès, soit au tribunal criminel, soit au jury civil qui doit en connaître.

5. Lorsque, après deux cassations, le jugement du troisième tribunal criminel ou jury civil sera attaqué par les mêmes moyens que les deux premiers, la question ne pourra plus être agitée devant les censeurs sans avoir été soumise au corps législatif, qui portera un décret déclaratoire de la loi, auquel les censeurs seront tenus de se conformer.

6. Les commissaires nationaux et les accusateurs publics pourront, sans préjudice du droit des parties intéressées, dénoncer aux censeurs les actes par lesquels les juges auraient excédé les bornes de leur pouvoir.

7. Les censeurs annuleront ces actes s'il y a lieu ; et dans le cas de forfaiture, le fait sera dénoncé au corps législatif par les censeurs qui auront prononcé.

8. Le corps législatif mettra le tribunal en jugement, s'il y a lieu, et renverra les prévenus devant le tribunal qui doit connaître de cette matière.

9. Dans le cas où les parties ne se seraient pas pourvues contre les jugements dans lesquels les formes ou les lois auraient été violées, les jugements auront, à l'égard des parties, force de chose jugée ; mais ils seront annulés pour l'intérêt public, sur la dénonciation des commissaires nationaux et des accusateurs publics. Les juges qui les auront rendus pourront être poursuivis pour cause de forfaiture.

10. Le délai pour se pourvoir devant les censeurs ne pourra, en aucun cas, être abrogé ni prorogé pour aucune cause particulière, ni pour aucun individu.

11. Dans le premier mois de la session du corps législatif, chaque division de censeurs, après avoir remis le résultat de ses travaux, sera tenue de lui envoyer l'état des jugements rendus, à côté de chacun desquels seront la notice abrégée de l'affaire et le texte de la loi qui aura déterminé la décision.

12. Dans le cours du mois suivant, le corps législatif se fera rendre compte du travail des censeurs, des abus qui pourront s'être introduits dans l'exercice de leurs fonctions, et des moyens de perfectionner la législation et l'administration de la justice.

6

13. La justice sera rendue au nom de la nation. Les expéditions exécutoires des jugements des tribunaux criminels, des jurys civils et des juges de paix, seront conçues ainsi qu'il suit : *La République française, à tous les citoyens..... Le jury civil ou le tribunal de..... a rendu le jugement suivant : —* Copie du jugement et le nom des juges. *— La République française mande et ordonne,* etc.

14. La même formule aura lieu pour les décisions des censeurs qui porteront le nom d'*actes de censure judiciaire.*

SECTION V
Du jury national.

Art. 1er. Il sera formé un jury national toutes les fois qu'il s'agira de prononcer sur les crimes de haute trahison. Ces crimes seront expressément déterminés par le code pénal.

2. Le tableau du jury national sera composé de trois jurés par chaque département, et d'un nombre égal de suppléants.

3. Ils seront élus, ainsi que les suppléants, par les assemblées primaires de chaque département, suivant les formes prescrites pour les élections.

4. Le jury national se divisera en jurés d'accusation et en jurés de jugement.

5. Il ne sera formé qu'un seul jury national, lorsqu'il s'agira de prononcer sur la simple destitution d'un membre du conseil exécutif de la République.

6. Les juges du tribunal criminel du département dans l'étendue duquel le délit aura été commis rempliront auprès du jury national les fonctions qu'ils exercent pour le jury ordinaire.

7. Lorsqu'il s'agira d'un délit de haute trahison commis hors du territoire de la République, ou de la forfaiture encourue par un fonctionnaire public hors du même territoire, le corps législatif choisira par la voie du sort, entre les sept tribunaux criminels les plus voisins du lieu du délit, celui qui devra en connaître.

8. La même règle sera observée lorsque des motifs impérieux d'intérêt public ne permettront pas que le jury national se rassemble dans le département où le délit aura été commis.

SECTION VI
Des moyens de garantir la liberté civile.

ART. 1er. Les citoyens ne peuvent être distraits des juges que la loi constitutionnelle leur assigne.

2. Toute personne saisie en vertu de la loi doit être conduite devant l'officier de police, et nul ne peut être mis en état d'arrestation ou détenu, 1o qu'en vertu d'un mandat des officiers de police ; 2o d'une ordonnance de prise de corps d'un tribunal ; 3o d'un décret d'arrestation du corps législatif ; 4o ou d'un jugement de condamnation à prison ou détention correctionnelle.

3. Toute personne conduite devant l'officier de police sera interrogée sur-le-champ, ou au plus tard dans les vingt-quatre heures, sous peine de destitution et de prise à partie.

4. S'il résulte de l'examen de l'officier de police qu'il n'y a aucun sujet d'inculpation, la personne détenue sera remise aussitôt en liberté; et s'il y a lieu de l'envoyer à la maison d'arrêt, elle y sera conduite dans le plus bref délai, qui, en aucun cas, ne pourra excéder trois jours.

5. Le directeur du jury d'accusation sera tenu de le convoquer dans le délai d'un mois au plus tard, sous peine de destitution.

6. Les personnes arrêtées ne peuvent être retenues si elles donnent caution suffisante, dans tous les cas où la loi n'a pas prononcé une peine afflictive ou corporelle.

7. Le corps législatif fixera les règles d'après lesquelles les cautionnements et les peines pécuniaires seront graduées d'une manière proportionnelle qui ne viole pas les principes de l'égalité, et qui ne dénature pas la peine.

8. Les personnes détenues par l'autorité de la loi ne peuvent être conduites que dans les lieux légalement et publiquement désignés pour servir de maison d'arrêt, de maison de justice ou de prison.

9. Nul gardien ou geôlier ne peut recevoir ni retenir aucun homme qu'en vertu d'un mandat, ordonnance de prise de corps, décret d'accusation ou jugement, et sans que la transcription en ait été faite sur son registre.

10. Tout gardien ou geôlier représentera la personne du détenu à l'officier civil ayant la police de la maison de détention, toutes les fois qu'il en sera requis par lui.

11. Lorsque la personne détenue ne sera pas gardée au secret en vertu d'une ordonnance du juge, inscrite sur le registre, sa représentation ne pourra être refusée à ses parents et amis, porteurs de l'ordre de l'officier civil, qui sera toujours tenu de l'accorder.

12. Toute autre personne que celle à qui la loi donne le droit d'arrestation, qui expédiera, signera, exécutera ou fera exécuter l'ordre d'arrêter un citoyen; toute personne qui, dans le cas d'arrestation autorisé par la loi, conduira, recevra ou retiendra un citoyen dans un lieu de détention non publiquement et non légalement désigné, et tout gardien ou geôlier qui contreviendra aux dispositions des articles précédents, seront coupables de crimes de détention arbitraire, et punis comme tels.

13. La maison de chaque citoyen est un asile inviolable. Pendant la nuit, on ne peut y entrer que dans les seuls cas d'incendie ou de réclamation de l'intérieur de la maison; et pendant le jour, outre ces deux cas, on pourra y entrer en vertu d'un ordre de l'officier de police.

14. La liberté de la presse est indéfinie. Nul homme ne peut être recherché ni poursuivi pour raison des écrits qu'il aurait fait imprimer ou publier sur quelque matière que ce soit, sauf l'action en calomnie, de la part des citoyens qui en sont l'objet, contre l'auteur ou l'imprimeur.

15. Nul ne pourra être jugé, soit par la voie civile, soit par la voie criminelle, pour faits d'écrits publiés sans qu'il ait été reconnu et déclaré par un jury : 1° s'il y a délit dans l'écrit dénoncé; 2° si la personne poursuivie en est coupable.

16. Les auteurs conservent la propriété des ouvrages qu'ils ont fait imprimer; mais la loi ne doit la garantie, après l'impression, que pendant leur vie seulement.

TITRE XI

DE LA FORCE PUBLIQUE

Art. 1er. La force publique est composée de tous les citoyens en état de porter les armes.

2. Elle doit être organisée pour défendre la République contre les ennemis extérieurs et assurer au dedans le maintien de l'ordre et l'exécution des lois.

3. Il pourra être formé des corps soldés, tant pour la défense de la République contre les ennemis extérieurs, que pour le service de l'intérieur de la République.

4. Les citoyens ne pourront jamais agir comme corps armé, pour le service de l'intérieur, que sur la réquisition et l'autorisation des officiers civils.

5. La force publique ne peut être requise par les officiers civils que dans l'étendue de leur territoire ; elle ne peut agir du territoire d'une commune dans une autre, sans l'autorisation de l'administration du département ; et d'un département dans un autre, sans les ordres du conseil exécutif.

6. Et néanmoins, comme l'exécution des jugements et la poursuite des accusés ou des condamnés n'a point de territoire circonscrit dans une République une et indivisible, le corps législatif déterminera par une loi les moyens les plus *prompts* d'assurer l'exécution des jugements et la poursuite des accusés dans toute l'étendue de la République.

7. Toutes les fois que des troubles dans l'intérieur détermineront le conseil à faire passer une partie de la force publique d'un département dans un autre, il sera tenu d'en instruire sur-le-champ le corps législatif.

8. Toutes parties de la force publique employées contre les ennemis du dehors agiront sous les ordres du conseil exécutif.

9. La force publique est essentiellement obéissante ; nul corps d'armée ne peut délibérer.

10. Les commandants en chef des armées de terre et de mer ne seront nommés que par commission ; et, en cas de guerre, ils la recevront du conseil exécutif. Elle sera révocable à volonté ; sa durée sera toujours bornée à une campagne, et elle devra être renouvelée tous les ans.

11. La loi de discipline militaire aura besoin d'être renouvelée chaque année.

12. Les commandants de la garde nationale seront nommés tous les ans par les citoyens de chaque commune, et nul ne pourra commander la garde nationale de plusieurs communes.

TITRE XII

DES CONTRIBUTIONS PUBLIQUES

Art. 1er. Les contributions publiques ne doivent jamais excéder les besoins de l'État.

2. Le peuple seul a le droit, soit par lui-même, soit par ses représentants, de les consentir, d'en suivre l'emploi et d'en déterminer la quotité, l'assiette, le recouvrement et la durée.

3. Les contributions publiques seront délibérées et fixées chaque année par le corps législatif, et ne pourront subsister au delà de ce terme, si elles n'ont pas été expressément renouvelées.

4. Les contributions doivent être également réparties entre tous les citoyens, en raison de leurs facultés.

5. Néanmoins la portion du produit de l'industrie et du travail qui sera reconnue nécessaire à chaque citoyen pour sa subsistance, ne peut être assujétie à aucune contribution.

6. Il ne pourra être établi aucune contribution qui, par sa nature ou par son mode, nuirait à la libre disposition des propriétés, aux progrès de l'industrie et du commerce, à la circulation des capitaux, ou entraînerait la violation des droits reconnus et déclarés par la constitution.

7. Les administrateurs des départements ou des communes ne pourront ni établir aucune contribution publique, ni faire aucune répartition au delà des sommes fixées par le corps législatif, ni délibérer ou permettre, sans y être autorisés par lui, aucun emprunt local à la charge des citoyens du département ou de la commune.

8. Les comptes détaillés de la dépense des départements ministériels, signés, certifiés par les ministres seront rendus publics chaque année, au commencement de chaque législature.

9. Il en sera de même des états de recettes des diverses contributions et de tous les revenus publics.

10. Les états de ces dépenses et recettes seront distingués suivant leur nature, et exprimeront les sommes touchées et dépensées année par année, dans chaque département.

11. Seront également rendus publics les comptes des dépenses particulières aux départements et relatives aux tribunaux, aux administrations, et généralement à tous les établissements publics.

TITRE XIII ET DERNIER

DES RAPPORTS DE LA RÉPUBLIQUE FRANÇAISE AVEC LES NATIONS ÉTRANGÈRES ET DE SES RELATIONS EXTÉRIEURES

Art. 1er. La République française ne prend les armes que pour le maintien de sa liberté, la conservation de son territoire et la défense de ses alliés.

2. Elle renonce solennellement à réunir à son territoire des contrées étrangères, sinon d'après le vœu librement émis de la majorité des habitants, et dans le cas seulement où les contrées qui solliciteront cette réunion ne seront pas incorporées et unies à une autre nation, en vertu d'un pacte social, exprimé dans une constitution antérieure et librement consentie.

3. Dans les pays occupés par les armes de la République française, les généraux seront tenus de maintenir, par tous les moyens qui seront à leur disposition, la sûreté des personnes et des propriétés, et d'assurer aux citoyens de ces pays la jouissance entière de leurs droits naturels, civils et politiques. Ils ne pourront, sous aucun prétexte et en aucun cas, protéger, de l'autorité dont ils sont revêtus, le maintien des usages contraires à la liberté et l'égalité naturelles, et à la souveraineté des peuples.

4. Dans ses relations avec les nations étrangères, la République française respectera les institutions garanties par le consentement exprès ou tacite de la généralité du peuple.

5. La déclaration de guerre sera faite par le corps législatif, et ne sera pas assujétie aux formes prescrites pour les autres délibérations; mais elle ne pourra être décrétée qu'à une séance indiquée au moins trois jours à l'avance par un scrutin signé, et après avoir entendu le conseil exécutif de la République.

6. En cas d'hostilités imminentes ou commencées, de menaces ou de préparatifs de guerre contre la République française, le conseil exécutif est tenu d'employer, pour la défense de l'État, les moyens qui sont remis à sa disposition, à la charge d'en prévenir le corps législatif sans délai. Il pourra même indiquer, en ce cas, les augmentations de forces et les nouvelles mesures que les circonstances pourraient exiger.

7. Tous les agents de la force publique sont autorisés, en cas d'attaque, à repousser une agression hostile, à la charge d'en prévenir sans délai le conseil exécutif.

8. Aucune négociation ne pourra être entamée, aucune suspension d'hostilités ne pourra être accordée, sinon en vertu d'un décret du corps législatif, qui ne pourra statuer sur ces objets qu'après avoir entendu le conseil exécutif.

9. Les conventions et traités de paix, d'alliance et de commerce, seront négociés au nom de la République française, par des agents du conseil exécutif et chargés de ses instructions; mais leur exécution sera suspendue, et ne pourra avoir lieu qu'après la ratification du corps législatif.

10. Les capitulations en (1) suspensions d'armes momentanées, consenties par les généraux sont seules exceptées des articles précédents.

ACTE CONSTITUTIONNEL
du 24 Juin 1793 et Déclaration des Droits de l'homme et du citoyen (2)

DÉCLARATION DES DROITS DE L'HOMME ET DU CITOYEN

Le peuple Français, convaincu que l'oubli et le mépris des droits naturels de l'homme, sont les seules causes des malheurs du monde, a résolu d'exposer dans une déclaration solennelle, ces droits sacrés et inaliénables, afin que tous les citoyens pouvant comparer sans cesse les actes du gouvernement avec le but de toute institution sociale, ne se laissent jamais opprimer et avilir par la tyrannie, afin que le peuple ait toujours devant les yeux les bases de sa liberté et de son bonheur; le magistrat la règle de ses devoirs; le législateur l'objet de sa mission. — En conséquence, il proclame, en présence de l'Être suprême, la déclaration suivante des droits de l'homme et du citoyen.

Art. 1er. Le but de la société est le bonheur commun. — Le gouvernement est institué pour garantir à l'homme la jouissance de ses droits naturels et imprescriptibles.

2. Ces droits sont, l'égalité, la liberté (3), la sûreté, la propriété.

(1) Sic, Moniteur, 19 février 1793, et Réimpression.
(2) Collationné sur l'extrait du procès-verbal (Musée des Archives nationales, n° 1363) revêtu du sceau (sur papier) de la Convention, signé par Collot d'Herbois, président, Delacroix, Gossuin, Durand, Maillane, Ducos, P. A. Laloy, secrétaires.
(3) Cf. L. 16 pluviôse an II (abolition de l'esclavage des nègres dans les colonies).

3. Tous les hommes sont égaux par la nature et devant la loi.

4. La loi est l'expression libre et solennelle de la volonté générale; elle est la même pour tous, soit qu'elle protège, soit qu'elle punisse; elle ne peut ordonner que ce qui est juste et utile à la société; elle ne peut défendre que ce qui lui est nuisible.

5. Tous les citoyens sont également admissibles aux emplois publics. Les peuples libres ne connaissent d'autres motifs de préférence dans leurs élections, que les vertus et les talents.

6. La liberté est le pouvoir qui appartient à l'homme de faire tout ce qui ne nuit pas aux droits d'autrui : elle a pour principe la nature; pour règle la justice; pour sauvegarde la loi; sa limite morale est dans cette maxime : *Ne fais pas à un autre ce que tu ne veux pas qu'il te soit fait.*

7. Le droit de manifester sa pensée et ses opinions, soit par la voie de la presse, soit de toute autre manière (1), le droit de s'assembler paisiblement (2), le libre exercice des cultes (3), ne peuvent être interdits. — La nécessité d'énoncer ces droits suppose ou la présence ou le souvenir récent du despotisme.

8. La sûreté consiste dans la protection accordée par la société à chacun de ses membres pour la conservation de sa personne, de ses droits et de ses propriétés.

9. La loi doit protéger la liberté publique et individuelle contre l'oppression de ceux qui gouvernent.

10. Nul ne doit être accusé, arrêté ni détenu, que dans les cas déterminés par la loi et selon les formes qu'elle a prescrites. Tout citoyen, appelé ou saisi par l'autorité de la loi, doit obéir à l'instant ; il se rend coupable par la résistance.

11. Tout acte exercé contre un homme hors des cas et sans les formes que la loi détermine, est arbitraire et tyrannique ; celui contre lequel on voudrait l'exécuter par la violence, a le droit de le repousser par la force.

12. Ceux qui solliciteraient, expédieraient, signeraient, exécuteraient ou feraient exécuter des actes arbitraires, sont coupables, et doivent être punis.

13. Tout homme étant présumé innocent jusqu'à ce qu'il ait été déclaré coupable, s'il est jugé indispensable de l'arrêter, toute rigueur qui ne serait pas nécessaire pour s'assurer de sa personne, doit être sévèrement réprimée par la loi (4).

(1) Cf. L. 29 mars 1793.
(2) Cf. LL. 25 juillet 1793 ; 9 brumaire an II ; 25 ventôse an III ; 6 fructidor an III.
(3) Cf. LL. 18 frimaire an II ; 3 ventôse an III ; 11 prairial an III.
(4) V. L. 17 septembre 1793 (suspects) et les notes de l'art. 96, Const. I, 93.

14. Nul ne doit être jugé et puni qu'après avoir été entendu ou légalement appelé, et qu'en vertu d'une loi promulguée antérieurement au délit. La loi qui punirait des délits commis avant qu'elle existât, serait une tyrannie ; l'effet rétroactif donné à la loi serait un crime.

15. La loi ne doit décerner que des peines strictement et évidemment nécessaires : les peines doivent être proportionnées au délit et utiles à la société.

16. Le droit de propriété est celui qui appartient à tout citoyen de jouir et de disposer à son gré de ses biens, de ses revenus, du fruit de son travail et de son industrie.

17. Nul genre de travail, de culture, de commerce, ne peut être interdit à l'industrie des citoyens.

18. Tout homme peut engager ses services, son temps ; mais il ne peut se vendre, ni être vendu : sa personne n'est pas une propriété aliénable. La loi ne reconnaît point de domesticité ; il ne peu' exister qu'un engagement de soins et de reconnaissance, entre l'homme qui travaille et celui qui l'emploie.

19. Nul ne peut être privé de la moindre portion de sa propriété, sans son consentement, si ce n'est lorsque la nécessité publique légalement constatée l'exige, et sous la condition d'une juste et préalable indemnité (1).

20. Nulle contribution ne peut être établie que pour l'utilité générale. Tous les citoyens ont le droit de concourir à l'établissement des contributions, d'en surveiller l'emploi, et de s'en faire rendre compte.

21. Les secours publics sont une dette sacrée. La société doit la subsistance aux citoyens malheureux, soit en leur procurant du travail, soit en assurant les moyens d'exister à ceux qui sont hors d'état de travailler (2).

22. L'instruction est le besoin de tous. La société doit favoriser de tout son pouvoir les progrès de la raison publique, et mettre l'instruction à la portée de tous les citoyens.

23. La garantie sociale consiste dans l'action de tous, pour assurer à chacun la jouissance et la conservation de ses droits ; cette garantie repose sur la souveraineté nationale.

24. Elle ne peut exister, si les limites des fonctions publiques ne sont pas clairement déterminées par la loi, et si la responsabilité de tous les fonctionnaires n'est pas assurée (3).

(1) Cf. L. 18 mars 1793, portant peine de mort contre quiconque proposera une loi agraire.
(2) Cf. LL. 19 mars 1793 ; 28 juin 1793, 24 vendémiaire an IV.
(3) Cf. L. 24 vendémiaire an III.

25. La souveraineté réside dans le peuple; elle est une et indivisible, imprescriptible et inaliénable.

26. Aucune portion du peuple ne peut exercer la puissance du peuple entier; mais chaque section du souverain assemblée doit jouir du droit d'exprimer sa volonté avec une entière liberté.

27. Que tout individu qui usurperait la souveraineté, soit à l'instant mis à mort par les hommes libres.

28. Un peuple a toujours le droit de revoir, de réformer et de changer sa constitution. Une génération ne peut assujétir à ses lois les générations futures.

29. Chaque citoyen a un droit égal de concourir à la formation de la loi et à la nomination de ses mandataires ou de ses agents.

30. Les fonctions publiques sont essentiellement temporaires; elles ne peuvent être considérées comme des distinctions ni comme des récompenses, mais comme des devoirs.

31. Les délits des mandataires du peuple et de ses agents, ne doivent jamais être impunis. Nul n'a le droit de se prétendre plus inviolable que les autres citoyens.

32. Le droit de présenter des pétitions aux dépositaires de l'autorité publique ne peut, en aucun cas, être interdit, suspendu ni limité.

33. La résistance à l'oppression est la conséquence des autres droits de l'homme.

34. Il y a oppression contre le corps social lorsqu'un seul de ses membres est opprimé. Il y a oppression contre chaque membre lorsque le corps social est opprimé.

35. Quand le gouvernement viole les droits du peuple, l'insurrection est pour le peuple et pour chaque portion du peuple, le plus sacré des droits et le plus indispensable des devoirs (1).

ACTE CONSTITUTIONNEL

De la République.

Art. 1er. La République Française est une et indivisible.

(1) Ce texte est celui du manuscrit du Musée des Archives. Le texte imprimé officiel porte : « ... pour chaque portion du peuple *le plus sacré et le plus indispensable des devoirs.* » L'erreur d'impression est certaine. Elle paraît devoir s'expliquer par ce fait que le mot *droits* est écrit en surcharge, le mot *devoirs*, qui avait d'abord été écrit, étant resté lisible sous la surcharge. Il est à noter que la surcharge n'est pas paraphée, comme le sont habituellement toutes les corrections.

De la distribution du Peuple.

2. Le peuple Français est distribué, pour l'exercice de sa souveraineté, en assemblées primaires de cantons (1).

3. Il est distribué, pour l'administration et pour la justice, en départements, districts, municipalités.

De l'état des Citoyens.

4. Tout homme né et domicilié en France, âgé de vingt et un ans accomplis ; — Tout étranger âgé de vingt et un ans accomplis, qui, domicilié en France depuis une année, — Y vit de son travail, — Ou acquiert une propriété, — Ou épouse une Française, — Ou adopte un enfant, — Ou nourrit un vieillard ; — Tout étranger enfin, qui sera jugé par le corps législatif avoir bien mérité de l'humanité, — Est admis à l'exercice des droits de citoyen Français.

5. L'exercice des droits de citoyen se perd, — Par la naturalisation en pays étranger ; — Par l'acceptation de fonctions ou faveurs émanées d'un gouvernement non populaire ; — Par la condamnation à des peines infamantes ou afflictives, jusqu'à réhabilitation.

6. L'exercice des droits de citoyen est suspendu, — Par l'état d'accusation ; — Par un jugement de contumace, tant que le jugement n'est pas anéanti.

De la Souveraineté du Peuple.

7. Le peuple souverain est l'universalité des citoyens Français.

8. Il nomme immédiatement ses députés.

9. Il délègue à des électeurs le choix des administrateurs, des arbitres publics, des juges criminels et de cassation.

10. Il délibère sur les lois.

Des Assemblées primaires.

11. Les assemblées primaires se composent des citoyens domiciliés depuis six mois dans chaque canton.

12. Elles sont composées de deux cents citoyens au moins, de six cents au plus, appelés à voter.

13. Elles sont constituées par la nomination d'un président, de secrétaires, de scrutateurs.

14. Leur police leur appartient.

15. Nul n'y peut paraître en armes.

(1) Cf. LI., 9 brumaire an II ; 4 prairial an III.

16. Les élections se font au scrutin, ou à haute voix, au choix de chaque votant.

17. Une assemblée primaire ne peut, en aucun cas, prescrire un mode uniforme de voter.

18. Les scrutateurs constatent le vote des citoyens qui ne sachant pas écrire, préfèrent de voter au scrutin.

19. Les suffrages sur les lois sont donnés par *oui* et par *non*.

20. Le vœu de l'assemblée primaire est proclamé ainsi : *Les citoyens réunis en assemblée primaire de...... au nombre de. .... votants, votent pour* ou *votent contre, à la majorité de.....*

De la Représentation nationale.

21. La population est la seule base de la représentation nationale.

22. Il y a un député en raison de quarante mille individus.

23. Chaque réunion d'assemblées primaires, résultant d'une population de 39,000 à 41,000 âmes, nomme immédiatement un député.

24. La nomination se fait à la majorité absolue des suffrages.

25. Chaque assemblée fait le dépouillement des suffrages, et envoie un commissaire pour le recensement général, au lieu désigné comme le plus central.

26. Si le premier recensement ne donne point de majorité absolue, il est procédé à un second appel, et on vote entre les deux citoyens qui ont réuni le plus de voix.

27. En cas d'égalité de voix, le plus âgé a la préférence, soit pour être ballotté, soit pour être élu. En cas d'égalité d'âge, le sort décide.

28. Tout Français exerçant les droits de citoyen, est éligible dans l'étendue de la République.

29. Chaque député appartient à la nation entière.

30. En cas de non-acceptation, démission, déchéance ou mort d'un député, il est pourvu à son remplacement par les assemblées primaires qui l'ont nommé.

31. Un député qui a donné sa démission, ne peut quitter son poste qu'après l'admission de son successeur.

32. Le peuple Français s'assemble tous les ans, le premier mai, pour les élections.

33. Il y procède quel que soit le nombre des citoyens ayant droit d'y voter.

34. Les assemblées primaires se forment extraordinairement, sur la demande du cinquième des citoyens qui ont droit d'y voter.

35. La convocation se fait, en ce cas, par la municipalité du lieu ordinaire du rassemblement.

36. Ces assemblées extraordinaires ne délibèrent qu'autant que la moitié, plus un, des citoyens qui ont droit d'y voter, sont présents.

Des Assemblées électorales.

37. Les citoyens réunis en assemblées primaires, nomment un électeur à raison de 200 citoyens, présents ou non ; deux depuis 301 jusqu'à 400 ; trois depuis 501 jusqu'à 600.

38. La tenue des assemblées électorales, et le mode des élections sont les mêmes que dans les assemblées primaires.

Du Corps législatif.

39. Le corps législatif est un, indivisible et permanent.

40. Sa session est d'un an.

41. Il se réunit le premier juillet.

42. L'assemblée nationale ne peut se constituer, si elle n'est composée au moins de la moitié des députés, plus un.

43. Les députés ne peuvent être recherchés, accusés ni jugés en aucun temps, pour les opinions qu'ils ont énoncées dans le sein du corps législatif.

44. Ils peuvent, pour fait criminel, être saisis en flagrant délit : mais le mandat d'arrêt ni le mandat d'amener ne peuvent être décernés contre eux qu'avec l'autorisation du corps législatif (1).

Tenue des séances du Corps législatif.

45. Les séances de l'assemblée nationale sont publiques.

46. Les procès-verbaux de ses séances seront imprimés.

47. Elle ne peut délibérer si elle n'est composée de deux cents membres au moins.

48. Elle ne peut refuser la parole à ses membres, dans l'ordre où ils l'ont réclamée.

49. Elle délibère à la majorité des présents.

50. Cinquante membres ont le droit d'exiger l'appel nominal.

51. Elle a le droit de censure sur la conduite de ses membres dans son sein.

52. La police lui appartient dans le lieu de ses séances, et dans l'enceinte extérieure qu'elle a déterminée.

(1) Cf. LL. 1er avril 1793 ; 11 avril 1793 ; 20 brumaire an II 1er germinal an III, tit. I.

Des fonctions du Corps législatif.

53. Le corps législatif propose des lois, et rend des décrets.

54. Sont compris sous le nom général de *loi*, les actes du corps législatif, concernant : — La législation civile et criminelle ; — L'administration générale des revenus et des dépenses ordinaires de la République ; — Les domaines nationaux ; — Le titre, le poids, l'empreinte et la dénomination des monnaies ; — La nature, le montant et la perception des contributions ; — La déclaration de guerre ; — Toute nouvelle distribution générale du territoire français ; — L'instruction publique ; — Les honneurs publics à la mémoire des grands hommes.

55. Sont désignés sous le nom particulier de *décret*, les actes du corps législatif, concernant : — L'établissement annuel des forces de terre et de mer ; — La permission ou la défense du passage des troupes étrangères sur le territoire français ; — L'introduction des forces navales étrangères dans les ports de la République ; — Les mesures de sûreté et de tranquillité générales ; — La distribution annuelle et momentanée des secours et travaux publics ; — Les ordres pour la fabrication des monnaies de toute espèce ; — Les dépenses imprévues et extraordinaires ; — Les mesures locales et particulières à une administration, à une commune, à un genre de travaux publics ; — La défense du territoire ; — La ratification des traités ; — La nomination et la destitution des commandants en chef des armées ; — La poursuite de la responsabilité des membres du conseil, des fonctionnaires publics ; — L'accusation des prévenus de complots contre la sûreté générale de la République ; — Tout changement dans la distribution particelle du territoire français ; — Les récompenses nationales.

De la formation de la Loi.

56. Les projets de loi sont précédés d'un rapport.

57. La discussion ne peut s'ouvrir, et la loi ne peut être provisoirement arrêtée que quinze jours après le rapport.

58. Le projet est imprimé et envoyé à toutes les communes de la République, sous ce titre : *Loi proposée.*

59. Quarante jours après l'envoi de la loi proposée, si dans la moitié des départements, plus un, le dixième des assemblées primaires de chacun d'eux, régulièrement formées, n'a pas réclamé, le projet est accepté et devient *loi.*

60. S'il y a réclamation, le corps législatif convoque les assemblées primaires.

De l'intitulé des Lois et des Décrets.

61. Les lois, les décrets, les jugements et tous les actes publics sont intitulés : *Au nom du peuple Français, l'an... de la République Française.*

Du Conseil exécutif (1).

62. Il y a un conseil exécutif composé de vingt-quatre membres.

63. L'assemblée électorale de chaque département nomme un candidat. Le corps législatif choisit sur la liste générale, les membres du conseil.

64. Il est renouvelé par moitié à chaque législature, dans les derniers mois de sa session.

65. Le conseil est chargé de la direction et de la surveillance de l'administration générale ; il ne peut agir qu'en exécution des lois et des décrets du corps législatif.

66. Il nomme, hors de son sein, les agents en chef de l'administration générale de la République.

67. Le corps législatif détermine le nombre et les fonctions de ces agents.

68. Ces agents ne forment point un conseil ; ils sont séparés, sans rapports immédiats entre eux ; ils n'exercent aucune autorité personnelle.

69. Le conseil nomme, hors de son sein, les agents extérieurs de la République.

70. Il négocie les traités.

71. Les membres du conseil, en cas de prévarication, sont accusés par le corps législatif.

72. Le conseil est responsable de l'inexécution des lois et des décrets, et des abus qu'il ne dénonce pas.

73. Il révoque et remplace les agents à sa nomination.

74. Il est tenu de les dénoncer, s'il y a lieu, devant les autorités judiciaires.

Des relations du Conseil exécutif avec le Corps législatif.

75. Le conseil exécutif réside auprès du corps législatif ; il a l'entrée et une place séparée dans le lieu de ses séances.

(1) Cf. L. 19 vendémiaire an II, portant que le gouvernement provisoire de la France est révolutionnaire jusqu'à la paix, et L. 14 frimaire an II, sur le mode de gouvernement provisoire et révolutionnaire. — V. aussi D. 12 germinal an II qui supprime le conseil exécutif provisoire et le remplace par douze commissions. — La loi du 10 vendémiaire an IV rétablit les ministères.

76. Il est entendu toutes les fois qu'il a un compte à rendre.

77. Le corps législatif l'appelle dans son sein, en tout ou en partie, lorsqu'il le juge convenable.

Des Corps administratifs et municipaux (1).

78. Il y a dans chaque commune de la République une administration municipale ; — Dans chaque district, une administration intermédiaire ; — Dans chaque département, une administration centrale.

79. Les officiers municipaux sont élus par les assemblées de commune.

80. Les administrateurs sont nommés par les assemblées électorales de département et de district.

81. Les municipalités et les administrations sont renouvelées tous les ans par moitié.

82. Les administrateurs et officiers municipaux n'ont aucun caractère de représentation. — Ils ne peuvent, en aucun cas, modifier les actes du corps législatif, ni en suspendre l'exécution.

83. Le corps législatif détermine les fonctions des officiers municipaux et des administrateurs, les règles de leur subordination, et les peines qu'ils pourront encourir.

84. Les séances des municipalités et des administrations sont publiques.

De la Justice civile.

85. Le code des lois civiles et criminelles est uniforme pour toute la République (2).

86. Il ne peut être porté aucune atteinte au droit qu'ont les citoyens de faire prononcer sur leurs différends par des arbitres de leur choix.

87. La décision de ces arbitres est définitive, si les citoyens ne se sont pas réservé le droit de réclamer.

88. Il y a des juges de paix élus par les citoyens des arrondissements déterminés par la loi.

89. Ils concilient et jugent sans frais.

90. Leur nombre et leur compétence sont réglés par le corps législatif.

91. Il y a des arbitres publics élus par les assemblées électorales.

(1) Cf. LL. 19 vendémiaire an II ; 14 frimaire an II ; 28 germinal an III.
(2) Cf. L. 11 prairial an II.

92. Leur nombre et leurs arrondissements sont fixés par le corps législatif.

93. Ils connaissent des contestations qui n'ont pas été terminées définitivement par les arbitres privés ou par les juges de paix.

94. Ils délibèrent en public. — Ils opinent à haute voix. — Ils statuent en dernier ressort, sur défenses verbales, ou sur simple mémoire, sans procédures et sans frais. — Ils motivent leurs décisions.

95. Les juges de paix et les arbitres publics sont élus tous les ans.

De la Justice criminelle.

96. En matière criminelle, nul citoyen ne peut être jugé que sur une accusation reçue par les jurés ou décrétée par le corps législatif. — Les accusés ont des conseils choisis par eux, ou nommés d'office. — L'instruction est publique. — Le fait et l'intention sont déclarés par un juré (1) de jugement. — La peine est appliquée par un tribunal criminel (2) (3).

97. Les juges criminels sont élus tous les ans par les assemblées électorales.

Du Tribunal de cassation (4).

98. Il y a pour toute la République un tribunal de cassation.

99. Ce tribunal ne connaît point du fond des affaires. — Il prononce sur la violation des formes et sur les contraventions expresses à la loi.

100. Les membres de ce tribunal sont nommés tous les ans par les assemblées électorales.

Des Contributions publiques.

101. Nul citoyen n'est dispensé de l'honorable obligation de contribuer aux charges publiques.

De la Trésorerie nationale.

102. La trésorerie nationale est le point central des recettes et dépenses de la République.

(1) V. p. 17, note 3.
(2) Cf. LL. 2 nivôse an II ; 19 floréal an II.
(3) Sur le tribunal criminel extraordinaire et révolutionnaire, cf. LL.10 mars 1793 ; 31 juillet 1793 ; 8 brumaire an II ; 22 prairial an II ; 8 nivôse an III ; 12 prairial an III. — Pour les tribunaux militaires, cf. LL. 12 mai 1793 ; 3 pluviôse an II.
(4) Cf. LL. 19 août 1793 ; 22 août 1793 ; 1er brumaire an II ; 28 ventôse an II ; 4 germinal an II ; 14 messidor an III.

103. Elle est administrée par des agents comptables, nommés par le conseil exécutif.

104. Ces agents sont surveillés par des commissaires nommés par le corps législatif, pris hors de son sein, et responsables des abus qu'ils ne dénoncent pas.

De la Comptabilité.

105. Les comptes des agents de la trésorerie nationale et des administrateurs des deniers publics, sont rendus annuellement à des commissaires responsables, nommés par le conseil exécutif.

106. Ces vérificateurs sont surveillés par des commissaires à la nomination du corps législatif, pris hors de son sein, et responsables des abus et des erreurs qu'ils ne dénoncent pas. — Le corps législatif arrête les comptes.

Des Forces de la République.

107. La force générale de la République est composée du peuple entier (1).

108. La République entretient à sa solde, même en temps de paix, une force armée de terre et de mer.

109. Tous les Français sont soldats ; ils sont tous exercés au maniement des armes.

110. Il n'y a point de généralissime.

111. La différence des grades, leurs marques distinctives et la subordination ne subsistent que relativement au service et pendant sa durée.

112. La force publique employée pour maintenir l'ordre et la paix dans l'intérieur, n'agit que sur la réquisition par écrit des autorités constituées.

113. La force publique employée contre les ennemis du dehors, agit sous les ordres du conseil exécutif.

114. Nul corps armé ne peut délibérer.

Des Conventions nationales.

115. Si dans la moitié des départements, plus un, le dixième des assemblées primaires de chacun d'eux, régulièrement formées, demande la révision de l'acte constitutionnel, ou le changement de quelques-uns de ses articles, le corps législatif est tenu de convoquer toutes les assemblées primaires de la République, pour savoir s'il y a lieu à une convention nationale.

(1) Cf. L. 24 février 1793.

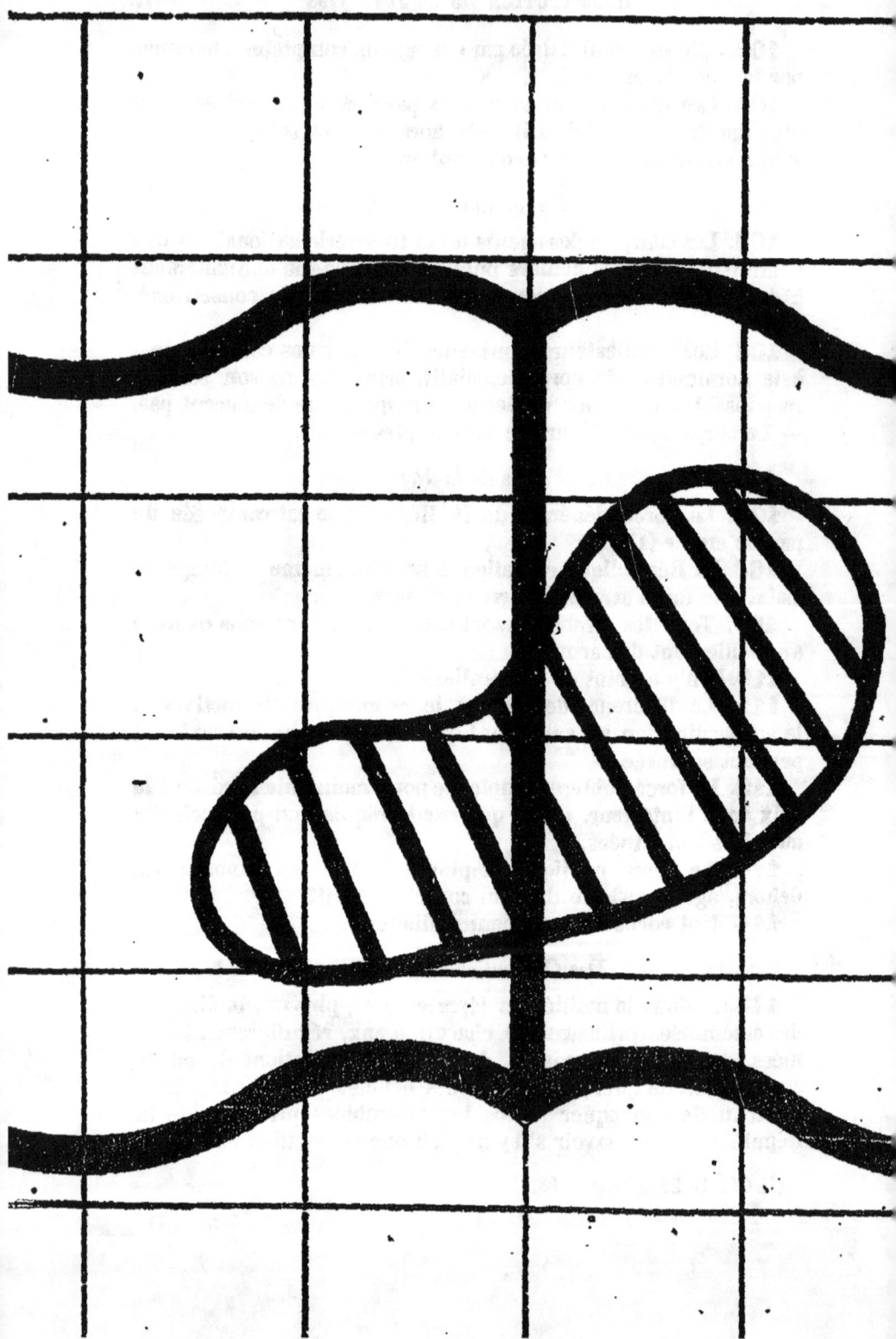

116. La convention nationale est formée de la même manière que les législatures, et en réunit les pouvoirs.

117. Elle ne s'occupe, relativement à la constitution, que des objets qui ont motivé sa convocation.

Des Rapports de la République Française avec les nations étrangères.

118. Le peuple Français est l'ami et l'allié naturel des peuples libres.

119. Il ne s'immisce point dans le gouvernement des autres nations ; il ne souffre pas que les autres nations s'immiscent dans le sien.

120. Il donne asile aux étrangers bannis de leur patrie pour la cause de la liberté. — Il le refuse aux tyrans.

121. Il ne fait point la paix avec un ennemi qui occupe son territoire.

De la Garantie des droits.

122. La constitution garantit à tous les Français l'égalité, la liberté, la sûreté, la propriété, la dette publique, le libre exercice des cultes, une instruction commune, des secours publics, la liberté indéfinie de la presse, le droit de pétition, le droit de se réunir en sociétés populaires, la jouissance de tous les droits de l'homme.

123. La République Française honore la loyauté, le courage, la vieillesse, la piété filiale, le malheur. Elle remet le dépôt de sa constitution sous la garde de toutes les vertus.

124. La déclaration des droits et l'acte constitutionnel sont gravés sur des tables au sein du corps législatif et dans les places publiques.

CONSTITUTION
DE LA RÉPUBLIQUE FRANÇAISE
Du 5 Fructidor an III (22 Août 1795) (1)

DÉCLARATION DES DROITS ET DES DEVOIRS DE L'HOMME ET DU CITOYEN

Le peuple français proclame, en présence de l'Être suprême,

(1) Texte collationné au Musée des *Archives nationales*, sur l'expédition authentique (n° 1435) signée Marie Joseph Chénier président Soulignac, Derasey, Laurenceot, Quirot, G. F. Dentzel, Bernier, secrétaires.

la déclaration suivante des droits et des devoirs de l'homme et du citoyen.

DROITS

Art. 1er. Les droits de l'homme en société sont la liberté, l'égalité, la sûreté, la propriété.

2. La liberté consiste à pouvoir faire ce qui ne nuit pas aux droits d'autrui.

3. L'égalité consiste en ce que la loi est la même pour tous, soit qu'elle protège, soit qu'elle punisse. — L'égalité n'admet aucune distinction de naissance, aucune hérédité de pouvoirs.

4. La sûreté résulte du concours de tous pour assurer les droits de chacun.

5. La propriété est le droit de jouir et de disposer de ses biens, de ses revenus, du fruit de son travail et de son industrie.

6. La loi est la volonté générale, exprimée par la majorité ou des citoyens ou de leurs représentants.

7. Ce qui n'est pas défendu par la loi ne peut être empêché. — Nul ne peut être contraint à faire ce qu'elle n'ordonne pas.

8. Nul ne peut être appelé en justice, accusé, arrêté ni détenu, que dans les cas déterminés par la loi, et selon les formes qu'elle a prescrites.

9. Ceux qui sollicitent, expédient, signent, exécutent ou font exécuter des actes arbitraires, sont coupables et doivent être punis.

10. Toute rigueur qui ne serait pas nécessaire pour s'assurer de la personne d'un prévenu, doit être sévèrement réprimée par la loi.

11. Nul ne peut être jugé qu'après avoir été entendu ou légalement appelé.

12. La loi ne doit décerner que des peines strictement nécessaires et proportionnées au délit.

13. Tout traitement qui aggrave la peine déterminée par la loi, est un crime.

14. Aucune loi, ni criminelle, ni civile, ne peut avoir d'effet rétroactif.

15. Tout homme peut engager son temps et ses services ; mais il ne peut se vendre ni être vendu : sa personne n'est pas une propriété aliénable.

16. Toute contribution est établie pour l'utilité générale ; elle doit être répartie entre les contribuables, en raison de leurs facultés.

17. La souveraineté réside essentiellement dans l'universalité des citoyens.

18. Nul individu, nulle réunion particelle de citoyens ne peut s'attribuer la souveraineté.

19. Nul ne peut, sans une délégation légale, exercer aucune autorité, ni remplir aucune fonction publique.

20. Chaque citoyen a un droit égal de concourir, immédiatement ou médiatement, à la formation de la loi, à la nomination des représentants du peuple et des fonctionnaires publics.

21. Les fonctions publiques ne peuvent devenir la propriété de ceux qui les exercent.

22. La garantie sociale ne peut exister si la division des pouvoirs n'est pas établie, si leurs limites ne sont pas fixées, et si la responsabilité des fonctionnaires publics n'est pas assurée (1).

DEVOIRS

Art. 1er. La déclaration des droits contient les obligations des législateurs : le maintien de la société demande que ceux qui la composent connaissent et remplissent également leurs devoirs.

2. Tous les devoirs de l'homme et du citoyen dérivent de ces deux principes, gravés par la nature dans tous les cœurs : — Ne faites pas à autrui ce que vous ne voudriez pas qu'on vous fît. — Faites constamment aux autres le bien que vous voudriez en recevoir.

3. Les obligations de chacun envers la société consistent à la défendre, à la servir, à vivre soumis aux lois, et à respecter ceux qui en sont les organes.

4. Nul n'est bon citoyen, s'il n'est bon fils, bon père, bon frère, bon ami, bon époux.

5. Nul n'est homme de bien, s'il n'est franchement et religieusement observateur des lois.

6. Celui qui viole ouvertement les lois se déclare en état de guerre avec la société.

7. Celui qui, sans enfreindre ouvertement les lois, les élude par ruse ou par adresse, blesse les intérêts de tous : il se rend indigne de leur bienveillance et de leur estime.

8. C'est sur le maintien des propriétés que reposent la culture des terres, toutes les productions, tout moyen de travail, et tout l'ordre social.

9. Tout citoyen doit ses services à la patrie et au maintien de la liberté, de l'égalité et de la propriété, toutes les fois que la loi l'appelle à les défendre.

(1) Cf. LL. 16 fructidor au III ; 21 fructidor an III, art. 27.

CONSTITUTION

Art. 1er. La république française est une et indivisible.

2. L'universalité des citoyens français est le souverain.

TITRE PREMIER

DIVISION DU TERRITOIRE

3. La France est divisée en..... départements. — Ces départements sont : l'Ain, l'Aisne, l'Allier, les Basses-Alpes, les Hautes-Alpes, les Alpes-Maritimes, l'Ardèche, les Ardennes, l'Ariège, l'Aube, l'Aude, l'Aveyron, les Bouches-du-Rhône, le Calvados, le Cantal, la Charente, la Charente-Inférieure, le Cher, la Corrèze, la Côte-d'Or, les Côtes-du-Nord, la Creuse, la Dordogne, le Doubs, la Drôme, l'Eure, Eure-et-Loir, le Finistère, le Gard, la Haute-Garonne, le Gers, la Gironde, le Golo, l'Hérault, Ille-et-Vilaine, l'Indre, Indre-et-Loire, l'Isère, le Jura, les Landes, le Liamone, Loir-et-Cher, la Loire, la Haute-Loire, la Loire-Inférieure, le Loiret, le Lot, Lot-et-Garonne, la Lozère, Maine-et-Loire, la Manche, la Marne, la Haute-Marne, la Mayenne, la Meurthe, la Meuse, le Mont-Blanc, le Mont-Terrible, le Morbihan, la Moselle, la Nièvre, le Nord, l'Oise, l'Orne, le Pas-de-Calais, le Puy-de-Dôme, les Basses-Pyrénées, les Hautes-Pyrénées, les Pyrénées-Orientales, le Bas-Rhin, le Haut-Rhin, le Rhône, la Haute-Saône, Saône-et-Loire, la Sarthe, la Seine, la Seine-Inférieure, Seine-et-Marne, Seine-et-Oise, les Deux-Sèvres, la Somme, le Tarn, le Var, Vaucluse, la Vendée, la Vienne, la Haute-Vienne, les Vosges, l'Yonne (1).

4. Les limites des départements peuvent être changées ou rectifiées par le corps législatif; mais, en ce cas, la surface d'un département ne peut excéder cent myriamètres carrés (quatre cents lieues carrées moyennes) (2).

5. Chaque département est distribué en cantons, chaque canton en communes. — Les cantons conservent leurs circonscriptions actuelles. — Leurs limites pourront néanmoins être changées ou rectifiées par le corps législatif: mais, en ce cas, il ne pourra y avoir plus d'un myriamètre (deux lieues moyennes de deux mille cinq cent soixante-six toises chacune) de la commune la plus éloignée au chef-lieu du canton.

6. Les Colonies françaises sont parties intégrantes de la

(1) Cf. L. 9 vendémiaire an IV.
(2) La lieue moyenne linéaire est de 2,566 toises. (*Note du texte officiel.*)

République, et sont soumises à la même loi constitutionnelle.

7. Elles sont divisées en départements, ainsi qu'il suit ; — L'île de Saint-Domingue, dont le corps législatif déterminera la division en quatre départements au moins, et en six au plus ; — La Guadeloupe, Marie-Galande, la Désirade, les Saintes, et la partie française de Saint-Martin ; — La Martinique ; — La Guyane française et Cayenne ; — Sainte-Lucie et Tabago ; — L'île de France, les Séchelles, Rodrigue, et les établissements de Madagascar ; — L'île de la Réunion ; — Les Indes-Orientales, Pondichéri, Chandernagor, Mahé, Karical et autres établissements.

TITRE II

ÉTAT POLITIQUE DES CITOYENS

8. Tout homme né et résidant en France, qui, âgé de vingt-un ans accomplis, s'est fait inscrire sur le registre civique de son canton, qui a demeuré depuis pendant une année sur le territoire de la République, et qui paie une contribution directe, foncière ou personnelle, est citoyen français.

9. Sont citoyens, sans aucune condition de contribution, les Français qui auront fait une ou plusieurs campagnes pour l'établissement de la République.

10. L'étranger, devient citoyen français, lorsque après avoir atteint l'âge de vingt-un ans accomplis, et avoir déclaré l'intention de se fixer en France, il y a résidé pendant sept années consécutives, pourvu qu'il y paie une contribution directe, et qu'en outre il y possède une propriété foncière, ou un établissement d'agriculture ou de commerce, ou qu'il y ait épousé une femme française.

11. Les citoyens français peuvent seuls voter dans les assemblées primaires, et être appelés aux fonctions établies par la constitution.

12. L'exercice des droits de citoyen se perd, — 1° Par la naturalisation en pays étranger ; — 2° Par l'affiliation à toute corporation étrangère qui supposerait des distinctions de naissance, ou qui exigerait des vœux de religion ; — 3° Par l'acceptation de fonctions ou de pensions offertes par un gouvernement étranger ; — 4° Par la condamnation à des peines afflictives ou infamantes, jusqu'à réhabilitation.

13. L'exercice des droits de citoyen est suspendu : 1° Par l'interdiction judiciaire pour cause de fureur, de démence ou d'imbécillité ; — 2° Par l'état de débiteur failli, ou d'héritier immédiat, détenteur à titre gratuit, de tout ou partie de la succession d'un failli; — 3° Par l'état de domestique à gages, attaché au service de la personne ou du ménage ; — 4° Par l'état d'accusation ; — 5° Par un jugement de contumace, tant que le jugement n'est pas anéanti.

14. L'exercice des droits de citoyen n'est perdu ni suspendu que dans les cas exprimés dans les deux articles précédents.

15. Tout citoyen qui aura résidé sept années consécutives hors du territoire de la République, sans mission ou autorisation donnée au nom de la nation, est réputé étranger; il ne redevient citoyen français qu'après avoir satisfait aux conditions prescrites par l'article dixième.

16. Les jeunes gens ne peuvent être inscrits sur le registre civique, s'ils ne prouvent qu'ils savent lire et écrire, et exercer une profession mécanique. — Les opérations manuelles de l'agriculture appartiennent aux professions mécaniques. — Cet article n'aura d'exécution qu'à compter de l'an XII de la République.

TITRE III

ASSEMBLÉES PRIMAIRES (1).

17. Les assemblées primaires se composent des citoyens domiciliés dans le même canton. — Le domicile requis pour voter dans ces assemblées, s'acquiert par la seule résidence pendant une année, et il ne se perd que par un an d'absence.

18. Nul ne peut se faire remplacer dans les assemblées primaires, ni voter pour le même objet dans plus d'une de ces assemblées.

19. Il y a au moins une assemblée primaire par canton. — Lorsqu'il y en a plusieurs, chacune est composée de quatre cent cinquante citoyens au moins, de neuf cents au plus. — Ces nombres s'entendent des citoyens présents ou absents, ayant droit d'y voter.

20. Les assemblées primaires se constituent provisoirement sous la présidence du plus ancien d'âge; le plus jeune remplit provisoirement les fonctions de secrétaire.

21. Elles sont définitivement constituées par la nomination, au scrutin, d'un président, d'un secrétaire et de trois scrutateurs.

22. S'il s'élève des difficultés sur les qualités requises pour voter, l'assemblée statue provisoirement, sauf le recours au tribunal civil du département.

(1) Cf. LL. 25 fructidor an III; 19 vendémiaire an IV.

23. En tout autre cas, le corps législatif prononce seul sur la validité des opérations des assemblées primaires (1).

24. Nul ne peut paraître en armes dans les assemblées primaires.

25. Leur police leur appartient.

26. Les assemblées primaires se réunissent : — 1º Pour accepter ou rejeter les changements à l'acte constitutionnel, proposés par les assemblées de révision ; — 2º Pour faire les élections qui leur appartiennent suivant l'acte constitutionnel.

27. Elles s'assemblent de plein droit le premier germinal de chaque année, et procèdent, selon qu'il y a lieu, à la nomination : — 1º Des membres de l'assemblée électorale ; — 2º Du juge de paix et de ses assesseurs ; — 3º Du président de l'administration du canton, ou des officiers municipaux dans les communes au-dessus de cinq mille habitants.

28. Immédiatement après ces élections, il se tient, dans les communes au-dessous de cinq mille habitants, des assemblées communales qui élisent les agents de chaque commune et leurs adjoints.

29. Ce qui se fait dans une assemblée primaire ou communale au delà de l'objet de sa convocation, et contre les formes déterminées par la constitution, est nul.

30. Les assemblées, soit primaires, soit communales, ne font aucune autre élection que celles qui leur sont attribuées par l'acte constitutionnel.

31. Toutes les élections se font au scrutin secret.

32. Tout citoyen qui est légalement convaincu d'avoir vendu ou acheté un suffrage, est exclu des assemblées primaires et communales, et de toute fonction publique, pendant vingt ans ; en cas de récidive, il l'est pour toujours (2).

TITRE IV

ASSEMBLÉES ÉLECTORALES (3)

33. Chaque assemblée primaire nomme un électeur à raison de deux cents citoyens, présents ou absents, ayant droit de voter dans ladite assemblée. — Jusqu'au nombre de trois cents citoyens inclusivement, il n'est nommé qu'un électeur. — Il en

(1) Cf. L. 16 vendémiaire an IV.
(2) Cf. L. 3 brumaire an IV.
(3) Cf. LL. 22 fructidor an III ; 25 fructidor an III ; 28 ventôse an V ; 11 frimaire an VII, art. 2.

est nommé deux depuis trois cent un jusqu'à cinq cents ; — Trois depuis cinq cent un jusqu'à sept cents ; — Quatre depuis sept cent un jusqu'à neuf cents.

34. Les membres des assemblées électorales sont nommés chaque année, et ne peuvent être réélus qu'après un intervalle de deux ans.

35. Nul ne pourra être nommé électeur, s'il n'a vingt-cinq ans accomplis, et s'il ne réunit aux qualités nécessaires pour exercer les droits de citoyen français, l'une des conditions suivantes, savoir : — Dans les communes au-dessus de six mille habitants, celle d'être propriétaire ou usufruitier d'un bien évalué à un revenu égal à la valeur locale de deux cents journées de travail, ou d'être locataire, soit d'une habitation évaluée à un revenu égal à la valeur de cent cinquante journées de travail, soit d'un bien rural évalué à deux cents journées de travail ; — Dans les communes au-dessous de six mille habitants, celle d'être propriétaire ou usufruitier d'un bien évalué à un revenu égal à la valeur locale de cent cinquante journées de travail, ou d'être locataire, soit d'une habitation évaluée à un revenu égal à la valeur de cent journées de travail, soit d'un bien rural évalué à cent journées de travail ; — Et dans les campagnes, celle d'être propriétaire ou usufruitier d'un bien évalué à un revenu égal à la valeur locale de cent cinquante journées de travail, ou d'être fermier ou métayer de biens évalués à la valeur de deux cents journées de travail. — A l'égard de ceux qui seront en même temps propriétaires ou usufruitiers d'une part, et locataires, fermiers ou métayers de l'autre, leurs facultés à ces divers titres seront cumulées jusqu'au taux nécessaire pour établir leur éligibilité.

36. L'assemblée électorale de chaque département se réunit le 20 germinal de chaque année, et termine, en une seule session de dix jours au plus, et sans pouvoir s'ajourner, toutes les élections qui se trouvent à faire ; après quoi elle est dissoute de plein droit.

37. Les assemblées électorales ne peuvent s'occuper d'aucun objet étranger aux élections dont elles sont chargées : elles ne peuvent envoyer ni recevoir aucune adresse, aucune pétition, aucune députation.

38. Les assemblées électorales ne peuvent correspondre entre elles.

39. Aucun citoyen, ayant été membre d'une assemblée électorale, ne peut prendre le titre d'électeur, ni se réunir, en cette qualité, à ceux qui ont été avec lui membres de cette même

assemblée. — La contravention au présent article est un attentat à la sûreté générale.

40. Les art. 18, 20, 21, 23, 24, 25, 29, 30, 31 et 32 du titre
précédent, sur les assemblées primaires, sont communs aux
assemblées électorales.

41. Les assemblées électorales élisent, selon qu'il y a lieu :
— 1° Les membres du corps législatif, savoir : les membres du
conseil des anciens, ensuite les membres du conseil des cinq
cents ; — 2° Les membres du tribunal de cassation ; — 3° Les
hauts-jurés ; — 4° Les administrateurs de département ; —
5° Les président, accusateur public et greffier du tribunal criminel ; — 6° Les juges des tribunaux civils.

42. Lorsqu'un citoyen est élu par les assemblées électorales
pour remplacer un fonctionnaire mort, démissionnaire ou des-
titué, ce citoyen n'est élu que pour le temps qui restait au fonctionnaire remplacé.

43. Le commissaire du directoire exécutif près l'administration de chaque département est tenu, sous peine de destitution, d'informer le directoire de l'ouverture et de la clôture des
assemblées électorales : ce commissaire n'en peut arrêter ni
suspendre les opérations, ni entrer dans le lieu des séances ;
mais il a le droit de demander communication du procès-verbal
de chaque séance dans les vingt-quatre heures qui la suivent ;
et il est tenu de dénoncer au directoire les infractions qui
seraient faites à l'acte constitutionnel. — Dans tous les cas, le
corps législatif prononce seul sur la validité des opérations des
assemblées électorales (1).

TITRE V

POUVOIR LÉGISLATIF

Dispositions générales.

44. Le corps législatif est composé d'un conseil des anciens
et d'un conseil des cinq cents.

45. En aucun cas, le corps législatif ne peut déléguer à un,
ou plusieurs de ses membres, ni à qui que ce soit, aucune des
fonctions qui lui sont attribuées par la présente constitution.

46. Il ne peut exercer par lui-même, ni par des délégués, le
pouvoir exécutif, ni le pouvoir judiciaire.

47. Il y a incompatibilité entre la qualité de membre du corps

(1) Cf. L. 3 brumaire an IV.

législatif et l'exercice d'une autre fonction publique, excepté celle d'archiviste de la République (1).

48. La loi détermine le mode du remplacement définitif ou temporaire des fonctionnaires publics qui viennent à être élus membres du corps législatif (2).

49. Chaque département concourt, à raison de sa population seulement, à la nomination des membres du conseil des anciens et des membres du conseil des cinq cents.

50. Tous les dix ans, le corps législatif, d'après les états de population qui lui sont envoyés, détermine le nombre de membres de l'un et de l'autre conseil que chaque département doit fournir (3).

51. Aucun changement ne peut être fait dans cette répartition, durant cet intervalle.

52. Les membres du corps législatif ne sont pas représentants du département qui les a nommés, mais de la nation entière, et il ne peut leur être donné aucun mandat.

53. L'un et l'autre conseil est renouvelé tous les ans par tiers.

54. Les membres sortant après trois années peuvent être immédiatement réélus pour les trois années suivantes, après quoi il faudra un intervalle de deux ans pour qu'ils puissent être élus de nouveau.

55. Nul, en aucun cas, ne peut être membre du corps législatif durant plus de six années consécutives.

56. Si, par des circonstances extraordinaires, l'un des deux conseils se trouve réduit à moins des deux tiers de ses membres, il en donne avis au directoire exécutif, lequel est tenu de convoquer, sans délai, les assemblées primaires des départements qui ont des membres du corps législatif à remplacer par l'effet de ces circonstances ; les assemblées primaires nomment sur-le-champ les électeurs, qui procèdent aux remplacements nécessaires.

57. Les membres nouvellement élus pour l'un et pour l'autre conseil, se réunissent, le premier prairial de chaque année, dans la commune qui a été indiquée par le corps législatif précédent, ou dans la commune même où il a tenu ses dernières séances, s'il n'en a pas désigné une autre.

58. Les deux conseils résident toujours dans la même commune.

(1) Cf. L. 28 fructidor an III (*Mon. Réimp.*, XXV, p. 754).
(2) Cf. L. 30 germinal an V.
(3) Cf. L. 4 brumaire an IV.

59. Le corps législatif est permanent ; il peut néanmoins s'ajourner à des termes qu'il désigne.

60. En aucun cas, les deux conseils ne peuvent se réunir dans une même salle.

61. Les fonctions de président et de secrétaire ne peuvent excéder la durée d'un mois, ni dans le conseil des anciens, ni dans celui des cinq cents.(1).

62. Les deux conseils ont respectivement le droit de police dans le lieu de leurs séances, et dans l'enceinte extérieure qu'ils ont déterminée (1).

63. Ils ont respectivement le droit de police sur leurs membres ; mais ils ne peuvent prononcer de peine plus forte que la censure, les arrêts pour huit jours, et la prison pour trois (2).

64. Les séances de l'un et de l'autre conseil sont publiques; les assistants ne peuvent excéder en nombre la moitié des membres respectifs de chaque conseil. — Les procès-verbaux des séances sont imprimés.

65. Toute délibération se prend par assis et levé : en cas de doute, il se fait un appel nominal; mais alors les votes sont secrets (3).

66. Sur la demande de cent de ses membres, chaque conseil peut se former en comité général et secret, mais seulement pour discuter, et non pour délibérer.

67. Ni l'un ni l'autre de ces conseils ne peut créer dans son sein aucun comité permanent. — Seulement chaque conseil a la faculté, lorsqu'une matière lui parait susceptible d'un examen préparatoire, de nommer parmi ses membres une commission spéciale, qui se renferme uniquement dans l'objet de sa formation. — Cette commission est dissoute aussitôt que le conseil a statué sur l'objet dont elle était chargée.

68. Les membres du corps législatif reçoivent une indemnité annuelle : elle est, dans l'un et l'autre conseil, fixée à la valeur de trois mille myriagrammes de froment (six cent treize quintaux trente-deux livres).

69. Le directoire exécutif ne peut faire passer ou séjourner aucun corps de troupes dans la distance de six myriamètres (douze lieues moyennes) de la commune où le corps législatif tient ses séances, si ce n'est sur sa réquisition ou avec son autorisation.

70. Il y a près du corps législatif une garde de citoyens pris

(1) Cf. L. 28 fructidor an III (*Mon. Réimp.*, XXV, p. 750).
(2) Cf. L. 28 fructidor. an III (*Ibid.*, p. 750).
(3) Cf. L. 28 fructidor an III (*Ibid.*, p. 751).

dans la garde nationale sédentaire de tous les départements, et choisis par leurs frères d'armes. — Cette garde ne peut être au-dessous de quinze cents hommes en activité de service.

71. Le corps législatif détermine le mode de ce service et sa durée (1).

72. Le corps législatif n'assiste à aucune cérémonie publique, et n'y envoie point de députations.

Conseil des cinq cents (2).

73. Le conseil des cinq cents est invariablement fixé à ce nombre.

74. Pour être élu membre du conseil des cinq cents, il faut être âgé de trente ans accomplis, et avoir été domicilié sur le territoire de la République pendant les dix années qui auront immédiatement précédé l'élection. — La condition de l'âge de trente ans ne sera point exigible avant l'an septième de la République : jusqu'à cette époque, l'âge de vingt-cinq ans accomplis sera suffisant.

75. Le conseil des cinq cents ne peut délibérer, si la séance n'est composée de deux cents membres au moins.

76. La proposition des lois appartient exclusivement au conseil des cinq cents.

77. Aucune proposition ne peut être délibérée ni résolue dans le conseil des cinq cents, qu'en observant les formes suivantes. — Il se fait trois lectures de la proposition ; l'intervalle entre deux de ces lectures ne peut être moindre de dix jours. — La discussion est ouverte après chaque lecture ; et néanmoins, après la première ou la seconde, le conseil des cinq cents peut déclarer qu'il y a lieu à l'ajournement, ou qu'il n'y a pas lieu à délibérer. — Toute proposition doit être imprimée et distribuée deux jours avant la seconde lecture — Après la troisième lecture, le conseil des cinq cents décide s'il y a lieu ou non à l'ajournement.

78. Toute proposition qui, soumise à la discussion, a été définitivement rejetée après la troisième lecture, ne peut être reproduite qu'après une année révolue.

79. Les propositions adoptées par le conseil des cinq cents s'appellent résolutions.

80. Le préambule de toute résolution énonce : — 1° Les dates des séances auxquelles les trois lectures de la proposition

(1) Cf. L. 10 vendémiaire an IV.
(2) V. L. 25 fructidor an III, tit. IV, art 1er.

auront été faites : — 2° L'acte par lequel il a été déclaré, après la troisième lecture, qu'il n'y a pas lieu à l'ajournement.

81. Sont exemptes des formes prescrites par l'article 77, les propositions reconnues urgentes par une déclaration préalable du conseil des cinq cents. — Cette déclaration énonce les motifs de l'urgence, et il en est fait mention dans le préambule de la résolution.

Conseil des anciens (1).

82. Le conseil des anciens est composé de deux cent cinquante membres.

83. Nul ne peut être élu membre du conseil des anciens, — S'il n'est âgé de quarante ans accomplis; — Si, de plus, il n'est marié ou veuf; — Et s'il n'a pas été domicilié sur le territoire de la République pendant les quinze années qui auront immédiatement précédé l'élection.

84. La condition de domicile exigée par le présent (2) article, et celle prescrite par l'article 74, ne concernent point les citoyens qui sont sortis du territoire de la République avec mission du gouvernement.

85. Le conseil des anciens ne peut délibérer si la séance n'est composée de cent vingt-six membres au moins.

86. Il appartient exclusivement au conseil des anciens d'approuver ou de rejeter les résolutions du conseil des cinq cents.

87. Aussitôt qu'une résolution du conseil les cinq cents est parvenue au conseil des anciens, le président donne lecture du préambule.

88. Le conseil des anciens refuse d'approuver les résolutions du conseil des cinq cents qui n'ont point été prises dans les formes prescrites par la constitution.

89. Si la proposition a été déclarée urgente par le conseil des cinq cents, le conseil des anciens délibère pour approuver ou rejeter l'acte d'urgence.

90. Si le conseil des anciens rejette l'acte d'urgence, il ne délibère point sur le fond de la résolution.

91. Si la résolution n'est pas précédée d'un acte d'urgence, il en est fait trois lectures: l'intervalle entre deux de ces lectures ne peut être moindre de cinq jours. — La discussion est ouverte après chaque lecture. — Toute résolution est imprimée et distribuée deux jours au moins avant la seconde lecture.

(1) V. L. 25 fructidor an III, tit. IV, art. 2.
(2) Le texte officiel porte *présent*, mais il faut évidemment lire : *précédent*.

92. Les résolutions du conseil des cinq cents, adoptées par le conseil des anciens, s'appellent lois.

93. Le préambule des lois énonce les dates des séances du conseil des anciens auxquelles les trois lectures ont été faites.

94. Le décret par lequel le conseil des anciens reconnaît l'urgence d'une loi, est motivé et mentionné dans le préambule de cette loi.

95. La proposition de la loi, faite par le conseil des cinq cents, s'entend de tous les articles d'un même projet : le conseil des anciens doit les rejeter tous, ou les approuver dans leur ensemble.

96. L'approbation du conseil des anciens est exprimée sur chaque proposition de loi par cette formule, signée du président et des secrétaires : LE CONSEIL DES ANCIENS APPROUVE...

97. Le refus d'adopter pour cause d'omission des formes indiquées dans l'article 77, est exprimé par cette formule, signée du président et des secrétaires : LA CONSTITUTION ANNULE...

98. Le refus d'approuver le fond de la loi proposée, est exprimé par cette formule, signée du président et des secrétaires : LE CONSEIL DES ANCIENS NE PEUT ADOPTER...

99. Dans le cas du précédent article, le projet de loi rejeté ne peut plus être présenté par le conseil des cinq cents qu'après une année révolue.

100. Le conseil des cinq cents peut néanmoins présenter, à quelque époque que ce soit, un projet de loi qui contienne des articles faisant partie d'un projet qui a été rejeté.

101. Le conseil des anciens envoie dans le jour les lois qu'il a adoptées, tant au conseil des cinq cents qu'au directoire exécutif.

102. Le conseil des anciens peut changer la résidence du corps législatif ; il indique, en ce cas, un nouveau lieu et l'époque à laquelle les deux conseils sont tenus de s'y rendre. — Le décret du conseil des anciens sur cet objet est irrévocable.

103. Le jour même de ce décret, ni l'un ni l'autre des conseils ne peuvent plus délibérer dans la commune où ils ont résidé jusqu'alors. — Les membres qui y continueraient leurs fonctions, se rendraient coupables d'attentat contre la sûreté de la République.

104. Les membres du directoire exécutif qui retarderaient ou refuseraient de sceller, promulguer et envoyer le décret de translation du corps législatif, seraient coupables du même délit.

105. Si, dans les vingt jours après celui fixé par le conseil

des anciens, la majorité de chacun des deux conseils n'a pas fait
connaître à la République son arrivée au nouveau lieu indiqué,
ou sa réunion dans un autre lieu quelconque, les administrateurs de département, ou, à leur défaut, les tribunaux civils de
département convoquent les assemblées primaires pour nommer
des électeurs qui procèdent aussitôt à la formation d'un nouveau corps législatif, par l'élection de deux cent cinquante députés pour le conseil des anciens, et de cinq cents pour l'autre
conseil.

106. Les administrateurs de département qui, dans le cas
de l'article précédent, seraient en retard de convoquer les
assemblées primaires, se rendraient coupables de haute trahison
et d'attentat contre la sûreté de la République.

107. Sont déclarés coupables du même délit tous citoyens
qui mettraient obstacle à la convocation des assemblées primaires et électorales, dans le cas de l'article 106.

108. Les membres du nouveau corps législatif se rassem-
blent dans le lieu où le conseil des anciens avait transféré ses
séances. — S'ils ne peuvent se réunir dans ce lieu, dans quelque endroit qu'ils se trouvent en majorité, là est le corps
législatif.

109. Excepté dans le cas de l'article 102, aucune proposition
de loi ne peut prendre naissance dans le conseil des anciens.

De la garantie des membres du corps législatif.

110. Les citoyens qui sont ou ont été membres du corps
législatif, ne peuvent être recherchés, accusés, ni jugés en aucun
temps, pour ce qu'ils ont dit ou écrit dans l'exercice de leurs
fonctions.

111. Les membres du corps législatif, depuis le moment de
leur nomination jusqu'au trentième jour après l'expiration de
leurs fonctions, ne peuvent être mis en jugement que dans les
formes prescrites par les articles qui suivent.

112. Ils peuvent, pour faits criminels, être saisis en flagrant
délit ; mais il en est donné avis, sans délai, au corps législatif,
et la poursuite ne pourra être continuée qu'après que le conseil
des cinq cents aura proposé la mise en jugement, et que le
conseil des anciens l'aura décrétée.

113. Hors le cas du flagrant délit, les membres du corps
législatif ne peuvent être amenés devant les officiers de police,
ni mis en état d'arrestation, avant que le conseil des cinq cents
ait proposé la mise en jugement, et que le conseil des anciens
l'ait décrétée.

114. Dans les cas des deux articles précédents, un membre du corps législatif ne peut être traduit devant aucun autre tribunal que la haute cour de justice.

115. Ils sont traduits devant la même cour pour les faits de trahison, de dilapidation, de manœuvres pour renverser la constitution, et d'attentat contre la sûreté intérieure de la République.

116. Aucune dénonciation contre un membre du corps législatif ne peut donner lieu à poursuite, si elle n'est rédigée par écrit, signée et adressée au conseil des cinq cents.

117. Si, après y avoir délibéré en la forme prescrite par l'article 77, le conseil des cinq cents admet la dénonciation, il le déclare en ces termes : — *La dénonciation contre... pour le fait de... datée... signée de... est admise.*

118. L'inculpé est alors appelé : il a, pour comparaître, un délai de trois jours francs, et lorsqu'il comparaît, il est entendu dans l'intérieur du lieu des séances du conseil des cinq cents.

119. Soit que l'inculpé se soit présenté ou non, le conseil des cinq cents déclare, après ce délai, s'il y a lieu, ou non, à l'examen de sa conduite.

120. S'il est déclaré par le conseil des cinq cents qu'il y a lieu à examen, le prévenu est appelé par le conseil des anciens; il a, pour comparaître, un délai de deux jours francs; et s'il comparaît, il est entendu dans l'intérieur du lieu des séances du conseil des anciens.

121. Soit que le prévenu se soit présenté, ou non, le conseil des anciens, après ce délai, et après y avoir délibéré dans les formes prescrites par l'article 91, prononce l'accusation, s'il y a lieu, et renvoie l'accusé devant la haute cour de justice, laquelle est tenue d'instruire le procès sans aucun délai.

122. Toute discussion, dans l'un et dans l'autre conseil, relative à la prévention ou à l'accusation d'un membre du corps législatif, se fait en conseil général (1). — Toute délibération sur les mêmes objets est prise à l'appel nominal et au scrutin secret.

123. L'accusation prononcée contre un membre du corps législatif entraîne suspension. — S'il est acquitté par le jugement de la haute cour de justice, il reprend ses fonctions.

Relations des deux conseils entre eux.

124. Lorsque les deux conseils sont définitivement consti-

(1) Le texte des Archives porte *Conseil*, mais il faut évidemment lire : *Comité*. Cf. art. 66.

CONSTITUTION DU 5 FRUCTIDOR AN III

125. Chaque conseil nomme quatre messagers d'état pour son service.

126. Ils portent à chacun des conseils et au directoire exécutif les lois et les actes du corps législatif ; ils ont entrée à cet effet dans le lieu des séances du directoire exécutif. — Ils marchent précédés de deux huissiers (1).

127. L'un des conseils ne peut s'ajourner au delà de cinq jours sans le consentement de l'autre.

Promulgation des lois (2).

128. Le directoire exécutif fait sceller et publier les lois et les autres actes du corps législatif, dans les deux jours après leur réception.

129. Il fait sceller et promulguer, dans le jour, les lois et actes du corps législatif qui sont précédés d'un décret d'urgence.

130. La publication de la loi et des actes du corps législatif est ordonnée en la forme suivante : — « *Au nom de la République française (loi)* ou *(acte du corps législatif)... Le directoire ordonne que la loi ou l'acte législatif ci-dessus sera publié, exécuté, et qu'il sera muni du sceau de la République.* »

131. Les lois dont le préambule n'atteste pas l'observation des formes prescrites par les articles 77 et 91, ne peuvent être promulguées par le directoire exécutif, et sa responsabilité à cet égard dure six années. — Sont exceptées les lois pour lesquelles l'acte d'urgence a été approuvé par le conseil des anciens.

TITRE VI

POUVOIR EXÉCUTIF (3)

132. Le pouvoir exécutif est délégué à un directoire de cinq membres, nommé par le corps législatif, faisant alors les fonctions d'assemblée électorale, au nom de la nation.

133. Le conseil des cinq cents forme, au scrutin secret, une liste décuple du nombre des membres du directoire qui sont à nommer, et la présente au conseil des anciens, qui choisit, aussi au scrutin secret, dans cette liste.

134. Les membres du directoire doivent être âgés de quarante ans au moins.

(1) Cf. L. 28 fructidor an III (*Mon.* Réimp., XXV, p. 751).
(2) Cf. LL. 12 vendémiaire an IV ; 11 messidor an IV ; Arrêté dir. 12 prairial an IV.
(3) Cf. L. 25 fructidor an III, art. 3.

135. Ils ne peuvent être pris que parmi les citoyens qui ont été membres du corps législatif, ou ministres. — La disposition du présent article ne sera observée qu'à commencer de l'an neuvième de la République.

136. A compter du premier jour de l'an V de la République, les membres du corps législatif ne pourront être élus membres du directoire ni ministres, soit pendant la durée de leurs fonctions législatives, soit pendant la première année après l'expiration de ces mêmes fonctions.

137. Le directoire est partiellement renouvelé par l'élection d'un nouveau membre, chaque année (1). — Le sort décidera, pendant les quatre premières années, de la sortie successive de ceux qui auront été nommés la première fois.

138. Aucun des membres sortants ne peut être réélu qu'après un intervalle de cinq ans.

139. L'ascendant et le descendant en ligne directe, les frères, l'oncle et le neveu, les cousins au premier degré, et les alliés à ces divers degrés, ne peuvent être en même temps membres du directoire, ni s'y succéder, qu'après un intervalle de cinq ans.

140. En cas de vacance par mort, démission ou autrement, d'un des membres du directoire, son successeur est élu par le corps législatif dans dix jours pour tout délai. — Le conseil des cinq cents est tenu de proposer les candidats dans les cinq premiers jours, et le conseil des anciens doit consommer l'élection dans les cinq derniers. — Le nouveau membre n'est élu que pour le temps d'exercice qui restait à celui qu'il remplace. — Si néanmoins ce temps n'excède pas six mois, celui qui est élu demeure en fonctions jusqu'à la fin de la cinquième année suivante.

141. Chaque membre du directoire le préside à son tour durant trois mois seulement. — Le président a la signature et la garde du sceau. — Les lois et les actes du corps législatif sont adressés au directoire, en la personne de son président.

142. Le directoire exécutif ne peut délibérer, s'il n'y a trois membres présents au moins.

143. Il se choisit, hors de son sein, un secrétaire qui contresigne les expéditions, et rédige les délibérations sur un registre où chaque membre a le droit de faire inscrire son avis motivé. — Le directoire peut, quand il le juge à propos, délibérer sans l'assistance de son secrétaire; en ce cas, les délibérations sont rédigées, sur un registre particulier, par un des membres du directoire.

(1) Cf. L. 4 brumaire an IV.

144. Le directoire pourvoit, d'après les lois, à la sûreté extérieure ou intérieure de la République. — Il peut faire des proclamations conformes aux lois et pour leur exécution. — Il dispose de la force armée, sans qu'en aucun cas, le directoire collectivement, ni aucun de ses membres, puisse la commander, ni pendant le temps de ses fonctions, ni pendant les deux années qui suivent immédiatement l'expiration de ces mêmes fonctions.

145. Si le directoire est informé qu'il se trame quelque conspiration contre la sûreté extérieure ou intérieure de l'État, il peut décerner des mandats d'amener et des mandats d'arrêt contre ceux qui en sont présumés les auteurs ou les complices; il peut les interroger; mais il est obligé, sous les peines portées contre le crime de détention arbitraire, de les renvoyer par devant l'officier de police, dans le délai de deux jours, pour procéder suivant les lois.

146. Le directoire nomme les généraux en chef; il ne peut les choisir parmi les parents ou alliés de ses membres, dans les degrés exprimés par l'article 139.

147. Il surveille et assure l'exécution des lois dans les administrations et tribunaux, par des commissaires à sa nomination.

148. Il nomme hors de son sein les ministres, et les révoque lorsqu'il le juge convenable. — Il ne peut les choisir au-dessous de l'âge de trente ans, ni parmi les parents ou alliés de ses membres, aux degrés énoncés dans l'article 139.

149. Les ministres correspondent immédiatement avec les autorités qui leur sont subordonnées.

150. Le corps législatif détermine les attributions et le nombre des ministres. — Ce nombre est de six au moins et de huit au plus (1).

151. Les ministres ne forment point un conseil.

152. Les ministres sont respectivement responsables, tant de l'inexécution des lois, que de l'inexécution des arrêtés du directoire (1).

153. Le directoire nomme le receveur des impositions directes de chaque département.

154. Il nomme les préposés en chef aux régies des contributions indirectes et à l'administration des domaines nationaux.

155. Tous les fonctionnaires publics dans les colonies françaises, excepté les départements des îles de France et de la Réunion, seront nommés par le directoire jusqu'à la paix.

156. Le corps législatif peut autoriser le directoire à envoyer

(1) V. L. 10 vendémiaire an IV.

dans toutes les colonies françaises, suivant l'exigence des cas, un ou plusieurs agents particuliers nommés par lui pour un temps limité. — Les agents particuliers exerceront les mêmes fonctions que le directoire, et lui seront subordonnés.

157. Aucun membre du directoire ne peut sortir du territoire de la République, que deux ans après la cessation de ses fonctions.

158. Il est tenu, pendant cet intervalle, de justifier au corps législatif de sa résidence. — L'article 112 et les suivants, jusqu'à l'article 123 inclusivement, relatifs à la garantie du corps législatif, sont communs aux membres du directoire.

159. Dans le cas où plus de deux membres du directoire seraient mis en jugement, le corps législatif pourvoira, dans les formes ordinaires, à leur remplacement provisoire durant le jugement.

160. Hors les cas des articles 119 et 120, le directoire, ni aucun de ses membres, ne peut être appelé, ni par le conseil des cinq cents, ni par le conseil des anciens.

161. Les comptes et les éclaircissements demandés par l'un ou par l'autre conseil au directoire, sont fournis par écrit.

162. Le directoire est tenu, chaque année, de présenter, par écrit, à l'un et à l'autre conseil, l'aperçu des dépenses, la situation des finances, l'état des pensions existantes, ainsi que le projet de celles qu'il croit convenable d'établir. — Il doit indiquer les abus qui sont à sa connaissance.

163. Le directoire peut, en tout cas, inviter, par écrit, le conseil des cinq cents à prendre un objet en considération ; il peut lui proposer des mesures, mais non des projets rédigés en forme de loi.

164. Aucun membre du directoire ne peut s'absenter plus de cinq jours, ni s'éloigner au delà de quatre myriamètres (huit lieues moyennes), du lieu de la résidence du directoire, sans l'autorisation du corps législatif.

165. Les membres du directoire ne peuvent paraître, dans l'exercice de leurs fonctions, soit au dehors, soit dans l'intérieur de leurs maisons, que revêtus du costume qui leur est propre (1).

166. Le directoire a sa garde habituelle, et soldée aux frais de la République, composée de cent vingt hommes à pied, et de cent vingt hommes à cheval.

167. Le directoire est accompagné de sa garde dans les céré-

---

(1) Cf. L. 3 brumaire an IV.

9

monies et marches publiques, où il a toujours le premier rang.

168. Chaque membre du directoire se fait accompagner au dehors de deux gardes.

169. Tout poste de force armée doit au directoire et à chacun de ses membres les honneurs militaires supérieurs.

170. Le directoire a quatre messagers d'état, qu'il nomme et qu'il peut destituer (1). — Ils portent aux deux conseils législatifs les lettres et les mémoires du directoire ; ils ont entrée à cet effet dans le lieu des séances des conseils législatifs. — Ils marchent précédés de deux huissiers.

171. Le directoire réside dans la même commune que le corps législatif.

172. Les membres du directoire sont logés aux frais de la République, et dans un même édifice.

173. Le traitement de chacun d'eux est fixé, pour chaque année, à la valeur de cinquante mille myriagrammes de froment (dix mille deux cent vingt-deux quintaux).

TITRE VII

CORPS ADMINISTRATIFS ET MUNICIPAUX (2)

174. Il y a dans chaque département une administration centrale, et dans chaque canton une administration municipale au moins.

175. Tout membre d'une administration départementale ou municipale, doit être âgé de vingt-cinq ans au moins.

176. L'ascendant et le descendant en ligne directe, les frères, l'oncle et le neveu, et les alliés aux mêmes degrés, ne peuvent simultanément être membres de la même administration, ni s'y succéder qu'après un intervalle de deux ans.

177. Chaque administration de département est composée de cinq membres ; elle est renouvelée par cinquième tous les ans.

178. Toute commune dont la population s'élève depuis cinq mille habitants jusqu'à cent mille, a pour elle seule une administration municipale.

179. Il y a dans chaque commune, dont la population est inférieure à cinq mille habitants, un agent municipal et un adjoint.

180. La réunion des agents municipaux de chaque commune forme la municipalité de canton.

(1) Cf. L. 28 fructidor an III. (*Mon.* Réimp., XXV, p. 751).
(2) Cf. LL. 25 fructidor an III ; 19 vendémiaire an IV.

181. Il y a de plus un président de l'administration municipale, choisi dans tout le canton.

182. Dans les communes, dont la population s'élève de cinq à dix mille habitants, il y a cinq officiers municipaux ; — Sept, depuis dix mille jusqu'à cinquante mille ;   Neuf, depuis cinquante mille jusqu'à cent mille.

183. Dans les communes, dont la population excède cent mille habitants, il y a au moins trois administrations municipales. — Dans ces communes, la division des municipalités se fait de manière que la population de l'arrondissement de chacune n'excède pas cinquante mille individus, et ne soit pas moindre de trente mille. La municipalité de chaque arrondissement est composée de sept membres.

184. Il y a, dans les communes divisées en plusieurs municipalités, un bureau central pour les objets jugés indivisibles par le corps législatif.   Ce bureau est composé de trois membres nommés par l'administration de département, et confirmé par le pouvoir exécutif.

185. Les membres de toute administration municipale sont nommés pour deux ans, et renouvelés chaque année par moitié ou par partie la plus approximative de la moitié, et alternativement par la fraction la plus forte et par la fraction la plus faible.

186. Les administrateurs de département et les membres des administrations municipales peuvent être réélus une fois sans intervalle.

187. Tout citoyen qui a été deux fois de suite élu administrateur de département ou membre d'une administration municipale, et qui en a rempli les fonctions en vertu de l'une et l'autre élection, ne peut être élu de nouveau qu'après un intervalle de deux années.

188. Dans le cas où une administration départementale ou municipale perdrait un ou plusieurs de ses membres par mort, démission ou autrement, les administrateurs restants peuvent s'adjoindre en remplacement des administrateurs temporaires, et qui exercent en cette qualité jusqu'aux élections suivantes(1).

189. Les administrations départementales et municipales ne peuvent modifier les actes du corps législatif, ni ceux du directoire exécutif, ni en suspendre l'exécution. — Elles ne peuvent s'immiscer dans les objets dépendant de l'ordre judiciaire.

190. Les administrateurs sont essentiellement chargés de la

(1) Cf. L. 26 brumaire an IV.

répartition des contributions directes et de la surveillance des deniers provenant des revenus publics dans leur territoire. — Le corps législatif détermine les règles et le mode de leurs fonctions, tant sur ces objets, que sur les autres parties de l'administration intérieure (1).

191. Le directoire exécutif nomme, auprès de chaque administration départementale et municipale, un commissaire qu'il révoque lorsqu'il le juge convenable. — Ce commissaire surveille et requiert l'exécution des lois.

192. Le commissaire près de chaque administration locale, doit être pris parmi les citoyens domiciliés depuis un an dans le département où cette administration est établie. — Il doit être âgé de vingt-cinq ans au moins.

193. Les administrations municipales sont subordonnées aux administrations de département, et celles-ci aux ministres. — En conséquence, les ministres peuvent annuler, chacun dans sa partie, les actes des administrations de département ; et celles-ci, les actes des administrations municipales, lorsque ces actes sont contraires aux lois ou aux ordres des autorités supérieures.

194. Les ministres peuvent aussi suspendre les administrations de département qui ont contrevenu aux lois ou aux ordres des autorités supérieures ; et les administrations de département ont le même droit à l'égard des membres des administrations municipales.

195. Aucune suspension ni annulation ne devient définitive sans la confirmation formelle du directoire exécutif.

196. Le directoire peut aussi annuler immédiatement les actes des administrations départementales ou municipales. — Il peut suspendre ou destituer immédiatement, lorsqu'il le croit nécessaire, les administrateurs soit de département, soit de canton, et les envoyer devant les tribunaux de département lorsqu'il y a lieu.

197. Tout arrêté portant cassation d'actes, suspension ou destitution d'administrateur, doit être motivé.

198. Lorsque les cinq membres d'une administration départementale sont destitués, le directoire exécutif pourvoit à leur remplacement jusqu'à l'élection suivante ; mais il ne peut choisir leurs suppléants provisoires que parmi les anciens administrateurs du même département.

199. Les administrations, soit de département, soit de can-

_____

(1) Cf. L.L. 21 fructidor an III, art. 18-21 ; 11 frimaire an VII.

ton, ne peuvent correspondre entre elles que sur les affaires qui
leur sont attribuées par la loi, et non sur les intérêts généraux
de la République.

200. Toute administration doit annuellement le compte de
sa gestion (1). — Les comptes rendus par les administrations
départementales sont imprimés.

201. Tous les actes des corps administratifs sont rendus
publics par le dépôt du registre où ils sont consignés, et qui est
ouvert à tous les administrés. — Ce registre est clos tous les
six mois, et n'est déposé que du jour qu'il a été clos. — Le
corps législatif peut proroger, selon les circonstances, le délai
fixé our ce dépôt.

TITRE VIII

POUVOIR JUDICIAIRE (2)

Dispositions générales.

202. Les fonctions judiciaires ne peuvent être exercées, ni
par le corps législatif, ni par le pouvoir exécutif.

203. Les juges ne peuvent s'immiscer dans l'exercice du
pouvoir législatif, ni faire aucun règlement. — Ils ne peuvent
arrêter ou suspendre l'exécution d'aucune loi, ni citer devant
eux les administrateurs pour raison de leurs fonctions (3).

204. Nul ne peut être distrait des juges que la loi lui assigne,
par aucune commission, ni par d'autres attributions que celles
qui sont déterminées par une loi antérieure.

205. La justice est rendue gratuitement.

206. Les juges ne peuvent être destitués que pour forfaiture
légalement jugée, ni suspendus que par une accusation admise.

207. L'ascendant et le descendant en ligne directe, les frères,
l'oncle et le neveu, les cousins au premier degré, et les alliés à
ces divers degrés, ne peuvent être simultanément membres du
même tribunal.

208. Les séances des tribunaux sont publiques; les juges
délibèrent en secret; les jugements sont prononcés à haute
voix; ils sont motivés, et on y énonce les termes de la loi
appliquée.

209. Nul citoyen, s'il n'a l'âge de trente ans accomplis, ne
peut être élu juge d'un tribunal de département, ni juge de paix,

(1) Cf. L. 11 frimaire an VII.
(2) Cf. L. 25 fructidor an III, tit. IV.
(3) Cf. LL. 16 fructidor an III; 21 fructidor an III, art. 27.

ni assesseur de juge de paix, ni juge d'un tribunal de commerce, ni membre du tribunal de cassation, ni juré, ni commissaire du directoire exécutif près les tribunaux.

De la justice civile (1).

210. Il ne peut être porté atteinte au droit de faire prononcer sur les différends par des arbitres du choix des parties.

211. La décision de ces arbitres est sans appel, et sans recours en cassation, si les parties ne l'ont expressément réservé.

212. Il y a, dans chaque arrondissement déterminé par la loi, un juge de paix et ses assesseurs. — Ils sont tous élus pour deux ans, et peuvent être immédiatement et indéfiniment réélus.

213. La loi détermine les objets dont les juges de paix et leurs assesseurs connaissent en dernier ressort. — Elle leur en attribue d'autres qu'ils jugent à la charge de l'appel.

214. Il y a des tribunaux particuliers pour le commerce de terre et de mer ; la loi détermine les lieux où il est utile de les établir. — Leur pouvoir de juger en dernier ressort ne peut être étendu au delà de la valeur de cinq cents myriagrammes de froment (cent deux quintaux, vingt-deux livres).

215. Les affaires dont le jugement n'appartient ni aux juges de paix ni aux tribunaux de commerce, soit en dernier ressort, soit à la charge d'appel, sont portées immédiatement devant le juge de paix et ses assesseurs, pour être conciliées. Si le juge de paix ne peut les concilier, il les renvoie devant le tribunal civil (2).

216. Il y a un tribunal civil par département. — Chaque tribunal civil est composé de vingt juges au moins, d'un commissaire et d'un substitut nommés et destituables par le directoire exécutif, et d'un greffier. — Tous les cinq ans on procède à l'élection de tous les membres du tribunal. — Les juges peuvent être réélus (3).

217. Lors de l'élection des juges, il est nommé cinq suppléants, dont trois sont pris parmi les citoyens résidant dans la commune où siège le tribunal.

218. Le tribunal civil prononce en dernier ressort, dans les cas déterminés par la loi, sur les appels des jugements soit des juges de paix, soit des arbitres, soit des tribunaux de commerce.

(1) Cf. LL. 19 vendémiaire an IV, tit. III ; 9 ventôse an IV.
(2) Cf. L. 26 ventôse an IV.
(3) Cf. L. 19 vendémiaire an IV, art. 8, 19; Arr. dir. 4 frimaire an V.

219. L'appel des jugements prononcés par le tribunal civil se porte au tribunal civil de l'un des trois départements les plus voisins, ainsi qu'il est déterminé par la loi (1).

220. Le tribunal civil se divise en sections. — Une section ne peut juger au-dessous du nombre de cinq juges.

221. Les juges réunis dans chaque tribunal nomment, entre eux, au scrutin secret, le président de chaque section.

De la justice correctionnelle et criminelle (2).

222. Nul ne peut être saisi que pour être conduit devant l'officier de police ; et nul ne peut être mis en arrestation ou détenu qu'en vertu d'un mandat d'arrêt des officiers de police, ou du directoire exécutif, dans le cas de l'article 145, ou d'une ordonnance de prise de corps, soit d'un tribunal, soit du directeur du jury d'accusation, ou d'un décret d'accusation du corps législatif, dans le cas où il lui appartient de la prononcer, ou d'un jugement de condamnation à la prison ou détention correctionnelle.

223. Pour que l'acte qui ordonne l'arrestation puisse être exécuté, il faut : — 1° Qu'il exprime formellement le motif de l'arrestation, et la loi en conformité de laquelle elle est ordonnée ; — 2° Qu'il ait été notifié à celui qui en est l'objet, et qu'il lui en ait été laissé copie.

224. Toute personne saisie et conduite devant l'officier de police sera examinée sur-le-champ, ou dans le jour au plus tard.

225. S'il résulte de l'examen qu'il n'y a aucun sujet d'inculpation contre elle, elle sera remise aussitôt en liberté ; ou, s'il y a lieu de l'envoyer à la maison d'arrêt, elle y sera conduite dans le plus bref délai, qui, en aucun cas, ne pourra excéder trois jours.

226. Nulle personne arrêtée ne peut être retenue, si elle donne caution suffisante, dans tous les cas où la loi permet de rester libre sous le cautionnement.

227. Nulle personne, dans le cas où sa détention est autorisée par la loi, ne peut être conduite ou détenue que dans les lieux légalement et publiquement désignés pour servir de maison d'arrêt, de maison de justice ou de maison de détention.

228. Nul gardien ou geôlier ne peut recevoir ni retenir aucune personne qu'en vertu d'un mandat d'arrêt, selon les formes prescrites par les articles 222 et 223, d'une ordonnance

(1) Cf. LL. 19 vendémiaire an IV, art. 23 ; 17 frimaire an V.
(2) Cf. L. 3 brumaire an IV (Code des délits et des peines).

de prise de corps, d'un décret d'accusation ou d'un jugement de condamnation à prison ou détention correctionnelle, et sans que la transcription en ait été faite sur son registre (1).

229. Tout gardien ou geôlier est tenu, sans qu'aucun ordre puisse l'en dispenser, de présenter la personne détenue à l'officier civil ayant la police de la maison de détention, toutes les fois qu'il en sera requis par cet officier.

230. La représentation de la personne détenue ne pourra être refusée à ses parents et amis porteurs de l'ordre de l'officier civil, lequel sera toujours tenu de l'accorder, à moins que le gardien ou geôlier ne représente une ordonnance du juge, transcrite sur son registre, pour tenir la personne arrêtée au secret.

231. Tout homme, quelle que soit sa place ou son emploi, autre que ceux à qui la loi donne le droit d'arrestation, qui donnera, signera, exécutera ou fera exécuter l'ordre d'arrêter un individu, ou quiconque, même dans le cas d'arrestation autorisée par la loi, conduira, recevra ou retiendra un individu dans un lieu de détention non publiquement et légalement désigné et tous les gardiens ou geôliers qui contreviendront aux dispositions des trois articles précédents, seront coupables du crime de détention arbitraire.

232. Toutes rigueurs employées dans les arrestations, détentions ou exécutions, autres que celles prescrites par la loi, sont des crimes.

233. Il y a dans chaque département, pour le jugement des délits dont la peine n'est ni afflictive ni infamante, trois tribunaux correctionnels au moins, et six au plus (2). — Ces tribunaux ne pourront prononcer de peines plus graves que l'emprisonnement pour deux années. — La connaissance des délits dont la peine n'excède pas, soit la valeur de trois journées de travail, soit un emprisonnement de trois jours, est déléguée au juge de paix, qui prononce en dernier ressort.

234. Chaque tribunal correctionnel est composé d'un président, de deux juges de paix ou assesseurs de juges de paix de la commune où il est établi, d'un commissaire du pouvoir exécutif, nommé et destituable par le directoire exécutif, et d'un greffier.

235. Le président de chaque tribunal correctionnel, est pris tous les six mois, et par tour, parmi les membres des sections du tribunal civil du département, les présidents exceptés.

(1) Cf. L. 4 vendémiaire an IV.
(2) Cf. L. 19 vendémiaire an IV, art. 8.

236. Il y a appel des jugements du tribunal correctionnel par devant le tribunal criminel du département.

237. En matière de délits emportant peine afflictive ou infamante, nulle personne ne peut être jugée que sur une accusation admise par les jurés ou décrétée par le corps législatif, dans le cas où il lui appartient de décréter l'accusation (1).

238. Un premier jury déclare si l'accusation doit être admise, ou rejetée : le fait est reconnu par un second jury, et la peine déterminée par la loi est appliquée par des tribunaux criminels.

239. Les jurés ne votent que par scrutin secret.

240. Il y a dans chaque département autant de jurys d'accusation que de tribunaux correctionnels (2). - Les présidents correctionnels en sont les directeurs, chacun dans son arrondissement. -- Dans les communes au-dessus de cinquante mille âmes, il pourra être établi par la loi, outre le président du tribunal correctionnel, autant de directeurs de jurys d'accusation que l'expédition des affaires l'exigera.

241. Les fonctions de commissaire du pouvoir exécutif et de greffier près le directeur du jury d'accusation, sont remplies par le commissaire et par le greffier du tribunal correctionnel.

242. Chaque directeur du jury d'accusation a la surveillance immédiate de tous les officiers de police de son arrondissement.

243. Le directeur du jury poursuit immédiatement, comme officier de police, sur les dénonciations que lui fait l'accusateur public, soit d'office, soit d'après les ordres du directoire exécutif : — 1° Les attentats contre la liberté ou la sûreté individuelle des citoyens ; — 2° Ceux commis contre le droit des gens ; — 3° La rébellion à l'exécution, soit des jugements, soit de tous les actes exécutoires émanés des autorités constituées ; — 4° Les troubles occasionnés et les voies de fait commises pour entraver la perception des contributions, la libre circulation des subsistances et des autres objets de commerce.

244. Il y a un tribunal criminel pour chaque département.

245. Le tribunal criminel est composé d'un président, d'un accusateur public, de quatre juges pris dans le tribunal civil, du commissaire du pouvoir exécutif près le même tribunal, ou de son substitut et d'un greffier. — Il y a dans le tribunal criminel du département de la Seine, un vice-président et un

(1) Cf. L. 19 vendémiaire an IV, art. 18.
(2) Cf. L. 19 vendémiaire an IV, art. 8.

substitut de l'accusateur public : ce tribunal est divisé en deux sections ; huit membres du tribunal civil y exercent les fonctions de juges (1).

246. Les présidents des sections du tribunal civil ne peuvent remplir les fonctions de juges au tribunal criminel.

247. Les autres juges y font le service, chacun à son tour, pendant six mois, dans l'ordre de leur nomination, et ils ne peuvent pendant ce temps exercer aucune fonction au tribunal civil.

248. L'accusateur public est chargé : — 1° De poursuivre les délits sur les actes d'accusation admis par les premiers jurés ; — 2° De transmettre aux officiers de police les dénonciations qui lui sont adressées directement ; — 3° De surveiller les officiers de police du département, et d'agir contre eux suivant la loi, en cas de négligence ou de faits plus graves.

249. Le commissaire du pouvoir exécutif est chargé : — 1° De requérir, dans le cours de l'instruction, pour la régularité des formes, et avant le jugement, pour l'application de la loi ; — 2° De poursuivre l'exécution des jugements rendus par le tribunal criminel.

250. Les juges ne peuvent proposer aux jurés aucune question complexe.

251. Le jury de jugement est de douze jurés au moins : l'accusé a la faculté d'en récuser, sans donner de motifs, un nombre que la loi détermine.

252. L'instruction devant le jury de jugement est publique, et l'on ne peut refuser aux accusés le secours d'un conseil qu'ils ont la faculté de choisir, ou qui leur est nommé d'office.

253. Toute personne acquittée par un jury légal ne peut être reprise ni accusée pour le même fait.

Tribunal de cassation (2).

254. Il y a pour toute la République un tribunal de cassation. — Il prononce : — 1° Sur les demandes en cassation contre les jugements en dernier ressort rendus par les tribunaux ; — 2° Sur les demandes en renvoi d'un tribunal à un autre, pour cause de suspicion légitime ou de sûreté publique ; — 3° Sur les règlements de juges et les prises à partie contre un tribunal entier.

(1) Cf. L. 19 vendémiaire an IV, art. 21-23.
(2) Cf. LL. 5 vendémiaire an IV ; 2 brumaire an IV ; 24 messidor an IV ; 14 brumaire an V.

255. Le tribunal de cassation ne peut jamais connaître du fond des affaires ; mais il casse les jugements rendus sur des procédures dans lesquelles les formes ont été violées, ou qui contiennent quelque contravention expresse à la loi, et il renvoie le fond du procès au tribunal qui doit en connaître.

256. Lorsqu'après une cassation, le second jugement sur le fond est attaqué par les mêmes moyens que le premier, la question ne peut plus être agitée au tribunal de cassation, sans avoir été soumise au corps législatif, qui porte une loi à laquelle le tribunal de cassation est tenu de se conformer.

257. Chaque année, le tribunal de cassation est tenu d'envoyer à chacune des sections du corps législatif, une députation qui lui présente l'état des jugements rendus, avec la notice en marge, et le texte de la loi qui a déterminé le jugement.

258. Le nombre des juges du tribunal de cassation, ne peut excéder les trois quarts du nombre des départements.

259. Ce tribunal est renouvelé par cinquième tous les ans. — Les assemblées électorales des départements nomment successivement et alternativement les juges qui doivent remplacer ceux qui sortent du tribunal de cassation. — Les juges de ce tribunal peuvent toujours être réélus.

260. Chaque juge du tribunal de cassation a un suppléant élu par la même assemblée électorale.

261. Il y a près du tribunal de cassation un commissaire et des substituts, nommés et destituables par le directoire exécutif.

262. Le directoire exécutif dénonce au tribunal de cassation, par la voie de son commissaire, et sans préjudice du droit des parties intéressées, les actes par lesquels les juges ont excédé leurs pouvoirs.

263. Le tribunal annule ces actes ; et s'ils donnent lieu à la forfaiture, le fait est dénoncé au corps législatif, qui rend le décret d'accusation, après avoir entendu ou appelé les prévenus.

264. Le corps législatif ne peut annuler les jugements du tribunal de cassation, sauf à poursuivre personnellement les juges qui auraient encouru la forfaiture.

Haute cour de justice (1).

265. Il y a une haute cour de justice pour juger les accusations admises par le corps législatif, soit contre ses propres membres, soit contre ceux du directoire exécutif.

(1) Cf. LL. 20 thermidor an IV ; 11 et 12 pluviôse an V.

266. La haute cour de justice est composée de cinq juges et de deux accusateurs nationaux tirés du tribunal de cassation, et de hauts jurés nommés par les assemblées électorales des départements.

267. La haute cour de justice ne se forme qu'en vertu d'une proclamation du corps législatif, rédigée et publiée par le conseil des cinq cents.

268. Elle se forme et tient ses séances dans le lieu désigné par la proclamation du conseil des cinq cents. — Ce lieu ne peut être plus près qu'à douze myriamètres de celui où réside le corps législatif.

269. Lorsque le corps législatif a proclamé la formation de la haute cour de justice, le tribunal de cassation tire au sort quinze de ses membres dans une séance publique ; il nomme de suite, dans la même séance, par la voie du scrutin secret, cinq de ces quinze : les cinq juges ainsi nommés sont les juges de la haute cour de justice ; ils choisissent entre eux un président.

270. Le tribunal de cassation nomme, dans la même séance, par scrutin, à la majorité absolue, deux de ses membres pour remplir à la haute cour de justice les fonctions d'accusateurs nationaux.

271. Les actes d'accusation sont dressés et rédigés par le conseil des cinq cents.

272. Les assemblées électorales de chaque département nomment, tous les ans, un jury pour la haute cour de justice.

273. Le directoire exécutif fait imprimer et publier, un mois après l'époque des élections, la liste des jurés nommés pour la haute cour de justice.

TITRE IX

DE LA FORCE ARMÉE

274. La force armée est instituée pour défendre l'État contre les ennemis du dehors, et pour assurer au dedans le maintien de l'ordre et l'exécution des lois.

275. La force publique est essentiellement obéissante : nul corps armé ne peut délibérer.

276. Elle se distingue en garde nationale sédentaire et garde nationale en activité.

De la garde nationale sédentaire.

277. La garde nationale sédentaire est composée de tous les citoyens et fils de citoyens en état de porter les armes.

278. Son organisation et sa discipline sont les mêmes pour toute la République; elles sont déterminées par la loi.

279. Aucun Français ne peut exercer les droits de citoyen, s'il n'est inscrit au rôle de la garde nationale sédentaire.

280. Les distinctions de grade et la subordination n'y subsistent que relativement au service et pendant sa durée.

281. Les officiers de la garde nationale sédentaire sont élus à temps par les citoyens qui la composent, et ne peuvent être réélus qu'après un intervalle.

282. Le commandement de la garde nationale d'un département entier ne peut être confié habituellement à un seul citoyen.

283. S'il est jugé nécessaire de rassembler toute la garde nationale d'un département, le directoire exécutif peut nommer un commandant temporaire.

284. Le commandement de la garde nationale sédentaire, dans une ville de cent mille habitants et au-dessus, ne peut être habituellement confié à un seul homme.

De la garde nationale en activité.

285. La République entretient à sa solde, même en temps de paix, sous le nom de gardes nationales en activité, une armée de terre et de mer.

286. L'armée se forme par enrôlements volontaires, et, en cas de besoin, par le mode que la loi détermine (1).

287. Aucun étranger qui n'a point acquis les droits de citoyen français, ne peut être admis dans les armées françaises, à moins qu'il n'ait fait une ou plusieurs campagnes pour l'établissement de la République.

288. Les commandants ou chefs de terre et de mer ne sont nommés qu'en cas de guerre; ils reçoivent du directoire exécutif des commissions révocables à volonté. La durée de ces commissions se borne à une campagne; mais elles peuvent être continuées.

289. Le commandement général des armées de la République ne peut être confié à un seul homme.

290. L'armée de terre et de mer est soumise à des lois particulières, pour la discipline, la forme des jugements et la nature des peines.

291. Aucune partie de la garde nationale sédentaire, ni de la garde nationale en activité, ne peut agir, pour le service inté-

(1) Cf. L. 19 fructidor an VI.

rieur de la République, que sur la réquisition par écrit de l'autorité civile, dans les formes prescrites par la loi.

292. La force publique ne peut être requise par les autorités civiles que dans l'étendue de leur territoire ; elle ne peut se transporter d'un canton dans un autre, sans y être autorisée par l'administration du département, ni d'un département dans un autre, sans les ordres du directoire exécutif.

293. Néanmoins le corps législatif détermine les moyens d'assurer par la force publique l'exécution des jugements et la poursuite des accusés sur le territoire français.

294. En cas de danger imminent, l'administration municipale d'un canton peut requérir la garde nationale des cantons voisins ; en ce cas, l'administration qui a requis et les chefs des gardes nationales qui ont été requises, sont également tenus d'en rendre compte au même instant à l'administration départementale.

295. Aucune troupe étrangère ne peut être introduite sur le territoire français, sans le consentement préalable du corps législatif.

TITRE X

INSTRUCTION PUBLIQUE (1)

296. Il y a dans la République des écoles primaires où les élèves apprennent à lire, à écrire, les éléments du calcul et ceux de la morale. La République pourvoit aux frais de logement des instituteurs préposés à ces écoles.

297. Il y a, dans les diverses parties de la République, des écoles supérieures aux écoles primaires, et dont le nombre sera tel, qu'il y en ait au moins une pour deux départements (2).

298. Il y a, pour toute la République, un institut national chargé de recueillir les découvertes, de perfectionner les arts et les sciences.

299. Les divers établissements d'instruction publique n'ont entre eux aucun rapport de subordination, ni de correspondance administrative.

300. Les citoyens ont le droit de former des établissements particuliers d'éducation et d'instruction, ainsi que des sociétés libres pour concourir aux progrès des sciences, des lettres et des arts.

301. Il sera établi des fêtes nationales, pour entretenir la

(1) Cf. L. 3 brumaire an IV.
(2) Cf. L. 30 vendémiaire an IV.

fraternité entre les citoyens t les attacher à la constitution, à la patrie et aux lois (1).

TITRE XI

FINANCES

Contributions.

302. Les contributions publiques sont délibérées et fixées chaque année par le corps législatif. A lui seul appartient d'en établir. Elles ne peuvent subsister au delà d'un an, si elles ne sont expressément renouvelées (2).

303. Le corps législatif peut créer tel genre de contribution qu'il croira nécessaire ; mais il doit établir chaque année une imposition foncière et une imposition personnelle (3).

304. Tout individu qui, n'étant pas dans le cas des articles 12 et 13 de la constitution, n'a pas été compris au rôle des contributions directes, a le droit de se présenter à l'administration municipale de sa commune, et de s'y inscrire pour une contribution personnelle égale à la valeur locale de trois journées de travail agricole.

305. L'inscription mentionnée dans l'article précédent ne peut se faire que durant le mois de messidor de chaque année.

306. Les contributions de toute nature sont réparties entre tous les contribuables à raison de leurs facultés.

307. Le directoire exécutif dirige et surveille la perception et le versement des contributions, et donne à cet effet tous les ordres nécessaires.

308. Les comptes détaillés de la dépense des ministres, signés et certifiés par eux, sont rendus publics au commencement de chaque année. — Il en sera de même des états de recette des diverses contributions, et de tous les revenus publics.

309. Les états de ces dépenses et recettes sont distingués suivant leur nature ; ils expriment les sommes touchées et dépensées, année par année, dans chaque partie d'administration générale.

310. Sont également publiés les comptes des dépenses parti-

(1) Cf. L. 17 thermidor an VI.
(2) Cf. LL. 29 frimaire an IV; 11 frimaire an VII.
(3) Cf. LL. 1er brumaire an VII; 13 brumaire an VII; 3 frimaire an VII; 4 frimaire an VII; 22 frimaire an VII; 21 ventôse an VII; 7 floréal an VII; 22 floréal an VII; 2 messidor an VII.

culières aux départements, et relatives aux tribunaux, aux administrations, au progrès des sciences, à tous les travaux et établissements publics.

311. Les administrations de département et les municipalités ne peuvent faire aucune répartition au delà des sommes fixées par le corps législatif, ni délibérer ou permettre, sans être autorisées par lui, aucun emprunt local à la charge des citoyens du département, de la commune et du canton.

312. Au corps législatif seul appartient le droit de régler la fabrication et l'émission de toute espèce de monnaies, d'en fixer la valeur et le poids, et d'en déterminer le type (1).

313. Le directoire surveille la fabrication des monnaies, et nomme les officiers chargés d'exercer immédiatement cette inspection.

314. Le corps législatif détermine les contributions des colonies et leurs rapports commerciaux avec la métropole.

Trésorerie nationale et comptabilité (2).

315. Il y a cinq commissaires de la trésorerie nationale, élus par le conseil des anciens, sur une liste triple présentée par celui des cinq cents.

316. La durée de leurs fonctions est de cinq années : l'un d'eux est renouvelé tous les ans, et peut être réélu sans intervalle et indéfiniment.

317. Les commissaires de la trésorerie sont chargés de surveiller la recette de tous les deniers nationaux ; — D'ordonner les mouvements de fonds et le paiement de toutes les dépenses publiques consenties par le corps législatif ; — De tenir un compte ouvert de dépense et de recette avec le receveur des contributions directes de chaque département, avec les différentes régies nationales, et avec les payeurs qui seraient établis dans les départements ; — D'entretenir avec lesdits receveurs et payeurs, avec les régies et administrations, la correspondance nécessaire pour assurer la rentrée exacte et régulière des fonds.

318. Ils ne peuvent rien faire payer, sous peine de forfaiture, qu'en vertu : — 1º D'un décret du corps législatif, et jusqu'à concurrence des fonds décrétés par lui sur chaque objet ; — 2º D'une décision du directoire ; — 3º De la signature du ministre qui ordonne la dépense.

(1) Cf. L. 17 floréal an VII.
(2) Cf. L. 26 sept. 1793.

319. Ils ne peuvent aussi, sous peine de forfaiture, approuver aucun paiement, si le mandat, signé par le ministre que ce genre de dépense concerne, n'énonce pas la date, tant de la décision du directoire exécutif, que des décrets du corps législatif, qui autorisent le paiement.

320. Les receveurs des contributions directes dans chaque département, les différentes régies nationales, et les payeurs dans les départements, remettent à la trésorerie nationale leurs comptes respectifs : la trésorerie les vérifie et les arrête.

321. Il y a cinq commissaires de la comptabilité nationale, élus par le corps législatif, aux mêmes époques et selon les mêmes formes et conditions que les commissaires de la trésorerie.

322. Le compte général des recettes et des dépenses de la République, appuyé des comptes particuliers et des pièces justificatives, est présenté par les commissaires de la trésorerie aux commissaires de la comptabilité, qui le vérifient et l'arrêtent.

323. Les commissaires de la comptabilité donnent connaissance au corps législatif des abus, malversations, et de tous les cas de responsabilité qu'ils découvrent dans le cours de leurs opérations ; ils proposent dans leur partie les mesures convenables aux intérêts de la République.

324. Le résultat des comptes arrêtés par les commissaires de la comptabilité est imprimé et rendu public.

325. Les commissaires, tant de la trésorerie nationale que de la comptabilité, ne peuvent être suspendus ni destitués que par le corps législatif. Mais, durant l'ajournement du corps législatif, le directoire exécutif peut suspendre et remplacer provisoirement les commissaires de la trésorerie nationale au nombre de deux au plus, à charge d'en référer à l'un et l'autre conseil du corps législatif, aussitôt qu'ils ont repris leurs séances.

TITRE XII

RELATIONS EXTÉRIEURES

326. La guerre ne peut être décidée que par un décret du corps législatif, sur la proposition formelle et nécessaire du directoire exécutif.

327. Les deux conseils législatifs concourent, dans les formes ordinaires, au décret par lequel la guerre est décidée.

328. En cas d'hostilités imminentes ou commencées, de menaces ou de préparatifs de guerre contre la République française, le directoire exécutif est tenu d'employer, pour la défense

10.

de l'État, les moyens mis à sa disposition, à la charge d'en prévenir sans délai le corps législatif. — Il peut même indiquer, en ce cas, les augmentations de force et les nouvelles dispositions législatives que les circonstances pourraient exiger.

329. Le directoire seul peut entretenir des relations politiques au dehors, conduire les négociations, distribuer les forces de terre et de mer, ainsi qu'il le juge convenable, et en régler la direction en cas de guerre.

330. Il est autorisé à faire les stipulations préliminaires, telles que des armistices, des neutralisations ; il peut arrêter aussi des conventions secrètes.

331. Le directoire exécutif arrête, signe ou fait signer avec les puissances étrangères, tous les traités de paix, d'alliance, de trêve, de neutralité, de commerce, et autres conventions qu'il juge nécessaires au bien de l'État. — Ces traités et conventions sont négociés au nom de la République française, par des agents diplomatiques nommés par le directoire exécutif, et chargés de ses instructions.

332. Dans le cas où un traité renferme des articles secrets, les dispositions de ces articles ne peuvent être destructives des articles patents, ni contenir aucune aliénation du territoire de la République.

333. Les traités ne sont valables qu'après avoir été examinés et ratifiés par le corps législatif ; néanmoins les conditions secrètes peuvent recevoir provisoirement leur exécution dès l'instant même où elles sont arrêtées par le directoire.

334. L'un et l'autre conseils législatifs ne délibèrent sur la guerre ni sur la paix, qu'en comité général.

335. Les étrangers, établis ou non en France, succèdent à leurs parents étrangers ou français ; ils peuvent contracter, acquérir et recevoir des biens situés en France, et en disposer, de même que les citoyens français, par tous les moyens autorisés par les lois.

TITRE XIII

REVISION DE LA CONSTITUTION

336. Si l'expérience faisait sentir les inconvénients de quelques articles de la constitution, le conseil des anciens en proposerait la revision.

337. La proposition du conseil des anciens est, en ce cas, soumise à la ratification du conseil des cinq cents.

338. Lorsque, dans un espace de neuf années, la proposition

du conseil des anciens, ratifiée par le conseil des cinq cents, a été faite à trois époques éloignées l'une de l'autre de trois années au moins, une assemblée de revision est convoquée.

339. Cette assemblée est formée de deux membres par département, tous élus de la même manière que les membres du corps législatif, et réunissant les mêmes conditions que celles exigées par le conseil des anciens.

340. Le conseil des anciens désigne, pour la réunion de l'assemblée de revision, un lieu distant de vingt myriamètres au moins de celui où siège le corps législatif.

341. L'assemblée de revision a le droit de changer le lieu de sa résidence, en observant la distance prescrite par l'article précédent.

342. L'assemblée de revision n'exerce aucune fonction législative ni de gouvernement ; elle se borne à la revision des seuls articles constitutionnels qui lui ont été désignés par le corps législatif.

343. Tous les articles de la constitution, sans exception, continuent d'être en vigueur tant que les changements proposés par l'assemblée de revision n'ont pas été acceptés par le peuple.

344. Les membres de l'assemblée de revision délibèrent en commun.

345. Les citoyens qui sont membres du corps législatif au moment où une assemblée de revision est convoquée, ne peuvent être élus membres de cette assemblée.

346. L'assemblée de revision adresse immédiatement aux assemblées primaires le projet de réforme qu'elle a arrêté. — Elle est dissoute dès que ce projet leur a été adressé.

347. En aucun cas, la durée de l'assemblée de revision ne peut excéder trois mois.

348. Les membres de l'assemblée de revision ne peuvent être recherchés, accusés ni jugés, en aucun temps, pour ce qu'ils ont dit ou écrit dans l'exercice de leurs fonctions. — Pendant la durée de ces fonctions, ils ne peuvent être mis en jugement, si ce n'est par une décision des membres mêmes de l'assemblée de revision.

349. L'assemblée de revision n'assiste à aucune cérémonie publique ; ses membres reçoivent la même indemnité que celle des membres du corps législatif.

350. L'assemblée de revision a le droit d'exercer ou faire exercer la police dans la commune où elle réside.

TITRE XIV

DISPOSITIONS GÉNÉRALES

351. Il n'existe entre les citoyens d'autre supériorité que celle des fonctionnaires publics, et relativement à l'exercice de leurs fonctions.

352. La loi ne reconnaît ni vœux religieux, ni aucun engagement contraire aux droits naturels de l'homme.

353. Nul ne peut être empêché de dire, écrire, imprimer et publier sa pensée. — Les écrits ne peuvent être soumis à aucune censure avant leur publication. — Nul ne peut être responsable de ce qu'il a écrit ou publié, que dans les cas prévus par la loi (1).

354. Nul ne peut être empêché d'exercer, en se conformant aux lois, le culte qu'il a choisi. — Nul ne peut être forcé de contribuer aux dépenses d'un culte. La République n'en salarie aucun (2).

355. Il n'y a ni privilège, ni maîtrise, ni jurande, ni limitation à la liberté de la presse, du commerce, et à l'exercice de l'industrie et des arts de toute espèce. — Toute loi prohibitive en ce genre, quand les circonstances la rendent nécessaire, est essentiellement provisoire, et n'a d'effet que pendant un an au plus, à moins qu'elle ne soit formellement renouvelée.

356. La loi surveille particulièrement les professions qui intéressent les mœurs publiques, la sûreté et la santé des citoyens; mais on ne peut faire dépendre l'admission à l'exercice de ces professions, d'aucune prestation pécuniaire.

357. La loi doit pourvoir à la récompense des inventeurs ou au maintien de la propriété exclusive de leurs découvertes ou de leurs productions.

358. La constitution garantit l'inviolabilité de toutes les propriétés, ou la juste indemnité de celles dont la nécessité publique, légalement constatée, exigerait le sacrifice.

359. La maison de chaque citoyen est un asile inviolable: pendant la nuit, nul n'a le droit d'y entrer que dans le cas d'incendie, d'inondation, ou de réclamation venant de l'intérieur de la maison. — Pendant le jour, on peut y exécuter les ordres des autorités constituées. — Aucune visite domiciliaire ne peut avoir lieu qu'en vertu d'une loi, et pour la personne ou l'objet expressément désigné dans l'acte qui ordonne la visite.

(1) Cf. L. 28 germinal an IV.
(2) Cf. L. 7 vendémiaire an IV.

360. Il ne peut être formé de corporations ni d'associations contraires à l'ordre public.

361. Aucune assemblée de citoyens ne peut se qualifier de société populaire.

362. Aucune société particulière, s'occupant de questions politiques, ne peut correspondre avec une autre, ni s'affilier à elle, ni tenir des séances publiques, composées de sociétaires et d'assistants distingués les uns des autres, ni imposer des conditions d'admission et d'éligibilité, ni s'arroger des droits d'exclusion, ni faire porter à ses membres aucun signe extérieur de leur association.

363. Les citoyens ne peuvent exercer leurs droits politiques que dans les assemblées primaires ou communales.

364. Tous les citoyens sont libres d'adresser aux autorités publiques des pétitions, mais elles doivent être individuelles ; nulle association ne peut en présenter de collectives, si ce n'est les autorités constituées, et seulement pour des objets propres à leur attribution. — Les pétitionnaires ne doivent jamais oublier le respect dû aux autorités constituées (1).

365. Tout attroupement armé est un attentat à la constitution ; il doit être dissipé sur-le-champ par la force.

366. Tout attroupement non armé doit être également dissipé, d'abord par voie de commandement verbal, et, s'il est nécessaire, par le développement de la force armée.

367. Plusieurs autorités constituées ne peuvent jamais se réunir pour délibérer ensemble ; aucun acte émané d'une telle réunion ne peut être exécuté.

368. Nul ne peut porter des marques distinctives qui rappellent des fonctions antérieurement exercées, ou des services rendus.

369. Les membres du corps législatif, et tous les fonctionnaires publics, portent, dans l'exercice de leurs fonctions, le costume ou le signe de l'autorité dont ils sont revêtus : la loi en détermine la forme (2).

370. Nul citoyen ne peut renoncer, ni en tout ni en partie, à l'indemnité ou au traitement qui lui est attribué par la loi, à raison de fonctions publiques.

371. Il y a dans la République uniformité de poids et de mesures.

372. L'ère française commence au 22 septembre 1792, jour de la fondation de la République.

(1) Cf. L. 28 fructidor an III.
(2) Cf. L. 3 brumaire an IV.

373. La Nation française déclare qu'en aucun cas elle ne souffrira le retour des Français qui, ayant abandonné leur patrie depuis le 15 juillet 1789, ne sont pas compris dans les exceptions portées aux lois rendues contre les émigrés; et elle interdit au corps législatif de créer de nouvelles exceptions sur ce point. — Les biens des émigrés sont irrévocablement acquis au profit de la République.

374. La Nation française proclame pareillement, comme garantie de la foi publique, qu'après une adjudication légalement consommée de biens nationaux, quelle qu'en soit l'origine, l'acquéreur légitime ne peut en être dépossédé, sauf aux tiers réclamants à être, s'il y a lieu, indemnisés par le trésor national.

375. Aucun des pouvoirs institués par la constitution, n'a le droit de la changer dans son ensemble ni dans aucune de ses parties, sauf les réformes qui pourront y être faites par la voie de la revision, conformément aux dispositions du titre XIII.

376. Les citoyens se rappelleront sans cesse que c'est de la sagesse des choix dans les assemblées primaires et électorales, que dépendent principalement la durée, la conservation et la prospérité de la République.

377. Le peuple français remet le dépôt de la présente constitution à la fidélité du corps législatif, du directoire exécutif, des administrateurs et des juges; à la vigilance des pères de famille, aux épouses et aux mères, à l'affection des jeunes citoyens, au courage de tous les Français.

CONSTITUTION
DE LA RÉPUBLIQUE FRANÇAISE
Du 22 Frimaire an VIII (13 décembre 1799) (1)

TITRE PREMIER
DE L'EXERCICE DES DROITS DE CITÉ

Art. 1er. La République française est une et indivisible. — Son territoire européen est distribué en départements et arrondissements communaux.

2. Tout homme né et résidant en France, qui, âgé de vingt et un ans accomplis, s'est fait inscrire sur le registre civique de son arrondissement communal, et qui a demeuré depuis pendant

(1) Coll. *B. L.*, 2e série, 9e partie, no 333.

un an sur le territoire de la République, est citoyen français (1).

3. Un étranger devient citoyen français, lorsqu'après avoir atteint l'âge de vingt et un ans accomplis, et avoir déclaré l'intention de se fixer en France, il y a résidé pendant dix années consécutives (2).

4. La qualité de citoyen français se perd, — Par la naturalisation en pays étranger ; — Par l'acceptation de fonctions ou de pensions offertes par un gouvernement étranger ; — Par l'affiliation à toute corporation étrangère qui supposerait des distinctions de naissance ; — Par la condamnation à des peines afflictives ou infamantes.

5. L'exercice des droits de citoyen français est suspendu, par l'état de débiteur failli, ou d'héritier immédiat détenteur à titre gratuit de la succession totale ou partielle d'un failli ; — Par l'état de domestique à gages, attaché au service de la personne ou du ménage ; — Par l'état d'interdiction judiciaire, d'accusation ou de contumace.

6. Pour exercer les droits de cité dans un arrondissement communal, il faut y avoir acquis domicile par une année de résidence, et ne l'avoir pas perdu par une année d'absence.

7. Les citoyens de chaque arrondissement communal désignent par leurs suffrages ceux d'entre eux qu'ils croient les plus propres à gérer les affaires publiques. Il en résulte une liste de confiance, contenant un nombre de noms égal au dixième du nombre des citoyens ayant droit d'y coopérer. C'est dans cette première liste communale que doivent être pris les fonctionnaires publics de l'arrondissement.

8. Les citoyens compris dans les listes communales d'un département, désignent également un dixième d'entre eux. Il en résulte une seconde liste dite départementale, dans laquelle doivent être pris les fonctionnaires publics du département (3).

9. Les citoyens portés dans la liste départementale, désignent pareillement un dixième d'entre eux : il en résulte une troisième liste qui comprend les citoyens de ce département éligibles aux fonctions publiques nationales.

10. Les citoyens ayant droit de coopérer à la formation de l'une des listes mentionnées aux trois articles précédents, sont appelés tous les trois ans à pourvoir au remplacement des inscrits décédés, ou absents pour toute autre cause que l'exercice d'une fonction publique.

(1) Cf. D. 17 janvier 1806.
(2) Cf. S.-C. 26 vendémiaire an XI ; 19 février 1808.
(3) Cf. L. 13 ventôse an IX.

11. Ils peuvent, en même temps, retirer de la liste les inscrits qu'ils ne jugent pas à propos d'y maintenir, et les remplacer par d'autres citoyens dans lesquels ils ont une plus grande confiance.

12. Nul n'est retiré d'une liste que par les votes de la majorité absolue des citoyens ayant droit de coopérer à sa formation.

13. On n'est point retiré d'une liste d'éligibles par cela seul qu'on n'est pas maintenu sur une autre liste d'un degré inférieur ou supérieur.

14. L'inscription sur une liste d'éligibles n'est nécessaire qu'à l'égard de celles des fonctions publiques pour lesquelles cette condition est expressément exigée par la constitution ou par la loi. Les listes d'éligibles seront formées pour la première fois dans le cours de l'an IX. — Les citoyens qui seront nommés pour la première formation des autorités constituées, feront partie nécessaire des premières listes d'éligibles.

TITRE II
DU SÉNAT CONSERVATEUR

15. Le sénat conservateur est composé de quatre-vingts membres, inamovibles et à vie, âgés de quarante ans au moins. — Pour la formation du sénat, il sera d'abord nommé soixante membres : ce nombre sera porté à soixante-deux dans le cours de l'an VIII, à soixante-quatre en l'an IX, et s'élèvera ainsi graduellement à quatre-vingts par l'addition de deux membres en chacune des dix premières années.

16. La nomination à une place de sénateur se fait par le sénat, qui choisit entre trois candidats présentés, le premier par le corps législatif; le second, par le tribunat; et le troisième, par le premier consul. — Il ne choisit qu'entre deux candidats, si l'un d'eux est proposé par deux des trois autorités présentantes : il est tenu d'admettre celui qui serait proposé à la fois par les trois autorités.

17. Le premier consul sortant de place, soit par l'expiration de ses fonctions, soit par démission, devient sénateur de plein droit et nécessairement. — Les deux autres consuls, durant le mois qui suit l'expiration de leurs fonctions, peuvent prendre place dans le sénat, et ne sont pas obligés d'user de ce droit. — Ils ne l'ont point quand ils quittent leurs fonctions consulaires par démission.

18. Un sénateur est à jamais inéligible à toute autre fonction publique.

19. Toutes les listes faites dans les départements en vertu de l'article 9, sont adressées au sénat : elles composent la liste nationale.

20. Il élit dans cette liste les législateurs, les tribuns, les consuls, les juges de cassation, et les commissaires à la comptabilité.

21. Il maintient ou annule tous les actes qui lui sont déférés comme inconstitutionnels par le tribunat ou par le Gouvernement : les listes d'éligibles sont comprises parmi ces actes.

22. Des revenus de domaines nationaux déterminés sont affectés aux dépenses du sénat. Le traitement annuel de chacun de ses membres se prend sur ces revenus, et il est égal au vingtième de celui du premier consul.

23. Les séances du sénat ne sont pas publiques.

24. Les citoyens *Siéyès* et *Roger-Ducos*, consuls sortants. sont nommés membres du sénat conservateur : ils se réuniront avec le second et le troisième consul nommé par la présente constitution. Ces quatre citoyens nomment la majorité du sénat, qui se complète ensuite lui-même, et procède aux élections qui lui sont confiées.

TITRE III .

DU POUVOIR LÉGISLATIF (1)

25. Il ne sera promulgué de lois nouvelles que lorsque le projet en aura été proposé par le Gouvernement, communiqué au tribunat, et décrété par le corps législatif.

26. Les projets que le Gouvernement propose sont rédigés en articles. En tout état de la discussion de ces projets, le Gouvernement peut les retirer ; il peut les reproduire modifiés.

27. Le tribunat est composé de cent membres, âgés de vingt-cinq ans au moins ; ils sont renouvelés par cinquième tous les ans, et indéfiniment rééligibles tant qu'ils demeurent sur la liste nationale.

28. Le tribunat discute les projets de loi ; il en vote l'adoption ou le rejet. — Il envoie trois orateurs pris dans son sein, par lesquels les motifs du vœu qu'il a exprimé sur chacun de

(1) Cf. L. 19 nivôse an VIII. — Sur la date des lois, V. Délibér. du Conseil d'état, 5 pluviôse an VIII.

ces projets, sont exposés et défendus devant le corps législatif.
— Il défère au sénat, pour cause d'inconstitutionnalité seulement, les listes d'éligibles, les actes du corps législatif et ceux du Gouvernement.

29. Il exprime son vœu sur les lois faites et à faire, sur les abus à corriger, sur les améliorations à entreprendre dans toutes les parties de l'administration publique, mais jamais sur les affaires civiles ou criminelles portées devant les tribunaux. — Les vœux qu'il manifeste en vertu du présent article, n'ont aucune suite nécessaire, et n'obligent aucune autorité constituée à une délibération.

30. Quand le tribunat s'ajourne, il peut nommer une commission de dix à quinze de ses membres, chargée de le convoquer si elle le juge convenable.

31. Le corps législatif est composé de trois cents membres, âgés de trente ans au moins ; ils sont renouvelés par cinquième tous les ans. — Il doit toujours s'y trouver un citoyen au moins de chaque département de la République.

32. Un membre sortant du corps législatif ne peut y rentrer qu'après un an d'intervalle ; mais il peut être immédiatement élu à toute autre fonction publique, y compris celle de tribun, s'il y est d'ailleurs éligible.

33. La session du corps législatif commence chaque année le 1er frimaire, et ne dure que quatre mois : il peut être extraordinairement convoqué durant les huit autres par le Gouvernement.

34. Le corps législatif fait la loi en statuant par scrutin secret, et sans aucune discussion de la part de ses membres, sur les projets de loi débattus devant lui par les orateurs du tribunat et du Gouvernement.

35. Les séances du tribunat et celles du corps législatif sont publiques ; le nombre des assistants soit aux unes, soit aux autres, ne peut excéder deux cents.

36. Le traitement annuel d'un tribun est de quinze mille francs : celui d'un législateur, de dix mille francs.

37. Tout décret du corps législatif, le dixième jour après son émission, est promulgué par le premier consul, à moins que, dans ce délai, il n'y ait eu recours au sénat pour cause d'inconstitutionnalité. Ce recours n'a point lieu contre les lois promulguées (1).

38. Le premier renouvellement du corps législatif et du tribunat n'aura lieu que dans le cours de l'an X.

(1) V. D. 28 nivôse an VIII.

TITRE IV

DU GOUVERNEMENT

39. Le Gouvernement est confié à trois consuls nommés pour dix ans, et indéfiniment rééligibles. — Chacun d'eux est élu individuellement, avec la qualité distincte ou de premier, ou de second, ou de troisième consul. — La Constitution nomme PREMIER CONSUL le citoyen *Bonaparte*, ex-consul provisoire ; SECOND CONSUL, le citoyen *Cambacérès*, ex-ministre de la justice ; et TROISIÈME CONSUL, le citoyen *Lebrun*, ex-membre de la commission du Conseil des Anciens. — Pour cette fois, le troisième consul n'est nommé que pour cinq ans.

40. Le premier consul a des fonctions et des attributions particulières, dans lesquelles il est momentanément suppléé, quand il y a lieu, par un de ses collègues.

41. Le premier consul promulgue les lois ; il nomme et révoque à volonté les membres du conseil d'état, les ministres, les ambassadeurs et autres agents extérieurs en chef, les officiers de l'armée de terre et de mer, les membres des administrations locales et les commissaires du Gouvernement près les tribunaux. Il nomme tous les juges criminels et civils autres que les juges de paix et les juges de cassation, sans pouvoir les révoquer.

42. Dans les autres actes du Gouvernement, le second et le troisième consuls ont voix consultative : ils signent le registre de ces actes pour constater leur présence ; et s'ils le veulent, ils y consignent leurs opinions ; après quoi la décision du premier consul suffit.

43. Le traitement du premier consul sera de cinq cent mille francs en l'an VIII. Le traitement de chacun des deux autres consuls est égal aux trois dixièmes de celui du premier.

44. Le Gouvernement propose les lois, et fait les règlements nécessaires pour assurer leur exécution.

45. Le Gouvernement dirige les recettes et les dépenses de l'État, conformément à la loi annuelle qui détermine le montant des unes et des autres ; il surveille la fabrication des monnaies, dont la loi seule ordonne l'émission, fixe le titre, le poids et le type.

46. Si le Gouvernement est informé qu'il se trame quelque conspiration contre l'État, il peut décerner des mandats d'amener et des mandats d'arrêt contre les personnes qui en sont présumées les auteurs ou les complices ; mais si, dans un délai de dix jours après leur arrestation, elles ne sont mises en liberté ou en justice réglée, il y a, de la part du ministre signataire du mandat, crime de détention arbitraire.

47. Le Gouvernement pourvoit à la sûreté intérieure et à la défense extérieure de l'État ; il distribue les forces de terre et de mer, et en règle la direction.

48. La garde nationale en activité est soumise aux règlements d'administration publique ; la garde nationale sédentaire n'est soumise qu'à la loi.

49. Le Gouvernement entretient des relations politiques au dehors, conduit les négociations, fait les stipulations préliminaires, signe, fait signer et conclut tous les traités de paix, d'alliance, de trêve, de neutralité, de commerce, et autres conventions.

50. Les déclarations de guerre et les traités de paix, d'alliance et de commerce, sont proposés, discutés, décrétés et promulgués comme des lois. — Seulement les discussions et délibérations sur ces objets, tant dans le tribunat que dans le corps législatif, se font en comité secret quand le Gouvernement le demande.

51. Les articles secrets d'un traité ne peuvent être destructifs des articles patents.

52. Sous la direction des consuls, un conseil d'état est chargé de rédiger les projets de lois et les règlements d'administration publique, et de résoudre les difficultés qui s'élèvent en matière administrative (1).

53. C'est parmi les membres du conseil d'état que sont toujours pris les orateurs chargés de porter la parole au nom du Gouvernement devant le corps législatif. — Ces orateurs ne sont jamais envoyés au nombre de plus de trois pour la défense d'un même projet de loi.

54. Les ministres procurent l'exécution des lois et des règlements d'administration publique.

55. Aucun acte du Gouvernement ne peut avoir d'effet s'il n'est signé par un ministre.

56. L'un des ministres est spécialement chargé de l'administration du trésor public : il assure les recettes, ordonne les mouvements de fonds et les paiements autorisés par la loi. Il ne peut rien faire payer qu'en vertu, 1° d'une loi, et jusqu'à la concurrence des fonds qu'elle a déterminés pour un genre de dépenses ; 2° d'un arrêté du Gouvernement ; 3° d'un mandat signé par un ministre.

(1) Cf. Règl. 5 nivôse an VIII ; D. 11 juin 1806 ; D. 22 juillet 1806.

57. Les comptes détaillés de la dépense de chaque ministre, signés et certifiés par lui, sont rendus publics.

58. Le Gouvernement ne peut élire ou conserver pour conseillers d'état, pour ministres, que des citoyens dont les noms se trouvent inscrits sur la liste nationale.

59. Les administrations locales établies soit pour chaque arrondissement communal, soit pour des portions plus étendues du territoire, sont subordonnées aux ministres. Nul ne peut devenir ou rester membre de ces administrations, s'il n'est porté ou maintenu sur l'une des listes mentionnées aux articles 7 et 8 (1).

TITRE V

DES TRIBUNAUX (2)

60. Chaque arrondissement communal a un ou plusieurs juges de paix, élus immédiatement par les citoyens pour trois années. — Leur principale fonction consiste à concilier les parties, qu'ils invitent, dans le cas de non-conciliation, à se faire juger par des arbitres.

61. En matière civile, il y a des tribunaux de première instance et des tribunaux d'appel. La loi détermine l'organisation des uns et des autres, leur compétence, et le territoire formant le ressort de chacun.

62. En matière de délits emportant peine afflictive ou infamante, un premier jury admet ou rejette l'accusation : si elle est admise, un second jury reconnaît le fait; et les juges, formant un tribunal criminel, appliquent la peine. Leur jugement est sans appel (3).

63. La fonction d'accusateur public près un tribunal criminel, est remplie par le commissaire du Gouvernement.

64. Les délits qui n'emportent pas peine afflictive ou infamante, sont jugés par des tribunaux de police correctionnelle, sauf l'appel aux tribunaux criminels.

65. Il y a, pour toute la République, un tribunal de cassation, qui prononce sur les demandes en cassation contre les jugements en dernier ressort rendus par les tribunaux ; sur les demandes en renvoi d'un tribunal à un autre pour cause de

(1) Cf. L. 28 pluviôse an VIII.
(2) Cf. LL. 27 ventôse an VIII ; 18 mars 1806 ; 10 avril 1810. DD. 6 juillet ; 18 août 1810.
(3) Cf. LL. 6 germinal an VIII ; 17 pluviôse an IX.

suspicion légitime ou de sûreté publique; sur les prises à partie contre un tribunal entier (1).

66. Le tribunal de cassation ne connaît point du fond des affaires; mais il casse les jugements rendus sur des procédures dans lesquelles les formes ont été violées, ou qui contiennent quelque contravention expresse à la loi; et il renvoie le fond du procès au tribunal qui doit en connaître.

67. Les juges composant les tribunaux de première instance, et les commissaires du Gouvernement établis près ces tribunaux, sont pris dans la liste communale ou dans la liste départementale. — Les juges formant les tribunaux d'appel, et les commissaires placés près d'eux, sont pris dans la liste départementale. — Les juges composant le tribunal de cassation, et les commissaires établis près ce tribunal, sont pris dans la liste nationale.

68. Les juges, autres que les juges de paix, conservent leurs fonctions toute leur vie, à moins qu'ils ne soient condamnés pour forfaiture, ou qu'ils ne soient pas maintenus sur les listes d'éligibles.

TITRE VI

DE LA RESPONSABILITÉ DES FONCTIONNAIRES PUBLICS

69. Les fonctions des membres soit du sénat, soit du corps législatif, soit du tribunat, celles des consuls et des conseillers d'état, ne donnent lieu à aucune responsabilité.

70. Les délits personnels emportant peine afflictive ou infamante, commis par un membre soit du sénat, soit du tribunat, soit du corps législatif, soit du conseil d'état, sont poursuivis devant les tribunaux ordinaires, après qu'une délibération du corps auquel le prévenu appartient, a autorisé cette poursuite.

71. Les ministres prévenus de délits privés, emportant peine afflictive ou infamante, sont considérés comme membres du conseil d'état.

72. Les ministres sont responsables, 1° de tout acte de gouvernement signé par eux, et déclaré inconstitutionnel par le sénat; 2° de l'inexécution des lois et des règlements d'administration publique; 3° des ordres particuliers qu'ils ont donnés, si ces ordres sont contraires à la Constitution, aux lois et aux règlements.

73. Dans les cas de l'article précédent, le tribunat dénonce le

(1) Cf. Arr. cons. 4 prairial an VIII.

ministre par un acte sur lequel le corps législatif délibère dans les formes ordinaires, après avoir entendu ou appelé le dénoncé. Le ministre mis en jugement par un décret du corps législatif, est jugé par une haute-cour, sans appel et sans recours en cassation. La haute-cour est composée de juges et de jurés. Les juges sont choisis par le tribunal de cassation, et dans son sein : les jurés sont pris dans la liste nationale : le tout suivant les formes que la loi détermine.

74. Les juges civils et criminels sont, pour les délits relatifs à leurs fonctions, poursuivis devant les tribunaux auxquels celui de cassation les renvoie après avoir annulé leurs actes.

75. Les agents du Gouvernement, autres que les ministres, ne peuvent être poursuivis pour des faits relatifs à leurs fonctions, qu'en vertu d'une décision du conseil d'état : en ce cas, la poursuite a lieu devant les tribunaux ordinaires (1).

TITRE VII

DISPOSITIONS GÉNÉRALES

76. La maison de toute personne habitant le territoire français, est un asile inviolable. — Pendant la nuit, nul n'a le droit d'y entrer que dans le cas d'incendie, d'inondation, ou de réclamation faite de l'intérieur de la maison. — Pendant le jour, on peut y entrer pour un objet spécial déterminé ou par une loi, ou par un ordre émané d'une autorité publique (2).

77. Pour que l'acte qui ordonne l'arrestation d'une personne puisse être exécuté, il faut, 1° qu'il exprime formellement le motif de l'arrestation, et la loi en exécution de laquelle elle est ordonnée ; 2° qu'il émane d'un fonctionnaire à qui la loi ait donné formellement ce pouvoir ; 3° qu'il soit notifié à la personne arrêtée, et qu'il lui en soit laissé copie.

78. Un gardien ou geôlier ne peut recevoir ou détenir aucune personne qu'après avoir transcrit sur son registre l'acte qui ordonne l'arrestation : cet acte doit être un mandat donné dans les formes prescrites par l'article précédent, ou une ordonnance de prise de corps, ou un décret d'accusation, ou un jugement.

79. Tout gardien ou geôlier est tenu, sans qu'aucun ordre puisse l'en dispenser, de représenter la personne détenue à l'officier civil ayant la police de la maison de détention, toutes les fois qu'il en sera requis par cet officier.

(1) Article appliqué comme loi ordinaire jusqu'au D. 19 septembre 1870.
(2) C. inst. crim., art. 9, 16; C. pén., art. 184.

80. La représentation de la personne détenue ne pourra être refusée à ses parents et amis porteurs de l'ordre de l'officier civil, lequel sera toujours tenu de l'accorder, à moins que le gardien ou geôlier ne représente une ordonnance du juge pour tenir la personne au secret.

81. Tous ceux qui, n'ayant point reçu de la loi le pouvoir de faire arrêter, donneront, signeront, exécuteront l'arrestation (1) d'une personne quelconque ; tous ceux qui, même dans le cas de l'arrestation autorisée par la loi, recevront ou retiendront la personne arrêtée, dans un lieu de détention non publiquement et légalement désigné comme tel, et tous les gardiens ou geôliers qui contreviendront aux dispositions des trois articles précédents, seront coupables du crime de détention arbitraire.

82. Toutes rigueurs employées dans les arrestations, détentions ou exécutions, autres que celles autorisées par les lois, sont des crimes.

83. Toute personne a le droit d'adresser des pétitions individuelles à toute autorité constituée, et spécialement au tribunat.

84. La force publique est essentiellement obéissante : nul corps armé ne peut délibérer.

85. Les délits des militaires sont soumis à des tribunaux spéciaux, et à des formes particulières de jugement.

86. La nation française déclare qu'il sera accordé des pensions à tous les militaires blessés à la défense de la patrie, ainsi qu'aux veuves et aux enfants des militaires morts sur le champ de bataille ou des suites de leurs blessures.

87. Il sera décerné des récompenses nationales aux guerriers qui auront rendu des services éclatants en combattant pour la République (2).

88. Un Institut national est chargé de recueillir les découvertes, de perfectionner les sciences et les arts (3).

89. Une commission de comptabilité nationale règle et vérifie les comptes des recettes et des dépenses de la République. Cette commission est composée de sept membres choisis par le sénat dans la liste nationale (4).

90. Un corps constitué ne peut prendre de délibération que dans une séance où les deux tiers au moins de ses membres se trouvent présents.

(1) On imprime d'ordinaire : *l'ordre d'arrestation.* Nous avons suivi le texte du *B. L.*
(2) L. 29 floréal an X (Légion d'honneur).
(3) Arr. 3 pluviôse an XI.
(4) Cf. L. 16 septembre 1807 (Cour des comptes).

91. Le régime des colonies françaises est déterminé par des lois spéciales.

92. Dans le cas de révolte à main armée, ou de troubles qui menacent la sûreté de l'État, la loi peut suspendre, dans les lieux et pour le temps qu'elle détermine, l'empire de la Constitution. — Cette suspension peut être provisoirement déclarée dans les mêmes cas, par un arrêté du Gouvernement, le corps législatif étant en vacance, pourvu que ce corps soit convoqué au plus court terme par un article du même arrêté (1).

93. La nation française déclare qu'en aucun cas elle ne souffrira le retour des Français qui, ayant abandonné leur patrie depuis le 14 juillet 1789, ne sont pas compris dans les exceptions portées aux lois rendues contre les émigrés ; elle interdit toute exception nouvelle sur ce point. — Les biens des émigrés sont irrévocabl.... acquis au profit de la République.

94. La nation française déclare qu'après une vente légalement consommée de biens nationaux, quelle qu'en soit l'origine, l'acquéreur légitime ne peut en être dépossédé, sauf aux tiers réclamants à être, s'il y a lieu, indemnisés par le trésor public.

95. La présente Constitution sera offerte de suite à l'acceptation du peuple français (2).

Proclamation des Consuls de la République du 24 frimaire an VIII (15 décembre 1799) (3).

LES CONSULS DE LA RÉPUBLIQUE AUX FRANÇAIS.

Une Constitution vous est présentée. — Elle fait cesser les incertitudes que le Gouvernement provisoire mettait dans les relations extérieures, dans la situation intérieure et militaire de la République. — Elle place dans les institutions qu'elle établit, les premiers magistrats dont le dévouement a paru nécessaire à son activité. — La Constitution est fondée sur les vrais principes du Gouvernement représentatif, sur les droits sacrés de la propriété, de l'égalité, de la liberté. — Les pouvoirs qu'elle institue, seront forts et stables, tels qu'ils doivent être pour garantir les droits des citoyens et les intérêts de l'État. — Citoyens, la révolution est fixée aux principes qui l'ont commencée : elle est finie.

(1) V. LL. 23 nivôse an VIII ; 22 frimaire an IX.
(2) V. L. 23 frimaire an VIII, qui règle la manière dont la Constitution sera présentée au peuple français, et le Rapport du ministre de l'intérieur, sur l'acceptation de la Constitution, du 18 pluviôse an VIII.
(3) Coll. *B. L.*, 2ᵉ série, 9ᵉ partie, nᵒ 3460.

Sénatus-consulte *du 22 ventôse an X (13 mars 1802), relatif à la manière dont sera fait le renouvellement des quatre premiers cinquièmes du Corps législatif et du Tribunat en l'an X, et dans les trois années subséquentes (1).*

LE SÉNAT CONSERVATEUR ..... Arrête... 1º Qu'à compter du 1er germinal prochain, les fonctions du Corps législatif et du Tribunat ne pourront être exercées que par les citoyens qui se trouveront inscrits sur les deux listes des membres élus pour continuer l'exercice de ces fonctions, et par ceux qui se trouveront portés sur les listes des citoyens appelés à remplacer les sortants ; 2º Que le Sénat suivra le même mode électif pour les renouvellements qui auront lieu dans les années XI, XII et XIII, relativement aux second, troisième et quatrième cinquièmes de l'élection de l'an VIII. — Le présent sénatus-consulte sera transmis par un message, au Corps législatif, au Tribunat, et aux Consuls de la République (2).

Arrêté des Consuls *du 20 floréal an X (10 mai 1802), portant que le peuple français sera consulté sur cette question : Napoléon Bonaparte sera-t-il Consul à vie ? (3).*

Art. 1er. Le peuple français sera consulté sur cette question : *Napoléon Bonaparte sera-t-il Consul à vie !*

2. Il sera ouvert, dans chaque commune, des registres où les citoyens seront invités à consigner leur vœu sur cette question.

3. Ces registres seront ouverts aux secrétariats de toutes les administrations, aux greffes de tous les tribunaux, chez tous les maires et tous les notaires.

4. Le délai pour voter dans chaque département sera de trois semaines, à compter du jour où cet arrêté sera parvenu à la préfecture ; et de sept jours, à compter de celui où l'expédition sera parvenue à chaque commune.

___

(1) Coll. *B. L.*, 3e série, V, nº 1301, p. 369.
(2) Cf. ACTE du 27 ventôse an X du Sénat conservateur contenant la liste des deux cent quarante membres élus pour continuer l'exercice de leurs fonctions au Corps législatif (*B. L.*, 3e série, V, nº 1302, p. 370) ; — ACTE du 27 ventôse an X du Sénat conservateur contenant la liste des quatre-vingts membres élus pour continuer l'exercice de leurs fonctions au Tribunat (*B. L.*, 3e série, V, nº 1303, p. 377).
(3) Coll. *B. L.*, 3e série, VI, nº 1449, p. 177.

Sénatus-consulte *du 14 thermidor an X (2 août 1802), qui proclame* NAPOLÉON BONAPARTE *premier Consul à vie (1).*

Art. 1er. Le Peuple français nomme, et le Sénat proclame NAPOLÉON BONAPARTE premier Consul à vie.

2. Une statue de la Paix, tenant d'une main le laurier de la Victoire, et de l'autre le décret du Sénat, attestera à la postérité la reconnaissance de la Nation.

3. Le Sénat portera au premier Consul l'expression de la confiance, de l'amour et de l'admiration du peuple français.

Sénatus-consulte organique *de la Constitution du 16 thermidor an X (4 août 1802) (2).*

TITRE PREMIER

Art. 1er. Chaque ressort de justice de paix a une assemblée de canton.

2. Chaque arrondissement communal ou district de sous-préfecture, a un collège électoral d'arrondissement.

3. Chaque département a un collège électoral de département.

TITRE II

DES ASSEMBLÉES DE CANTON (3)

4. L'assemblée de canton se compose de tous les citoyens domiciliés dans le canton, et qui y sont inscrits sur la liste communale d'arrondissement. — A dater de l'époque où, aux termes de la Constitution, les listes communales doivent être renouvelées, l'assemblée de canton sera composée de tous les citoyens domiciliés dans le canton, et qui y jouissent des droits de citoyen.

5. Le premier Consul nomme le président de l'assemblée de canton ; — Ses fonctions durent cinq ans : il peut être renommé indéfiniment. — Il est assisté de quatre scrutateurs, dont deux sont les plus âgés, et les deux autres les plus imposés des citoyens ayant droit de voter dans l'assemblée de canton. — Le président et les quatre scrutateurs nomment le secrétaire.

6. L'assemblée de canton se divise en sections pour faire les

(1) Coll. *B. L.*, 3e série, VI, n° 1875, p. 533.
(2) Coll. *B. L.*, 3e série, VI, n° 1876, p. 535.
(3) Cf. D. 17 janvier 1806.

opérations qui lui appartiennent. - Lors de la première convocation de chaque assemblée, l'organisation et les formes en seront déterminées par un règlement émané du Gouvernement.

7. Le président de l'assemblée de canton nomme les présidents des sections. — Leurs fonctions finissent avec chaque assemblée sectionnaire. — Ils sont assistés chacun de deux scrutateurs, dont l'un est le plus âgé, et l'autre le plus imposé des citoyens ayant droit de voter dans la section.

8. L'assemblée de canton désigne deux citoyens sur lesquels le premier Consul choisit le juge de paix du canton. — Elle désigne pareillement deux citoyens pour chaque place vacante de suppléant de juge de paix.

9. Les juges de paix et leurs suppléants sont nommés pour dix ans.

10. Dans les villes de cinq mille âmes, l'assemblée de canton présente deux citoyens pour chacune des places du conseil municipal. Dans les villes où il y aura plusieurs justices de paix ou plusieurs assemblées de canton, chaque assemblée présentera pareillement deux citoyens pour chaque place du conseil municipal.

11. Les membres des conseils municipaux sont pris par chaque assemblée de canton, sur la liste des cent plus imposés du canton. Cette liste sera arrêtée et imprimée par ordre du préfet.

12. Les conseils municipaux se renouvellent tous les dix ans par moitié.

13. Le premier Consul choisit les maires et adjoints dans les conseils municipaux: ils sont cinq ans en place : ils peuvent être renommés.

14. L'assemblée de canton nomme au collège électoral d'arrondissement, le nombre de membres qui lui est assigné, en raison du nombre de citoyens dont elle se compose.

15. Elle nomme au collège électoral de département, sur une liste dont il sera parlé ci-après, le nombre de membres qui lui est attribué.

16. Les membres des collèges électoraux doivent être domiciliés dans les arrondissements et départements respectifs.

17. Le Gouvernement convoque les assemblées de canton, fixe le temps de leur durée et l'objet de leur réunion.

TITRE III

DES COLLÈGES ÉLECTORAUX

18. Les collèges électoraux d'arrondissement ont un membre pour cinq cents habitants domiciliés dans l'arrondissement. — Le nombre des membres ne peut néanmoins excéder deux cents, ni être au-dessous de cent vingt.

19. Les collèges électoraux de département ont un membre par mille habitants domiciliés dans le département ; et néanmoins ces membres ne peuvent excéder trois cents, ni être au-dessous de deux cents.

20. Les membres des collèges électoraux sont à vie.

21. Si un membre d'un collège électoral est dénoncé au Gouvernement, comme s'étant permis quelque acte contraire à l'honneur ou à la patrie, le Gouvernement invite le collège à manifester son vœu : il faut les trois quarts des voix pour faire perdre au membre dénoncé sa place dans le collège.

22. On perd sa place dans les collèges électoraux pour les mêmes causes qui font perdre le droit de citoyen. — On la perd également, lorsque, sans empêchement légitime, on n'a point assisté à trois réunions successives.

23. Le premier Consul nomme les présidents des collèges électoraux à chaque session. — Le président a seul la police du collège électoral, lorsqu'il est assemblé.

24. Les collèges électoraux nomment, à chaque session, deux scrutateurs et un secrétaire.

25. Pour parvenir à la formation des collèges électoraux de département, il sera dressé dans chaque département, sous les ordres du ministre des finances, une liste des six cents citoyens les plus imposés aux rôles des contributions foncière, mobilière et somptuaire, et au rôle des patentes. — On ajoute à la somme de la contribution, dans le domicile du département, celle qu'on peut justifier payer dans les autres parties du territoire de la France et de ses colonies. — Cette liste sera imprimée.

26. L'assemblée de canton prendra sur cette liste les membres qu'elle devra nommer au collège électoral du département.

27. Le premier Consul peut ajouter aux collèges électoraux d'arrondissement dix membres pris parmi les citoyens appartenant à la légion d'honneur, ou qui ont rendu des services. — Il peut ajouter à chaque collège électoral de département vingt citoyens, dont dix pris parmi les trente plus imposés du département, et les dix autres, soit parmi les membres de la légion d'honneur, soit parmi les citoyens qui ont rendu des services. — Il n'est point assujetti, pour ces nominations, à des époques déterminées.

28. Les collèges électoraux d'arrondissement présentent au

premier Consul deux citoyens domiciliés dans l'arrondissement, pour chaque place vacante dans le conseil d'arrondissement. — Un au moins de ces citoyens doit être pris hors du collège électoral qui le désigne.   Les conseils d'arrondissement se renouvellent par tiers tous les cinq ans.

29. Les collèges électoraux d'arrondissement présentent, à chaque réunion, deux citoyens pour faire partie de la liste sur laquelle doivent être choisis les membres du Tribunat. — Un au moins de ces citoyens doit être pris nécessairement hors du collège qui le présente.   Tous deux peuvent être pris hors du département.

30. Les collèges électoraux de département présentent au premier Consul deux citoyens domiciliés dans le département pour chaque place vacante dans le conseil général du département. — Un de ces citoyens au moins doit être pris nécessairement hors du collège électoral qui le présente. — Les conseils généraux de département se renouvellent par tiers tous les cinq ans.

31. Les collèges électoraux de département présentent, à chaque réunion, deux citoyens pour former la liste sur laquelle sont nommés les membres du Sénat. — Un au moins doit être nécessairement pris hors du collège qui le présente, et tous deux peuvent être pris hors du département. — Ils doivent avoir l'âge et les qualités exigés par la Constitution.

32. Les collèges électoraux de département et d'arrondissement présentent chacun deux citoyens domiciliés dans le département, pour former la liste sur laquelle doivent être nommés les membres de la députation au Corps législatif.   Un de ces citoyens doit être pris nécessairement hors du collège qui le présente.   Il doit y avoir trois fois autant de candidats différents sur la liste formée par la réunion des présentations des collèges électoraux de département et d'arrondissement, qu'il y a de places vacantes.

33. On peut être membre d'un conseil de commune et d'un collège électoral d'arrondissement ou de département.   On ne peut être à la fois membre d'un collège d'arrondissement et d'un collège de département.

34. Les membres du Corps législatif et du Tribunat ne peuvent assister aux séances du collège électoral dont ils feront partie. Tous les autres fonctionnaires publics ont droit d'y assister et d'y voter.

35. Il n'est procédé par aucune assemblée de canton, à la nomination des places qui lui appartiennent dans un collège électoral, que quand ces places sont réduites aux deux tiers.

36. Les collèges électoraux ne s'assemblent qu'en vertu d'un acte de convocation émané du Gouvernement, et dans le lieu qui leur est assigné.   Ils ne peuvent s'occuper que des opérations pour lesquelles ils sont convoqués, ni continuer leurs séances au delà du terme fixé par l'acte de convocation.   S'ils sortent de ces bornes, le Gouvernement a le droit de les dissoudre.

37. Les collèges électoraux ne peuvent, ni directement ni indirectement, sous quelque prétexte que ce soit, correspondre entre eux.

38. La dissolution d'un corps électoral opère le renouvellement de tous ses membres.

TITRE IV

DES CONSULS

39. Les Consuls sont à vie :   Ils sont membres du Sénat, et le président.

40. Le second et le troisième Consuls sont nommés par le Sénat, sur la présentation du premier.

41. A cet effet, lorsque l'une des deux places vient à vaquer, le premier Consul présente au Sénat un premier sujet : s'il n'est pas nommé, il en présente un second : si le second n'est pas accepté, il en présente un troisième, qui est nécessairement nommé.

42. Lorsque le premier Consul le juge convenable, il présente un citoyen pour lui succéder après sa mort, dans les formes indiquées par l'article précédent.

43. Le citoyen nommé pour succéder au premier Consul, prête serment à la République, entre les mains du premier Consul, assisté des second et troisième Consuls, en présence du Sénat, des ministres, du conseil d'état, du Corps législatif, du Tribunat, du tribunal de cassation, des archevêques, des évêques, des présidents des tribunaux d'appel, des présidents des collèges électoraux, des présidents des assemblées de canton, des grands officiers de la légion d'honneur, et des maires des vingt-quatre principales villes de la République.   — Le secrétaire d'état dresse le procès-verbal de la prestation de serment.

44. Le serment est ainsi conçu :   « Je jure de maintenir la « Constitution, de respecter la liberté des consciences, de m'op-« poser au retour des institutions féodales, de ne jamais faire la « guerre que pour la défense et la gloire de la République, et « de n'employer le pouvoir dont je serai revêtu que pour le

« bonheur du peuple, de qui et pour qui je l'aurai reçu. »

45. Le serment prêté, il prend séance au Sénat, immédiatement après le troisième Consul.

46. Le premier Consul peut déposer aux archives du Gouvernement son vœu sur la nomination de son successeur, pour être présenté au Sénat après sa mort.

47. Dans ce cas, il appelle le second et le troisième Consuls, les ministres, et les présidents des sections du conseil d'état. — En leur présence, il remet au secrétaire d'état le papier scellé de son sceau, dans lequel est consigné son vœu. Ce papier est souscrit par tous ceux qui sont présents à l'acte. — Le secrétaire d'état le dépose aux archives du Gouvernement, en présence des ministres et des présidents des sections du conseil d'état.

48. Le premier Consul peut retirer ce dépôt en observant les formalités prescrites dans l'article précédent.

49. Après la mort du premier Consul, si son vœu est resté déposé, le papier qui le renferme est retiré des archives du Gouvernement par le secrétaire d'état, en présence des ministres et des présidents des sections du conseil d'état. L'intégrité et l'identité en sont reconnues en présence des second et troisième Consuls. Il est adressé au Sénat par un message du Gouvernement, avec expédition des procès-verbaux qui en ont constaté le dépôt, l'identité et l'intégrité.

50. Si le sujet présenté par le premier Consul n'est pas nommé, le second et le troisième Consuls en présentent chacun un : en cas de non nomination, ils en présentent chacun un autre, et l'un des deux est nécessairement nommé.

51. Si le premier Consul n'a point laissé de présentation, les second et troisième Consuls font leurs présentations séparées ; une première, une seconde ; et si ni l'une ni l'autre n'a obtenu de nomination, une troisième. Le Sénat nomme nécessairement sur la troisième.

52. Dans tous les cas, les présentations et la nomination devront être consommées dans les vingt-quatre heures qui suivront la mort du premier Consul.

53. La loi fixe pour la vie de chaque premier Consul l'état des dépenses du gouvernement.

TITRE V

DU SÉNAT

54. Le Sénat règle par un sénatus-consulte organique. — 1° La constitution des colonies ; — 2° Tout ce qui n'a pas été prévu par la Constitution, et qui est nécessaire à sa marche ; — 3° Il explique les articles de la Constitution qui donnent lieu à différentes interprétations.

55. Le Sénat, par des actes intitulés *sénatus-consultes*, 1° Suspend pour cinq ans les fonctions de jurés dans les départements où cette mesure est nécessaire ; — 2° Déclare, quand les circonstances l'exigent, des départements hors de la Constitution ; — 3° Détermine le temps dans lequel des individus arrêtés en vertu de l'article 46 de la Constitution, doivent être traduits devant les tribunaux, lorsqu'ils ne l'ont pas été dans les dix jours de leur arrestation ; — 4° Annule les jugements des tribunaux, lorsqu'ils sont attentatoires à la sûreté de l'État (1) ; — 5° Dissout le Corps législatif et le Tribunat ; — 6° Nomme les Consuls.

56. Les sénatus-consultes organiques et les sénatus-consultes sont délibérés par le Sénat, sur l'initiative du Gouvernement. Une simple majorité suffit pour les sénatus-consultes ; il faut les deux tiers des voix des membres présents pour un sénatus-consulte organique.

57. Les projets de sénatus-consultes pris en conséquence des articles 54 et 55, sont discutés dans un conseil privé, composé des Consuls, de deux ministres, de deux sénateurs, de deux conseillers d'état, et de deux grands-officiers de la légion d'honneur. — Le premier Consul désigne, à chaque tenue, les membres qui doivent composer le conseil privé.

58. Le premier Consul ratifie les traités de paix et d'alliance, après avoir pris l'avis du conseil privé. — Avant de les promulguer, il en donne connaissance au Sénat.

59. L'acte de nomination d'un membre du Corps législatif, du Tribunat et du tribunal de cassation, s'intitule *Arrêté*.

60. Les actes du Sénat relatifs à sa police et à son administration intérieure, s'intitulent *Délibérations*.

61. Dans le courant de l'an XI, il sera procédé à la nomination de quatorze citoyens pour compléter le nombre de quatre-vingts sénateurs, déterminé par l'article 15 de la Constitution. Cette nomination sera faite par le Sénat, sur la présentation du premier Consul, qui, pour cette présentation, et pour les présentations ultérieures dans le nombre de quatre-vingts, prend trois sujets sur la liste des citoyens désignés par les collèges électoraux.

(1) Cf. S.-C. 28 août 1813, qui annule une déclaration d'acquittement, prononcée par le jury d'Anvers le 24 juillet 1813.

19.

62. Les membres du grand conseil de la légion d'honneur sont membres du Sénat, quel que soit leur âge.

63. Le premier Consul peut, en outre, nommer au Sénat, sans présentation préalable par les collèges électoraux de département, des citoyens distingués par leurs services et leurs talents, à condition néanmoins qu'ils auront l'âge requis par la Constitution, et que le nombre des sénateurs ne pourra, en aucun cas, excéder cent vingt.

64. Les sénateurs pourront être Consuls, ministres, membres de la légion d'honneur, inspecteurs de l'instruction publique, et employés dans des missions extraordinaires et temporaires. - Le Sénat nomme, chaque année, deux de ses membres pour remplir les fonctions de secrétaires.

65. Les ministres ont séance au Sénat, mais sans voix délibérative, s'ils ne sont sénateurs.

TITRE VI
DES CONSEILLERS D'ÉTAT (1)

66. Les conseillers d'état n'excéderont jamais le nombre de cinquante.

67. Le conseil d'état se divise en sections.

68. Les ministres ont rang, séance et voix délibérative au conseil d'état.

TITRE VII
DU CORPS LÉGISLATIF

69. Chaque département aura dans le Corps législatif un nombre de membres proportionné à l'étendue de sa population, conformément au tableau ci-joint.

70. Tous les membres du Corps législatif appartenant à la même députation sont nommés à la fois.

71. Les départements de la République sont divisés en cinq séries, conformément au tableau ci-joint.

72. Les députés actuels sont classés dans les cinq séries.

73. Ils seront renouvelés dans l'année à laquelle appartiendra la série où sera placé le département auquel ils auront été attachés.

74. Néanmoins les députés qui ont été nommés en l'an X, rempliront leurs cinq années.

(1) V. la note de l'art. 52, C. an VIII.

75. Le Gouvernement convoque, ajourne et proroge le Corps législatif.

TITRE VIII

DU TRIBUNAT

76. A dater de l'an XIII, le Tribunat sera réduit à cinquante membres.   Moitié des cinquante sortira tous les trois ans. Jusqu'à cette réduction, les membres sortants ne seront pas remplacés.   Le Tribunat se divise en sections.

77. Le Corps législatif et le Tribunat sont renouvelés dans tous leurs membres quand le Sénat en a prononcé la dissolution.

TITRE IX

DE LA JUSTICE ET DES TRIBUNAUX (1)

78. Il y a un grand-juge ministre de la justice.

79. Il a une place distinguée au Sénat et au conseil d'état.

80. Il préside le tribunal de cassation et les tribunaux d'appel, quand le Gouvernement le juge convenable.

81. Il a sur les tribunaux, les justices de paix et les membres qui les composent, le droit de les surveiller, et de les reprendre.

82. Le tribunal de cassation, présidé par lui, a droit de censure et de discipline sur les tribunaux d'appel et les tribunaux criminels ; il peut, pour cause grave, suspendre les juges de leurs fonctions, les mander près du grand-juge, pour y rendre compte de leur conduite.

83. Les tribunaux d'appel ont droit de surveillance sur les tribunaux civils de leur ressort, et les tribunaux civils sur les juges de paix de leur arrondissement.

84. Le commissaire du Gouvernement près le tribunal de cassation surveille les commissaires près les tribunaux d'appel et les tribunaux criminels.   Les commissaires près les tribunaux d'appel surveillent les commissaires près les tribunaux civils.

85. Les membres du tribunal de cassation sont nommés par le Sénat, sur la présentation du premier Consul.   Le premier Consul présente trois sujets pour chaque place vacante.

TITRE X

DROIT DE FAIRE GRACE

86. Le premier Consul a droit de faire grâce. — Il l'exerce

(1) V. la note du titre V, C. an VIII.

après avoir entendu, dans un conseil privé, le grand-juge, deux ministres, deux sénateurs, deux conseillers d'état et deux juges du tribunal de cassation.

Suivent les tableaux annoncés dans les articles 69 et 71.

Sénatus-consulte *du 8 fructidor an X (26 août 1802), relatif aux termes dans lesquels sera rédigé le sénatus-consulte qui prononcera la dissolution du Corps législatif ou du Tribunat ou de l'un et de l'autre (1).*

Art. 1ᵉʳ. Le sénatus-consulte qui prononcera la dissolution du Corps législatif ou du Tribunat, ou de l'un et de l'autre, énoncera la proposition du Gouvernement, le rapport d'une commission spéciale sur cet objet, et que les suffrages ont été recueillis au scrutin secret ; — Il sera rédigé dans les termes suivants : « Le Sénat décrète : — « Le Corps législatif *ou* le Tribunat est dissous; » — *Ou* « Le Corps législatif *et* le Tribunat sont dissous. »

2. Le sénatus-consulte sera notifié au président du corps dissous, s'il est encore en session. — Si la dissolution est prononcée hors le temps de la session, l'insertion au Bulletin des lois tiendra lieu de la notification au président.

Sénatus-consulte *du 12 fructidor an X (30 août 1802), relatif à la tenue des séances et à l'ordre des délibérations du Sénat (2).*

Art. 1ᵉʳ. Les Consuls convoquent le Sénat, et indiquent les jours et les heures des séances.

2. Les orateurs du Gouvernement, chargés de présenter et de discuter les projets de sénatus-consulte, adressent la parole au Sénat. — Les sénateurs l'adressent au Consul.

3. Les délibérations sur toutes sortes de matières seront toujours prises et les nominations des secrétaires et des commissaires toujours faites au scrutin, à la majorité absolue; et lorsque la délibération aura lieu sur un projet de sénatus-consulte organique, aux deux tiers des voix, comme il est prescrit par l'article 56 du sénatus-consulte organique de la Constitution.

4. Quand le premier Consul ne préside pas, il désigne celui des deux autres Consuls qui doit présider à sa place. — L'acte de désignation est lu au Sénat, à l'ouverture de la séance.

(1) Coll. *B. L.*, 3ᵉ série, VI, nᵒ 1931, p. 640.
(2) Coll. *B. L.*, 3ᵉ série, VI, nᵒ 1943, p. 654.

5. Quand il s'agit d'élire des membres du Sénat, des députés au Corps législatif, des membres du Tribunat, des membres du tribunal de cassation, des commissaires de la comptabilité, le premier Consul peut désigner un sénateur pour présider à la séance. — Le sénateur désigné prend le titre de vice-président : la durée de ses fonctions est limitée aux séances pour lesquelles il est désigné. — Il siège à un bureau placé au-dessous de l'estrade, entre les bureaux des deux sénateurs secrétaires.

6. Le présent sénatus-consulte sera transmis aux Consuls de la République par un message.

Sénatus-consulte organique *du 28 frimaire an XII (20 décembre 1803), sur l'ouverture des sessions du Corps législatif, sa formation en comité général, la nomination du Président, des Questeurs, etc., et celle des membres du grand conseil de la Légion d'honneur* (1).

TITRE PREMIER

DE LA MANIÈRE DONT SERONT OUVERTES LES SESSIONS DU CORPS LÉGISLATIF

Art. 1er. Le premier Consul fera l'ouverture de chaque session du Corps législatif.

2. Il désignera douze membres du Sénat pour l'accompagner.

3. Il sera reçu à la porte du palais du Corps législatif par le président, à la tête d'une députation de vingt-quatre membres.

4. Les membres du conseil d'état se placeront dans la partie de la salle assignée aux orateurs du Gouvernement.

5. Lorsque les Consuls auront pris place, les membres du Tribunat seront introduits et placés dans la partie de la salle assignée aux orateurs de ce corps.

6. Le premier Consul, après avoir ouvert la séance, recevra le serment des nouveaux membres du Corps législatif et du Tribunat qui ne l'auront pas encore prêté ; les conseillers d'état feront ensuite les communications que le Gouvernement aura arrêtées, et la séance sera levée.

7. Pendant le jour de l'ouverture de la session du Corps législatif, la police de son palais sera remise au gouverneur du palais du Gouvernement, et à la garde consulaire.

(1) Coll. *B. L.*, 3e série, IX. no 3458, p. 219.

TITRE II

DES PRÉSIDENT, VICE-PRÉSIDENTS ET SECRÉTAIRES DU CORPS LÉGISLATIF

8. Le premier Consul nommera le président du Corps législatif, sur une présentation de candidats qui sera faite par le Corps législatif, au scrutin secret et à la majorité absolue.

9. Les candidats seront présentés dans le cours de la session annuelle pour l'année suivante, et à l'époque de cette session que le Gouvernement désignera.

10. Il sera pris un candidat dans chacune des séries qui devront rester au Corps législatif l'année suivante.

11. Si le premier Consul n'a pas encore nommé le président à l'ouverture de la session, le Corps législatif présentera à sa première séance un cinquième candidat pris dans la série entrante dans l'année, et le premier Consul choisira entre les cinq candidats.

12. Les fonctions du président commenceront avec la session annuelle, s'il est nommé avant l'ouverture de cette session, ou le jour de sa nomination, si elle n'a lieu qu'après que la session sera ouverte. — Il pourra, sans intervalle, être présenté comme candidat et élu de nouveau.

13. Le sceau du Corps législatif sera déposé chez le président. Les expéditions des lois décrétées par le Corps législatif ne seront scellées qu'en présence de son président.

14. Le président logera au palais du Corps législatif. — La garde d'honneur sera sous ses ordres. — Les messages du Gouvernement lui seront remis.

15. Le président aura, en cas de vacance, la nomination aux emplois du Corps législatif.

16. A l'ouverture de chaque session, le Corps législatif nommera quatre vice-présidents et quatre secrétaires, au scrutin secret et à la majorité absolue.

17. Ils seront renouvelés tous les mois ; ils remplaceront le président en cas d'absence ou d'empêchement, et dans l'ordre de leur nomination.

TITRE III

DES QUESTEURS

18. Le Corps législatif choisira, au scrutin secret et à la majorité absolue, douze candidats, parmi lesquels le premier Consul nommera quatre questeurs, dont deux seront renouvelés chaque année sur une désignation de six membres, faite de la même manière.

19. Les fonds votés dans le budget annuel pour les dépenses du Corps législatif, seront remis par douzième, de mois en mois, à la disposition des questeurs, sur l'ordonnance du ministre des finances.

20. Tous les mandats de dépenses seront délivrés par l'un des questeurs, qui en sera spécialement chargé.

21. L'emploi des fonds affectés aux dépenses du Corps législatif, excepté ceux nécessaires au paiement des indemnités de ses membres, sera arrêté dans un conseil d'administration composé du président, des vice-présidents et des questeurs.

22. Un des questeurs fera les fonctions de secrétaire de ce conseil.

23. La révocation des employés du Corps législatif sera délibérée par ce conseil, et notifiée par le président.

24. Le conseil recevra et arrêtera le compte annuel des recettes et dépenses du Corps législatif.

25. La délivrance des mandats de paiement, les fonctions relatives à l'administration et à la police du palais du Corps législatif, et toutes celles dont les questeurs pourront être chargés, seront réparties entre eux par le conseil d'administration.

TITRE IV

DISPOSITIONS PARTICULIÈRES

26. La session de l'an XII s'ouvrira suivant les formes précédemment observées.

27. Immédiatement après l'ouverture de la session, le Corps législatif procédera, avec le bureau provisoire, au choix de cinq candidats, parmi lesquels le premier Consul nommera le président. — Il sera pris un candidat dans chacune des séries du Corps législatif.

28. Immédiatement après l'installation du président, il sera procédé à la nomination des vice-présidents, des secrétaires, et des candidats pour la questure.

29. Les comptes de la commission administrative du Corps législatif seront rendus dans un conseil formé ainsi qu'il est dit article 21, et avant que les questeurs entrent en fonctions.

TITRE V

DES CAS OÙ LE CORPS LÉGISLATIF SE FORME EN COMITÉ GÉNÉRAL

30. Le Corps législatif, toutes les fois que le Gouvernement lui aura fait une communication qui aura un autre objet que le vote de la loi, se formera en comité général pour délibérer sa réponse. — Ce comité sera toujours présidé par le président du Corps législatif, ou par un des vice-présidents, désigné par le président, en cas d'empêchement.

31. Si le Corps législatif désire quelques renseignements sur la communication que le Gouvernement lui aura faite, il pourra, par une délibération préalable, charger son président d'en faire la demande au Gouvernement. — Les orateurs du Gouvernement porteront sa réponse au Corps législatif.

32. Les délibérations du Corps législatif seront prises à la majorité des voix, et sans nomination de commission ni de rapporteur.

33. Les délibérations prises par le Corps législatif, en vertu de l'article 30, seront portées au Gouvernement par une députation.

34. Les députations du Corps législatif seront composées du président, qui portera la parole, de deux vice-présidents, de deux questeurs, et de vingt membres.

35. Les secrétaires du Corps législatif consigneront les procès-verbaux des délibérations prises en comité général, dans un registre particulier, qui sera déposé chez le président, avec le sceau du Corps législatif.

TITRE VI
DE LA NOMINATION DES MEMBRES DU GRAND CONSEIL DE LA LÉGION D'HONNEUR

36. Le grand conseil de la légion d'honneur ne sera complété qu'à la paix.

37. Les membres du grand conseil de la légion d'honneur seront nommés par le premier Consul, sur la présentation de trois candidats choisis par les corps auxquels auront appartenu les membres dont les places se trouveront vacantes et pris dans leur sein.

38. Le présent sénatus-consulte organique sera transmis, par un message, au Gouvernement de la République.

Sénatus-consulte organique *du 28 floréal an XII (13 mai 1804)(1).*

TITRE PREMIER

Art. 1er. LE GOUVERNEMENT DE LA RÉPUBLIQUE est confié à un

(1) Coll. *B. L.*, 4e série, I, n° 1, p. 1.

EMPEREUR, qui prend le titre d'EMPEREUR DES FRANÇAIS. — La justice se rend, au nom de l'EMPEREUR, par les officiers qu'il institue.

2. NAPOLÉON BONAPARTE, premier Consul actuel de la République, est EMPEREUR DES FRANÇAIS.

TITRE II

DE L'HÉRÉDITÉ

3. La dignité impériale est héréditaire dans la descendance directe, naturelle et légitime de NAPOLÉON BONAPARTE, de mâle en mâle, par ordre de primogéniture, et à l'exclusion perpétuelle des femmes et de leur descendance.

4. NAPOLÉON BONAPARTE peut adopter les enfants ou petits-enfants de ses frères, pourvu qu'ils aient atteint l'âge de dix-huit ans accomplis, et que lui-même n'ait point d'enfants mâles au moment de l'adoption. — Ses fils adoptifs entrent dans la ligne de sa descendance directe. — Si, postérieurement à l'adoption, il lui survient des enfants mâles, ses fils adoptifs ne peuvent être appelés qu'après les descendants naturels et légitimes. — L'adoption est interdite aux successeurs de NAPOLÉON BONAPARTE et à leurs descendants.

5. A défaut d'héritier naturel et légitime ou d'héritier adoptif de NAPOLÉON BONAPARTE, la dignité impériale est dévolue et déférée à *Joseph Bonaparte* et à ses descendants naturels et légitimes, par ordre de primogéniture, et de mâle en mâle, à l'exclusion perpétuelle des femmes et de leur descendance.

6. A défaut de *Joseph Bonaparte* et de ses descendants mâles, la dignité impériale est dévolue et déférée à *Louis Bonaparte* et à ses descendants naturels et légitimes, par ordre de primogéniture, et de mâle en mâle, à l'exclusion perpétuelle des femmes et de leur descendance.

7. A défaut d'héritier naturel et légitime et d'héritier adoptif de NAPOLÉON BONAPARTE ; — A défaut d'héritiers naturels et légitimes de *Joseph Bonaparte* et de ses descendants mâles ; — De *Louis Bonaparte* et de ses descendants mâles ; — Un sénatus-consulte organique, proposé au Sénat par les titulaires des grandes dignités de l'Empire, et soumis à l'acceptation du peuple, nomme l'Empereur, et règle dans sa famille l'ordre de l'hérédité, de mâle en mâle, à l'exclusion perpétuelle des femmes et de leur descendance.

8. Jusqu'au moment où l'élection du nouvel Empereur est consommée, les affaires de l'État sont gouvernées par les ministres, qui se forment en conseil de gouvernement, et qui délibèrent à la majorité des voix. Le secrétaire d'état tient le registre des délibérations.

TITRE III
DE LA FAMILLE IMPÉRIALE

9. Les membres de la famille impériale, dans l'ordre de l'hérédité, portent le titre de *Princes français*. — Le fils aîné de l'Empereur porte celui de *Prince impérial*.

10. Un sénatus-consulte règle le mode de l'éducation des princes français.

11. Ils sont membres du Sénat et du Conseil d'état, lorsqu'ils ont atteint leur dix-huitième année.

12. Ils ne peuvent se marier sans l'autorisation de l'Empereur. — Le mariage d'un prince français, fait sans l'autorisation de l'Empereur, emporte privation de tout droit à l'hérédité, tant pour celui qui l'a contracté que pour ses descendants. — Néanmoins, s'il n'existe point d'enfant de ce mariage, et qu'il vienne à se dissoudre, le prince qui l'avait contracté recouvre ses droits à l'hérédité.

13. Les actes qui constatent la naissance, les mariages et les décès des membres de la famille impériale, sont transmis, sur un ordre de l'Empereur, au Sénat, qui en ordonne la transcription sur ses registres et le dépôt dans ses archives.

14. NAPOLÉON BONAPARTE établit par des statuts auxquels ses successeurs sont tenus de se conformer, — 1° Les devoirs des individus de tout sexe, membres de la famille impériale, envers l'Empereur ; — 2° Une organisation du palais impérial conforme à la dignité du trône et à la grandeur de la nation.

15. La liste civile reste réglée ainsi qu'elle l'a été par les articles 1 et 4 du décret du 26 mai 1791. — Les princes français *Joseph* et *Louis Bonaparte*, et à l'avenir les fils puînés naturels et légitimes de l'Empereur, seront traités conformément aux articles 1, 10, 11, 12 et 13 du décret du 21 décembre 1790. — L'Empereur pourra fixer le douaire de l'impératrice et l'assigner sur la liste civile ; ses successeurs ne pourront rien changer aux dispositions qu'il aura faites à cet égard.

16. L'Empereur visite les départements : en conséquence, des palais impériaux sont établis aux quatre points principaux de l'Empire. — Ces palais sont désignés et leurs dépendances déterminées par une loi.

TITRE IV

DE LA RÉGENCE

17. L'Empereur est mineur jusqu'à l'âge de dix-huit ans accomplis ; pendant sa minorité, il y a un régent de l'Empire.

18. Le régent doit être âgé au moins de vingt-cinq ans accomplis. — Les femmes sont exclues de la régence.

19. L'Empereur désigne le régent parmi les princes français, ayant l'âge exigé par l'article précédent ; et à leur défaut, parmi les titulaires des grandes dignités de l'Empire.

20. A défaut de désignation de la part de l'Empereur, la régence est déférée au prince le plus proche en degré, dans l'ordre de l'hérédité, ayant vingt-cinq ans accomplis.

21. Si, l'Empereur n'ayant pas désigné le régent, aucun des princes français n'est âgé de vingt-cinq ans accomplis, le Sénat élit le régent parmi les titulaires des grandes dignités de l'Empire.

22. Si, à raison de la minorité d'âge du prince appelé à la régence dans l'ordre de l'hérédité, elle a été déférée à un parent plus éloigné, ou à l'un des titulaires des grandes dignités de l'Empire, le régent entré en exercice continue ses fonctions jusqu'à la majorité de l'Empereur.

23. Aucun sénatus-consulte organique ne peut être rendu pendant la régence, ni avant la fin de la troisième année qui suit la majorité.

24. Le régent exerce jusqu'à la majorité de l'Empereur toutes les attributions de la dignité impériale. — Néanmoins il ne peut nommer ni aux grandes dignités de l'Empire, ni aux places de grands officiers qui se trouveraient vacantes à l'époque de la régence, ou qui viendraient à vaquer pendant la minorité, ni user de la prérogative réservée à l'Empereur d'élever des citoyens au rang de sénateur. — Il ne peut révoquer ni le grand-juge, ni le secrétaire d'état.

25. Il n'est pas personnellement responsable des actes de son administration.

26. Tous les actes de la régence sont au nom de l'Empereur mineur.

27. Le régent ne propose aucun projet de loi ou de sénatus-consulte, et n'adopte aucun règlement d'administration publique, qu'après avoir pris l'avis du conseil de régence, composé des titulaires des grandes dignités de l'Empire. — Il ne peut déclarer la guerre, ni signer des traités de paix, d'alliance ou de commerce, qu'après en avoir délibéré dans le conseil de régence, dont les membres,

pour ce seul cas, ont voix délibérative. La délibération a lieu
à la majorité des voix; et s'il y a partage, elle passe à l'avis du
régent. — Le ministre des relations extérieures prend séance au
conseil de régence, lorsque ce conseil délibère sur des objets
relatifs à son département. — Le grand-juge, ministre de la justice, y peut être appelé par l'ordre du régent. — Le secrétaire
d'état tient le registre des délibérations.

28. La régence ne confère aucun droit sur la personne de
l'Empereur mineur.

29. Le traitement du régent est fixé au quart du montant de
la liste civile.

30. La garde de l'Empereur mineur est confiée à sa mère et
à son défaut au prince désigné à cet effet par le prédécesseur de
l'Empereur mineur. — A défaut de la mère de l'Empereur mineur,
et d'un prince désigné par l'Empereur, le Sénat confie la garde
de l'Empereur mineur à l'un des titulaires des grandes dignités
de l'Empire. — Ne peuvent être élus pour la garde de l'Empereur
mineur, ni le régent et ses descendants, ni les femmes.

31. Dans le cas où NAPOLÉON BONAPARTE usera de la faculté qui
lui est conférée par l'article 4, titre II, l'acte d'adoption sera fait
en présence des titulaires des grandes dignités de l'Empire, reçu
par le secrétaire d'état, et transmis aussitôt au Sénat pour être
transcrit sur ses registres et déposé dans ses archives. — Lorsque l'Empereur désigne, soit un régent pour la minorité, soit
un prince pour la garde d'un Empereur mineur, les mêmes formalités sont observées. — Les actes de désignation, soit d'un
régent pour la minorité, soit d'un prince pour la garde d'un
Empereur mineur, sont révocables à volonté par l'Empereur. —
Tout acte d'adoption, de désignation, ou de révocation de désignation, qui n'aura pas été transcrit sur les registres du Sénat
avant le décès de l'Empereur, sera nul et de nul effet.

TITRE V

DES GRANDES DIGNITÉS DE L'EMPIRE

32. Les grandes dignités de l'Empire sont celles, — De grand-
électeur, — D'archi-chancelier de l'Empire, — D'archi-chancelier
d'état, — D'archi-trésorier, — De connétable, — De grand-amiral.

33. Les titulaires des grandes dignités de l'Empire sont
nommés par l'Empereur. — Ils jouissent des mêmes honneurs
que les princes français, et prennent rang immédiatement après
eux. — L'époque de leur réception détermine le rang qu'ils
occupent respectivement.

34. Les grandes dignités de l'Empire sont inamovibles.

35. Les titulaires des grandes dignités de l'Empire sont sénateurs et conseillers d'état.

36. Ils forment le grand conseil de l'Empereur; — Ils sont membres du conseil privé; — Ils composent le grand conseil de la légion d'honneur.   Les membres actuels du grand conseil de la légion d'honneur conservent, pour la durée de leur vie, leurs titres, fonctions et prérogatives.

37. Le Sénat et le Conseil d'état sont présidés par l'Empereur. — Lorsque l'Empereur ne préside pas le Sénat ou le Conseil d'état, il désigne celui des titulaires des grandes dignités de l'Empire qui doit présider.

38. Tous les actes du Sénat et du Corps législatif sont rendus au nom de l'Empereur, et promulgués ou publiés sous le sceau impérial.

39. Le grand-électeur fait les fonctions de chancelier. — 1° Pour la convocation du Corps législatif, des collèges électoraux et des assemblées de canton; 2° pour la promulgation des sénatus-consultes portant dissolution, soit du Corps législatif, soit des collèges électoraux.   Le grand-électeur préside en l'absence de l'Empereur, lorsque le Sénat procède aux nominations des sénateurs, des législateurs et des tribuns. — Il peut résider au palais du Sénat.   Il porte à la connaissance de l'Empereur les réclamations formées par les collèges électoraux ou par les assemblées de canton pour la conservation de leurs prérogatives. — Lorsqu'un membre d'un collège électoral est dénoncé, conformément à l'article 21 du sénatus-consulte organique du 16 thermidor an X, comme s'étant permis quelque acte contraire à l'honneur ou à la patrie, le grand-électeur invite le collège à manifester son vœu. Il porte le vœu du collège à la connaissance de l'Empereur.   Le grand-électeur présente les membres du Sénat, du Conseil d'état, du Corps législatif et du Tribunat, au serment qu'ils prêtent entre les mains de l'Empereur. — Il reçoit le serment des présidents des collèges électoraux de département et des assemblées de canton. — Il présente les députations solennelles du Sénat, du Conseil d'état, du Corps législatif, du Tribunat et des collèges électoraux, lorsqu'elles sont admises à l'audience de l'Empereur.

40. L'archi-chancelier de l'Empire fait les fonctions de chancelier pour la promulgation des sénatus-consultes organiques et des lois. — Il fait également celles de chancelier du palais impérial. — Il est présent au travail annuel dans lequel le grand-juge ministre de la justice rend compte à l'Empereur, des abus qui peuvent s'être introduits dans l'administration de la justice, soit civile, soit criminelle. — Il préside la haute-cour impériale. — Il préside les sections réunies du Conseil d'état et du Tribunat, conformément à l'article 95, titre XI. — Il est présent à la célébration des mariages et à la naissance des princes; au couronnement et aux obsèques de l'Empereur. Il signe le procès-verbal que dresse le secrétaire d'état. — Il présente les titulaires des grandes dignités de l'Empire, les ministres et le secrétaire d'état, les grands officiers civils de la couronne et le premier président de la cour de cassation, au serment qu'ils prêtent entre les mains de l'Empereur. — Il reçoit le serment des membres et du parquet de la cour de cassation, des présidents et procureurs généraux des cours d'appel et des cours criminelles. — Il présente les députations solennelles et les membres des cours de justice admis à l'audience de l'Empereur. — Il signe et scelle les commissions et brevets des membres des cours de justice et des officiers ministériels; il scelle les commissions et brevets des fonctions civiles administratives et les autres actes qui seront désignés dans le règlement portant organisation du sceau.

41. L'archi-chancelier d'état fait les fonctions de chancelier pour la promulgation des traités de paix et d'alliance et pour les déclarations de guerre. — Il présente à l'Empereur et signe les lettres de créance et la correspondance d'étiquette avec les différentes cours de l'Europe, rédigées suivant les formes du protocole impérial, dont il est le gardien. — Il est présent au travail annuel dans lequel le ministre des relations extérieures rend compte à l'Empereur de la situation politique de l'État. — Il présente les ambassadeurs et ministres de l'Empereur dans les cours étrangères, au serment qu'ils prêtent entre les mains de sa Majesté impériale. — Il reçoit le serment des résidents, chargés d'affaires, secrétaires d'ambassade et de légation, et des commissaires généraux et commissaires des relations commerciales. — Il présente les ambassades extraordinaires et les ambassadeurs et ministres français et étrangers.

42. L'archi-trésorier est présent au travail annuel dans lequel les ministres des finances et du trésor public rendent à l'Empereur les comptes des recettes et des dépenses de l'État, et exposent leurs vues sur les besoins des finances de l'Empire. — Les comptes des recettes et des dépenses annuelles, avant d'être présentés à l'Empereur, sont revêtus de son visa. — Il reçoit, tous les trois mois, le compte des travaux de la comptabilité nationale, et tous les ans le résultat général et les vues de réforme et d'amélioration dans les différentes parties de la comptabilité ; il les porte à la connaissance de l'Empereur. — Il arrête, tous les ans, le grand-livre de la dette publique. — Il signe les brevets des pensions civiles. — Il préside les sections réunies du Conseil d'état et du Tribunat, conformément à l'article 95, titre XI. — Il reçoit le serment des membres de la comptabilité nationale, des administrations de finances, et des principaux agents du trésor public. — Il présente les députations de la comptabilité nationale et des administrations de finances admises à l'audience de l'Empereur.

43. Le connétable est présent au travail annuel dans lequel le ministre de la guerre et le directeur de l'administration de la guerre rendent compte à l'Empereur, des dispositions à prendre pour compléter le système de défense des frontières, l'entretien, la réparation et l'approvisionnement des places. — Il pose la première pierre des places fortes dont la construction est ordonnée. — Il est gouverneur des écoles militaires. — Lorsque l'Empereur ne remet pas en personne les drapeaux aux corps de l'armée, ils leur sont remis en son nom par le connétable. — En l'absence de l'Empereur, le connétable passe les grandes revues de la garde impériale. — Lorsqu'un général d'armée est prévenu d'un délit spécifié au code pénal militaire, le connétable peut présider le conseil de guerre qui doit juger. — Il présente les maréchaux de l'Empire, les colonels généraux, les inspecteurs généraux, les officiers généraux et les colonels de toutes les armes, au serment qu'ils prêtent entre les mains de l'Empereur. — Il reçoit le serment des majors, chefs de bataillon et d'escadron de toutes armes. — Il installe les maréchaux de l'Empire. — Il présente les officiers généraux et les colonels, majors, chefs de bataillon et d'escadron de toutes les armes, lorsqu'ils sont admis à l'audience de l'Empereur. — Il signe les brevets de l'armée et ceux des militaires pensionnaires de l'État.

44. Le grand-amiral est présent au travail annuel dans lequel le ministre de la marine rend compte à l'Empereur, de l'état des constructions navales, des arsenaux et des approvisionnements. — Il reçoit annuellement et présente à l'Empereur les comptes de la caisse des invalides de la marine. — Lorsqu'un amiral, vice-amiral ou contre-amiral commandant en chef une armée navale, est prévenu d'un délit spécifié au code pénal maritime, le grand-amiral peut présider la cour martiale qui doit juger. — Il présente les amiraux, les vice-amiraux, les contre-amiraux et les capitaines de vaisseau, au serment qu'ils prêtent entre les mains de l'Empereur. — Il reçoit le serment

des membres du conseil des prises et des capitaines de frégate.
— Il présente les amiraux, les vice-amiraux, les contre-amiraux,
les capitaines de vaisseau et de frégate, et les membres du conseil des prises, lorsqu'ils sont admis à l'audience de l'Empereur.
— Il signe les brevets des officiers de l'armée navale et ceux
des marins pensionnaires de l'État.

45. Chaque titulaire des grandes dignités de l'Empire préside
un collège électoral de département. — *Le collège électoral séant
à Bruxelles est présidé par le grand-électeur. — Le collège
électoral séant à Bordeaux est présidé par l'archi-chancelier de
l'Empire. — Le collège électoral séant à Nantes est présidé par
l'archi-chancelier d'État. — Le collège électoral séant à Lyon est
présidé par l'archi-trésorier de l'Empire. — Le collège électoral
séant à Turin est présidé par le connétable. — Le collège électoral séant à Marseille est présidé par le grand-amiral.*

46. Chaque titulaire des grandes dignités de l'Empire reçoit
annuellement, à titre de traitement fixe, le tiers de la somme
affectée aux princes, conformément au décret du 21 décembre
1790.

47. Un statut de l'Empereur règle les fonctions des titulaires
des grandes dignités de l'Empire auprès de l'Empereur, et
détermine leur costume dans les grandes cérémonies. Les successeurs de l'Empereur ne peuvent déroger à ce statut que par
un sénatus-consulte.

TITRE VI

DES GRANDS OFFICIERS DE L'EMPIRE

48. Les grands officiers de l'Empire sont : — PREMIÈREMENT, des
maréchaux de l'Empire, choisis parmi les généraux les plus
distingués. — Leur nombre n'excède pas celui de seize. — Ne
font point partie de ce nombre les maréchaux de l'Empire qui
sont sénateurs. — SECONDEMENT, huit inspecteurs et colonels
généraux de l'artillerie et du génie, des troupes à cheval et de
la marine. — TROISIÈMEMENT, des grands officiers civils de la
couronne, tels qu'ils seront institués par les statuts de
l'Empereur.

49. Les places des grands officiers sont inamovibles.

50. Chacun des grands officiers de l'Empire préside un
collège électoral qui lui est spécialement affecté au moment de
sa nomination.

51. Si, par un ordre de l'Empereur, ou par toute autre
cause que ce puisse être, un titulaire d'une grande dignité de

l'Empire ou un grand officier vient à cesser ses fonctions, il conserve son titre, son rang, ses prérogatives, et la moitié de son traitement : il ne les perd que par un jugement de la haute-cour impériale.

TITRE VII

DES SERMENTS

52. Dans les deux ans qui suivent son avènement, ou sa majorité, l'Empereur, accompagné — Des titulaires des grandes dignités de l'Empire, — Des ministres, — Des grands officiers de l'Empire, — Prête serment au peuple français sur l'Évangile, et en présence — Du Sénat, — Du Conseil d'état, — Du Corps législatif, — Du Tribunat, — De la cour de cassation, — Des archevêques, — Des évêques, — Des grands officiers de la légion d'honneur, — De la comptabilité nationale, — Des présidents des cours d'appel, — Des présidents des collèges électoraux, — Des présidents des consistoires, — Et des maires des trente-six principales villes de l'Empire. — Le secrétaire d'état dresse procès-verbal de la prestation du serment.

53. Le serment de l'Empereur est ainsi conçu : — « Je jure « de maintenir l'intégrité du territoire de la République, de « respecter et de faire respecter les lois du concordat et la « liberté des cultes : de respecter et faire respecter l'égalité « des droits, la liberté politique et civile, l'irrévocabilité des « ventes des biens nationaux : de ne lever aucun impôt, de « n'établir aucune taxe qu'en vertu de la loi ; de maintenir « l'institution de la légion d'honneur : de gouverner dans la « seule vue de l'intérêt, du bonheur et de la gloire du peuple « français. »

54. Avant de commencer l'exercice de ses fonctions, le régent accompagné — Des titulaires des grandes dignités de l'Empire, — Des ministres, — Des grands officiers de l'Empire, — Prête serment sur l'Évangile, et en présence — Du Sénat, — Du Conseil d'état, — Du président et des questeurs du Corps législatif, — Du président et des questeurs du Tribunat, Et des grands officiers de la légion d'honneur. — Le secrétaire d'état dresse procès-verbal de la prestation du serment.

55. Le serment du régent est conçu en ces termes : — « Je « jure d'administrer les affaires de l'État, conformément aux « constitutions de l'Empire, aux sénatus-consultes et aux lois ; « de maintenir dans toute leur intégrité le territoire de la « République, les droits de la nation et ceux de la dignité

« impériale, et de remettre fidèlement à l'Empereur, au moment
« de sa majorité, le pouvoir dont l'exercice m'est confié. »

56. Les titulaires des grandes dignités de l'Empire, les
ministres et le secrétaire d'état, les grands officiers, les membres
du Sénat, du Conseil d'état, du Corps législatif, du Tribunat, des
collèges électoraux et des assemblées de canton, prêtent serment
en ces termes : — « Je jure obéissance aux constitutions de
« l'Empire et fidélité à l'Empereur. » — Les fonctionnaires publics civils et judiciaires, et les officiers et les soldats de l'armée
de terre et de mer, prêtent le même serment.

TITRE VIII
DU SÉNAT

57. Le Sénat se compose, — 1° Des princes français ayant
atteint leur dix-huitième année ; — 2° Des titulaires des grandes
dignités de l'empire ; — 3° Des quatre-vingts membres nommés
sur la présentation de candidats choisis par l'Empereur sur les
listes formées par les collèges électoraux de département ; —
4° Des citoyens que l'Empereur juge convenable d'élever à la
dignité de sénateur. — Dans le cas où le nombre de sénateurs
excédera celui qui a été fixé par l'article 63 du sénatus-consulte
organique du 16 thermidor an X, il sera, à cet égard, pourvu
par une loi à l'exécution de l'article 17 du sénatus-consulte du
14 nivôse an XI.

58. Le président du Sénat est nommé par l'Empereur, et
choisi parmi les sénateurs. — Ses fonctions durent un an.

59. Il convoque le Sénat sur un ordre du propre mouvement de l'Empereur, et sur la demande, ou des commissions
dont il sera parlé ci-après, articles 60 et 64, ou d'un sénateur,
conformément aux dipositions de l'article 70, ou d'un officier
du Sénat, pour les affaires intérieures du corps. — Il rend
compte à l'Empereur des convocations faites sur la demande des
commissions ou d'un sénateur, de leur objet, et des résultats
des délibérations du Sénat.

60. Une commission de sept membres nommés par le
Sénat, et choisis dans son sein, prend connaissance, sur la communication qui lui en est donnée par les ministres, des arrestations effectuées conformément à l'article 46 de la Constitution,
lorsque les personnes arrêtées n'ont pas été traduites devant les
tribunaux dans les dix jours de leur arrestation. — Cette commission est appelée *commission sénatoriale de la liberté individuelle* (1).

(1) V. D. 3 mars 1810 (Prisons d'état).

61. Toutes les personnes arrêtées et non mises en jugement après les dix jours de leur arrestation, peuvent recourir directement, par elles, leurs parents ou leurs représentants, et par voie de pétition, à la commission sénatoriale de la liberté individuelle.

62. Lorsque la commission estime que la détention prolongée au de là des dix jours de l'arrestation n'est pas justifiée par l'intérêt de l'État, elle invite le ministre qui a ordonné l'arrestation à faire mettre en liberté la personne détenue, ou à la renvoyer devant les tribunaux ordinaires.

63. Si, après trois invitations consécutives, renouvelées dans l'espace d'un mois, la personne détenue n'est pas mise en liberté ou renvoyée devant les tribunaux ordinaires, la commission demande une assemblée du Sénat, qui est convoqué par le président, et qui rend, s'il y a lieu, la déclaration suivante : — « Il y a de fortes présomptions que N. est détenu arbitrairement. » — On procède ensuite conformément aux dispositions de l'article 112, titre XIII. *de la Haute-Cour impériale.*

64. Une commission de sept membres nommés par le Sénat et choisis dans son sein, est chargée de veiller à la liberté de la presse. — Ne sont point compris dans son attribution les ouvrages qui s'impriment et se distribuent par abonnement et à des époques périodiques. - Cette commission est appelée *commission sénatoriale de la liberté de la presse.*

65. Les auteurs, imprimeurs ou libraires qui se croient fondés à se plaindre d'empêchements mis à l'impression ou à la circulation d'un ouvrage, peuvent recourir directement et par voie de pétition à la commission sénatoriale de la liberté de la presse.

66. Lorsque la commission estime que les empêchements ne sont pas justifiés par l'intérêt de l'État, elle invite le ministre qui a donné l'ordre à le révoquer.

67. Si, après trois invitations consécutives, renouvelées dans l'espace d'un mois, les empêchements subsistent, la commission demande une assemblée du Sénat, qui est convoqué par le président, et qui rend, s'il y a lieu, la déclaration suivante : « Il y a de fortes présomptions que la liberté de la presse a été violée. » — On procède ensuite conformément à la disposition de l'article 112, titre XIII, *de la Haute-Cour impériale.*

68. Un membre de chacune des commissions sénatoriales cesse ses fonctions tous les quatre mois.

69. Les projets de loi décrétés par le Corps législatif sont transmis, le jour même de leur adoption, au Sénat, et déposés dans ses archives.

70. Tout décret rendu par le Corps législatif peut être dénoncé au Sénat par un sénateur, 1° comme tendant au rétablissement du régime féodal ; 2° comme contraire à l'irrévocabilité des ventes des domaines nationaux ; 3° comme n'ayant pas été délibéré dans les formes prescrites par les constitutions de l'Empire, les règlements et les lois ; 4° comme portant atteinte aux prérogatives de la dignité impériale et à celles du Sénat : sans préjudice de l'exécution des articles 21 et 37 de l'acte des constitutions de l'empire, en date du 22 frimaire an VIII.

71. Le Sénat, dans les six jours qui suivent l'adoption du projet de loi, délibérant sur le rapport d'une commission spéciale, et après avoir entendu trois lectures du décret dans trois séances tenues à des jours différents, peut exprimer l'opinion *qu'il n'y a pas lieu à promulguer la loi.* — Le président porte à l'Empereur la délibération motivée du Sénat.

72. L'Empereur, après avoir entendu le Conseil d'état, ou déclare par un décret son adhésion à la délibération du Sénat, ou fait promulguer la loi.

73. Toute loi dont la promulgation, dans cette circonstance, n'a pas été faite avant l'expiration du délai de dix jours, ne peut plus être promulguée si elle n'a été de nouveau délibérée e adoptée par le Corps législatif.

74. Les opérations entières d'un collège électoral, et les opérations partielles qui sont relatives à la présentation des candidats au Sénat, au Corps législatif et au Tribunat ne peuvent être annulées pour cause d'inconstitutionnalité, que par un sénatus-consulte.

TITRE IX

DU CONSEIL D'ÉTAT (1)

75. Lorsque le Conseil d'état délibère sur les projets de lois ou sur les règlements d'administration publique, les deux tiers des membres du Conseil en service ordinaire doivent être présents. — Le nombre des conseillers d'état présents ne peut être moindre de vingt-cinq.

76. Le Conseil d'état se divise en six sections; savoir : — Section de la législation, — Section de l'intérieur, — Section des finances, — Section de la guerre, — Section de la marine, — Et section du commerce.

77. Lorsqu'un membre du Conseil d'état a été porté pendant cinq années sur la liste des membres du Conseil en service

(1) V. la note de l'art. 52, C. an VIII.

ordinaire, il reçoit un brevet de conseiller d'état à vie. — Lorsqu'il cesse d'être porté sur la liste du Conseil d'état en service ordinaire ou extraordinaire, il n'a droit qu'au tiers du traitement de conseiller d'état. — Il ne perd son titre et ses droits que par un jugement de la haute-cour impériale, emportant peine afflictive ou infamante.

TITRE X

DU CORPS LÉGISLATIF

78. Les membres sortants du Corps législatif peuvent être réélus sans intervalle.

79. Les projets de lois présentés au Corps législatif sont renvoyés aux trois sections du Tribunat.

80. Les séances du Corps législatif se distinguent en séances ordinaires et en comités généraux.

81. Les séances ordinaires sont composées des membres du Corps législatif, des orateurs du Conseil d'état, des orateurs des trois sections du Tribunat. — Les comités généraux ne sont composés que des membres du Corps législatif. — Le président du Corps législatif préside les séances ordinaires et les comités généraux.

82. En séance ordinaire, le Corps législatif entend les orateurs du Conseil d'état et ceux des trois sections du Tribunat. et vote sur le projet de loi. — En comité général, les membres du Corps législatif discutent entre eux les avantages et les inconvénients du projet de loi.

83. Le Corps législatif se forme en comité général, — 1° Sur l'invitation du président pour les affaires intérieures du corps; — 2° Sur une demande faite au président et signée par cinquante membres présents; — Dans ces deux cas, le comité général est secret, et les discussions ne doivent être ni imprimées ni divulguées; — 3° Sur la demande des orateurs du Conseil d'état, spécialement autorisés à cet effet. — Dans ce cas, le comité général est nécessairement public. — Aucune délibération ne peut être prise dans les comités généraux.

84. Lorsque la discussion en comité général est fermée, la délibération est ajournée au lendemain en séance ordinaire.

85. Le Corps législatif, le jour où il doit voter sur le projet de loi, entend, dans la même séance, le résumé que font les orateurs du Conseil d'état.

86. La délibération d'un projet de loi ne peut, dans aucun cas, être différée de plus de trois jours au delà de celui qui avait été fixé pour la clôture de la discussion.

87. Les sections du Tribunat constituent les seules commissions du Corps législatif, qui ne peut en former d'autres que dans le cas énoncé article 113, titre XIII, *de la Haute-Cour impériale.*

TITRE XI

DU TRIBUNAT

88. Les fonctions des membres du Tribunat durent dix ans.

89. Le Tribunat est renouvelé par moitié tous les cinq ans. — Le premier renouvellement aura lieu, pour la session de l'an XVII, conformément au sénatus-consulte organique du 16 thermidor an X.

90. Le président du Tribunat est nommé par l'Empereur, sur une présentation de trois candidats faite par le Tribunat au scrutin secret et à la majorité absolue.

91. Les fonctions du président du Tribunat durent deux ans.

92. Le Tribunat a deux questeurs. — Ils sont nommés par l'Empereur, sur une liste triple de candidats choisis par le Tribunat au scrutin secret et à la majorité absolue. — Leurs fonctions sont les mêmes que celles attribuées aux questeurs du Corps législatif, par les articles 19, 20, 21, 22, 23, 24 et 25 du sénatus-consulte organique du 28 frimaire (1) an XII. — Un des questeurs est renouvelé chaque année.

93. Le Tribunat est divisé en trois sections ; savoir : — Section de la législation, — Section de l'intérieur, — Section des finances.

94. Chaque section forme une liste de trois de ses membres, parmi lesquels le président du Tribunat désigne le président de la section. — Les fonctions de président de section durent un an.

95. Lorsque les sections respectives du Conseil d'état et du Tribunat demandent à se réunir, les conférences ont lieu sous la présidence de l'archi-chancelier de l'Empire ou de l'archi-trésorier, suivant la nature des objets à examiner.

96. Chaque section discute séparément et en assemblée de section, les projets de lois qui lui sont transmis par le Corps législatif. — Deux orateurs de chacune des trois sections portent au Corps législatif le vœu de leur section, et en développent les motifs.

97. En aucun cas les projets de lois ne peuvent être discutés

_____

(1) Au *Bulletin des Lois* on lit: 24 frimaire. L'erreur est certaine, nous l'avons corrigée.

par le Tribunat en assemblée générale. — Il se réunit en assemblée générale, sous la présidence de son président, pour l'exercice de ses autres attributions.

TITRE XII

DES COLLÈGES ÉLECTORAUX (1)

98. Toutes les fois qu'un collège électoral de département est réuni pour la formation de la liste des candidats au Corps législatif, les listes de candidats pour le Sénat sont renouvelées. — Chaque renouvellement rend les présentations antérieures de nul effet.

99. Les grands officiers, les commandants et les officiers de la légion d'honneur sont membres du collège électoral du département dans lequel ils ont leur domicile, ou de l'un des départements de la cohorte à laquelle ils appartiennent. — Les légionnaires sont membres du collège électoral de leur arrondissement. — Les membres de la légion d'honneur sont admis au collège électoral dont ils doivent faire partie, sur la présentation d'un brevet qui leur est délivré à cet effet par le grand-électeur.

100. Les préfets et les commandants militaires des départements ne peuvent être élus candidats au Sénat par les collèges électoraux des départements dans lesquels ils exercent leurs fonctions.

TITRE XIII

DE LA HAUTE-COUR IMPÉRIALE

101. Une haute-cour impériale connaît, — 1° Des délits personnels commis par des membres de la famille impériale, par des titulaires des grandes dignités de l'Empire, par des ministres et par le secrétaire d'état, par de grands officiers, par des sénateurs, par des conseillers d'état ; — 2° Des crimes, attentats et complots contre la sûreté intérieure et extérieure de l'État, la personne de l'Empereur et celle de l'héritier présomptif de l'Empire ; — 3° Des *délits de responsabilité d'office* commis par les ministres et les conseillers d'état chargés spécialement d'une partie d'administration publique ; — 4° Des prévarications et abus de pouvoir, commis, soit par des capitaines généraux des colonies, des préfets coloniaux et des commandants des établissements français hors du continent, soit par des admi-

(1) Cf. D. 17 janvier 1806.

nistrateurs généraux employés extraordinairement, soit par des généraux de terre ou de mer ; sans préjudice, à l'égard de ceux-ci, des poursuites de la juridiction militaire, dans les cas déterminés par les lois ; — 5° Du fait de désobéissance des généraux de terre ou de mer qui contreviennent à leurs instructions ; — 6° Des concussions et dilapidations dont les préfets de l'intérieur se rendent coupables dans l'exercice de leurs fonctions ; — 7° Des forfaitures ou prises à partie qui peuvent être encourues par une cour d'appel, ou par une cour de justice criminelle, ou par des membres de la cour de cassation ; — 8° Des dénonciations pour cause de détention arbitraire et de violation de la liberté de la presse.

102. Le siège de la haute-cour impériale est dans le Sénat.

103. Elle est présidée par l'archi-chancelier de l'Empire. — S'il est malade, absent ou légitimement empêché, elle est présidée par un autre titulaire d'une grande dignité de l'Empire.

104. La haute-cour impériale est composée des princes, des titulaires des grandes dignités et grands officiers de l'Empire, du grand-juge ministre de la justice, de soixante sénateurs, des six présidents des sections du Conseil d'état, de quatorze conseillers d'état et de vingt membres de la cour de cassation. — Les sénateurs, les conseillers d'état et les membres de la cour de cassation sont appelés par ordre d'ancienneté.

105. Il y a auprès de la haute-cour impériale un procureur général, nommé à vie par l'Empereur. — Il exerce le ministère public, étant assisté de trois tribuns, nommés chaque année par le Corps législatif, sur une liste de neuf candidats présentés par le Tribunat, et de trois magistrats que l'Empereur nomme aussi, chaque année, parmi les officiers des cours d'appel ou de justice criminelle.

106. Il y a auprès de la haute-cour impériale un greffier en chef nommé à vie par l'Empereur.

107. Le président de la haute-cour impériale ne peut jamais être récusé ; il peut s'abstenir pour des causes légitimes.

108. La haute-cour impériale ne peut agir que sur les poursuites du ministère public, dans les délits commis par ceux que leur qualité rend justiciables de la cour impériale ; s'il y a un plaignant, le ministère public devient nécessairement partie jointe et poursuivante, et procède ainsi qu'il est réglé ci-après. — Le ministère public est également partie jointe et poursuivante dans les cas de forfaiture ou de prise à partie.

109. Les magistrats de sûreté et les directeurs de jury sont tenus de s'arrêter, et de renvoyer, dans le délai de huitaine, au procureur général près la haute-cour impériale, toutes les pièces de la procédure, lorsque, dans les délits dont ils poursuivent la réparation, il résulte, soit de la qualité des personnes, soit du titre de l'accusation, soit des circonstances, que le fait est de la compétence de la haute-cour impériale.   Néanmoins les magistrats de sûreté continuent à recueillir les preuves et les traces du délit.

110. Les ministres ou les conseillers d'état chargés d'une partie quelconque d'administration publique, peuvent être dénoncés par le Corps législatif, s'ils ont donné des ordres contraires aux constitutions et aux lois de l'Empire.

111. Peuvent être également dénoncés par le Corps législatif, — Les capitaines généraux des colonies, les préfets coloniaux, les commandants des établissements français hors du continent, les administrateurs généraux, lorsqu'ils ont prévariqué ou abusé de leur pouvoir ; — Les généraux de terre ou de mer qui ont désobéi à leurs instructions ; — Les préfets de l'intérieur qui se sont rendus coupables de dilapidation ou de concussion.

112. Le Corps législatif dénonce pareillement les ministres ou agents de l'autorité, lorsqu'il y a eu, de la part du Sénat, déclaration de *fortes présomptions de détention arbitraire* ou de *violation de la liberté de la presse.*

113. La dénonciation du Corps législatif ne peut être arrêtée que sur la demande du Tribunat, ou sur la réclamation de cinquante membres du Corps législatif, qui requièrent un comité secret à l'effet de faire désigner, par la voie du scrutin, dix d'entre eux pour rédiger le projet de dénonciation.

114. Dans l'un et l'autre cas, la demande ou la réclamation doit être faite par écrit, signée par le président et les secrétaires du Tribunat, ou par les dix membres du Corps législatif. — Si elle est dirigée contre un ministre ou contre un conseiller d'état chargé d'une partie d'administration publique, elle leur est communiquée dans le délai d'un mois.

115. Le ministre ou le conseiller d'état dénoncé ne comparaît point pour y répondre. — L'Empereur nomme trois conseillers d'état pour se rendre au Corps législatif le jour qui est indiqué, et donner des éclaircissements sur les faits de la dénonciation.

116. Le Corps législatif discute en comité secret les faits compris dans la demande ou dans la réclamation, et il délibère par la voie du scrutin.

117. L'acte de dénonciation doit être circonstancié, signé par le président et par les secrétaires du Corps législatif. — Il est

14.

adressé par un message à l'archi-chancelier de l'Empire, qui le transmet au procureur général près la haute-cour impériale.

118. Les prévarications ou abus de pouvoir des capitaines généraux des colonies, des préfets coloniaux, des commandants des établissements hors du continent, des administrateurs généraux, les faits de désobéissance de la part des généraux de terre ou de mer aux instructions qui leur ont été données, les dilapidations et concussions des préfets, sont aussi dénoncés par les ministres, chacun dans ses attributions, aux officiers chargés du ministère public. — Si la dénonciation est faite par le grand-juge ministre de la justice, il ne peut point assister ni prendre part aux jugements qui interviennent sur sa dénonciation.

119. Dans les cas déterminés par les articles 110, 111, 112 et 118, le procureur général informe sous trois jours l'archi-chancelier de l'Empire, qu'il y a lieu de réunir la haute-cour impériale. — L'archi-chancelier, après avoir pris les ordres de l'Empereur, fixe dans la huitaine l'ouverture des séances.

120. Dans la première séance de la haute-cour impériale, elle doit juger sa compétence.

121. Lorsqu'il y a dénonciation ou plainte, le procureur général, de concert avec les tribuns et les trois magistrats officiers du parquet, examine s'il y a lieu à poursuites. — La décision lui appartient ; l'un des magistrats du parquet, peut être chargé par le procureur général, de diriger les poursuites. — Si le ministère public estime que la plainte ou la dénonciation ne doit pas être admise, il motive les conclusions sur lesquelles la haute-cour impériale prononce, après avoir entendu le magistrat chargé du rapport.

122. Lorsque les conclusions sont adoptées, la haute-cour impériale termine l'affaire par un jugement définitif. — Lorsqu'elles sont rejetées, le ministère public est tenu de continuer les poursuites.

123. Dans le second des cas prévus par l'article précédent, et aussi lorsque le ministère public estime que la plainte ou la dénonciation doit être admise, il est tenu de dresser l'acte d'accusation dans la huitaine, et de le communiquer au commissaire et au suppléant que l'archi-chancelier de l'Empire nomme parmi les juges de la cour de cassation qui sont membres de la haute-cour impériale. Les fonctions de ce commissaire, et, à son défaut, du suppléant, consistent à faire l'instruction et le rapport.

124. Le rapporteur ou son suppléant soumet l'acte d'accusation à douze commissaires de la haute-cour impériale choisis par l'archi-chancelier de l'Empire, six parmi les sénateurs, et six parmi les autres membres de la haute-cour impériale. Les membres choisis ne concourent point au jugement de la haute-cour impériale.

125. Si les douze commissaires jugent qu'il y a lieu à accusation, le commissaire rapporteur rend une ordonnance conforme, décerne les mandats d'arrêt, et procède à l'instruction.

126. Si les commissaires estiment au contraire qu'il n'y a pas lieu à accusation, il en est référé par le rapporteur à la haute-cour impériale, qui prononce définitivement.

127. La haute-cour impériale ne peut juger à moins de soixante membres. Dix de la totalité des membres qui sont appelés à la composer, peuvent être récusés sans motifs déterminés par l'accusé, et dix par la partie publique. L'arrêt est rendu à la majorité absolue des voix.

128. Les débats et le jugement ont lieu en public.

129. Les accusés ont des défenseurs; s'ils n'en présentent point, l'archi-chancelier de l'Empire leur en donne d'office.

130. La haute-cour impériale ne peut prononcer que des peines portées par le code pénal. — Elle prononce, s'il y a lieu, la condamnation aux dommages et intérêts civils.

131. Lorsqu'elle acquitte, elle peut mettre ceux qui sont absous, sous la surveillance ou à la disposition de la haute police de l'État, pour le temps qu'elle détermine.

132. Les arrêts rendus par la haute-cour impériale ne sont soumis à aucun recours; — Ceux qui prononcent une condamnation à une peine afflictive ou infamante, ne peuvent être exécutés que lorsqu'ils ont été signés par l'Empereur.

133. Un sénatus-consulte particulier contient le surplus des dispositions relatives à l'organisation et à l'action de la haute-cour impériale.

TITRE XIV

DE L'ORDRE JUDICIAIRE

134. Les jugements des cours de justice sont intitulés ARRÊTS.

135. Les présidents de la cour de cassation, des cours d'appel et de justice criminelle, sont nommés à vie par l'Empereur, et peuvent être choisis hors des cours qu'ils doivent présider.

136. Le tribunal de cassation prend la dénomination de *cour de cassation.* — Les tribunaux d'appel prennent celle de *cours d'appel.* — Les tribunaux criminels, celle de *cours de justice criminelle.* — Le président de la cour de cassation et celui des cours d'appel divisées en sections, prennent le titre de *premier président*. — Les vice-présidents prennent celui de *présidents*. — Les commissaires du Gouvernement près de la cour de cassation, des cours d'appel et des cours de justice criminelle, prennent le titre de *procureurs généraux impériaux*. — Les commissaires du Gouvernement auprès des autres tribunaux, prennent le titre de *procureurs impériaux* (1).

TITRE XV

DE LA PROMULGATION

137. L'Empereur fait sceller et fait promulguer les sénatus-consultes organiques, — Les sénatus-consultes, — Les actes du Sénat, — Les lois. — Les sénatus-consultes organiques, les sénatus-consultes, les actes du Sénat, sont promulgués au plus tard le dixième jour qui suit leur émission.

138. Il est fait deux expéditions originales de chacun des actes mentionnés en l'article précédent. — Toutes deux sont signées par l'Empereur, visées par l'un des titulaires des grandes dignités, chacun suivant leurs droits et leurs attributions, contre-signées par le secrétaire d'état et le ministre de la justice, et scellées du grand sceau de l'État.

139. L'une de ces expéditions est déposée aux archives du sceau, et l'autre est remise aux archives de l'autorité publique de laquelle l'acte est émané.

140. La promulgation est ainsi conçue :

« N. (*le prénom de l'Empereur*), par la grâce de Dieu et les cons-
« titutions de la République, Empereur des Français, à tous présents
« et à venir, SALUT. — Le Sénat, après avoir entendu les orateurs
« du Conseil d'état, a décrété ou arrêté, et nous ordonnons ce qui
« suit : — (*Et s'il s'agit d'une loi*) Le Corps législatif a rendu, le...
« (*la date*), le décret suivant, conformément à la proposition faite au
« nom de l'Empereur, et après avoir entendu les orateurs du Conseil
« d'état et des sections du Tribunat, le... — Mandons et ordonnons
« que les présentes, revêtues des sceaux de l'État, insérées au
« Bulletin des lois, soient adressées aux cours, aux tribunaux et aux
« autorités administratives, pour qu'ils les inscrivent dans leurs
« registres, les observent et les fassent observer, et le grand-juge,
« ministre de la justice, est chargé d'en surveiller la publication. »

141. Les expéditions exécutoires des jugements sont rédigées ainsi qu'il suit :

(1) Cf. L. 20 avril 1810, art. 45-47.

« N. (*le prénom de l'Empereur*), par la grâce de Dieu et les cons-
« titutions de la République, Empereur des Français, à tous présents et à
« venir, SALUT. — La cour de... *ou* le tribunal de... (*si c'est un tribunal de*
« *première instance*) a rendu le jugement suivant : (*Ici copier l'arrêt*
« *ou le jugement*). Mandons et ordonnons à tous huissiers sur ce
« requis, de mettre ledit jugement à exécution ; à nos procureurs
« généraux, et à nos procureurs près les tribunaux de première
« instance, d'y tenir la main ; à tous commandants et officiers de la
« force publique, de prêter main-forte lorsqu'ils en seront légalement
« requis. — En foi de quoi le présent jugement a été signé par le
« président de la cour *ou* du tribunal, et par le greffier. »

TITRE XVI ET DERNIER

142. La proposition suivante sera présentée à l'acceptation
du peuple, dans les formes déterminées par l'arrêté du 20 floréal
an X : — « Le peuple veut l'hérédité de la dignité impériale
dans la descendance directe, naturelle, légitime et adoptive de
NAPOLÉON BONAPARTE, et dans la descendance directe, naturelle et
légitime de *Joseph Bonaparte* et de *Louis Bonaparte*, ainsi qu'il
est réglé par le sénatus-consulte organique de ce jour. » (1).

Sénatus-consulte *du 15 brumaire an XIII* (6 novembre 1804),
relatif à l'hérédité de la dignité impériale (2).

LE SÉNAT CONSERVATEUR... Après avoir entendu le rapport de sa
commission spéciale, chargée de vérifier les registres des votes
émis par le peuple français, en exécution de l'article 142 de
l'acte des constitutions de l'Empire, en date du 28 floréal an XII,
sur l'acceptation de cette proposition : — « Le peuple français veut
l'hérédité de la dignité impériale dans la descendance directe,
naturelle, légitime et adoptive de NAPOLÉON BONAPARTE, et dans
la descendance directe, naturelle et légitime de *Joseph Bonaparte*
et de *Louis Bonaparte*, ainsi qu'il est réglé par le sénatus-consulte
de ce jour (28 floréal an XII) ; »   Vu le procès-verbal fait par
la commission spéciale et qui constate que 3,524,254 citoyens ont
donné leurs suffrages, et que 3,521,675 citoyens ont accepté la
dite proposition. — Déclare ce qui suit : — La dignité impériale
est héréditaire dans la descendance directe, naturelle, légitime
et adoptive de NAPOLÉON BONAPARTE, et dans la descendance directe,

(1) V. D. 29 floréal an XII (19 mai 1804), *portant règlement sur*
le mode de présentation à l'acceptation du peuple, de la proposition
énoncée art. 142 du S.-C. org. du 28 floréal an XII (*B. L.*, 4ᵉ série, I,
nᵒ 2, p. 33).
(2) Coll. *B. L.*, 4ᵉ série, II, nᵒ 374, p. 73.

naturelle et légitime de *Joseph Bonaparte* et de *Louis Bonaparte*, ainsi qu'il est réglé par l'acte des constitutions de l'Empire, en date du 28 floréal an XII.

Sénatus-consulte *du 14 août 1806* (1) (2).

Art. 1er. La principauté de Guastalla ayant été, avec autorisation de sa Majesté l'Empereur et Roi, cédée au Royaume d'Italie, il sera acquis, du produit de cette cession, et en remplacement, des biens dans le territoire de l'Empire français.

2. Ces biens seront possédés par son A. I. la princesse PAULINE, le prince BORGHÈSE son époux, et les descendants nés de leur mariage, de mâle en mâle, quant à l'hérédité et à la réversibilité, quittes de toutes charges, de la même manière que devait l'être la dite principauté, et aux mêmes charges et conditions, conformément à l'acte du 30 mars dernier.

3. Dans le cas où sa Majesté viendrait à autoriser l'échange ou l'aliénation des biens composant la dotation des duchés relevant de l'Empire français, érigés par les actes du même jour 30 mars dernier, ou de la dotation de tous nouveaux duchés ou autres titres que sa Majesté pourra ériger à l'avenir, il sera acquis des biens en remplacement sur le territoire de l'Empire français, avec le prix des aliénations.

4. Les biens pris en échange ou acquis seront possédés, quant à l'hérédité et à la réversibilité, quittes de toutes charges, conformément aux actes de création des dits duchés ou autres titres, et aux charges et conditions y énoncées.

5. Quand sa Majesté le jugera convenable, soit pour récompenser de grands services, soit pour exciter une utile émulation, soit pour concourir à l'éclat du trône, elle pourra autoriser un chef de famille à substituer ses biens libres pour former la dotation d'un titre héréditaire que sa Majesté érigerait en sa faveur, réversible à son fils aîné, né ou à naître, et à ses descendants en ligne directe, de mâle en mâle, par ordre de primogéniture.

6. Les propriétés ainsi possédées sur le territoire français, conformément aux articles précédents, n'auront et ne conféreront aucun droit ou privilège relativement aux autres sujets français de sa Majesté, et à leurs propriétés.

7. Les actes par lesquels sa Majesté autoriserait un chef de

(1) Coll. *B. L.*, 4e série, V, no 1823, p. 429.
(2) Cf. D. 1er mars 1808 (Majorats).

famille à substituer ses biens libres ainsi qu'il est dit à l'article précédent, ou permettrait le remplacement en France des dotations des duchés relevant de l'Empire ou autres titres que sa Majesté érigerait à l'avenir, seront donnés en communication au Sénat, et transcrits sur ses registres.

8. Il sera pourvu, par des règlements d'administration publique, à l'exécution du présent sénatus-consulte, et notamment en ce qui touche la jouissance et conservation tant des propriétés réversibles à la couronne que des propriétés substituées en vertu de l'article 5.

9. Le présent sénatus-consulte sera transmis, par un message, à sa Majesté impériale et royale.

Sénatus-consulte *du 19 août 1807, concernant l'Organisation du Corps législatif* (1).

Art. 1er. A l'avenir, et à compter de la fin de la session qui va s'ouvrir, la discussion préalable des lois qui est faite par les sections du Tribunat, le sera, pendant la durée de chaque session, par trois commissions du Corps législatif, sous le titre. La 1re, de commission de législation civile et criminelle; — La 2e, de commission d'administration intérieure; — La 3e, de commission des finances.

2. Chacune de ces commissions délibérera séparément et sans assistants; elle sera composée de sept membres, nommés par le Corps législatif, au scrutin secret, et à la majorité absolue des voix. Le président sera nommé par l'Empereur, soit parmi les membres de la commission, soit parmi les autres membres du Corps législatif.

3. La forme du scrutin sera dirigée de manière qu'il y ait, autant qu'il sera possible, quatre jurisconsultes dans la commission de législation.

4. En cas de discordance d'opinions entre la section du Conseil d'état qui aura rédigé le projet de loi et la commission compétente du Corps législatif, l'une et l'autre se réuniront en conférences, sous la présidence de l'archi-chancelier de l'Empire ou de l'archi-trésorier, suivant la nature des objets à examiner.

5. Si les conseillers d'état et les membres de la commission du Corps législatif sont du même avis, le président de la com-

(1) Coll. *B. L.*, 4e série, VII, n° 2785, p. 73.

mission sera entendu, après que l'orateur du Conseil d'état aura exposé devant le Corps législatif les motifs de la loi.

6. Lorsque la commission se décidera contre le projet de loi, tous les membres de la commission auront la faculté d'exposer, devant le Corps législatif, les motifs de leur opinion.

7. Les membres de la commission qui auront discuté un projet de loi seront admis, comme les autres membres du Corps législatif, à voter sur le projet.

8. Lorsque les circonstances donneront lieu à l'examen de quelque projet d'une importance particulière, il sera loisible à l'Empereur d'appeler, dans l'intervalle de deux sessions, les membres du Corps législatif nécessaires pour former les commissions, lesquelles procéderont de suite à la discussion préalable du projet ; ces commissions se trouveront nommées pour la session prochaine.

9. Les membres du Tribunat qui, aux termes de l'acte du Sénat conservateur, en date du 17 fructidor an X, devaient rester jusqu'en l'an XIX, et dont les pouvoirs avaient été, par l'article 89 de l'acte des constitutions de l'Empire, du 28 floréal an XII, prorogés jusqu'en l'an XXI, correspondant à l'année 1812 du calendrier grégorien, entreront au Corps législatif, et feront partie de ce corps jusqu'à l'époque où leurs fonctions auraient dû cesser au Tribunat.

10. A l'avenir, nul ne pourra être nommé membre du Corps législatif, à moins qu'il n'ait quarante ans accomplis.

Sénatus-consulte *du 12 octobre 1807, concernant l'Ordre judiciaire* (1).

Le Sénat conservateur... — Considérant que, par l'article 68 de l'acte des constitutions du 22 frimaire an VIII, les juges ne conservent leurs fonctions à vie qu'autant qu'ils sont maintenus sur les listes d'éligibles ; — Qu'il importe de suppléer pour le passé à cette prévoyance de la loi, et que pour l'avenir il est nécessaire qu'avant d'instituer les juges d'une manière irrévocable, la justice de sa Majesté l'Empereur et Roi soit parfaitement éclairée sur leurs talents, leur savoir et leur moralité, afin qu'aucune partie de leur conduite ne puisse altérer, dans l'esprit des justiciables, la confiance et le respect dus au ministère auguste dont ils sont investis, — Décrète ce qui suit :

Art. 1er. A l'avenir les provisions qui instituent les juges à

(1) Coll. *B. L.*, 4e série, VII, n° 2832, p. 317.

vie, ne leur seront délivrées qu'après cinq années d'exercice de leurs fonctions, si, à l'expiration de ce délai, sa Majesté l'Empereur et Roi reconnaît qu'ils méritent d'être maintenus dans leur place.

2. Dans le courant de décembre 1807, il sera procédé, dans la forme ci-après déterminée, à l'examen des juges qui seraient signalés par leur incapacité, leur inconduite et des déportements dérogeant à la dignité de leurs fonctions.

3. Cet examen sera fait, sur un rapport du grand-juge ministre de la justice, renvoyé par ordre de sa Majesté impériale et royale à une commission de dix sénateurs nommés par elle.

4. La commission pèsera les faits, et pourra demander au grand-juge ministre de la justice, des éclaircissements sur ceux qui ne lui paraîtraient pas suffisamment établis. Elle pourra même demander au grand-juge d'appeler devant elle les juges dont la conduite aurait paru susceptible d'examen.

5. D'après le résultat de ses recherches, et avant le premier mars 1808, la commission présentera à sa Majesté impériale et royale un avis motivé, dans lequel seront désignés les juges dont elle estime que la nomination doit être révoquée.

6. Il est réservé à sa Majesté impériale et royale de prononcer définitivement sur le maintien ou la révocation des juges désignés dans le rapport de la commission.

7. Il n'est pas dérogé à l'article 82 de l'acte des constitutions du 16 thermidor an X.

Sénatus-consulte organique *du 5 février 1813, concernant la Régence de l'Empire, et le Sacre et Couronnement de l'Impératrice et du Prince impérial Roi de Rome* (1).

TITRE PREMIER

DE LA RÉGENCE

Art. 1er. Le cas arrivant où l'Empereur mineur monte sur le trône sans que l'Empereur son père ait disposé de la régence de l'Empire, l'Impératrice mère réunit de droit à la garde de son fils mineur, la régence de l'Empire.

2. L'Impératrice-régente ne peut passer à de secondes noces.

3. Au défaut de l'Impératrice, la régence, si l'Empereur n'en a autrement disposé, appartient au premier prince du sang, et,

(1) Coll. *B. L.*, 4e série, XVIII, n° 8668, p. 141.

à son défaut, à l'un des autres princes français dans l'ordre de l'hérédité de la couronne.

4. S'il n'existe aucun prince du sang habile à exercer la régence, elle est déférée de droit au premier des princes grands dignitaires de l'Empire, en fonctions au moment du décès de l'Empereur ; à l'un, à défaut de l'autre, dans l'ordre suivant, savoir : — Le premier, l'archi-chancelier de l'Empire ; — Le second, l'archi-chancelier d'état ; — Le troisième, le grand-électeur ; — Le quatrième, le connétable ; — Le cinquième, l'archi-trésorier ; — Le sixième, le grand-amiral.

5. Un prince français assis sur un trône royal étranger, au moment du décès de l'Empereur, n'est pas habile à exercer la régence.

6. L'Empereur ne nommant de vice-grands-dignitaires que quand les titulaires sont appelés à des couronnes étrangères, les vice-grands-dignitaires exercent les droits des titulaires qu'ils suppléent, même en ce qui touche l'entrée au conseil de régence.

7. Les princes titulaires des grandes dignités de l'Empire qui, d'après l'article 51 de l'acte des constitutions du 18 mai 1804, se trouvent privés de l'exercice de leurs fonctions, au moment du décès de l'Empereur, ne reprennent leurs fonctions que lorsqu'ils sont rappelés par la régente ou le régent.

8. Pour être habile à exercer la régence, et pour entrer au conseil de régence, un prince français doit être âgé au moins de vingt-un ans accomplis.

9. Tous les actes de la régence sont au nom de l'Empereur mineur.

TITRE II

DE LA MANIÈRE DONT L'EMPEREUR DISPOSE DE LA RÉGENCE

10. L'Empereur dispose de la régence, soit par acte de dernière volonté rédigé dans les formes établies par le statut du 30 mars 1806, soit par lettres-patentes.

TITRE III

DE L'ÉTENDUE DU POUVOIR DE LA RÉGENCE, ET DE SA DURÉE

11. Jusqu'à la majorité de l'Empereur, l'Impératrice-régente ou le prince-régent exerce, pour l'Empereur mineur, toute la plénitude de l'autorité impériale.

12. Leurs fonctions commencent au moment du décès de l'Empereur.

13. L'Impératrice-régente nomme aux grandes dignités et aux grands offices de l'Empire et de la couronne, qui sont ou deviennent vacants durant sa régence.

14. L'Impératrice-régente ou le régent nomment, révoquent tous les ministres sans exception, et peuvent élever des citoyens au rang de sénateurs, conformément à l'article 57 de l'acte des constitutions du 18 mai 1804.

15. Si l'Empereur mineur décède laissant un frère héritier du trône, la régence de l'Impératrice ou celle du prince-régent continue sans aucune formalité nouvelle.

16. La régence de l'Impératrice cesse si l'ordre d'hérédité appelle au trône un prince qui ne soit pas son fils. Il est pourvu, dans ce cas, à l'exercice de la régence, conformément à l'article 4.

17. Si l'Empereur mineur décède laissant la couronne à un Empereur mineur d'une autre branche, le prince-régent conservera l'exercice de la régence jusqu'à la majorité du nouvel Empereur.

18. Le prince français ou le prince grand-dignitaire qui exerce la régence, par défaut d'âge ou autre cause d'empêchement du prince appelé avant lui à la régence par les constitutions, conserve la régence jusqu'à la majorité de l'Empereur. — Le prince français qui s'est trouvé empêché, pour quelque cause que ce soit, d'exercer la régence au moment du décès de l'Empereur, ne peut, l'empêchement cessant, reprendre l'exercice de la régence.

TITRE IV
DU CONSEIL DE RÉGENCE
SECTION PREMIÈRE
De la formation du Conseil de régence.

19. Le conseil de régence est composé du premier prince du sang, des princes du sang, oncles de l'Empereur, et des princes grands-dignitaires de l'Empire.

20. S'il n'existe qu'un prince, oncle de l'Empereur, ou s'il n'en existe pas du tout, un prince français, dans le premier cas, et deux dans le second, les plus proches parents de l'Empereur dans l'ordre de l'hérédité, ont entrée au conseil de régence.

21. L'Empereur, soit par ses lettres-patentes, soit par son testament, ajoute au conseil de régence le nombre de membres qu'il juge convenable.

22. Aucun des membres du conseil de régence ne peut être éloigné de ses fonctions par l'Impératrice-régente ou le régent.

23. L'Impératrice-régente ou le régent président le conseil de régence, ou délèguent pour présider à leur place, un des princes français ou un des princes grands-dignitaires.

SECTION II

Des délibérations du Conseil de régence.

24. Le conseil de régence délibère nécessairement à la majorité absolue des voix, — 1° Sur le mariage de l'Empereur ; — 2° Sur les déclarations de guerre, la signature des traités de paix, d'alliance ou de commerce ; — 3° Sur toute aliénation ou disposition, pour former de nouvelles dotations, des immeubles ou des valeurs immobilières, composant le domaine extraordinaire de la couronne ; — 4° Sur la question de savoir s'il sera nommé, par le régent, à une ou plusieurs des grandes dignités de l'Empire, vacantes durant la minorité.

25. Le conseil de régence fait les fonctions de conseil privé, tant pour les recours en grâce que pour la rédaction des sénatus-consultes.

26. En cas de partage, la voix de l'Impératrice ou du régent est prépondérante. — Si la présidence est exercée par délégation, l'Impératrice-régente ou le régent décident.

27. Sur toutes les autres affaires renvoyées à son examen, le conseil de régence n'a que voix consultative.

28. Le ministre secrétaire d'état tient la plume aux séances du conseil de régence, et dresse procès-verbal de ses délibérations.

TITRE V

DE LA GARDE DE L'EMPEREUR MINEUR

29. La garde de l'Empereur mineur, la surintendance de sa maison et la surveillance de son éducation, sont confiées à sa mère.

30. A défaut de la mère, ou d'un prince désigné par le feu Empereur, la garde de l'Empereur est confiée, par le conseil de régence, à l'un des princes titulaires des grandes dignités de l'Empire.

31. Ce choix se fait au scrutin, à la majorité absolue des voix ; en cas de partage, le régent décide.

TITRE VI

DU SERMENT DE L'IMPÉRATRICE-RÉGENTE ET DE CELUI DU PRINCE-RÉGENT POUR L'EXERCICE DE LA RÉGENCE

SECTION PREMIÈRE
Du serment de l'Impératrice-régente.

32. Si l'Impératrice-régente n'a pas prêté serment du vivant de l'Empereur, pour l'exercice de la régence, elle le prête dans les trois mois qui suivent le décès de l'Empereur.

33. Le serment est prêté à l'Empereur mineur assis sur le trône, assisté du prince archi-chancelier de l'Empire, des princes français, des membres du conseil de régence, des ministres du cabinet, des grands officiers de l'Empire et de la couronne, des ministres d'état et des grands aigles de la légion d'honneur, en présence du Sénat et du Conseil d'état.

34. Le serment que prête l'Impératrice est conçu en ces termes : — « Je jure fidélité à l'Empereur. — Je jure de me confor-
« mer aux actes des constitutions, et d'observer les dispositions
« faites par l'Empereur, mon époux, sur l'exercice de la régence ;
« de ne consulter, dans l'emploi de mon autorité, que mon
« amour et mon dévouement pour mon fils et pour la France,
« et de remettre fidèlement à l'Empereur, à sa majorité, le
« pouvoir qui m'est confié. — Je jure de maintenir l'intégrité du
« territoire de l'Empire ; de respecter et de faire respecter les
« lois du concordat et la liberté des cultes ; de respecter et faire
« respecter l'égalité des droits, la liberté civile et l'irrévoca-
« bilité des ventes des biens nationaux ; de ne lever aucun
« impôt, de n'établir aucune taxe que pour les besoins de
« l'État et conformément aux lois fondamentales de la monar-
« chie ; de maintenir l'institution de la légion d'honneur ;
« de gouverner dans la seule vue de l'intérêt, du bonheur et
« de la gloire du peuple français. »

SECTION II
Du serment du Régent.

35. Le prince appelé à la régence prête, dans les trois mois qui suivent le décès de l'Empereur, de la même manière, et devant les personnes désignées pour assister au serment de l'Impératrice, le serment dont la teneur suit : — « Je jure
« fidélité à l'Empereur. — Je jure de me conformer aux
« actes des constitutions, et d'observer les dispositions faites

« par l'Empereur sur l'exercice de la régence, et de remettre
« fidèlement à l'Empereur, à sa majorité, le pouvoir qui m'est
« confié... — Je jure de maintenir l'intégrité du territoire
« de l'Empire, de respecter et faire respecter les lois du con-
« cordat et la liberté des cultes ; de respecter et faire respecter
« l'égalité des droits, la liberté civile, l'irrévocabilité des ventes
« des biens nationaux ; de ne lever aucun impôt, de n'établir
« aucune taxe que pour les besoins de l'État, et conformément
« aux lois fondamentales de la monarchie ; de maintenir l'ins-
« titution de la légion d'honneur ; de gouverner dans la seule
« vue de l'intérêt, du bonheur et de la gloire du peuple
« français. »

36. Le prince archi-chancelier, assisté du ministre secrétaire
d'état, dresse procès-verbal de ce serment. L'acte est signé par
l'Impératrice ou le régent, par les princes, par les grands-dignitaires, les ministres et les grands officiers de l'Empire.

TITRE VII

DE L'ADMINISTRATION DU DOMAINE IMPÉRIAL, ET DE LA DISPOSITION DES REVENUS EN CAS DE MINORITÉ ET DE RÉGENCE

SECTION PREMIÈRE

De la Dotation de la couronne (1).

37. Durant la régence, l'administration de la dotation de la
couronne continue selon les règles établies. — L'emploi des
revenus est déterminé dans les formes accoutumées, sous l'autorité de l'Impératrice-régente ou du régent.

38. Les dépenses d'entretien de leur maison, et leurs dépenses personnelles, feront partie du budget de la couronne.

SECTION II

Du Domaine privé.

39. Arrivant le décès de l'Empereur, le prince archi-chancelier de l'Empire, et, à son défaut, le premier en rang des
grands-dignitaires, fera apposer les scellés sur les caisses du
trésor du domaine privé, par le secrétaire de l'état de la famille
impériale, en présence du grand-juge, du chancelier du Sénat,
et de l'intendant général du domaine privé.

40. Il sera, d'après les ordres du conseil de famille, procédé
à l'inventaire des fonds et des objets mobiliers, par le secrétaire

(1) Cf. S.-C. 30 janvier 1810 (Dotation de la couronne).

de l'état de la famille impériale, assisté des personnes dénommées dans l'article précédent.

41. Le conseil de famille veillera à l'exécution des dispositions du sénatus-consulte du 30 janvier 1810, pour le partage des biens du domaine privé. Les fonds appartenant à l'Empereur, après ce partage, seront versés, par le trésorier du domaine privé, au trésor impérial, sous la surveillance du conseil de famille, et placés de la manière la plus utile.

42. Les produits en seront successivement réunis au capital; et le tout restera en réserve jusqu'à la majorité de l'Empereur.

43. Il sera rendu compte de toutes ces opérations, par le conseil de famille, à la régente ou au régent, qui donnera l'autorisation définitive pour les placements.

SECTION III
Du Domaine extraordinaire.

44. L'Impératrice-régente ou le prince-régent disposent, s'ils le jugent convenable, de toutes les dotations de cinquante mille francs de rente et au-dessous qui ont fait, avant la minorité, sans qu'il en ait été disposé, ou font, durant la régence, retour au domaine extraordinaire de la couronne.

45. Les autres dotations restent en réserve jusqu'à la majorité de l'Empereur.

46. L'administration du domaine extraordinaire continuera, selon les règles accoutumées, comme il est dit ci-dessus du domaine de la couronne.

47. Les fonds qui se trouveront au trésor du domaine extraordinaire, au moment du décès de l'Empereur, seront versés au trésor de l'État, et y resteront jusqu'à la majorité de l'Empereur.

TITRE VIII
DU CAS D'ABSENCE DE L'EMPEREUR OU DU RÉGENT

SECTION PREMIÈRE
Du cas d'absence de l'Empereur.

48. Si au moment du décès de l'Empereur, son successeur majeur est hors du territoire de l'Empire, les pouvoirs des ministres se trouvent prorogés jusqu'à ce que l'Empereur soit arrivé sur le territoire de l'Empire : le premier en rang des grands-dignitaires préside le conseil qui gouverne l'État, sous la forme de conseil de gouvernement. Les délibérations y sont prises à la majorité absolue des voix; le président a voix prépondérante en cas de partage.

49. Tous les actes sont faits au nom de l'Empereur; mais il ne commence l'exercice de la puissance impériale que lorsqu'il est entré sur le territoire de l'Empire.

SECTION II
Du cas d'absence du Régent.

50. En cas d'absence du régent, au commencement d'une minorité, sans qu'il y ait été pourvu par l'Empereur avant son décès, les pouvoirs des ministres se trouvent prorogés jusqu'à l'arrivée du régent, comme il est dit à l'article 48.

SECTION III
Des cas non prévus.

51. Si, en l'absence de l'Empereur, majeur ou mineur, ou en l'absence du régent, le gouvernement étant entre les mains du conseil des ministres présidé par un grand-dignitaire, il se présentait à résoudre des questions non décidées par le présent acte, le dit conseil de gouvernement, faisant fonction de conseil privé, rédigerait le projet de sénatus-consulte, et le ferait présenter au Sénat par deux de ses membres.

TITRE IX
DU SACRE ET COURONNEMENT DE L'IMPÉRATRICE

52. L'Impératrice mère du prince héréditaire Roi de Rome, pourra être sacrée et couronnée.

53. Cette prérogative sera accordée à l'Impératrice par des lettres-patentes publiées dans les formes accoutumées, et qui seront, en outre, adressées au Sénat, et transcrites sur ses registres.

54. Le couronnement se fera dans la basilique de Notre-Dame, ou dans toute autre église désignée dans les lettres-patentes.

TITRE X
DU SACRE ET COURONNEMENT DU PRINCE IMPÉRIAL ROI DE ROME

55. Le prince impérial Roi de Rome pourra, en sa qualité d'héritier de l'Empire, être sacré et couronné du vivant de l'Empereur.

56. Cette cérémonie n'aura lieu qu'en vertu de lettres-patentes, dans les mêmes formes que celles relatives au couronnement de l'Impératrice.

57. Après le sacre et le couronnement du prince impérial Roi de Rome, les sénatus-consultes, lois, règlements, statuts impériaux, décrets et tous actes émanés de l'Empereur, ou faits en son nom, porteront, outre l'indication de l'année de son règne, l'année du couronnement du prince impérial Roi de Rome.

58. Le présent sénatus-consulte organique sera transmis, par un message, à sa Majesté l'Empereur et Roi.

Sénatus-consulte organique du 15 novembre 1813, concernant le Corps législatif (1).

Art. 1er. L'Empereur nomme à la présidence du Corps législatif.

2. Le Sénat et le Conseil d'état assistent en corps aux séances impériales du Corps législatif, en vertu de lettres closes.

3. Le présent sénatus-consulte organique sera transmis, par un message, à sa Majesté l'Empereur et Roi.

Décret du Sénat conservateur (2) du 3 avril 1814, portant que Napoléon Bonaparte est déchu du trône, et que le droit d'hérédité établi dans sa famille est aboli (3).

Considérant que, dans une monarchie constitutionnelle, le monarque n'existe qu'en vertu de la constitution ou du pacte social ; — Que *Napoléon Bonaparte*, pendant quelque temps d'un gouvernement ferme et prudent, avait donné à la nation des sujets de compter pour l'avenir sur des actes de sagesse et de justice ; mais qu'ensuite il a déchiré le pacte qui l'unissait au peuple français, notamment en levant des impôts, en établissant des taxes autrement qu'en vertu de la loi, contre la teneur expresse du serment qu'il avait prêté à son avènement au trône, conformément à l'article 53 de l'acte des constitutions du 28 floréal an XII ; — Qu'il a commis cet attentat aux droits du peuple lors même qu'il venait d'ajourner, sans nécessité, le Corps législatif, et de faire supprimer comme criminel un rapport de ce corps, auquel il contestait son titre et sa part à la représentation

(1) Coll. *B. L.*, 4e série, XIX, no 9840, p. 357.
(2) Le titre primitif était: *Sénatus-consulte* ; la correction se trouve dans un *Erratum* du *Bulletin des lois*, 5e série, I, p. 35.
(3) Coll. *B. L.*, 5e série, I, no 8, p. 7.

nationale ; — Qu'il a entrepris une suite de guerres en violation de l'article 50 de l'acte des constitutions du 22 frimaire an VIII, qui veut que la déclaration de guerre soit proposée, discutée, décrétée et promulguée comme des lois ; — Qu'il a inconstitutionnellement rendu plusieurs décrets portant peine de mort, nommément les deux décrets du 5 mars dernier, tendant à faire considérer comme nationale une guerre qui n'avait lieu que dans l'intérêt de son ambition démesurée ; — Qu'il a violé les lois constitutionnelles par ses décrets sur les prisons d'État (1) : — Qu'il a anéanti la responsabilité des ministres, confondu tous les pouvoirs et détruit l'indépendance des corps judiciaires ; — Considérant que la liberté de la presse, établie et consacrée comme l'un des droits de la nation, a été constamment soumise à la censure arbitraire de sa police et qu'en même temps il s'est toujours servi de la presse pour remplir la France et l'Europe de faits controuvés, de maximes fausses, de doctrines favorables au despotisme, et d'outrages contre les gouvernements étrangers ; — Que des actes et rapports entendus par le Sénat ont subi des altérations dans la publication qui en a été faite : — Considérant qu'au lieu de régner dans la seule vue de l'intérêt, du bonheur et de la gloire du peuple français aux termes de son serment, Napoléon a mis le comble aux malheurs de la patrie, par son refus de traiter à des conditions que l'intérêt national obligeait d'accepter, et qui ne compromettaient pas l'honneur français ; — Par l'abus qu'il a fait de tous les moyens qu'on lui a confiés en hommes et en argent ; — Par l'abandon des blessés sans pansements, sans secours, sans subsistances ; — Par différentes mesures dont les suites étaient la ruine des villes, la dépopulation des campagnes, la famine et les maladies contagieuses ; — Considérant que, par toutes ces causes, le gouvernement impérial établi par le sénatus-consulte du 28 floréal an XII a cessé d'exister, et que le vœu manifeste de tous les Français appelle un ordre de choses dont le premier résultat soit le rétablissement de la paix générale, et qui soit aussi l'époque d'une réconciliation solennelle entre tous les États de la grande famille européenne ; — LE SÉNAT DÉCLARE et DÉCRÈTE ce qui suit :

Art. 1er. *Napoléon Bonaparte* est déchu du trône, et le droit d'hérédité établi dans sa famille est aboli.

2. Le peuple français et l'armée sont déliés du serment de fidélité envers *Napoléon Bonaparte*.

3. Le présent décret sera transmis par un message au Gou-

(1) D. 3 mars 1810.

vernement provisoire de la France, envoyé de suite à tous les départements et aux armées, et proclamé incessamment dans tous les quartiers de la capitale (1).

CONSTITUTION FRANÇAISE
Du 6 Avril 1814 (2) (3)

Art. 1er. Le Gouvernement français est monarchique et héréditaire de mâle en mâle, par ordre de primogéniture.

2. Le peuple français appelle librement au trône de France *Louis-Stanislas-Xavier de France*, frère du dernier Roi, et après lui les autres membres de la maison de Bourbon, dans l'ordre ancien.

3. La noblesse ancienne reprend ses titres : la nouvelle conserve les siens héréditairement. La légion d'honneur est maintenue avec ses prérogatives ; le Roi déterminera la décoration.

4. Le pouvoir exécutif appartient au Roi.

5. Le Roi, le Sénat et le Corps législatif, concourent à la formation des lois. — Les projets de loi peuvent être également proposés dans le Sénat et dans le Corps législatif. — Ceux relatifs aux contributions ne peuvent l'être que dans le Corps législatif. — Le Roi peut inviter également les deux corps à s'occuper des objets qu'il juge convenables. — La sanction du Roi est nécessaire pour le complément de la loi.

6. Il y a cent cinquante sénateurs au moins, et deux cents au plus. — Leur dignité est inamovible et héréditaire de mâle en mâle, par primogéniture. Ils sont nommés par le Roi. — Les sénateurs actuels, à l'exception de ceux qui renonceraient à la qualité de citoyens français, sont maintenus et font partie de ce nombre. La dotation actuelle du Sénat et des sénatoreries leur appartient. Les revenus en sont partagés également entre eux, et passent à leurs successeurs. — Le cas échéant de la mort d'un sénateur sans postérité masculine directe, sa portion retourne au

(1) Cf. Acte du 3 avril 1814, par lequel le Corps législatif « considérant que Napoléon Bonaparte a violé le *pacte constitutionnel* », adhérant à l'acte du Sénat, « reconnaît et déclare la déchéance de Napoléon Bonaparte et des membres de sa famille ». (*B. L.*, 5ᵉ série I, nº 9, p. 9.)

(2) Coll. *B. L.*, 5ᵉ série, I, nº 13, p. 14.

(3) Le 7 avril, le Corps législatif à l'unanimité adhère à l'acte constitutionnel voté par le Sénat (*Arch. parl.*, 2ᵉ série, XII, p. 13).

trésor public. Les sénateurs qui seront nommés à l'avenir, ne peuvent avoir part à cette dotation (1).

7. Les princes de la famille royale et les princes du sang sont, de droit, membres du Sénat. — On ne peut exercer les fonctions de sénateur qu'après avoir atteint l'âge de majorité.

8. Le Sénat détermine les cas où la discussion des objets qu'il traite doit être publique ou secrète.

9. Chaque département nommera au Corps législatif le même nombre de députés qu'il y envoyait. — Les députés qui siégeaient au Corps législatif lors du dernier ajournement, continueront à y siéger jusqu'à leur remplacement. Tous conservent leur traitement. — A l'avenir ils seront choisis immédiatement par les collèges électoraux, lesquels sont conservés, sauf les changements qui pourraient être faits par une loi à leur organisation. — La durée des fonctions des députés au Corps législatif est fixée à cinq années. — Les nouvelles élections auront lieu pour la session de 1816.

10. Le Corps législatif s'assemble de droit chaque année le 1er octobre. Le Roi peut le convoquer extraordinairement. Il peut l'ajourner ; il peut aussi le dissoudre : mais, dans ce dernier cas, un autre Corps législatif doit être formé au plus tard dans les trois mois, par les collèges électoraux.

11. Le Corps législatif a le droit de discussion. Les séances sont publiques, sauf le cas où il juge à propos de se former en comité général.

12. Le Sénat, le Corps législatif, les collèges électoraux et les assemblées de canton, élisent leur président dans leur sein.

13. Aucun membre du Sénat ou du Corps législatif ne peut être arrêté sans une autorisation préalable du corps auquel il appartient. — Le jugement d'un membre du Sénat ou du Corps législatif, accusé, appartient exclusivement au Sénat.

14. Les ministres peuvent être membres, soit du Sénat, soit du Corps législatif.

15. L'égalité de proportion dans l'impôt est de droit. Aucun impôt ne peut être établi ni perçu, s'il n'a été librement consenti par le Corps législatif et par le Sénat. L'impôt foncier ne peut être établi que pour un an. Le budget de l'année suivante et les comptes de l'année précédente sont présentés chaque année au Corps législatif et au Sénat, à l'ouverture de la session du Corps législatif.

16. La loi déterminera le mode et la quotité du recrutement de l'armée.

(1) Cf. Ord. 4 juin 1814.

17. L'indépendance du pouvoir judiciaire est garantie. Nul ne peut être distrait de ses juges naturels. — L'institution des jurés est conservée, ainsi que la publicité des débats en matière criminelle. — La peine de la confiscation des biens est abolie. — Le Roi a le droit de faire grâce.

18. Les cours et tribunaux ordinaires actuellement existants sont maintenus ; leur nombre ne pourra être diminué ou augmenté qu'en vertu d'une loi. Les juges sont à vie et inamovibles, à l'exception des juges de paix et des juges de commerce. Les commissions et les tribunaux extraordinaires sont supprimés, et ne pourront être rétablis.

19. La cour de cassation, les cours d'appel et les tribunaux de première instance proposent au Roi trois candidats pour chaque place de juge vacante dans leur sein : le Roi choisit l'un des trois. Le Roi nomme les premiers présidents et le ministère public des cours et des tribunaux.

20. Les militaires en activité, les officiers et soldats en retraite, les veuves et les officiers pensionnés, conservent leurs grades, leurs honneurs et leurs pensions.

21. La personne du Roi est inviolable et sacrée. Tous les actes du Gouvernement sont signés par un ministre. Les ministres sont responsables de tout ce que ces actes contiendraient d'attentatoire aux lois, à la liberté publique et individuelle, et aux droits des citoyens.

22. La liberté des cultes et des consciences est garantie. Les ministres des cultes sont également traités et protégés.

23. La liberté de la presse est entière, sauf la répression légale des délits qui pourraient résulter de l'abus de cette liberté. Les commissions sénatoriales de la liberté de la presse et de la liberté individuelle sont conservées.

24. La dette publique est garantie. — Les ventes des domaines nationaux sont irrévocablement maintenues.

25. Aucun Français ne peut être recherché pour les opinions ou les votes qu'il a pu émettre.

26. Toute personne a le droit d'adresser des pétitions individuelles à toute autorité constituée.

27. Tous les Français sont également admissibles à tous les emplois civils et militaires.

28. Toutes les lois actuellement existantes restent en vigueur, jusqu'à ce qu'il y soit légalement dérogé. Le Code des lois civiles sera intitulé *Code civil des Français.*

29. La présente Constitution sera soumise à l'acceptation du peuple français dans la forme qui sera réglée. Louis-Stanislas-

Xavier sera proclamé *Roi des Français*, aussitôt qu'il aura juré et signé par un acte portant: *J'accepte la Constitution ; je jure de l'observer et de la faire observer.* Ce serment sera réitéré dans la solennité où il recevra le serment de fidélité des Français.

Déclaration du roi *du 2 mai 1814* (1) (2).

Rappelés (3) par l'amour de notre peuple au trône de nos pères, éclairés par les malheurs de la nation que nous sommes destinés à gouverner, notre première pensée est d'invoquer cette confiance mutuelle si nécessaire à notre repos, à son bonheur. — Après avoir lu attentivement le plan de constitution proposé par le Sénat dans sa séance du 6 avril dernier, nous avons reconnu que les bases en étaient bonnes, mais qu'un grand nombre d'articles portant l'empreinte de la précipitation avec laquelle ils ont été rédigés, ils ne peuvent dans leur forme actuelle devenir lois fondamentales de l'État. — Résolus d'adopter une constitution libérale, nous voulons qu'elle soit sagement combinée ; et ne pouvant en accepter une qu'il est indispensable de rectifier, nous convoquons pour le 10 du mois de juin de la présente année le Sénat et le Corps législatif, nous engageant à mettre sous leurs yeux le travail que nous aurons fait avec une commission choisie dans le sein de ces deux corps, et à donner pour base à cette constitution les garanties suivantes : — Le gouvernement représentatif sera maintenu tel qu'il existe aujourd'hui, divisé en deux corps, savoir : — Le Sénat, et la Chambre composée des députés des départements. — L'impôt sera librement consenti ; — La liberté publique et individuelle assurée ; — La liberté de la presse respectée, sauf les précautions nécessaires à la tranquillité publique ; — La liberté des cultes garantie. — Les propriétés seront inviolables et sacrées ; la vente des biens nationaux restera irrévocable. — Les ministres, responsables, pourront être poursuivis par une des chambres législatives, et jugés par l'autre. — Les juges seront inamovibles, et le pouvoir judiciaire indépendant. — La dette publique sera garantie ; les pensions, grades, honneurs militaires seront conservés, ainsi que l'ancienne et la nouvelle noblesse. — La légion d'honneur, dont nous déterminerons la décoration, sera maintenue. — Tout Français sera admissible aux emplois civils et militaires. — Enfin nul individu ne pourra être inquiété pour ses opinions et ses votes.

(1) Coll. *B. L.*, 5e série, I, n° 89, p. 75.
(2) Déclaration dite de Saint-Ouen.
(3) L'emploi du pluriel est constant dans le *B. L.* de cette époque.

CHARTE CONSTITUTIONNELLE

Du 4 Juin 1814 (1)

La divine Providence, en nous rappelant dans nos États après une longue absence, nous a imposé de grandes obligations. La paix était le premier besoin de nos sujets : nous nous en sommes occupés sans relâche ; et cette paix si nécessaire à la France comme au reste de l'Europe, est signée. Une charte constitutionnelle était sollicitée par l'état actuel du royaume ; nous l'avons promise, et nous la publions. Nous avons considéré que, bien que l'autorité tout entière résidât en France dans la personne du Roi, nos prédécesseurs n'avaient point hésité à en modifier l'exercice, suivant la différence des temps ; que c'est ainsi que les communes ont dû leur affranchissement à Louis-le-Gros, la confirmation et l'extension de leurs droits à Saint-Louis et à Philippe-le-Bel ; que l'ordre judiciaire a été établi et développé par les lois de Louis XI, de Henri II et de Charles IX ; enfin, que Louis XIV a réglé presque toutes les parties de l'administration publique par différentes ordonnances dont rien encore n'avait surpassé la sagesse. — Nous avons dû, à l'exemple des Rois nos prédécesseurs, apprécier les effets des progrès toujours croissants des lumières, les rapports nouveaux que ces progrès ont introduits dans la société, la direction imprimée aux esprits depuis un demi-siècle, et les graves altérations qui en sont résultées : nous avons reconnu que le vœu de nos sujets pour une charte constitutionnelle était l'expression d'un besoin réel ; mais en cédant à ce vœu, nous avons pris toutes les précautions pour que cette charte fût digne de nous et du peuple auquel nous sommes fiers de commander. Des hommes sages, pris dans les premiers corps de l'État, se sont réunis à des commissaires de notre Conseil, pour travailler à cet important ouvrage. — En même temps que nous reconnaissions qu'une constitution libre et monarchique devait remplir l'attente de l'Europe éclairée, nous avons dû nous souvenir aussi que notre premier devoir envers nos peuples était de conserver, pour leur propre intérêt, les droits et les prérogatives de notre couronne. Nous avons espéré qu'instruits par l'expérience, ils seraient convaincus que l'autorité suprême peut seule donner aux institutions qu'elle établit, la force, la permanence et la majesté dont elle est

(1) Coll. *B. L.*, 5ᵉ série, I, n° 133, p. 197.

elle-même revêtue ; qu'ainsi, lorsque la sagesse des Rois s'accorde librement avec le vœu des peuples, une charte constitutionnelle peut être de longue durée ; mais que, quand la violence arrache des concessions à la faiblesse du Gouvernement, la liberté publique n'est pas moins en danger que le trône même. Nous avons enfin cherché les principes de la charte constitutionnelle dans le caractère français, et dans les monuments vénérables des siècles passés. Ainsi, nous avons vu dans le renouvellement de la pairie une institution vraiment nationale, et qui doit lier tous les souvenirs à toutes les espérances, en réunissant les temps anciens et les temps modernes. — Nous avons remplacé, par la chambre des députés, ces anciennes assemblées des Champs de Mars et de Mai, et ces chambres du tiers-état, qui ont si souvent donné tout à la fois des preuves de zèle pour les intérêts du peuple, de fidélité et de respect pour l'autorité des Rois. En cherchant ainsi à renouer la chaîne des temps, que de funestes écarts avaient interrompue, nous avons effacé de notre souvenir, comme nous voudrions qu'on pût les effacer de l'histoire, tous les maux qui ont affligé la patrie durant notre absence. Heureux de nous retrouver au sein de la grande famille, nous n'avons su répondre à l'amour dont nous recevons tant de témoignages, qu'en prononçant des paroles de paix et de consolation. Le vœu le plus cher à notre cœur, c'est que tous les Français vivent en frères, et que jamais aucun souvenir amer ne trouble la sécurité qui doit suivre l'acte solennel que nous leur accordons aujourd'hui. — Sûrs de nos intentions, forts de notre conscience, nous nous engageons, devant l'assemblée qui nous écoute, à être fidèles à cette charte constitutionnelle, nous réservant d'en jurer le maintien, avec une nouvelle solennité, devant les autels de celui qui pèse dans la même balance les rois et les nations. — A CES CAUSES, — Nous AVONS volontairement, et par le libre exercice de notre autorité royale, ACCORDÉ ET ACCORDONS, FAIT CONCESSION ET OCTROI à nos sujets, tant pour nous que pour nos successeurs, et à toujours, de la Charte constitutionnelle qui suit :

Droit public des Français.

Art. 1er. Les Français sont égaux devant la loi, quels que soient d'ailleurs leurs titres et leurs rangs.

2. Ils contribuent indistinctement, dans la proportion de leur fortune, aux charges de l'État.

3. Ils sont tous également admissibles aux emplois civils et militaires.

4. Leur liberté individuelle est également garantie, personne ne pouvant être poursuivi ni arrêté que dans les cas prévus par la loi, et dans la forme qu'elle prescrit (1).

5. Chacun professe sa religion avec une égale liberté, et obtient pour son culte la même protection (2).

6. Cependant la religion catholique, apostolique et romaine, est la religion de l'État.

7. Les ministres de la religion catholique, apostolique et romaine, et ceux des autres cultes chrétiens, reçoivent seuls des traitements du trésor royal.

8. Les Français ont le droit de publier et de faire imprimer leurs opinions, en se conformant aux lois qui doivent réprimer les abus de cette liberté (3).

9. Toutes les propriétés sont inviolables, sans aucune exception de celles qu'on appelle *nationales*, la loi ne mettant aucune différence entre elles (4).

10. L'État peut exiger le sacrifice d'une propriété, pour cause d'intérêt public légalement constaté, mais avec une indemnité préalable.

11. Toutes recherches des opinions et votes émis jusqu'à la restauration, sont interdites. Le même oubli est commandé aux tribunaux et aux citoyens (5).

12. La conscription est abolie. Le mode de recrutement de l'armée de terre et de mer est déterminé par une loi (6).

Formes du Gouvernement du Roi (7).

13. La personne du Roi est inviolable et sacrée. Ses ministres sont responsables. Au Roi seul appartient la puissance exécutive.

14. Le Roi est le chef suprême de l'État, il commande les forces de terre et de mer, déclare la guerre, fait les traités de paix, d'alliance et de commerce, nomme à tous les emplois d'administration publique, et fait les règlements et ordonnances

(1) Cf. LL. 29 octobre 1815 ; 12 février 1817 ; 26 mars 1820.
(2) Cf. LL. 18 novembre 1814 (repos du dimanche) ; 20 avril 1825 (sacrilège).
(3) LL. 21 octobre 1814 ; 9 novembre 1815 ; 28 février 1817 ; 17 mai 1819 ; 26 mai 1819 ; 9 juin 1819 ; 17 mars 1822 ; 25 mars 1822 ; 18 juillet 1828 ; Ord. 25 juillet 1825.
(4) Cf. LL. 5 décembre 1814 ; 27 avril 1825 (milliard des émigrés).
(5) Cf. L. 12 janvier 1816 (amnistie).
(6) Cf. LL. 10 mars 1818 ; 9 juin 1824.
(7) Cf. L. 13 août 1814 (relations des chambres avec le roi et entre elles) ; cette loi n'a jamais été insérée au *B. L.*

nécessaires pour l'exécution des lois et la sûreté de l'État.

15. La puissance législative s'exerce collectivement par le Roi, la chambre des pairs, et la chambre des députés des départements.

16. Le roi propose la loi.

17. La proposition de la loi est portée, au gré du Roi, à la chambre des pairs ou à celle des députés, excepté la loi de l'impôt, qui doit être adressée d'abord à la chambre des députés.

18. Toute loi doit être discutée et votée librement par la majorité de chacune des deux chambres.

19. Les chambres ont la faculté de supplier le Roi de proposer une loi sur quelque objet que ce soit, et d'indiquer ce qu'il leur paraît convenable que la loi contienne.

20. Cette demande pourra être faite par chacune des deux chambres, mais après avoir été discutée en comité secret : elle ne sera envoyée à l'autre chambre par celle qui l'aura proposée, qu'après un délai de dix jours.

21. Si la proposition est adoptée par l'autre chambre, elle sera mise sous les yeux du Roi; si elle est rejetée, elle ne pourra être représentée dans la même session.

22. Le Roi seul sanctionne et promulgue les lois (1).

23. La liste civile est fixée pour toute la durée du règne, par la première législature assemblée depuis l'avènement du Roi (2).

De la Chambre des Pairs (3).

24. La chambre des pairs est une portion essentielle de la puissance législative.

25. Elle est convoquée par le Roi en même temps que la chambre des députés des départements. La session de l'une commence et finit en même temps que celle de l'autre.

26. Toute assemblée de la chambre des pairs qui serait tenue hors du temps de la session de la chambre des députés, ou qui ne serait pas ordonnée par le Roi, est illicite et nulle de plein droit.

27. La nomination des pairs de France appartient au Roi. Leur nombre est illimité : il peut en varier les dignités, les nommer à vie ou les rendre héréditaires, selon sa volonté (4).

(1) Cf. Ord. 27 novembre 1816 ; 18 janvier 1817.
(2) Cf. LL. 8 novembre 1814 (liste civile de Louis XVIII); 15 janvier 1825 (liste civile de Charles X).
(3) Cf. Ord. 4 juin 1814.
(4) Cf. Ord. 19 août 1815.

28. Les pairs ont entrée dans la chambre à vingt-cinq ans, et voix délibérative à trente ans seulement.

29. La chambre des pairs est présidée par le chancelier de France, et, en son absence, par un pair nommé par le Roi.

30. Les membres de la famille royale et les princes du sang sont pairs par le droit de leur naissance. Ils siègent immédiatement après le président; mais ils n'ont voix délibérative qu'à vingt-cinq ans.

31. Les princes ne peuvent prendre séance à la chambre que de l'ordre du Roi, exprimé pour chaque session par un message, à peine de nullité de tout ce qui aurait été fait en leur présence.

32. Toutes les délibérations de la chambre des pairs sont secrètes.

33. La chambre des pairs connaît des crimes de haute trahison et des attentats à la sûreté de l'État qui seront définis par la loi.

34. Aucun pair ne peut être arrêté que de l'autorité de la chambre, et jugé que par elle en matière criminelle.

De la Chambre des Députés des départements (1).

35. La chambre des députés sera composée des députés élus par les collèges électoraux dont l'organisation sera déterminée par des lois.

36. Chaque département aura le même nombre de députés qu'il a eu jusqu'à présent (2).

37. Les députés seront élus pour cinq ans, et de manière que la chambre soit renouvelée chaque année par cinquième (3).

38. Aucun député ne peut être admis dans la chambre, s'il n'est âgé de quarante ans, et s'il ne paie une contribution directe de mille francs (4).

39. Si néanmoins il ne se trouvait pas dans le département cinquante personnes de l'âge indiqué, payant au moins mille francs de contributions directes, leur nombre sera complété par les plus imposés au-dessous de mille francs, et ceux-ci pourront être élus concurremment avec les premiers.

40. Les électeurs qui concourent à la nomination des députés, ne peuvent avoir droit de suffrage s'ils ne paient une contribution directe de trois cents francs, et s'ils ont moins de trente ans.

(1) Cf. Ord. 4 juin 1814 ; 25 juillet 1830.
(2) Cf. Ord. 13 juillet 1815 ; 5 septembre 1816.
(3) O. L. 9 juin 1824 (renouvellement intégral tous les 7 ans).
(4) V. les textes cités dans les deux notes qui précèdent, et L. 25 mars 1818.

41. Les présidents des collèges électoraux seront nommés par le Roi, et de droit membres du collège.

42. La moitié au moins des députés sera choisie parmi des éligibles qui ont leur domicile politique dans le département.

43. Le président de la chambre des députés est nommé par le Roi, sur une liste de cinq membres présentée par la chambre.

44. Les séances de la chambre sont publiques ; mais la demande de cinq membres suffit pour qu'elle se forme en comité secret.

45. La chambre se partage en bureaux pour discuter les projets qui lui ont été présentés de la part du Roi.

46. Aucun amendement ne peut être fait à une loi, s'il n'a été proposé ou consenti par le Roi, et s'il n'a été renvoyé et discuté dans les bureaux.

47. La chambre des députés reçoit toutes les propositions d'impôts ; ce n'est qu'après que ces propositions ont été admises, qu'elles peuvent être portées à la chambre des pairs.

48. Aucun impôt ne peut être établi ni perçu, s'il n'a été consenti par les deux chambres et sanctionné par le Roi.

49. L'impôt foncier n'est consenti que pour un an. Les impositions indirectes peuvent l'être pour plusieurs années.

50. Le Roi convoque chaque année les deux chambres ; il les proroge, et peut dissoudre celle des députés des départements ; mais, dans ce cas, il doit en convoquer une nouvelle dans le délai de trois mois.

51. Aucune contrainte par corps ne peut être exercée contre un membre de la chambre, durant la session, et dans les six semaines qui l'auront précédée ou suivie.

52. Aucun membre de la chambre ne peut, pendant la durée de la session, être poursuivi ni arrêté en matière criminelle, sauf le cas de flagrant délit, qu'après que la chambre a permis sa poursuite.

53. Toute pétition à l'une ou à l'autre des chambres ne peut être faite et présentée que par écrit. La loi interdit d'en apporter en personne et à la barre.

Des Ministres.

54. Les ministres peuvent être membres de la chambre des pairs ou de la chambre des députés. Ils ont en outre leur entrée dans l'une ou l'autre chambre, et doivent être entendus quand ils le demandent.

55. La chambre des députés a le droit d'accuser les ministres, et de les traduire devant la chambre des pairs, qui seule a celui de les juger.

56. Ils ne peuvent être accusés que pour fait de trahison ou de concussion. Des lois particulières spécifieront cette nature de délits, et en détermineront la poursuite.

De l'Ordre judiciaire (1).

57. Toute justice émane du Roi. Elle s'administre en son nom par des juges qu'il nomme et qu'il institue.

58. Les juges nommés par le Roi sont inamovibles.

59. Les cours et tribunaux ordinaires actuellement existants sont maintenus. Il n'y sera rien changé qu'en vertu d'une loi.

60. L'institution actuelle des juges de commerce est conservée.

61. La justice de paix est également conservée. Les juges de paix, quoique nommés par le Roi, ne sont point inamovibles.

62. Nul ne pourra être distrait de ses juges naturels.

63. Il ne pourra en conséquence être créé de commissions et tribunaux extraordinaires. Ne sont pas comprises sous cette dénomination les juridictions prévôtales, si leur rétablissement est jugé nécessaire (2).

64. Les débats seront publics en matière criminelle, à moins que cette publicité ne soit dangereuse pour l'ordre et les mœurs ; et, dans ce cas, le tribunal le déclare par un jugement.

65. L'institution des jurés est conservée. Les changements qu'une plus longue expérience ferait juger nécessaires, ne peuvent être effectués que par une loi (3).

66. La peine de la confiscation des biens est abolie, et ne pourra pas être rétablie.

67. Le Roi a le droit de faire grâce, et celui de commuer les peines.

68. Le Code civil et les lois actuellement existantes qui ne sont pas contraires à la présente Charte, restent en vigueur jusqu'à ce qu'il y soit légalement dérogé.

Droits particuliers garantis par l'État.

69. Les militaires en activité de service, les officiers et soldats en retraite, les veuves, les officiers et soldats pensionnés, conserveront leurs grades, honneurs et pensions.

(1) Cf. Ord. 15 février 1815.
(2) Cf. L. 20 décembre 1815 (commissions prévôtales).
(3) LL. 2 mai 1827 ; 2 juillet 1828.

70. La dette publique est garantie. Toute espèce d'engagement pris par l'État avec ses créanciers, est inviolable.

71. La noblesse ancienne reprend ses titres. La nouvelle conserve les siens. Le Roi fait des nobles à volonté; mais il ne leur accorde que des rangs et des honneurs, sans aucune exemption des charges et des devoirs de la société.

72. La légion d'honneur est maintenue. Le Roi déterminera les règlements intérieurs et la décoration.

73. Les colonies seront régies par des lois et des règlements particuliers.

74. Le Roi et ses successeurs jureront, dans la solennité de leur sacre, d'observer fidèlement la présente Charte constitutionnelle.

Articles transitoires.

75. Les députés des départements de France qui siégeaient au Corps législatif lors du dernier ajournement, continueront de siéger à la chambre des députés jusqu'à remplacement.

76. Le premier renouvellement d'un cinquième de la chambre des députés aura lieu au plus tard en l'année 1816, suivant l'ordre établi entre les séries.

ACTE ADDITIONNEL
AUX CONSTITUTIONS DE L'EMPIRE
Du 22 Avril 1815 (1)

Depuis que nous avons été appelés, il y a quinze années, par le vœu de la France, au gouvernement de l'État, nous avons cherché à perfectionner, à diverses époques, les formes constitutionnelles, suivant les besoins et les désirs de la nation, et en profitant des leçons de l'expérience. Les constitutions de l'Empire se sont ainsi formées d'une série d'actes qui ont été revêtus de l'acceptation du peuple. Nous avions alors pour but d'organiser un grand système fédératif européen, que nous avions adopté comme conforme à l'esprit du siècle, et favorable aux progrès de la civilisation. Pour parvenir à le compléter et à lui donner toute l'étendue et toute la stabilité dont il était susceptible, nous avions ajourné l'établissement de plusieurs institutions intérieures, plus spécialement destinées à protéger la liberté des citoyens. Notre but n'est plus désormais que d'accroître la prospérité de la France par l'affermissement

(1) Coll. *B. L.*, 6º série, t. unique, nº 112, p. 131.

de la liberté publique. De là résulte la nécessité de plusieurs modifications importantes dans les constitutions, sénatus-consultes et autres actes qui régissent cet empire. A ces CAUSES, voulant, d'un côté, conserver du passé ce qu'il y a de bon et de salutaire, et, de l'autre, rendre les constitutions de notre Empire conformes en tout aux vœux et aux besoins nationaux, ainsi qu'à l'état de paix que nous désirons maintenir avec l'Europe, nous avons résolu de proposer au peuple une suite de dispositions tendant à modifier et perfectionner ses actes constitutionnels, à entourer les droits des citoyens de toutes leurs garanties, à donner au système représentatif toute son extension, à investir les corps intermédiaires de la considération et du pouvoir désirables; en un mot, à combiner le plus haut point de liberté politique et de sûreté individuelle avec la force et la centralisation nécessaires pour faire respecter par l'étranger l'indépendance du peuple français et la dignité de notre couronne. En conséquence les articles suivants, formant un acte supplémentaire aux constitutions de l'Empire, seront soumis à l'acceptation libre et solennelle de tous les citoyens, dans toute l'étendue de la France.

TITRE PREMIER

DISPOSITIONS GÉNÉRALES

Art. 1er. Les constitutions de l'Empire, nommément l'acte constitutionnel du 22 frimaire an VIII, les sénatus-consultes des 14 et 16 thermidor an X, et celui du 28 floréal an XII, seront modifiés par les dispositions qui suivent. Toutes leurs autres dispositions sont confirmées et maintenues.

2. Le pouvoir législatif est exercé par l'Empereur et par deux Chambres.

3. La première Chambre, nommée Chambre des Pairs, est héréditaire.

4. L'Empereur en nomme les membres, qui sont irrévocables, eux et leurs descendants mâles, d'aîné en aîné en ligne directe. Le nombre des pairs est illimité. L'adoption ne transmet point la dignité de pair à celui qui en est l'objet. — Les pairs prennent séance à vingt et un ans, mais n'ont voix délibérative qu'à vingt-cinq.

5. La Chambre des Pairs est présidée par l'archi-chancelier de l'Empire, ou, dans le cas prévu par l'article 51 du sénatus-consulte du 28 floréal an XII, par un des membres de cette Chambre désigné spécialement par l'Empereur.

6. Les membres de la famille impériale, dans l'ordre de l'hérédité, sont pairs de droit. Ils siègent après le président. Ils prennent séance à dix-huit ans, mais n'ont voix délibérative qu'à vingt et un.

7. La seconde Chambre, nommée Chambre des Représentants, est élue par le peuple.

8. Les membres de cette Chambre sont au nombre de six cent vingt-neuf. Ils doivent être âgés de vingt-cinq ans au moins.

9. Le président de la Chambre des Représentants est nommé par la Chambre à l'ouverture de la première session. Il reste en fonctions jusqu'au renouvellement de la Chambre. Sa nomination est soumise à l'approbation de l'Empereur.

10. La Chambre des Représentants vérifie les pouvoirs de ses membres, et prononce sur la validité des élections contestées.

11. Les membres de la Chambre des Représentants reçoivent pour frais de voyage, et durant la session, l'indemnité décrétée par l'Assemblée constituante.

12. Ils sont indéfiniment rééligibles.

13. La Chambre des Représentants est renouvelée de droit en entier tous les cinq ans.

14. Aucun membre de l'une ou de l'autre Chambre ne peut être arrêté, sauf le cas de flagrant délit, ni poursuivi en matière criminelle et correctionnelle, pendant les sessions, qu'en vertu d'une résolution de la Chambre dont il fait partie.

15. Aucun ne peut être arrêté ni détenu pour dettes, à partir de la convocation, ni quarante jours après la session.

16. Les pairs sont jugés par leur Chambre, en matière criminelle et correctionnelle, dans les formes qui seront réglées par la loi.

17. La qualité de pair et de représentant est compatible avec toute fonction publique, hors celles de comptables. — Toutefois les préfets et sous-préfets ne sont pas éligibles par le collège électoral du département ou de l'arrondissement qu'ils administrent.

18. L'Empereur envoie dans les Chambres des ministres d'état et des conseillers d'état, qui y siègent et prennent part aux discussions, mais qui n'ont voix délibérative que dans le cas où ils sont membres de la Chambre comme pairs ou élus du peuple.

19. Les ministres qui sont membres de la Chambre des Pairs ou de celle des Représentants, ou qui siègent par mission du Gouvernement, donnent aux Chambres les éclaircissements qui sont jugés nécessaires, quand leur publicité ne compromet pas l'intérêt de l'État.

20. Les séances des deux Chambres sont publiques. Elles peuvent néanmoins se former en comité secret, la Chambre des Pairs sur la demande de dix membres, celle des Représentants sur la demande de vingt-cinq. Le Gouvernement peut également requérir des comités secrets pour des communications à faire. Dans tous les cas, les délibérations et les votes ne peuvent avoir lieu qu'en séance publique.

21. L'Empereur peut proroger, ajourner et dissoudre la Chambre des Représentants. La proclamation qui prononce la dissolution, convoque les collèges électoraux pour une élection nouvelle, et indique la réunion des Représentants, dans six mois au plus tard.

22. Durant l'intervalle des sessions de la Chambre des Représentants, ou en cas de dissolution de cette Chambre, la Chambre des Pairs ne peut s'assembler.

23. Le Gouvernement a la proposition de la loi ; les Chambres peuvent proposer des amendements : si ces amendements ne sont pas adoptés par le Gouvernement, les Chambres sont tenues de voter sur la loi, telle qu'elle a été proposée.

24. Les Chambres ont la faculté d'inviter le Gouvernement à proposer une loi sur un objet déterminé, et de rédiger ce qui leur paraît convenable d'insérer dans la loi. Cette demande peut être faite par chacune des deux Chambres.

25. Lorsqu'une rédaction est adoptée dans l'une des deux Chambres, elle est portée à l'autre ; et si elle y est approuvée, elle est portée à l'Empereur.

26. Aucun discours écrit, excepté les rapports des commissions, les rapports des ministres sur les lois qui sont présentées, et les comptes qui sont rendus, ne peut être lu dans l'une ou l'autre des Chambres.

TITRE II

DES COLLÈGES ÉLECTORAUX ET DU MODE D'ÉLECTION

27. Les collèges électoraux de département et d'arrondissement sont maintenus, conformément au sénatus-consulte du 16 thermidor an X, sauf les modifications qui suivent.

28. Les assemblées de canton rempliront chaque année, par des élections annuelles, toutes les vacances dans les collèges électoraux.

29. A dater de l'an 1816, un membre de la Chambre des

Pairs, désigné par l'Empereur, sera président à vie et inamovible de chaque collège électoral de département.

30. A dater de la même époque, le collège électoral de chaque département nommera, parmi les membres de chaque collège d'arrondissement, le président et deux vice-présidents. A cet effet, l'assemblée du collège de département précédera de quinze jours celle du collège d'arrondissement.

31. Les collèges de département et d'arrondissement nommeront le nombre de représentants établi pour chacun par l'acte et le tableau ci-annexé, n° 1.

32. Les représentants peuvent être choisis indifféremment dans toute l'étendue de la France. — Chaque collège de département ou d'arrondissement qui choisira un représentant hors du département ou de l'arrondissement, nommera un suppléant qui sera pris nécessairement dans le département ou l'arrondissement.

33. L'industrie et la propriété manufacturière et commerciale auront une représentation spéciale. — L'élection des représentants commerciaux et manufacturiers sera faite par le collège électoral de département, sur une liste d'éligibles dressée par les chambres de commerce et les chambres consultatives réunies, suivant l'acte et le tableau ci-annexé, n° 2.

TITRE III

DE LA LOI DE L'IMPÔT

34. L'impôt général direct, soit foncier, soit mobilier, n'est voté que pour un an; les impôts indirects peuvent être votés pour plusieurs années. — Dans le cas de la dissolution de la Chambre des Représentants, les impositions votées dans la session précédente sont continuées jusqu'à la nouvelle réunion de la Chambre.

35. Aucun impôt direct ou indirect en argent ou en nature ne peut être perçu, aucun emprunt ne peut avoir lieu, aucune inscription de créances au grand-livre de la dette publique ne peut être faite, aucun domaine ne peut être aliéné ni échangé, aucune levée d'hommes pour l'armée ne peut être ordonnée, aucune portion du territoire ne peut être changée qu'en vertu d'une loi.

36. Toute proposition d'impôt, d'emprunt, ou de levée d'hommes, ne peut être faite qu'à la Chambre des Représentants.

37. C'est aussi à la Chambre des Représentants qu'est porté d'abord, 1° le budget général de l'État, contenant l'aperçu des recettes et la proposition des fonds assignés pour l'année à chaque département du ministère ; 2° le compte des recettes et dépenses de l'année ou des années précédentes.

TITRE IV

DES MINISTRES, ET DE LA RESPONSABILITÉ

38. Tous les actes du Gouvernement doivent être contresignés par un ministre ayant département.

39. Les ministres sont responsables des actes du Gouvernement signés par eux, ainsi que de l'exécution des lois.

40. Ils peuvent être accusés par la Chambre des Représentants, et sont jugés par celle des Pairs.

41. Tout ministre, tout commandant d'armée de terre ou de mer, peut être accusé par la Chambre des Représentants et jugé par la Chambre des Pairs, pour avoir compromis la sûreté ou l'honneur de la nation.

42. La Chambre des Pairs, en ce cas, exerce, soit pour caractériser le délit, soit pour infliger la peine, un pouvoir discrétionnaire.

43. Avant de prononcer la mise en accusation d'un ministre, la Chambre des Représentants doit déclarer qu'il y a lieu à examiner la proposition d'accusation.

44. Cette déclaration ne peut se faire qu'après le rapport d'une commission de soixante membres tirés au sort. Cette commission ne fait son rapport que dix jours au plus tôt après sa nomination.

45. Quand la Chambre a déclaré qu'il y a lieu à examen, elle peut appeler le ministre dans son sein pour lui demander des explications. Cet appel ne peut avoir lieu que dix jours après le rapport de la commission.

46. Dans tout autre cas, les ministres ayant département ne peuvent être appelés ni mandés par les Chambres.

47. Lorsque la Chambre des Représentants a déclaré qu'il y a lieu à examen contre un ministre, il est formé une nouvelle commission de soixante membres tirés au sort, comme la première, et il est fait, par cette commission, un nouveau rapport sur la mise en accusation. Cette commission ne fait son rapport que dix jours après sa nomination.

48. La mise en accusation ne peut être prononcée que dix jours après la lecture et la distribution du rapport.

49. L'accusation étant prononcée, la Chambre des Représentants nomme cinq commissaires pris dans son sein, pour poursuivre l'accusation devant la Chambre des Pairs.

50. L'article 75 du titre VIII de l'acte constitutionnel du 22 frimaire an VIII, portant que les agents du Gouvernement ne peuvent être poursuivis qu'en vertu d'une décision du Conseil d'état, sera modifié par une loi.

TITRE V

DU POUVOIR JUDICIAIRE

51. L'Empereur nomme tous les juges. Ils sont inamovibles et à vie dès l'instant de leur nomination, sauf la nomination des juges de paix et des juges de commerce, qui aura lieu comme par le passé. Les juges actuels nommés par l'Empereur, aux termes du sénatus-consulte du 12 octobre 1807, et qu'il jugera convenable de conserver, recevront des provisions à vie avant le 1er janvier prochain.

52. L'institution des jurés est maintenue.

53. Les débats en matière criminelle sont publics.

54. Les délits militaires seuls sont du ressort des tribunaux militaires.

55. Tous les autres délits, même commis par les militaires, sont de la compétence des tribunaux civils.

56. Tous les crimes et délits qui étaient attribués à la haute-cour impériale et dont le jugement n'est pas réservé par le présent acte à la Chambre des Pairs, seront portés devant les tribunaux ordinaires.

57. L'Empereur a le droit de faire grâce, même en matière correctionnelle, et d'accorder des amnisties.

58. Les interprétations des lois, demandées par la cour de cassation, seront données dans la forme d'une loi.

TITRE VI

DROITS DES CITOYENS

59. Les Français sont égaux devant la loi, soit pour la contribution aux impôts et charges publiques, soit pour l'admission aux emplois civils et militaires.

60. Nul ne peut, sous aucun prétexte, être distrait des juges qui lui sont assignés par la loi.

61. Nul ne peut être poursuivi, arrêté, détenu ni exilé, que dans les cas prévus par la loi et suivant les formes prescrites.

62. La liberté des cultes est garantie à tous.

63. Toutes les propriétés possédées ou acquises en vertu des lois et toutes les créances sur l'État, sont inviolables.

64. Tout citoyen a le droit d'imprimer et de publier ses pensées, en les signant, sans aucune censure préalable, sauf la responsabilité légale, après la publication, par jugement par jurés, quand même il n'y aurait lieu qu'à l'application d'une peine correctionnelle.

65. Le droit de pétition est assuré à tous les citoyens. Toute pétition est individuelle. Ces pétitions peuvent être adressées, soit au Gouvernement, soit aux deux Chambres : néanmoins ces dernières même doivent porter l'intitulé : A SA MAJESTÉ L'EMPEREUR. Elles seront présentées aux Chambres sous la garantie d'un membre qui recommande la pétition. Elles sont lues publiquement, et si la Chambre les prend en considération, elles sont portées à l'Empereur par le président.

66. Aucune place, aucune partie du territoire, ne peut être déclarée en état de siège, que dans le cas d'invasion de la part d'une force étrangère, ou de troubles civils. — Dans le premier cas, la déclaration est faite par un acte du Gouvernement. — Dans le second cas, elle ne peut l'être que par la loi. Toutefois, si, le cas arrivant, les Chambres ne sont pas assemblées, l'acte du Gouvernement déclarant l'état de siège doit être converti en une proposition de loi dans les quinze premiers jours de la réunion des Chambres.

67. Le peuple français déclare que, dans la délégation qu'il a faite et qu'il fait de ses pouvoirs, il n'a pas entendu et n'entend pas donner le droit de proposer le rétablissement des Bourbons ou d'aucun prince de cette famille sur le trône, même en cas d'extinction de la dynastie impériale, ni le droit de rétablir soit l'ancienne noblesse féodale, soit les droits féodaux et seigneuriaux, soit les dîmes, soit aucun culte privilégié et dominant, ni la faculté de porter aucune atteinte à l'irrévocabilité de la vente des domaines nationaux; il interdit formellement au Gouvernement, aux Chambres et aux citoyens toute proposition à cet égard (1).

(1) Suivent l'acte et les tableaux fixant le nombre des députés à élire pour la Chambre des Représentants. — V. le D. 22 avril 1815 relatif à l'Assemblée du Champ de Mai.

Déclaration des droits des Français et des principes fondamentaux de leur constitution, *votée par la Chambre des Représentants, le 5 juillet 1815* (1).

Art. 1er. Tous les pouvoirs émanent du peuple ; la souveraineté du peuple se compose de la réunion des droits de tous les citoyens.

2. La division des pouvoirs est le principe le plus nécessaire à l'établissement de la liberté et à sa conservation.

3. La puissance législative en France se compose de trois pouvoirs toujours distincts dans leurs éléments et dans leur action : une Chambre des représentants, une Chambre haute et un monarque.

4. Dans la confection des lois, la proposition, la sanction et l'opposition appartiennent également aux trois branches de la puissance législative. La loi n'existe que par leur accord. A la Chambre des représentants, exclusivement, appartient l'initiative en trois matières : les contributions publiques, les levées d'hommes et l'élection d'une nouvelle dynastie à l'extinction de la dynastie régnante.

5. L'action du pouvoir exécutif ne s'exerce que par des ministres, tous responsables solidairement pour les déterminations prises en commun, chacun en particulier, pour les actes particuliers de son département.

6. Le monarque est inviolable, sa personne est sacrée. En cas de violation des lois et d'attentat contre la liberté et la sûreté individuelle ou publique, les ministres sont mis en accusation par la Chambre des représentants ; ils sont jugés par la Chambre haute.

7. La liberté de chaque individu consiste à pouvoir faire ce qui ne nuit à personne. Aucune atteinte ne peut y être portée qu'au nom des lois, par leurs organes et sous des formes assez précises pour ne pas être éludées ou négligées.

8. La liberté de la presse est inviolable. Aucun écrit ne peut être soumis à une censure préalable. Les lois déterminent quels sont les abus de la presse assez graves pour être qualifiés crimes ou délits. Ils sont réprimés, suivant les différents degrés de gravité, par les peines, dont la sévérité sera aussi graduée, et par jugement de jurés.

9. Chacun a la liberté de professer ses opinions religieuses et obtient la même protection pour son culte.

10. L'indépendance des tribunaux est garantie. Les juges des cours de justice et des tribunaux civils sont inamovibles et à vie. En matière criminelle, les débats sont publics, le fait est jugé par des jurés, et la loi appliquée par des juges.

11. Une instruction primaire, indispensable pour la connaissance des droits et des devoirs de l'homme en société, est mise gratuitement à la portée de toutes les classes du peuple. Les éléments des sciences, des belles lettres et des beaux arts, sont enseignés dans de hautes écoles.

12. La Constitution garantit l'égalité des droits civils et politiques, l'abolition de la noblesse, des privilèges, des qualifications féodales, des dîmes, des droits féodaux et de la confiscation des biens. Elle garantit le droit de pétition, les secours publics, l'inviolabilité des propriétés et de la dette publique, l'irrévocabilité de l'aliénation des domaines nationaux de toute origine, et l'égalité proportionnelle dans

(1) *Moniteur*, 6 juillet 1815, p. 772.

la répartition des contributions ; elle garantit enfin le maintien de la Légion d'honneur, des couleurs nationales et des récompenses pour les services civils et militaires. — Elle ne reconnaît point les ordres monastiques et les vœux perpétuels.

13. Le prince, soit héréditaire, soit appelé par l'élection, ne montera sur le trône de France qu'après avoir prêté et signé le serment d'observer et de faire observer la présente Déclaration.

La présente déclaration sera communiquée par un message à la Chambre des Pairs et à la commission du Gouvernement.

Projet d'acte constitutionnel, *présenté par la commission centrale de la Chambre des Représentants, le 29 juin 1815 (1).*

CHAPITRE I
Des droits communs à tous les Français.

Art. 1er. Les droits suivants sont garantis à tous les Français : — 1º L'égalité des droits civils et politiques, et l'application des mêmes peines, quand les délits sont les mêmes, sans aucune distinction des personnes. — 2º L'admission à toutes les fonctions publiques, places et emplois civils et militaires, sans autres conditions que celles imposées par les lois. — 3º L'égale répartition des contributions dans la proportion des facultés de chacun, ainsi que de toutes les autres charges publiques. — 4º La liberté d'aller, de rester, de partir, sans pouvoir être arrêté ni détenu que selon les formes déterminées par les lois. — 5º La liberté d'imprimer et de publier leurs pensées, sans que leurs écrits soient soumis à aucune censure ni inspection avant leur publication ; sauf la responsabilité légale, après la publication, par jugement par jurés, quand même il n'y aurait lieu qu'à l'application d'une peine correctionnelle. — 6º La liberté de professer et d'exercer librement leur culte, sans qu'aucun culte puisse jamais devenir exclusif, dominant ou privilégié. — 7º L'inviolabilité de toutes les propriétés et la garantie des ventes des biens nationaux de toute origine, sans qu'on puisse jamais exiger le sacrifice d'aucune propriété, que pour cause d'intérêt ou d'utilité publique, constatée par une loi et avec une indemnité préalablement convenue ou légalement évaluée et acquittée avant la dépossession. — 8º Le droit d'être jugé par des jurés en matière criminelle, et la publicité des débats en matière criminelle. — 9º Le droit de présenter des pétitions aux chambres et au gouvernement, soit dans l'intérêt général de l'État, soit dans l'intérêt particulier des citoyens. — 10º Le droit aux citoyens de chaque commune d'être formés en gardes nationales et armés pour la défense du territoire, le maintien de la paix publique et la garantie des propriétés.

CHAPITRE II
De l'exercice des droits de cité.

2. Tout homme né et résidant en France, qui, âgé de vingt-un ans accomplis, s'est fait inscrire sur le registre civique de son arrondis-

sement communal, et qui a demeuré depuis, pendant un an, sur le territoire français, est citoyen français.

3. Un étranger devient citoyen français, lorsque après avoir atteint
l'âge de vingt-un ans accomplis, et avoir déclaré l'intention de se
fixer en France, il y a résidé pendant dix années consécutives.

4. Tout étranger ayant servi dix ans dans les armées françaises, ou
qui, pour services militaires, a reçu la décoration de la Légion d'honneur, et qui fait devant le maire de son domicile, la déclaration de
son intention de se fixer en France, est citoyen français.

5. La qualité de citoyen français se perd par la naturalisation en
pays étranger; — Par l'acceptation de fonctions ou de pensions offertes
par un gouvernement étranger ; — Par l'affiliation à toute corporation étrangère qui supposerait des distinctions de naissance ; — Par la
condamnation à des peines afflictives ou infamantes.

6. L'exercice des droits de citoyen français est suspendu, par l'état
de débiteur failli, ou d'héritier immédiat détenteur à titre gratuit de
la succession totale ou partielle d'un failli ; — Par l'état de domestique à gages, attaché au service de la personne ou du ménage ; —
Par l'état d'interdiction judiciaire, d'accusation ou de contumace.

7. Pour exercer les droits de cité dans un arrondissement communal, il faut y avoir acquis domicile par une année de résidence, et ne
l'avoir pas perdu par une année d'absence.

8. La noblesse ancienne et nouvelle est abolie. Les titres et dénominations féodales sont abolis.

CHAPITRE III

Du Gouvernement de la France ou du Pouvoir exécutif en France.

SECTION PREMIÈRE

Du Gouvernement.

9. Le gouvernement français est monarchique et représentatif. —
Il se compose du monarque, d'une Chambre des pairs et d'une Chambre
des représentants.

10. Le monarque est le chef suprême de l'État ; il nomme à tous
les emplois civils, judiciaires et militaires, en se conformant aux
règles d'éligibilité établies par les lois.

11. Le pouvoir du monarque est délégué héréditairement à la race
régnante, de mâle en mâle, par ordre de primogéniture, à l'exclusion
perpétuelle des femmes et de leurs descendants.

12. La personne du monarque est inviolable et sacrée.

13. Le monarque, à son avènement au trône, ou dès qu'il a atteint
sa majorité, prête à la nation, en présence des deux Chambres, le
serment d'être fidèle à la nation et à la loi, d'employer tout le pouvoir qui lui est délégué à maintenir la présente Constitution.

14. La garde du monarque sera composée de corps de troupes
pris dans l'armée de ligne : aucun corps composé d'étrangers ne
pourra en faire partie.

15. Le monarque ne peut introduire des troupes étrangères sur le
territoire français sans le consentement des deux Chambres.

16. La nation pourvoit à la splendeur du trône par une liste civile
dont la loi détermine la somme à chaque changement de règne, et
pour toute la durée du règne.

17. Le monarque ne peut, même sur sa liste civile, fournir aucun
subside à l'étranger sans le consentement des deux Chambres.

18. En aucun cas, le monarque ne peut sortir du territoire français sans le consentement des deux Chambres.

19. Le monarque ni l'héritier présomptif de la couronne, ne peuvent, en aucun cas, commander personnellement les armées.

20. Le monarque a le droit de faire grâce, même en matière correctionnelle, et d'accorder des amnisties.

21. Il ne peut y avoir de limites ou d'exception à ce droit que celles établies par la loi.

22. Les déclarations de guerre et les traités de paix sont présentés à l'approbation des Chambres. — Les traités de commerce sont délibérés dans la forme des lois. — Jamais les articles patents d'un traité ne peuvent être détruits par des articles secrets.

23. Le monarque ne peut céder ni échanger aucune partie du territoire de la France, ni réunir à ce territoire aucun pays conquis ou cédé, qu'avec l'approbation des deux Chambres.

24. Hors des palais du monarque et des cérémonies, ou de l'exercice des fonctions publiques, aucun citoyen ne peut prétendre, en quelque lieu ou en quelque circonstance que ce soit, à aucun rang, privilège ou prérogative.

25. La régence sera exercée, le cas advenant, conformément à la loi qui sera faite dans les formes constitutionnelles.

SECTION II
Du ministère.

26. Le nombre des départements du ministère est déterminé par le monarque, qui nomme et révoque les ministres.

27. Les ministres sont responsables de tous les actes du gouvernement. — A cet effet, chacun des actes signés du monarque est contresigné par le ministre du département auquel il est relatif, avant d'être revêtu du sceau de l'État.

28. Les ministres sont en outre responsables de tous les actes de leur ministère qui porteraient atteinte à la sûreté nationale, aux actes des constitutions, aux intérêts du trésor public, à la propriété, à la liberté des individus, à la liberté de la presse ou des cultes.

29. Les ministres peuvent être accusés par la Chambre des représentants, pour raison des actes du gouvernement, ou de leur ministère. — En ce cas, ils sont jugés par la Chambre des pairs.

30. Les formes de la poursuite et du jugement sont déterminées par une loi.

31. Tout commandant d'armée de terre ou de mer peut aussi être accusé par la Chambre des représentants, pour avoir compromis la sûreté ou l'honneur de la nation.

32. La Chambre des pairs, dans les cas prévus par les articles précédents, exerce, soit pour caractériser le délit, soit pour infliger la peine, un pouvoir discrétionnaire.

33. Les ministres et leurs agents subordonnés peuvent être poursuivis par les particuliers, à raison des dommages qu'ils prétendraient avoir injustement soufferts par les actes du ministère ou de l'administration. — La poursuite a lieu devant les tribunaux ordinaires.

34. Il y a un chancelier garde du sceau de l'État, qui a le premier rang dans le ministère.

35. La Chambre des pairs est présidée par lui; à son défaut, par un vice-président nommé annuellement par la Chambre.

36. Le ministère de la justice peut, selon la volonté du monarque, être exercé par le chancelier, ou confié à un autre.

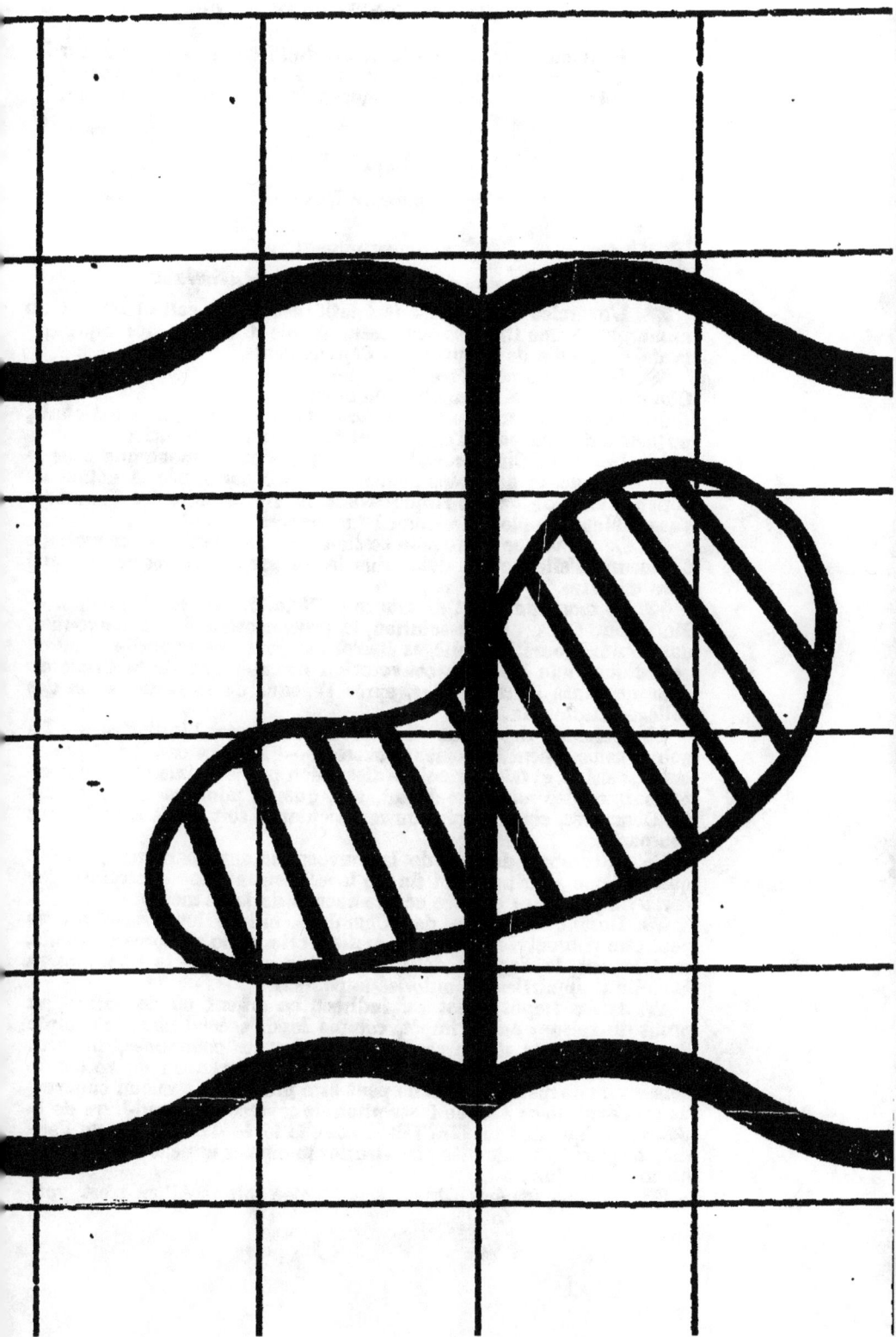

37. Le chancelier appose le sceau de l'État sur les lois et sur actes du gouvernement contresignés des ministres, et est chargé a la promulgation, laquelle est toujours faite au nom du monarque.

CHAPITRE IV
Du pouvoir législatif.

SECTION PREMIÈRE
De la formation du pouvoir législatif et de ses attributions.

38. L'exercice du pouvoir législatif est confié collectivement au monarque, à une Chambre des pairs, à une Chambre des représentants, composée de députés des départements.

39. La loi ne peut être faite que par le consentement des deux Chambres, et par la sanction du monarque.

40. Aucun des trois pouvoirs formant la représentation nationale, ne peut agir seul pour l'exercice de la puissance législative.

41. Les deux Chambres sont convoquées par le monarque pour la même époque, et au moins pour une session par année. A défaut de convocation par le monarque avant le 1er octobre, les Chambres s'assemblent, de plein droit, au 1er novembre suivant.

42. Le monarque proroge la session des Chambres par un message à chacune d'elles, et en détermine la fin par un décret contresigné d'un ministre.

43. Le monarque peut dissoudre la Chambre des représentants. — Mais pour opérer la dissolution, la proclamation devra convoquer, dans quinze jours, les collèges électoraux pour une nouvelle élection, et indiquer une nouvelle convocation des membres de la Chambre dans quarante jours au plus, après l'époque de la convocation des collèges électoraux.

44. Chacune des deux Chambres peut exercer l'initiative. — Le gouvernement peut également l'exercer. — Dans ce cas, il fait porter la proposition, et fait soutenir la discussion par les ministres de départements ou des ministres d'État, soit que les ministres siègent dans les Chambres, comme pairs ou représentants, soit qu'ils n'en fassent pas partie.

45. A compter du jour de la convocation des Chambres jusqu'au quarantième jour après la fin de la session, aucune contrainte par corps ne peut être exercée contre aucuns de leurs membres.

46. Durant la session des Chambres, nul de leurs membres ne peut être poursuivi ni arrêté en matière criminelle ou correctionnelle, sauf le cas de flagrant délit, si ce n'est après que la Chambre, à laquelle il appartient, a autorisé la poursuite.

47. Aucun impôt direct ou indirect, en argent ou en nature, au profit du trésor ; aucun impôt, comme fonds spécial pour le compte des départements, des arrondissements ou des communes, ne peut être établi ni perçu ; aucune prohibition d'entrée ou de sortie de denrées ou de marchandises ne peut être prononcée ; aucun emprunt ne peut avoir lieu ; aucune inscription de créance au grand-livre de la dette publique ne peut être faite ; aucune levée d'hommes pour l'armée ne peut être ordonnée ; le titre des monnaies ne peut être changé, qu'en vertu d'une loi.

48. L'impôt général direct, soit foncier, soit mobilier, n'est voté

que pour un an ; les impôts indirects peuvent être votés pour plusieurs
années, ou sans qu'il leur soit fixé de terme.

49. Aucune proposition d'impôt ou d'emprunt, aucune levée
d'hommes ne peuvent être faites qu'à la Chambre des représentants.

50. C'est aussi à la Chambre des représentants qu'est porté d'a-
bord, 1° le budget général de l'État, contenant l'aperçu des recettes,
et la proposition des fonds assignés pour l'année à chaque département du ministère ; 2° le compte des recettes et dépenses de l'année,
ou des années précédentes, avec distinction de chaque département
du ministère.

51. Chacun des membres peut, en temps de guerre, énoncer et
porter au gouvernement son vœu pour la paix.

52. Les interprétations des lois, demandées par la Cour de cassation, sont données dans la forme d'une loi.

52 bis. Aucune place, aucune partie du territoire ne peut être
déclarée en état de siège que dans le cas d'invasion imminente ou
effectuée de la part d'une force étrangère ou de troubles civils. — Dans
le premier cas, la déclaration est faite par un acte du gouvernement ;
dans le second cas, elle ne peut l'être que par une loi. Si, le cas
arrivant, les Chambres ne sont pas assemblées, l'acte du gouvernement déclarant l'état de siège doit être converti en une proposition
de loi, dans les quinze premiers jours de la réunion des Chambres. —
La capitale ne peut, en aucun cas, être mise en état de siège qu'en
vertu d'une loi.

SECTION II
De la Chambre des Pairs.

53. Les membres de la Chambre des pairs sont nommés par le
monarque. — Leur nombre n'est pas limité.

54. Les descendants légitimes et naturels des membres de la
Chambre des pairs, succèdent à la dignité de leurs pères de mâle
en mâle par ordre de primogéniture.

55. Les princes de la famille régnante sont de droit membres de
la Chambre des pairs ; ils y ont entrée et séance à dix-huit ans, et
voix délibérative à vingt-un ans. Ils siègent immédiatement après
le président.

56. Les autres membres de la Chambre des pairs y ont entrée à
vingt-un ans, et voix délibérative à vingt-cinq ans.

57. A chaque titre de pair sera attaché un revenu fondé sur les
propriétés immobilières qui seront libres de toutes hypothèques,
inaliénables et transmissibles avec et comme le titre. — Tout ce qui
est relatif à cette disposition sera déterminé par une loi.

58. La Chambre des pairs ne peut voter légalement, si elle n'a au
moins cinquante membres présents.

59. Les séances sont publiques ; elle se forme en comité secret
sur la demande de dix de ses membres, mais ses délibérations doivent
toujours avoir lieu en séance publique.

60. Les ministres et ministres d'État peuvent être membres de la
Chambre des pairs.

61. Les pairs ne peuvent être mis en arrestation que par l'autorité de la Chambre. Ils ne peuvent, en matière criminelle, correctionnelle ou de police, être jugés que par elle et selon les formes
qui seront déterminées par une loi.

62. La Chambre des pairs ne peut se réunir hors du temps des

sessions que pour l'exercice de celles de ses attributions judiciaires, qui n'exigent pas la présence de la Chambre des représentants. Tout autre acte de la Chambre des pairs tenue hors du temps des sessions législatives, serait illicite et nul de plein droit.

SECTION III

De la Chambre des Représentants.

63. Pour former la Chambre des représentants, il est nommé un député par chaque collège d'arrondissement, et par chaque département le nombre de députés portés au tableau n° 1.

64. L'industrie et la propriété manufacturière et commerciale auront une représentation spéciale. — Les représentants du commerce et de l'industrie sont nommés par les collèges de département dans les proportions et d'après la division du territoire portées au tableau n° 2.

65. Tout citoyen français est éligible, s'il a l'âge de vingt-cinq ans accomplis.

66. La Chambre des députés vérifie les pouvoirs de ses membres, et prononce sur la validité des élections qui seraient contestées.

67. Elle choisit, pour chaque session, son président, quatre vice-présidents et quatre secrétaires.

68. Les séances de la Chambre sont publiques. — Elle se forme en comité secret sur la demande de vingt-cinq membres et sur la demande du gouvernement.

69. Les ministres peuvent être élus membres de la Chambre des représentants. — Toutefois, si un membre de la Chambre des représentants est nommé ministre, le collège électoral qui l'a nommé est convoqué pour une nouvelle élection. Le ministre nommé ne cesse pas d'être éligible.

70. Aucune délibération ne peut avoir lieu en comité secret.

71. La Chambre des députés se renouvelle en entier tous les cinq ans, sauf le cas de dissolution par le monarque avant l'expiration de de ce terme.

CHAPITRE V

Des Assemblées primaires et des Assemblées électorales.

72. Tout citoyen français, tel qu'il est caractérisé par les articles 2 et suivants, chapitre II, a droit de voter aux assemblées primaires.

73. La formation des collèges électoraux, le nombre de leurs membres, les conditions d'éligibilité, l'époque des réélections seront réglés par une loi, sans que les fonctions d'électeurs puissent durer plus de cinq ans, à moins de réélection.

74. Les assemblées primaires et électorales nomment leur président.

75. Les assemblées primaires s'assemblent de droit tous les cinq ans pour compléter ou renouveler les collèges électoraux. — Les collèges électoraux s'assemblent de droit tous les cinq ans, pour élire immédiatement les membres de la Chambre des représentants.

76. Nul ne peut avoir entrée dans un collège électoral, s'il n'a été nommé électeur par les assemblées primaires.

CHAPITRE VI

De l'autorité judiciaire.

77. La Cour de cassation, la Cour des comptes, les cours impériales les tribunaux de première instance, les tribunaux de commerce, les justices de paix sont maintenus. Il ne peut être apporté de changement dans leur nombre et leurs attributions que par la loi.

78. Les juges nommés par le monarque sont inamovibles, et ne peuvent être remplacés que pour crime ou délit constaté par jugement légal.

79. Le monarque nomme les juges des cours impériales et tribunaux de première instance ; les juges de paix et les juges de commerce sont nommés selon les formes établies par les lois.

80. Dans les trois mois, à dater de l'acceptation de la présente constitution, les juges qui seront en fonctions devront être pourvus de provisions à vie.

81. Nul ne peut être distrait des juges que la Constitution ou la loi lui assigne, ni être traduit pour être jugé, dans sa personne ou dans ses biens, devant une commission.

82. Les tribunaux ne peuvent jamais motiver leurs jugements sur une décision ou interprétation de loi ou règlement donné par l'autorité ministérielle.

83. Tout délit civil commis en France par un militaire, à moins qu'il ne soit dans un camp, ou en campagne, est jugé par les tribunaux criminels ordinaires.

84. Il en est de même de toute accusation contre un militaire dans laquelle un individu non militaire est compris.

85. Les questions relatives à la validité des ventes et à la propriété des domaines nationaux sont jugées par les cours et tribunaux.

86. La peine de confiscation des biens est abolie, et ne pourra être rétablie.

CHAPITRE VII

De l'autorité administrative.

87. Il y aura pour chaque département, pour chaque arrondissement, pour chaque commune, un conseil élu par le peuple, et un agent du gouvernement nommé par lui.

88. Le nombre des membres des conseils de département, d'arrondissement et de commune, les conditions et le mode d'éligibilité, leurs fonctions et les fonctions de l'agent du gouvernement seront réglés par une loi.

CHAPITRE VIII

De l'instruction publique.

89. L'instruction publique reste confiée à l'Université. — Son organisation ne peut être changée ni modifiée que par une loi.

90. La loi sur l'instruction publique ne peut jamais la confier à aucun corps religieux, ni en charger exclusivement les ministres d'aucun culte.

91. Des écoles primaires seront établies pour les enfants des deux sexes. — Une loi en déterminera l'organisation.

92. L'Institut national et tous les établissements d'instruction publique des sciences et d'arts, actuellement existants, sont maintenus. — Il ne peut y être rien changé que par une loi.

CHAPITRE IX

Garantie des citoyens et des propriétés, et dispositions générales.

93. Le droit de pétition est exercé personnellement par un ou plusieurs individus, jamais au nom d'aucun corps. — Les pétitions peuvent être adressées soit au gouvernement, soit aux deux Chambres.

94. Nul ne peut être recherché, poursuivi, attaqué en aucun temps, ni d'aucune manière, à raison de ses votes, de ses opinions, ni de l'acceptation de ses fonctions publiques.

95. La dette publique est garantie.

96. Les droits de tous les créanciers avec lesquels le gouvernement a pris des engagements, encore subsistants, sont maintenus.

96 bis. Les traitements fixés pour les ministres des cultes salariés par l'État sont compris dans le budget annuel d'un des ministères. — Il ne peut être apporté de changement à la quotité de ces traitements que par la loi.

97. Les militaires en activité de service, les officiers et soldats en retraite, les veuves des officiers et soldats pensionnés conserveront leurs grades, honneurs et pensions. — La même disposition est applicable aux pensions civiles et ecclésiastiques.

98. Les récompenses nationales ne peuvent être accordées que par une loi.

99. Les domaines nationaux non vendus, et qui sont entre les mains de l'administration des domaines, demeurent irrévocablement acquis à l'État.

100. Les dîmes, les droits féodaux et seigneuriaux ne pourront être rétablis sous aucun prétexte.

101. L'institution de la Légion d'honneur est maintenue avec tous les droits, titres, prérogatives et traitements qu'elle a déterminés. — Sa décoration est portée avant toute autre, par le monarque et les princes de sa famille. — Aucun autre ordre ne peut être établi ni créé que par une loi.

102. Le pavillon national et la cocarde nationale sont tricolores.

103. Tout ce qui est relatif aux majorats précédemment institués, soit par le gouvernement, soit par les particuliers, aux droits des appelés, et à ceux du gouvernement, pour le régime et la conservation des biens, sera réglé par une loi.

104. Les colonies sont régies par des lois particulières.

Loi *du 5 février 1817, sur les Élections* (1).

Art. 1er. Tout Français jouissant des droits civils et politiques, âgé de trente ans accomplis, et payant trois cents francs de contributions directes, est appelé à concourir à l'élection des députés du département où il a son domicile politique.

(1) Coll. *B. L.*, 7e série, IV, n° 1694, p. 113.

2. Pour former la masse des contributions nécessaires à la qualité d'électeur ou d'éligible, on comptera à chaque Français les contributions directes qu'il paye dans tout le royaume ; — Au mari, celles de sa femme, même non commune en biens ; et au père, celles des biens de ses enfants mineurs, dont il aura la jouissance.

3. Le domicile politique de tout Français est dans le département où il a son domicile réel. Néanmoins il pourra le transférer dans tout autre département où il paiera des contributions directes, à la charge par lui d'en faire, six mois d'avance, une déclaration expresse devant le préfet du département où il aura son domicile politique actuel, et devant le préfet du département où il voudra le transférer. — La translation du domicile réel ou politique ne donnera l'exercice du droit politique, relativement à l'élection des députés, qu'à celui qui, dans les quatre ans antérieurs, ne l'aura point exercé dans un autre département. — Cette exception n'a pas lieu dans le cas de dissolution de la Chambre.

4. Nul ne peut exercer les droits d'électeur dans deux départements.

5. Le préfet dressera, dans chaque département, la liste des électeurs, qui sera imprimée et affichée. — Il statuera provisoirement, en conseil de préfecture, sur les réclamations qui s'élèveraient contre la teneur de cette liste, sans préjudice du recours de droit, lequel ne pourra néanmoins suspendre les élections.

6. Les difficultés relatives à la jouissance des droits civils ou politiques du réclamant seront définitivement jugées par les cours royales : celles qui concerneraient ses contributions ou son domicile politique, le seront par le Conseil d'état.

7. Il n'y a dans chaque département qu'un seul collège électoral ; il est composé de tous les électeurs du département dont il nomme directement les députés à la Chambre.

8. Les collèges électoraux sont convoqués par le Roi : ils se réunissent au chef-lieu du département, ou dans telle autre ville du département que le Roi désigne. Ils ne peuvent s'occuper d'autres objets que de l'élection des députés ; toute discussion, toute délibération, leur sont interdites.

9. Les électeurs se réunissent en une seule assemblée, dans les départements où leur nombre n'excède pas six cents. — Dans ceux où il y en a plus de six cents, le collège électoral est divisé en sections, dont chacune ne peut être moindre de trois cents électeurs. — Chaque section concourt directement à la nomination de tous les députés que le collège électoral doit élire.

10. Le bureau de chaque collège électoral se compose d'un président nommé par le Roi, de quatre scrutateurs et d'un secrétaire. — Les quatre scrutateurs et le secrétaire sont nommés par le collège, à un seul tour de scrutin de liste pour les scrutateurs, et individuel pour le secrétaire, à la pluralité des voix. — Dans les collèges électoraux qui se divisent en sections, le bureau ainsi formé est attaché à la première section du collège. — Le bureau de chacune des autres sections se compose d'un vice-président nommé par le Roi, de quatre scrutateurs et d'un secrétaire choisis de la manière ci-dessus prescrite. — A l'ouverture du collège et sections de collège, le président et les vice-présidents nomment le bureau provisoire, composé de quatre scrutateurs et d'un secrétaire.

11. Le président et les vice-présidents ont seuls la police du collège électoral, ou des sections de collège qu'ils président. — Il y aura toujours présents dans chaque bureau, trois au moins des membres qui en font partie. — Le bureau juge provisoirement toutes les difficultés qui s'élèvent sur les opérations du collège ou de la section, sauf la décision définitive de la Chambre des Députés.

12. La session des collèges est de dix jours au plus. Chaque séance s'ouvre à huit heures du matin : il ne peut y en avoir qu'une par jour, qui est close après le dépouillement du scrutin.

13. Les électeurs votent par bulletins de liste, contenant, à chaque tour de scrutin, autant de noms qu'il y a de nominations à faire. — Le nom, la qualification, le domicile de chaque électeur qui déposera son bulletin, seront inscrits, par le secrétaire ou l'un des scrutateurs présents, sur une liste destinée à constater le nombre des votants. — Celui des membres du bureau qui aura inscrit le nom, la qualification, le domicile de l'électeur, inscrira en marge son propre nom. — Il n'y a que trois tours de scrutin. — Chaque scrutin est, après être resté ouvert au moins pendant six heures, clos à trois heures du soir et dépouillé séance tenante. — L'état de dépouillement du scrutin de chaque section est arrêté et signé par le bureau. Il est immédiatement porté par le vice-président au bureau du collège, qui fait, en présence des vice-présidents de toutes les sections, le recensement général des votes. — Le résultat de chaque tour de scrutin est sur-le-champ rendu public.

14. Nul n'est élu à l'un des deux premiers tours de scrutin, s'il ne réunit au moins le quart plus une des voix de la totalité des membres qui composent le collège, et la moitié plus un des suffrages exprimés.

15. Après les deux premiers tours de scrutin, s'il reste des nominations à faire, le bureau du collège dresse et arrête une liste des personnes qui, au second tour, ont obtenu le plus de suffrages. — Elle contient deux fois autant de noms qu'il y a encore de députés à élire. — Les suffrages, au troisième tour de scrutin, ne peuvent être donnés qu'à ceux dont les noms sont portés sur cette liste. — Les nominations ont lieu à la pluralité des votes exprimés.

16. Dans tous les cas où il y aura concours par égalité de suffrages, l'âge décidera de la préférence.

17. Les préfets et les officiers généraux commandant les divisions militaires et les départements ne peuvent être élus députés dans les départements où ils exercent leurs fonctions.

18. Lorsque, pendant la durée ou dans l'intervalle des sessions des Chambres, la députation d'un département devient incomplète, elle est complétée par le collège électoral du département auquel elle appartient.

19. Les députés à la Chambre ne reçoivent ni traitements ni indemnités.

20. Les lois, décrets et règlements sur le mode des élections antérieures à la présente loi sont abrogés.

21. Toutes les formalités relatives à l'exécution de la présente loi seront réglées par des ordonnances du Roi.

Loi *du 25 mars 1818, concernant les conditions d'éligibilité pour être admis à la Chambre des Députés* (1).

Art **1er**. Nul ne pourra être membre de la Chambre des Députés si, au jour de son élection, il n'est âgé de quarante ans accomplis et ne paye mille francs de contributions directes, sauf le cas prévu par l'article 39 de la Charte.

2. Le député élu par plusieurs départements sera tenu de déclarer son option à la Chambre, dans le mois de l'ouverture de la première session qui suivra la double élection; et, à défaut d'option dans ce délai, il sera décidé par la voie du sort à quel département ce député appartiendra.

(1) Coll. *B. L.*, 7e série, VI, n° 3749, p. 158.

Loi *du 29 juin 1820, sur les Élections* (1) (2).

Art. 1er. Il y a dans chaque département un collège électoral de département et des collèges électoraux d'arrondissement. — Néanmoins tous les électeurs se réuniront en un seul collège dans les départements qui n'avaient, à l'époque du 5 février 1817, qu'un député à nommer ; dans ceux où le nombre des électeurs n'excède pas trois cents, et dans ceux qui, divisés en cinq arrondissements de sous-préfecture, n'auront pas au delà de quatre cents électeurs.

2. Les collèges de département sont composés des électeurs les plus imposés, en nombre égal au quart de la totalité des électeurs du département. — Les colleges de département nomment cent soixante-douze nouveaux députés, conformément au tableau annexé à la présente loi. Ils procéderont à cette nomination pour la session de 1820. — La nomination des deux cent cinquante-huit députés actuels est attribuée aux collèges d'arrondissements électoraux à former dans chaque département en vertu de l'art. 1er, sauf les exceptions portées au paragraphe 2 du même article. — Ces collèges nomment chacun un député. Ils sont composés de tous les électeurs ayant leur domicile politique dans l'une des communes comprises dans la circonscription de chaque arrondissement électoral. Cette circonscription sera provisoirement déterminée, pour chaque département, sur l'avis du conseil général, par des ordonnances du Roi, qui seront soumises à l'approbation législative dans la prochaine session. — Le cinquième des députés actuels qui doit être renouvelé, sera nommé par les collèges d'arrondissement. — Pour les sessions suivantes, les départements qui auront à renouveler leur députation, la nommeront en entier d'après les bases établies par le présent article.

3. La liste des électeurs de collège sera imprimée et affichée un mois avant l'ouverture des collèges électoraux. Cette liste contiendra la quotité et l'espèce des contributions de chaque électeur, avec l'indication des départements où elles sont payées.

4. Les contributions directes ne sont comptées, pour être électeur ou éligible, que lorsque la propriété foncière aura été possédée, la location faite, la patente prise et l'industrie sujette à patente exercée une année avant l'époque de la convocation

(1) Coll. *B. L.*, 7e série, X, n° 8910, p. 1001.
(2) Loi dite du double vote.

du collège électoral. Ceux qui ont des droits acquis avant la publication de la présente loi, et le possesseur à titre successif, sont seuls exceptés de cette condition.

5. Les contributions foncières payées par une veuve sont comptées à celui de ses fils, à défaut de fils à celui de ses petits-fils, et, à défaut de fils et petits-fils, à celui de ses gendres qu'elle désigne.

6. Pour procéder à l'élection des députés, chaque électeur écrit secrètement son vote sur le bureau, ou l'y fait écrire par un autre électeur de son choix, sur un bulletin qu'il reçoit à cet effet du président ; il remet son bulletin, écrit et fermé, au président, qui le dépose dans l'urne destinée à cet usage.

7. Nul ne peut être élu député aux deux premiers tours de scrutin, s'il ne réunit au moins le tiers plus une des voix de la totalité des membres qui composent le collège, et la moitié plus un des suffrages exprimés.

8. Les sous-préfets ne peuvent être élus députés par les collèges d'arrondissements électoraux qui comprennent la totalité ou une partie des électeurs de l'arrondissement de leur sous-préfecture.

9. Les députés décédés ou démissionnaires seront remplacés chacun par le collège qui l'aura nommé. — En cas de décès ou démission d'aucun des membres actuels de la Chambre, avant que le département auquel il appartient, soit en tour de renouveler sa députation, il sera remplacé par un des collèges d'arrondissement de ce département. — La Chambre déterminera par la voie du sort l'ordre dans lequel les collèges électoraux d'arrondissement procéderont aux remplacements éventuels jusqu'au premier renouvellement intégral de chaque députation.

10. En cas de vacance par option, décès, démission ou autrement, les collèges électoraux seront convoqués dans le délai de deux mois pour procéder à une nouvelle élection.

11. Les dispositions des lois des 5 février 1817 et 25 mars 1818 auxquelles il n'est pas dérogé par la présente, continueront d'être exécutées, et seront communes aux collèges électoraux de département et d'arrondissement.

Loi *du 9 juin 1824, relative au renouvellement intégral et septennal de la Chambre des Députés* (1).

La Chambre actuelle des Députés et toutes celles qui la

(1) Coll. *B. L.*, 7ᵉ série, XVIII, nᵒ 17159, p. 321.

suivront, seront renouvelées intégralement. Elles auront une durée de sept années à compter du jour où aura été rendue l'ordonnance de leur première convocation, à moins qu'elle ne soit dissoute par le Roi.

Déclaration *de la Chambre des Députés du 7 août 1830* (1).

LA CHAMBRE DES DÉPUTÉS, prenant en considération l'impérieuse nécessité qui résulte des événements des 26, 27, 28, 29 juillet dernier et jours suivants, et de la situation générale où la France s'est trouvée placée à la suite de la violation de la Charte constitutionnelle ; — Considérant en outre, que, par suite de cette violation et de la résistance héroïque des citoyens de Paris, S. M. *Charles X*, S. A. R. *Louis Antoine*, Dauphin, et tous les membres de la branche aînée de la maison royale, sortent en ce moment du territoire français, — DÉCLARE que le trône est vacant (2) en fait et en droit, et qu'il est indispensable d'y pourvoir. — DÉCLARE secondement que, — Selon le vœu et dans l'intérêt du peuple français, le préambule de la CHARTE CONSTITUTIONNELLE est supprimé, comme blessant la dignité nationale, en paraissant *octroyer* aux Français des droits qui leur appartiennent essentiellement et que les articles suivants de la même CHARTE doivent être supprimés ou modifiés de la manière qui va être indiquée.

Suit la revision de la Charte (3).

Moyennant l'acceptation de ces dispositions et propositions, la Chambre des Députés DÉCLARE enfin que l'intérêt universel et pressant du peuple français appelle au *trône* S. A. R. LOUIS-PHILIPPE D'ORLÉANS, DUC D'ORLÉANS, Lieutenant général du royaume, et ses descendants à perpétuité, de mâle en mâle, par ordre de primogéniture, et à l'exclusion perpétuelle des femmes et de leur descendance. — En conséquence, S. A. R. LOUIS-PHILIPPE D'ORLÉANS, DUC D'ORLÉANS, Lieutenant général du royaume, sera invité à accepter et à jurer les clauses et engagements ci-dessus énoncés, l'observation de la CHARTE CONSTITUTIONNELLE et des modifications indiquées, et, après l'avoir fait devant les Chambres assemblées, prendre le titre de ROI DES FRANÇAIS (4).

(1) Coll. *B. L.*, 9ᵉ série, I, 1ʳᵉ partie, n° 57, p. 35.
(2) Cf. L. 10 avril 1832 (Famille de Charles X, de Napoléon, exclusion du territoire).
(3) V. le texte, p. 313.
(4) Le même jour, 7 août 1830, la Chambre des Pairs adhère à cette déclaration, sous la réserve suivante : « La Chambre des Pairs DÉCLARE qu'elle ne peut délibérer sur la disposition de la déclara-

CHARTE CONSTITUTIONNELLE
Du 14 Aout 1830 (1)

LOUIS-PHILIPPE, Roi des Français, à tous présents et à venir, salut. — Nous avons ordonné et ordonnons que la Charte constitutionnelle de 1814, telle qu'elle a été amendée par les deux Chambres le 7 août et acceptée par nous le 9, sera de nouveau publiée dans les termes suivants :

Droit public des Français.

Art. 1er. Les Français sont égaux devant la loi, quels que soient d'ailleurs leurs titres et leurs rangs.

2. Ils contribuent indistinctement, dans la proportion de leur fortune, aux charges de l'État.

3. Ils sont tous également admissibles aux emplois civils et militaires.

4. Leur liberté individuelle est également garantie, personne ne pouvant être poursuivi ni arrêté que dans les cas prévus par la loi et dans la forme qu'elle prescrit.

5. Chacun professe sa religion avec une égale liberté, et obtient pour son culte la même protection.

6. Les ministres de la religion catholique, apostolique et romaine, professée par la majorité des Français, et ceux des autres cultes chrétiens, reçoivent des traitements du trésor public (2).

7. Les Français ont le droit de publier et de faire imprimer leurs opinions en se conformant aux lois. — La censure ne pourra jamais être rétablie (3).

8. Toutes les propriétés sont inviolables, sans aucune exception de celles qu'on appelle nationales, la loi ne mettant aucune différence entre elles.

9. L'État peut exiger le sacrifice d'une propriété pour cause

tion de la Chambre des Députés conçue en ces termes : — Toutes les nominations et créations nouvelles de pairs faites sous le règne du Roi *Charles X* sont déclarées nulles et non avenues. — Elle déclare s'en rapporter entièrement sur ce sujet à la haute prudence du Prince Lieutenant général.» (*B. L.*, 9e série, I, 1re partie, n° 57, p. 41. — V. les *notices*).

(1) Coll. *B. L.*, 9e série, I, 1re partie, n° 59, p. 51.
(2) Cf. L. 8 février 1831 ; Ord. 18 juillet 1841 et 25 mai 1844 (culte israélite.)
(3) Cf. LL. 8 octobre 1830 ; 29 novembre 1830 ; 10 décembre 1830 ; 14 décembre 1830 ; 8 avril 1831 ; 16 février 1834 ; 9 septembre 1835.

d'intérêt public légalement constaté, mais avec une indemnité préalable (1).

10. Toutes recherches des opinions et des votes émis jusqu'à la restauration sont interdites : le même oubli est commandé aux tribunaux et aux citoyens.

11. La conscription est abolie. Le mode de recrutement de l'armée de terre et de mer est déterminé par une loi (2).

Formes du Gouvernement du Roi (3).

12. La personne du Roi est inviolable et sacrée. Ses ministres sont responsables. Au Roi seul appartient la puissance exécutive.

13. Le Roi est le chef suprême de l'État ; il commande les forces de terre et de mer, déclare la guerre, fait les traités de paix, d'alliance et de commerce, nomme à tous les emplois d'administration publique, et fait les règlements et ordonnances nécessaires pour l'exécution des lois, sans pouvoir jamais ni suspendre les lois elles-mêmes ni dispenser de leur exécution. — Toutefois aucune troupe étrangère ne pourra être admise au service de l'État qu'en vertu d'une loi.

14. La puissance législative s'exerce collectivement par le Roi, la Chambre des Pairs et la Chambre des Députés.

15. La proposition des lois appartient au Roi, à la Chambre des Pairs et à la Chambre des Députés. — Néanmoins toute loi d'impôt doit être d'abord votée par la Chambre des Députés.

16. Toute loi doit être discutée et votée librement par la majorité de chacune des deux Chambres.

17. Si une proposition de loi a été rejetée par l'un des trois pouvoirs, elle ne pourra être représentée dans la même session.

18. Le Roi seul sanctionne et promulgue les lois.

19. La liste civile est fixée pour toute la durée du règne par la première législature assemblée depuis l'avènement du Roi (4).

De la Chambre des Pairs.

20. La Chambre des Pairs est une portion essentielle de la puissance législative.

21. Elle est convoquée par le Roi en même temps que la Chambre des Députés. La session de l'une commence et finit en même temps que celle de l'autre.

(1) Cf. LL. 7 juillet 1833 ; 3 mai 1841.
(2) Cf. L. 21 mars 1832.
(3) Cf. L. 30 août 1842 (Régence) ; L. 19 juillet 1845 (Conseil d'état).
(4) Cf. L. 2 mars 1832.

22. Toute assemblée de la Chambre des Pairs qui serait tenue hors du temps de la session de la Chambre des Députés, est illicite et nulle de plein droit, sauf le seul cas où elle est réunie comme Cour de justice, et alors elle ne peut exercer que des fonctions judiciaires.

23. La nomination des pairs de France appartient au Roi. Leur nombre est illimité: il peut en varier les dignités, les nommer à vie ou les rendre héréditaires, selon sa volonté (1).

24. Les pairs ont entrée dans la Chambre à vingt-cinq ans, et voix délibérative à trente ans seulement.

25. La Chambre des Pairs est présidée par le chancelier de France, et, en son absence, par un pair nommé par le roi.

26. Les Princes du sang sont pairs par droit de naissance: ils siègent immédiatement après le président.

27. Les séances de la Chambre des Pairs sont publiques, comme celles de la Chambre des Députés.

28. La Chambre des Pairs connaît des crimes de haute trahison et des attentats à la sûreté de l'État, qui seront définis par la loi.

29. Aucun pair ne peut être arrêté que de l'autorité de la Chambre, et jugé que par elle en matière criminelle.

De la Chambre des Députés.

30. La Chambre des Députés sera composée des députés élus par les collèges électoraux dont l'organisation sera déterminée par des lois (2).

31. Les députés sont élus pour cinq ans.

32. Aucun député ne peut être admis dans la Chambre, s'il n'est âgé de trente ans, et s'il ne réunit les autres conditions déterminées par la loi.

33. Si néanmoins il ne se trouvait pas dans le département cinquante personnes de l'âge indiqué payant le cens d'éligibilité déterminé par la loi, leur nombre sera complété par les plus imposés au-dessous du taux de ce cens, et ceux-ci pourront être élus concurremment avec les premiers.

34. Nul n'est électeur, s'il a moins de vingt-cinq ans, et s'il ne réunit les autres conditions déterminées par la loi.

35. Les présidents des collèges électoraux sont nommés par les électeurs.

(1) Texte modifié par la loi du 29 décembre 1831. V. art. 68, § 2 de la Charte.
(2) L. 19 avril 1831.

36. La moitié au moins des députés sera choisie parmi les éligibles qui ont leur domicile politique dans le département.

37. Le président de la Chambre des Députés est élu par elle à l'ouverture de chaque session.

38. Les séances de la Chambre sont publiques; mais la demande de cinq membres suffit pour qu'elle se forme en comité secret.

39. La Chambre se partage en bureaux pour discuter les projets qui lui ont été présentés de la part du Roi.

40. Aucun impôt ne peut être établi ni perçu, s'il n'a été consenti par les deux Chambres et sanctionné par le Roi.

41. L'impôt foncier n'est consenti que pour un an. Les impositions indirectes peuvent l'être pour plusieurs années.

42. Le Roi convoque chaque année les deux Chambres : il les proroge et peut dissoudre celle des députés; mais, dans ce cas, il doit en convoquer une nouvelle dans le délai de trois mois.

43. Aucune contrainte par corps ne peut être exercée contre un membre de la Chambre durant la session et dans les six semaines qui l'auront précédée ou suivie.

44. Aucun membre de la Chambre ne peut, pendant la durée de la session, être poursuivi ni arrêté en matière criminelle, sauf le cas de flagrant délit, qu'après que la Chambre a permis sa poursuite.

45. Toute pétition à l'une ou à l'autre des Chambres ne peut être faite et présentée que par écrit : la loi interdit d'en apporter en personne et à la barre.

Des ministres.

46. Les ministres peuvent être membres de la Chambre des Pairs ou de la Chambre des Députés. — Ils ont en outre leur entrée dans l'une ou l'autre Chambre, et doivent être entendus quand ils le demandent.

47. La Chambre des Députés a le droit d'accuser les ministres et de les traduire devant la Chambre des Pairs qui seule a celui de les juger.

De l'Ordre judiciaire.

48. Toute justice émane du Roi; elle s'administre en son nom par des juges qu'il nomme et qu'il institue.

49. Les juges nommés par le Roi sont inamovibles.

50. Les cours et tribunaux ordinaires actuellement existants sont maintenus ; il n'y sera rien changé qu'en vertu d'une loi.

51. L'institution actuelle des juges de commerce est conservée.

52. La justice de paix est également conservée (1). Les juges de paix, quoique nommés par le Roi, ne sont point inamovibles.

53. Nul ne pourra être distrait de ses juges naturels.

54. Il ne pourra en conséquence être créé de commissions et de tribunaux extraordinaires, à quelque titre et sous quelque dénomination que ce puisse être.

55. Les débats seront publics en matière criminelle, à moins que cette publicité ne soit dangereuse pour l'ordre et les mœurs; et, dans ce cas, le tribunal le déclare par un jugement.

56. L'institution des jurés est conservée. Les changements qu'une plus longue expérience ferait juger nécessaires, ne peuvent être effectués que par une loi (2).

57. La peine de la confiscation des biens est abolie et ne pourra pas être rétablie.

58. Le Roi a le droit de faire grâce et celui de commuer les peines.

59. Le Code civil et les lois actuellement existantes qui ne sont pas contraires à la présente Charte, restent en vigueur jusqu'à ce qu'il y soit légalement dérogé.

Droits particuliers garantis par l'État.

60. Les militaires en activité de service, les officiers et soldats en retraite, les veuves, les officiers et soldats pensionnés, conserveront leurs grades, honneurs et pensions.

61. La dette publique est garantie. Toute espèce d'engagement pris par l'État avec ses créanciers est inviolable.

62. La noblesse ancienne reprend ses titres, la nouvelle conserve les siens. Le Roi fait des nobles à volonté; mais il ne leur accorde que des rangs et des honneurs, sans aucune exemption des charges et des devoirs de la société.

63. La Légion d'honneur est maintenue. Le Roi déterminera les règlements intérieurs et la décoration (3).

64. Les colonies sont régies par des lois particulières (4).

65. Le Roi et ses successeurs jureront à leur avènement, en présence des Chambres réunies, d'observer fidèlement la Charte constitutionnelle.

(1) Cf. L. 25 mai 1838.
(2) Cf. LL. 29 septembre 1831; 29 avril 1832 (modification du Code inst. crim.); 13 mai 1836 (vote au scrutin secret du jury).
(3) Cf. Ord. 13 et 27 août 1830.
(4) Cf. L. 24 avril 1833.

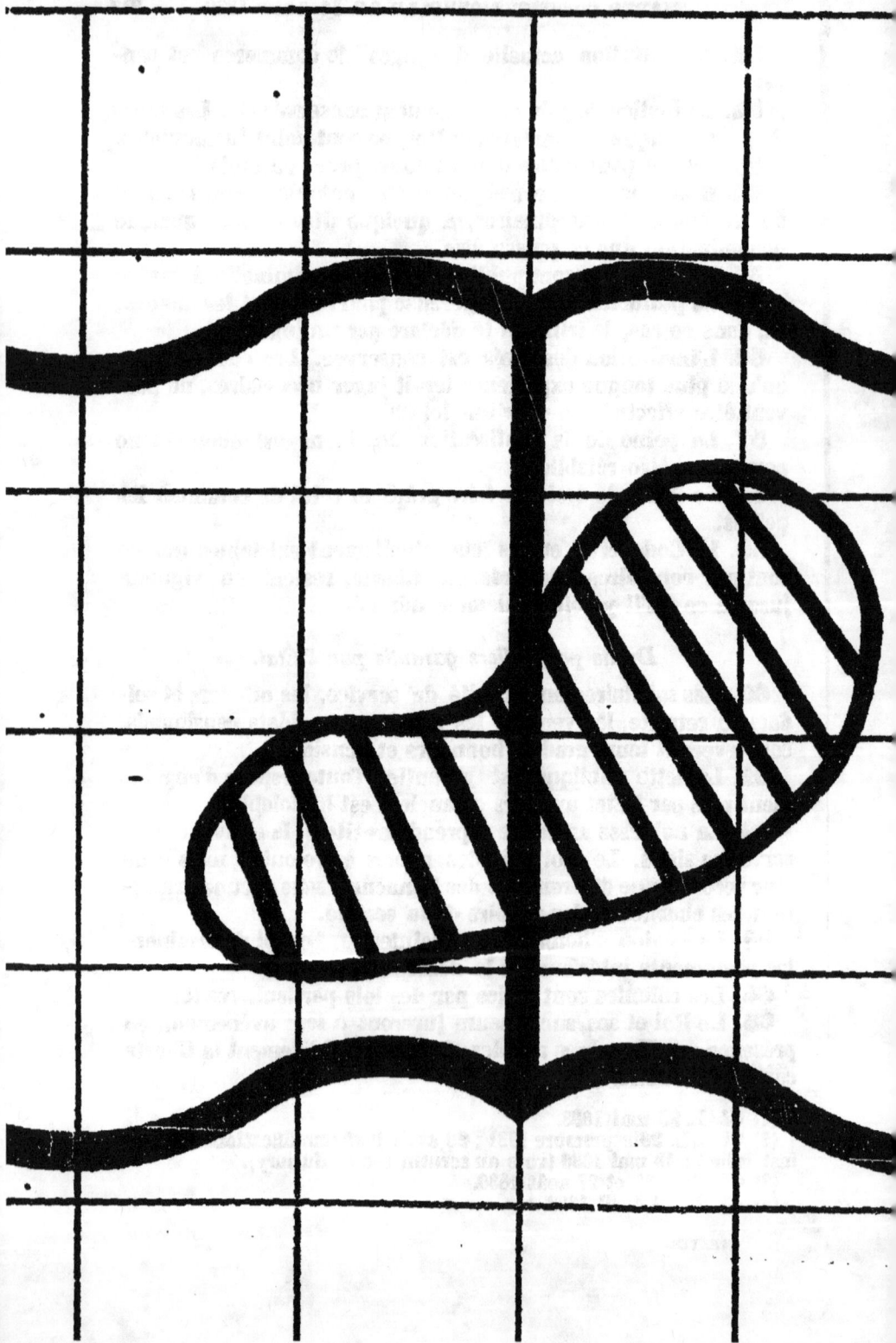

66. La présente Charte et tous les droits qu'elle consacre demeurent confiés au patriotisme et au courage des gardes nationales et de tous les citoyens français.

67. La France reprend ses couleurs. A l'avenir, il ne sera plus porté d'autre cocarde que la cocarde tricolore.

DISPOSITIONS PARTICULIÈRES

68. Toutes les nominations et créations nouvelles de pairs faites sous le règne du Roi *Charles X* sont déclarées nulles et non avenues. — L'article 23 de la Charte sera soumis à un nouvel examen dans la session de 1831 (1).

69. Il sera pourvu successivement par des lois séparées et dans le plus court délai possible aux objets qui suivent : — 1° L'application du jury aux délits de la presse et aux délits politiques (2) ; — 2° La responsabilité des ministres et des autres agents du pouvoir (3) ; — 3° La réélection des députés promus à des fonctions publiques salariées (4) ; — 4° Le vote annuel du contingent de l'armée (5) ; — 5° L'organisation de la garde nationale, avec intervention des gardes nationaux dans le choix de leurs officiers (6) ; — 6° Des dispositions qui assurent d'une manière légale l'état des officiers de tout grade de terre et de mer (7) ; — 7° Des institutions départementales et municipales fondées sur un système électif (8) ; — 8° L'instruction publique et la liberté de l'enseignement (9) ; — 9° L'abolition du double vote et la fixation des conditions électorales et d'éligibilité (10).

70. Toutes les lois et ordonnances, en ce qu'elles ont de contraire aux dispositions adoptées pour la réforme de la Charte, sont dès à présent et demeurent annulées et abrogées.

(1) V. *infra* L. 29 décembre 1831.
(2) V. la note de l'art. 7.
(3) Un projet de loi sur la responsabilité ministérielle fut discuté à la Chambre des députés pendant la session de 1835 ; mais il n'eut pas de suite.
(4) L. 12 septembre 1830.
(5) L. 11 octobre 1830.
(6) LL. 22 mars 1831 ; 14 juillet 1837.
(7) L. 19 mai 1834.
(8) LL. 21 mars 1831 ; 22 juin 1833 ; 20 avril 1834 ; 18 juillet 1837 10 mai 1838.
(9) L. 28 juin 1833.
(10) L. 19 avril 1831.

Loi du 19 avril 1831, sur les Élections à la Chambre
des Députés (1).

TITRE PREMIER

DES CAPACITÉS ÉLECTORALES

Art. 1er. Tout Français jouissant des droits civils et politiques, âgé de vingt-cinq ans accomplis et payant deux cents
francs de contributions directes, est électeur, s'il remplit d'ailleurs les autres conditions fixées par la présente loi.

2. Si le nombre des électeurs d'un arrondissement électoral
ne s'élève pas à cent cinquante, ce nombre sera complété en
appelant les citoyens les plus imposés au-dessous de deux cents
francs. — Lorsqu'en vertu du paragraphe précédent les citoyens
payant une quotité de contribution égale se trouveront appelés
concurremment à compléter la liste des électeurs, les plus âgés
seront inscrits jusqu'à concurrence du nombre déterminé par
ledit article.

3. Sont en outre électeurs, en payant cent francs de contributions directes, — 1º Les membres et correspondants de l'Institut; — 2º Les officiers des armées de terre et de mer jouissant
d'une pension de retraite de douze cents francs au moins, et jus-
tifiant d'un domicile réel de trois ans dans l'arrondissement
électoral. — Les officiers en retraite pourront compter, pour compléter les douze cents francs ci-dessus, le traitement qu'ils tou-
cheraient comme membres de la Légion d'honneur.

4. Les contributions directes qui confèrent le droit électoral,
sont la contribution foncière, les contributions personnelle et
mobilière, la contribution des portes et fenêtres, les redevances
fixes et proportionnelles des mines, l'impôt des patentes, et les
suppléments d'impôt de toute nature connus sous le nom de
centimes additionnels. — Les propriétaires des immeubles temporairement exemptés d'impôts pourront les faire expertiser
contradictoirement et à leurs frais pour en constater la valeur de
manière à établir l'impôt qu'ils paieraient, impôt qui alors leur
sera compté pour les faire jouir des droits électoraux. — La
patente sera comptée à tout médecin ou chirurgien employé dans
un hôpital ou attaché à un établissement de charité et exerçant
gratuitement ses fonctions, bien que, par suite de ces mêmes
fonctions, il soit dispensé de la payer.

(1) Coll. B. L., 9e série, II, 1re partie, nº 103, p. 177.

5. Le montant du droit annuel de diplôme, établi par l'article 29 du décret du 17 septembre 1808, sera compté dans le cens électoral des chefs d'institution et des maîtres de pension, tant que les lois annuelles sur les finances continueront à en autoriser la perception. — Les chefs d'institution et les maîtres de pension justifieront de leur qualité par la représentation de leur diplôme; ils justifieront du paiement du droit par la représentation de la quittance que leur aura délivrée le comptable chargé de la perception de ce droit. — Le montant de ce droit annuel ne sera compté dans le cens électoral des chefs d'institution et des maîtres de pension qu'autant que leur diplôme aura au moins une année de date à l'époque de la clôture de la liste électorale.

6. Pour former la masse des contributions nécessaires à la qualité d'électeur, on comptera à chaque Français les contributions directes qu'il paie dans tout le royaume; au père, les contributions des biens de ses enfants mineurs dont il aura la jouissance, et au mari, celles de sa femme, même non commune en biens, pourvu qu'il n'y ait pas séparation de corps. — L'impôt des portes et fenêtres des propriétés louées est compté, pour la formation du cens électoral, aux locataires ou fermiers. — Les contributions foncière, des portes et fenêtres et des patentes, payées par une maison de commerce composée de plusieurs associés, seront, pour le cens électoral, partagées par égales portions entre les associés, sans autre justification qu'un certificat du président du tribunal de commerce énonçant les noms des associés. Dans le cas où l'un des associés prétendrait à une part plus élevée, soit parce qu'il serait seul propriétaire des immeubles, soit à tout autre titre, il sera admis à en justifier devant le préfet en produisant ses titres.

7. Les contributions foncière, personnelle et mobilière, et des portes et fenêtres, ne sont comptées que lorsque la propriété foncière aura été possédée, ou la location faite, antérieurement aux premières opérations de la revision annuelle des listes électorales. Cette disposition n'est point applicable au possesseur à titre successif ou par avancement d'hoirie. La patente ne comptera que lorsqu'elle aura été prise, et l'industrie exercée, un an avant la clôture de la liste électorale.

8. Les contributions directes payées par une veuve, ou par une femme séparée de corps ou divorcée, seront comptées à celui de ses fils, petits-fils, gendres ou petits-gendres qu'elle désignera.

9. Tout fermier à prix d'argent ou de denrées qui, par bail authentique d'une durée de neuf ans au moins, exploite par lui-même une ou plusieurs propriétés rurales, a droit de se prévaloir du tiers des contributions payées par lesdites propriétés, sans que ce tiers soit retranché au cens électoral du propriétaire. — Dans les départements où le domaine congéable est usité, il sera procédé de la manière suivante pour la répartition de l'impôt entre le propriétaire foncier et le colon. — 1º Dans les *tenues* composées uniquement de maisons ou usines, les six huitièmes de l'impôt seront comptés au colon et deux huitièmes au propriétaire foncier ; — 2º Dans les *tenues* composées d'édifices et de terres labourables ou prairies, et formant ainsi un corps d'exploitation rurale, cinq huitièmes compteront au propriétaire, et trois huitièmes au colon ; — 3º Enfin, dans les *tenues* sans édifices, dites *tenues sans étage*, six huitièmes seront comptés au propriétaire, et deux huitièmes seulement au colon, sauf, dans tous les cas, la faculté aux parties intéressées de demander une expertise aux frais de celle qui la requerra.

TITRE II

DU DOMICILE POLITIQUE

10. Le domicile politique de tout Français est dans l'arrondissement électoral où il a son domicile réel; néanmoins il pourra le transférer dans tout autre arrondissement électoral où il paie une contribution directe, à la charge d'en faire, six mois d'avance, une déclaration expresse au greffe du tribunal civil de l'arrondissement électoral où il aura son domicile politique actuel, et au greffe du tribunal civil de l'arrondissement électoral où il voudra le transférer: cette double déclaration sera soumise à l'enregistrement. Dans le cas où un électeur aura séparé son domicile politique de son domicile réel, la translation de son domicile réel n'emportera pas le changement de son domicile politique, et ne le dispensera pas des déclarations ci-dessus prescrites, s'il veut le réunir à son domicile réel.

11. Nul individu appelé à des fonctions publiques, temporaires ou révocables, n'est dispensé de la susdite formalité ; les individus appelés à des fonctions inamovibles pourront exercer leur droit électoral dans l'arrondissement où ils remplissent leurs fonctions.

12. Nul ne peut exercer le droit d'électeur dans deux arrondissements électoraux.

TITRE III

DES LISTES ÉLECTORALES

13. La liste des électeurs dont le droit dérive de leurs contributions, et la liste des électeurs appelés en vertu de l'article 3, sont permanentes, sauf les radiations et inscriptions qui peuvent avoir lieu lors de la revision annuelle. — Cette revision annuelle sera faite conformément aux dispositions suivantes.

14. Du 1er au 10 juin de chaque année, et aux jours qui seront indiqués par les sous-préfets, les maires des communes composant chaque canton se réuniront à la mairie du chef-lieu sous la présidence du maire, et procéderont à la revision de la portion des listes mentionnées à l'article précédent qui comprendra les électeurs de leur canton appelés à faire partie de ces listes. Ils se feront assister des percepteurs du canton.

15. Dans les villes qui forment à elles seules un canton, ou qui sont partagées en plusieurs cantons, la revision des listes sera faite par le maire et les trois plus anciens membres du conseil municipal, selon l'ordre du tableau. Les maires des communes qui dépendraient de l'un de ces cantons, prendront part également à cette revision sous la présidence du maire de la ville. — A Paris, les maires des douze arrondissements, assistés des percepteurs, procéderont à la revision sous la présidence du doyen de réception.

16. Le résultat de cette opération sera transmis au sous-préfet, qui, avant le 1er juillet, l'adressera avec ses observations au préfet du département.

17. A partir du 1er juillet, le préfet procédera à la revision générale des listes.

18. Le préfet ajoutera aux listes les citoyens qu'il reconnaîtra avoir acquis les qualités requises par la loi, et ceux qui auraient été précédemment omis. — Il en retranchera, — 1° Les individus décédés ; — 2° Ceux dont l'inscription aura été déclarée nulle par les autorités compétentes. — Il indiquera comme devant être retranchés, — 1° Ceux qui auront perdu les qualités requises ; — 2° Ceux qu'il reconnaîtrait avoir été indûment inscrits, quoique leur inscription n'ait point été attaquée. — Il tiendra un registre de toutes ces décisions. — Il fera mention de leurs motifs et de toutes les pièces à l'appui.

19. Les listes de l'arrondissement électoral, ainsi rectifiées par le préfet, seront affichées le 15 août au chef-lieu de chaque canton et dans les communes dont la population sera au moins de ix cents habitants. Elles seront déposées, 1° au secrétariat de la mairie de chacune de ces communes ; 2° au secrétariat de la préfecture, pour êtres données en communication à toutes les personnes qui le requerront. — La liste des contribuables électeurs contiendra, en regard du nom de chaque individu inscrit, la date de sa naissance et l'indication des arrondissements de perception où sont assises ses contributions propres ou déléguées, ainsi que la quotité et l'espèce des contributions pour chacun des arrondissements. — La liste des électeurs désignés par l'article 3 contiendra en outre, en regard du nom de chaque individu, la date et l'espèce du titre qui lui confère le droit électoral, et l'époque de son domicile réel. — Le préfet inscrira sur cette liste ceux des individus qui, n'ayant pas atteint, au 15 août, les conditions relatives à l'âge, au domicile et à l'inscription sur le rôle de la patente, les acquerront avant le 21 octobre, époque de la clôture de la revision annuelle.

20. S'il y a moins de cent cinquante électeurs inscrits, le préfet ajoutera, sur la liste qu'il publiera le 15 août, les citoyens payant moins de deux cents francs qui devront compléter le nombre de cent cinquante, conformément au paragraphe 1er de l'article 2. — Toutes les fois que le nombre des électeurs ne s'élèvera pas au delà de cent cinquante, le préfet publiera à la suite de la liste électorale une liste complémentaire dressée dans la même forme et contenant les noms des dix citoyens susceptibles d'être appelés à compléter le nombre de cent cinquante par suite des changements qui surviendraient ultérieurement dans la composition du collège, dans les cas prévus par les articles 30, 32 et 35.

21. La publication prescrite par les articles 19 et 20 tiendra lieu de notification des décisions intervenues aux individus dont l'inscription aura été ordonnée. — Les décisions provisoires du préfet, qui indiquent ceux dont le nom devrait être retranché comme ayant été indûment inscrits ou comme ayant perdu les qualités requises, seront notifiées dans les dix jours à ceux qu'elles concernent, ou au domicile qu'ils sont tenus d'élire dans le département pour l'exercice de leurs droits électoraux, s'ils n'y ont pas leur domicile réel, et, à défaut de domicile élu, à la mairie de leur domicile politique. — Cette notification, et toutes celles qui doivent avoir lieu aux termes de la présente loi, seront faites suivant le mode employé jusqu'à présent pour les jurés, en exécution de l'article 389 du Code d'instruction criminelle.

22. Après la publication de la liste rectifiée, il ne pourra plus y être fait de changements qu'en vertu de décisions rendues par le préfet en conseil de préfecture, dans les formes ci-après.

23. A compter du 15 août, jour de la publication, il sera ouvert, au secrétariat général de la préfecture, un registre coté et paraphé par le préfet, sur lequel seront inscrites, à la date de leur présentation et suivant un ordre de numéros, toutes les réclamations concernant la teneur des listes. Ces réclamations seront signées par le réclamant ou par son fondé de pouvoirs. — Le préfet donnera récépissé de chaque réclamation et des pièces à l'appui. Ce récépissé énoncera la date et le numéro de l'enregistrement.

24. Tout individu qui croirait avoir à se plaindre, soit d'avoir été indûment inscrit, omis ou rayé, soit de toute autre erreur commise à son égard dans la rédaction des listes, pourra, jusqu'au 30 septembre inclusivement, présenter sa réclamation, qui devra être accompagnée de pièces justificatives.

25. Dans le même délai, tout individu inscrit sur les listes d'un arrondissement électoral pourra réclamer l'inscription de tout citoyen qui n'y sera pas porté, quoique réunissant les conditions nécessaires; la radiation de tout individu qu'il prétendrait indûment inscrit, ou la rectification de toute autre erreur commise dans la rédaction des listes. — Ce même droit appartiendra à tout citoyen inscrit sur la liste des jurés non électeurs de l'arrondissement.

26. Aucune des demandes énoncées en l'article précédent ne sera reçue, lorsqu'elle sera formée par des tiers, qu'autant que le réclamant y joindra la preuve qu'elle a été par lui notifiée à la partie intéressée, laquelle aura dix jours pour y répondre, à partir de celui de la notification.

27. Le préfet statuera en conseil de préfecture sur les demandes dont il est fait mention aux articles 24 et 25 ci-dessus, dans les cinq jours qui suivront leur réception, quand elles seront formées par les parties elles-mêmes ou par leurs fondés de pouvoirs; et dans les cinq jours qui suivront l'expiration du délai fixé par l'article 26, si elles sont formées par des tiers. Ses décisions seront motivées. — La communication, sans déplacement, des pièces respectivement produites sur les questions et contestations, devra être donnée à toute partie intéressée qui la requerra.

28. Les articles 23, 24, 25, 26 et 27 ci-dessus sont applicables à la liste supplémentaire prescrite par le dernier paragraphe de l'article 20.

29. Il sera publié tous les quinze jours un tableau de rectification, conformément aux décisions rendues dans cet intervalle, et présentant les indications mentionnées en l'article 19. — Aux termes de l'article 21, la publication de ces tableaux de rectification tiendra lieu de notification aux individus dont l'inscription aura été ordonnée ou rectifiée. — Les décisions portant refus d'inscription, ou prononçant des radiations, seront notifiées dans les cinq jours de leur date aux individus dont l'inscription ou la radiation aura été réclamée par eux ou par des tiers. — Les décisions rejetant les demandes en radiation ou en rectification seront notifiées dans le même délai, tant au réclamant qu'à l'individu dont l'inscription aura été contestée.

30. Le préfet en conseil de préfecture apportera, s'il y a lieu, à la liste électorale, en dressant les tableaux de rectification, les changements nécessaires pour maintenir le collège au complet de cent cinquante électeurs. Il maintiendra également la liste supplémentaire au nombre de dix suppléants.

31. Le 16 octobre, le préfet procédera à la clôture des listes. Le dernier tableau de rectification, l'arrêté de clôture des listes des collèges électoraux du département, seront publiés et affichés le 20 du même mois.

32. La liste restera, jusqu'au 20 octobre de l'année suivante, telle qu'elle aura été arrêtée conformément à l'article précédent, sauf néanmoins les changements qui y seront ordonnés par des arrêts rendus dans la forme déterminée par les articles ci-après, et sauf aussi la radiation des noms des électeurs décédés, ou privés des droits civils ou politiques par jugements ayant acquis force de chose jugée. — L'élection, à quelque époque de l'année qu'elle ait lieu, se fera sur ces listes.

33. Toute partie qui se croira fondée à contester une décision rendue par le préfet pourra porter son action devant la cour royale du ressort, et y produire toutes pièces à l'appui. — L'exploit introductif d'instance devra, sous peine de nullité, être notifié dans les dix jours, quelle que soit la distance des lieux, tant au préfet qu'aux parties intéressées. — Dans le cas où la décision du préfet aurait rejeté une demande d'inscription formée par un tiers, l'action ne pourra être intentée que par l'individu dont l'inscription aurait été réclamée. — La cause sera jugée sommairement, toutes affaires cessantes, et sans qu'il soit besoin du ministère d'avoué. Les actes judiciaires auxquels elle donnera lieu seront enregistrés *gratis*. L'affaire sera rapportée en audience publique par un des membres de la cour, et l'arrêt sera prononcé après que la partie ou son défenseur et le ministère public auront été entendus. — S'il y a pourvoi en cassation, il sera procédé sommairement, et toutes affaires cessantes, comme devant la cour royale, avec la même exemption du droit d'enregistrement, sans consignation d'amende.

34. Les réclamations portées devant les préfets en conseil de préfecture, et les actions intentées devant les cours royales par suite d'une décision qui aura rayé un individu de la liste, auront un effet suspensif.

35. Le préfet, sur la notification de l'arrêt intervenu, fera sur la liste la rectification qui aura été prescrite. — Si, par suite de la radiation prescrite par arrêt de la cour royale, la liste se trouve réduite à moins de cent cinquante, le préfet en conseil de préfecture complétera ce nombre, en prenant les plus imposés de la liste supplémentaire arrêtée le 16 octobre, et seulement jusqu'à épuisement de cette liste.

36. Les percepteurs des contributions directes seront tenus de délivrer sur papier libre, et moyennant une rétribution de vingt-cinq centimes par extrait de rôle concernant le même contribuable, à toute personne portée au rôle, l'extrait relatif à ses contributions, et à tout individu qualifié comme il est dit à l'article 25 ci-dessus, tout certificat négatif ou tout extrait des rôles de contributions.

37. Il sera donné communication des listes annuelles et des tableaux de rectification à tous les imprimeurs qui voudront en prendre copie. Il leur sera permis de les faire imprimer sous tel format qu'il leur plaira choisir, et de les mettre en vente.

TITRE IV

DES COLLÈGES ÉLECTORAUX

38. La Chambre des Députés est composée de quatre cent cinquante-neuf députés.

39. Chaque collège électoral n'élit qu'un député. — Le nombre des députés de chaque département et la division des départements en arrondissements électoraux sont réglés par le tableau ci-joint, faisant partie de la présente loi (1).

40. Les collèges électoraux sont convoqués par le Roi. Ils se réunissent dans la ville de l'arrondissement électoral ou administratif que le Roi désigne. Ils ne peuvent s'occuper d'autres objets que de l'élection des députés; toute discussion, toute délibération, leur sont interdites.

41. Les électeurs se réunissent en une seule assemblée dans

(1) V. ce tableau, *B. L.*, 9ᵉ série, II, 1ʳᵉ partie, nᵒ 105, p. 200.

les arrondissements électoraux où leur nombre n'excède pas six cents. — Dans les arrondissements où il y a plus de six cents électeurs, le collège est divisé en sections; chaque section comprend trois cents électeurs au moins, et concourt directement à la nomination du député que le collège doit élire.

42. Les présidents, vice-présidents, juges et juges suppléants des tribunaux de première instance, dans l'ordre du tableau, auront la présidence provisoire des collèges électoraux, lorsque ces collèges s'assembleront dans une ville chef-lieu d'un tribunal. Lorsqu'ils s'assembleront dans une autre ville, comme dans le cas où, attendu le nombre des collèges ou des sections, celui des juges serait insuffisant, la présidence provisoire sera, à leur défaut, déférée au maire, à ses adjoints, et successivement aux conseillers municipaux de la ville où se fait l'élection, aussi dans l'ordre du tableau. — Si le collège se divise en sections, la première sera présidée provisoirement par le premier des fonctionnaires dans l'ordre du tableau; la seconde le sera par celui qui vient après, et successivement. — Si plusieurs collèges se réunissent dans la même ville, leur présidence provisoire sera déférée de la même manière et dans le même ordre que le serait celle des sections. — Si plusieurs collèges réunis dans la même ville se subdivisent en sections, la première du premier collège sera provisoirement présidée par le fonctionnaire le plus élevé ou le plus ancien dans l'ordre du tableau; la première section du second collège le sera par le deuxième; la seconde section du premier collège par le troisième; la seconde section du deuxième collège par le quatrième, et ainsi des autres. — Les deux électeurs les plus âgés et les deux plus jeunes inscrits sur la liste du collège ou de la section sont scrutateurs provisoires. Le bureau choisit le secrétaire, qui n'a que voix consultative.

43. La liste des électeurs de l'arrondissement doit rester affichée dans la salle des séances pendant le cours des opérations.

44. Le collège ou la section élit à la majorité simple le président et les scrutateurs définitifs. Le bureau ainsi formé nomme un secrétaire, qui n'a que voix consultative.

45. Le président du collège ou de la section a seul la police de l'assemblée. Nulle force armée ne peut être placée, sans sa réquisition, dans la salle des séances, ni aux abords du lieu où se tient l'assemblée. Les autorités civiles et les commandants militaires sont tenus d'obéir à ses réquisitions. — Trois membres au moins du bureau seront toujours présents. — Le bureau prononce provisoirement sur les difficultés qui s'élèvent touchant les opérations du collège ou de la section. Toutes les réclamations sont insérées au procès-verbal, ainsi que les décisions motivées du bureau. Les pièces ou bulletins relatifs aux réclamations sont paraphées par les membres du bureau et annexées au procès-verbal. — La Chambre des Députés prononce définitivement sur les réclamations.

46. Nul ne pourra être admis à voter, soit pour la formation du bureau définitif, soit pour l'élection du député, s'il n'est inscrit sur la liste affichée dans la salle et remise au président. — Toutefois le bureau sera tenu d'admettre à voter ceux qui se présenteraient munis d'un arrêt de la cour royale déclarant qu'ils font partie du collège, et ceux qui justifieraient être dans le cas prévu par l'article 34 de la présente loi.

47. Avant de voter pour la première fois, chaque électeur prête le serment prescrit par la loi du 31 août 1830.

48. Chaque électeur, après avoir été appelé, reçoit du président un bulletin ouvert, sur lequel il écrit ou fait écrire secrètement son vote par un électeur de son choix, sur une table disposée à cet effet et séparée du bureau. — Puis il remet son bulletin écrit et fermé au président, qui le dépose dans la boîte destinée à cet usage.

49. La table placée devant le président et les scrutateurs sera disposée de telle sorte, que les électeurs puissent circuler alentour pendant le dépouillement du scrutin.

50. A mesure que chaque électeur déposera son bulletin, un des scrutateurs, ou le secrétaire, constatera ce vote en écrivant son propre nom en regard de celui du votant, sur une liste à ce destinée, et qui contiendra les noms et qualifications de tous les membres du collège ou de la section. — Chaque scrutin reste ouvert pendant six heures au moins, et est clos à trois heures du soir, et dépouillé séance tenante.

51. Lorsque la boîte du scrutin aura été ouverte et le nombre des bulletins vérifié, un des scrutateurs prendra successivement chaque bulletin, le dépliera, le remettra au président, qui en fera lecture à haute voix et le passera à un autre scrutateur : le résultat de chaque scrutin est immédiatement rendu public.

52. Immédiatement après le dépouillement, les bulletins seront brûlés en présence du collège.

53. Dans les collèges divisés en plusieurs sections, le dépouillement du scrutin se fait dans chaque section ; le résultat en est arrêté et signé par le bureau ; il est immédiatement porté par le président de chaque section au bureau de la première section, qui fait, en présence de tous les présidents des sections, le recensement général des votes.

54. Nul n'est élu à l'un des deux premiers tours de scrutin s'il ne réunit plus du tiers des voix de la totalité des membres qui composent le collège, et plus de la moitié des suffrages exprimés.

55. Après les deux premiers tours de scrutin, si l'élection n'est point faite, le bureau proclame les noms des deux candidats qui ont obtenu le plus de suffrages; et, au troisième tour de scrutin, les suffrages ne pourront être valablement donnés qu'à l'un de ces deux candidats. — La nomination a lieu à la pluralité des votes exprimés.

56. Dans tous les cas où il y aura concours par égalité de suffrages, le plus âgé obtiendra la préférence.

57. La session de chaque collège est de dix jours au plus. Il ne peut y avoir qu'une séance et un seul scrutin par jour. La séance est levée immédiatement après le dépouillement du scrutin, sauf les décisions à porter par le bureau sur les réclamations qui lui sont présentées au sujet de ce dépouillement, et sur lesquels il sera statué séance tenante.

58. Nul électeur ne peut se présenter armé dans un collège électoral.

TITRE V

DES ÉLIGIBLES

59. Nul ne sera éligible à la Chambre des Députés, si, au jour de son élection, il n'est âgé de trente ans, et s'il ne paie cinq cents francs de contributions directes, sauf le cas prévu par l'article 33 de la Charte. Les dispositions de l'article 7 sont applicables au cens d'éligibilité.

60. Les délégations et attributions de contributions, autorisées pour les droits électoraux par les articles 4, 5, 6, 8 et 9, le sont également pour le droit d'éligibilité.

61. La Chambre des Députés est seule juge des conditions d'éligibilité.

62. Lorsque des arrondissements électoraux ont élu des députés qui n'ont pas leur domicile politique dans le département, en nombre plus grand que ne l'autorise l'article 36 de la Charte, la Chambre des Députés tire au sort, entre ces arrondissements, celui ou ceux qui doivent procéder à une réélection.

63. Le député élu par plusieurs arrondissements électoraux sera tenu de déclarer son option à la Chambre dans le mois qui suivra la déclaration de la validité des élections entre lesquelles il doit opter. A défaut d'option dans ce délai, il sera décidé, par la voie du sort, à quel arrondissement ce député appartiendra.

64. Il y a incompatibilité entre les fonctions de député et celles de préfet, sous-préfet, de receveurs généraux, de receveurs particuliers des finances et de payeurs. — Les fonctionnaires ci-dessus désignés, les officiers généraux commandant les divisions ou subdivisions militaires, les procureurs généraux près les cours royales, les procureurs du Roi, les directeurs des contributions directes et indirectes, des domaines et enregistrement et des douanes dans les départements, ne pourront être élus députés par le collège électoral d'un arrondissement compris en tout ou en partie dans le ressort de leurs fonctions. — Si, par démission ou autrement, les fonctionnaires ci-dessus quittaient leur emploi, ils ne seraient éligibles dans les départements, arrondissements ou ressorts dans lesquels ils ont exercé leurs fonctions, qu'après un délai de six mois, à dater du jour de la cessation des fonctions.

TITRE VI

DISPOSITIONS GÉNÉRALES

65. En cas de vacances par option, décès, démission ou autrement, le collège électoral qui doit pourvoir à la vacance sera réuni dans le délai de quarante jours. Ce délai sera de deux mois pour le département de la Corse. — En cas d'élection, soit générale, soit partielle, l'intervalle entre l'ordonnance de convocation du collège au chef-lieu du département et l'ouverture du collège sera de vingt jours au moins.

66. La Chambre des Députés a seule le droit de recevoir la démission d'un de ses membres.

67. Les députés ne reçoivent ni traitement ni indemnité.

68. Les dispositions de la présente loi sont applicables à la revision de la liste des jurés non électeurs établie par les articles 1er et 2 de la loi du 2 mai 1827.

69. Il sera formé, pour chaque arrondissement électoral, une liste des jurés non électeurs qui ont leur domicile réel dans cet arrondissement. — Le droit d'intervention des tiers relativement à cette liste appartient à tous les électeurs et à tous les jurés de l'arrondissement.

TITRE VII

ARTICLES TRANSITOIRES

....

Loi *du 29 décembre 1831, contenant l'Article qui remplace l'Article 23 de la Charte* (1) (2).

ARTICLE UNIQUE *qui remplace l'Article 23 de la Charte.* — La nomination des membres de la Chambre des Pairs appartient au Roi, qui ne peut les choisir que parmi les notabilités suivantes : — Le président de la Chambre des Députés et autres assemblées législatives; — Les députés qui auront fait partie de trois législatures, ou qui auront six ans d'exercice; — Les maréchaux et amiraux de France; — Les lieutenants généraux et vice-amiraux des armées de terre et de mer, après deux ans de grade; — Les ministres à département; — Les ambassadeurs, après trois ans, et les ministres plénipotentiaires, après six ans de fonctions; — Les conseillers d'État, après dix ans de service ordinaire; — Les préfets de département et les préfets maritimes, après dix ans de fonctions; — Les gouverneurs coloniaux, après cinq ans de fonctions; — Les membres des conseils généraux électifs, après trois élections à la présidence; — Les maires des villes de trente mille âmes et au-dessus, après deux élections au moins comme membres du corps municipal, et après cinq ans de fonctions de mairie; — Les présidents de la cour de cassation et de la cour des comptes; — Les procureurs généraux près ces deux cours, après cinq ans de fonctions en cette qualité; — Les conseillers de la cour de cassation et les conseillers-maîtres de la cour des comptes, après cinq ans, les avocats généraux près la cour de cassation, après dix ans d'exercice; — Les premiers présidents des cours royales, après cinq ans de magistrature dans ces cours; — Les procureurs généraux près les mêmes cours, après dix ans de fonctions; — Les présidents des tribunaux de commerce dans les villes de trente mille âmes et au-dessus, après quatre nominations à ces fonctions; — Les membres titulaires des quatre académies de l'Institut; — Les citoyens à qui, par une loi et à raison d'éminents services, aura été nominativement décernée une récompense nationale; — Les

(1) Coll. *B. L.*, 9ᵉ série, III, 1ʳᵉ partie, nº 130, p. 61.
(2) Cette loi a été rendue par application de l'art. 68, § 2 de la Charte du 14 août 1830.

propriétaires, les chefs de manufacture et de maison de commerce et de banque, payant trois mille francs de contributions directes, soit à raison de leurs propriétés foncières depuis trois ans, soit à raison de leurs patentes depuis cinq ans, lorsqu'ils auront été pendant six ans membres d'un conseil général ou d'une chambre de commerce. — Les propriétaires, les manufacturiers, commerçants ou banquiers, payant trois mille francs d'impositions, qui auront été nommés députés ou juges des tribunaux de commerce, pourront aussi être admis à la pairie sans autre condition. — Le titulaire qui aura successivement exercé plusieurs des fonctions ci-dessus, pourra cumuler ses services dans toutes pour compléter le temps exigé dans celle où le service devrait être le plus long. — Seront dispensés du temps d'exercice exigé par les paragraphes 5, 7, 8, 9, 10, 14, 15, 16 et 17 ci-dessus, les citoyens qui ont été nommés, dans l'année qui a suivi le 30 juillet 1830, aux fonctions énoncées dans ces paragraphes. — Seront également dispensés, jusqu'au 1er janvier 1857, du temps d'exercice exigé par les paragraphes 3, 11, 12, 18 et 21 ci-dessus, les personnes nommées ou maintenues, depuis le 30 juillet 1830, aux fonctions énoncées dans ces cinq paragraphes. — Ces conditions d'admissibilité à la pairie pourront être modifiées par une loi. — Les ordonnances de nomination de pairs seront individuelles. Ces ordonnances mentionneront les services et indiqueront les titres sur lesquels la nomination sera fondée. — Le nombre des pairs est illimité. — Leur dignité est conférée à vie et n'est pas transmissible par droit d'hérédité. — Ils prennent rang entre eux par ordre de nomination. — A l'avenir, aucun traitement, aucune pension, aucune dotation, ne pourront être attachés à la dignité de pair.

CONSTITUTION
DE LA RÉPUBLIQUE FRANÇAISE
Du 4 Novembre 1848 (1) (2)

AU NOM DU PEUPLE FRANCAIS,

L'Assemblée nationale a adopté, et, conformément à l'article 6 du décret du 28 octobre 1848, le Président de l'Assemblée nationale promulgue la Constitution dont la teneur suit :

(1) Coll. *B. L.*, 10e série, II, n° 893, p. 575.
(2) V. L. 6 novembre 1848, relative à la promulgation de la constitution.

PRÉAMBULE

En présence de Dieu et au nom du Peuple français, l'Assemblée nationale proclame :

I

La France s'est constituée en République. En adoptant cette forme définitive de gouvernement, elle s'est proposé pour but de marcher plus librement dans la voie du progrès et de la civilisation, d'assurer une répartition de plus en plus équitable des charges et des avantages de la société, d'augmenter l'aisance de chacun par la réduction graduée des dépenses publiques et des impôts, et de faire parvenir tous les citoyens, sans nouvelle commotion, par l'action successive et constante des institutions et des lois, à un degré toujours plus élevé de moralité, de lumières et de bien-être.

II

La République française est démocratique, une et indivisible.

III

Elle reconnaît des droits et des devoirs antérieurs et supérieurs aux lois positives.

IV

Elle a pour principe la Liberté, l'Égalité et la Fraternité.
Elle a pour base la Famille, le Travail, la Propriété, l'Ordre public.

V

Elle respecte les nationalités étrangères, comme elle entend faire respecter la sienne ; n'entreprend aucune guerre dans des vues de conquête, et n'emploie jamais ses forces contre la liberté d'aucun peuple.

VI

Des devoirs réciproques obligent les citoyens envers la République, et la République envers les citoyens.

VII

Les citoyens doivent aimer la Patrie, servir la République, la défendre au prix de leur vie, participer aux charges de l'État en proportion de leur fortune ; ils doivent s'assurer, par le travail, des moyens d'existence, et, par la prévoyance, des ressources pour l'avenir ; ils doivent concourir au bien-être commun en s'entr'aidant fraternellement les uns les autres, et à l'ordre général en observant les lois morales et les lois écrites qui régissent la société, la famille et l'individu.

VIII

La République doit protéger le citoyen dans sa personne, sa famille, sa religion, sa propriété, son travail, et mettre à la portée de chacun l'instruction indispensable à tous les hommes; elle doit, par une assistance fraternelle, assurer l'existence des citoyens nécessiteux, soit en leur procurant du travail dans les limites de ses ressources, soit en donnant, à défaut de la famille, des secours à ceux qui sont hors d'état de travailler (1). — En vue de l'accomplissement de tous ces devoirs, et pour la garantie de tous ces droits, l'Assemblée nationale, fidèle aux traditions des grandes assemblées qui ont inauguré la révolution française, décrète, ainsi qu'il suit, la Constitution de la République.

CONSTITUTION

CHAPITRE PREMIER
De la souveraineté.

Art. 1er. La souveraineté réside dans l'universalité des citoyens français. — Elle est inaliénable et imprescriptible. — Aucun individu, aucune fraction du peuple ne peut s'en attribuer l'exercice.

CHAPITRE II
Droits des citoyens garantis par la Constitution.

2. Nul ne peut être arrêté ou détenu que suivant les prescriptions de la loi.

3. La demeure de toute personne habitant le territoire français est inviolable; il n'est permis d'y pénétrer que selon les formes et dans les cas prévus par la loi.

4. Nul ne sera distrait de ses juges naturels. — Il ne pourra être créé de commissions et de tribunaux extraordinaires, à quelque titre et sous quelque dénomination que ce soit.

5. La peine de mort est abolie en matière politique (2).

6. L'esclavage ne peut exister sur aucune terre française (3).

(1) V. note de l'art. 13.
(2) Cf. D. 26 février 1848.
(3) Cf. DD. 4 mars 1848; 27 avril 1848; LL. 30 avril 1849; 11 février 1851.

7. Chacun professe librement sa religion, et reçoit de l'État, pour l'exercice de son culte, une égale protection. — Les ministres, soit des cultes actuellement reconnus par la loi, soit de ceux qui seraient reconnus à l'avenir, ont le droit de recevoir un traitement de l'État.

8. Les citoyens ont le droit de s'associer, de s'assembler paisiblement et sans armes (1), de pétitionner, de manifester leurs pensées par la voie de la presse ou autrement. — L'exercice de ces droits n'a pour limites que les droits ou la liberté d'autrui et la sécurité publique. — La presse ne peut, en aucun cas, être soumise à la censure (2).

9. L'enseignement est libre. — La liberté d'enseignement s'exerce selon les conditions de capacité et de moralité déterminées par les lois, et sous la surveillance de l'État. — Cette surveillance s'étend à tous les établissements d'éducation et d'enseignement, sans aucune exception (3).

10. Tous les citoyens sont également admissibles à tous les emplois publics, sans autre motif de préférence que leur mérite, et suivant les conditions qui seront fixées par les lois. — Sont abolis à toujours tout titre nobiliaire, toute distinction de naissance, de classe ou de caste (4).

11. Toutes les propriétés sont inviolables. Néanmoins l'État peut exiger le sacrifice d'une propriété pour cause d'utilité publique légalement constatée, et moyennant une juste et préalable indemnité.

12. La confiscation des biens ne pourra jamais être rétablie.

13. La Constitution garantit aux citoyens la liberté du travail et de l'industrie. — La société favorise et encourage le développement du travail par l'enseignement primaire gratuit, l'éducation professionnelle, l'égalité de rapports entre le patron et l'ouvrier, les institutions de prévoyance et de crédit, les institutions agricoles, les associations volontaires, et l'établissement, par l'État, les départements et les communes, de travaux publics propres à employer les bras inoccupés; elle fournit l'assistance aux enfants abandonnés, aux infirmes et aux vieillards sans ressources, et que leurs familles ne peuvent secourir (5).

(1) Cf. LL. 7 juin 1848; 28 juillet 1848; 19 juin 1849; 6 juin 1850; 21 juin 1851.
(2) Cf. D. 6 mars 1848; L. 27 juillet 1849.
(3) Cf. L. 15 mars 1850.
(4) Cf. D. 29 février 1848.
(5) Cf. Décl. 25 février 1848; Arr. 26, 27 et 29 février 1848; DD. 2 et 21 mars 1848; L. 9 septembre 1848 (organisation du travail); LL. 10 janvier 1849; 8 juin 1850 (assistance publique).

14. La dette publique est garantie. — Toute espèce d'engagement pris par l'État avec ses créanciers est inviolable.

15. Tout impôt est établi pour l'utilité commune. — Chacun y contribue en proportion de ses facultés et de sa fortune.

16. Aucun impôt ne peut être établi ni perçu qu'en vertu de la loi.

17. L'impôt direct n'est consenti que pour un an. — Les impositions indirectes peuvent être consenties pour plusieurs années.

CHAPITRE III

Des pouvoirs publics.

18. Tous les pouvoirs publics, quels qu'ils soient, émanent du peuple. — Ils ne peuvent être délégués héréditairement.

19. La séparation des pouvoirs est la première condition d'un gouvernement libre.

CHAPITRE IV

Du pouvoir législatif.

20. Le Peuple français délègue le pouvoir législatif à une Assemblée unique.

21 Le nombre total des représentants du peuple sera de sept cent cinquante, y compris les représentants de l'Algérie et des colonies françaises.

22. Ce nombre s'élèvera à neuf cents pour les assemblées qui seront appelées à reviser la Constitution.

23. L'élection a pour base la population.

24. Le suffrage est direct et universel. Le scrutin est secret (1).

25. Sont électeurs, sans condition de cens, tous les Français âgés de vingt et un ans, et jouissant de leurs droits civils et politiques.

26. Sont éligibles, sans condition de domicile, tous les électeurs âgés de vingt-cinq ans.

27. La loi électorale déterminera les causes qui peuvent priver un citoyen français du droit d'élire et d'être élu. — Elle désignera les citoyens qui, exerçant ou ayant exercé des fonctions dans un département ou un ressort territorial, ne pourront y être élus.

28. Toute fonction publique rétribuée est incompatible avec le mandat de représentant du peuple. — Aucun membre de

(1) Cf. LL. 15 mars 1849; 26 décembre 1849; 31 mai 1850 (qui modifie la loi électorale du 15 mars 1849).

l'Assemblée nationale ne peut, pendant la durée de la législature, être nommé ou promu à des fonctions publiques salariées dont les titulaires sont choisis à volonté par le Pouvoir exécutif. — Les exceptions aux dispositions des deux paragraphes précédents seront déterminées par la loi électorale organique.

29. Les dispositions de l'article précédent ne sont pas applicables aux assemblées élues pour la revision de la Constitution.

30. L'élection des représentants se fera par département, et au scrutin de liste. — Les électeurs voteront au chef-lieu du canton ; néanmoins, en raison des circonstances locales, le canton pourra être divisé en plusieurs circonscriptions, dans la forme et aux conditions qui seront déterminées par la loi électorale.

31. L'Assemblée nationale est élue pour trois ans, et se renouvelle intégralement. — Quarante-cinq jours au plus tard avant la fin de la législature, une loi détermine l'époque des nouvelles élections. — Si aucune loi n'est intervenue dans le délai fixé par le paragraphe précédent, les électeurs se réunissent de plein droit le trentième jour qui précède la fin de la législature. — La nouvelle Assemblée est convoquée de plein droit pour le lendemain du jour où finit le mandat de l'Assemblée précédente.

32. Elle est permanente. — Néanmoins, elle peut s'ajourner à un terme qu'elle fixe. — Pendant la durée de la prorogation, une commission, composée des membres du bureau et de vingt-cinq représentants nommés par l'Assemblée au scrutin secret et à la majorité absolue, a le droit de la convoquer en cas d'urgence. — Le Président de la République a aussi le droit de convoquer l'Assemblée. — L'Assemblée nationale détermine le lieu de ses séances. Elle fixe l'importance des forces militaires établies pour sa sûreté, et elle en dispose.

33. Les représentants sont toujours rééligibles.

34. Les membres de l'Assemblée nationale sont les représentants, non du département qui les nomme, mais de la France entière.

35. Ils ne peuvent recevoir de mandat impératif.

36. Les représentants du peuple sont inviolables. — Ils ne pourront être recherchés, accusés, ni jugés, en aucun temps, pour les opinions qu'ils auront émises dans le sein de l'Assemblée nationale.

37. Ils ne peuvent être arrêtés en matière criminelle, sauf le cas de flagrant délit, ni poursuivis qu'après que l'Assemblée a permis la poursuite. — En cas d'arrestation pour flagrant délit, il en sera immédiatement référé à l'Assemblée, qui autorisera ou refusera la continuation des poursuites. Cette disposition s'applique au cas où un citoyen détenu est nommé représentant (1).

38. Chaque représentant du peuple reçoit une indemnité, à laquelle il ne peut renoncer (2).

39. Les séances de l'Assemblée sont publiques. — Néanmoins, l'Assemblée peut se former en comité secret, sur la demande du nombre de représentants fixé par le règlement. — Chaque représentant a le droit d'initiative parlementaire; il l'exercera selon les formes déterminées par le règlement.

40. La présence de la moitié plus un des membres de l'Assemblée est nécessaire pour la validité du vote des lois.

41. Aucun projet de loi, sauf les cas d'urgence, ne sera voté définitivement qu'après trois délibérations, à des intervalles qui ne peuvent pas être moindres de cinq jours.

42. Toute proposition ayant pour objet de déclarer l'urgence est précédée d'un exposé des motifs. — Si l'Assemblée est d'avis de donner suite à la proposition d'urgence, elle en ordonne le renvoi dans les bureaux et fixe le moment où le rapport sur l'urgence lui sera présenté. — Sur ce rapport, si l'Assemblée reconnaît l'urgence, elle le déclare, et fixe le moment de la discussion. — Si elle décide qu'il n'y a pas urgence, le projet suit le cours des propositions ordinaires.

CHAPITRE V
Du pouvoir exécutif.

43. Le peuple français délègue le pouvoir exécutif à un citoyen qui reçoit le titre de Président de la République.

44. Le Président doit être né Français, âgé de trente ans au moins, et n'avoir jamais perdu la qualité de Français.

45. Le Président de la République est élu pour quatre ans, et n'est rééligible qu'après un intervalle de quatre années. — Ne peuvent, non plus, être élus après lui, dans le même intervalle, ni le Vice-Président, ni aucun des parents ou alliés du Président jusqu'au sixième degré inclusivement (3).

46. L'élection a lieu de plein droit le deuxième dimanche du mois de mai. — Dans le cas où, par suite de décès, de démission ou de toute autre cause, le Président serait élu à une autre

(1) Cf. L. 21 janvier 1851.
(2) Cf. L. 15 mars 1849, art. 96 (chiffre de l'indemnité).
(3) C. I.L. 28 octobre 1848 (élection du Président de la République); 12 décembre 1848 (proclamation du Président de la République).

époque, ses pouvoirs expireront le deuxième dimanche du mois de mai de la quatrième année qui suivra son élection. — Le Président est nommé, au scrutin secret et à la majorité absolue des votants, par le suffrage direct de tous les électeurs des départements français et de l'Algérie.

47. Les procès-verbaux des opérations électorales sont transmis immédiatement à l'Assemblée nationale, qui statue sans délai sur la validité de l'élection et proclame le Président de la République. — Si aucun candidat n'a obtenu plus de la moitié des suffrages exprimés, et au moins deux millions de voix, ou si les conditions exigées par l'article 44 ne sont pas remplies, l'Assemblée nationale élit le Président de la République, à la majorité absolue et au scrutin secret, parmi les cinq candidats éligibles qui ont obtenu le plus de voix.

48. Avant d'entrer en fonctions, le Président de la République prête au sein de l'Assemblée nationale le serment dont la teneur suit : — EN PRÉSENCE DE DIEU ET DEVANT LE PEUPLE FRANÇAIS, REPRÉSENTÉ PAR L'ASSEMBLÉE NATIONALE, JE JURE DE RESTER FIDÈLE A LA RÉPUBLIQUE DÉMOCRATIQUE, UNE ET INDIVISIBLE, ET DE REMPLIR TOUS LES DEVOIRS QUE M'IMPOSE LA CONSTITUTION (1).

49. Il a le droit de faire présenter des projets de loi à l'Assemblée nationale par les ministres. — Il surveille et assure l'exécution des lois.

50. Il dispose de la force armée, sans pouvoir jamais la commander en personne.

51. Il ne peut céder aucune portion du territoire, ni dissoudre ni proroger l'Assemblée nationale, ni suspendre, en aucune manière, l'empire de la Constitution et des lois.

52. Il présente, chaque année, par un message, à l'Assemblée nationale, l'exposé de l'état général des affaires de la République.

53. Il négocie et ratifie les traités. — Aucun traité n'est définitif qu'après avoir été approuvé par l'Assemblée nationale.

54. Il veille à la défense de l'État, mais il ne peut entreprendre aucune guerre sans le consentement de l'Assemblée nationale.

55. Il a le droit de faire grâce, mais il ne peut exercer ce droit qu'après avoir pris l'avis du Conseil d'état. — Les amnisties ne peuvent être accordées que par une loi. — Le Président de la République, les ministres, ainsi que toutes autres personnes condamnées par la haute cour de justice, ne peuvent être graciés que par l'Assemblée nationale.

(1) Cf. L. 28 octobre 1848, art. 8.

56. Le Président de la République promulgue les lois au nom du Peuple français.

57. Les lois d'urgence sont promulguées dans le délai de trois jours, et les autres lois dans le délai d'un mois, à partir du jour où elles auront été adoptées par l'Assemblée nationale.

58. Dans le délai fixé pour la promulgation, le Président de la République peut, par un message motivé, demander une nouvelle délibération. — L'Assemblée délibère : sa résolution devient définitive; elle est transmise au Président de la République. — En ce cas, la promulgation a lieu dans le délai fixé pour les lois d'urgence.

59. A défaut de promulgation par le Président de la République, dans les délais déterminés par les articles précédents, il y serait pourvu par le Président de l'Assemblée nationale.

60. Les envoyés et les ambassadeurs des puissances étrangères sont accrédités auprès du Président de la République.

61. Il préside aux solennités nationales.

62. Il est logé aux frais de la République, et reçoit un traitement de six cent mille francs par an (1).

63. Il réside au lieu où siège l'Assemblée nationale, et ne peut sortir du territoire continental de la République sans y être autorisé par une loi.

64. Le Président de la République nomme et révoque les ministres. — Il nomme et révoque, en conseil des ministres, les agents diplomatiques, les commandants en chef des armées de terre et de mer, les préfets, le commandant supérieur des gardes nationales de la Seine, les gouverneurs de l'Algérie et des colonies, les procureurs généraux et autres fonctionnaires d'un ordre supérieur. — Il nomme et révoque, sur la proposition du ministre compétent, dans les conditions réglementaires déterminées par la loi, les agents secondaires du Gouvernement.

65. Il a le droit de suspendre, pour un terme qui ne pourra excéder trois mois, les agents du pouvoir exécutif élus par les citoyens. — Il ne peut les révoquer que de l'avis du Conseil d'état. — La loi détermine les cas où les agents révoqués peuvent être déclarés inéligibles aux mêmes fonctions. — Cette déclaration d'inéligibilité ne pourra être prononcée que par un jugement.

66. Le nombre des ministres et leurs attributions sont fixés par le pouvoir législatif.

67. Les actes du Président de la République, autres que ceux

(1) Cf. L. 12 mars 1849.

par lesquels il nomme et révoque les ministres, n'ont d'effet que s'ils sont contre-signés par un ministre.

68. Le Président de la République, les ministres, les agents et dépositaires de l'autorité publique, sont responsables, chacun en ce qui le concerne, de tous les actes du Gouvernement et de l'administration. — Toute mesure par laquelle le Président de la République dissout l'Assemblée nationale, la proroge ou met obstacle à l'exercice de son mandat, est un crime de haute trahison. — Par ce seul fait, le Président est déchu de ses fonctions; les citoyens sont tenus de lui refuser obéissance; le pouvoir exécutif passe de plein droit à l'Assemblée nationale. Les juges de la haute cour de justice se réunissent immédiatement à peine de forfaiture : ils convoquent les jurés dans le lieu qu'ils désignent, pour procéder au jugement du Président et de ses complices; ils nomment eux-mêmes les magistrats chargés de remplir les fonctions du ministère public. — Une loi déterminera les autres cas de responsabilité, ainsi que les formes et les conditions de la poursuite.

69. Les ministres ont entrée dans le sein de l'Assemblée nationale; ils sont entendus toutes les fois qu'ils le demandent, et peuvent se faire assister par des commissaires nommés par un décret du Président de la République.

70. Il y a un Vice-Président de la République nommé par l'Assemblée nationale, sur la présentation de trois candidats faite par le Président dans le mois qui suit son élection. — Le Vice-Président prête le même serment que le Président. — Le Vice-Président ne pourra être choisi parmi les parents et alliés du Président jusqu'au sixième degré inclusivement. — En cas d'empêchement du Président, le Vice-Président le remplace. — Si la présidence devient vacante par décès, démission du Président, ou autrement, il est procédé, dans le mois, à l'élection d'un Président.

CHAPITRE VI
Du Conseil d'état (1).

71. Il y aura un Conseil d'état, dont le Vice-Président de la République sera de droit président.

72. Les membres de ce conseil sont nommés pour six ans par l'Assemblée nationale. Ils sont renouvelés par moitié, dans les deux premiers mois de chaque législature, au scrutin secret et à la majorité absolue. — Ils sont indéfiniment rééligibles.

(1) Cf. L. 3 mars 1849; Règl. 26 mai 1849; 15 juin 1850.

73. Ceux des membres du Conseil d'état qui auront été pris dans le sein de l'Assemblée nationale seront immédiatement remplacés comme représentants du peuple.

74. Les membres du Conseil d'état ne peuvent être révoqués que par l'Assemblée, et sur la proposition du Président de la République.

75. Le Conseil d'état est consulté sur les projets de loi du Gouvernement qui, d'après la loi, devront être soumis à son examen préalable, et sur les projets d'initiative parlementaire que l'Assemblée lui aura renvoyés. — Il prépare les règlements d'administration publique ; il fait seul ceux de ces règlements à l'égard desquels l'Assemblée nationale lui a donné une délégation spéciale. — Il exerce, à l'égard des administrations publiques, tous les pouvoirs de contrôle et de surveillance qui lui sont déférés par la loi. — La loi réglera ses autres attributions.

CHAPITRE VII
De l'Administration intérieure.

76. La division du territoire en départements, arrondissements, cantons et communes, est maintenue. Les circonscriptions actuelles ne pourront être changées que par la loi.

77. Il y a, 1º dans chaque département, une administration composée d'un préfet, d'un conseil général, d'un conseil de préfecture ; — 2º Dans chaque arrondissement, un sous-préfet ; — — 3º Dans chaque canton, un conseil cantonal ; néanmoins, un seul conseil cantonal sera établi dans les villes divisées en plusieurs cantons ; — 4º Dans chaque commune, une administration composée d'un maire, d'adjoints et d'un conseil municipal.

78. Une loi déterminera la composition et les attributions des conseils généraux, des conseils cantonaux, des conseils municipaux, et le mode de nomination des maires et des adjoints (1).

79. Les conseils généraux et les conseils municipaux sont élus par le suffrage direct de tous les citoyens domiciliés dans le département ou dans la commune. Chaque canton élit un membre du conseil général. — Une loi spéciale réglera le mode d'élection dans le département de la Seine, dans la ville de Paris et dans les villes de plus de vingt mille âmes.

80. Les conseils généraux, les conseils cantonaux et les conseils municipaux peuvent être dissous par le Président de la République, de l'avis du Conseil d'état. La loi fixera le délai dans lequel il sera procédé à la réélection.

(1) Cf. L. 14 juin 1851.

CHAPITRE VIII
Du pouvoir judiciaire (1).

81. La justice est rendue gratuitement au nom du Peuple français. — Les débats sont publics, à moins que la publicité ne soit dangereuse pour l'ordre ou les mœurs ; et, dans ce cas, le tribunal le déclare par un jugement.

82. Le jury continuera d'être appliqué en matière criminelle (2).

83. La connaissance de tous les délits politiques et de tous les délits commis par la voie de la presse appartient exclusivement au jury. — Les lois organiques détermineront la compétence en matière de délits d'injures et de diffamation contre les particuliers.

84. Le jury statue seul sur les dommages-intérêts réclamés pour faits ou délits de presse.

85. Les juges de paix et leurs suppléants, les juges de première instance et d'appel, les membres de la Cour de cassation et de la Cour des comptes, sont nommés par le Président de la République, d'après un ordre de candidature ou d'après des conditions qui seront réglées par les lois organiques.

86. Les magistrats du ministère public sont nommés par le Président de la République.

87. Les juges de première instance et d'appel, les membres de la Cour de cassation et de la Cour des comptes, sont nommés à vie. — Ils ne peuvent être révoqués ou suspendus que par un jugement, ni mis à la retraite que pour les causes et dans les formes déterminées par les lois (3).

88. Les conseils de guerre et de revision des armées de terre et de mer, les tribunaux maritimes, les tribunaux de commerce, les prud'hommes et autres tribunaux spéciaux, conservent leur organisation et leurs attributions actuelles jusqu'à ce qu'il y ait été dérogé par une loi.

89. Les conflits d'attributions entre l'autorité administrative et l'autorité judiciaire seront réglés par un tribunal spécial de membres de la Cour de cassation et de conseillers d'état, désignés tous les trois ans en nombre égal par leur corps respectif. — Ce tribunal sera présidé par le ministre de la justice (4).

(1) Cf. LL. 8 août 1849; 28 août 1848 (tribunaux de commerce).
(2) Cf. L. 7 août 1848.
(3) Cf. DD. 24 mars et 17 avril 1848.
(4) Cf. L. 3 mars 1849, art. 64 ; Règl. 26 octobre 1849 ; L. 4 février 1850.

90. Les recours pour incompétence et excès de pouvoirs contre les arrêts de la Cour des comptes seront portés devant la juridiction des conflits.

91. Une haute cour de justice juge, sans appel ni recours en cassation, les accusations portées par l'Assemblée nationale contre le Président de la République ou les ministres. — Elle juge également toutes personnes prévenues de crimes, attentats ou complots contre la sûreté intérieure ou extérieure de l'État, que l'Assemblée nationale aura renvoyées devant elle. — Sauf le cas prévu par l'article 68, elle ne peut être saisie qu'en vertu d'un décret de l'Assemblée nationale, qui désigne la ville où la cour tiendra ses séances.

92. La haute cour est composée de cinq juges et de trente-six jurés. — Chaque année, dans les quinze premiers jours du mois de novembre, la Cour de cassation nomme, parmi ses membres, au scrutin secret et à la majorité absolue, les juges de la haute cour, au nombre de cinq, et deux suppléants. Les cinq juges appelés à siéger feront choix de leur président. — Les magistrats remplissant les fonctions du ministère public sont désignés par le Président de la République, et, en cas d'accusation du Président ou des ministres, par l'Assemblée nationale. — Les jurés, au nombre de trente-six, et quatre jurés suppléants, sont pris parmi les membres des conseils généraux des départements. — Les représentants du peuple n'en peuvent faire partie.

93. Lorsqu'un décret de l'Assemblée nationale a ordonné la formation de la haute cour de justice, et, dans le cas prévu par l'article 68, sur la réquisition du président ou de l'un des juges, le président de la cour d'appel, et, à défaut de cour d'appel, le président du tribunal de première instance du chef-lieu judiciaire du département, tire au sort, en audience publique, le nom d'un membre du conseil général.

94. Au jour indiqué pour le jugement, s'il y a moins de soixante jurés présents, ce nombre sera complété par des jurés supplémentaires tirés au sort, par le président de la haute cour, parmi les membres du conseil général du département où siégera la cour.

95. Les jurés qui n'auront pas produit d'excuse valable seront condamnés à une amende de mille à dix mille francs, et à la privation des droits politiques pendant cinq ans au plus.

96. L'accusé et le ministère public exercent le droit de récusation comme en matière ordinaire.

97. La déclaration du jury portant que l'accusé est coupable ne peut être rendue qu'à la majorité des deux tiers des voix.

98. Dans tous les cas de responsabilité des ministres, l'Assemblée nationale peut, selon les circonstances, renvoyer le ministre inculpé, soit devant la haute cour de justice, soit devant les tribunaux ordinaires, pour les réparations civiles.

99. L'Assemblée nationale et le Président de la République peuvent, dans tous les cas, déférer l'examen des actes de tout fonctionnaire, autre que le Président de la République, au Conseil d'état, dont le rapport est rendu public.

100. Le Président de la République n'est justiciable que de la haute cour de justice. — Il ne peut, à l'exception du cas prévu par l'article 68, être poursuivi que sur l'accusation portée par l'Assemblée nationale, et pour crimes et délits qui seront déterminés par la loi.

CHAPITRE IX
De la force publique.

101. La force publique est instituée pour défendre l'État contre les ennemis du dehors, et pour assurer au dedans le maintien de l'ordre et l'exécution des lois. — Elle se compose de la garde nationale (1) et de l'armée de terre et de mer.

102. Tout Français, sauf les exceptions fixées par la loi, doit le service militaire et celui de la garde nationale. — La faculté pour chaque citoyen de se libérer du service militaire personnel sera réglée par la loi du recrutement.

103. L'organisation de la garde nationale et la constitution de l'armée seront réglées par la loi.

104. La force publique est essentiellement obéissante. — Nul corps armé ne peut délibérer.

105. La force publique, employée pour maintenir l'ordre à l'intérieur, n'agit que sur la réquisition des autorités constituées, suivant les règles déterminées par le Pouvoir législatif.

106. Une loi déterminera les cas dans lesquels l'état de siège pourra être déclaré, et réglera les formes et les effets de cette mesure (2).

107. Aucune troupe étrangère ne peut être introduite sur le territoire français sans le consentement préalable de l'Assemblée nationale.

(1) Cf. L. 13 juin 1851.
(2) Cf. L. 9 août 1849.

CHAPITRE X

Dispositions particulières.

108. La Légion d'honneur est maintenue; ses statuts seront revisés et mis en harmonie avec la Constitution.

109. Le territoire de l'Algérie et des colonies est déclaré territoire français, et sera régi par des lois particulières jusqu'à ce qu'une loi spéciale les place sous le régime de la présente Constitution.

110. L'Assemblée nationale confie le dépôt de la présente Constitution, et des droits qu'elle consacre, à la garde et au patriotisme de tous les Français.

CHAPITRE XI

De la Revision de la Constitution.

111. Lorsque, dans la dernière année d'une législature, l'Assemblée nationale aura émis le vœu que la Constitution soit modifiée en tout ou en partie, il sera procédé à cette revision de la manière suivante : — Le vœu exprimé par l'Assemblée ne sera converti en résolution définitive qu'après trois délibérations consécutives, prises chacune à un mois d'intervalle et aux trois quarts des suffrages exprimés. Le nombre des votants devra être de cinq cents au moins. — L'Assemblée de revision ne sera nommée que pour trois mois. — Elle ne devra s'occuper que de la revision pour laquelle elle aura été convoquée. — Néanmoins, elle pourra, en cas d'urgence, pourvoir aux nécessités législatives.

CHAPITRE XII

Dispositions transitoires.

112. Les dispositions des codes, lois et règlements existants, qui ne sont pas contraires à la présente Constitution, restent en vigueur jusqu'à ce qu'il y soit légalement dérogé.

113. Toutes les autorités constituées par les lois actuelles demeurent en exercice jusqu'à la promulgation des lois organiques qui les concernent.

114. La loi d'organisation judiciaire déterminera le mode spécial de nomination pour la première composition des nouveaux tribunaux.

115. Après le vote de la Constitution, il sera procédé, par l'Assemblée nationale constituante, à la rédaction des lois organiques dont l'énumération sera déterminée par une loi spéciale (1).

(1) LL. 4 septembre et 11 décembre 1848.

116. Il sera procédé à la première élection du Président de la République conformément à la loi spéciale rendue par l'Assemblée nationale le 28 octobre 1848 (1).

Loi électorale *du 15 mars 1849* (2).

TITRE PREMIER

FORMATION DES LISTES ÉLECTORALES

Art. 1er. Dans les douze jours qui suivront la promulgation de la présente loi, la liste électorale sera dressée pour chaque commune par le maire.

2. Elle comprendra, par ordre alphabétique, — 1° Tous les Français âgés de vingt et un ans accomplis, jouissant de leurs droits civils et politiques, et habitant dans la même commune depuis six mois au moins; — 2° Ceux qui, n'ayant pas atteint, lors de la formation de la liste, les conditions d'âge et d'habitation, les acquerront avant sa clôture définitive. — Les militaires en activité de service et les hommes retenus pour le service des ports ou de la flotte, en vertu de leur immatriculation sur les rôles de l'inscription maritime, seront portés sur les listes des communes où ils étaient domiciliés avant leur départ. — Les conditions d'habitation depuis six mois au moins dans la commune ne seront point exigées des citoyens qui, en vertu du décret du 19 septembre dernier, auront quitté la France pour s'établir en Algérie.

3. Ne seront pas inscrits sur la liste électorale, — 1° Les individus privés de leurs droits civils et politiques par suite de condamnation, soit à des peines afflictives et infamantes, soit à des peines infamantes seulement; — 2° Ceux auxquels les tribunaux, jugeant correctionnellement, ont interdit le droit de vote et d'élection par application des lois qui autorisent cette interdiction; — 3° Les condamnés pour crime à l'emprisonnement, par application de l'article 463 du Code pénal; — 4° Les condamnés à trois mois de prison au moins, pour vol, escroquerie, abus de confiance, soustraction commise par des dépositaires de deniers publics, ou attentat aux mœurs prévu par l'article 334 du Code pénal; — 5° Ceux qui ont été condamnés à trois mois de prison, par application des articles 318 et 423 du

(1) Cette élection fut faite le 10 décembre 1848 : Louis-Napoléon Bonaparte fut élu (V. les *notices*).
(2) Coll. *B. L.*, 10° série, III, n° 1182, p. 227.

Code pénal; — 6° Ceux qui ont été condamnés pour délit d'usure; — 7° Les interdits; — 8° Les faillis qui, n'ayant point obtenu de concordat ou n'ayant point été déclarés excusables conformément à l'art. 538 du Code de commerce, n'ont pas d'ailleurs été réhabilités. — Toutefois, le paragraphe 3 du présent article n'est applicable, ni aux condamnés en matière politique, ni aux condamnés pour coups et blessures, si l'interdiction du droit d'élire n'a pas été, dans le cas où la loi l'autorise, prononcée par l'arrêt de condamnation.

4. Après l'expiration du délai porté à l'article 1er, la liste dressée par le maire sera immédiatement déposée au secrétariat de la mairie pour y être communiquée à tout requérant; elle pourra être copiée et reproduite par la voie de l'impression. — Le jour même du dépôt de la liste, avis de ce dépôt sera donné par affiches apposées aux lieux accoutumés.

5. Une copie de la liste et du procès-verbal constatant l'accomplissement des formalités prescrites par l'article précédent sera en même temps transmise au sous-préfet de l'arrondissement, qui l'adressera, dans les deux jours, avec ses observations, au préfet du département.

6. Si le préfet estime que les formalités et les délais prescrits par la loi n'ont pas été observés, il devra, dans les deux jours de la réception de la liste, déférer les opérations du maire au conseil de préfecture du département, qui statuera dans les trois jours, et fixera, s'il y a lieu, le délai dans lequel les opérations annulées devront être refaites. — Dans ce dernier cas, le conseil de préfecture pourra, par la même décision, réduire à cinq jours le terme pendant lequel les citoyens devront prendre connaissance de la liste et former leurs réclamations; il pourra également ordonner que les réclamations seront, dans les trois jours de leur date, portées devant le juge de paix, directement et sans examen préalable, par la commission municipale.

7. Tout citoyen omis sur la liste pourra, dans les dix jours à compter de l'apposition des affiches, présenter sa réclamation à la mairie. — Dans le même délai, tout électeur inscrit sur l'une des listes du département pourra réclamer la radiation ou l'inscription de tout individu omis ou indûment inscrit. — Il sera ouvert, dans chaque mairie, un registre sur lequel les réclamations seront inscrites par ordre de date : le maire devra donner récépissé de chaque réclamation.

8. L'électeur dont l'inscription aura été contestée en sera averti sans frais par le maire, et pourra présenter ses observations. — Les réclamations seront jugées, dans les cinq jours,

par une commission composée, à Paris, du maire et de deux adjoints ; partout ailleurs, du maire et de deux membres du conseil municipal désignés à cet effet par le conseil.

9. Notification de la décision sera, dans les trois jours, faite aux parties intéressées par le ministère d'un agent assermenté. — Elles pourront en appeler dans les cinq jours de la notification.

10. L'appel sera porté devant le juge de paix du canton ; il sera formé par simple déclaration au greffe ; le juge de paix statuera dans les dix jours, sans frais ni formes de procédure, et sur simple avertissement donné, trois jours à l'avance, à toutes les parties intéressées. — Toutefois, si la demande portée devant lui implique la solution préjudicielle d'une question d'état, il renverra préalablement les parties à se pourvoir devant les juges compétents, et fixera un bref délai dans lequel la partie qui aura élevé la question préjudicielle devra justifier de ses diligences. Il sera procédé, en cette circonstance, conformément aux articles 855, 856 et 858 du Code de procédure.

11. La décision du juge de paix sera en dernier ressort, mais elle pourra être déférée à la cour de cassation.

12. Le pourvoi ne sera recevable que s'il est formé dans les dix jours de la modification de la décision ; il ne sera pas suspensif. — Il sera formé par simple requête, dispensé de l'intermédiaire d'un avocat à la cour, et jugé d'urgence sans frais ni consignation d'amende.

13. Tous les actes judiciaires seront, en matière électorale, dispensés du timbre, et enregistrés gratis. — Les extraits des actes de naissance nécessaires pour établir l'âge des électeurs seront délivrés gratuitement, sur papier libre, à tout réclamant. Ils porteront en tête de leur texte l'énonciation de leur destination spéciale, et ne seront admis pour aucune autre.

14. Si la décision du maire a été réformée, le juge de paix en donnera avis au préfet et au maire dans les trois jours de la réformation.

15. A l'expiration du dernier des délais fixés par les articles 1, 6, 7, 8, 9, 10, paragraphe premier, et 14 de la présente loi, le maire opérera toutes les rectifications régulièrement ordonnées, transmettra au préfet le tableau de ces rectifications, et arrêtera définitivement la liste électorale de la commune. — Dans tous les cas, et nonobstant toute espèce de retard, les listes électorales pour toutes les communes seront censées closes et arrêtées le cinquantième jour qui suivra celui de la promulgation de la présente loi.

16. La minute de la liste électorale reste déposée au secrétariat de la commune ; la copie et le tableau rectificatif transmis au préfet, conformément aux articles 5 et 15 de la présente loi, restent déposés au secrétariat général du département. — Communication en est toujours donnée aux citoyens qui la demandent.

17. Dès que les listes seront devenues définitives, le préfet en enverra à l'intendant militaire un extrait contenant les noms de tous les électeurs en activité de service militaire. — L'intendant militaire adressera aux conseils d'administration, aux chefs de corps, copie officielle de la partie de cet extrait concernant les hommes sous leurs ordres. — Des extraits semblables, en ce qui concerne les hommes immatriculés sur les rôles de l'inscription maritime et retenus par le service des ports ou de la flotte, seront également envoyés par les préfets aux commissaires de marine, qui les transmettront sans délai aux chefs maritimes sous les ordres desquels ces hommes sont placés.

18. Toutefois, et pour l'élection de la prochaine Assemblée législative, dans les localités où les extraits officiels de la liste définitive n'auront pu parvenir aux conseils d'administration ou aux chefs de corps pour le jour de l'élection, les militaires et les hommes au service des ports ou de la flotte seront admis à voter sur le vu de l'extrait de la liste, telle qu'elle aura été originairement dressée par le maire, et transmise en copie au préfet, conformément aux articles 1, 2, 3, 4 et 5 de la présente loi. — A cet effet, dès la réception de cette copie, le préfet pourvoira à ce que les extraits en soient immédiatement envoyés comme il est dit en l'article précédent.

19. Quinze jours avant l'élection, le préfet fera publier, dans le recueil des actes administratifs du département, le tableau des corps auxquels appartiennent les électeurs du département en activité de service militaire ou maritime, et l'indication des lieux où ces corps se trouvent. — Ce tableau sera en même temps déposé au secrétariat de la préfecture pour y être communiqué à toute réquisition.

TITRE II
REVISION ANNUELLE DES LISTES ÉLECTORALES

20. Les listes électorales sont permanentes. — Il ne peut y être fait de changement que lors de la revision annuelle ; cette revision s'opère conformément aux dispositions suivantes.

21. Du 1er au 10 janvier de chaque année, le maire de chaque commune ajoute aux listes les citoyens qu'il reconnaît avoir acquis les qualités exigées par la loi, ceux qui acquerront les conditions d'âge et d'habitation avant le 1er avril, et ceux qui auraient été précédemment omis. — Il en retranche, — 1º Les individus décédés; — 2º Ceux dont la radiation a été ordonnée par l'autorité compétente; — 3º Ceux qui ont perdu les qualités requises; — 4º Ceux qu'il reconnaît avoir été indûment inscrits, quoique leur inscription n'ait point été attaquée. — Il tient un registre de toutes ces décisions, et y mentionne les motifs et les pièces à l'appui.

22. Le tableau contenant les additions et retranchements faits par le maire à la liste électorale est déposé, au plus tard le 15 janvier, au secrétariat de la commune. — Il est ensuite procédé, à l'égard de ce tableau, conformément aux articles 4, 5, 6, premier paragraphe, 7, 8, 9, 10, 11, 12, 13 et 14 de la présente loi.

23. Le 31 mars de chaque année, le maire opère toutes les rectifications régulièrement ordonnées, transmet au préfet le tableau de ces rectifications, et arrête définitivement la liste électorale de la commune. — Il est ensuite procédé conformément aux articles 16 et 17 de la présente loi. — La liste électorale reste, jusqu'au 31 mars de l'année suivante, telle qu'elle a été arrêtée, sauf néanmoins les changements qui y auraient été ordonnés par décision du juge de paix, et sauf aussi la radiation des noms des électeurs décédés ou privés des droits civils et politiques par jugement ayant force de chose jugée. — L'élection, à quelque époque de l'année qu'elle ait lieu, se fait sur cette liste.

TITRE III

DES COLLÈGES ÉLECTORAUX

CHAPITRE PREMIER

24. Les collèges électoraux s'ouvrent au jour fixé par la loi pour les élections auxquelles ils doivent procéder. — Le jour de l'ouverture du scrutin devra toujours être un dimanche ou un jour férié, sauf toutefois le cas prévu par le troisième paragraphe de l'article 31 de la Constitution.

25. Les électeurs se réunissent au chef-lieu de canton.

26. Néanmoins, en raison des circonstances locales, le canton peut être divisé en circonscriptions.

27. Cette division ne peut excéder le nombre de quatre circonscriptions.

28. Le tableau des circonscriptions est arrêté par le préfet, conformément à l'avis du conseil général. Les conseils cantonaux sont préalablement consultés. Le tableau est revisé tous les trois ans.

29. Si la division opérée pour un canton excède le nombre de circonscriptions autorisé par l'article précédent, le ministre de l'intérieur, soit d'office, soit sur la réclamation d'un ou de plusieurs électeurs du département, annule la délibération du conseil général, l'arrêté du préfet qui s'en est suivi, et pourvoit, par la même décision, à une nouvelle division dans les limites légales (1).

30. Transitoirement, et seulement pour les élections de la prochaine Assemblée législative, les circonscriptions resteront telles qu'elles ont été formées pour l'élection du 10 décembre dernier. — Néanmoins, à l'égard des cantons où, contrairement à la loi, la division aurait été faite en plus de quatre circonscriptions, il sera procédé, par le ministre de l'intérieur, conformément aux dispositions de l'article précédent.

31. Chaque canton ou circonscription cantonale peut être divisé, par arrêté du préfet, en autant de sections que le rend nécessaire le nombre des électeurs inscrits; mais toutes les sections doivent siéger au chef-lieu du canton ou dans la commune désignée comme chef-lieu de la circonscription électorale.

32. Les collèges électoraux ne peuvent s'occuper que de l'élection pour laquelle ils sont réunis. — Toutes discussions, toutes délibérations leur sont interdites.

33. Le président du collège ou de la section a seul la police de l'assemblée. — Nulle force armée ne peut, sans son autorisation, être placée dans la salle des séances ni aux abords du lieu où se tient l'assemblée. — Les autorités civiles et les commandants militaires sont tenus de déférer à ses réquisitions.

34. Le bureau de chaque collège ou section est composé d'un président, de quatre assesseurs et d'un secrétaire choisi par eux parmi les électeurs. — Dans les délibérations du bureau, le secrétaire n'a que voix consultative.

35. Les collèges et sections sont présidés au chef-lieu de canton par le juge de paix et ses suppléants, et, à leur défaut, par les maire, adjoints et conseillers municipaux de la commune. — Dans les autres circonscriptions, la présidence est dévolue aux maire, adjoints et conseillers municipaux de la commune désignée comme chef-lieu de la circonscription électorale.

(1) Modifié par L. 26 décembre 1849.

— Si les juges de paix, suppléants, maires, adjoints et conseillers municipaux ne se trouvent pas en nombre suffisant pour présider toutes les sections, les présidents sont désignés par le maire parmi les électeurs sachant lire et écrire. — A Paris, les sections sont présidées dans chaque arrondissement par le maire, les adjoints ou des électeurs désignés par eux.

36. Les assesseurs sont pris, suivant l'ordre du tableau, parmi les conseillers municipaux sachant lire et écrire ; à leur défaut, les assesseurs sont les deux plus âgés et les deux plus jeunes électeurs présents sachant lire et écrire. — A Paris, les fonctions d'assesseurs sont remplies dans chaque section par les deux plus âgés et les deux plus jeunes électeurs présents sachant lire et écrire.

37. Trois membres du bureau au moins doivent être présents pendant tout le cours des opérations du collège.

38. Le bureau prononce provisoirement sur les difficultés qui s'élèvent touchant les opérations du collège ou de la section. — Ses décisions sont motivées. — Toutes les réclamations et décisions sont insérées au procès-verbal ; les pièces ou bulletins qui s'y rapportent y sont annexés, après avoir été paraphés par le bureau.

39. Pendant toute la durée des opérations électorales, une copie officielle de la liste des électeurs, contenant les nom, domicile et qualification de chacun des inscrits, reste déposée sur la table autour de laquelle siège le bureau.

40. Tout électeur inscrit sur cette liste a le droit de prendre part au vote.

41. Ce droit est suspendu, — Pour les détenus, — Pour les accusés contumax, — Et pour les personnes non interdites, mais retenues, en vertu de la loi du 30 juin 1838, dans un établissement public d'aliénés.

42. Nul ne peut être admis à voter s'il n'est inscrit sur la liste.

43. Toutefois, seront admis au vote, quoique non inscrits, les citoyens porteurs d'une décision du juge de paix ordonnant leur inscription, ou d'un arrêt de la cour de cassation annulant un jugement qui aurait prononcé une radiation.

44. Lors de l'élection, soit du Président de la République, soit des membres de l'Assemblée nationale, les représentants du peuple seront également admis au vote, s'ils le requièrent, dans la circonscription électorale du lieu où siège l'Assemblée.

45. Nul électeur ne peut entrer dans le collège électoral s'il est porteur d'armes quelconques.

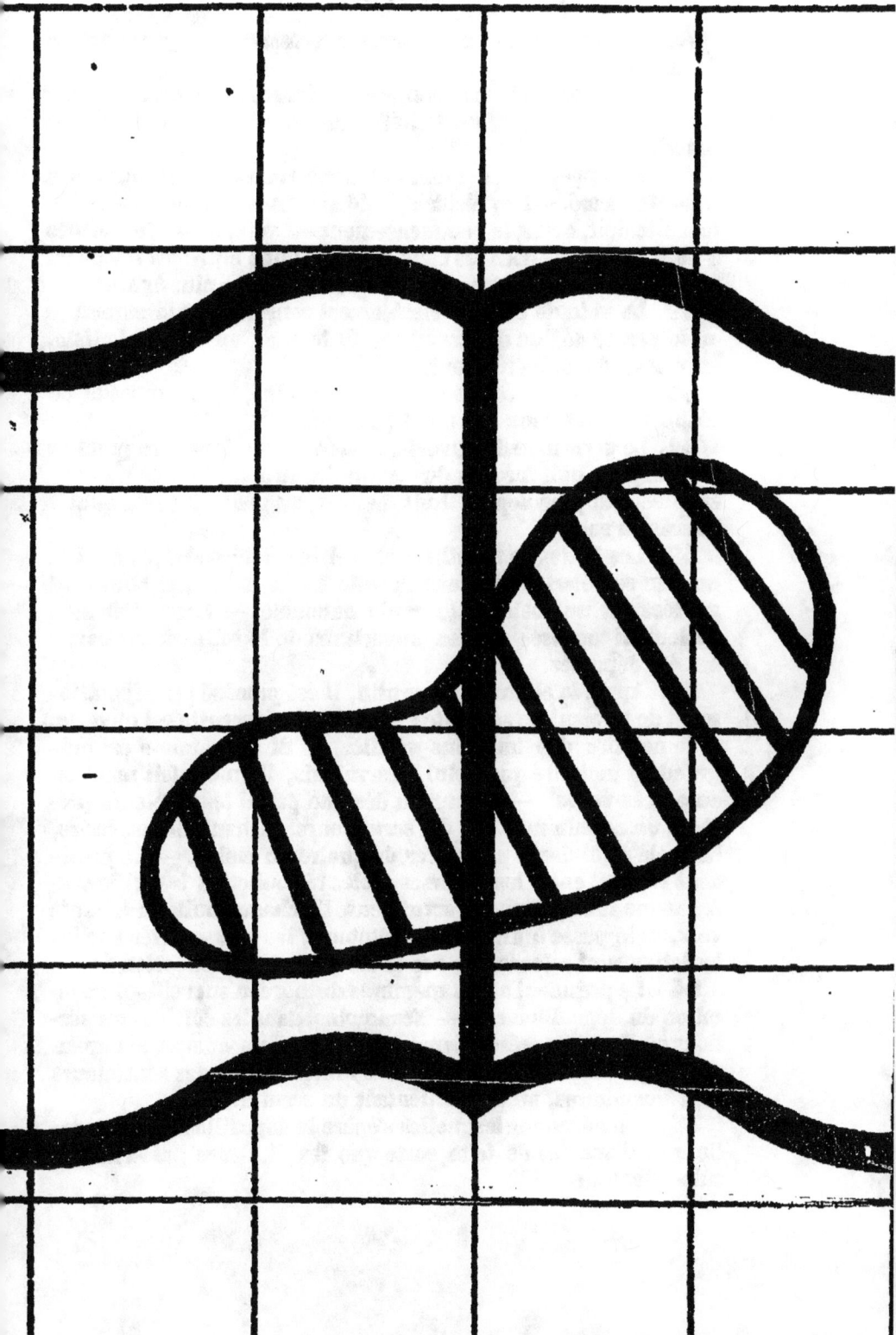

46. Les électeurs sont appelés successivement par ordre de communes.

47. Ils apportent leurs bulletins préparés en dehors de l'assemblée. — Le papier du bulletin doit être blanc et sans signes extérieurs.

48. A l'appel de son nom, l'électeur remet au président son bulletin fermé. — Le président le dépose dans la boîte du scrutin, laquelle doit, avant le commencement du vote, avoir été fermée à deux serrures, dont les clefs restent, l'une entre les mains du président, l'autre entre celles du scrutateur le plus âgé.

49. Le vote de chaque électeur est constaté par la signature ou le parafe de l'un des membres du bureau, apposé sur la liste, en marge du nom du votant.

50. L'appel par commune étant terminé, il est procédé au réappel de tous ceux qui n'ont pas voté.

51. Le scrutin reste ouvert pendant deux jours: le premier jour depuis huit heures du matin jusqu'à six heures du soir et le second jour depuis huit heures du matin jusqu'à quatre heures du soir.

52. Les boîtes de scrutin sont scellées et déposées pendant la nuit au secrétariat ou dans la salle de la mairie, et elles sont gardées par un poste de la garde nationale. — Les scellés sont également apposés sur les ouvertures de la salle où ces boîtes ont été déposées.

53. Après la clôture du scrutin, il est procédé au dépouillement de la manière suivante : — La boîte du scrutin est ouverte, et le nombre des bulletins vérifié. — Si ce nombre est plus grand ou moindre que celui des votants, il en est fait mention au procès-verbal. — Le bureau désigne parmi les électeurs présents un certain nombre de scrutateurs sachant lire et écrire, lesquels se divisent par tables de quatre au moins. — Le président répartit entre les diverses tables les bulletins à vérifier. — A chaque table, l'un des scrutateurs lit chaque bulletin à haute voix, et le passe à un autre scrutateur ; les noms portés sur les bulletins sont relevés sur des listes préparées à cet effet.

54. Le président et les membres du bureau surveillent l'opération du dépouillement. — Néanmoins, dans les collèges ou sections où il se sera présenté moins de trois cents votants, le bureau pourra procéder lui-même, et sans l'intervention des scrutateurs supplémentaires, au dépouillement du scrutin.

55. Les tables sur lesquelles s'opère le dépouillement du scrutin sont disposées de telle sorte que les électeurs puissent circuler alentour.

56. Sont valables les bulletins contenant plus ou moins de noms qu'il n'y a de citoyens à élire. — Les derniers noms inscrits au delà de ce nombre ne sont pas comptés.

57. Les bulletins blancs, — Ceux ne contenant pas une désignation suffisante, — Ou contenant une désignation ou qualification inconstitutionnelle, — Ou dans lesquels les votants se font connaître, n'entrent point en compte dans le résultat du dépouillement, mais ils sont annexés au procès-verbal.

58. Immédiatement après le dépouillement, le résultat du scrutin est rendu public, et les bulletins autres que ceux qui, conformément aux articles 38 et 57, doivent être annexés au procès-verbal, sont brûlés en présence des électeurs.

59. Pour les collèges divisés en plusieurs sections, le dépouillement du scrutin se fait dans chaque section. Le résultat est immédiatement arrêté et signé par le bureau ; il est ensuite porté par le président au bureau de la première section, qui, en présence des présidents des autres sections, opère le recensement général des votes, et en proclame le résultat.

60. Dans les cantons divisés en plusieurs circonscriptions, le résultat du recensement dans chaque circonscription est porté au bureau de la circonscription du chef-lieu, et le recensement cantonal est fait par ce bureau en présence des présidents des autres bureaux.

61. Les procès-verbaux des opérations électorales de chaque canton sont rédigés en double. — L'un de ces doubles reste déposé au greffe de la justice de paix ; l'autre double est porté au chef-lieu du département par le président du bureau ou par l'un des membres que le bureau délègue à cet effet. — Le bureau pourra, au besoin, décider que ce double sera envoyé par la poste ou par un courrier spécial. — Le recensement général des votes se fait au chef-lieu du département, en séance publique, et en présence des délégués des bureaux des assemblées cantonales, sous la présidence du juge de paix ou du doyen des juges de paix du chef-lieu. — A Paris, ce recensement a lieu sous la présidence du doyen des maires.

62. Les militaires présents sous le drapeau sont, dans chaque localité, répartis en sections électorales par départements. — Chaque section est présidée par l'officier ou sous-officier le plus élevé en grade, ou, à défaut, par le soldat le plus ancien, assisté de quatre scrutateurs. — Ces quatre scrutateurs sont les deux plus âgés et les deux plus jeunes électeurs présents sachant lire et écrire. — Il est procédé de la même manière pour les marins et ouvriers portés sur les rôles de l'inscription maritime et retenus par leur service hors du lieu de leur résidence habituelle. — Le résultat est, pour chaque département, envoyé au préfet par le président de la section. — Le résultat transmis par le préfet au président du bureau électoral du chef-lieu est compris dans le recensement général des votes du département. — Néanmoins, l'exercice du droit électoral est suspendu pour les armées en campagne et pour les marins de la flotte se trouvant en cours de navigation.

63. Le recensement général des votes étant terminé, le président en fait connaître le résultat. S'il s'agit d'élections à l'Assemblée nationale, le président proclame représentant du peuple, dans la limite du nombre attribué au département par la loi, les candidats qui ont obtenu le plus de voix, selon l'ordre de la majorité relative.

64. Néanmoins, nul n'est élu ni proclamé au premier tour de scrutin, s'il n'a réuni un nombre de voix égal au huitième de celui des électeurs inscrits sur la totalité des listes électorales du département.

65. Dans le cas où le nombre des candidats réunissant au moins ce chiffre de voix est resté inférieur au nombre de représentants attribué au département par la loi, l'élection est continuée au deuxième dimanche qui suit le jour de la proclamation du résultat du premier scrutin, et alors elle a lieu à la majorité relative, quel que soit le nombre des suffrages obtenus.

66. Dans tous les cas où il y a concours par égalité de suffrages, le plus âgé obtient la préférence.

67. Aussitôt après la proclamation du résultat des opérations électorales, les procès-verbaux et les pièces y annexées sont transmis, par les soins des préfets, au président de l'Assemblée nationale.

68. Les opérations électorales sont vérifiées par l'Assemblée nationale ; elle est seule juge de leur validité.

69. Pour l'élection du Président de la République, les militaires en activité de service votent avec les autres électeurs au lieu où ils se trouvent au jour de l'élection.

70. Dans les villes divisées en plusieurs sections, ils sont répartis entre les diverses sections par un arrêté spécial du maire.

71. Leurs bulletins sont confondus dans la même urne avec ceux des autres citoyens.

72. Au cas où des circonstances particulières rendent impossible le vote en commun avec les autres électeurs, les opérations électorales ont lieu sous la présidence de l'officier le plus élevé en grade, assisté de quatre scrutateurs choisis comme il est dit en l'article 62.

73. Le scrutin est dépouillé séance tenante, et le procès-verbal, signé par les membres du bureau, est envoyé directement au président de l'Assemblée nationale.

74. Les électeurs momentanément retenus par leurs affaires ou leur travail dans une commune autre que celle sur la liste de laquelle ils sont inscrits sont également, pour l'élection du Président de la République, admis à voter dans le lieu de leur présence actuelle, s'ils produisent la preuve de leur inscription régulière sur la liste de leur commune. — Pour jouir de cette faculté, ils doivent, dans les trois jours qui précèdent celui de l'élection , déposer les pièces justificatives de leur droit au secrétariat de la mairie; il leur est donné en échange une carte indiquant le collège ou la section dans lesquels ils seront admis à voter.

CHAPITRE II

Dispositions spéciales pour l'Algérie et les colonies.

75. Les élections pour la Présidence de la République et pour l'Assemblée nationale auront lieu :

En Algérie, quinze jours,
Aux Antilles, quarante-cinq jours,
Au Sénégal et à la Guyane, quatre-vingts jours,
A l'île de la Réunion, cent vingt jours,

} avant celui fixé pour les mêmes élections en France.

76. Néanmoins, pour l'élection de la prochaine Assemblée législative, les délais et formalités, en ce qui touche les colonies, seront réglés ainsi qu'il suit : — Aussitôt après la publication de la présente loi dans chaque colonie, il sera procédé à la formation des listes électorales. — Les élections auront lieu, dans chaque colonie, le premier dimanche qui suivra la clôture desdites listes.

77. Les subdivisions électorales en sections par communes, quartiers ou sous-arrondissements, seront, dans chaque colonie, déterminées par l'autorité administrative.

78. Les fonctionnaires désignés par la présente loi seront, au besoin, remplacés par ceux dont les fonctions sont analogues ; une instruction ministérielle y pourvoira conformément aux nécessités locales.

TITRE IV

DES ÉLIGIBLES

79. Ne peuvent être élus représentants du peuple, — 1o Les individus privés de leurs droits civils et politiques par suite de condamnation, soit à des peines afflictives et infamantes, soit à des peines infamantes seulement ; — 2o Ceux auxquels les tribunaux, jugeant correctionnellement, ont interdit le droit de vote, d'élection ou d'éligibilité, par application des lois qui autorisent cette interdiction ; — 3o Les condamnés pour crime à l'emprisonnement, par application de l'article 463 du Code pénal ; — 4o Les condamnés pour vol, escroquerie, abus de confiance, soustraction commise par des dépositaires de deniers publics, ou attentat aux mœurs prévu par l'article 334 du Code pénal ; — 5o Ceux qui ont été condamnés par application des articles 318 et 423 du Code pénal ; — 6o Ceux qui ont été condamnés pour délit d'usure ; — 7o Ceux qui ont été condamnés pour adultère ; — 8o Les accusés contumax ; — 9o Les interdits et les citoyens pourvus d'un conseil judiciaire ; — 10o Les faillis non réhabilités dont la faillite a été déclarée, soit par les tribunaux français, soit par jugement rendu à l'étranger, mais exécutoire en France. — Toutefois, le paragraphe troisième du présent article n'est applicable ni aux condamnés en matière politique, ni aux condamnés pour coups et blessures, si l'interdiction du droit de vote, d'élection ou d'éligibilité n'a pas été, dans le cas où la loi l'autorise, prononcée par l'arrêt de condamnation.

80. Sera déchu de la qualité de représentant du peuple tout membre de l'Assemblée nationale qui, pendant la durée de son mandat législatif, aura été frappé d'une condamnation emportant, aux termes de l'article précédent, l'incapacité d'être élu. La déchéance sera prononcée par l'Assemblée nationale, sur le vu des pièces justificatives.

81. Ne peuvent être élus représentants du peuple, — 1o Les individus chargés d'une fourniture pour le Gouvernement ou d'une entreprise de travaux publics ; — 2o Les directeurs et administrateurs de chemin de fer. — Tout représentant du peuple qui, pendant le cours de son mandat, aura entrepris une fourniture pour le gouvernement, ou accepté une place, soit de directeur, soit d'administrateur de chemin de fer, ou qui aura pris un intérêt dans une entreprise soumise au vote de l'Assemblée nationale, sera réputé démissionnaire, et déclaré tel par l'Assemblée nationale. — Tout marché passé par le Gouvernement avec un membre de la législature dans les six mois qui la suivent est nul. — Les dispositions précédentes ne s'appliquent pas, pour l'élection de la prochaine législature, aux individus ayant passé des marchés avec le Gouvernement antérieurement à la promulgation de la présente loi.

82. Ne peuvent être élus par les départements compris en tout ou en partie dans leur ressort, — Les premiers présidents, les présidents et les membres des parquets des cours d'appel ; — Les présidents, les vice-présidents, les juges d'instruction et les membres des parquets des tribunaux de première instance ; — Le commandant supérieur des gardes nationales de la Seine ; — Le préfet de police, les préfets, sous-préfets, secrétaires généraux et conseillers de préfecture ; — Les ingénieurs en chef et d'arrondissement ; — Les recteurs et inspecteurs d'académie ; — Les inspecteurs des écoles primaires ; — Les archevêques, évêques et vicaires généraux ; — Les officiers généraux commandant les divisions et les subdivisions militaires ; — Les intendants divisionnaires et les sous-intendants militaires ; — Les préfets maritimes ; — Les receveurs généraux et les receveurs particuliers des finances ; — Les directeurs des contributions directes et indirectes, des domaines et de l'enregistrement, et des douanes ; — Les conservateurs et inspecteurs des forêts ; — Cette prohibition s'applique, pour les colonies, aux gouverneurs et à tous les citoyens y remplissant une fonction correspondante à l'une de celles énumérées au présent article.

83. La prohibition continuera de subsister pendant les six mois qui suivront la cessation de la fonction par démission, destitution, changement de résidence ou de toute autre manière. — Toutefois, cette disposition ne s'appliquera pas aux fonctionnaires dont les fonctions auront cessé, soit avant la promulgation de la présente loi, soit dans les dix jours qui la suivront.

84. Tout fonctionnaire rétribué élu représentant du peuple, et non compris dans les exceptions admises par les articles 85 et 86 de la présente loi, sera réputé démissionnaire de ses fonctions, par le seul fait de son admission comme membre de l'Assemblée législative, s'il n'a pas opté, avant la vérification de ses pouvoirs, entre sa fonction et le mandat législatif.

85. Sont, en vertu de l'article 28 de la Constitution, exceptés de l'incompatibilité prononcée par cet article entre toute fonction publique rétribuée et le mandat de représentant du peuple, — Les ministres ; — Le commandant supérieur des gardes nationales de la Seine ; — Le procureur général à la

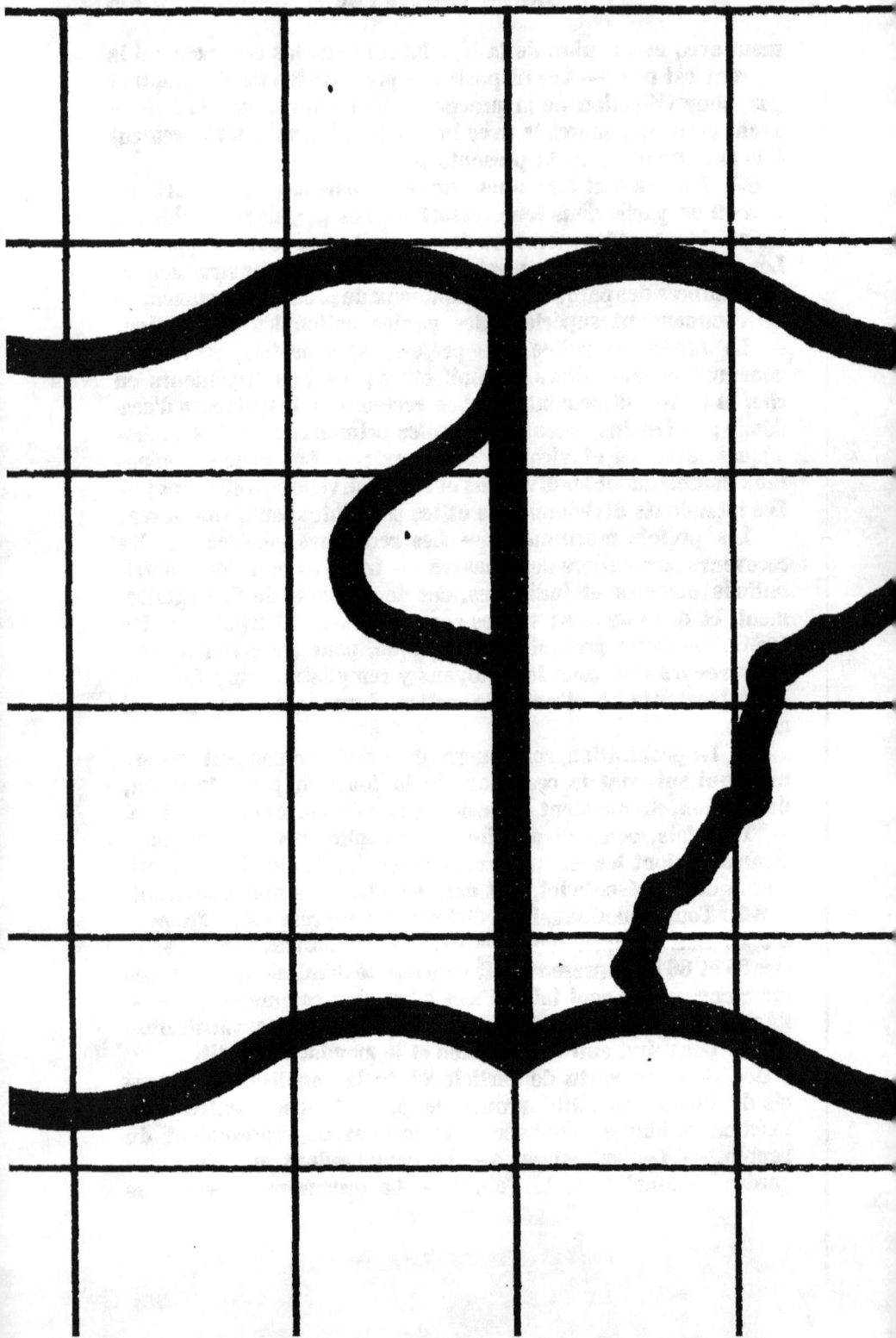

cour de cassation ; — Le procureur général à la cour d'appel de Paris ; — Le préfet de la Seine ; — Les citoyens chargés temporairement d'un commandement ou d'une mission extraordinaire, soit à l'intérieur, soit à l'extérieur. — Toute mission qui aura duré six mois cessera d'être réputée temporaire.

86. Sont également exceptés, — Les professeurs dont les chaires sont données au concours ou sur présentation faite par leurs collègues, quand ils exercent leurs fonctions dans le lieu où siège l'Assemblée nationale ; — Les fonctionnaires appartenant à un corps ou à une administration dans lesquels la distinction entre l'emploi et le grade est établie par une loi.

87. Les fonctionnaires désignés dans le dernier paragraphe de l'article précédent seront, par le seul fait de leur admission à l'Assemblée législative, réputés avoir renoncé à leur situation d'activité. — En conséquence, à dater du jour de leur admission, et pendant la durée de leur mandat, les officiers de tout grade et de toutes armes nommés représentants du peuple seront considérés comme étant en mission hors cadre ; les sous-officiers et soldats, comme étant en congé temporaire. — Les ingénieurs des ponts et chaussées et des mines seront réputés démissionnaires de leur emploi, et ne conserveront, pour être remis en activité, quand l'incompatibilité aura cessé, que l'aptitude constatée par leur grade au moment de leur admission dans l'Assemblée législative.

88. Les fonctions publiques rétribuées, commandements ou missions auxquels, par exception à l'article 28 de la Constitution, les membres de l'Assemblée nationale peuvent être appelés pendant la durée de la législature, par le choix du Pouvoir exécutif, sont ceux énumérés en l'article 85.

89. La prohibition exprimée par le deuxième paragraphe de l'article 28 de la Constitution comprend toute la durée de la législature, et six mois au delà.

TITRE V
DISPOSITIONS GÉNÉRALES

90. Chaque département élit au scrutin de liste le nombre de représentants qui lui est attribué par le tableau annexé à la présente loi. Ce tableau sera revisé dans les trois premiers mois de l'année 1852, et ensuite tous les cinq ans.

91. Le représentant élu dans plusieurs départements doit faire connaître son option au président de l'Assemblée nationale, dans les dix jours qui suivent la déclaration de la validité de ces élections. A défaut d'option dans ce délai, la question est décidée par la voie du sort et en séance publique.

92. En cas de vacance par option, décès, démission ou autrement, le collège électoral qui doit pourvoir à la vacance est réuni dans le délai de quarante jours.

93. Ce délai est de deux mois pour la Corse et l'Algérie ; — De trois mois pour les Antilles et la Guyane ; — De quatre mois pour le Sénégal ; — De cinq mois pour l'île de la Réunion.

94. L'intervalle entre la promulgation de l'arrêté de convocation du collège et l'ouverture du collège est de vingt jours au moins.

95. L'Assemblée nationale a seule le droit de recevoir la démission d'un de ses membres.

96. L'indemnité prescrite par l'article 38 de la Constitution est fixée à neuf mille francs par an. Elle est incompatible avec tous traitements d'activité, de non-activité, ou de disponibilité. Ces traitements restent suspendus pendant la durée de la législature ; toutefois, les représentants du peuple investis des fonctions énumérées dans l'article 85 touchent le traitement afférent à leur fonction, sans pouvoir cumuler avec ce traitement l'indemnité législative. — Les représentants envoyés des colonies reçoivent, en outre, l'indemnité de passage pour l'aller et le retour.

97. A partir de la réunion de la prochaine Assemblée législative, les dispositions de l'article 5 du décret du 10 juillet 1848 cesseront d'avoir leur effet. — L'indemnité fixée pour les représentants pourra être saisie, même en totalité.

TITRE VI

DISPOSITIONS PÉNALES

98. Toute personne qui se sera fait inscrire sur la liste électorale sous de faux noms ou de fausses qualités, ou aura, en se faisant inscrire, dissimulé une incapacité prévue par la loi, ou aura réclamé et obtenu son inscription sur deux ou plusieurs listes, sera punie d'un emprisonnement d'un mois à un an, et d'une amende de cent francs à mille francs.

99. Celui qui, déchu du droit de voter, soit par suite d'une condamnation judiciaire, soit par suite d'une faillite non suivie de concordat, d'excuse déclarée par jugement ou de réhabilitation, aura voté, soit en vertu d'une inscription sur les listes antérieures à sa déchéance, soit en vertu d'une inscription postérieure, mais opérée sans sa participation, sera puni d'un

emprisonnement de quinze j　　 ois mois et d'une amende
de cinquante francs à cinq c　　　　ncs.

100. Quiconque, aura voté　　 ns une assemblée électorale,
soit en vertu d'une inscription obtenue dans les deux premiers
cas prévus par l'article 98, soit en prenant faussement les noms
et qualités d'un électeur inscrit, sera puni d'un emprisonnement de six mois à deux ans, et d'une amende de deux cents
francs à deux mille francs.

101. Sera puni de la même peine tout citoyen qui aura profité d'une inscription multiple pour voter plus d'une fois.

102. Quiconque, étant chargé dans un scrutin de recevoir,
compter ou dépouiller les bulletins contenant les suffrages des
citoyens, aura soustrait, ajouté ou altéré des bulletins, ou lu
des noms autres que ceux inscrits, sera puni d'un emprisonnement d'un an à cinq ans et d'une amende de cinq cents francs
à cinq mille francs.

103. La même peine sera appliquée à tout individu qui, chargé
par un électeur d'écrire son suffrage, aura inscrit sur le bulletin des noms autres que ceux qui lui étaient désignés.

104. L'entrée dans l'assemblée électorale avec armes apparentes sera punie d'une amende de seize francs à cent francs. —
La peine sera d'un emprisonnement de quinze jours à trois mois
et d'une amende de cinquante francs à trois cents francs, si les
armes étaient cachées.

105. Quiconque aura donné, promis ou reçu des deniers,
effets ou valeurs quelconques, sous la condition soit de donner
ou de procurer un suffrage, soit de s'abstenir de voter, sera
puni d'un emprisonnement de trois mois à deux ans, et d'une
amende de cinq cents francs à cinq mille francs. — Seront punis des mêmes peines ceux qui, sous les mêmes conditions,
auront fait ou accepté l'offre ou la promesse d'emplois publics
ou privés, ou de tout autre avantage, soit individuel, soit collec-
tif. — Si le coupable est fonctionnaire public, la peine sera du
double.

106. Ceux qui, soit par voies de fait, violences ou menaces contre
un électeur, soit en lui faisant craindre de perdre son emploi,
ou d'exposer à un dommage sa personne, sa famille ou sa fortune, l'auront déterminé ou auront tenté de le déterminer à
s'abstenir de voter, ou auront soit influencé, soit tenté d'influencer son vote, seront punis d'un emprisonnement d'un mois à un an,
et d'une amende de cent francs à deux mille francs. — La peine
sera double si le coupable est fonctionnaire public.

107. Ceux qui, à l'aide de fausses nouvelles, bruits calomnleux, ou autres manœuv... ...nduleuses, auront surpris ou détourné, tenté de surpren... ...de détourner des suffrages, déterminé ou tenté de déter... ...er un ou plusieurs électeurs à s'abstenir de voter, seront punis d'un emprisonnement d'un mois à un an et d'une amende de cent francs à deux mille francs.

108. Lorsque, par attroupements, clameurs ou démonstrations menaçantes, on aura troublé les opérations d'un collège électoral, porté ou tenté de porter atteinte à l'exercice du droit électoral, ou à la liberté du vote, les coupables seront punis d'un emprisonnement de trois mois à deux ans, et d'une amende de cent francs à deux mille francs.

109. Toute irruption dans un collège électoral consommée ou tentée avec violence, en vue d'interdire ou d'empêcher un choix, sera punie d'un emprisonnement d'un an à cinq ans, et d'une amende de mille à cinq mille francs.

110. Si les coupables étaient porteurs d'armes, ou si le scrutin a été violé, la peine sera la réclusion.

111. Elle sera des travaux forcés à temps si le crime a été commis par suite d'un plan concerté pour être exécuté, soit dans toute la République, soit dans un ou plusieurs départements, soit dans un ou plusieurs arrondissements.

112. Les membres d'un collège électoral qui, pendant la réunion, se seront rendus coupables d'outrages ou de violence, soit envers le bureau, soit envers l'un de ses membres, ou qui, par voies de fait ou menaces, auront retardé ou empêché les opérations électorales, seront punis d'un emprisonnement d'un mois à un an, et d'une amende de cent francs à deux mille francs. — Si le scrutin a été violé, l'emprisonnement sera d'un an à cinq ans et l'amende de mille francs à cinq mille francs.

113. L'enlèvement de l'urne contenant les suffrages émis et non encore dépouillés sera puni d'un emprisonnement d'un an à cinq ans et d'une amende de mille à cinq mille francs. — Si cet enlèvement a été effectué en réunion et avec violence, la peine sera la peine de réclusion.

114. La violation du scrutin faite, soit par les membres du bureau, soit par les agents de l'autorité préposés à la garde des bulletins non encore dépouillés, sera punie de la réclusion.

115. Sera puni d'une amende de vingt-cinq francs à trois cents francs tout président de collège ou de section qui aura fermé le scrutin avant l'heure fixée par l'article 51 de la présente loi. — Dans ce cas, les articles 116 et 117, premier paragraphe, ne seront pas appliqués.

116. Les condamnations encourues en vertu des articles

précédents emporteront l'interdiction du droit d'élire et d'être élu. — Cette interdiction sera prononcée par le même arrêt pour un an au moins et cinq ans au plus.

117. Les crimes et délits prévus par la présente loi seront jugés par la cour d'assises. — L'article 463 du Code pénal leur est applicable. — Lorsque, en matière de délits, le jury aura reconnu l'existence des circonstances atténuantes, la peine prononcée par la cour ne s'élèvera jamais au-dessus du minimum déterminé par la présente loi. — Dans le même cas, la cour pourra ne pas prononcer l'interdiction du droit d'élire cu d'être élu.

118. En cas de conviction de plusieurs crimes ou délits prévus par la présente loi et commis antérieurement au premier acte de poursuite, la peine la plus forte sera seule appliquée.

119. Si le crime ou délit est imputé à un agent du Gouvernement, la poursuite aura lieu sans qu'il soit besoin d'une autorisation préalable.

120. Si le fonctionnaire inculpé est renvoyé de la plainte, la partie civile pourra, selon les circonstances, être condamnée à une amende de cent francs à cinq mille francs, et aux dommages et intérêts. — Le jury statuera sur le point de savoir s'il y a lieu à amende; il prononcera de plus, mais à la simple majorité, sur le chiffre des dommages-intérêts, dans tous les cas où il en aura été demandé soit par la partie civile, soit par l'accusé.

121. L'action publique et l'action civile seront prescrites après trois mois, à partir du jour de la proclamation du résultat de l'élection.

122. La condamnation, s'il en est prononcé, ne pourra, en aucun cas, avoir pour effet d'annuler l'élection déclarée valide par les pouvoirs compétents, ou devenue définitive par l'absence de toute protestation régulière formée dans les délais voulus par les lois spéciales.

123. Les électeurs du collège qui aura procédé à l'élection à l'occasion de laquelle les crimes ou délits auront été commis auront seuls qualité pour porter plainte; toutefois, leur défaut d'action ne portera aucun préjudice à l'action publique.

124. Les lois antérieures sont abrogées en ce qu'elles ont de contraire aux dispositions de la présente loi (1).

(1) Suit le tableau du nombre de représentants du peuple à élire par chaque département.

Loi *du 26 décembre 1849, relative aux Circonscriptions électorales* (1).

Les articles 27 et 29 de la loi électorale sont modifiés de la manière suivante :

27. Toute circonscription électorale doit comprendre une population de plus de 500 habitants. — Toutefois, les communes dont le territoire est séparé par la mer du canton dont elles dépendent peuvent former une circonscription, quel que soit le chiffre de leur population. — Aucune commune rurale ne peut être fractionnée en deux ou plusieurs circonscriptions.

29. Si la division opérée pour un canton n'est pas faite conformément à l'article 27 de la présente loi, le ministre de l'intérieur, soit d'office, soit sur la réclamation d'un ou plusieurs électeurs du département, annule la délibération du conseil général, l'arrêté du préfet qui s'en est suivi, et pourvoit par la même décision, à une nouvelle division dans les limites légales.

Dispositions transitoires.

. . . .

Loi *du 31 mai 1850, qui modifie la Loi électorale du 15 mars 1849* (2) (3).

Art. 1er. Dans les trente jours qui suivront la promulgation de la présente loi, la liste électorale sera dressée par le maire, assisté de deux délégués désignés pour chaque commune par le juge de paix et domiciliés dans le canton. — Les délégués auront le droit de consigner leurs observations sur le procès-verbal ; ce procès-verbal sera déposé par le maire, avec la liste électorale, au secrétariat de la mairie, pour être communiqué à tout requérant.

2. La liste comprendra, par ordre alphabétique, — 1° Tous les Français âgés de vingt et un ans accomplis, jouissant de leurs droits civils et politiques, actuellement domiciliés dans la commune, et qui ont leur domicile dans la commune ou dans le canton depuis trois ans au moins ; — 2° Ceux qui, n'ayant pas atteint, lors de la formation de la liste, les conditions d'âge et de domicile, les acquerront avant la clôture définitive.

(1) Coll. *B. L.*, 10° série, IV, n° 1854, p. 631.
(2) Coll. *B. L.*, 10° série, V, n° 2170, p. 605.
(3) V. D. 2 décembre 1851, art. 2, qui déclare la loi abrogée.

3. Le domicile électoral sera constaté, — 1° Par l'inscription au rôle de la taxe personnelle, ou par l'inscription personnelle au rôle de le prestation en nature pour les chemins vicinaux; — 2° Par la déclaration des pères ou mères, beaux-pères ou belles-mères ou autres ascendants domiciliés depuis trois ans, en ce qui concerne les fils, gendres, petits-fils et autres descendants majeurs vivant dans la maison paternelle, et qui, par application de l'article 12 de la loi du 21 avril 1832, n'ont pas été portés au rôle de la contribution personnelle ; — 3° Par la déclaration des maîtres ou patrons, en ce qui concerne les majeurs qui servent ou travaillent habituellement chez eux, lorsque ceux-ci demeurent dans la même maison que leurs maîtres ou patrons, ou dans les bâtiments d'exploitation.

4. Les déclarations des pères, mères, beaux-pères, belles-mères ou autres ascendants, maîtres ou patrons, seront faites par écrit sur des formules délivrées gratis. Ces déclarations seront remises chaque année au maire, du 1er au 31 décembre. — Les pères, mères, beaux-pères, belles-mères ou autres ascendants, maîtres ou patrons, qui ne pourront pas faire leurs déclarations par écrit, devront se présenter, assistés de deux témoins domiciliés dans la commune, devant le maire, pour faire leurs déclarations. — Toute fausse déclaration sera punie correctionnellement d'une amende de cent francs à deux mille francs, d'un emprisonnement de six mois au moins et de deux ans au plus, et de l'interdiction du droit de voter ou d'être élu pendant cinq ans au moins et dix ans au plus. — Les tribunaux pourront, s'il existe des circonstances atténuantes, faire application de l'article 463 du Code pénal. — En cas d'empêchement des pères, mères ou autres ascendants, et en cas de refus ou d'empêchement du maître ou patron de faire ou délivrer la déclaration qui doit être remise chaque année à la mairie, le fait du domicile chez les pères, mères ou autres ascendants, ou chez le maître ou patron, sera constaté par le juge de paix.

5. Les fonctionnaires publics seront inscrits sur la liste électorale de la commune dans laquelle ils exerceront leurs fonctions, quelle que soit la durée de leur domicile dans cette commune. — La même disposition s'applique aux ministres en exercice des cultes reconnus par l'État. — Les membres de l'Assemblée nationale pourront requérir leur inscription sur la liste électorale du lieu où siège l'Assemblée. — Ceux qui n'auront pas requis cette inscription ne pourront voter qu'au lieu de leur domicile.

6. Les militaires présents sous les drapeaux dans les armées de terre ou de mer seront inscrits sur la liste électorale de la commune où ils auront satisfait à l'appel.

7. Quiconque quittera la commune sur la liste électorale de laquelle il est inscrit continuera à être porté sur cette liste pendant trois ans, à charge de justifier dans les formes et sous les conditions prescrites par les articles 3, 4 et 5 de la présente loi, de son domicile dans la commune où il aura fixé sa nouvelle résidence.

8. Ne seront pas inscrits sur la liste électorale, et ne pourront être élus, — 1° Les individus désignés aux paragraphes 1, 2, 3, 5, 6 et 7 de l'article 3 de la loi du 15 mars 1849 ; — 2° Les faillis non réhabilités dont la faillite a été déclarée soit par les tribunaux français, soit par jugements rendus à l'étranger, mais exécutoires en France ; — 3° Les individus désignés au paragraphe 4 de l'article 3 de la loi du 15 mars 1849, quelle que soit la durée de l'emprisonnement auquel ils ont été condamnés ; — 4° Les individus condamnés à l'emprisonnement en vertu de l'article 330 du Code pénal ; — 5° Les individus qui, par application de l'article 8 de la loi du 17 mai 1819 et de l'article 3 du décret du 11 août 1848, auront été condamnés pour outrage à la morale publique et religieuse ou aux bonnes mœurs, et pour attaque contre le principe de la propriété et les droits de la famille ; — 6° Les individus condamnés à plus de trois mois d'emprisonnement, en vertu des articles 98, 100, 101, 102, 103, 105, 106, 107, 108, 109, 112 et 113 de la loi du 15 mars 1849 ; — 7° Les notaires, greffiers et officiers ministériels destitués en vertu de jugements ou de décisions judiciaires ; — 8° Les condamnés pour vagabondage ou mendicité ; — 9° Ceux qui auront été condamnés à trois mois de prison au moins, par application des articles 439, 443, 444, 445, 446, 447 et 452 du Code pénal ; — 10° Ceux qui auront été déclarés coupables des délits prévus par les articles 410 et 411 du Code pénal, et par la loi du 21 mai 1836 portant prohibition des loteries ; — 11° Les militaires condamnés au boulet ou aux travaux publics ; — 12° Les individus condamnés à l'emprisonnement par application des articles 38, 41, 43 et 45 de la loi du 21 mars 1832 sur le recrutement de l'armée.

9. Les condamnés à plus d'un mois d'emprisonnement pour rébellion, outrages et violences envers les dépositaires de l'autorité ou de la force publique, pour outrages publics envers un juré à raison de ses fonctions, ou envers un témoin à raison de ses dépositions, pour délits prévus par la loi sur les attroupements et la loi sur les clubs, et pour infractions à la loi sur le colportage, ainsi que les militaires envoyés par punition dans les compagnies de discipline, ne pourront pas être inscrits sur la liste électorale, pendant cinq ans, à dater de l'expiration de leur peine.

10. Les fusiliers des compagnies de discipline rentreront en jouissance du droit électoral à l'expiration de leur punition.

11. Seront rayés de la liste électorale, à la requête du ministère public, pour un laps de temps qui ne pourra être moindre de cinq ans, ni excéder dix ans, et dont la durée sera fixée par le tribunal, les individus qui auront encouru une condamnation pour les délits prévus par les articles 338 et 389 du Code pénal.

12. Les militaires et marins présents sous les drapeaux continueront d'être répartis dans chaque localité en sections électorales par département. — Leurs bulletins seront recueillis et envoyés au chef-lieu du département dans un paquet cacheté, et confondus, dans les diverses sections électorales du chef-lieu, avec les bulletins des autres électeurs.

13. Nul n'est élu ni proclamé représentant au premier tour de scrutin, s'il n'a réuni un nombre de voix égal au quart des électeurs inscrits sur la totalité des listes électorales du département.

14. En cas de vacances par option, démission, décès ou autrement, le collège électoral qui doit pourvoir à la vacance est réuni dans le délai de six mois, à partir de la notification qui doit être faite par le président de l'Assemblée nationale au ministère de l'intérieur.

15. Dans les villes où le contingent personnel et mobilier est payé en totalité ou en partie par la caisse municipale, l'état des imposables à la taxe personnelle, dressé par les commissaires répartiteurs, assistés du contrôleur des contributions directes, et qui sert à déterminer le contingent de la commune, sera soumis chaque année au conseil municipal. — L'inscription sur l'état des imposables équivaudra à l'inscription au rôle de la taxe personnelle.

Dispositions transitoires.

. . . .

Proclamation *du 14 Janvier 1852* (1) (2).

LOUIS-NAPOLÉON, PRÉSIDENT DE LA RÉPUBLIQUE, AU PEUPLE
FRANÇAIS.

FRANÇAIS !

Lorsque, dans ma proclamation du 2 décembre, je vous
exprimai loyalement quelles étaient, à mon sens, les conditions
vitales du Pouvoir en France, je n'avais pas la prétention, si
commune de nos jours, de substituer une théorie personnelle à
l'expérience des siècles. J'ai cherché, au contraire, quels étaient
dans le passé les exemples les meilleurs à suivre, quels hommes les avaient donnés, et quel bien en était résulté.

Dès lors, j'ai cru logique de préférer les préceptes du génie
aux doctrines spécieuses d'hommes à idées abstraites. J'ai pris
comme modèle les institutions politiques qui déjà, au commencement de ce siècle, dans des circonstances analogues, ont raf-
fermi la société ébranlée et élevé la France à un haut degré de
prospérité et de grandeur.

J'ai pris comme modèle les institutions qui, au lieu de disparaître au premier souffle des agitations populaires, n'ont été
renversées que par l'Europe entière coalisée contre nous.

En un mot, je me suis dit : Puisque la France ne marche
depuis cinquante ans qu'en vertu de l'organisation administrative, militaire, judiciaire, religieuse, financière, du Consulat et
de l'Empire, pourquoi n'adopterions-nous pas aussi les institutions politiques de cette époque ? Créées par la même pensée,
elles doivent porter en elles le même caractère de nationalité et
d'utilité pratique.

En effet, ainsi que je l'ai rappelé dans ma proclamation,
notre société actuelle, il est essentiel de le constater, n'est pas
autre chose que la France régénérée par la révolution de 89 et
organisée par l'Empereur. Il ne reste plus rien de l'ancien
régime que de grands souvenirs et de grands bienfaits. Mais
tout ce qui alors était organisé a été détruit par la révolution,
et tout ce qui a été organisé depuis la révolution et qui existe
encore l'a été par Napoléon.

Nous n'avons plus ni provinces, ni pays d'état, ni parlements,
ni intendants, ni fermiers généraux, ni coutumes diverses, ni

(1) Coll. *B. L.*, 10e série, IX, n° 3522, p. 49.
(2) V. aux *notices* les décrets et la proclamation du 2 décembre
1851, le plébiscite des 20-21 décembre 1851.

droits féodaux, ni classses privilégiées en possession exclusive des emplois civils et militaires, ni juridictions religieuses différentes.

A tant de choses incompatibles avec elle, la révolution avait fait subir une réforme radicale, mais elle n'avait rien fondé de définitif. Seul, le Premier Consul rétablit l'unité, la hiérarchie et les véritables principes du gouvernement. Ils sont encore en vigueur.

Ainsi, l'administration de la France confiée à des préfets, à des sous-préfets, à des maires, qui substituaient l'unité aux commissions directoriales; la décision des affaires, au contraire, donnée à des conseils, depuis la commune jusqu'au département. Ainsi, la magistrature affermie par l'inamovibilité des juges, par la hiérarchie des tribunaux; la justice rendue plus facile par la délimitation des attributions, depuis la justice de paix jusqu'à la cour de cassation. Tout cela est encore debout.

De même, notre admirable système financier, la banque de France, l'établissement des budgets, la cour des comptes, l'organisation de la police, nos règlements militaires datent de cette époque.

Depuis cinquante ans, c'est le Code Napoléon qui règle les intérêts des citoyens entre eux; c'est encore le concordat qui règle les rapports de l'État avec l'Église.

Enfin la plupart des mesures qui concernent les progrès de l'industrie, du commerce, des lettres, des sciences, des arts, depuis les règlements du Théâtre-Français jusqu'à ceux de l'Institut, depuis l'institution des prud'hommes jusqu'à la création de la Légion d'honneur, ont été fixées par les décrets de ce temps.

On peut donc l'affirmer, la charpente de notre édifice social est l'œuvre de l'Empereur, et elle a résisté à sa chute et à trois révolutions.

Pourquoi, avec la même origine, les institutions politiques n'auraient-elles pas les mêmes chances de durée?

Ma conviction était formée depuis longtemps, et c'est pour cela que j'ai soumis à votre jugement les bases principales d'une constitution empruntée à celle de l'an VIII. Approuvées par vous, elles vont devenir le fondement de notre constitution politique.

Examinons quel en est l'esprit:

Dans notre pays, monarchique depuis huit cents ans, le pouvoir central a toujours été en s'augmentant. La royauté a détruit les grands vassaux; les révolutions elles-mêmes ont fait disparaître les obstacles qui s'opposaient à l'exercice rapide et uniforme de l'autorité. Dans ce pays de centralisation, l'opinion publique a sans cesse tout rapporté au chef du Gouvernement, le bien comme le mal. Aussi, écrire en tête d'une charte que ce chef est irresponsable, c'est mentir au sentiment public, c'est vouloir établir une fiction qui s'est trois fois évanouie au bruit des révolutions.

La Constitution actuelle proclame, au contraire, que le Chef que vous avez élu est responsable devant vous ; qu'il a toujours le droit de faire appel à votre jugement souverain, afin que, dans les circonstances solennelles, vous puissiez lui continuer ou lui retirer votre confiance.

Étant responsable, il faut que son action soit libre et sans entraves. De là l'obligation d'avoir des ministres qui soient les auxiliaires honorés et puissants de sa pensée, mais qui ne forment plus un conseil responsable, composé de membres solidaires, obstacle journalier à l'impulsion particulière du Chef de l'État, expression d'une politique émanée des Chambres, et par là même exposée à des changements fréquents, qui empêchent tout esprit de suite, toute application d'un système régulier.

Néanmoins, plus un homme est haut placé, plus il est indépendant, plus la confiance que le Peuple a mise en lui est grande, plus il a besoin de conseils éclairés, consciencieux. De là la création d'un Conseil d'état, désormais véritable conseil du Gouvernement, premier rouage de notre organisation nouvelle, réunion d'hommes pratiques élaborant les projets de loi dans des commissions spéciales, les discutant à huis clos, sans ostentation oratoire, en assemblée générale, et les présentant ensuite à l'acceptation du Corps législatif.

Ainsi le pouvoir est libre dans ses mouvements, éclairé dans sa marche.

Quel sera maintenant le contrôle exercé par les assemblées ?

Une Chambre, qui prend le titre de Corps législatif, vote les lois et l'impôt. Elle est élue par le suffrage universel, sans scrutin de liste. Le Peuple, choisissant isolément chaque candidat, peut plus facilement apprécier le mérite de chacun d'eux.

La Chambre n'est plus composée que d'environ deux cent soixante membres. C'est là une première garantie du calme des délibérations, car trop souvent on a vu dans les assemblées la mobilité et l'ardeur des passions croître en raison du nombre.

Le compte rendu des séances qui doit instruire la nation n'est plus livré, comme autrefois, à l'esprit de parti de chaque journal ; une publication officielle, rédigée par les soins du président de la Chambre, en est seule permise.

Le Corps législatif discute librement la loi, l'adopte ou la repousse ; mais il n'y introduit pas à l'improviste de ces amendements qui dérangent souvent toute l'économie d'un système et l'ensemble du projet primitif. A plus forte raison n'a-t-il pas cette initiative parlementaire qui était la source de si graves abus, et qui permettait à chaque député de se substituer à tout propos au Gouvernement en présentant les projets les moins étudiés, les moins approfondis.

La Chambre n'étant plus en présence des ministres, et les projets de loi étant soutenus par les orateurs du Conseil d'état, le temps ne se perd pas en vaines interpellations, en accusations frivoles, en luttes passionnées dont l'unique but était de renverser les ministres pour les remplacer.

Ainsi donc, les délibérations du Corps législatif seront indépendantes ; mais les causes d'agitations stériles auront été supprimées, des lenteurs salutaires apportées à toute modification de la loi. Les mandataires de la Nation feront mûrement les choses sérieuses.

Une autre assemblée prend le nom de Sénat. Elle sera composée des éléments qui, dans tout pays, créent les influences légitimes : le nom illustre, la fortune, le talent et les services rendus.

Le Sénat n'est plus, comme la chambre des pairs, le pâle reflet de la chambre des députés, répétant, à quelques jours d'intervalle, les mêmes discussions sur un autre ton. Il est le dépositaire du pacte fondamental et des libertés compatibles avec la Constitution ; et c'est uniquement sous le rapport des grands principes sur lesquels repose notre société, qu'il examine toutes les lois et qu'il en propose de nouvelles au Pouvoir exécutif. Il intervient, soit pour résoudre toute difficulté grave qui pourrait s'élever pendant l'absence du Corps législatif, soit pour expliquer le texte de la Constitution et assurer ce qui est nécessaire à sa marche. Il a le droit d'annuler tout acte arbitraire et illégal, et, jouissant ainsi de cette considération qui s'attache à un corps exclusivement occupé de l'examen de grands intérêts ou de l'application de grands principes, il remplit dans l'État le rôle indépendant, salutaire, conservateur, des anciens parlements.

Le Sénat ne sera pas, comme la chambre des pairs, transformé en cour de justice : il conservera son caractère de modérateur suprême, car la défaveur atteint toujours les corps politiques lorsque le sanctuaire des législateurs devient un tribunal criminel. L'impartialité du juge est trop souvent mise en doute, et il perd de son prestige devant l'opinion, qui va quelquefois jusqu'à l'accuser d'être l'instrument de la passion ou de la haine.

Une haute cour de justice, choisie dans la haute magistrature, ayant pour jurés des membres des conseils généraux de toute la France, réprimera seule les attentats contre le Chef de l'État et la sûreté publique.

L'Empereur disait au Conseil d'état : « *Une constitution est l'œuvre du temps ; on ne saurait laisser une trop large voie aux améliorations.* » Aussi la Constitution présente n'a-t-elle fixé que ce qu'il était impossible de laisser incertain. Elle n'a pas enfermé dans un cercle infranchissable les destinées d'un grand peuple ; elle a laissé aux changements une assez large voie pour qu'il y ait, dans les grandes crises, d'autres moyens de salut que l'expédient désastreux des révolutions.

Le Sénat peut, de concert avec le Gouvernement, modifier tout ce qui n'est pas fondamental dans la Constitution ; mais quant aux modifications à apporter aux bases premières, sanctionnées par vos suffrages, elles ne peuvent devenir définitives qu'après avoir reçu votre ratification.

Ainsi, le Peuple reste toujours maître de sa destinée. Rien de fondamental ne se fait en dehors de sa volonté.

Telles sont les idées, tels sont les principes dont vous m'avez autorisé à faire l'application. Puisse cette Constitution donner à notre patrie des jours calmes et prospères ! Puisse-t-elle prévenir le retour de ces luttes intestines où la victoire, quelque légitime qu'elle soit, est toujours chèrement achetée ! Puisse la sanction que vous avez donnée à mes efforts être bénie du ciel ! Alors la paix sera assurée au dedans et au dehors, mes vœux seront comblés, ma mission sera accomplie !

Palais des Tuileries, le 14 janvier 1852.

CONSTITUTION

Du 14 Janvier 1852

Faite en vertu des pouvoirs délégués par le peuple français à Louis-Napoléon Bonaparte par le vote des 20 et 21 décembre 1851 (1) (2)

LE PRÉSIDENT DE LA RÉPUBLIQUE,

Considérant que le Peuple français a été appelé à se prononcer sur la résolution suivante :

« Le peuple veut le maintien de l'autorité de *Louis-Napoléon* « *Bonaparte*, et lui donne les pouvoirs nécessaires pour faire une « Constitution d'après les bases établies dans sa proclamation « du 2 décembre ; »

Considérant que les bases proposées à l'acceptation du Peuple étaient :

« 1° Un Chef responsable nommé pour dix ans ;

« 2° Des ministres dépendants du Pouvoir exécutif seul ;

« 3° Un Conseil d'état formé des hommes les plus distingués, « préparant les lois et en soutenant la discussion devant le Corps « législatif ;

« 4° Un Corps législatif discutant et votant les lois, nommé « par le suffrage universel, sans scrutin de liste qui fausse « l'élection ;

« 5° Une seconde assemblée formée de toutes les illustrations « du pays, pouvoir pondérateur, gardien du pacte fondamental « et des libertés publiques. »

Considérant que le Peuple a répondu affirmativement par sept millions cinq cent mille suffrages,

PROMULGUE LA CONSTITUTION *dont la teneur suit :*

TITRE PREMIER

Art. 1er. La Constitution reconnaît, confirme et garantit les grands principes proclamés en 1789, et qui sont la base du droit public des Français (3).

---

(1) Coll. *B. L.*, 10° série, IX, n° 3522, p. 59.
(2) V. D. 22 mars 1852, qui règle les rapport du Sénat et du Corps législatif avec le Président de la République et le Conseil d'état et établit les conditions organiques de leurs travaux.
(3) Cf. DD. 17 et 25 février 1852 ; L. 11 mai 1868 (presse) ; L. 6 juin 1868 (réunions publiques). V. la note de l'art. 26.

TITRE II

FORMES DU GOUVERNEMENT DE LA RÉPUBLIQUE

2. Le Gouvernement de la République française est confié pour dix ans au prince *Louis-Napoléon Bonaparte*, Président actuel de la République.

3. Le Président de la République gouverne au moyen des ministres, du Conseil d'état, du Sénat et du Corps législatif.

4. La puissance législative s'exerce collectivement par le Président de la République, le Sénat et le Corps législatif.

TITRE III

DU PRÉSIDENT DE LA RÉPUBLIQUE

5. Le Président de la République est responsable devant le Peuple français, auquel il a toujours le droit de faire appel.

6. Le Président de la République est le Chef de l'État ; il commande les forces de terre et de mer, déclare la guerre, fait les traités de paix, d'alliance et de commerce, nomme à tous les emplois, fait les règlements et décrets nécessaires pour l'exécution des lois.

7. La justice se rend en son nom (1).

8. Il a seul l'initiative des lois.

9. Il a le droit de faire grâce.

10. Il sanctionne et promulgue les lois et les sénatus-consultes.

11. Il présente, tous les ans, au Sénat et au Corps législatif, par un message, l'état des affaires de la République.

12. Il a le droit de déclarer l'état de siège dans un ou plusieurs départements, sauf à en référer au Sénat dans le plus bref délai. — Les conséquences de l'état de siège sont réglées par la loi (2).

13. Les ministres ne dépendent que du Chef de l'État ; ils ne sont responsables, que chacun en ce qui le concerne, des actes du Gouvernement ; il n'y a point de solidarité entre eux ; ils ne peuvent être mis en accusation que par le Sénat (3).

(1) Cf. D. 13 mars 1852.
(2) Cf. L. 9 août 1849.
(3) Cf. D. 24 novembre 1860, qui crée des ministres sans portefeuille et D. 23 juin 1863, qui les supprime et donne leurs attributions au ministre d'état ; D. 19 janvier 1867, autorisant les interpellations et permettant aux ministres de participer dans certains cas à la discussion devant les Chambres.

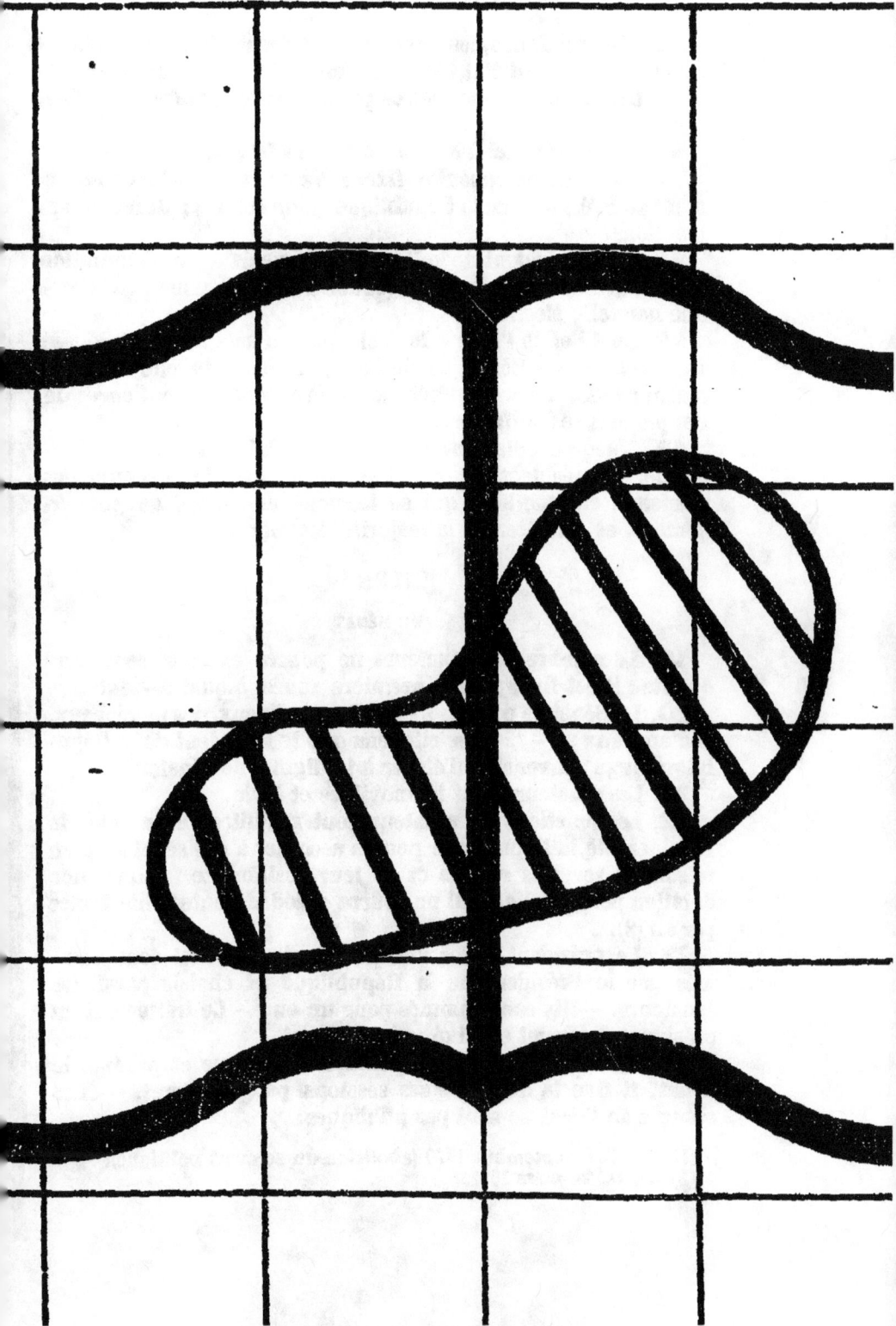

14. Les ministres, les membres du Sénat, du Corps législatif et du Conseil d'état, les officiers de terre et de mer, les magistrats et les fonctionnaires publics prêtent le serment ainsi conçu :

« *Je jure obéissance à la Constitution et fidélité au Président* (1). »

15. Un sénatus-consulte fixe la somme allouée annuellement au Président de la République pour toute la durée de ses fonctions.

16. Si le Président de la République meurt avant l'expiration de son mandat, le Sénat convoque la Nation pour procéder à une nouvelle élection.

17. Le Chef de l'État a le droit, par un acte secret et déposé aux archives du Sénat, de désigner le nom du citoyen qu'il recommande, dans l'intérêt de la France, à la confiance du Peuple et à ses suffrages.

18. Jusqu'à l'élection du nouveau Président de la République, le président du Sénat gouverne avec le concours des ministres en fonctions, qui se forment en conseil de gouvernement, et délibèrent à la majorité des voix.

TITRE IV

DU SÉNAT

19. Le nombre des sénateurs ne pourra excéder cent cinquante : il est fixé, pour la première année, à quatre-vingts.

20. Le Sénat se compose, — 1º Des cardinaux, des maréchaux, des amiraux ; — 2º Des citoyens que le Président de la République juge convenable d'élever à la dignité de sénateur.

21. Les sénateurs sont inamovibles et à vie.

22. Les fonctions de sénateur sont gratuites ; néanmoins le Président de la République pourra accorder à des sénateurs, en raison de services rendus et de leur position de fortune, une dotation personnelle, qui ne pourra excéder trente mille francs par an (2).

23. Le président et les vice-présidents du Sénat sont nommés par le Président de la République et choisis parmi les sénateurs. — Ils sont nommés pour un an. — Le traitement du président du Sénat est fixé par un décret.

24. Le Président de la République convoque et proroge le Sénat. Il fixe la durée de ses sessions par un décret. — Les séances du Sénat ne sont pas publiques.

(1) Cf. D. 5 septembre 1870 (abolition du serment politique).
(2) Cf. D. 24 mars 1852.

25. Le Sénat est le gardien du pacte fondamental et des libertés publiques. Aucune loi ne peut être promulguée avant de lui avoir été soumise.

26. Le Sénat s'oppose à la promulgation, — 1º Des lois qui seraient contraires ou qui porteraient atteinte à la Constitution, à la religion, à la morale, à la liberté des cultes, à la liberté individuelle (1), à l'égalité des citoyens devant la loi, à l'inviolabilité de la propriété et au principe de l'inamovibilité de la magistrature (2); — 2º De celles qui pourraient compromettre la défense du territoire.

27. Le Sénat règle par un sénatus-consulte, — 1º La constitution des colonies et de l'Algérie ; — 2º Tout ce qui n'a pas été prévu par la Constitution et qui est nécessaire à sa marche ; — 3º Le sens des articles de la Constitution qui donnent lieu à différentes interprétations.

28. Ces sénatus-consultes seront soumis à la sanction du Président de la République et promulgués par lui.

29. Le Sénat maintient ou annule tous les actes qui lui sont déférés comme inconstitutionnels par le Gouvernement, ou dénoncés, pour la même cause, par les pétitions des citoyens.

30. Le Sénat peut, dans un rapport adressé au Président de la République, poser les bases des projets de loi d'un grand intérêt national.

31. Il peut également proposer des modifications à la Constitution. Si la proposition est adoptée par le Pouvoir exécutif, il y est statué par un sénatus-consulte.

32. Néanmoins, sera soumise au suffrage universel toute modification aux bases fondamentales de la Constitution, telles qu'elles ont été posées dans la proclamation du 2 décembre et adoptées par le Peuple français.

33. En cas de dissolution du Corps législatif, et jusqu'à une nouvelle convocation, le Sénat, sur la proposition du Président de la République, pourvoit, par des mesures d'urgence, à tout ce qui est nécessaire à la marche du Gouvernement.

TITRE V

DU CORPS LÉGISLATIF

34. L'élection a pour base la population.

(1) Circul. 8 février 1852; DD. 5 mars 1852; 26 mars 1852; 26 avril 1852 (commissions mixtes); LL. 9 juillet 1852; 27 février 1858 (loi de sûreté générale).

(2) D. 1er mars 1852.

35. Il y aura un député au Corps législatif à raison de trente-cinq mille électeurs.

36. Les députés sont élus par le suffrage universel, sans scrutin de liste (1).

37. Ils ne reçoivent aucun traitement.

38. Ils sont nommés pour six ans.

39. Le Corps législatif discute et vote les projets de loi et l'impôt.

40. Tout amendement adopté par la commission chargée d'examiner un projet de loi sera renvoyé, sans discussion, au Conseil d'état par le président du Corps législatif. — Si l'amendement n'est pas adopté par le Conseil d'état, il ne pourra pas être soumis à la délibération du Corps législatif.

41. Les sessions ordinaires du Corps législatif durent trois mois ; ses séances sont publiques ; mais la demande de cinq membres suf .t pour qu'il se forme en comité secret.

42. Le compte rendu des séances du Corps législatif par les journaux ou tout autre moyen de publication ne consistera que dans la reproduction du procès-verbal dressé, à l'issue de chaque séance, par les soins du président du Corps législatif (2).

43. Le président et les vice-présidents du Corps législatif sont nommés par le Président de la République pour un an ; ils sont choisis parmi les députés. Le traitement du président du Corps législatif est fixé par un décret.

44. Les ministres ne peuvent être membres du Corps législatif.

45. Le droit de pétition s'exerce auprès du Sénat. Aucune pétition ne peut être adressée au Corps législatif.

46. Le Président de la République convoque, ajourne, proroge et dissout le Corps législatif. En cas de dissolution, le Président de la République doit en convoquer un nouveau dans le délai de six mois.

TITRE VI

DU CONSEIL D'ÉTAT (3)

47. Le nombre des conseillers d'état en service ordinaire est de quarante à cinquante.

(1) V. le décret organique et le décret réglementaire du 2 février 1852, sur l'élection des députés au Corps législatif.
(2) Cf. D. 17 février 1852, art. 14.
(3) Cf. D. org. 25 janvier 1852 et DD. 30 janvier 1852 ; 7 septembre et 2 novembre 1864.

48. Les conseillers d'état sont nommés par le Président de la République, et révocables par lui.

49. Le Conseil d'état est présidé par le Président de la République, et, en son absence, par la personne qu'il désigne comme vice-président du Conseil d'état.

50. Le Conseil d'état est chargé, sous la direction du Président de la République, de rédiger les projets de loi et les règlements d'administration publique, et de résoudre les difficultés qui s'élèvent en matière d'administration.

51. Il soutient, au nom du Gouvernement, la discussion des projets de loi devant le Sénat et le Corps législatif. — Les conseillers d'état chargés de porter la parole au nom du Gouvernement sont désignés par le Président de la République (1).

52. Le traitement de chaque conseiller d'état est de vingt-cinq mille francs.

53. Les ministres ont rang, séance et voix délibérative au Conseil d'état.

TITRE VII

DE LA HAUTE COUR DE JUSTICE (2)

54. Une haute cour de justice juge, sans appel ni recours en cassation, toutes personnes qui ont été renvoyées devant elle comme prévenues de crimes, attentats ou complots contre le Président de la République, et contre la sûreté intérieure ou extérieure de l'État. — Elle ne peut être saisie qu'en vertu d'un décret du Président de la République.

55. Un sénatus-consulte déterminera l'organisation de cette haute cour.

TITRE VIII

DISPOSITIONS GÉNÉRALES ET TRANSITOIRES

56. Les dispositions des codes, lois et règlements existants, qui ne sont pas contraires à la présente Constitution, restent en vigueur jusqu'à ce qu'il y soit légalement dérogé.

57. Une loi déterminera l'organisation municipale. Les maires seront nommés par le Pouvoir exécutif, et pourront être pris hors du conseil municipal (3).

58. La présente Constitution sera en vigueur à dater du jour où les grands Corps de l'État qu'elle organise seront cons-

(1) V. la note de l'article 13.
(2) Cf. D. 4 novembre 1870 (suppression de la Haute Cour).
(3) Cf. LL. 5 mai 1855 ; 24 juillet 1867 ; 22 juillet 1870.

titués. — Les décrets rendus par le Président de la République, à partir du 2 décembre jusqu'à cette époque, auront force de loi (1).

Décret organique du 2 février 1852, pour l'élection des Députés au Corps législatif (2) (3).

TITRE PREMIER

DU CORPS LÉGISLATIF

Art. 1er. Chaque département aura un député à raison de trente-cinq mille électeurs ; néanmoins, il est attribué un député de plus à chacun des départements dans lesquels le nombre excédant des électeurs s'élève à vingt-cinq mille. En conséquence, le nombre total des députés au prochain Corps législatif est de deux cent soixante et un. — L'Algérie et les colonies ne nomment pas de député au Corps législatif.

2. Chaque département est divisé, par un décret du Pouvoir exécutif, en circonscriptions électorales égales en nombre aux députés qui lui sont attribués par le tableau annexé à la présente loi. — Ce tableau sera revisé tous les cinq ans. — Chaque circonscription élit un seul député.

3. Le suffrage est direct et universel. — Le scrutin est secret. Les électeurs se réunissent au chef-lieu de leur commune. — Chaque commune peut néanmoins être divisée, par arrêté du préfet, en autant de sections que le rend nécessaire le nombre des électeurs inscrits ; l'arrêté pourra fixer le siège de ces sections hors du chef-lieu de la commune.

4. Les collèges électoraux sont convoqués par un décret du Pouvoir exécutif. L'intervalle entre la promulgation du décret et l'ouverture des collèges électoraux est de vingt jours au moins.

5. Les opérations électorales sont vérifiées par le Corps législatif, qui est seul juge de leur validité.

6. Nul n'est élu ni proclamé député au Corps législatif, au premier tour de scrutin, s'il n'a réuni, 1° la majorité absolue des suffrages exprimés ; 2° un nombre égal au quart de celui des électeurs inscrits sur la totalité des listes de la circonscription électorale. — Au second tour de scrutin, l'élec-

(1) V. la *notice* sur la Const. 1852
(2) Coll. *B. L.*, 10e série, IX, n° 3636, p. 249.
(3) V. Décret régl. 2 février 1852.

tion a lieu à la majorité relative, quel que soit le nombre des
votants; dans le cas où les candidats obtiendraient un nombre
égal de suffrages, le plus âgé sera proclamé député.

7. Le député élu dans plusieurs circonscriptions électorales
doit faire connaître son option au président du Corps législatif dans les dix jours qui suivront la déclaration de la validité
de ces élections.

8. En cas de vacance par option, décès, démission ou autrement, le collège électoral qui doit pourvoir à la vacance est
réuni dans le délai de six mois.

9. Les députés ne pourront être recherchés, accusés ni
jugés en aucun temps pour les opinions qu'ils auront émises
dans le sein du Corps législatif.

10. Aucune contrainte par corps ne peut être exercée contre
un député durant la session et pendant les six semaines qui
l'auront précédée ou suivie.

11. Aucun membre du Corps législatif ne peut, pendant la
durée de la session, être poursuivi ni arrêté en matière criminelle, sauf le cas de flagrant délit, qu'après que le Corps législatif a autorisé la poursuite.

TITRE II
DES ÉLECTEURS ET DES LISTES ÉLECTORALES

12. Sont électeurs, sans condition de cens, tous les Français,
âgés de vingt et un ans accomplis, jouissant de leurs droits
civils et politiques.

13. La liste électorale est dressée, pour chaque commune,
par le maire. Elle comprend, par ordre alphabétique, — 1° Tous
les électeurs habitant dans la commune depuis six mois au
moins ; — 2° Ceux qui n'ayant pas atteint, lors de la formation
de la liste, les conditions d'âge et d'habitation, doivent les
acquérir avant la clôture définitive.

14. Les militaires en activité de service et les hommes
retenus pour le service des ports ou de la flotte, en vertu de
leur immatriculation sur les rôles de l'inscription maritime,
seront portés sur les listes des communes où ils étaient domiciliés avant leur départ. — Ils ne pourront voter pour les députés
au Corps législatif que lorsqu'ils seront présents, au moment
de l'élection, dans la commune où ils seront inscrits.

15. Ne doivent pas être inscrits sur les listes électorales, —
1° Les individus privés de leurs droits civils et politiques par
suite de condamnation, soit à des peines afflictives et infa-

mantes, soit à des peines infamantes seulement ; — 2° Ceux
auxquels les tribunaux, jugeant correctionnellement, ont
interdit le droit de vote et d'élection, par application des
lois qui autorisent cette interdiction ; — 3° Les condamnés pour
crime à l'emprisonnement, par application de l'article 463 du
Code pénal ; — 4° Ceux qui ont été condamnés à trois mois de
prison par application des articles 318 et 423 du Code
pénal ; — 5° Les condamnés pour vol, escroquerie, abus de confiance, soustraction commise par les dépositaires de deniers
publics, ou attentats aux mœurs, prévus par les articles 330 et
334 du Code pénal, quelle que soit la durée de l'emprisonnement auquel ils ont été condamnés ; — 6° Les individus qui, par
application de l'article 8 de la loi du 17 mai 1819 et de l'article 3 du décret du 11 août 1848, auront été condamnés pour
outrage à la morale publique et religieuse ou aux bonnes
mœurs, et pour attaque contre le principe de la propriété et les
droits de la famille ; — 7° Les individus condamnés à plus de
trois mois d'emprisonnement en vertu des articles 31, 33, 34, 35,
36, 38, 39, 40, 41, 42, 45, 46 de la présente loi ; — 8° Les notaires,
greffiers et officiers ministériels destitués en vertu de jugements
ou décisions judiciaires ; — 9° Les condamnés pour vagabondage ou mendicité ; — 10° Ceux qui auront été condamnés à trois
mois de prison au moins, par application des articles 439, 443,
444, 445, 446, 447 et 452 du Code pénal ; — 11° Ceux qui auront
été déclarés coupables des délits prévus par les articles 410 et 411
du Code pénal et par la loi du 21 mai 1836 portant prohibition
des loteries ; — 12° Les militaires condamnés au boulet ou aux
travaux publics ; — 13° Les individus condamnés à l'emprisonnement par application des articles 38, 41, 43 et 45 de la loi du
21 mars 1832 sur le recrutement de l'armée ; — 14° Les individus
condamnés à l'emprisonnement par application de l'article 1er
de la loi du 27 mars 1851 ; — 15° Ceux qui ont été condamnés
pour délit d'usure ; — 16° Les interdits ; — 17° Les faillis non
réhabilités dont la faillite a été déclarée soit par les tribunaux
français, soit par jugements rendus à l'étranger, mais exécutoires en France.

   16. Les condamnés à plus d'un mois d'emprisonnement pour
rébellion, outrages et violences envers les dépositaires de l'autorité ou de la force publique, pour outrages publics envers un
juré à raison de ses fonctions ou envers un témoin à raison
de sa déposition, pour délits prévus par la loi sur les attroupements et la loi sur les clubs, et pour infractions à la loi sur
le colportage, ne pourront pas être inscrits sur la liste électo-

rale pendant cinq ans, à dater de l'expiration de leur peine.

17. Les listes électorales qui ont servi au vote des 20 et 21 décembre 1851 sont déclarées valables jusqu'au 31 mars 1853.

18. Les listes électorales sont permanentes. — Elles sont l'objet d'une revision annuelle. — Un décret du Pouvoir exé- exécutif déterminera les règles et les formes de cette opération.

19. Lors de la revision annuelle, et dans les délais qui seront réglés par les décrets du Pouvoir exécutif, tout citoyen omis sur la liste pourra présenter sa réclamation à la mairie. — Tout électeur inscrit sur l'une des listes de la circonscription électorale pourra réclamer la radiation ou l'inscription d'un individu omis ou indûment inscrit. — Le même droit appartient aux préfets et aux sous-préfets. — Il sera ouvert, dans chaque mairie, un registre sur lequel les réclamations seront inscrites par ordre de date. Le maire devra donner récépissé de chaque réclamation. — L'électeur dont l'inscription aura été contestée en sera averti sans frais, par le maire, et pourra présenter ses observations.

20. Les réclamations seront jugées par une commission composée, à Paris, du maire et de deux adjoints; partout ailleurs, du maire et de deux membres du conseil municipal désignés par le conseil.

21. Notification de la décision sera, dans les trois jours, faite aux parties intéressées par le ministère d'un agent assermenté. — Elles pourront interjeter appel dans les cinq jours de la notification.

22. L'appel sera porté devant le juge de paix du canton; il sera formé par simple déclaration au greffe; le juge de paix statuera dans les dix jours, sans frais ni forme de procédure, et sur simple avertissement, donné trois jours à l'avance à toutes les parties intéressées. — Toutefois, si la demande portée devant lui implique la solution préjudicielle d'une question d'état, il renverra préalablement les parties à se pourvoir devant les juges compétents, et fixera un bref délai dans lequel la partie qui aura élevé la question préjudicielle devra justifier de ses diligences. — Il sera procédé, en ce cas, conformément aux articles 855, 856 et 858 du Code de procédure.

23. La décision du juge de paix est en dernier ressort, mais elle peut être déférée à la Cour de cassation. — Le pourvoi n'est recevable que s'il est formé dans les dix jours de la notification de la décision. — Il n'est pas suspensif. — Il est formé par simple requête, dénoncée aux défendeurs dans les dix jours qui suivent ; il est dispensé de l'intermédiaire d'un avocat à la cour, et jugé d'urgence, sans frais ni consignation d'amende. — Les pièces et mémoires fournis par les parties sont transmis, sans frais, par le greffier de la justice de paix au greffier de la Cour de cassation. — La chambre des requêtes de la Cour de cassation statue définitivement sur le pourvoi.

24. Tous les actes judiciaires sont, en matière électorale, dispensés du timbre et enregistrés gratis. — Les extraits des actes de naissance nécessaires pour établir l'âge des électeurs sont délivrés gratuitement, sur papier libre, à tout réclamant. Ils portent en tête de leur texte l'énonciation de leur destination spéciale et ne peuvent servir à aucune autre.

25. L'élection est faite sur la liste revisée pendant toute l'année qui suit la clôture de la liste.

TITRE III

DES ÉLIGIBLES

26. Sont éligibles, sans condition de domicile, tous les électeurs âgés de vingt-cinq ans.

27. Sont déclarés indignes d'être élus les individus désignés aux articles 15 et 16 de la présente loi.

28. Sera déchu de la qualité de membre du Corps législatif tout député qui, pendant la durée de son mandat, aura été frappé d'une condamnation emportant, aux termes de l'article précédent, la privation du droit d'être élu. — La déchéance sera prononcée par le Corps législatif sur le vu des pièces justificatives.

29. Toute fonction publique rétribuée est incompatible avec le mandat de député au Corps législatif. — Tout fonctionnaire rétribué, élu député au Corps législatif, sera réputé démissionnaire de ses fonctions par le seul fait de son admission comme membre du Corps législatif, s'il n'a pas opté avant la vérification de ses pouvoirs. — Tout député au Corps législatif est réputé démissionnaire par le seul fait de l'acceptation de fonctions publiques salariées.

30. Ne pourront être élus dans tout ou partie de leur ressort, pendant les six mois qui suivraient leur destitution, leur démission ou tout autre changement de leur position, les fonctionnaires publics ci-après indiqués : — Les premiers présidents, les procureurs généraux ; — Les présidents des tribunaux civils et les procureurs de la République ; — Le commandant supérieur des gardes nationales de la Seine ; — Le préfet de police, les préfets et les sous-préfets ; — les archevêques, évêques et vicaires généraux ; — Les officiers généraux commandant les divisions et subdivisions militaires ; — Les préfets maritimes.

TITRE IV

DISPOSITIONS PÉNALES

31. Toute personne qui se sera fait inscrire sur la liste électorale sous de faux noms ou de fausses qualités, ou aura, en se faisant inscrire, dissimulé une incapacité prévue par la loi, ou aura réclamé et obtenu une inscription sur deux ou plusieurs listes, sera punie d'un emprisonnement d'un mois à un an et d'une amende de cent à mille francs.

32. Celui qui, déchu du droit de voter, soit par suite d'une condamnation judiciaire, soit par suite d'une faillite non suivie de réhabilitation, aura voté, soit en vertu d'une inscription sur les listes antérieures à sa déchéance, soit en vertu d'une inscription postérieure, mais opérée sans sa participation, sera puni d'un emprisonnement de quinze jours à trois mois et d'une amende de vingt à cinq cents francs.

33. Quiconque aura voté dans une assemblée électorale, soit en vertu d'une inscription obtenue dans les deux premiers cas prévus par l'article 31, soit en prenant faussement les noms et qualités d'un électeur inscrit, sera puni d'un emprisonnement de six mois à deux ans, et d'une amende de deux cents francs à deux mille francs.

34. Sera puni de la même peine tout citoyen qui aura profité d'une inscription multiple pour voter plus d'une fois.

35. Quiconque, étant chargé, dans un scrutin, de recevoir, compter ou dépouiller les bulletins contenant les suffrages des citoyens, aura soustrait, ajouté ou altéré des bulletins, ou lu un nom autre que celui inscrit, sera puni d'un emprisonnement d'un an à cinq ans et d'une amende de cinq cents francs à cinq mille francs.

36. La même peine sera appliquée à tout individu qui, chargé par un électeur d'écrire son suffrage, aura inscrit sur le bulletin un nom autre que celui qui lui était désigné.

37. L'entrée dans l'assemblée électorale avec armes apparentes est interdite. En cas d'infraction, le contrevenant sera passible d'une amende de seize à cent francs. — La peine sera d'un emprisonnement de quinze jours à trois mois et d'une amende de cinquante à trois cents francs si les armes étaient cachées.

38. Quiconque aura donné, promis ou reçu des deniers, effets ou valeurs quelconques, sous la condition soit de donner ou de procurer un suffrage, soit de s'abstenir de voter, sera puni d'un emprisonnement de trois mois à deux ans et d'une amende de cinq cents francs à cinq mille francs. — Seront punis des mêmes peines, ceux qui, sous les mêmes conditions, auront fait ou accepté l'offre ou la promesse d'emplois publics ou privés. — Si le coupable est fonctionnaire public, la peine sera du double.

39. Ceux qui, soit par voies de fait, violences ou menaces contre un électeur, soit en lui faisant craindre de perdre son emploi ou d'exposer à un dommage sa personne, sa famille ou sa fortune, l'auront déterminé à s'abstenir de voter, ou auront influencé un vote, seront punis d'un emprisonnement d'un mois à un an et d'une amende de cent francs à mille francs ; la peine sera du double si le coupable est fonctionnaire public.

40. Ceux qui, à l'aide de fausses nouvelles, bruits calomnieux, ou autres manœuvres frauduleuses, auront surpris ou détourné des suffrages, déterminé un ou plusieurs électeurs à s'abstenir de voter, seront punis d'un emprisonnement d'un mois à un an, et d'une amende de cent francs à deux mille francs.

41. Lorsque, par attroupements, clameurs ou démonstrations menaçantes, on aura troublé les opérations d'un collège électoral, porté atteinte à l'exercice du droit électoral ou à la liberté du vote, les coupables seront punis d'un emprisonnement de trois mois à deux ans, et d'une amende de cent francs à deux mille francs.

42. Toute irruption dans un collège électoral, consommée ou tentée avec violence, en vue d'empêcher un choix, sera punie d'un emprisonnement d'un an à cinq ans, et d'une amende de mille francs à cinq mille francs.

43. Si les coupables étaient porteurs d'armes, ou si le scrutin a été violé, la peine sera la réclusion.

44. Elle sera des travaux forcés à temps si le crime a été commis par suite d'un plan concerté pour être exécuté soit dans toute la République, soit dans un ou plusieurs départements, soit dans un ou plusieurs arrondissements.

45. Les membres d'un collège électoral qui, pendant la réunion, se seront rendus coupables d'outrages ou de violences, soit envers le bureau, soit envers l'un de ses membres, ou qui, par voies de fait ou menaces, auront retardé ou empêché les opérations électorales, seront punis d'un emprisonnement d'un mois à un an, et d'une amende de cent francs à deux mille francs. —

Si le scrutin a été violé, l'emprisonnement sera d'un an à cinq ans, et l'amende de mille francs à cinq mille francs.

46. L'enlèvement de l'urne contenant les suffrages émis et non encore dépouillés sera puni d'un emprisonnement d'un an à cinq ans et d'une amende de mille francs à cinq mille francs. — Si cet enlèvement a été effectué en réunion ou avec violence, la peine sera la réclusion.

47. La violation du scrutin faite, soit par les membres du bureau, soit par les agents de l'autorité préposés à la garde des bulletins non encore dépouillés, sera punie de la réclusion.

48. Les crimes prévus par la présente loi seront jugés par la cour d'assises, et les délits par les tribunaux correctionnels; l'article 463 du Code pénal pourra être appliqué.

49. En cas de conviction de plusieurs crimes ou délits prévus par la présente loi et commis antérieurement au premier acte de poursuite, la peine la plus forte sera seule appliquée.

50. L'action publique et l'action civile seront prescrites après trois mois, à partir du jour de la proclamation du résultat de l'élection.

51. La condamnation, s'il en est prononcé, ne pourra, en aucun cas, avoir pour effet d'annuler l'élection déclarée valide par les pouvoirs compétents, ou dûment définitive par l'absence de toute protestation régulière formée dans les délais voulus par les lois spéciales.

52. Les lois antérieures sont abrogées en ce qu'elles ont de contraire aux dispositions de la présente loi.

TITRE V

DISPOSITIONS GÉNÉRALES

53. Pour l'élection du Président de la République, une loi spéciale réglera le mode de votation de l'armée.

54. Un décret réglementaire, rendu en exécution des dispositions de l'article 6 de la Constitution, fixera, 1° les formalités administratives pour la revision annuelle des listes ; 2° toutes les dispositions relatives à la composition, aux attributions et aux opérations des collèges électoraux (1).

(1) Suit le tableau du nombre des députés au Corps législatif à élire par chaque département.

Sénatus-consulte *du 10 juillet 1852, sur l'organisation de la Haute Cour de justice* (1).

TITRE PREMIER

COMPOSITION DE LA HAUTE COUR

Art. 1er. La haute cour de justice créée par l'article 54 de la Constitution se compose, 1° d'une chambre des mises en accusation et d'une chambre de jugement formées de juges pris parmi les membres de la cour de cassation; 2° d'un haut jury pris parmi les membres des conseils généraux des départements.

2. Chaque chambre est composée de cinq juges et de deux suppléants.

3. Les juges et suppléants de chaque chambre sont nommés tous les ans, dans la première quinzaine du mois de novembre, par le Président de la République. — Néanmoins, les chambres de la haute cour de justice restent saisies, au delà du terme d'un an fixé pour leurs pouvoirs, de l'instruction et du jugement des affaires qui leur ont été respectivement déférées.

4. En cas de vacance par démission ou décès de l'un des juges, le magistrat nommé en remplacement demeure en fonctions jusqu'au terme fixé pour l'expiration des pouvoirs de son prédécesseur.

5. Le décret du Président de la République qui saisit la haute cour désigne parmi les juges de chaque chambre celui qui doit la présider. — Le procureur général près la haute cour de justice et les autres magistrats du ministère public sont nommés pour chaque affaire par le décret du Président de la République qui saisit la haute cour.

6. Le président de chaque chambre désigne un greffier, qui prête serment. — Les procédures et arrêts de la haute cour de justice sont déposés au greffe de la cour de cassation.

7. Le haut jury se compose de trente-six jurés titulaires, et de quatre jurés suppléants.

TITRE II

DE L'INSTRUCTION

8. L'officier du parquet qui recueille des indices sur l'existence de l'un des crimes désignés par l'article 54 de la Consti-

(1) Coll. *B. L.*, 10° série, X, n° 4222, p. 65.

tution est tenu de transmettre directement, et dans le plus bref délai, au ministre de la justice, copie des procès-verbaux, dénonciations, plaintes et autres pièces à l'appui de l'accusation. Néanmoins, l'instruction de l'affaire est continuée sans retard.

9. Si la chambre des mises en accusation d'une cour est appelée à statuer sur une affaire qui serait de la compétence de la haute cour, le procureur général est tenu de requérir un sursis et le renvoi des pièces au ministre de la justice; la chambre doit ordonner ce sursis, même d'office.

10. Dans le cas prévu par l'article précédent, les pièces sont transmises immédiatement au ministre de la justice. Si, dans les quinze jours, un décret du Président de la République n'a pas saisi la haute cour, les pièces sont renvoyées au procureur général, et la cour d'appel statue conformément au Code d'instruction criminelle. — La haute cour de justice peut toujours être saisie jusqu'à ce qu'il ait été statué par la cour.

11. Lorsqu'un décret du Président de la République a saisi la haute cour de justice de la connaissance d'une affaire, la chambre des mises en accusation de la haute cour entre immédiatement en fonctions.

12. Sa juridiction s'étend sur tout le territoire de la République. — Elle procède selon les dispositions du Code d'instruction criminelle. — Si le fait ne constitue pas un crime de la compétence de la haute cour, elle ordonne le renvoi devant le juge compétent qu'elle désigne.

13. Ses arrêts sont attributifs de juridiction et ne sont susceptibles d'aucun recours.

14. Si la chambre des mises en accusation de la haute cour prononce le renvoi devant la chambre de jugement, le Président de la République convoque cette chambre, fixe le lieu des séances et le jour de l'ouverture des débats.

15. Dans les dix jours qui suivent le décret de convocation, le premier président de la cour d'appel, et, à défaut de cour d'appel, le président du tribunal de première instance du chef-lieu judiciaire du département, tire au sort, en audience publique, le nom de l'un des membres du conseil général.

16. Les fonctions de haut juré sont incompatibles avec celles de — Ministre, — Sénateur, — Député au Corps législatif, — Membre du Conseil d'état. — Les incompatibilités, incapacités et excuses résultant des lois sur le jury sont applicables aux jurés près la haute cour.

TITRE III

DE L'EXAMEN ET DU JUGEMENT

17. Les dispositions, formes et délais prescrits par le Code d'instruction criminelle, non contraires à la Constitution et à la présente loi, seront observés devant la haute cour.

18. Au jour indiqué pour le jugement, s'il y a moins de soixante jurés présents, ce nombre est complété par des jurés supplémentaires tirés au sort par le président de la haute cour parmi les membres du conseil général du département où elle siège.

19. Ne peut point faire partie du haut jury, le membre du conseil général qui a rempli les mêmes fonctions depuis moins de deux ans.

20. Le haut juré absent sans excuse valable peut être condamné à une amende de mille à dix mille francs et à la privation de ses droits politiques pendant un an au moins et cinq ans au plus.

21. Les accusés et le ministère public exercent le droit de récusation, conformément aux lois sur le jury.

22. La déclaration du haut jury portant que l'accusé est coupable, et la déclaration portant qu'il existe, en faveur de l'accusé reconnu coupable, des circonstances atténuantes, doivent être rendues à la majorité de plus de vingt voix. — Les peines seront prononcées conformément aux dispositions du Code pénal.

TITRE IV

DISPOSITION TRANSITOIRE

. . . .

Sénatus-consulte *du 7 novembre 1852, portant modification à la Constitution* (1).

Art. 1er. La dignité impériale est rétablie. — *Louis-Napoléon Bonaparte* est Empereur des Français, sous le nom de *Napoléon III*.

2. La dignité impériale est héréditaire dans la descendance directe et légitime de *Louis-Napoléon Bonaparte*, de mâle en mâle, par ordre de primogéniture, et à l'exclusion perpétuelle des femmes et de leur descendance.

(1) Coll. *B. L.*, 10e série, X, n° 4509, p. 677.

3. *Louis-Napoléon Bonaparte*, s'il n'a pas d'enfants mâles, peut adopter les enfants et descendants légitimes, dans la ligne masculine, des frères de l'Empereur *Napoléon Ier*. — Les formes de l'adoption sont réglées par un sénatus-consulte. — Si, postérieurement à l'adoption, il survient à *Louis-Napoléon* des enfants mâles, ses fils adoptifs ne pourront être appelés à lui succéder qu'après ses descendants légitimes. — L'adoption est interdite aux successeurs de *Louis-Napoléon* et à leur descendance.

4. *Louis-Napoléon Bonaparte* règle, par un décret organique (1) adressé au Sénat et déposé dans ses archives, l'ordre de succession au trône dans la famille *Bonaparte*, pour le cas où il ne laisserait aucun héritier direct, légitime ou adoptif.

5. A défaut d'héritier légitime ou d'héritier adoptif de *Louis-Napoléon Bonaparte*, et des successeurs en ligne collatérale qui prendront leur droit dans le décret organique sus-mentionné, un sénatus-consulte proposé au Sénat par les ministres formés en Conseil de gouvernement, avec l'adjonction des présidents en exercice du Sénat, du Corps législatif et du Conseil d'état, et soumis à l'acceptation du Peuple, nomme l'Empereur et règle dans sa famille l'ordre héréditaire de mâle en mâle, à l'exclusion perpétuelle des femmes et de leur descendance. — Jusqu'au moment où l'élection du nouvel Empereur est consommée, les affaires de l'État sont gouvernées par les ministres en fonctions, qui se forment en Conseil de gouvernement et délibèrent à la majorité des voix.

6. Les membres de la famille de *Louis-Napoléon Bonaparte* appelés éventuellement à l'hérédité, et leur descendance des deux sexes, font partie de la famille impériale. Un sénatus-consulte règle leur position. Ils ne peuvent se marier sans l'autorisation de l'Empereur. Leur mariage fait sans cette autorisation emporte privation de tout droit à l'hérédité, tant pour celui qui l'a contracté que pour ses descendants. — Néanmoins, s'il n'existe pas d'enfants de ce mariage, en cas de dissolution pour cause de décès, le prince qui l'aurait contracté recouvre ses droits à l'hérédité. — *Louis-Napoléon Bonaparte* fixe les titres et la condition des autres membres de sa famille. — L'empereur a pleine auto-

(1) V. D. org. 18 décembre 1852, qui règle, conformément à l'art. 4 du sénatus-consulte du 7 novembre 1852, l'ordre de succession au trône dans la famille Bonaparte : Jérôme-Napoléon Bonaparte et sa descendance naturelle et légitime de mâle en mâle, par ordre de primogéniture et à l'exclusion perpétuelle des femmes, sont appelés à la succession impériale à défaut d'héritier direct, légitime ou adoptif de Napoléon III.

rité sur tous les membres de sa famille ; il règle leurs devoirs et leurs obligations par des statuts qui ont force de loi (1).

7. La Constitution du 14 janvier 1852 est maintenue dans toutes celles de ses dispositions qui ne sont pas contraires au présent sénatus-consulte ; il ne pourra y être apporté de modifications que dans les formes et par les moyens qu'elle a prévus.

8. La proposition suivante sera présentée à l'acceptation du Peuple français dans les formes déterminées par les décrets des 2 et 4 décembre 1851 :

« Le Peuple français veut le rétablissement de la dignité impériale dans la personne de *Louis-Napoléon Bonaparte*, avec hérédité dans sa descendance directe, légitime ou adoptive, et lui donne le droit de régler l'ordre de succession au trône dans la famille *Bonaparte*, ainsi qu'il est prévu par le sénatus-consulte du 7 novembre 1852. »

Décret impérial *du 2 décembre 1852, qui promulgue et déclare Loi de l'État le Sénatus-consulte du 7 novembre 1852, ratifié par le plébiscite des 21 et 22 novembre* (2).

NAPOLÉON... Vu le sénatus-consulte, en date du 7 novembre 1852, qui soumet au peuple le plébiscite dont la teneur suit :

« Le peuple veut le rétablissement de la dignité impériale dans la personne de *Louis-Napoléon Bonaparte*, avec hérédité dans sa descendance directe, légitime ou adoptive, et lui donne le droit de régler l'ordre de succession au trône dans la famille *Bonaparte*, ainsi qu'il est prévu par le sénatus-consulte du 7 novembre 1852. »

Vu la déclaration du Corps législatif qui constate :

Que les opérations du vote ont été partout librement et régulièrement accomplies ;

Que le recensement général des suffrages émis sur le projet de plébiscite a donné sept millions huit cent vingt-quatre mille cent quatre-vingt-neuf (7,824,189) bulletins portant le mot *oui* ;

Deux cent cinquante-trois mille cent quarante-cinq (253,145) bulletins portant le mot *non* ;

Soixante-trois mille trois cent vingt-six (63,326) bulletins nuls ; — AVONS DÉCRÉTÉ ET DÉCRÉTONS ce qui suit :

Art. 1er. Le sénatus-consulte du 7 novembre 1852, ratifié par

(1) V. Statut du 21 juin 1853.
(2) Coll. *B. L.*, 11e série, I, n° 2, p. 5.

le plébiscite des 21 et 22 novembre, est promulgué et devient loi de l'État.

2. *Louis-Napoléon Bonaparte* est Empereur des Français sous le nom de *Napoléon III*.

Sénatus-consulte *du 12 décembre 1852, sur la Liste civile et la Dotation de la Couronne* (1) (2).

TITRE PREMIER

SECTION PREMIÈRE
De la Liste civile de l'Empereur et de la Dotation de la Couronne.

Art. 1er. La liste civile de l'Empereur est fixée, à partir du 1er décembre 1852, pour toute la durée du règne, conformément à l'article 15 du sénatus-consulte du 28 floréal an XII.

2. La dotation immobilière de la Couronne comprend les palais, châteaux, maisons, domaines et manufactures énumérés dans le tableau annexé au présent sénatus-consulte.

3. Les biens particuliers appartenant à l'Empereur au moment de son avènement au trône sont, de plein droit, réunis au domaine de l'État, et font partie de la dotation de la Couronne.

4. La dotation mobilière comprend les diamants, perles, pierreries, statues, tableaux, pierres gravées, musées, bibliothèques et autres monuments des arts, ainsi que les meubles meublants contenus dans l'hôtel du Garde-Meuble et les divers palais et établissements impériaux.

5. Il est dressé par récolement, aux frais du trésor, un état et des plans des immeubles, ainsi qu'un inventaire descriptif de tous les meubles ; ceux de ces meubles susceptibles de se détériorer par l'usage seront estimés. Des doubles de ces actes seront déposés dans les archives du Sénat.

6. Les monuments et objets d'art qui seront placés dans les maisons impériales, soit aux frais de l'État, soit aux frais de la Couronne, seront et demeureront, dès ce moment, propriété de la Couronne.

SECTION II
Conditions de la jouissance des biens formant la Dotation de la Couronne.

7. Les biens meubles et immeubles de la Couronne sont inaliénables et imprescriptibles. — Ils ne peuvent être donnés, vendus, engagés ni grevés d'hypothèques. — Néanmoins, les objets

(1) Coll. *B. L.*, 11e série, I, n° 10, p. 15.
(2) Cf. S.-C. 1er avril 1852 ; 7 juillet 1852 ; D. 14 décembre 1852.

inventoriés avec estimation, aux termes de l'article 5, peuvent être aliénés moyennant remplacement.

8. L'échange de biens composant la dotation de la Couronne ne peut être autorisé que par un sénatus-consulte.

9. Les biens de la Couronne et le trésor public ne sont jamais grevés des dettes de l'Empereur ou des pensions par lui accordées.

10. La durée des baux, à moins qu'un sénatus-consulte ne l'autorise, ne peut pas excéder vingt et un ans ; ils ne peuvent être renouvelés plus de trois ans avant leur expiration.

11. Les forêts de la Couronne sont soumises aux dispositions du Code forestier, en ce qui les concerne ; elles sont assujetties à un aménagement régulier. — Il ne peut y être fait aucune coupe extraordinaire quelconque, ni aucune coupe des quarts en réserve ou de massifs réservés par l'aménagement pour croître en futaie, si ce n'est en vertu d'un sénatus-consulte. — Les dispositions des articles 2 et 3 du sénatus-consulte du 3 juillet 1852 (1) sont applicables aux biens de la Couronne.

12. Les propriétés de la Couronne ne sont pas soumises à l'impôt ; elles supportent néanmoins toutes les charges communales et départementales. — Afin de fixer leurs portions contributives dans ces charges, elles sont portées sur les rôles, et pour leurs revenus estimatifs, de la même manière que les propriétés privées.

13. L'Empereur peut faire aux palais, bâtiments et domaines de la Couronne, tous les changements, additions et démolitions qu'il juge utiles à leur conservation ou à leur embellissement.

14. L'entretien et les réparations de toute nature de meubles et immeubles de la Couronne sont à la charge de la liste civile.

15. Sauf les conditions qui précèdent, et l'obligation de fournir caution dont l'Empereur est affranchi, toutes les autres règles du droit civil régissent les propriétés de la Couronne.

TITRE II

DU DOUAIRE DE L'IMPÉRATRICE ET DE LA DOTATION DES PRINCES DE LA FAMILLE IMPÉRIALE

16. Le douaire de l'Impératrice est fixé par un sénatus-consulte, lors du mariage de l'Empereur.

17. Une dotation annuelle de quinze cent mille francs est

_____

(1) Nous ne trouvons ce S.-C. ni au *B. L.*, ni ailleurs. Ne serait-ce pas le S.-C. 7 juillet 1852, interprétatif du S.-C. 1er avril 1852 (allocation attribuée au Président de la République)?

affectée aux princes et princesses de la famille impériale. La répartition de cette dotation est faite par décret de l'Empereur.

TITRE III

DU DOMAINE PRIVÉ

18. Le domaine privé de l'Empereur se compose des biens qu'il acquiert à titre gratuit ou onéreux pendant son règne.

19. L'Empereur peut disposer de son domaine privé sans être assujetti aux règles du Code Napoléon sur la quotité disponible. — S'il n'en a pas disposé, les propriétés du domaine privé font retour au domaine de l'État et font partie de la dotation de la Couronne.

20. Les propriétés du domaine privé sont, sauf l'exception portée en l'article précédent, soumises à toutes les règles du Code Napoléon; elles sont imposées et cadastrées.

TITRE IV

DES DROITS DES CRÉANCIERS ET DES ACTES JUDICIAIRES

21. Demeurent toujours réservés sur le domaine privé délaissé par l'Empereur, les droits de ses créanciers et les droits des employés de sa maison à qui des pensions de retraite ont été accordées ou sont dues par imputation sur un fonds de retenues faites sur leurs appointements.

22. Les actions concernant la dotation de la Couronne et le domaine privé sont dirigées par ou contre l'administrateur de ce domaine. — Les unes et les autres sont d'ailleurs instruites et jugées dans les formes ordinaires, sauf la présente dérogation à l'article 69 du Code de procédure civile.

23. Les titres sont exécutoires seulement sur tous les biens meubles et immeubles composant le domaine privé. — Ils ne le sont jamais sur les effets mobiliers renfermés dans les palais, manufactures et maisons impériales, ni les deniers de la liste civile (1).

Sénatus-consulte *du 25 décembre 1852, portant interprétation et modification de la Constitution du 14 janvier 1852* (2).

Art. 1er. L'Empereur a le droit de faire grâce et d'accorder des amnisties.

(1) Suit le tableau des immeubles affectés à la dotation de la Couronne.
(2) Coll. *B. L.*, 11e série, I, no 28, p. 57.

2. L'Empereur préside, quand il le juge convenable, le Sénat et le Conseil d'état.

3. Les traités de commerce faits en vertu de l'article 6 de la Constitution ont force de loi pour les modifications de tarif qui y sont stipulées.

4. Tous les travaux d'utilité publique, notamment ceux désignés par l'article 10 de la loi du 21 avril 1832 et l'article 3 de la loi du 3 mai 1841, toutes les entreprises d'intérêt général, sont ordonnés ou autorisés par décrets de l'Empereur (1). — Ces décrets sont rendus dans les formes prescrites pour les règlements d'administration publique. — Néanmoins, si ces travaux et entreprises ont pour condition des engagements ou des subsides du trésor, le crédit devra être accordé ou l'engagement ratifié par une loi avant la mise à exécution. — Lorsqu'il s'agit de travaux exécutés pour le compte de l'État, et qui ne sont pas de nature à devenir l'objet de concessions, les crédits peuvent être ouverts, en cas d'urgence, suivant les formes prescrites pour les crédits extraordinaires : ces crédits seront soumis au Corps législatif dans sa plus prochaine session.

5. Les dispositions du décret organique du 22 mars 1852 peuvent être modifiées par des décrets de l'Empereur (2).

6. Les membres de la famille impériale appelés éventuellement à l'hérédité et leurs descendants, portent le nom de *Princes français.* — Le fils aîné de l'Empereur porte le titre de *Prince impérial.*

7. Les princes français sont membres du Sénat et du Conseil d'état quand ils ont atteint l'âge de dix-huit ans accomplis. — Ils ne peuvent y siéger qu'avec l'agrément de l'Empereur.

8. Les actes de l'état civil de la famille impériale sont reçus par le ministre d'état, et transmis, sur un ordre de l'Empereur, au Sénat, qui en ordonne la transcription sur ses registres et le dépôt dans ses archives.

9. La dotation de la couronne et la liste civile de l'Empereur sont réglées, pour la durée de chaque règne, par un sénatus-consulte spécial.

10. Le nombre de sénateurs nommés directement par l'Empereur ne peut excéder cent cinquante.

11. Une dotation annuelle et viagère de trente mille francs est affectée à la dignité de sénateur.

(1) Cf. L. 27 juillet 1870.
(2) Le décret du 22 mars 1852 fut abrogé et remplacé par le décret du 31 décembre 1852, portant règlement des rapports du Sénat et du Corps législatif avec l'Empereur et le Conseil d'état et établissant les conditions organiques de leurs travaux.

12. Le budget des dépenses est présenté au Corps législatif avec ses subdivisions administratives, par chapitres et par articles. — Il est voté par ministère. — La répartition par chapitres du crédit accordé pour chaque ministère est réglée par décret de l'Empereur, rendu en Conseil d'état. — Des décrets spéciaux, rendus dans la même forme, peuvent autoriser des virements d'un chapitre à un autre. Cette disposition est applicable au budget de l'année 1853.

13. Le compte rendu prescrit par l'article 42 de la Constitution est soumis, avant sa publication, à une commission composée du président du Corps législatif et des présidents de chaque bureau. En cas de partage d'opinions, la voix du président du Corps législatif est prépondérante. — Le procès-verbal de la séance, lu à l'assemblée, constate seulement les opérations et les votes du Corps législatif.

14. Les députés au Corps législatif reçoivent une indemnité qui est fixée à deux mille cinq cents francs par mois pendant la durée de chaque session ordinaire ou extraordinaire.

15. Les officiers généraux placés dans le cadre de réserve peuvent être membres du Corps législatif. Ils sont réputés démissionnaires, s'ils sont employés activement, conformément à l'article 5 du décret du 1ᵉʳ décembre 1852, et à l'article 3 de la loi du 4 août 1839.

16. Le serment prescrit par l'article 14 de la Constitution est ainsi conçu : — « *Je jure obéissance à la Constitution et fidélité à l'Empereur.* »

17. Les articles 2, 9, 11, 15, 16, 17, 18, 19, 22 et 37 de la Constitution du 14 janvier 1852 sont abrogés.

Sénatus-consulte *du 23 avril 1856, interprétatif de l'article 22 du sénatus-consulte du 12 décembre 1852, sur la Liste civile et la Dotation de la Couronne* (1).

ART. UNIQUE. L'administrateur de la dotation de la Couronne a seul qualité pour procéder en justice, soit en demandant, soit en défendant, dans les instances relatives à la propriété des biens faisant partie de cette dotation ou du domaine privé. — Il a seul qualité pour préparer et consentir les actes relatifs aux échanges du domaine de la Couronne, et tous autres actes conformes aux prescriptions du sénatus-consulte du 12 décembre 1852. — Il a pareillement qualité, dans les cas prévus par les articles

(1) Coll. *B. L.*, 11ᵉ série, VII, nᵒ 3480, p. 503.

13 et 26 de la loi du 3 mai 1841, pour consentir seul les expropriations et recevoir les indemnités, sous la condition de faire emploi desdites indemnités, soit en immeubles, soit en rentes sur l'État, sans toutefois que le débiteur soit tenu de surveiller le remploi.

Sénatus-consulte *du 17 juillet 1856, sur la Régence de l'Empire* (1).

TITRE PREMIER

DE LA RÉGENCE

Art. 1er. L'Empereur est mineur jusqu'à l'âge de dix-huit ans accomplis.

2. Si l'Empereur monte sur le Trône sans que l'Empereur son père ait disposé, par acte rendu public avant son décès, de la Régence de l'Empire, l'Impératrice Mère est Régente et a la garde de son fils mineur.

3. L'Impératrice-Régente qui convole à de secondes noces perd de plein droit la Régence et la garde de son fils mineur.

4. A défaut de l'Impératrice, qu'elle ait ou non exercé la Régence, et si l'Empereur n'en a autrement disposé par acte public ou secret, la Régence appartient au premier Prince français, et, à son défaut, à l'un des autres Princes français dans l'ordre de l'hérédité de la Couronne. — L'Empereur peut, par acte public ou secret, pourvoir aux vacances qui pourraient se produire dans l'exercice de la Régence pendant la minorité.

5. S'il n'existe aucun Prince français habile à exercer la Régence, les Ministres en fonctions se forment en Conseil et gouvernent les affaires de l'État jusqu'au moment où le Régent est nommé. — Ils délibèrent à la majorité des voix. — Immédiatement après la mort de l'Empereur, le Sénat est convoqué par le Conseil de Régence. — Sur la proposition du Conseil de Régence, le Sénat élit le Régent parmi les candidats qui lui sont présentés. — Dans le cas où le Conseil de Régence n'aurait pas été nommé par l'Empereur, la convocation et la proposition sont faites par les Ministres formés en Conseil, avec l'adjonction des Présidents en exercice du Sénat, du Corps législatif et du Conseil d'État.

6. Le Régent et les Membres du Conseil de Régence doivent être Français et âgés de vingt et un an accomplis.

(1) Coll. *B. L.*, 11e série, VIII, n° 3819, p. 209.

7. Les actes par lesquels l'Empereur dispose de la Régence
ou nomme les Membres du Conseil de Régence sont adressés au
Sénat et déposés dans ses archives. — Si l'Empereur a disposé
de la Régence ou nommé les membres du Conseil de Régence
par un acte secret, l'ouverture de cet acte est faite immédiatement après la mort de l'Empereur, au Sénat, par le Président
du Sénat, en présence des sénateurs qui auront pu répondre à la
convocation, et en présence des Ministres et des Présidents du
Corps législatif et du Conseil d'État dûment appelés.

8. Tous les actes de la Régence sont au nom de l'Empereur
mineur.

9. Jusqu'à la majorité de l'Empereur, l'Impératrice-Régente
ou le Régent exerce pour l'Empereur mineur l'autorité impériale dans toute sa plénitude, sauf les droits attribués au Conseil de Régence. — Toutes dispositions législatives qui protègent
la personne de l'Empereur sont applicables à l'Impératrice-
Régente et au Régent.

10. Les fonctions de l'Impératrice-Régente ou du Régent
commencent au moment du décès de l'Empereur. — Mais si un
acte secret concernant la Régence a été adressé au Sénat et
déposé dans ses archives, les fonctions du Régent ne commencent qu'après l'ouverture de cet acte. Jusqu'à ce qu'il y
ait été procédé, le gouvernement des affaires de l'État reste
entre les mains des Ministres en fonctions, conformément à
l'article 5.

11. Si l'Empereur mineur décède, laissant un frère héritier
du Trône, la Régence de l'Impératrice ou celle du Régent continue sans aucune formalité nouvelle.

12. La Régence de l'Impératrice cesse si l'ordre d'hérédité
appelle au Trône un Prince mineur qui ne soit pas son fils. Il
est pourvu dans ce cas, à la Régence, conformément à l'article 4 ou à l'article 5 du présent sénatus-consulte.

13. Si l'Empereur mineur décède, laissant la couronne à un
Empereur mineur d'une autre branche, le Régent reste en
fonctions jusqu'à la majorité du nouvel Empereur.

14. Lorsque le Prince français désigné par le présent sénatus-consulte s'est trouvé empêché, par défaut d'âge ou par
toute autre cause légale, d'exercer la Régence, au moment du
décès de l'Empereur, le Régent en exercice conservera la
Régence jusqu'à la majorité de l'Empereur.

15. La Régence, autre que celle de l'Impératrice, ne confère
aucun droit sur la personne de l'Empereur mineur. — La garde
de l'Empereur mineur, la surintendance de sa maison, la sur-

veillance de son éducation sont confiées à sa Mère. — A défaut de la Mère ou d'une personne désignée par l'Empereur, la garde de l'Empereur mineur est confiée à la personne nommée par le Conseil de Régence. — Ne peuvent être nommés ou désignés, ni le Régent, ni ses descendants.

16. Si l'Impératrice-Régente ou le Régent n'ont pas prêté serment du vivant de l'Empereur pour l'exercice de la Régence, ils le prêtent, sur l'Évangile, à l'Empereur mineur assis sur le Trône, assisté des Princes français, des membres du Conseil de Régence, des Ministres, des Grands Officiers de la Couronne et des Grands-Croix de la Légion d'honneur, en présence du Sénat, du Corps législatif et du Conseil d'État. — Le serment peut aussi être prêté à l'Empereur mineur en présence des Membres du Conseil de Régence, des Ministres et des Présidents du Sénat, du Corps législatif et du Conseil d'État. — Dans ce cas, la prestation de serment est rendue publique par une proclamation de l'Impératrice-Régente ou du Régent.

17. Le serment prêté par l'Impératrice-Régente ou le Régent est conçu en ces termes : — « Je jure fidélité à l'Empereur ; je « jure de gouverner conformément à la Constitution, aux séna- « tus-consultes et aux lois de l'Empire ; de maintenir dans leur « intégrité les droits de la nation et ceux de la dignité impé- « riale ; de ne consulter, dans l'emploi de mon autorité, que « mon dévoûment pour l'Empereur et pour la France, et de « remettre fidèlement à l'Empereur, au moment de sa majorité, « le pouvoir dont l'exercice m'est confié. » — Procès-verbal de cette prestation de serment est dressé par le Ministre d'État. Ce procès-verbal est adressé au Sénat et déposé dans ses archives. — L'acte est signé par l'Impératrice-Régente ou le Régent, par les Princes de la Famille impériale, par les Membres du Conseil de Régence, par les Ministres et par les Présidents du Sénat, du Corps législatif et du Conseil d'État.

TITRE II

DU CONSEIL DE RÉGENCE

18. Un Conseil de Régence est constitué pour toute la durée de la minorité de l'Empereur. — Il se compose : — 1° Des Princes français désignés par l'Empereur ; — A défaut de désignation par l'Empereur, des deux Princes français les plus proches dans l'ordre d'hérédité ; — 2° Des personnes que l'Empereur a dési- gnées par acte public ou secret. — Si l'Empereur n'a fait aucune désignation, le Sénat nomme cinq personnes pour faire partie du Conseil de Régence. — En cas de mort ou de démission d'un ou plusieurs membres du Conseil de Régence, autres que les Princes français, le Sénat pourvoit à leur remplacement.

19. Aucun Membre du Conseil de Régence ne peut être éloigné de ses fonctions par l'Impératrice-Régente ou le Régent.

20. Le Conseil de Régence est convoqué et présidé par l'Impératrice-Régente ou le Régent. — L'Impératrice-Régente ou le Régent peuvent déléguer, pour présider à leur place, l'un des Princes français faisant partie du Conseil de Régence ou l'un des autres Membres de ce Conseil.

21. Le Conseil de Régence délibère nécessairement, et à la majorité absolue des voix : — 1° Sur le mariage de l'Empereur ; — 2° Sur les déclarations de guerre, la signature des traités de paix, d'alliance ou de commerce ; — 3° Sur les projets de sénatus-consultes organiques. — En cas de partage, la voix de l'Impératrice-Régente ou du Régent est prépondérante. Si la présidence est exercée par délégation, l'Impératrice-Régente ou le Régent décident.

22. Le Conseil de Régence a seulement voix consultative sur toutes les autres questions qui lui sont soumises par l'Impératrice-Régente ou le Régent.

TITRE III
DISPOSITIONS DIVERSES

23. Durant la Régence, l'administration de la dotation de la Couronne continue selon les règles établies. — L'emploi des revenus est déterminé dans les formes accoutumées, sous l'autorité de l'Impératrice-Régente ou du Régent.

24. Les dépenses personnelles de l'Impératrice-Régente ou du Régent et l'entretien de leur maison font partie du budget de la Couronne. La quotité en est fixée par le Conseil de Régence.

25. En cas d'absence du Régent au commencement d'une minorité, sans qu'il y ait été pourvu par l'Empereur avant son décès, les affaires de l'État sont gouvernées, jusqu'à l'arrivée du Régent, conformément aux dispositions de l'article 5 du présent sénatus-consulte.

Sénatus-consulte *du 27 mai 1857, qui modifie l'article 35 de la Constitution* (1).

Art. 1ᵉʳ. L'article 35 de la Constitution est modifié ainsi qu'il suit : — « Il y aura un député au Corps législatif à raison de trente-cinq mille électeurs ; néanmoins, il est attribué un député de plus à chacun des départements dans lequel le nombre excédant des électeurs dépasse dix-sept mille cinq cents. »

2. Un décret impérial réglera le tableau des députés à élire dans chaque département en conformité du présent sénatus-consulte (2).

Sénatus-consulte *du 17 février 1858, qui exige le serment des Candidats à la Députation* (3).

Art. 1ᵉʳ. Nul ne peut être élu député au Corps législatif si, huit jours au moins avant l'ouverture du scrutin, il n'a déposé, soit en personne, soit par un fondé de pouvoirs en forme authentique, au secrétariat de la préfecture du département dans lequel se fait l'élection, un écrit signé de lui, contenant le serment formulé dans l'article 16 du sénatus-consulte du 25 décembre 1852. — L'écrit déposé ne peut, à peine de nullité, contenir que ces mots : « *Je jure obéissance à la Constitution et fidélité à l'Empereur.* » — Il en est donné récépissé.

2. La publication d'une candidature, la distribution et l'affichage des circulaires et des bulletins électoraux pour lesquels le dépôt au parquet du procureur impérial aura été effectué, ne peuvent avoir lieu qu'après que le candidat s'est conformé aux dispositions de l'article précédent. — Toute publication, distribution, ou tout affichage antérieurs, seront punis des peines portées par l'article 6 de la loi du 27 juillet 1849.

3. Pendant la durée des opérations électorales, un tableau, certifié par le préfet, et contenant les noms des candidats qui ont rempli, dans le délai voulu, la prescription de l'article 1ᵉʳ du présent sénatus-consulte, est déposé sur le bureau.

4. Les bulletins portant le nom d'un candidat qui ne se sera

(1) Coll. *B. L.*, 11ᵉ série, IX, n° 4550, p. 857.
(2) V. les deux décrets du 29 mai 1857, qui fixent le nombre des députés au Corps législatif à élire par les départements, le nombre et la composition des circonscriptions électorales.
3) Coll. *B. L.*, 11ᵉ série, XI, n° 5256, p. 73.

pas conformé aux dispositions de l'article 1er du présent sénatus-consulte sont nuls et n'entrent point en compte dans le résultat du dépouillement du scrutin ; mais ils sont annexés au procès-verbal.

Sénatus-consulte *du 4 juin 1858, relatif à la compétence de la Haute Cour de Justice* (1) (2).

Art. 1er. La Haute Cour de justice, organisée par le sénatus-consulte du 10 juillet 1852, connaît des crimes et des délits commis par des Princes de la famille impériale et de la famille de l'Empereur, par des ministres, par des grands officiers de la Couronne, par des grands-croix de la Légion d'honneur, par des ambassadeurs, par des sénateurs, par des conseillers d'état. — Toutefois, les personnes dénommées dans le précédent paragraphe, poursuivies pour faits relatifs au service militaire, demeurent justiciables des juridictions militaires, conformément aux Codes de justice militaire pour les armées de terre et de mer.

2. Si la poursuite a pour objet un délit, il est procédé conformément aux articles 11, 12, paragraphes 1 et 2, 13 et 14 du sénatus-consulte du 10 juillet 1852 ; mais, dans ce cas, la chambre de jugement statue sans l'assistance du jury. Le premier président de la Cour de cassation et les trois présidents de chambre de cette cour, ou, à leur défaut, les conseillers qui remplissent leurs fonctions, lui sont adjoints. — Elle est présidée par le premier président.

3. Si des ministres sont mis en accusation par le Sénat, en vertu de l'article 13 de la Constitution, la chambre de jugement de la Haute Cour est convoquée par un décret impérial qui fixe le lieu des séances et le jour de l'ouverture des débats.

4. Lorsque l'accusé ou le prévenu a été reconnu coupable, la Haute Cour applique la peine prononcée par la loi.

5. Les dignitaires ou hauts fonctionnaires désignés dans l'article 1er, contre lesquels il a été décerné un mandat de dépôt, un mandat d'arrêt ou une ordonnance de prise de corps, sont provisoirement suspendus de leurs fonctions.

6. Aucun membre du Sénat ne peut être poursuivi ni arrêté pour crime ou délit, ou pour contravention entraînant la peine de l'emprisonnement, qu'après que le Sénat a autorisé la pour-

(1) Coll. *B. L.*, 11e série, XI, n° 5666, p. 1277.
(2) Cf. D. 4 novembre 1870 (abolition de la Haute Cour).

suite. — En cas d'arrestation, pour crime flagrant, le procès-verbal est immédiatement transmis par le ministre de la justice au
Sénat, qui statue sur la demande d'autorisation de poursuite.
— Cette autorisation n'est pas nécessaire lorsqu'un sénateur est
poursuivi pour faits relatifs au service militaire.

7. Sont maintenues toutes les dispositions du sénatus-consulte
du 10 juillet 1852 auxquelles il n'est pas dérogé par les articles
précédents.

Sénatus-consulte *du 20 juin 1860, interprétatif de l'article 14
du Sénatus-consulte du 12 décembre 1852, sur la Liste civile et la
Dotation de la Couronne* (1).

ART. UNIQUE. Ne sont pas compris dans l'entretien et les
réparations de toute nature mis à la charge de la liste civile par
l'article 14 du sénatus-consulte du 12 décembre 1852 : — les
grands travaux de reconstruction que, par suite de force ma-
jeure, d'accidents fortuits ou d'un état reconnu de vétusté, il
serait nécessaire d'exécuter dans les bâtiments dépendant de la
dotation immobilière de la Couronne.

Sénatus-consulte *du 2 février 1861, qui modifie l'article 42
de la Constitution* (2) (3).

L'article 42 de la Constitution est modifié ainsi qu'il suit :
Les débats des séances du Sénat et du Corps législatif sont
reproduits par la sténographie et insérés *in extenso* dans le journal officiel du lendemain. — En outre, les comptes rendus de ces
séances, rédigés par des secrétaires-rédacteurs placés sous l'autorité du président de chaque assemblée, sont mis, chaque soir,
à la disposition de tous les journaux. — Le compte rendu des
séances du Sénat et du Corps législatif par les journaux, ou tout
autre moyen de publication, ne consistera que dans la reproduction des débats insérés *in extenso* dans le journal officiel, ou du
compte rendu rédigé sous l'autorité du président, conformément
aux paragraphes précédents. — Néanmoins, lorsque plusieurs
projets ou pétitions auront été discutés dans une séance, il sera

(1) Coll. *B. L.*, 11e série, XV, n° 7764, p. 981.
(2) Coll. *B. L.*, 11e série, XVII, n° 8684, p. 145.
(3) Cf. D. 24 novembre 1860 (vote de l'adresse, ministres sans portefeuille et publicité des séances); D. 3 février 1861, qui règle les rapports du Sénat et du Corps législatif avec l'Empereur et le Conseil
d'État.

permis de ne reproduire que les débats relatifs à un seul de ces projets ou à une seule de ces pétitions. Dans ce cas, si la discussion se prolonge pendant plusieurs séances, la publication devra être continuée jusqu'au vote et y compris le vote. — Le Sénat, sur la demande de cinq membres, pourra décider qu'il se forme en comité secret. — L'article 13 du sénatus-consulte du 25 décembre 1852 est abrogé en ce qu'il a de contraire au présent sénatus-consulte.

Sénatus-consulte du 31 décembre 1861, qui modifie les articles 4 et 12 du Sénatus-consulte du 25 décembre 1852 (1).

Art. 1er. Le budget des dépenses est présenté au Corps législatif avec ses divisions en sections, chapitres et articles. — Le budget de chaque ministère est voté par sections, conformément à la nomenclature annexée au présent sénatus-consulte. — La répartition, par chapitres, des crédits accordés pour chaque section est réglée par décret de l'Empereur rendu en Conseil d'état.

2. Des décrets spéciaux, rendus dans la même forme, peuvent autoriser des virements d'un chapitre à un autre dans le budget de chaque ministère.

3. Il ne pourra être accordé de crédits supplémentaires ou de crédits extraordinaires qu'en vertu d'une loi.

4. Il n'est point dérogé aux dispositions des lois existantes en ce qui concerne les dépenses d'exercices clos restant à payer, les dépenses des départements, des communes et des services locaux, et les fonds de concours pour dépenses d'intérêt public.

5. Les articles 4 et 12 du sénatus-consulte du 25 décembre 1852 sont modifiés en ce qu'ils ont de contraire au présent sénatus-consulte (2).

Sénatus-consulte du 18 juillet 1866, qui modifie la Constitution et notamment les articles 40 et 41 (3).

Art. 1er. La Constitution ne peut être discutée par aucun pouvoir public autre que le Sénat procédant dans les formes qu'elle détermine. — Une pétition ayant pour objet une modification quelconque ou une interprétation de la Constitution ne

(1) Coll. B. L., 11e série, XVIII, n° 9783, p. 933.
(2) Suit la nomenclature annoncée par l'art. 1er § 2.
(3) Coll. B. L., 11e série, XXVIII, n° 14434, p. 103.

peut être rapportée en séance générale que si l'examen en a été autorisé par trois au moins des cinq bureaux du Sénat.

2. Est interdite toute discussion ayant pour objet la critique ou la modification de la Constitution, et publiée ou reproduite soit par la presse périodique, soit par des affiches, soit par des écrits non périodiques des dimensions déterminées par le paragraphe 1er de l'article 9 du décret du 17 février 1852. — Les pétitions ayant pour objet une modification ou une interprétation de la Constitution ne peuvent être rendues publiques que par la publication du compte rendu officiel de la séance dans laquelle elles ont été rapportées. — Toute infraction aux prescriptions du présent article constitue une contravention punie d'une amende de cinq cents à dix mille francs.

3. L'article 40 de la Constitution du 14 janvier 1852 est modifié ainsi qu'il suit: — Art. 40. Les amendements adoptés par la commission chargée d'examiner un projet de loi sont renvoyés au Conseil d'état par le président du Corps législatif. — Les amendements non adoptés par la commission ou par le Conseil d'état, peuvent être pris en considération par le Corps législatif et renvoyés à un nouvel examen de la commission. — Si la commission ne propose pas de rédaction nouvelle, ou si celle qu'elle propose n'est pas adoptée par le Conseil d'état, le texte primitif du projet est seul mis en délibération.

4. La disposition de l'article 41 de la Constitution du 14 janvier 1852, qui limite à trois mois la durée des sessions ordinaires du Corps législatif, est abrogée. Un décret de l'Empereur prononce la clôture de la session. — L'indemnité attribuée aux députés au Corps législatif est fixée à douze mille cinq cents francs pour chaque session ordinaire, quelle qu'en soit la durée. — En cas de session extraordinaire, l'indemnité continue à être réglée conformément à l'article 14 du sénatus-consulte du 25 décembre 1852.

Sénatus-consulte *du 14 mars 1867, qui modifie l'article 26 de la Constitution* (1) (2).

L'article 26 de la Constitution est modifié de la manière suivante :

(1) Coll. *B. L.*, 11e série, XXIX, n° 1497, p. 381.
(2) Le S.-C. avait été précédé de deux décrets, l'un du 19 janvier 1867 remplaçant l'adresse par le droit d'interpellation, l'autre du 5 février 1867, réglant les rapports du Sénat et du Corps législatif avec l'empereur et le Conseil d'état. — Cf. D. 23 mars 1867, modifiant le D. 5 février 1867.

Art. 26. Le Sénat s'oppose à la promulgation : — 1° Des lois qui seraient contraires ou qui porteraient atteinte à la Constitution, à la religion, à la morale, à la liberté des cultes, à la liberté individuelle, à l'égalité des citoyens devant la loi, à l'inviolabilité de la propriété et au principe de l'inamovibilité de la magistrature ; — 2° De celles qui pourraient compromettre la défense du territoire. — Le Sénat peut en outre avant de se prononcer sur la promulgation d'une loi, décider, par une résolution motivée, que cette loi sera soumise à une nouvelle délibération du Corps législatif. — Cette nouvelle délibération n'aura lieu que dans une session suivante, à moins que le Sénat n'ait reconnu qu'il y a urgence. — Lorsque, dans une seconde délibération, le Corps législatif a adopté la loi sans changements, le Sénat, saisi de nouveau, délibère uniquement sur la question de savoir s'il s'oppose ou non à la promulgation de la loi conformément aux n°s 1 et 2 du présent article.

Sénatus-consulte *du 8 septembre 1869, qui modifie divers articles de la Constitution, les articles 3 et 5 du Sénatus-consulte du 25 décembre 1852 et l'article 1er du Sénatus-consulte du 31 décembre 1861* (1).

Art. 1er. L'Empereur et le Corps législatif ont l'initiative des lois.

2. Les ministres ne dépendent que de l'Empereur. — Ils délibèrent en Conseil sous sa présidence. — Ils sont responsables. — Ils ne peuvent être mis en accusation que par le Sénat.

3. Les ministres peuvent être membres du Sénat ou du Corps législatif. — Ils ont entrée dans l'une et l'autre assemblées, et doivent être entendus toutes les fois qu'ils le demandent.

4. Les séances du Sénat sont publiques. La demande de cinq membres suffit pour qu'il se forme en comité secret.

5. Le Sénat peut, en indiquant les modifications dont une loi lui paraît susceptible, décider qu'elle sera renvoyée à une nouvelle délibération du Corps législatif. — Il peut, dans tous les cas, s'opposer à la promulgation de la loi. — La loi à la promulgation de laquelle le Sénat s'est opposé ne peut être présentée de nouveau au Corps législatif dans la même session.

6. A l'ouverture de chaque session, le Corps législatif nomme son président, ses vice-présidents et ses secrétaires. — Il nomme ses questeurs.

(1) Coll. *B. L.*, 11e série, XXXIV, n° 17151, p. 253.

7. Tout membre du Sénat ou du Corps législatif a le droit d'adresser une interpellation au Gouvernement. — Des ordres du jour motivés peuvent être adoptés. — Le renvoi aux bureaux de l'ordre du jour motivé est de droit quand il est demandé par le Gouvernement. — Les bureaux nomment une commission sur le rapport sommaire de laquelle l'Assemblée prononce.

8. Aucun amendement ne peut être mis en délibération s'il n'a été envoyé à la commission chargée d'examiner le projet de loi et communiqué au Gouvernement. — Lorsque le Gouvernement et la commission ne sont pas d'accord, le Conseil d'état donne son avis et le Corps législatif prononce.

9. Le budget des dépenses est présenté au Corps législatif par chapitres et articles. — Le budget de chaque ministère est voté par chapitres, conformément à la nomenclature annexée au présent sénatus-consulte.

10. Les modifications apportées à l'avenir à des tarifs de douanes ou de postes par des traités internationaux ne seront obligatoires qu'en vertu d'une loi.

11. Les rapports constitutionnels actuellement établis entre le Gouvernement de l'Empereur, le Sénat et le Corps législatif ne peuvent être modifiés que par un sénatus-consulte. — Les rapports réglementaires entre ces pouvoirs sont établis par décret impérial (1). — Le Sénat et le Corps législatif font leur règlement intérieur.

12. Sont abrogées toutes dispositions contraires au présent sénatus-consulte, et notamment les articles 8 et 13, le deuxième paragraphe de l'article 24, les articles 26 et 40, le cinquième paragraphe de l'article 42 (2), le premier paragraphe de l'article 43, l'article 44 de la Constitution, les articles 3 et 5 du sénatus-consulte du 25 décembre 1852 et l'art. 1er du sénatus-consulte du 31 décembre 1861 (3).

Sénatus-consulte *du 21 mai 1870, fixant la Constitution de l'Empire* (4) (5).

Napoléon, par la grâce de Dieu et la volonté nationale, empereur des Français, à tous présents et à venir, salut. — Vu notre

(1) D. 8 mars 1869.
(2) L'article 42 de la constitution n'a pas de § 5.
(3) Suit la nomenclature annoncée par l'article 9 § 2.
(4) Coll. *B. L.*, 11e série, XXXV, n° 17713, p. 519.
(5) Cf. D. 29 mai 1870, concernant les rapports entre le Gouvernement de l'Empereur, le Sénat, le Corps législatif et le Conseil d'état.

décret du 23 avril dernier, qui convoque le Peuple français dans ses comices pour accepter ou rejeter le projet de plébiscite suivant : — « Le Peuple approuve les réformes libérales opérées dans la Constitution depuis 1860, par l'Empereur, avec le concours des grands Corps de l'État, et ratifie le sénatus-consulte du 20 avril 1870 ; » — Vu la déclaration du Corps législatif qui constate : — Que les opérations du vote ont été régulièrement accomplies ; — Que le recensement général des suffrages émis sur le projet de plébiscite a donné : — Sept millions trois cent cinquante mille cent quarante-deux (7,350,142) bulletins portant le mot *oui* ; — Quinze cent trente-huit mille huit cent vingt-cinq (1,538,825) bulletins portant le mot *non* ; — Cent douze mille neuf cent soixante-quinze (112,975) bulletins nuls. — *Avons sanctionné et sanctionnons, promulgué et promulguons* comme loi de l'État le sénatus-consulte adopté par le Sénat, le 20 avril 1870, et dont la teneur suit :

SÉNATUS-CONSULTE
FIXANT LA CONSTITUTION DE L'EMPIRE

TITRE PREMIER

Art. 1er. La Constitution reconnaît, confirme et garantit les grands principes proclamés en 1789, et qui sont la base du droit public des Français (1).

TITRE II
DE LA DIGNITÉ IMPÉRIALE ET DE LA RÉGENCE

2. La dignité impériale, rétablie dans la personne de Napo-léon III par le plébiscite des 21-22 novembre 1852, est hérédi-taire dans la descendance directe et légitime de Louis-Napoléon Bonaparte, de mâle en mâle, par ordre de primogéniture, et à l'exclusion perpétuelle des femmes et de leur descendance.

3. Napoléon III, s'il n'a pas d'enfant mâle, peut adopter les enfants et descendants légitimes dans la ligne masculine des frères de l'empereur Napoléon Ier. — Les formes de l'adoption sont réglées par une loi. — Si, postérieurement à l'adoption, il survient à Napoléon III des enfants mâles, ses fils adoptifs ne pourront être appelés à lui succéder qu'après

(1) Cf. C. 1852, art. 1 note.

ses descendants légitimes. — L'adoption est interdite aux successeurs de Napoléon III et à leur descendance.

4. A défaut d'héritier légitime direct ou adoptif, sont appelés au trône le Prince *Napoléon* (*Joseph-Charles-Paul*) et sa descendance directe et légitime, de mâle en mâle, par ordre de primogéniture, et à l'exclusion perpétuelle des femmes et de leur descendance.

5. A défaut d'héritier légitime ou d'héritier adoptif de Napoléon III et des successeurs en ligne collatérale qui prennent leurs droits dans l'article précédent, le Peuple nomme l'Empereur et règle, dans sa famille, l'ordre héréditaire, de mâle en mâle, à l'exclusion perpétuelle des femmes et de leur descendance. — Le projet de plébiscite est successivement délibéré par le Sénat et par le Corps législatif, sur la proposition des ministres formés en Conseil de gouvernement. — Jusqu'au moment où l'élection du nouvel Empereur est consommée, les affaires de l'État sont gouvernées par les ministres en fonctions, qui se forment en Conseil de gouvernement et délibèrent à la majorité des voix.

6. Les membres de la famille de Napoléon III appelés éventuellement à l'hérédité et leur descendance des deux sexes font partie de la famille impériale. — Ils ne peuvent se marier sans l'autorisation de l'Empereur. Le mariage fait sans cette autorisation emporte privation de tout droit à l'hérédité, tant pour celui qui l'a contracté que pour ses descendants. — Néanmoins, s'il n'existe pas d'enfants de ce mariage, en cas de dissolution pour cause de décès, le prince qui l'aurait contracté recouvre ses droits à l'hérédité. — L'Empereur fixe les titres et les conditions des autres membres de sa famille. — Il a pleine autorité sur eux ; il règle leurs devoirs et leurs droits par des statuts qui ont force de loi.

7. La régence de l'Empire est réglée par le sénatus-consulte du 17 juillet 1856.

8. Les membres de la famille impériale appelés éventuellement à l'hérédité prennent le titre de Princes français. — Le fils aîné de l'Empereur porte le titre de Prince impérial.

9. Les Princes français sont membres du Sénat et du Conseil d'État quand ils ont atteint l'âge de dix-huit ans accomplis. Ils ne peuvent y siéger qu'avec l'agrément de l'Empereur.

TITRE III

FORMES DU GOUVERNEMENT DE L'EMPEREUR

10. L'Empereur gouverne avec le concours des ministres, du Sénat, du Corps législatif et du Conseil d'État.

11. La puissance législative s'exerce collectivement par l'Empereur, le Sénat et le Corps législatif.

12. L'initiative des lois appartient à l'Empereur, au Sénat et au Corps législatif. — Les projets de loi émanés de l'initiative de l'Empereur peuvent, à son choix, être portés, soit au Sénat, soit au Corps législatif. — Néanmoins, toute loi d'impôt doit être d'abord votée par le Corps législatif.

TITRE IV

DE L'EMPEREUR

13. L'Empereur est responsable devant le Peuple français, auquel il a toujours le droit de faire appel.

14. L'Empereur est le Chef de l'État. Il commande les forces de terre et de mer, déclare la guerre, fait les traités de paix, d'alliance et de commerce, nomme à tous les emplois, fait les règlements et décrets nécessaires pour l'exécution des lois.

15. La justice se rend en son nom. — L'inamovibilité de la magistrature est maintenue.

16. L'Empereur a le droit de faire grâce et d'accorder des amnisties.

17. Il sanctionne et promulgue les lois.

18. Les modifications apportées à l'avenir à des tarifs de douanes ou de poste par des traités internationaux ne seront obligatoires qu'en vertu d'une loi.

19. L'Empereur nomme et révoque les ministres. — Les ministres délibèrent en conseil sous la présidence de l'Empereur. — Ils sont responsables.

20. Les ministres peuvent être membres du Sénat et du Corps législatif. — Ils ont entrée dans l'une et dans l'autre assemblée, et doivent être entendus toutes les fois qu'ils le demandent.

21. Les ministres, les membres du Sénat, du Corps législatif et du Conseil d'État, les officiers de terre et de mer, les magistrats et les fonctionnaires publics prêtent le serment ainsi conçu : — « *Je jure obéissance à la Constitution et fidélité à l'Empereur* (1). »

(1) Cf. D. 5 septembre 1870 (abolition du serment politique) et D. 11 septembre 1870 (serment professionnel).

22. Les sénatus-consultes, sur la dotation de la Couronne et la liste civile, des 12 décembre 1852 et 23 avril 1856, demeurent en vigueur. — Toutefois, il sera statué par une loi dans les cas prévus par les articles 8, 11 et 16 du sénatus-consulte du 12 décembre 1852. — A l'avenir, la dotation de la Couronne et la liste civile seront fixées, pour toute la durée du règne, par la législature qui se réunira après l'avènement de l'Empereur.

TITRE V

DU SÉNAT

23. Le Sénat se compose : — 1° Des cardinaux, des maréchaux, des amiraux ; — 2° Des citoyens que l'Empereur élève à la dignité de sénateur.

24. Les décrets de nomination des sénateurs sont individuels. Ils mentionnent les services et indiquent les titres sur lesquels la nomination est fondée. — Aucune autre condition ne peut être imposée au choix de l'Empereur.

25. Les sénateurs sont inamovibles et à vie.

26. Le nombre des sénateurs peut être porté aux deux tiers de celui des membres du Corps législatif, y compris les sénateurs de droit. — L'Empereur ne peut nommer plus de 20 sénateurs par an.

27. Le président et les vice-présidents du Sénat sont nommés par l'Empereur et choisis parmi les sénateurs. — Ils sont nommés pour un an.

28. L'Empereur convoque et proroge le Sénat. — Il prononce la clôture des sessions.

29. Les séances du Sénat sont publiques. — Néanmoins, le Sénat pourra se former en comité secret dans les cas et suivant les conditions déterminées par son règlement.

30. Le Sénat discute et vote les projets de lois.

TITRE VI

DU CORPS LÉGISLATIF

31. Les députés sont élus par le suffrage universel, sans scrutin de liste.

32. Ils sont nommés pour une durée qui ne peut être moindre de six ans.

33. Le Corps législatif discute et vote les projets de lois.

34. Le Corps législatif élit, à l'ouverture de chaque session, les membres qui composent son bureau.

35. L'Empereur convoque, ajourne, proroge et dissout le Corps législatif. — En cas de dissolution, l'Empereur doit en convoquer un nouveau dans un délai de six mois. — L'Empereur prononce la clôture des sessions du Corps législatif.

36. Les séances du Corps législatif sont publiques. — Néanmoins, le Corps législatif pourra se former en comité secret dans les cas et suivant les conditions déterminées par son règlement.

TITRE VII
DU CONSEIL D'ÉTAT (1)

37. Le Conseil d'État est chargé, sous la direction de l'Empereur, de rédiger les projets de lois et les règlements d'administration publique, et de résoudre les difficultés qui s'élèvent en matière d'administration.

38. Le Conseil soutient, au nom du Gouvernement, la discussion des projets de lois devant le Sénat et le Corps législatif.

39. Les conseillers d'État sont nommés par l'Empereur et révocables par lui.

40. Les ministres ont rang, séance et voix délibérative au Conseil d'État.

TITRE VIII
DISPOSITIONS GÉNÉRALES

41. Le droit de pétition s'exerce auprès du Sénat et du Corps législatif.

42. Sont abrogés les articles 19, 25, 27, 28, 29, 30, 31, 32, 33 de la Constitution du 14 janvier 1852; l'article 2 du sénatus-consulte du 25 décembre 1852; les articles 5 et 8 du sénatus-consulte du 8 septembre 1869, et toutes les dispositions contraires à la présente Constitution.

43. Les dispositions de la Constitution du 14 janvier 1852 et celles des sénatus-consultes promulgués depuis cette époque qui ne sont pas comprises dans la présente Constitution et qui ne sont pas abrogées par l'article précédent ont force de loi.

44. La Constitution ne peut être modifiée que par le Peuple, sur la proposition de l'Empereur.

45. Les changements et additions apportés au plébiscite des 20 et 21 décembre 1851, par la présente Constitution, seront

(1) Cf. D. 15 septembre 1870 (suspension des conseillers d'état et nomination d'une commission provisoire).

soumis à l'approbation du Peuple, dans les formes déterminées par les décrets des 2 et 4 décembre 1851 et 7 novembre 1852. — Toutefois, le scrutin ne durera qu'un seul jour.

Résolution *du 17 février 1871* (1), *ayant pour objet de nommer M. Thiers Chef du Pouvoir exécutif de la République française* (2).

L'ASSEMBLÉE NATIONALE, dépositaire de l'autorité souveraine, — considérant qu'il importe, en attendant qu'il soit statué sur les institutions de la France, de pourvoir immédiatement aux nécessités du gouvernement et à la conduite des négociations, — DÉCRÈTE : — M. *Thiers* est nommé Chef du Pouvoir exécutif de la République française ; il exercera ses fonctions, sous l'autorité de l'Assemblée nationale, avec le concours des ministres qu'il aura choisis et qu'il présidera.

Résolution *du 1er mars 1871* (3).

L'Assemblée nationale clôt l'incident, et dans les circonstances douloureuses que traverse la patrie, et en face de protestations et de réserves inattendues, confirme la déchéance de Napoléon III et de sa dynastie, déjà prononcée par le suffrage universel, et le déclare responsable de la ruine, de l'invasion et du démembrement de la France.

Résolution *du 10 mars 1871, ayant pour objet de transporter à Versailles le siège de l'Assemblée nationale* (4).

L'Assemblée nationale a adopté la résolution suivante :

Art. 1er. — Le siège de l'Assemblée nationale sera transporté à Versailles.

Art. 2. — L'Assemblée fixe au lundi 20 mars sa première réunion dans cette ville.

---

(1) V. aux *notices*, les Procl. du 4 septembre et les DD. 8 septembre 1870 et 29 janvier 1871 (convocation des électeurs à l'effet d'élire l'Assemblée nationale).
(2) Coll. *B. L.*, 12e série, II, n° 331, p. 1.
(3) *Ann. Ass. nat.*, I, p. 105.
(4) Coll. *B. L.*, 12e série, II, n° 342, p. 79.

Loi *du 31 août 1871, portant que le chef du Pouvoir exécutif prendra le titre de* Président de la République française (1) (2).

L'Assemblée nationale, — Considérant qu'elle a le droit d'user du pouvoir constituant, attribut essentiel de la souveraineté dont elle est investie, et que les devoirs impérieux que tout d'abord elle a dû s'imposer, et qui sont encore loin d'être accomplis, l'ont seuls empêchée jusqu'ici d'user de ce pouvoir ; — Considérant que, jusqu'à l'établissement des institutions définitives du pays, il importe aux besoins du travail, aux intérêts du commerce, au développement de l'industrie, que nos institutions provisoires prennent, aux yeux de tous, sinon cette stabilité qui est l'œuvre du temps, du moins celle que peuvent assurer l'accord des volontés et l'apaisement des partis ; — Considérant qu'un nouveau titre, une appellation plus précise, sans rien changer au fond des choses, peut avoir cet effet de mettre mieux en évidence l'intention de l'Assemblée de continuer franchement l'essai loyal commencé à Bordeaux ; — Que la prorogation des fonctions conférées au Chef du Pouvoir exécutif, limitée désormais à la durée des travaux de l'Assemblée, dégage ces fonctions de ce qu'elles semblent avoir d'instable et de précaire, sans que les droits souverains de l'Assemblée en souffrent la moindre atteinte, puisque dans tous les cas la décision suprême appartient à l'Assemblée, et qu'un ensemble de garanties nouvelles vient assurer le maintien de ces principes parlementaires, tout à la fois la sauvegarde et l'honneur du pays ; — Prenant, d'ailleurs, en considération les services éminents rendus au pays par M. *Thiers* depuis six mois et les garanties que présente la durée du pouvoir qu'il tient de l'Assemblée ; — Décrète :

Art 1ᵉʳ. Le Chef du Pouvoir exécutif prendra le titre de *Président de la République française*, et continuera d'exercer, sous l'autorité de l'Assemblée nationale, tant qu'elle n'aura pas terminé ses travaux, les fonctions qui lui ont été déléguées par décret du 17 février 1871.

2. Le Président de la République promulgue les lois dès qu'elles lui sont transmises par le président de l'Assemblée nationale. — Il assure et surveille l'exécution des lois. — Il réside au lieu où siège l'Assemblée. — Il est entendu par l'Assemblée nationale toutes les fois qu'il le croit nécessaire, et

(1) Coll. *B. L.*, 12ᵉ série, II, nᵒ 486, p. 113, et *J. off.* 3 septembre 1871.
(2) Cette loi est souvent appelée loi Rivet.

après avoir informé de son intention le président de l'Assemblée. — Il nomme et révoque les ministres. Le conseil des ministres et les ministres sont responsables devant l'Assemblée. — Chacun des actes du Président de la République doit être contresigné par un ministre. — Le Président de la République est responsable devant l'Assemblée (1).

Loi du 15 février 1872, *relative au rôle éventuel des Conseils généraux dans des circonstances exceptionnelles* (2) (3).

Art. 1er. Si l'Assemblée nationale ou celles qui lui succéderont viennent à être illégalement dissoutes ou empêchées de se réunir, les conseils généraux s'assemblent immédiatement, de plein droit, et sans qu'il soit besoin de convocation spéciale, au chef-lieu de chaque département. — Ils peuvent s'assembler partout ailleurs dans le département, si le lieu habituel de leurs séances ne leur paraît pas offrir de garanties suffisantes pour la liberté de leurs délibérations. — Les conseils ne sont valablement constitués que par la présence de la majorité de leurs membres.

2. Jusqu'au jour où l'Assemblée dont il sera parlé à l'article 3, aura fait connaître qu'elle est régulièrement constituée, le conseil général pourvoira d'urgence au maintien de la tranquillité publique et de l'ordre légal.

3. Une Assemblée composée de deux délégués élus par chaque conseil général, en comité secret, se réunit dans le lieu où se seront rendus les membres du Gouvernement légal et les députés qui auront pu se soustraire à la violence. — L'Assemblée des délégués n'est valablement constituée qu'autant que la moitié des départements, au moins, s'y trouve représentée.

4. Cette Assemblée est chargée de prendre, pour toute la France, les mesures urgentes que nécessite le maintien de l'ordre et spécialement celles qui ont pour objet de rendre à l'Assemblée nationale la plénitude de son indépendance et l'exercice de ses droits. — Elle pourvoit provisoirement à l'administration générale du pays.

(1) Le décret du 2 septembre 1871 institue un Vice-Président chargé de convoquer et de présider le Conseil des ministres, en cas d'absence ou d'empêchement du Président de la République, et nomme M. Dufaure Vice-Président du Conseil des ministres.
(2) Coll. *B. L.*, 12e série, IV, n° 921, p. 178 et *J. off.* 23 février 1872.
(3) Cette loi est souvent désignée sous le nom de loi Tréveneuc. — Cf. L. 10 août 1871.

5. Elle doit se dissoudre aussitôt que l'Assemblée nationale se sera reconstituée par la réunion de la majorité de ses membres sur un point quelconque du territoire. — Si cette reconstitution ne peut se réaliser dans le mois qui suit les événements, l'Assemblée des délégués doit décréter un appel à la nation pour des élections générales. — Ses pouvoirs cessent le jour où la nouvelle Assemblée nationale est constituée.

6. Les décisions de l'Assemblée des délégués doivent être exécutées, à peine de forfaiture, par tous les fonctionnaires, agents de l'autorité et commandants de la force publique.

Loi *du 13 mars 1873, ayant pour objet de régler* (1) *les attributions des Pouvoirs publics et les conditions de la Responsabilité ministérielle* (2) (3).

L'Assemblée nationale, — Réservant dans son intégrité le pouvoir constituant qui lui appartient, mais voulant apporter des améliorations aux attributions des pouvoirs publics DÉCRÈTE :

Art. 1er. La loi du 31 août 1871 est modifiée ainsi qu'il suit : — Le Président de la République communique avec l'Assemblée par des messages qui, à l'exception de ceux par lesquels s'ouvren les sessions, sont lus à la tribune par un ministre. — Néanmoins il sera entendu par l'Assemblée dans la discussion des lois, lors qu'il le jugera nécessaire, et après l'avoir informée de son inten. tion par un message. — La discussion à l'occasion de laquelle le. Président de la République veut prendre la parole est suspendue après la réception du message, et le Président sera entendu le lendemain, à moins qu'un vote spécial ne décide qu'il le sera le même jour. La séance est levée après qu'il a été entendu, et la discussion n'est reprise qu'à une séance ultérieure. La délibération a lieu hors la présence du Président de la République.

2. Le Président de la République promulgue les lois déclarées urgentes dans les trois jours, et les lois non urgentes dans le mois après le vote de l'Assemblée. — Dans le délai de trois jours, lorsqu'il s'agira d'une loi non soumise à trois lectures, le Président de la République aura le droit de demander, par un message motivé, une nouvelle délibération. — Pour les lois soumises à la formalité des trois lectures, le Président de la République

(1) Au *B. L.*: *qui règle*...
(2) Coll. *B. L.*, 12e série, VI, n° 1837, p. 161 et *J. off.* 19 mars 1873.
(3) Cette loi est souvent appelée loi des Trente.

aura le droit, après la seconde, de demander que la mise à l'ordre du jour pour la troisième délibération ne soit fixée qu'après le délai de deux mois.

3. Les dispositions de l'article précédent ne s'appliqueront pas aux actes par lesquels l'Assemblée nationale exercera le pouvoir constituant qu'elle s'est réservé dans le préambule de la présente loi.

4. Les interpellations ne peuvent être adressées qu'aux ministres, et non au Président de la République. — Lorsque les interpellations adressées aux ministres ou les pétitions envoyées à l'Assemblée se rapportent aux affaires extérieures, le Président de la République aura le droit d'être entendu. — Lorsque ces interpellations ou ces pétitions auront trait à la politique intérieure, les ministres répondront seuls des actes qui les concernent. Néanmoins si, par une délibération spéciale, communiquée à l'Assemblée avant l'ouverture de la discussion par le vice-président du Conseil des ministres, le Conseil déclare que les questions soulevées se rattachent à la politique générale du Gouvernement et engagent ainsi la responsabilité du Président de la République, le Président aura le droit d'être entendu dans les formes déterminées par l'article 1er. — Après avoir entendu le vice-président du Conseil, l'Assemblée fixe le jour de la discussion.

5. L'Assemblée nationale ne se séparera pas avant d'avoir statué : — 1o Sur l'organisation et le mode de transmission des pouvoirs législatif et exécutif ; — 2o Sur la création et les attributions d'une seconde Chambre ne devant entrer en fonctions qu'après la séparation de l'Assemblée actuelle; — 3o Sur la loi électorale. — Le Gouvernement soumettra à l'Assemblée des projets de loi sur les objets ci-dessus énumérés.

Nomination *de M. le maréchal* de Mac-Mahon, *Duc* de Magenta, *à la Présidence de la République française* (1).

Extrait du procès-verbal de la séance de l'Assemblée nationale du 24 mai 1873 :

Il résulte des procès-verbaux de l'Assemblée nationale que, dans sa troisième séance du 24 mai 1873, l'Assemblée a nommé M. le maréchal *de Mac-Mahon*, duc *de Magenta*, président de la République française, en remplacement de M. *Thiers*, démissionnaire.

(1) Coll. *B. L.*, 12e série, VI, no 1986, p. 449.

Loi *du 20 novembre 1873, ayant pour objet de confier* (1) *le Pouvoir exécutif pour sept ans au Maréchal de Mac-Mahon, duc de Magenta* (2).

Art. 1er. Le pouvoir exécutif est confié pour sept ans au maréchal *de Mac-Mahon, duc de Magenta*, à partir de la promulgation de la présente loi ; ce pouvoir continuera à être exercé avec le titre de *Président de la République* et dans les conditions actuelles jusqu'aux modifications qui pourraient y être apportées par les lois constitutionnelles.

2. Dans les trois jours qui suivront la promulgation de la présente loi, une commission de trente membres sera nommée en séance publique et au scrutin de liste, pour l'examen des lois constitutionnelles.

Loi *du 25 février 1875, relative à l'organisation des Pouvoirs publics* (3).

Art. 1er. Le pouvoir législatif s'exerce par deux Assemblées : la Chambre des députés et le Sénat. — La Chambre des députés est nommée par le suffrage universel, dans les conditions déterminées par la loi électorale. — La composition, le mode de nomination et les attributions du Sénat seront réglés par une loi spéciale.

2. Le Président de la République est élu à la majorité absolue des suffrages par le Sénat et par la Chambre des députés réunis en Assemblée nationale (4). Il est nommé pour sept ans. Il est rééligible (5).

3. Le Président de la République a l'initiative des lois, concurremment avec les membres des deux Chambres (6). Il promulgue les lois lorsqu'elles ont été votées par les deux Chambres ; il en surveille et en assure l'exécution. — Il a le droit de faire grâce ; les amnisties ne peuvent être accordées que par une loi. — Il dispose de la force armée. — Il nomme à tous les emplois civils et militaires. — Il préside aux solennités natio-

(1) Au *B. L. : qui confie.*
(2) Coll. *B. L.,* 12e série, VII, n° 2463, p. 717 et *J. off.* 23 novembre 1873.
(3) Coll. *B. L.,* 12e série, X, n° 3953, p. 165 et *J. off.* 28 février 1875. — Le texte publié au *J.off.* contient deux erreurs, l'une à l'art. 4 § 2, et l'autre à l'art. 7 § 1, rectifiées au *J. off.* du 1er mars 1875.
(4) Au *B. L.* commence ici un 2e paragraphe.
(5) Cf. L. 14 août 1884, art. 2.
(6) Cf. Règ. Sén. art. 62-79 ; Règ. Ch. dép., art. 30-38.

nales ; les envoyés et les ambassadeurs des puissances étrangères sont accrédités auprès de lui. — Chacun des actes du
Président de la République doit être contresigné par un
ministre.

4. Au fur et à mesure des vacances qui se produiront à
partir de la promulgation de la présente loi, le Président de la
République nomme, en Conseil des ministres, les conseillers
d'État en service ordinaire. — Les conseillers d'État ainsi nommés ne pourront être révoqués que par décret rendu en Conseil
des ministres. — Les conseillers d'État nommés en vertu de la
loi du 24 mai 1872 ne pourront, jusqu'à l'expiration de leurs
pouvoirs, être révoqués que dans la forme déterminée par cette
loi. — Après la séparation de l'Assemblée nationale, la révocation
ne pourra être prononcée que par une résolution du Sénat (1).

5. Le Président de la République peut, sur l'avis conforme
du Sénat, dissoudre la Chambre des députés avant l'expiration
légale de son mandat. — En ce cas, les collèges électoraux sont
convoqués pour de nouvelles élections dans le délai de trois
mois (2).

6. Les ministres sont solidairement responsables devant les
Chambres de la politique générale du Gouvernement, et indivi-
duellement de leurs actes personnels (3). — Le Président de la
République n'est responsable que dans le cas de haute trahison.

7. En cas de vacance par décès ou pour toute autre cause,
les deux Chambres réunies procèdent immédiatement à l'élection d'un nouveau Président. — Dans l'intervalle, le Conseil
des ministres est investi du pouvoir exécutif (4).

8. Les Chambres auront le droit, par délibérations séparées
prises dans chacune à la majorité absolue des voix, soit spontanément, soit sur la demande du Président de la République, de
déclarer qu'il y a lieu de reviser les lois constitutionnelles. —
Après que chacune des deux Chambres aura pris cette résolution, elles se réuniront en Assemblée nationale pour procéder à
la revision. — Les délibérations portant revision des lois constitutionnelles, en tout ou en partie, devront être prises à la majo-

(1) V. sur le Conseil d'État, outre la loi du 24 mai 1872, DD. 21
août 1872; 8 février 1873 ; LL. 10 août 1874; 13 juillet 1879; D. 2
août 1879; L. 26 octobre 1888 ; D. 9 novembre 1888.
(2) Modifié L. 14 août 1884, art. 1.
(3) Cf. Règ. Sén., art. 80-85; Règ. Ch. dép., art. 89-49 (questions et
interpellations).
(4) Au J. off. du 28 février l'art. 7 ne contient pas de paragraphe; mais
la rectification faite au J. off. du 1er mars implique l'existence d'un
second paragraphe commençant aux mots: *Dans l'intervalle*...

rité absolue des membres composant l'Assemblée nationale (1).
— Toutefois, pendant la durée des pouvoirs conférés par la loi
du 20 novembre 1873 à M. le maréchal de Mac-Mahon, cette
revision ne peut avoir lieu que sur la proposition du Président
de la République.

9. Le siège du pouvoir exécutif et des deux Chambres est à
Versailles (2).

Loi *du 24 février 1875, relative à l'organisation du Sénat* (3) (4).

Art. 1er. Le Sénat se compose de 300 membres : — Deux cent
vingt-cinq élus par les départements et les colonies, et soixante
quinze élus par l'Assemblée nationale.

2. Les départements de la Seine et du Nord éliront chacun
cinq sénateurs ; — Les départements de la Seine-Inférieure,
Pas-de-Calais, Gironde, Rhône, Finistère, Côtes-du-Nord, chacun quatre sénateurs ; — La Loire-Inférieure, Saône-et-Loire, Ille-
et-Vilaine, Seine-et-Oise, Isère, Puy-de-Dôme, Somme, Bouches-
du-Rhône, Aisne, Loire, Manche, Maine-et-Loire, Morbihan,
Dordogne, Haute-Garonne, Charente-Inférieure, Calvados, Sarthe, Hérault, Basses-Pyrénées, Gard, Aveyron, Vendée, Orne,
Oise, Vosges, Allier, chacun trois sénateurs. — Tous les autres
départements, chacun deux sénateurs. — Le territoire de Belfort,
les trois départements de l'Algérie, les quatre colonies de la
Martinique, de la Guadeloupe, de la Réunion et des Indes françaises éliront chacun un sénateur.

3. Nul ne peut être sénateur s'il n'est Français, âgé de quarante ans au moins et s'il ne jouit de ses droits civils et politiques (5).

4. Les sénateurs des départements et des colonies sont élus
à la majorité absolue, et, quand il y a lieu, au scrutin de liste,
par un collège réuni au chef-lieu du département ou de la

(1) Cf. L. 14 août 1884, art. 2.
(2) Abrogé L. 21 juin 1879.
(3) Coll. *B. L.*, 12e série, X, n° 3934, p. 167 et *J. off.* 28 février
1875. — Le texte du *J. off.* contient trois erreurs, l'une à l'art. 2 § 3,
l'autre à l'art. 6 § 2 ; la dernière consiste dans l'omission totale de
l'art. 11. Ces erreurs ont été corrigées au *J. off.* du 1er mars.
(4) Les articles 1-7 de cette loi, qui ont perdu le caractère constitutionnel par l'effet de la loi du 14 août 1884, ont été abrogés par
la loi du 9 décembre 1884, art. 9.
(5) V. L. 9 décembre 1884, art. 4, qui déclare inéligibles au Sénat les
membres des familles qui ont régné sur la France, et L. 22 juin 1886,
qui leur interdit tout mandat électif.

colonie, et composé : — 1° Des députés ; — 2° Des conseillers généraux ; — 3° Des conseillers d'arrondissement ; — 4° Des délégués élus, un par chaque conseil municipal, parmi les électeurs de la commune. — Dans l'Inde française, les membres du conseil colonial ou des conseils locaux sont substitués aux conseillers généraux, aux conseillers d'arrondissement et aux délégués des conseils municipaux. — Ils votent au chef-lieu de chaque établissement.

5. Les sénateurs nommés par l'Assemblée sont élus au scrutin de liste, et à la majorité absolue des suffrages.

6. Les sénateurs des départements et des colonies sont élus pour neuf années et renouvelables par tiers, tous les trois ans. — Au début de la première session, les départements seront divisés en trois séries, contenant chacune un égal nombre de sénateurs. Il sera procédé, par la voie du tirage au sort, à la désignation des séries qui devront être renouvelées à l'expiration de la première et de la deuxième période triennale.

7. Les sénateurs élus par l'Assemblée sont inamovibles. — En cas de vacance par décès, démission ou autre cause, il sera, dans les deux mois, pourvu au remplacement par le Sénat lui-même.

8. Le Sénat a, concurremment avec la Chambre des députés, l'initiative et la confection des lois (1). — (2) Toutefois, les lois de finances doivent être, en premier lieu, présentées à la Chambre des députés et votées par elle.

9. Le Sénat peut être constitué en cour de justice pour juger soit le Président de la République, soit les ministres, et pour connaître des attentats commis contre la sûreté de l'État.

10. Il sera procédé à l'élection du Sénat un mois avant l'époque fixée par l'Assemblée nationale pour sa séparation. — (3) Le Sénat entrera en fonctions et se constituera le jour même où l'Assemblée nationale se séparera.

11. La présente loi ne pourra être promulguée qu'après le vote définitif de la loi sur les pouvoirs publics.

(1) Règ. Sén., art. 62-79 ; Règl. Ch. dép., art. 30-38.
(2) Au *B. L.*, il n'y a pas de paragraphe.
(3) Au *B. L.*, il n'y a pas de paragraphe.

Loi constitutionnelle *du 16 juillet 1875, sur les rapports des Pouvoirs publics* (1) (2).

Art. 1er. Le Sénat et la Chambre des députés se réunissent chaque année le second mardi de janvier, à moins d'une convocation antérieure faite par le Président de la République. — Les deux Chambres doivent être réunies en session cinq mois au moins chaque année. La session de l'une commence et finit en même temps que celle de l'autre. — Le dimanche qui suivra la rentrée, des prières publiques seront adressées à Dieu dans les églises et dans les temples pour appeler son secours sur les travaux des Assemblées (3).

2. Le Président de la République prononce la clôture de la session. Il a le droit de convoquer extraordinairement les Chambres. Il devra les convoquer si la demande en est faite, dans l'intervalle des sessions, par la majorité absolue des membres composant chaque Chambre. — Le Président peut ajourner les Chambres. Toutefois, l'ajournement ne peut excéder le terme d'un mois ni avoir lieu plus de deux fois dans la même session.

3. Un mois au moins avant le terme légal des pouvoirs du Président de la République, les Chambres devront être réunies en Assemblée nationale pour procéder à l'élection du nouveau Président. — A défaut de convocation, cette réunion aurait lieu de plein droit le quinzième jour avant l'expiration de ces pouvoirs. — En cas de décès ou de démission du Président de la République, les deux Chambres se réunissent immédiatement et de plein droit. — Dans le cas, où, par application de l'article 5 de la loi du 25 février 1875, la Chambre des députés se trouverait dissoute au moment où la Présidence de la République deviendrait vacante, les collèges électoraux seraient aussitôt convoqués, et le Sénat se réunirait de plein droit.

4. Toute assemblée de l'une des deux Chambres qui serait tenue hors du temps de la session commune est illicite et nulle de plein droit, sauf le cas prévu par l'article précédent et celui où le Sénat est réuni comme cour de justice; et, dans ce dernier cas, il ne peut exercer que des fonctions judiciaires.

5. Les séances du Sénat et celles de la Chambre des députés sont publiques. — Néanmoins, chaque Chambre peut se former en comité secret, sur la demande d'un certain nombre de ses

(1) Coll. *B. L.*, 12e série, XI, n° 4270, p. 1 et *J. off.* 18 juillet 1875.
(2) Cf. Règ. Sén., 31 mai-18 juin 1876 ; Règ. Ch. dép., 16 juin 1876.
(3) Paragraphe abrogé L. 14 août 1884, art. 4.

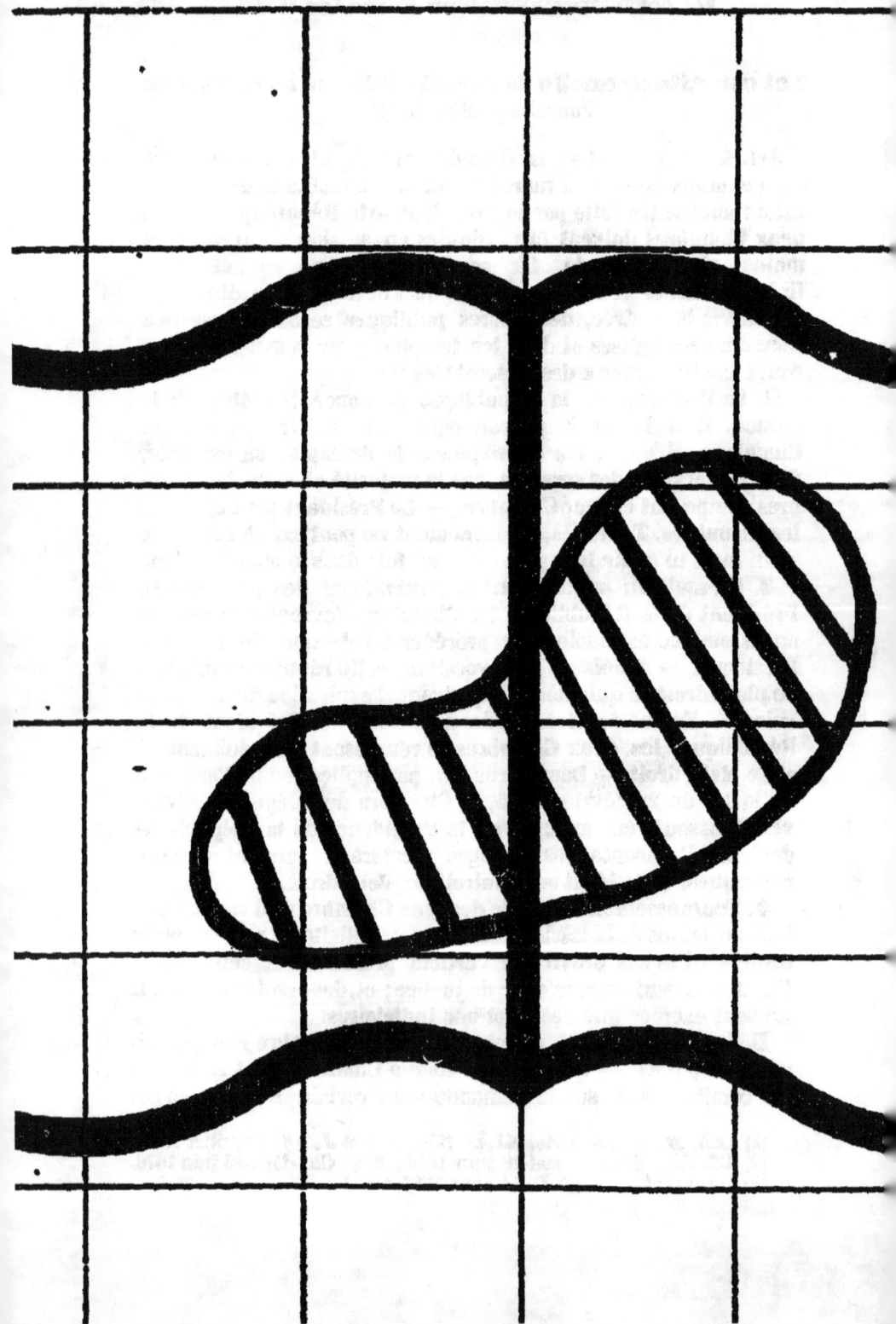

membres, fixé par le règlement. — Elle décide ensuite, à la majorité absolue, si la séance doit être reprise en public sur le même sujet (1).

6. Le Président de la République communique avec les Chambres par des messages qui sont lus à la tribune par un ministre. — Les ministres ont leur entrée dans les deux Chambres et doivent être entendus quand ils le demandent. Ils peuvent se faire assister par des commissaires désignés, pour la discussion d'un projet de loi déterminé, par décret du Président de la République (2).

7. Le Président de la République promulgue les lois dans le mois qui suit la transmission au Gouvernement de la loi définitivement adoptée (3). Il doit promulguer dans les trois jours les lois dont la promulgation, par un vote exprès dans l'une et l'autre Chambre, aura été déclarée urgente (4). — Dans le délai fixé pour la promulgation, le Président de la République peut, par un message motivé, demander aux deux Chambres une nouvelle délibération qui ne peut être refusée (5).

8. Le Président de la République négocie et ratifie les traités. Il en donne connaissance aux Chambres aussitôt que l'intérêt et la sûreté de l'État le permettent. — Les traités de paix, de commerce, les traités qui engagent les finances de l'État, ceux qui sont relatifs à l'état des personnes et au droit de propriété des Français à l'étranger, ne sont définitifs qu'après avoir été votés par les deux Chambres. Nulle cession, nul échange, nulle adjonction de territoire ne peut avoir lieu qu'en vertu d'une loi (6).

9. Le Président de la République ne peut déclarer la guerre sans l'assentiment préalable des deux Chambres.

10. Chacune des Chambres est juge de l'éligibilité de ses membres et de la régularité de leur élection ; elle peut seule recevoir leur démission (7).

11. Le bureau de chacune des deux Chambres est élu chaque année pour la durée de la session, et pour toute session extraordinaire qui aurait lieu avant la session ordinaire de l'année

---

(1) Règ. Sén., art. 45 ; Règ. Ch. dép., art. 110.
(2) Règ. Sén., art. 36, 91 ; Règ. Ch. dép., art. 60, 74, 103.
(3) Cf. D. 5 novembre 1870, qui décide que la promulgation des lois et décrets résulte de leur insertion au *J. off.*, et, à défaut d'insertion au *J. off.*, de l'insertion au *B. L.* ; D. 16 avril 1876 (forme de la promulgation).
(4) Règ. Sén., art. 94 ; Règl. Ch. dép., art. 77.
(5) Règ. Sén., art. 74 ; Règ. Ch. dép., art. 33.
(6) Règ. Sén., art. 73 ; Règ. Ch. dép., art. 82.
(7) Règ. Sén., art. 8-10 ; Règ. Ch. dép., art. 4, 6, 151, 152.

suivante (1). — Lorsque les deux Chambres se réunissent en Assemblée nationale, leur bureau se compose des président, vice-présidents et secrétaires du Sénat.

12. Le Président de la République ne peut être mis en accusation que par la Chambre des députés, et ne peut être jugé que par le Sénat. — Les ministres peuvent être mis en accusation par la Chambre des députés pour crimes commis dans l'exercice de leurs fonctions. En ce cas, ils sont jugés par le Sénat. — Le Sénat peut être constitué en cour de justice par un décret du Président de la République, rendu en Conseil des ministres, pour juger toute personne prévenue d'attentat contre la sûreté de l'État. — Si l'instruction est commencée par la justice ordinaire, le décret de convocation du Sénat peut être rendu jusqu'à l'arrêt de renvoi. — Une loi déterminera le mode de procéder pour l'accusation, l'instruction et le jugement (2).

13. Aucun membre de l'une ou de l'autre Chambre ne peut être poursuivi ou recherché à l'occasion des opinions ou votes émis par lui dans l'exercice de ses fonctions (3).

14. Aucun membre de l'une ou de l'autre Chambre ne peut, pendant la durée de la session, être poursuivi ou arrêté en matière criminelle ou correctionnelle qu'avec l'autorisation de la Chambre dont il fait partie, sauf le cas de flagrant délit. — La détention ou la poursuite d'un membre de l'une ou de l'autre Chambre est suspendue pendant la session, et pour toute sa durée, si la Chambre le requiert.

Loi *organique du 2 août 1875, sur les Élections des Sénateurs* (4).

Art. 1er. Un décret du Président de la République, rendu au moins six semaines à l'avance, fixe le jour où doivent avoir lieu les élections pour le Sénat et en même temps celui où doivent être choisis les délégués des conseils municipaux. Il doit y avoir un intervalle d'un mois au moins entre le choix des délégués et l'élection des sénateurs.

2. Chaque conseil municipal élit un délégué. L'élection se fait sans débat, au scrutin secret, à la majorité absolue des suffrages. Après deux tours de scrutin, la majorité relative suffit, et en cas d'égalité de suffrages, le plus âgé est élu. Si le maire

(1) Règ. Sén., art. 1-7 ; Règ. Ch. dép., art. 1-11.
(2) L. 10 avril 1889.
(3) Cf. L. 29 juillet 1881, art. 41.
(4) Coll. *B. L.*, 12e série, XI, no 4423, p. 245 et *J. off.* 13 août 1875.

ne fait pas partie du conseil municipal, il présidera, mais il ne prendra pas part au vote. — Il est procédé le même jour et dans la même forme à l'élection d'un suppléant qui remplace le délégué en cas de refus ou d'empêchement. — Le choix des conseils municipaux ne peut porter ni sur un député, ni sur un conseiller général, ni sur un conseiller d'arrondissement. — Il peut porter sur tous les électeurs de la commune, y compris les conseillers municipaux, sans distinction entre eux.

3. Dans les communes où il existe une commission municipale, le délégué et le suppléants eront nommés par l'ancien conseil (1).

4. Si le délégué n'a pas été présent à l'élection, notification lui en est faite dans les vingt-quatre heures par les soins du maire. Il doit faire parvenir au préfet, dans les cinq jours, l'avis de son acceptation. En cas de refus ou de silence, il est remplacé par le suppléant, qui est alors porté sur la liste comme délégué de la commune.

5. Le procès-verbal de l'élection du délégué et du suppléant est transmis immédiatement au préfet; il mentionne l'acceptation ou le refus des délégués et suppléants ainsi que les protestations élevées contre la régularité de l'élection par un ou plusieurs membres du conseil municipal. Une copie de ce procès-verbal est affichée à la porte de la mairie (1).

6. Un tableau des résultats de l'élection des délégués et suppléants est dressé dans la huitaine par le préfet ; ce tableau est communiqué à tout requérant ; il peut être copié et publié. — Tout électeur a, de même, la faculté de prendre dans les bureaux de la préfecture communication et copie de la liste, par commune, des conseillers municipaux du département, et, dans les bureaux des sous-préfectures, de la liste, par commune, des conseillers municipaux de l'arrondissement.

7. Tout électeur de la commune peut, dans un délai de trois jours, adresser directement au préfet une protestation contre la régularité de l'élection. — Si le préfet estime que les opérations ont été irrégulières, il a le droit d'en demander l'annulation.

8. Les protestations relatives à l'élection du délégué ou du suppléant sont jugées, sauf recours au Conseil d'État, par le conseil de préfecture, et, dans les colonies, par le conseil privé. — Le délégué dont l'élection est annulée parce qu'il ne remplit pas une des conditions exigées par la loi ou pour vice de forme, est remplacé par le suppléant. — En cas d'annulation du délégué et

(1) Mod. L. 9 décembre 1884, art. 8.

de celle du suppléant, comme au cas de refus ou de décès de l'un et de l'autre après leur acceptation, il est procédé à de nou velles élections par le conseil municipal au jour fixé par un arrêté du préfet.

9. Huit jours au plus tard avant l'élection des sénateurs, le préfet, et, dans les colonies, le directeur de l'intérieur, dresse la liste des électeurs du département par ordre alphabétique. La liste est communiquée à tout requérant et peut être copiée et publiée. Aucun électeur ne peut avoir plus d'un suffrage.

10. Les députés, les membres du conseil général ou des conseils d'arrondissement qui auraient été proclamés par les commissions de recensement, mais dont les pouvoirs n'auraient pas été vérifiés, sont inscrits sur la liste des électeurs et peuvent prendre part au vote.

11. Dans chacun des trois départements de l'Algérie, le collège électoral se compose : 1º des députés ; 2º des membres citoyens français du conseil général ; 3º des délégués élus par les membres citoyens français de chaque conseil municipal parmi les électeurs citoyens français de la commune.

12. Le collège électoral est présidé par le président du tribunal civil du chef-lieu du département ou de la colonie. Le président est assisté des deux plus âgés et des deux plus jeunes électeurs présents à l'ouverture de la séance. Le bureau ainsi composé choisit un secrétaire parmi les électeurs. — Si le président est empêché, il est remplacé par le vice-président, et, à son défaut, par le juge le plus ancien (1).

13. Le bureau répartit les électeurs par ordre alphabétique en sections de vote comprenant au moins cent électeurs. Il nomme les président et scrutateurs de chacune de ces sections. Il statue sur toutes les difficultés et contestations qui peuvent s'élever au cours de l'élection, sans pouvoir toutefois s'écarter des décisions rendues en vertu de l'article 8 de la présente loi.

14. Le premier scrutin est ouvert à huit heures du matin et fermé à midi. Le second est ouvert à deux heures et fermé à quatre heures. Le troisième, s'il y a lieu, est ouvert à six heures et fermé à huit heures. Les résultats des scrutins sont recensés par le bureau et proclamés le même jour par le président du collège électoral (2).

15. Nul n'est élu sénateur à l'un des deux premiers tours de scrutin s'il ne réunit: 1º la majorité absolue des suffrages exprimés; 2º un nombre de voix égal au quart des électeurs inscrits.

(1) Mod. L. 1er février 1898.
(2) Mod. L. 9 décembre 1884, art. 8.

Au troisième tour de scrutin, la majorité relative suffit, et, en cas d'égalité de suffages, le plus âgé est élu.

16. Les réunions électorales pour la nomination des sénateurs pourront avoir lieu en se conformant aux règles tracées par la loi du 6 juin 1868, sauf les modifications suivantes : — 1° Ces réunions pourront être tenues depuis le jour de la nomination des délégués jusqu'au jour du vote inclusivement ; — 2° Elles doivent être précédées d'une déclaration faite la veille, au plus tard, par sept électeurs sénatoriaux de l'arrondissement et indiquant le local, le jour et l'heure où la réunion doit avoir lieu, et les noms, profession et domicile des candidats qui s'y présenteront ; — 3° L'autorité municipale veillera à ce que nul ne s'introduise dans la réunion s'il n'est député, conseiller général, conseiller d'arrondissement, délégué ou candidat. — Le délégué justifiera de sa qualité par un certificat du maire de sa commune, le candidat par un certificat du fonctionnaire qui aura reçu la déclaration mentionnée au paragraphe précédent (1).

17. Les délégués qui auront pris part à tous les scrutins recevront sur les fonds de l'État, s'ils le requièrent, sur la présentation de leur lettre de convocation visée par le président du collège électoral, une indemnité de déplacement qui leur sera payée sur les mêmes bases et de la même manière que celle accordée aux jurés par les articles 35, 90 et suivants du décret du 18 juin 1811. — Un règlement d'administration publique déterminera le mode de taxation et de payement de cette indemnité (2).

18. Tout délégué qui, sans cause légitime, n'aura pas pris part à tous les scrutins, ou, étant empêché, n'aura point averti le suppléant en temps utile, sera condamné à une amende de cinquante francs (50 fr.) par le tribunal civil du chef-lieu, sur les réquisitions du ministère public. — La même peine peut être appliquée au délégué suppléant qui, averti par lettre, dépêche télégraphique ou avis à lui personnellement délivré en temps utile, n'aura pas pris part aux opérations électorales.

19. Toute tentative de corruption par l'emploi des moyens énoncés dans les articles 177 et suivants du Code pénal, pour influencer le vote d'un électeur ou le déterminer à s'abstenir de voter, sera punie d'un emprisonnement de trois mois à deux ans et d'une amende de cinquante francs à cinq cents francs (50 fr. à 500 fr.), ou de l'une de ces deux peines seulement. — L'ar-

(1) Mod. L. 9 décembre 1884, art. 8. V. L. 30 juin 1881, art. 2.
(2) D. 16 décembre 1875.

·ticle 463 du Code pénal est applicable aux peines édictées par le présent article (1).

20. Il y a incompatibilité entre les fonctions de sénateur et celles : — De conseiller d'État et maître des requêtes, préfet et sous-préfet, à l'exception du préfet de la Seine et du préfet de police ; — De membre des parquets des cours d'appel et des tribunaux de première instance, à l'exception du procureur général près la cour de Paris ; — De trésorier-payeur général, de receveur particulier, de fonctionnaire et employé des administrations centrales des ministères (2).

21. Ne peuvent être élus par le département ou la colonie compris en tout ou en partie dans leur ressort, pendant l'exercice de leurs fonctions et pendant les six mois qui suivent la cessation de leurs fonctions par démission, destitution, changement de résidence ou de toute autre manière : — 1° Les premiers présidents, les présidents et les membres des parquets des cours d'appel ; — 2° Les présidents, les vice-présidents, les juges d'instruction et les membres des parquets des tribunaux de première instance ; — 3° Le préfet de police, les préfets et sous-préfets et les secrétaires généraux des préfectures ; les gouverneurs, directeurs de l'intérieur et secrétaires généraux des colonies ; — 4° Les ingénieurs en chef et d'arrondissement, et les agents-voyers en chef et d'arrondissement ; — 5° Les recteurs et inspecteurs d'académie ; — 6° Les inspecteurs des écoles primaires ; — 7° Les archevêques, évêques et vicaires-généraux ; — 8° Les officiers de tous grades de l'armée de terre et de mer ; — 9° Les intendants divisionnaires et les sous-intendants militaires ; — 10° Les trésoriers-payeurs généraux et les receveurs particuliers des finances ; — 11° Les directeurs des contributions directes et indirectes. de l'enregistrement et des domaines, et des postes ; — 12° Les conservateurs et inspecteurs des forêts (3).

22. Le sénateur élu dans plusieurs départements doit faire connaître son option au président du Sénat dans les dix jours qui suivent la déclaration de la validité de ces élections. A défaut d'option dans ce délai, la question est décidée par la voie du sort et en séance publique. — Il est pourvu à la vacance dans

(1) Mod. L. 9 décembre 1884, art. 8.
(2) Pour les administrateurs des chemins de fer, L. 20 novembre 1883, art. 5; pour les administrateurs de Compagnies concessionnaires de services maritimes postaux, L. 28 juin 1883, art. 10; pour les gouverneur et sous-gouverneur de la Banque de France. L. 17 novembre 1897, art. 8.
(3) Cf. L. 26 décembre 1887.

le délai d'un mois et par le même corps électoral. — Il en est de
même dans le cas d'invalidation d'une élection.

23. Si, par décès ou démission, le nombre des sénateurs d'un
département est réduit de moitié, il est pourvu aux vacances
dans le délai de trois mois, à moins que les vacances ne sur-
viennent dans les douze mois qui précèdent le renouvellement
triennal. — A l'époque fixée pour le renouvellement triennal, il
sera pourvu à toutes les vacances qui se seront produites, quel
qu'en soit le nombre et quelle qu'en soit la date (1).

24. L'élection des sénateurs nommés par l'Assemblée nationale est faite en séance publique, au scrutin de liste, et à
la majorité absolue des votants, quel que soit le nombre des
épreuves (2).

25. Lorsqu'il y a lieu de pourvoir au remplacement des sénateurs nommés en vertu de l'article 7 de la loi du 24 février
1875, le Sénat procède dans les formes indiquées par l'article
précédent (2).

26. Les membres du Sénat reçoivent la même indemnité que
ceux de la Chambre des Députés.

27. Sont applicables à l'élection du Sénat toutes les dispositions de la loi électorale relatives : — 1o Aux cas d'indignité et
d'incapacité ; — 2o Aux délits, poursuites et pénalités ; — 3o Aux
formalités de l'élection en tout ce qui ne serait pas contraire aux
dispositions de la présente loi.

Dispositions transitoires.

28. Pour la première élection des membres du Sénat, la loi (3)
qui déterminera l'époque de la séparation de l'Assemblée nationale fixera, sans qu'il soit nécessaire d'observer les délais établis par l'article premier, la date à laquelle se réuniront les
conseils municipaux pour choisir les délégués et le jour où il
sera procédé à l'élection des sénateurs. — Avant la réunion des
conseils municipaux, il sera procédé par l'Assemblée nationale à
l'élection des sénateurs dont la nomination lui est attribuée.

29. La disposition de l'article 21, par laquelle un délai de
six mois doit s'écouler entre le jour de la cessation des fonctions et celui de l'élection, ne s'appliquera pas aux fonctionnaires
autres que les préfets et les sous-préfets, dont les fonctions auront cessé soit avant la promulgation de la présente loi, soit
dans les vingt jours qui la suivront.

(1) Mod. L. 9 décembre 1884, art. 8.
(2) Abrogé, L. 9 décembre 1884, art. 9.
(3) L. 30 décembre 1875.

Loi *organique du 30 novembre 1875, sur l'Élection des Députés* **(1) (2).**

Art. 1er. Les députés seront nommés par les électeurs inscrits : — 1º Sur les listes dressées en exécution de la loi du 7 juillet 1874 ; — 2º Sur la liste complémentaire comprenant ceux qui résident dans la commune depuis six mois. — L'inscription sur la liste complémentaire aura lieu, conformément aux lois et règlements qui régissent actuellement les listes électorales politiques, par les commissions et suivant les formes établies dans les articles 1, 2, 3 et 4 de la loi du 7 juillet 1874. — Les pourvois en cassation relatifs à la formation et à la révision de l'une et l'autre liste seront portés directement devant la chambre civile de la cour de cassation. — Les listes électorales arrêtées au 31 mars 1875 serviront jusqu'au 31 mars 1876 (3).

2. Les militaires et assimilés de tous grades et toutes armes des armées de terre et de mer ne prennent part à aucun vote quand ils sont présents à leur corps, à leur poste, ou dans l'exercice de leurs fonctions. Ceux qui, au moment de l'élection, se trouvent en résidence libre, en non-activité ou en possession d'un congé régulier, peuvent voter dans la commune sur les listes de laquelle ils sont régulièrement inscrits. Cette dernière disposition s'applique également aux officiers et assimilés qui sont en disponibilité ou dans le cadre de réserve.

3. Pendant la durée de la période électorale, les circulaires et professions de foi signées des candidats, les placards et manifestes électoraux signés d'un ou de plusieurs électeurs pourront, après dépôt au parquet du procureur de la République, être affichés et distribués sans autorisation préalable. — La distribution des bulletins de vote n'est point soumise à la formalité du dépôt au parquet. — Il est interdit à tout agent de l'autorité publique ou municipale de distribuer des bulletins de vote, professions de foi et circulaires des candidats (4). — Les dispositions de l'article 19 de la loi organique du 2 août 1875, sur les élections des sénateurs, seront appliquées aux élections des députés.

4. Le scrutin ne durera qu'un seul jour. Le vote a lieu au chef-lieu de la commune ; néanmoins chaque commune peut

(1) Coll. *B. L.*, 12º série, XI, nº 4740, p. 1017 et *J. off.* 31 décembre 1875.
(2) Cf. LL. 16 juin 1885 ; 18 février 1889 ; 17 juillet 1889.
(3) Cf. L. 5 avril 1884, art. 14.
(4) Cf. L. 29 juillet 1881, art. 16. Pour les réunions électorales, cf. L. 30 juin 1881, art. 2, 3 et 5.

être divisée, par arrêté du préfet, en autant de sections que l'exigent les circonstances locales et le nombre des électeurs. Le second tour de scrutin continuera d'avoir lieu le deuxième dimanche qui suit le jour de la proclamation du résultat du premier scrutin, conformément aux dispositions de l'article 65 · de la loi du 15 mars 1849.

5. Les opérations du vote auront lieu conformément aux dispositions des décrets organique et réglementaire du 2 février 1852. — Le vote est secret. — Les listes d'émargement de chaque section, signées du président et du secrétaire, demeureront déposées pendant huitaine au secrétariat de la mairie, où elles sont communiquées à tout électeur requérant.

6. Tout électeur est éligible, sans condition de cens, à l'âge de vingt-cinq ans accomplis (1).

7. Aucun militaire ou marin faisant partie des armées actives de terre ou de mer ne pourra, quels que soient son grade ou ses fonctions, être élu membre de la Chambre des députés. — Cette disposition s'applique aux militaires et marins en disponibilité ou en non-activité; mais elle ne s'étend ni aux officiers placés dans la seconde section du cadre de l'état-major général, ni à ceux qui, maintenus dans la première section comme ayant commandé en chef devant l'ennemi, ont cessé d'être employés activement, ni aux officiers qui, ayant des droits acquis à la retraite, sont envoyés ou maintenus dans leurs foyers en attendant la liquidation de leur pension. — La décision par laquelle l'officier aura été admis à faire valoir ses droits à la retraite deviendra, dans ce cas, irrévocable. — La disposition contenue dans le premier paragraphe du présent article ne s'applique pas à la réserve de l'armée active, ni à l'armée territoriale.

8. L'exercice des fonctions publiques rétribuées sur les fonds de l'État est incompatible avec le mandat de député. — En conséquence, tout fonctionnaire élu député sera remplacé dans ses fonctions si, dans les huit jours qui suivront la vérification des pouvoirs, il n'a pas fait connaître qu'il n'accepte pas le mandat de député. — Sont exceptées des dispositions qui précèdent les fonctions de ministre, sous-secrétaire d'État, ambassadeur, ministre plénipotentiaire, préfet de la Seine, préfet de police, premier président de la cour de cassation, premier président de la cour des comptes, premier président de la cour d'appel de

_____

(1) Cf. L. 17 juillet 1889. — V. L. 16 juin 1885, art. 4, qui déclare les membres des familles qui ont régné sur la France, inéligibles à la Chambre des députés, et L. 22 juin 1886 qui leur interdit tout mandat électif.

Paris, procureur général près la cour de cassation, procureur
général près la cour des comptes, procureur général près la
cour d'appel de Paris, archevêque et évêque, pasteur président
de consistoire dans les circonscriptions consistoriales dont le
chef-lieu compte deux pasteurs et au-dessus, grand rabbin du
consistoire central, grand rabbin du consistoire de Paris (1).

9. Sont également exceptés des dispositions de l'article 8 : —
1º Les professeurs titulaires de chaires qui sont données au
concours ou sur la présentation des corps où la vacance s'est
produite ; — 2º Les personnes qui ont été chargées d'une mission
temporaire. Toute mission qui a duré plus de six mois cesse
d'être temporaire et est réglée par l'article 8 ci-dessus (2).

10. Le fonctionnaire conserve les droits qu'il a acquis à une
pension de retraite et peut, après l'expiration de son mandat,
être remis en activité. — Le fonctionnaire civil qui, ayant eu
vingt ans de services à la date de l'acceptation de son mandat
de député, justifiera de cinquante ans d'âge à l'époque de la
cessation de ce mandat, pourra faire valoir ses droits à une
pension de retraite exceptionnelle. — Cette pension sera réglée
conformément au troisième paragraphe de l'article 12 de la loi
du 9 juin 1853. — Si le fonctionnaire est remis en activité après
la cessation de son mandat, les dispositions énoncées dans les
articles 3, paragraphe 2, et 28 de la loi du 9 juin 1853, lui
seront applicables. — Dans les fonctions où le grade est distinct
de l'emploi, le fonctionnaire, par l'acceptation du mandat de
député, renonce à l'emploi et ne conserve que le grade.

11. Tout député nommé ou promu à une fonction publique
salariée cesse d'appartenir à la Chambre par le fait même de
son acceptation; mais il peut être réélu, si la fonction qu'il
occupe est compatible avec le mandat de député. — Les députés
nommés ministres ou sous-secrétaires d'État ne sont pas soumis
à la réélection.

12. Ne peuvent être élus par l'arrondissement ou la colonie
compris en tout ou en partie dans leur ressort, pendant l'exercice de leurs fonctions et pendant les six mois qui suivent la
cessation de leurs fonctions par démission, destitution, changement de résidence ou de toute autre manière : — 1º Les premiers présidents, les présidents et les membres des parquets des

(1) Pour les administrateurs de chemins de fer, L. 20 novembre
1883, art. 5 ; pour les administrateurs des compagnies concessionnaires
de services maritimes postaux, L. 28 juin 1883, art. 10 ; pour les gouverneur et sous-gouverneur de la Banque de France, L. 17 novembre
1897, art. 3.
(2) Cf. L. 26 décembre 1887.

cours d'appel ; — 2° Les présidents, vice-présidents, juges titulaires, juges d'instruction et membres du parquet des tribunaux
de première instance ; — 3° Le préfet de police, les préfets et
les secrétaires généraux des préfectures, les gouverneurs, directeurs de l'intérieur et secrétaires généraux des colonies ; —
4° Les ingénieurs en chef et d'arrondissement, les agents voyers
en chef et d'arrondissement ; — 5° Les recteurs et inspecteurs
d'académie ; — 6° Les inspecteurs des écoles primaires ; — 7° Les
archevêques, évêques et vicaires généraux ; — 8° Les trésoriers
payeurs généraux et les receveurs particuliers des finances ; —
9° Les directeurs des contributions directes et indirectes, de
l'enregistrement et des domaines, et des postes ; — 10° Les conservateurs et inspecteurs des forêts. — Les sous-préfets ne peuvent être élus dans aucun des arrondissements du département
où ils exercent leurs fonctions.

13. Tout mandat impératif est nul et de nul effet.

14. Les membres de la Chambre des députés sont élus au
scrutin individuel. Chaque arrondissement administratif nommera un député. Les arrondissements dont la population
dépasse cent mille habitants nommeront un député de plus par
cent mille ou fraction de cent mille habitants. Les arrondissements, dans ce cas, seront divisés en circonscriptions dont le
tableau sera établi par une loi et ne pourra être modifié que par
une loi (1).

15. Les députés sont élus pour quatre ans (2). — La Chambre
se renouvelle intégralement.

16. En cas de vacance par décès, démission ou autrement,
l'élection devra être faite dans le délai de trois mois, à partir du
jour où la vacance se sera produite. En cas d'option, il est
pourvu à la vacance dans le délai d'un mois.

17. Les députés reçoivent une indemnité. — Cette indemnité
est réglée par les articles 96 et 97 de la loi du 15 mars 1849 et
par les dispositions de la loi du 16 février 1872.

18. Nul n'est élu au premier tour de scrutin s'il n'a réuni : —
1° La majorité absolue des suffrages exprimés ; — 2° Un nombre
de suffrages égal au quart des électeurs inscrits. — Au
deuxième tour, la majorité relative suffit. En cas d'égalité de
suffrages, le plus âgé est élu.

19. Chaque département de l'Algérie nomme un député.

(1) Cf. LL. 16 juin 1885 et 13 février 1889. — La loi du 24
décembre 1875 établit le tableau annoncé par cet article.
(2) V. la loi du 22 juillet 1893, qui décide exceptionnellement que
les pouvoirs de la Chambre élue en 1893 seront prolongés jusqu'au
31 mai 1898.

20. Les électeurs résidant, en Algérie, dans une localité non érigée en commune, seront inscrits sur la liste électorale de la commune la plus proche. — Lorsqu'il y aura lieu d'établir des sections électorales, soit pour grouper des communes mixtes dans chacune desquelles le nombre des électeurs serait insuffisant, soit pour réunir les électeurs résidant dans des localités non érigées en communes, les arrêtés pour fixer le siège de ces sections seront pris par le gouverneur général, sur le rapport du préfet ou du général commandant la division.

21. Les quatre colonies auxquelles il a été accordé des sénateurs par la loi du 24 février 1875, relative à l'organisation du Sénat, nomment chacune un député.

22. Toute infraction aux dispositions prohibitives de l'article 3, paragraphe 8, de la présente loi, sera punie d'une amende de seize francs à trois cents francs. Néanmoins le tribunal de police correctionnelle pourra faire application de l'article 463 du Code pénal. — Les dispositions de l'article 6 de la loi du 7 juillet 1874 seront appliquées aux listes électorales politiques. — Le décret du 29 janvier 1871 et les lois du 10 avril 1871, du 2 mai 1871 et du 18 février 1873 sont abrogés. — Demeure également abrogé le paragraphe 11 de l'article 15 du décret organique du 2 février 1852, en tant qu'il se réfère à la loi du 21 mai 1836, sur les loteries, sauf aux tribunaux à faire aux condamnés l'application de l'article 42 du Code pénal. — Continueront d'être appliquées les dispositions des lois et décrets en vigueur auxquelles la présente loi ne déroge pas.

23. La disposition de l'article 12, par laquelle un délai de six mois doit s'écouler entre le jour de la cessation des fonctions et celui de l'élection, ne s'appliquera pas aux fonctionnaires, autres que les préfets et les sous-préfets, dont les fonctions auront cessé, soit avant la promulgation de la présente loi, soit dans les vingt jours qui la suivront.

Décret *du 6 avril 1876, relatif à la forme de promulgation des lois* (1).

Art. 1er. A l'avenir les lois seront promulguées dans la forme suivante : — « Le Sénat et la Chambre des députés ont adopté, — Le président de la République promulgue la loi dont la teneur suit :

(1) Coll. *B. L.*, 12ᵉ série, XII, nᵒ 5092, p. 226 et *J. off.* 7 avril 1876 Au *B. L.*, le titre est Décret *qui règle la formule de.....*

(Texte de la loi). — « La présente loi, délibérée et adoptée par le Sénat et par la Chambre des députés, sera exécutée comme loi de l'État.

« Fait à... »

Loi du 21 juin 1879, qui revise l'article 9 de la loi constitutionnelle du 25 février 1875 (1).

Article unique. L'article 9 de la loi constitutionnelle du 25 février 1875 est abrogé.

Loi du 22 juillet 1879, relative au siège du Pouvoir exécutif et des Chambres à Paris (2).

Art. 1er. Le siège du Pouvoir exécutif et des deux Chambres est à Paris.

2. Le palais du Luxembourg et le palais Bourbon sont affectés : le premier, au service du Sénat ; le second, à celui de la Chambre des députés. — Néanmoins, chacune des deux Chambres demeure maîtresse de désigner, dans la ville de Paris, le palais qu'elle veut occuper.

3. Les divers locaux du palais de Versailles actuellement occupés par le Sénat et la Chambre des députés conservent leur affectation. — Dans le cas où, conformément aux articles 7 et 8 de la loi du 25 février 1875 relative à l'organisation des pouvoirs publics, il y aura lieu à la réunion de l'Assemblée nationale, elle siègera à Versailles, dans la salle actuelle de la Chambre des députés. — Dans le cas où, conformément à l'article 9 de la loi du 24 février 1875 sur l'organisation du Sénat et à l'article 12 de la loi constitutionnelle du 16 juillet 1875 sur les rapports des pouvoirs publics, le Sénat sera appelé à se constituer en cour de justice, il désignera la ville et le local où il entend tenir ses séances.

4. Le Sénat et la Chambre des députés siègeront à Paris, à partir du 3 novembre prochain.

5. Les présidents du Sénat et de la Chambre des députés sont chargés de veiller à la sûreté intérieure et extérieure de l'Assemblée qu'ils président. — A cet effet, ils ont le droit de requérir la force armée et toutes les autorités dont ils jugent le concours nécessaire. — Les réquisitions peuvent être adres-

(1) Coll.*B. L.*, 12e série, XVIII, n° 8088, p. 789 et *J. off.* 22 juin 1879.
(2) Coll.*B. L.*, 12e série, XIX, n° 8218, p. 61 et *J. off.* 23 juillet 1879.

sées directement à tous officiers, commandants ou fonctionnaires, qui sont tenus d'y obtempérer immédiatement, sous les peines portées par les lois. — Les présidents du Sénat et de la Chambre des députés peuvent déléguer leur droit de réquisition aux questeurs ou à l'un d'eux.

6. Toute pétition à l'une ou à l'autre des Chambres ne peut être faite et présentée que par écrit. Il est interdit d'en apporter en personne ou à la barre (1).

7. Toute infraction à l'article précédent, toute provocation, par des discours proférés publiquement ou par des écrits, ou imprimés affichés ou distribués, à un rassemblement sur la voie publique ayant pour objet la discussion, la rédaction ou l'apport aux Chambres, ou à l'une d'elles, de pétitions, déclarations ou adresses, que la provocation ait été ou non suivie d'effet, sera punie des peines édictées par le paragraphe 1er de l'article 5 de la loi du 7 juin 1848.

8. Il n'est en rien dérogé, par les précédentes (2) dispositions, à la loi du 7 juin 1848 sur les attroupements.

9. L'article 463 du Code pénal est applicable aux délits prévus par la présente loi.

Article 14, §§ 2, 3 et 4 *de la* Loi *du 5 avril 1884 sur l'organisation municipale* (3) (4).

.... Sont électeurs tous les Français âgés de vingt et un ans accomplis, et n'étant dans aucun cas d'incapacité prévue par la loi. — La liste électorale comprend : 1º tous les électeurs qui ont leur domicile réel dans la commune ou y habitent depuis six mois au moins ; 2º ceux qui y auront été inscrits au rôle d'une des quatre contributions directes ou au rôle des prestations en nature, et, s'ils ne résident pas dans la commune, auront déclaré vouloir y exercer leurs droits électoraux. — Seront également inscrits, aux termes du présent paragraphe, les membres de la famille des mêmes électeurs compris dans la cote de la prestation en nature, alors même qu'ils n'y sont pas personnellement portés, et les habitants qui, en raison de leur âge ou de leur santé auront cessé d'être soumis à cet impôt ; 3º ceux qui, en vertu de l'article 2 du traité du 10 mai 1871,

(1) Cf. Règ. Sén., art. 17 § 3, 95-102 ; Règ. Ch. dép., art. 20, 61-68.
(2) Au *B. L., présentes.*
(3) Coll. *B. L.,* 12º série, XXVIII, nº 14221, p. 369 et *J. off.* 6 avril 1884.
(4) Cf. L. 7 juillet 1874.

ont opté pour la nationalité française et déclaré fixer leur résidence dans la commune, conformément à la loi du 19 juin 1871 ; 4° ceux qui sont assujettis à une résidence obligatoire dans la commune en qualité soit de ministres des cultes reconnus par l'État, soit de fonctionnaires publics. — Seront également inscrits les citoyens, qui ne remplissant pas les conditions d'âge et de résidence ci-dessus indiquées lors de la formation des listes, les rempliront avant la clôture définitive. — L'absence de la commune résultant du service militaire ne portera aucune atteinte aux règles ci-dessus édictées pour l'inscription sur les listes électorales....

Loi du 14 août 1884, portant Revision partielle des Lois constitutionnelles (1).

Art. 1er. Le paragraphe 2 de l'article 5 de la loi constitutionnelle du 25 février 1875, relative à l'organisation des pouvoirs publics, est modifié ainsi qu'il suit : — « En ce cas, les collèges électoraux sont réunis pour de nouvelles élections dans le délai de deux mois et la Chambre dans les dix jours qui suivront la clôture des opérations électorales. »

2. Le paragraphe 3 de l'article 8 de la même loi du 25 février 1875 est complété ainsi qu'il suit : — « La forme républicaine du Gouvernement ne peut faire l'objet d'une proposition de revision. — Les membres des familles ayant régné sur la France sont inéligibles à la présidence de la République. »

3. Les articles 1 à 7 de la loi constitutionnelle du 24 février 1875, relatifs à l'organisation du Sénat, n'auront plus le caractère constitutionnel.

4. Le paragraphe 3 de l'article 1er de la loi constitutionnelle du 16 juillet 1875, sur les rapports des pouvoirs publics, est abrogé.

Loi du 9 décembre 1884, portant modification aux Lois organiques sur l'organisation du Sénat et l'élection des Sénateurs (2).

Art. 1er. Le Sénat se compose de trois cents membres élus par les départements et les colonies. — Les membres actuels,

(1) Coll. *B. L.*, 12e série, XXIX, n° 14488, p. 113 et *J. off.* 15 août 1884.
(2) Coll. *B. L.*, 12e série, XXX, n° 15009, p. 49 et *J. off.* 10 décembre 1884.

sans distinction entre les sénateurs élus par l'Assemblée nationale ou le Sénat et ceux qui sont élus par les départements et les colonies, conservent leur mandat pendant le temps pour lequel ils ont été nommés.

2. Le département de la Seine élit dix sénateurs. — Le département du Nord élit huit sénateurs. — Les départements des Côtes-du-Nord, Finistère, Gironde, Ille-et-Vilaine, Loire, Loire-Inférieure, Pas-de-Calais, Rhône, Saône-et-Loire, Seine-Inférieure, élisent chacun cinq sénateurs. — L'Aisne, Bouches-du-Rhône, Charente-Inférieure, Dordogne, Haute-Garonne, Isère, Maine-et-Loire, Manche, Morbihan, Puy-de-Dôme, Seine-et-Oise, Somme, élisent (1) chacun quatre sénateurs. — L'Ain, Allier, Ardèche, Ardennes, Aube, Aude, Aveyron, Calvados, Charente, Cher, Corrèze, Corse, Côte-d'Or, Creuse, Doubs, Drôme, Eure, Eure-et-Loir, Gard, Gers, Hérault, Indre, Indre-et-Loire, Jura, Landes, Loir-et-Cher, Haute-Loire, Loiret, Lot, Lot-et-Garonne, Marne, Haute-Marne, Mayenne, Meurthe-et-Moselle, Meuse, Nièvre, Oise, Orne, Basses-Pyrénées, Haute-Saône, Sarthe, Savoie, Haute-Savoie, Seine-et-Marne, Deux-Sèvres, Tarn, Var, Vendée, Vienne, Haute-Vienne, Vosges, Yonne, élisent chacun trois sénateurs. — Les Basses-Alpes, Hautes-Alpes, Alpes-Maritimes, Ariège, Cantal, Lozère, Hautes-Pyrénées, Pyrénées-Orientales, Tarn-et-Garonne, Vaucluse, élisent chacun deux sénateurs. — Le territoire de Belfort, les trois départements de l'Algérie, les quatre colonies de la Martinique, de la Guadeloupe, de la Réunion et des Indes françaises, élisent chacun un sénateur.

3. Dans les départements où le nombre des sénateurs est augmenté par la présente loi, l'augmentation s'effectuera à mesure des vacances qui se produiront parmi les sénateurs inamovibles. — A cet effet, il sera, dans la huitaine de la vacance, procédé en séance publique à un tirage au sort pour déterminer le département qui sera appelé à élire un sénateur. — Cette élection aura lieu dans le délai de trois mois à partir du tirage au sort; toutefois, si la vacance survient dans les six mois qui précèdent le renouvellement triennal, il n'y sera pourvu qu'au moment de ce renouvellement. — Le mandat ainsi conféré expirera en même temps que celui des autres sénateurs appartenant au même département.

4. Nul ne peut être sénateur s'il n'est Français, âgé de quarante ans au moins et s'il ne jouit de ses droits civils et poli-

(1) Au *B. L.,* le mot *élisent* manque.

tiques. — Les membres des familles qui ont régné sur la France sont inéligibles au Sénat (1).

5. Les militaires des armées de terre et de mer ne peuvent être élus sénateurs. — Sont exceptés de cette disposition : — 1º Les maréchaux de France et les amiraux ; — 2º Les officiers généraux maintenus sans limite d'âge dans la première section du cadre de l'état-major général et non pourvus de commandement; — 3º Les officiers généraux ou assimilés placés dans la deuxième section du cadre de l'état-major général ; — 4º Les militaires des armées de terre et de mer qui appartiennent soit à la réserve de l'armée active, soit à l'armée territoriale.

6. Les sénateurs sont élus au scrutin de liste, quand il y a lieu, par un collège réuni au chef-lieu du département ou de la colonie et composé : — 1º Des députés ; — 2º Des conseillers généraux ; — 3º Des conseillers d'arrondissement; — 4º Des délégués élus parmi les électeurs de la commune par chaque conseil municipal. — Les conseils composés de 10 membres éliront un délégué. — Les conseils composés de 12 membres éliront 2 délégués. — Les conseils composés de 16 membres éliront 3 délégués. — Les conseils composés de 21 membres éliront 6 délégués. — Les conseils composés de 23 membres éliront 9 délégués. — Les conseils composés de 27 membres éliront 12 délégués. — Les conseils composés de 30 membres éliront 15 délégués. — Les conseils composés de 32 membres éliront 18 délégués. — Les conseils composés de 34 membres éliront 21 délégués. — Les conseils composés de 36 membres et au-dessus éliront 24 délégués. — Le conseil municipal de Paris élira 30 délégués. — Dans l'Inde française, les membres des conseils locaux sont substitués aux conseillers d'arrondissement. Le conseil municipal de Pondichéry élira 5 délégués. Le conseil municipal de Karikal élira 3 délégués. Toutes les autres communes éliront chacune 2 délégués. — Le vote a lieu au chef-lieu de chaque établissement.

7. Les membres du Sénat sont élus pour neuf années (2). — Le Sénat se renouvelle tous les trois ans, conformément à l'ordre des séries de départements et colonies actuellement existantes.

8. Les articles 2 (paragraphes 1 et 2), 3, 4, 5, 8, 14, 16, 19, 23 de la loi organique du 2 août 1875, sur les élections des sénateurs, sont modifiés ainsi qu'il suit : — « Art. 2 (paragraphes 1 et 2). Dans chaque conseil municipal, l'élection des délégués se fait

_____

(1) Cf. L. 22 juin 1886, art. 4, qui interdit tout mandat électif aux membres des familles qui ont régné sur la France.
(2) Au *B. L., neuf ans.*

sans débat, au scrutin secret, et, le cas échéant, au scrutin de liste, à la majorité absolue des suffrages. — Après deux tours de scrutin, la majorité relative suffit, et en cas d'égalité de suffrages, le plus âgé est élu. — Il est procédé de même et dans la même forme à l'élection des suppléants. — Les conseils qui ont 1, 2 ou 3 délégués à élire nomment un suppléant.— Ceux qui élisent 6 ou 9 délégués nomment 2 suppléants. — Ceux qui élisent 12 ou 15 délégués nomment 3 suppléants. — Ceux qui élisent 18 ou 21 délégués nomment 4 suppléants. — Ceux qui élisent 24 délégués nomment 5 suppléants.— Le conseil municipal de Paris nomme 8 suppléants. — Les suppléants remplaceront les délégués, en cas de refus ou d'empêchement, selon l'ordre fixé par le nombre des suffrages obtenus par chacun d'eux. » — « Art. 3. Dans les communes où les fonctions de conseil municipal sont remplies par une délégation spéciale instituée en vertu de l'article 44 de la loi du 5 avril 1884, les délégués et suppléants sénatoriaux seront nommés par l'ancien conseil. » — « Art. 4. Si les délégués n'ont pas été présents à l'élection, notification leur en est faite dans les vingt-quatre heures par les soins du maire. Ils doivent faire parvenir aux préfets, dans les cinq jours, l'avis de leur acceptation. En cas de refus ou de silence, ils sont remplacés par les suppléants, qui sont alors portés sur la liste comme délégués de la commune. » — « Art. 5. Le procès-verbal de l'élection des délégués et des suppléants est transmis immédiatement au préfet. Il mentionne l'acceptation ou le refus des délégués et suppléants ainsi que les protestations élevées contre la régularité de l'élection par un ou plusieurs membres du conseil municipal. Une copie de ce procès-verbal est affichée à la porte de la mairie. » — « Art. 8. Les protestations relatives à l'élection des délégués ou des suppléants sont jugées, sauf recours au Conseil d'État, par le conseil de préfecture, et, dans les colonies, par le conseil privé. — Les délégués dont l'élection est annulée parce qu'ils ne remplissent pas une des conditions exigées par la loi, ou pour vice de forme, sont remplacés par les suppléants. — En cas d'annulation de l'élection d'un délégué et de celle d'un suppléant, comme en cas de refus ou de décès de l'un et de l'autre, après leur acceptation, il est procédé à de nouvelles élections par le conseil municipal, au jour fixé par un arrêté du préfet. » — « Art. 14. Le premier scrutin est ouvert à huit heures du matin et fermé à midi. Le second est ouvert à deux heures et fermé à cinq heures. Le troisième est ouvert à sept heures et fermé à dix heures. Les résultats des scrutins sont recensés par le bureau et proclamés immédiatement par le président du collège électoral. » — « Art. 16. Les réunions électorales pour la nomination des sénateurs pourront être tenues depuis le jour de la promulgation du décret de convocation des électeurs jusqu'au jour du vote inclusivement. — La déclaration prescrite par l'article 2 de la loi du 30 juin 1881 sera faite par deux électeurs au moins. — Les formalités et prescriptions de cet article, ainsi que celles de l'article 3, seront observées. — Les membres du Parlement élus ou électeurs dans le département, les électeurs sénatoriaux, délégués et suppléants, et les candidats ou leur mandataire, peuvent seuls assister à ces réunions. — L'autorité municipale veillera à ce que nulle autre personne ne s'y introduise. — Les délégués et suppléants justifieront de leur qualité par un certificat du maire de la commune ; les candidats ou mandataires par un certificat du fonctionnaire qui aura reçu la déclaration dont il est parlé au paragraphe 2. » — « Art. 19. Toute tentative de corruption ou de contrainte par l'emploi des moyens énoncés dans les articles 177 et suivants du Code pénal, pour influencer le vote d'un électeur ou le déterminer à s'abstenir de voter, sera punie d'un emprisonnement de trois mois à deux ans, et d'une amende de cinquante francs à cinq cents francs, ou de l'une de ces deux peines seulement. — L'article 463 du Code pénal est applicable aux peines édictées par le présent article. » — « Art. 23. Il est pourvu aux vacances survenant par suite de décès, ou de démission des sénateurs, dans le délai de trois mois ; toutefois, si la vacance survient dans les six mois qui précèdent le renouvellement triennal, il n'y est pourvu qu'au moment de ce renouvellement. »

9. Sont abrogés : — 1° Les articles 1 à 7 de la loi du 24 février 1875, sur l'organisation du Sénat ; — 2° Les articles 24 et 25 de la loi du 2 août 1875, sur les élections des sénateurs.

Disposition transitoire.

Dans le cas où une loi spéciale sur les incompatibilités parlementaires ne serait pas votée au moment des prochaines élections sénatoriales, l'article 8 de la loi du 30 novembre 1875 serait applicable à ces élections. — Tout fonctionnaire atteint par cette disposition, qui comptera vingt ans de service et cinquante ans d'âge à l'époque de l'acceptation de son mandat, pourra faire valoir ses droits à une pension de retraite proportionnelle, qui sera réglée conformément au troisième paragraphe de l'article 12 de la loi du 9 juin 1853.

Loi *du 16 juin 1885, ayant pour objet de modifier*
la loi électorale (1) (2).

Art. 1er. Les membres de la Chambre des députés sont élus
au scrutin de liste.

2. Chaque département élit le nombre des députés qui lui
est attribué par le tableau annexé à la présente loi, à raison
d'un député par soixante-dix mille habitants, les étrangers non
compris. Néanmoins, il sera tenu compte de toute fraction inférieure à soixante-dix mille. — Chaque département élit au
moins trois députés. — Il est attribué deux députés au territoire de Belfort, six à l'Algérie et dix aux colonies, conformément aux indications du tableau. — Ce tableau ne pourra être
modifié que par une loi.

3. Le département forme (3) une seule circonscription.

4. Les membres des familles qui ont régné sur la France
sont inéligibles à la Chambre des députés (4).

5. Nul n'est élu au premier tour de scrutin, s'il n'a réuni : —
1° La majorité absolue des suffrages exprimés ; — 2° Un nombre
de suffrages égal au quart du nombre des électeurs inscrits. —
Au deuxième tour, la majorité relative suffit. — En cas d'égalité de suffrages, le plus âgé des candidats est élu.

6. Sauf le cas de dissolution prévu et réglé par la Constitution, les élections ont lieu dans les soixante jours qui précèdent l'expiration des pouvoirs de la Chambre des députés.

7. Il n'est pas pourvu aux vacances survenues dans les
six mois qui précèdent le renouvellement de la Chambre (5).

Loi *du 26 décembre 1887, concernant les Incompatibilités*
parlementaires (6).

Art. unique. Jusqu'au vote d'une loi spéciale sur les incompatibilités parlementaires, les articles 8 et 9 de la loi du

(1) Coll. *B. L.*, 12e série, XXX, n° 15518, p. 1138 et *J. off.* 17
juin 1885.
(2) Les art. 1, 2 et 3 sont abrogés par la L. 13 février 1889, rétablissant le scrutin uninominal.
(3) Au *B. L.*, *formera.*
(4) Cf. L. 22 juin 1886, art. 4, qui interdit tout mandat électif aux
membres des familles ayant régné sur la France.
(5) Suit le tableau annoncé à l'article 2.
(6) Coll. *B. L.*, 12e série, XXXV, n° 18677, p. 1193 et *J. off.* 28 décembre 1887.

30 novembre 1875 seront applicables aux élections sénatoriales. — Tout fonctionnaire atteint par cette disposition, qui comptera vingt ans de services et cinquante ans d'âge à l'époque de l'acceptation de son mandat, pourra faire valoir ses droits à une pension de retraite proportionnelle, qui sera réglée conformément au troisième paragraphe de l'article 12 de la loi du 9 juin 1853.

Loi du 24 janvier 1889, tendant à rendre à diverses catégories de Condamnés leurs droits de vote et d'éligibilité à l'expiration ou à la remise de leur peine (1).

ART. UNIQUE. L'article 15, paragraphes 4 et 14, et l'article 16 du décret organique du 2 février 1852 sont modifiés de la manière suivante : — « Article 15 § 4. Ceux qui ont été condamnés à trois mois de prison par application de l'article 423 du Code pénal et de l'article 1er de la loi du 27 mars 1851. — § 14. Les individus condamnés à l'emprisonnement par application de l'art. 2 de la loi du 27 mars 1851. — Art. 16. Les condamnés à plus d'un mois d'emprisonnement pour rébellion, outrages et violences envers les dépositaires de l'autorité ou de la force publique ; pour outrages publics envers un juré, à raison de ses fonctions, ou envers un témoin, à raison de sa déposition ; pour délits prévus par la loi sur les attroupements, la loi sur les clubs, et l'art. 1er de la loi du 27 mars 1851, et pour infractions à la loi sur le colportage, ne pourront pas être inscrits sur la liste électorale pendant cinq ans à dater de l'expiration de leur peine. »

Loi du 13 février 1889, rétablissant le Scrutin uninominal pour l'élection des Députés (2).

Art. 1er. Les articles 1, 2 et 3 de la loi du 16 juin 1885 sont abrogés.
2. Les membres de la Chambre des députés sont élus au scrutin individuel. Chaque arrondissement administratif dans les départements et chaque arrondissement municipal à Paris et à Lyon nomme un député. Les arrondissements dont la population dépasse 100,000 habitants nomment un député de plus par

(1) Coll. *B. L.*, 12e série, XXXVIII, n° 20323, p. 94 et *J. off.* 25 janvier 1889.
(2) Coll. *B. L.*, 12e série, XXXVIII, n° 20475, p. 301 et *J. off.* 14 février 1889.

100,000 ou fractions de 100,000 habitants. Les arrondissements, dans ce cas, sont divisés en circonscriptions dont le tableau est annexé à la présente loi et ne pourra être modifié que par une loi.

3. Il est attribué un député au territoire de Belfort, six à l'Algérie et dix aux colonies, conformément aux indications du tableau.

4. A partir de la promulgation de la présente loi, jusqu'au renouvellement de la Chambre des députés, il ne sera pas pourvu au remplacement des députés, dont les sièges seront vacants (1).

Loi *du 10 avril 1889, sur la procédure à suivre devant le Sénat pour juger toute personne inculpée d'attentat commis contre la sûreté de l'État* (2).

CHAPITRE PREMIER
Organisation du Sénat en cour de justice.

Art. 1er. Le décret qui constitue le Sénat en cour de justice, par application de l'article 12, paragraphe 3, de la loi constitutionnelle du 16 juillet 1875, fixe le jour et le lieu de sa première réunion. — La cour a toujours le droit de désigner un autre lieu pour la tenue de ses séances.

2. Tous les sénateurs élus antérieurement à ce décret sont tenus de se rendre à la convocation qu'il renferme, à moins qu'ils n'aient à présenter des motifs d'excuse. — Ces motifs sont appréciés par le Sénat en chambre du conseil. — Les sénateurs élus postérieurement au décret de convocation ne pourront connaître des faits incriminés.

3. Le Président de la République nomme parmi les membres des cours d'appel ou de la cour de cassation : — 1° Un magistrat chargé des fonctions de procureur général ; — 2° Un ou plusieurs magistrats chargés de l'assister comme avocats généraux.

4. Le secrétaire général de la présidence du Sénat remplit les fonctions de greffier. — Il peut être assisté de commis-greffiers assermentés nommés par le président du Sénat. — Les actes de la procédure sont signifiés par les huissiers des cours et tribunaux. — Les huissiers du Sénat remplissent, pour le ser-

(1) Suit le tableau annoncé aux articles 2 et 8. — Ce tableau a déjà été modifié par la loi du 12 juillet 1893.
(2) Coll. *B. L.*, 12e série, XXXVIII, n° 20643, p. 613 et *J. off.* 11 avril 1889.

vice d'ordre intérieur, les fonctions d'huissiers audienciers.

5. Toutes les pièces de l'information commencée par la justice ordinaire sur les faits incriminés sont envoyées au procureur général désigné conformément à l'article 3. Néanmoins les magistrats qui ont commencé l'information continuent à recueillir les indices et les preuves, jusqu'à ce que le Sénat ait ordonné qu'il soit procédé devant lui.

CHAPITRE II
De l'instruction et de la mise en accusation.

6. Le Sénat entend en audience publique la lecture du décret qui le constitue en cour de justice et le réquisitoire du procureur général. — Il ordonne qu'il sera procédé à l'instruction.

7. Une commission de neuf sénateurs est chargée de l'instruction et prononce sur la mise en accusation. — Elle est nommée au scrutin de liste, en séance publique et sans débats, chaque année, au début de la session ordinaire. — Elle choisit son président. — Le Sénat élit de la même manière cinq membres suppléants.

8. Dès que le Sénat a ordonné l'instruction, le président de cette commission y procède. — Il est assisté et suppléé au besoin par des membres de la commission désignés par elle. — Il est investi des pouvoirs attribués par le Code d'instruction criminelle au juge d'instruction, sous les réserves et avec les modifications indiquées dans la présente loi. — Il peut décerner un mandat d'arrêt sans qu'il soit besoin des conclusions du ministère public. — Il ne rend point d'ordonnance (1). — Sur les demandes de mise en liberté provisoire, il est statué sans recours par la commission, après communication au procureur général.

9. Aussitôt que l'instruction est terminée, le président de la commission remet le dossier au procureur général et invite chacun des inculpés à faire choix d'un défenseur. Faute par un inculpé de déférer à cette invitation, il lui en désigne un d'office. — Après que le procureur général a rendu le dossier avec ses réquisitions écrites, communication en est donnée aux conseils des inculpés par la voie du greffe, où le dossier demeure déposé au moins pendant trois jours.

10. Ce délai expiré et au jour fixé par son président, la commission se réunit sous le nom de *chambre d'accusation* et entend, en présence du procureur général, la lecture : — 1º Du

---

(1) Au *B. L.*, *Ordonnances.*

rapport sur l'instruction présenté par le président ou l'un de ses assesseurs, désignés en l'article 8 ; — 2° Des réquisitions écrites du procureur général ; — 3° Des mémoires que les inculpés auraient fournis. — Les pièces du procès seront déposées sur le bureau. — Le procureur général se retirera avec le greffier.

11. La chambre d'accusation statue sur la mise en accusation, par décision spéciale pour chaque inculpé, sur chaque chef d'accusation. — L'arrêt de mise en accusation contient une ordonnance de prise de corps.

12. L'arrêt est rendu en chambre du conseil ; il y est fait mention des sénateurs qui y ont concouru. — Il est signé par eux.

13. Le procureur général rédigera l'acte d'accusation. — Cet acte expose : 1° la nature du fait qui forme la base de l'accusation ; 2° les circonstances du fait.

14. L'arrêt de mise en accusation et l'acte d'accusation sont notifiés aux accusés trois jours au moins avant le jour de l'audience. Il en est laissé copie à chacun d'eux, avec citation à comparaître devant la cour au jour fixé par le président du Sénat.

CHAPITRE III
Du jugement.

15. Les débats sont publics. Ils sont présidés par le président du Sénat, ou, à son défaut, par l'un des vice-présidents désigné par le Sénat.

16. Au commencement de chaque audience, il est procédé à l'appel nominal. — Les sénateurs qui n'auront pas été présents à toutes les audiences ne pourront pas concourir au jugement. — Ne pourront non plus y concourir les sénateurs composant la commission organisée par l'article 7, s'ils sont récusés par la défense.

17. Toutes les exceptions, y compris celle d'incompétence, laquelle pourra toujours être relevée, même d'office, seront examinées et jugées, soit séparément du fond, soit en même temps que le fond, suivant ce que le Sénat aura ordonné.

18. Après l'audition des témoins, le réquisitoire du ministère public, les plaidoiries des défenseurs et les observations des accusés qui auront les derniers la parole, le président déclare les débats clos, et la cour se retire dans la chambre du conseil pour délibérer.

19. Pour chaque accusé, les questions sur la culpabilité é

sur l'application de la peine sont formulées par le président et
mises aux voix séparément.

20. Les débats publics étant clos, la discussion est ouverte en
chambre du conseil. Après quoi l'on procède au vote. — Sur
chaque question relative à la culpabilité et sur la question de
savoir s'il y a des circonstances atténuantes, le vote a lieu pour
chaque accusé dans la forme suivante : — Il est voté séparément
pour chaque inculpé sur chaque chef d'accusation. — Le vote a
lieu par appel nominal en suivant l'ordre alphabétique, le sort
désignant la lettre par laquelle on commencera. — Les sénateurs
votent à haute voix, le président vote le dernier.

21. Si l'accusé est reconnu coupable, il lui est donné connaissance en séance publique de la décision de la cour. — Il a
le droit de présenter des observations dans les termes de l'article 363 du Code d'instruction criminelle.

22. La décision sur l'application de la peine a lieu dans la
même forme. — Toutefois, si, après deux tours de vote, aucune
peine n'a réuni la majorité des voix, il est procédé à un troisième
tour dans lequel la peine la plus forte proposée au tour précédent est écartée de la délibération. Si à ce troisième tour aucune
peine n'a encore réuni la majorité absolue des votes, il est procédé à un quatrième tour et ainsi de suite, en continuant à
écarter la peine la plus forte, jusqu'à ce qu'une peine soit prononcée par la majorité absolue des votants.

23. Les dispositions pénales relatives au fait dont l'accusé
sera déclaré coupable, combinées, s'il y a lieu, avec l'article 463
du Code pénal, seront appliquées sans qu'il appartienne au
Sénat d'y substituer de moindres peines. — Ces dispositions
seront rappelées textuellement dans l'arrêt.

24. L'arrêt définitif sera lu en audience publique par le président ; il sera notifié sans délai par le greffier à l'accusé.

CHAPITRE IV
Dispositions générales.

25. Les décisions ou arrêts du Sénat ne peuvent être rendus
qu'avec le concours de la moitié plus un au moins de la
totalité des sénateurs qui ont droit d'y prendre part. Ils ne sont
susceptibles d'aucun recours.

26. Les arrêts de la cour sont motivés. Ils sont rédigés par le
président, adoptés par la cour en chambre du conseil, et prononcés en audience publique. — Ils font mention des sénateurs qui
y ont concouru. — Ils sont signés par le président et le greffier.

27. Les voix de tous les sénateurs sont comptées, quels que soient les degrés de parenté ou les alliances existant entre eux.

28. Tout sénateur est tenu de s'abstenir, s'il est parent ou allié de l'un des inculpés jusqu'au degré de cousin issu de germain inclusivement, ou s'il a été entendu comme témoin dans l'instruction. — S'il a été cité comme témoin et qu'il ait déclaré n'avoir aucun témoignage à fournir, il devra concourir à tous arrêts et décisions.

29. Tout sénateur qui croit avoir des motifs de s'abstenir, indépendamment de ceux qui sont mentionnés à l'article précédent, doit les déclarer au Sénat, qui prononce sur son abstention en chambre du conseil. Il est tenu de siéger si les motifs d'abstention ne sont pas jugés valables.

30. Les sénateurs, membres du Gouvernement, ne prennent part ni à la délibération ni au vote sur la culpabilité.

31. Il est tenu procès-verbal des séances de la cour. — Ce procès-verbal est signé par le président et le greffier.

32. Les dispositions du Code d'instruction criminelle et de toutes autres lois générales d'instruction criminelle qui ne sont pas contraires à la présente loi sont appliquées à la procédure, s'il n'en est autrement ordonné par le Sénat.

Disposition transitoire.

33. La commission organisée par l'article 7 sera élue pour la première fois dans les huit jours de la promulgation de la présente loi.

Loi *du 17 juillet 1889, relative aux Candidatures multiples* (1).

Art. **1er.** Nul ne peut être candidat dans plus d'une circonscription.

2. Tout citoyen qui se présente ou est présenté aux élections générales ou partielles doit, par une déclaration signée ou visée par lui, et dûment légalisée, faire connaître dans quelle circonscription il entend être candidat. Cette déclaration est déposée, contre reçu provisoire, à la préfecture du département intéressé, le cinquième jour au plus tard avant le jour du scrutin. Il en sera délivré récépissé définitif dans les vingt-quatre heures.

3. Toute déclaration faite en violation de l'article 1er de la

(1) Coll. *B. L.*, 12e série, XXXIX, n° 21142, p. 429 et *J. off.* 18 juillet 1889.

présente loi est nulle et irrecevable. Si des déclarations sont déposées par le même citoyen dans plus d'une circonscription, la première en date (1) est seule valable. Si elles portent la même date, toutes sont nulles.

4. Il est interdit de signer ou d'apposer des affiches, d'envoyer ou de distribuer des bulletins, circulaires ou professions de foi dans l'intérêt d'un candidat qui ne s'est pas conformé aux prescriptions de la présente loi.

5. Les bulletins au nom d'un citoyen dont la candidature est posée en violation de la présente loi n'entrent pas en compte dans le résultat du dépouillement. Les affiches, placards, professions de foi, bulletins de vote, apposés ou distribués pour appuyer une candidature dans une circonscription où elle ne peut légalement être produite, seront enlevés ou saisis.

6. Seront punis d'une amende de dix mille francs (10,000 fr.), le candidat contrevenant aux dispositions de la présente loi, et d'une amende de mille à cinq mille francs (1,000 à 5,000 fr.), toute personne qui agira en violation de l'article 4 de la présente loi.

Loi *du 1ᵉʳ février 1898, modifiant l'article 12, § 1ᵉʳ de la loi du 2 août 1875 sur l'élection des sénateurs (2).*

ARTICLE UNIQUE. Le paragraphe 1ᵉʳ de l'article 12 de la loi du 2 août 1875 sur l'élection des sénateurs est complété comme suit : — Art. 12 § 1ᵉʳ. Le collège électoral est présidé par le président du tribunal civil du chef-lieu du département ou de la colonie. Dans le département des Ardennes, il est présidé par le président du tribunal civil de Charleville. Le président est assisté des deux plus âgés et des deux plus jeunes électeurs présents à l'ouverture de la séance. Le bureau ainsi composé choisit un secrétaire parmi les électeurs.

(1) Au *B. L. En date* manque.
(2) Coll. *J. off.* 3 février 1898.

TABLE ANALYTIQUE DES MATIÈRES

TABLE ANALYTIQUE DES MATIÈRES 7

ATTENTAT *à la sûreté de l'État.*
— C. 1791, tit. III, ch. VI, sect. I,
art. 1. — C. Gir., tit. VII, sect. II,
art. 6. — C. 1793, art. 55. — C.
III, art. 103, 104, 106, 107, 113,
145, 365. — S.-C. org. 16 therm. X,
art. 55. — S.-C. org. 28 flor. XII,
art. 101. — Ch. 1814, art. 33. —
Ch. 1830, art. 28. — C. 1848, art.
91. — Procl. 14 janv. 1852. — C.
1852, art. 54. — L. 24 févr. 1875,
art. 9. — L. const. 16 juil. 1875,
art. 12. — L. 10 avr. 1889. — V.
*Chambre des Pairs, Complot,
Haute Cour, Sénat.*

ATTROUPEMENT. — C. III, art.
365, 366. — L. 15 mars 1849, art.
108. — L. 31 mai 1850, art. 9 —
D. org. 2 févr. 1852, art. 16, 41. —
L. 22 juil. 1879, art. 7, 8.

AUBAINE (*Droit d'*). — C. 1791,
tit. VI. — C. III, art. 335.

AUTORISATION *d'arrestation,
de poursuite.* — C. 1791, tit. III,
ch. I, sect. V. art. 8. — C. Gir.,
tit. VIII, sect. I, art. 14, 15. —
C. 1793, art. 44. — C. III, art. 112,
113. — C. VIII, art. 70, 71, 75. —
C. sén. 1814, art. 13. — Ch. 1814,
art. 34, 52. — A. add. 1815, art. 14,
50. — C. 1815, art. 46, 61. — Ch.
1830, art. 29, 44. — C. 1848, art.
37. — L. 15 mars 1849, art. 119. —
D. org. 2 févr. 1852, art. 11. —
S.-C. 4 juin 1858, art. 6. — L.
const. 16 juil. 1875, art. 14. — V.
*Accusation, Conseil d'État, Con-
suls, Corps législatif, Députés,
Flagrant délit. Fonctionnaire
administratif, Garantie administrative, Inviolabilité, Irresponsa-
bilité, Ministres, Pairs, Représentants, Sénateurs, Tribunat.*

AVOCAT. — C. 1791, tit. III,
ch. V, art. 9. — C. Gir., tit. X, sect.
III, art. 7. — C. 1793, art. 96. —
C. III, art. 252. — S.-C. org.
28 flor. XII, art. 129. — L. 10 avril
1889, art. 9, 16, 18. — V. *Droit
de défense.*

AVOCATS GÉNÉRAUX, *à la cour
de cassation.* — L. 29 déc. 1831.
— V. *Pairs.*

B

BALLOTTAGE. — C. 1793, art. 26,

27. — L. 5 févr. 1817, art. 14-16. —
L. 29 juin 1820, art. 7. — L. 19
avr. 1831, art. 54-56. — L. 15 mars
1849, art. 63-65. — L. 31 mai 1850,
art. 13. — D. org. 2 févr. 1852,
art. 6. — L. 2 août 1875, art. 14,
15. — L. 30 nov. 1875, art. 4, 18.
— L. 9 déc. 1884, art. 8. — L.
16 juin 1885, art. 5. — V. *Majorité absolue.*

BANQUE DE FRANCE. — Procl.
14 janv. 1852. — L. 30 nov. 1875,
art. 8 (note). — L. 2 août 1875,
art. 20 (note).

BIENS NATIONAUX. — C. 1791,
tit. I. — C. III, art. 373, 374. —
C. VIII, art. 93, 94. — S.-C. org.
28 flor. XII, art. 53, 70. — S.-C.
org. 5 fév. 1813, art. 34, 35. —
C. sén. 1814, art. 24. — D. roy.
2 mai 1814. — Ch. 1814, art. 9. —
D. dr. 1815, art. 12. — C. 1815,
art. 1, 85, 99. — Ch. 1830, art. 8.
V. *Émigré, Inviolabilité de la
propriété, Irrévocabilité des ventes
de —.*

— *particuliers du Souverain.*
— C. 1791, tit. III, ch. II, sect. I,
art. 9. — S.-C. org. 5 févr. 1813,
art. 39-43. — S.-C. 12 déc. 1852,
art. 3. — V. *Domaine privé de
l'Empereur.*

BONAPARTE (JOSEPH). — S.-C.
org. 28 flor. XII, art. 5, 7, 15,
142. — S.-C. 15 brum. XIII.

— LOUIS. — S.-C. org. 28 flor.
XII, art. 6, 7, 15, 142. — S.-C.
15 brum. XIII.

— LOUIS-NAPOLÉON (*Napo-
léon III*). — Pléb. 20 déc. 1851. —
C. 1852, art. 2. — D. 7 nov. 1852,
art. 1-6, 8. — D. 2 déc. 1852,
art. 2. — S.-C. 21 mai 1870, art. 2,
3, 5, 6.

— (*Déchéance de*). — Résol.
1er mars 1871. V. *Empereur, Président de la République.*

— NAPOLÉON (*Napoléon Ier*).
— C. VIII, art. 39. — Arr. cons.
20 flor. X, art. 1 — S.-C. 14 therm.
X, art. 1. — S.-C. org. 28 flor. XII,
art. 2-5, 14, 31, 142. — S.-C. 15
brum. XIII. — S.-C. 21 mai 1870,
art. 3.

— (*Déchéance de*). — S.-C. 3 avril
1814, Pr., art. 1, 2. — V. *Consul*

nov. 1875, art. 12. — L. 10 avril
1889, art. 3. — V. *Arrêt, Tribunaux d'appel.*

— *criminelles.* — S.-C. org.
28 flor. XII. art. 40, 101, 105,
134-136. — C. sén. 1814, art. 18.
— Ch. 1814, art. 59. — C. 1815,
art. 77. — Ch. 1830, art. 50. —
V. *Arrêt, Tribunaux criminels.*

COURAGE. — C. 1791, *dispos.
fin.* — C. 1793, art. 123. — C. III,
art. 377.

COURONNEMENT *de l'empereur.*
— S.-C. org. 28 flor. XII, art. 40.

— *de l'impératrice-mère.* —
S.-C. org. 5 février 1813, art. 52-
54, 56.

— *du prince impérial, Roi de
Rome.* — S.-C. org. 5 févr. 1813,
art. 55-57. — V. *Sacre.*

CRÉDIT *budgétaire.* — V.
*Budget, Dépenses, Vote des dé-
penses.*

— *extraordinaire.* — S.-C.
25 déc. 1852, art. 4. — S.-C. 31 déc.
1861, art. 3.

— *supplémentaire.* — S.-C. 31
déc. 1861, art. 3.

CRIMES. — V. *Délits.*

CULTE. — C. 1791, tit. Ier. —
C. III, art. 354. — S.-C. org.
28 flor. XII, art. 53. — S.-C. org.
5 févr. 1813. art. 34, 35. — C. sén.
1814, art. 22.— D. roy. 2 mai 1814.
— Ch. 1814, art. 5-7. — A. add.
1815, art. 62, 67. — D. dr. 1815,
art. 9. — C. 1815, art. 1, 28. —
Ch. 1830, art. 5. — C. 1848, art. 7.
— C. 1852. art. 26.

— *privilégié* ou *dominant.* —
A. add. 1815, art. 67. — C. 1815,
art. 1. — V. *Liberté religieuse,
Religion d'État.*

CULTURE *agricole.* — D. dr.
C. Gir., art. 19. — D. dr. 1793,
art. 17. — D. dev. III, art. 8.

DÉCENTRALISATION. — V.
Centralisation.

DÉCHÉANCE. — V. *Bonaparte
Louis-Napoléon (Napoléon III),
Bonaparte Napoléon (Napoléon
Ier).*

DÉCLARATION *des devoirs.* —
C. III. — V. *Devoirs.*

— *des droits de l'Homme.* — C.
1791. — C. Gir. — C. 1793. — C.

III. — D. dr. 1815, art. 18. — C.
1852, art. 1. — S.-C. 21 mai 1870,
art. 1. — V. *Devoirs, Lois constitutionnelles.*

DÉCORATION. — C. 1791, Pr. ;
tit. III, ch. III, sect. I, art. 1. —
C. III, art. 868. — C. sén. 1814,
art. 3. — D. roy. 2 mai 1814. —
Ch. 1814, art. 72. — C. 1815,
art. 101. — Ch. 1830, art. 63. —
V. *Distinctions honorifiques, Légion d'honneur.*

DÉCRET. — C. 1791, tit. III,
ch. IV, sect. I, art. 3. — C. Gir.,
tit. VII, sect. II, art. 3-6. —
S.-C., org. 28 flor. XII, art. 70-
72. — S.-C. org. 5 févr. 1813,
art. 57. — S.-C. 3 avr. 1814, Pr.
— C. 1815, art. 42. — C. 1848,
art. 69. — C. 1852, art. 6, 54. —
D. org. 2 févr. 1852, art. 2, 4, 18,
19, 54. — S.-C. 25 décembre 1852,
art. 4. 12. — S.-C. 4 juin 1858,
art. 3. — S.-C. 31 déc. 1861,
art. 1, 2. — S.-C. 18 juil. 1866,
art. 4. — S.-C. 8 sept. 1869,
art. 11, 12. — S.-C. 21 mai 1870,
art. 14. — L. 25 févr. 1875, art.
4. — L. const. 16 juil. 1875,
art. 12. — L. 2 août 1875, art. 1.
— L. 10 avril 1889, art. 1, 6. —
V. *Conseil d'État, Conseil des
ministres, Contre-seing ministériel, Empereur, Loi, Lois et Décrets, Pouvoir réglementaire. Président de la République, Règlement.*

— *en la forme des règlements
d'administration publique.* —
S.-C. 25 déc. 1852, art. 4.

DÉCRET-LOI. — C. 1852, art.
58.

DÉCRET *organique.* — S.-C. 7
nov. 1852, art. 4, 5. — S.-C. 25
déc. 1852, art. 5.

DÉGRADATION *civique.* — C.
1791, tit. II, art. 6. — C. Gir.,
tit. II, art. 2, 5.

DÉLÉGATION.— C. 1791, tit. III,
ch. III, sect. I, art. 1 ; tit. III, ch.
IV, Pr., art. 1. — D. dr. III, art.
19. — C. III, art. 132. — A. add.
1815, art. 67. — C. 1848, art. 20,
43. — Procl. 2 déc. 1851. — Plé-
bisc. 20 déc. 1851. — V. *Représentation.*

L. 5 févr. 1817, art. 5. — L. 29 juin 1820, art. 3. — L. 19 avr. 1831, art. 2, 7, 13-37, 43, 46. — L. 15 mars 1849, art. 1-23, 39, 40-43, 76, 98-101. — L. 31 mai 1850, art. 1-11, 13. — D. org. 2 févr. 1852, art. 13-25, 81-34. — L. 30 nov. 1875, art. 1, 2, 20, 22. — L. 5 avril 1884, art. 14. — L. 24 janv. 1889. — V. *Élection, Revision des —.*

— *des électeurs sénatoriaux.* — L. 2 août 1875, art. 9, 10. — V. *Élection des sénateurs.*

— *de présentation.* — C. Gir., tit. III, sect. III, art. 1-12. — V. *Assemblées primaires.*

LOI. — D. dr. C. 1791, art. 4-8. — C. 1791, tit. I; tit. III, ch. II, sect. I, art. 3; tit. III, ch III, sect. I, art. 1; tit. III, ch. III, sect. III, art. 6, 7; tit. III, ch. IV, sect. I, art. 1-6; tit. III, ch. V, art. 5. — D. dr. C. Gir., art. 3, 8. — C. Gir., tit. VII, sect. III, art. 15, 16. — D. dr. 1793, art. 4, 9, 15, 29. — C. 1793, art. 53-61. — D. dr. III, art. 6-8, 20. — D. dev. III, art. 5, 9. — C. III, art. 92, 353, 355. — C. VIII, art. 25-37. — S.-C. 28 flor. XII, art. 69, 72, 73, 137-140. — C. sén. 1814, art. 5, 28. — Ch. 1814, art. 4, 18, 68. — A. add. 1815, art. 35, 58, 60, 61. — D. dr. 1815, art. 7, 8. — C. 1815, art. 1, 37, 39, 47, 52, 81. — Ch. 1830, art. 4, 13-18, 59. — C. 1848, Pr. VII, art. 2, 3, 10, 58, 59, 75, 76, 113. — L. 15 mars 1849, art. 24. — C. 1852, art. 26, 56. — S.-C. 14 mars 1867. — S.-C. 8 sept. 1869, art. 10. — S.-C. 21 mai 1870, art. 18, 22. — L. 25 févr. 1875, art. 3. — L. const. 16 juil. 1875, art. 8. — L. 30 nov. 1875, art. 14. — L. 16 juin 1885, art. 2. — V. *Exécution des lois, Inconstitutionnalité, Initiative, Interprétation des lois, Intitulé des lois, Loi constitutionnelle, Lois et décrets, Lois fondamentales, Lois (Préparation des), Lois provisoires, Pouvoir législatif, Procédure parlementaire, Promulgation, Publication, Rétroactivité, Sanction.*

— *constitutionnelle.* — C. 1791,

disp. fin. — D. 21 sept. 1792. — C. Gir., tit. VII, sect. II, art. 2; tit. VIII, art. 27, 28. — C. 1793, art. 115-117. — C. III, art. 6, 26, 97, 301, 336-350, 375, 377. — C. VIII, art. 92, 95. — Procl. cons. 24 frim. VIII. — S.-C. org. 16 therm. X, art. 54. — S.-C. org. 28 flor. XII, art. 55, 56, 70. — S.-C. org. 5 févr. 1813, art. 34, 35. — S.-C. 3 avril 1814, Pr. — C. sén., 1814, art. 29. — D. roy. 2 mai 1814. — A. add. 1815, Pr., art. 1. — C. 1815, art. 28, 81. — Procl. 24 févr. 1848. — D. 5 mars 1848, art. 1. — C. 1848, Pr. VIII, art. 22, 48, 108-112, 115. — Procl. 2 déc. 1851. — Pléb. 20 déc. 1851. — Procl. 14 janv. 1852. — C. 1852, art. 1, 14-26, 27, 31, 32, 58. — D. org. 2 févr. 1852, art. 54. — S.-C. 7 nov. 1852, art. 7. — S.-C. 25 déc. 1852, art. 16. — S.-C. 17 juil. 1856, art. 17. — S.-C. 17 févr. 1858, art. 1. — S.-C. 18 juil. 1866, art. 1, 2. — S.-C. 14 mars 1867. — S.-C. 8 sept. 1869, art. 12. — Pléb. 8 mai 1870. — S.-C. 21 mai 1870, art. 21, 42-45. — L. 31 août 1871, Pr. — L. 13 mars 1873, Pr., art. 3. — L. 20 nov. 1873, art. 1, 2. — L. 25 févr. 1875, art. 8. — L. 14 août 1884, art. 2. — L. 16 juin 1885, art. 3. — V. *Acceptation de la Constitution, Appel au peuple, Assemblée nationale constituante, Assemblée de revision, Charte constitutionnelle, Inconstitutionnalité, Pouvoir constituant, Revision, Sénat, Sénatus-consulte.*

LOIS et DÉCRETS. — C. Gir., tit. VII, sect. III, art. 3-6; tit. VII, sect. III, art. 2, 15, 16. — C. 1793, art. 53-55, 61, 65. — S.-C. org. 28 flor. XII, art. 70, 71. — S.-C. org. 5 févr. 1813, art. 57.

LOIS *fondamentales.* — S.-C. org. 5 févr. 1813, art. 34, 35. — D. roy. 2 mai 1814.

— *organiques.* — C. 1848, art. 85, 114, 115.

— *(Préparation, discussion, vote des).* — C. 1791, tit. III, ch. III, sect. II, art. 4-6, 8-10. — C. Gir., tit. VII, sect. III; tit. VIII, art. 15-19. — C. 1793, art. 56-60. — C.

OFFICES (*Vénalité, hérédité, suppression*). — C. 1791, Pr.

OFFICIERS. — S.-C. org. 23 flor. XII, art. 43, 44, 56. — C. sén. 1814, art. 20. — Ch. 1814, art. 69. — C. 1815, art. 97. — Ch. 1830, art. 60, 69. — L. 19 avr. 1831, art. 3. — L. 15 mars 1849, art. 87. — D. org. 2 févr. 1852, art. 14. — L. 2 août 1875, art. 21. — L. 30 nov. 1875, art. 2. — L. 22 juill. 1879, art. 5. — L. 9 déc. 1884, art. 5. — V. *Armée, Élection des —, Éligibilité, Grades, Réquisition de la force armée, Serment des —.*

— *généraux*. — V. *Général*.

— (GRANDS) *civils de la couronne*. — S.-C. org. 28 flor. XII, art. 48. — S.-C. org. 5 févr. 1813, art. 13, 33, 35. — S.-C. 17 juil. 1856, art. 16. — S.-C. 4 juin 1858, art. 1, 5.

— (GRANDS) *de l'empire*. — S.-C. org. 28 flor. XII, art. 21, 48-52, 54, 56, 101, 104. — S.-C. org. 5 févr. 1813, art. 13, 33, 35, 35.

— *ministériels*. — S.-C. org. 28 flor. XII, art. 40. — L. 10 mars 1898, art. 3.

— *municipaux*. — C. 1791, tit. II, art. 9, 10; tit. III, ch. I, sect. III, art. 4. — C. Gir., tit I, art. 7; tit. IV, sect. I, art. 1. — C. III, art. 27. — V. *Administration communale, Commune, Conseil municipal, Municipalité.*

OPPRESSION. — D. dr. C. Gir., art. 32. — D. dr. 1793, art. 9, 11, 34.

— (*Résistance à l'*). — D. dr. 1791, art. 2. — D. dr. C. Gir., art. 1, 13, 31, 32. — D. dr. 1793, art. 11. — D. dr. 1793, art. 27. — D. dr. 1793, art. 33. — V. *Insurrection (droit à l').*

OPTION. — V. *Élections multiples.*

ORATEURS DU GOUVERNEMENT. — Procl. 14 janv. 1852. — C. 1852, Pr., art. 51. — S.-C. 21 mai 1870, art. 38. — L. const. 16 juil. 1875, art. 6. — V. *Commissaires du gouvernement près des Chambres, Conseil et conseillers d'état, Ministres dans les Chambres.*

ORDONNANCE. — C. 1791, tit. III, ch. IV, sect. I, art. 6. — Ch. 1814, art. 14. — L. 5 fév. 1817, art. 21. — L. 29 juin 1820, art. 2. — Ch. 1830, art. 13, 70. — L. 9 déc. 1831. — V. *Pouvoir réglementaire, Règlement, Roi, Sûreté intérieure.*

ORDONNANCEMENT. — C. Gir., tit. V, sect. I, art. 19, 20; tit. VI, art. 6. — C. III, art. 318, 319. — C. VIII, art. 56. — S.-C. org. 23 frim. XII, art. 19, 20, 25. — V. *Comptes ministériels, Ministres.*

ORDRE ARBITRAIRE. — D. dr. C. 1791, art. 7. — D. dr. C. Gir., art. 11, 12. — C. Gir., tit X, sect. VI, art. 12. — D. dr. III, art. 9. — C. III, art. 222, 223, 228, 231, 232. — C. VIII, art. 72, 81. — S.-C. org. 28 flor. XII, art. 110, 119. — V. *Acte arbitraire, Ordre du roi.*

ORDRE JUDICIAIRE. — S.-C. 12 oct. 1807, Pr., art. 1-7. — S.-C. 3 avr. 1814, Pr. — Ch. 1814, art. 57-68. — C. 1830, art. 48-59. — C. 1848, art. 111. — V. *Juges, Justice, Inamovibilité, Pouvoir judiciaire, Séparation des pouvoirs.*

ORDRE PUBLIC. — C. 1791, tit. IV, art. 1. — D. dr. III, art. 8. — C. III, art. 273. — Ch. 1814, art. 64. — C. 1848, Pr. IV, VII, art. 8, 101, 105. — L. 15 fév. 1872, art. 2, 4. — V. *Sûreté intérieure.*

ORDRE *du Roi*. — C. 1791, tit. III, ch. II, sect. IV, art. 4, 6; tit. III, ch. IV, art. 26; tit. IV, art. 7.

ORDRES MONASTIQUES. — D. dr. 1815, art. 12. — C. 1815, art. 90.

ORDRE DU JOUR *motivé*. — S.-C. 8 sept. 1869, art. 7. — V. *Interpellation, Responsabilité des ministres.*

OUBLI *du passé*. — Ch. 1814, art. 11. — Ch. 1830, art. 10.

OUVRIER. — C. 1848, art. 13.

P

PACTE FONDAMENTAL — S.-C. 3 avr. 1814, Pr. — Procl. 2 déc. 1851. — Procl. 14 janv. 1852. — C. 1852, Pr., art. 25.

— SOCIAL. — D. dr. C. Gir., Pr. — C. Gir., tit. XIII, art. 2.

— Ch. 1814, art. 32. — Procl. 14 janv. 1852. — C. 1852, art. 24. — V. *Chambre des pairs, Comité secret, Sénat conservateur.*

Q

QUESTEURS *de la Chambre des députés.* — L. 29 juil. 1879, art. 5.
— *du Corps législatif.* — S.-C. 28 frim. XII, art. 18-25, 28, 34. — S.-C. 28 flor. XII, art. 54. — S.-C. 8 sept. 1869, art. 6.
— *du Sénat législatif.* — L. 22 juil. 1879, art. 5.
— *du Tribunat* — S.-C. 28 flor. XII, art. 54, 92.

QUESTION PRÉALABLE. — C. Gir., tit. VII, sect. III, art. 6 ; tit. VIII, art. 19.

QUORUM. — C. 1791, tit. III, ch. I, sect. V, art. 4, 5 ; tit. III, ch. III, sect. II, art. 7. — C. Gir., tit. VII, sect. I, art. 8, 11. — C. 1793, art. 42, 47, 49. — C. III, art. 56, 75, 85. — C. VIII, art. 90. — S.-C. org. 28 flor. XII, art. 75, 127. — C. 1815, art. 58. — C. 1848, art. 40, 111. — L. 15 févr. 1872, art. 1, 3, 5. — L. 25 fév. 1875, art. 8. — L. 10 avril 1889, art. 25.

R

RATIFICATION *des conventions diplomatiques.* — C. 1791, tit. III, ch. III, sect. I, art. 3 ; tit. III, ch. IV, sect. III, art. 3. — C. Gir., tit. XIII, art. 9. — C. 1793, art. 55. — C. III, art. 333, 334. — C. VIII, art. 50. — S.-C. org. 16 therm. X, art. 58. — C. 1815, art. 22. — C. 1848, art. 53. — S.-C. 8 sept. 1869, art. 10, 12. — S.-C. 21 mai 1870, art. 18. — L. const. 16 juil. 1875, art. 8.

RÉBELLION. — C. 1791, tit. III, ch. V, art. 26. — D. dr. C. Gir., art. 13. — D. dr. 1793, art. 10. — D. dr. III, art. 6, 7. — C. III, art. 243. — L. 31 mai 1850, art. 9. — D. org. 2 fév. 1852, art. 16. — L. 24 janv. 1889.

RECETTES. — C. III, art. 317, 322. — C. VIII, art. 45, 56, 89. — S.-C. org. 28 flor. XII, art. 42. —

A. add. 1815, art. 37. — C. 1815, art. 50. — V. *Budget, Comptes, Dépenses.*

RÉCOMPENSE NATIONALE. — C. Gir., tit. V, sect. I, art. 15. — C. 1793, art. 55. — C. III, art. 357. — C. VIII, art. 87. — D. dr. 1815, art. 12. — C. 1815, art. 98. — L. 29 déc. 1831.

RECRUTEMENT. — C. III, art. 286. — C. sén. 1814, art. 16. — Ch. 1814, art. 12. — A. add. 1815, art. 35, 36. — D. dr. 1815, art. 4, — C. 1815, art. 47. — C. 1830, art. 11. — C. 1848, art. 102. — V. *Armée, Conscription, Enrôlement.*

RÉÉLECTION. — C. 1791, tit. III, ch. I, sect. III, art. 6. — C. III, art. 34, 54, 55. — S.-C. org. 28 flor. XII, art. 78. — A. add. 1815, art. 12. — C. 1815, art. 69, 73. — Ch. 1830, art. 69. — C. 1848, art. 33, 45, 72, 80. — L. 25 févr. 1875, art. 2.

RÉFÉRENDUM. — V. *Appel au peuple.*

RÉGENCE. — C. 1791, tit. III, ch. II, sect. II, art. 1-15 ; tit. III, ch. II, sect. III, art. 2 ; tit. III, ch. IV, sect. I, art. 4. — S.-C. org. 28 flor. XII, art. 17-31. — S.-C. org. 5 févr. 1813, art. 1-18, 32, 34, 35, 44. — C. 1815, art. 25. — S.-C. 17 juil. 1856, art. 2-17, 23. — S.-C. 21 mai 1870, art. 7. — V. *Minorité de l'empereur, du roi, Régent, Serment, Élection du régent, Conseil de —, Minorité du roi, de l'empereur, Impératrice mère, Prince français, Minorité, Prince impérial.*

RÉGENT, RÉGENTE. — S.-C. org. 28 flor. XII, art. 17-19, 21, 22, 24, 27, 30, 31, 54, 55. — S.-C. org. 5 févr. 1813, art. 1, 2, 7, 11-15, 17, 18, 22-24, 26, 31, 32, 35, 36-38, 43, 44, 50, 51. — S.-C. 17 juil. 1856, art. 2-6, 9-14, 15-17, 19-25. — V. *Élection du —, Impératrice, Serment du —.*

RÉGIES FINANCIÈRES. — C. III, art. 317, 320.

RÉGIME FÉODAL. — C. 1791, Pr. — S.-C. org. 28 flor. XII, art. 70. — A. add. 1815, art. 67.

SÛRETÉ. — D. dr. C. 1791,
art. 2. — D. 21 sept. 1792. — D.
dr. C. Gir., art. 1, 10, 17. — C.
Gir., tit. XIII, art. 3. — D. dr.
1793, art. 2, 8. — C. 1793, art.
122. — D. dr. III, art. 1, 4. — C.
III, art. 243, 356. — A. add.
1815, Pr. — D. dr. 1815, art. 6. —
V. *Liberté, Propriété.*
— *extérieure.* — C. 1791, tit.
III, ch. IV, Pr., art. 1; tit. IV,
art. 1, 7. — C. Gir., tit. XI, art.
2. — C. 1793, art. 55, 113. — C.
III, art. 144, 145, 274, 328. —
C. VIII, art. 47. — S.-C. org.
28 flor. XII, art. 43, 44, 101. —
A. add. 1815, art. 41, 66. — D.
dr. 1815, art. 6. — C. 1815, art.
1, 28, 31, 52 *bis.* — C. 1848, art.
54, 101. — C. 1852, art. 26. —
S.-C. 14 mars 1867. — L. const.
16 juil. 1875, art. 8. — V. *État
de siège, Force armée.*
— *intérieure.* — C. Gir., tit.
VII, sect. I, art. 9; tit. VII, sect.
II, art. 6, 7; tit. VIII, art. 28;
tit. XI, art. 2, 3; tit. XIII, art.
6. — C. 1793, art. 55, 112. —
C. III, art. 144, 145, 274. — C.
VIII, art. 47, 65, 92. — Procl.
cons. 24 frim. VIII. — S.-C. org.
16 therm. X, art. 55. — S.-C.
org. 28 flor. XII, art. 101. — Ch.
1814, art. 14. — A. add. 1815,
art. 41, 66. — D. dr. 1815, art.
6. — C. 1815, art. 1, 28, 52 *bis.* —
C. 1848, art. 101, 103. — V. *État
de siège, Force armée, Ordre public.*
— GÉNÉRALE (*Mesures de* —).
— Ch. 1814, art. 14.
SUSPENSION *des agents de l'administration.* — C. 1791, tit. III,
ch. IV, sect. II, art. 5-8. — C.
Gir., tit. IV, sect. I, art. 17-19;
tit. V, sect. I, art. 9. — C. III,
art. 194-197, 325. — C. 1848,
art. 65. — S.-C. 4 juin 1858,
art. 5. — V. *Dissolution des administrations.*
— *des juges.* — S.-C. org. 16
therm. X, art. 82. — S.-C. 12
oct. 1807, art. 7.
— *des représentants.* — C. III,
art. 123.
— *du roi.* — C. 1791, tit. III,
ch. II, sect. II, art. 7.

SUSPENSION *de la Constitution.*
— C. VIII, art. 92. — S.-C. org.
16 therm. X, art. 55. — C. 1848,
art. 1.
— *des lois.* — C. 1848, art. 51.
— *de la détention et des poursuites.* — L. const. 16 juil. 1875,
art. 14.
— *des droits de citoyen français.* — C. 1791, tit. III, ch. I, sect.
II, art. 5. — C. 1793, art. 6. —
C. Gir., tit. II, art. 6, 7. — C.
III, art. 13, 14. — C. VIII, art. 5.
— C. 1815, art. 6.
— *des droits électoraux.* — L.
31 mai 1850, art. 9, 10, 11. — D.
org. 2 févr. 1852, art. 16. — L.
24 janv. 1889.

T

TABLES DE LA CONSTITUTION.
— C. 1793, art. 124.
TALENTS. — D. dr. C. 1791,
art. 6. — D. dr. C. Gir., art. 9. —
D. dr. 1793, art. 5. — S.-C. org.
16 therm. X, art. 63. — S.-C.
12 oct. 1807, Pr. — Procl. 14
janv. 1852. — V. *Vertus.*
TERRITOIRE. — C. 1791, tit. II,
art. 1; tit. III, ch. I, sect. I, art. 2,
3. — C. 1793, art. 54, 55. — C. III,
art. 3-6, 295, 332. — C. VIII, art. 1.
— S.-C. org. 28 flor. XII, art. 53,
55. — S.-C. org. 5 févr. 1813, art.
34, 35. — A. add. 1815, art. 35.
— C. 1815, art. 1, 2, 15, 23. — C.
1848, art. 3, 51, 76, 107, 108. — L.
const. 16 juil. 1875, art. 8. — V.
Cession de —, *Division du* —.
THIERS. — Rés. 17 févr. 1871. —
L. 31 août 1871, Pr. — Rés. 24 mai
1873. — V. *Pouvoir exécutif (Chef
du), Président de la République.*
TITRE *héréditaire.* — C. sén.
1814, art. 3. — Ch. 1814, art. 27, 71.
— Ch. 1830, art. 23. — C. 1848,
art. 10.
— *de noblesse.* — Ch. 1814, art.
1, 71. — Ch. 1830, art. 62. — C.
1848, art. 10. — V. *Distinctions
héréditaires, Égalité, Noblesse.*
TRAHISON. — C. III, art. 115.
— Ch. 1814, art. 56. — V. *Haute
trahison.*
TRAITÉS. — V. *Commerce, Con-*

35

sect. I, art. 2. — C. 1793, art. 8, 23. — L. 5 févr. 1817, art. 1, 7, 9. — L. 19 avr. 1831, art. 41. — V. *Suffrage universel et direct.*

— *(Double).* — L. 29 juin 1820.

— — *(Abolition du).* — Ch. 1830, art. 69.

— — *(Prohibition du).* — C. 1791, tit. III, ch. I, sect. II, art. 4. — C. III, art. 18. — L. 5 févr. 1817, art. 4. — L. 19 avr. 1831, art. 12. — L. 15 mars 1849, art. 101. — D. org. 2 févr. 1852, art. 31. — L. 2 août 1875, art. 9.

— *des militaires.* — L. 15 mars 1849, art. 17-19, 62, 69-73. — L. 31 mai 1850, art. 6, 12. — D. org. 2 févr. 1852, art. 14, 53. — D. 29 janv. 1871, art. 9. — L. 30 nov. 1875, art. 2.

— *obligatoire.* — L. 2 août 1875, art. 18. — V. *Enquêtes sénatoriaux.*

VOTE *des dépenses.* — D. dr. 1791, art. 14. — C. 1791, tit. III, ch. III, sect. I, art. 11. — C. Gir., tit. VI, art. 5; tit. VII, sect. II, art. 6. — D. dr. 1793, art. 20. — C. 1793, art. 54, 55. — C. III, art. 317, 318. — C. VIII, art. 45, 56. — S.-C. org.

28 frim. XII, art. 19. — C. sén. 1814, art. 15. — A. add. 1815, art. 35, 37. — C. 1815, art. 50. — S.-C. 25 déc. 1852, art. 4, 12. — S.-C. 31 déc. 1861. — S.-C. 8 sept. 1869, art. 9, 12. — V. *Annalité du budget, Budget, Crédit budgétaire, Priorité.*

— *de l'impôt.* — D. dr. C. 1791, art. 14. — C. 1791, tit. V, art. 1. — D. dr. C. Gir., art. 22. — C. Gir., tit. XII, art. 2, 7. — D. dr. 1793, art. 20. — C. 1793, art. 54. — C. III, art. 302, 303, 311. — C. VIII, art. 45. — S.-C. org. 28 flor. XII, art. 53. — S.-C. 3 avr. 1814, Pr. — C. sén. 1814, art. 5, 15. — D. roy. 2 mai 1814. — Ch. 1814, art. 17, 47-49. — A. add. 1815, art. 34-37. — C. 1815, art. 47, 48. — Ch. 1830, art. 15, 40. — C. 1848, art. 16. — C. 1852, art. 39. — V. *Annalité, Budget, Impôt, Priorité.*

— *de la liste civile.* — C. 1791, tit. III, ch. II, sect. I, art. 10. — Ch. 1814, art. 23. — C. 1815, art. 16. — Ch. 1830, art. 19. — V. *Liste civile.*

TABLE CHRONOLOGIQUE

ADDENDUM

L'impression de ce volume était terminée quand la loi suivante a été promulguée.

Loi *du 10 mars 1898, sur la destitution des officiers ministériels et ses conséquences relativement aux droits électoraux.*

Art. 3. L'article 15 § 8 du décret du 2 février 1852 est modifié ainsi qu'il suit : — « Ne doivent pas être inscrits sur les listes électorales : . . . . § 8. Les notaires et officiers ministériels destitués, lorsqu'une disposition formelle du jugement ou arrêt de destitution les aura déclarés déchus des droits de vote, d'élection et d'éligibilité ; les greffiers destitués, lorsque cette déchéance aura été expressément provoquée, en même temps que la destitution, par un jugement ou une décision judiciaire. »

IMPRIMERIE LEMALE ET Cⁱᵉ, HAVRE

www.ingramcontent.com/pod-product-compliance
Lightning Source LLC
Chambersburg PA
CBHW071142270326
41929CB00012B/1844